建设工程
仲裁案例选编

SELECTED ARBITRATION CASES OF
CONSTRUCTION ENGINEERING

中国国际经济贸易仲裁委员会　编
China International Economic and Trade Arbitration Commission

法律出版社
LAW PRESS · CHINA
北京

图书在版编目（CIP）数据

建设工程仲裁案例选编 / 中国国际经济贸易仲裁委员会编. -- 北京 : 法律出版社, 2025. -- ISBN 978 - 7 - 5244 - 0644 - 0

Ⅰ. D922.297.5

中国国家版本馆 CIP 数据核字第 2025L71J78 号

建设工程仲裁案例选编
JIANSHE GONGCHENG ZHONGCAI ANLI XUANBIAN

中国国际经济贸易仲裁委员会　编

策划编辑 沈小英　毛镜澄
责任编辑 毛镜澄　赵一平
装帧设计 李　瞻

出版发行 法律出版社
编辑统筹 法治与经济出版分社
责任校对 王晓萍
责任印制 吕亚莉
经　　销 新华书店

开本 710 毫米×1000 毫米　1/16
印张 45　　**字数** 642 千
版本 2025 年 9 月第 1 版
印次 2025 年 9 月第 1 次印刷
印刷 固安华明印业有限公司

地址:北京市丰台区莲花池西里 7 号(100073)
网址:www.lawpress.com.cn
投稿邮箱:info@lawpress.com.cn
举报盗版邮箱:jbwq@lawpress.com.cn

销售电话:010 - 83938349
客服电话:010 - 83938350
咨询电话:010 - 63939796

书号:ISBN 978 - 7 - 5244 - 0644 - 0
定价:216.00 元

凡购买本社图书,如有印装错误,我社负责退换。电话:010 - 83938349

前　言

建筑业是国民经济的支柱产业，在推动经济增长、促进城镇化建设和支撑“一带一路”国际合作中始终发挥着关键作用。据统计，2024 年，全国建筑业总产值约人民币 32.65 万亿元，同比增长 3.85%，全年全社会建筑业实现增加值约人民币 9 万亿元，占国内生产总值的 6.67%。伴随行业规模的扩张与国际化进程的加速，建设工程争议呈现主体多元、标的额高、技术性强和法律关系复杂等特点，需要专业、高效、国际化的争议解决机制定分止争，确保行业规范有序发展。

仲裁是广受商事主体青睐的争议解决方式，其专业、高效、独立、保密的根本属性，以及尊重意思自治和专家裁判的争议处理方式，对于解决建设工程行业的多样化、复杂化纠纷，促进国内外基础设施建设项目顺畅推进，具有天然独到的优势。作为中国最早设立的涉外商事仲裁机构，中国国际经济贸易仲裁委员会（以下简称贸仲）一直坚持在建设工程争议解决领域探索创新，不断优化规则体系与裁判机制，积极构建专业性、有针对性的多元化建设工程争议解决平台。早在 2010 年，贸仲就制定并颁布了我国首部《建设工程争议评审规则》并推进示范文本纳入争议评审安排，为建工争议的及时高效解决提供了便利。贸仲高度重视建工领域专家队伍建设，现行《建设工程争议评审专家名册》中有来自 26 个国家和地区的 191 位专家，工作语言涵盖国际 13 个语种和国内多个地方方言，专长涵盖建设工程的融资、招投标、合同管理、施工管理、竣工结算、项目索赔等争议多发领域。现行《仲裁员名册》中，具有建设工程背景的仲裁员数量近500人，这支充实的专业人才队伍为当事人妥善解决建设工程争议提供了可靠保障和支持。

近5年间，贸仲受理的建设工程案件类型覆盖勘察设计、施工总承包、专业分包、工程咨询、工程质量及造价鉴定等建设工程的全链条各环节，争议标的总额突破人民币700亿元，其中2024年案件标的额达近人民币220亿元，较5年均值提升53%。贸仲在PPP争议可仲裁性、工程造价鉴定程序启动、专家证人使用、外国法查明机制建立等热点议题上率先探索，逐步构建起兼具本土适用性与国际水准、契合行业特点、注重公平效率的裁判规则。例如，贸仲总结了"明确争议范围与金额构成、判断是否属于专业技术问题、切割法律争议与技术争议以及确认是否具备鉴定条件"的4个造价鉴定启动审查要点，尝试构建更加规范合理的造价鉴定启动审查机制，实现保障当事人权利与维持仲裁效率的平衡。又如，在外国法的查明方面，贸仲牵头40家境内外成员方联合促成《"一带一路"仲裁机构法律查明合作机制》，同时在案例中兼采仲裁庭依职权查明、当事人提供、当事人委托外国法律查明服务机构协助查明以及由当事人委托的法律专家协助进行法律查明等多种查明方式，为国际建设工程项目的仲裁扫清了障碍。

为系统总结贸仲在建设工程争议解决领域的宝贵经验，贸仲在严格遵守仲裁保密性的前提下，对近年来审结的建设工程案件进行了系统梳理与深入研究，并从中精选了15件具有典型性和指导意义的案例集结成册。入选案例涉及建设工程项目招投标、合同效力认定、工期延误责任认定、工程质量争议、工程价款结算与支付、工程变更与索赔、优先受偿权、分包管理、国际工程争议等前沿及热点难点问题。贸仲特别邀请了在建设工程领域具有深厚造诣和丰富裁判经验的仲裁员，对入选案例的法律要点、裁判思路以及给行业主体的风险提示和操作建议进行了深入分析，为业界防范风险、规范经营、高效解决纠纷提供切实可行的参考。在此，要特别感谢贸仲仲裁员赵杭、崔军、秦玉秀、李琪、冯志祥、李凡、董纯钢、檀中文、戴雯、陈旻百忙之中抽出时间为本书提供案例评析意见。

囿于经验和时间，本书难免存在疏漏与不足，恳请广大读者不吝赐教，批评指正。未来，贸仲将始终以服务国家战略为使命担当，继续深耕建设工程争议解决领域，妥善处理每一起建设工程仲裁案件，为中国建筑业的繁荣发展、“一带一路”和全球基础设施合作提供有力的仲裁保障。

中国国际经济贸易仲裁委员会

2025 年 9 月

目录

I 国 A 公司与 I 国 B 公司 EPC 合同争议案

中国国际经济贸易仲裁委员会(以下简称贸仲)根据申请人 I 国 A 公司(以下简称申请人)与被申请人 I 国 B 公司(以下简称被申请人)于 2016 年 12 月签订的“EPC 合同”(以下简称 1 号合同或本案合同)中仲裁条款的约定,以及申请人于 2021 年 12 月向贸仲提交的书面仲裁申请,受理了双方当事人因履行上述而产生的本争议仲裁案。

一、案　　情

(一)申请人的仲裁请求及所依据的事实理由

2016 年 12 月,为执行位于 I 国的 1 号项目,申请人作为承包商与作为项目业主的被申请人签署了本案合同。合同签订后,申请人积极履行合同项下的义务进行项目工程的建造施工,本案项目已经于 2019 年 5 月完成交工,双方就此签署了《工程交工证书》。2020 年 5 月工程质保期届满后,2021 年 6 月被申请人向申请人签发了《工程复验报告》,确认工程复验合格。然而,截至申请人提起本案仲裁之日,被申请人尚有一笔到期工程进度款、合同约定的到期质保金及多项合同变更所产生的费用未予支付,构成严重违约。

1. 本案项目早已竣工,工程进度款付款条件已成就,但被申请人延迟支付工程款,应向申请人赔偿损失

双方签署了《工程交工证书》,被申请人确认工程于2019年5月交接。申请人于2020年5月向被申请人提交了本项目第七笔工程进度款申请报告,又于2020年7月向被申请人开出金额为1620余万元(若无特别所指,本案所涉币种均为人民币)的发票,完成了合同约定的付款申请流程。根据合同条件约定,第七笔工程进度款的实际支付条件和形式要件都已满足。被申请人未在收到申请人提交的发票后30日内即2020年8月之前支付该笔进度款,违反了合同的约定。

经申请人不断催告,被申请人自2021年2月起,以资金问题为由分4笔支付了部分进度款,但该笔进度款尚余150万元未支付。被申请人除支付欠付的工程款本金外,还应根据合同条件的约定按照同期贷款利率支付其迟延支付工程进度款的利息。

2. 本案质量保证金支付条件已经成就,但被申请人迟延支付质量保证金,应向申请人支付欠款并赔偿损失

本案项目质保期已于《工程交工证书》签发的12个月即2020年5月届满,被申请人于2021年6月向申请人签发了《工程复验报告》,已经实质通过了质量保证金支付申请,根据合同条件约定,被申请人有义务自2021年6月起向申请人支付质量保证金1620余万元,即合同固定总价约3.3亿元的5%。申请人最迟于2021年8月开具了1620余万元质量保证金发票,但被申请人迟迟未能支付质量保证金。

3. 申请人在合同履行期间根据被申请人指示进行了两项变更工作,但是被申请人至今未支付应由其承担的两笔变更费用

一是申请人根据被申请人指示进行了新增浮筒产品取证工作,产生合同变更费用39万余元。

2017年9月,申请人就结构物产品取证费用征求被申请人意见,被申请人回复申请人函件,确认新增的浮筒建造组装的取证工作,按照合同变更条款处

理,取证费用由被申请人承担。双方结算过程中,被申请人现场签发了《变更确认单》,列明:“工作简述:浮筒建造产品取证;申请变更原因:工作量增加;申请变更费用:40 余万元;业主意见为确认发生过变更。”截至申请人提起本案仲裁,被申请人仍未支付该笔变更费用。

二是申请人根据被申请人指示进行了新增的浮筒液压舱室安装工作平台工作,产生变更费用 10 余万元。

2018 年 3 月,被申请人发函指令,希望增加浮筒液压舱室安装工作平台,并附相关说明。双方结算过程中,被申请人现场签发了《变更确认单》,签字确认了该项变更的工作量,按照合同变更条款处理。截至申请人提起本案仲裁,被申请人仍未支付该笔变更费用。

4. 因被申请人原因造成迟延获颁施工许可,双方同意以合同变更原则处理,但被申请人拒进行赔付,应向申请人支付变更费用欠款并赔偿损失

根据合同附件 1 约定,被申请人负责许可证和外国船只须具备的“作业许可”(License to Operation,LTO)和“海事作业通知”(Notice to Mariners,NTM)的申请。

本案项目由于施工区域不同,项目单点及海管安装船队和项目预挖沟船队的海事作业通知需要分别进行审批,即需要分别获得。

因被申请人原因导致迟延获颁项目单点及海管安装船队的海事作业通知证书,致使船队产生待机损失;同时,申请人不得不在台风多发季节开展挖沟及登陆拖拉工作,船队施工方案变更,二次施工、船只待机等,双方同意按照合同变更原则处理,但被申请人拒不进行赔付。

2018 年 1 月起,申请人的项目单点及海管船队——C 船队的三艘作业船即 D 号船、E 号船和 F 号船相继获得了作业许可,但由于被申请人自身原因(其整体开发过程中单点东侧锚地的安全评估未能满足政府要求),直到 2018 年 4 月申请人 C 船队才最终获颁海事作业通知。

同时,本案项目挖沟船 G 号船和 H 号船于 2018 年 2 月取得作业许可批

准，但由于被申请人原因，申请人挖沟团队于2018年3月方才获得政府准许预挖沟海事作业通知。申请人的预挖沟船队不得不在台风高发季节进行预挖沟及登陆拖拉工作，施工方案变更，作业船队待机、工期延期完成，申请人蒙受重大损失。

2020年5月，双方就获取施工许可证延迟导致的变更事项进行了讨论，被申请人确认船队待机、二次登陆拖拉等事宜属实，要求申请人就该事项提供完整证据材料后，结合合同变更处理原则双方友好协商结算。2020年6月，申请人通过邮件向被申请人发送《变更确认申请事宜》备忘录及附件，其中第7项变更事项为因许可证推迟导致C船队待机26日、第8项变更事项为受极端天气影响导致C船队待机、施工方案变更及工期延长等产生的额外费用。之后，被申请人出尔反尔，截至申请人提起本案仲裁申请，仍拒不按照合同变更条款进行处理。

上述变更事项给申请人造成：(1)2018年3～4月的船队待机损失共计1460余万元，包括船舶待机损失1440余万元(D号船待机26日的待机费1170万元、E号船待机26日的待机费190余万元、F号船待机9天的待机费76余万元)和燃油费共计20余万元(49.80吨×近5000元/吨)。(2)预挖沟船队二次施工、作业船只待机(2018年7月)损失共计7050余万元，包括船舶待机损失共计1430余万元(D号船待机23天的待机费1030余万元、E号船待机23天的待机费170余万元、F号船待机23天的待机费190余万元、海管运输船待机8天的待机费30余万元)、燃油费共计80余万元(171吨×近5000元/吨)和施工费用(二次拖拉施工环境检测、沙堤南侧二次挖沟、后挖沟、沙堤作业线建设，登陆点施工、海管物料倒运储存以及管理费)共计5260余万元。

5. 申请人产生其他变更费用共4项，被申请人在确认变更工作量后不予确认变更金额、不予支付变更费用，应赔偿申请人相关费用及利息

在本案项目施工过程中，还产生了其他4项变更费用，被申请人于2019年11月现场签发了《变更申请单》确认了工作量，但迟迟不肯确认承担变更费用。2020年6月，申请人向被申请人的相关变更确认函件中，第1～4项合同变更

内容即为上述 4 项变更费用，截至提起本案仲裁，被申请人仍未支付。包括因登陆点场地标高增加 0.75 米，回填土方量增加产生的费用 19 余万元，因收发球筒基础增加预应力 PHC500 桩 16 根产生的费用 6 余万元、因陆管穿越公路产生的额外费用 34 余万元、因锚桩及 PLEM 钢材量增加总计近 390 吨的费用 510 余万元及自确认上述各项变更属实之日计至实际付款之日的利息。

6. 申请人应当向申请人赔偿申请人为提起本案而支出的律师费、其他办理案件而产生的费用和仲裁费。

经变更，申请人最终的仲裁请求为：

1. 被申请人向申请人支付其欠付的工程进度款 150 万元，即以欠付工程进度款为基数，以同期 LPR 为利率，计算至实际付款之日止的利息，暂计至 2021 年 12 月的利息 50 余万元。

2. 被申请人向申请人返还质量保证金 1620 余万元，以及自 2021 年 6 月起，以同期 LPR 作为利率标准计算至实际支付之日止的利息，暂计至 2021 年 12 月为 30 余万元。

3. 被申请人向申请人赔偿进行的浮筒建造产品取证工作而产生的费用 39 万余元，及自 2019 年 11 月起，以同期 LPR 作为利率标准计算至实际支付之日止的利息，暂计至 2021 年 12 月为 3 余万元。

4. 被申请人赔偿申请人进行新增的浮筒液压舱室安装工作平台而产生的费用 10 余万元，及自 2019 年 11 月起，以同期 LPR 作为利率标准计算至实际支付之日止的利息，暂计至 2021 年 12 月为 9000 余元。

5. 被申请人赔偿申请人项目单点及海管安装船队产生的待机损失 1460 余万元及自 2020 年 6 月起，以同期 LPR 作为利率标准计算至实际支付之日止的利息，暂计至 2021 年 12 月为 80 余万元。

6. 被申请人赔偿申请人不得不在台风多发季开挖和登陆拖拉工作所产生的损失 7050 余万元，及自 2020 年 6 月起，以同期 LPR 作为利率标准计算至实际支付之日止的利息，暂计至 2021 年 12 月为 420 余万元。

7. 被申请人赔偿申请人因登陆点场地标高增加 0. 75 米,回填土方量增加产生的费用 19 余万元,及自 2019 年 11 月起,以同期 LPR 作为利率标准计算至实际支付之日止的利息,暂计至 2021 年 12 月为 1 余万元。

8. 被申请人赔偿申请人因收发球筒基础增加预应力 PHC500 桩 16 根产生的费用 6 余万元,及自 2019 年 11 月起,以同期 LPR 作为利率标准计算至实际支付之日止的利息,暂计至 2021 年 12 月为 5000 余元。

9. 被申请人赔偿申请人因穿越公路产生的额外费用 34 余万元,及自 2019 年 11 月起,以同期 LPR 作为利率标准计算至实际支付之日止的利息,暂计至 2021 年 12 月为近 3 万元。

10. 被申请人赔偿申请人因锚桩及 PLEM 钢材量增加总计近 390 吨的费用人民币 510 余万元,及自 2019 年 11 月起,以同期 LPR 作为利率标准计算至实际支付之日止的利息,暂计至 2021 年 12 月为 40 余万元。

11. 被申请人承担申请人因本案支出的律师费约 210 万元和其他办案费用约 71 万元。

12. 本案全部仲裁费由被申请人承担。

(二)被申请人的主要答辩意见

1. 关于本案合同。

本案 EPC 合同即所谓"交钥匙总承包"模式,项目边施工、边设计、边改进是常见现象。除非合同特别约定经业主认可的使项目功能明显超越原合同约定功能而引发的重大调整和改进事项,承包商按约可启动索赔或者要求按合同变更处理外,EPC 模式下的合同价格一般不做调整。

2. 申请人第 1 项仲裁请求中的最后一笔合同价款,与申请人第 3 项至 10 项仲裁请求所主张的"变更费用"以及被申请人反请求主张的违约金都属于合同约定的"工程结算款"。承包商索取支付工程结算款的前提条件是提交符合要求的结算报告及完整的结算资料,得到被申请人确认后再提交固定资产移交文件并经被申请人认可。但是申请人至今未履行前述义务,故本案工程结算款的付款条件尚未成就,被申请人无须承担付款责任,更无须承担所谓的逾期利息损失。

3. 申请人第 2 项仲裁请求主张的质量保证金,虽然质保期已满,但申请人一直未按约提交符合要求的所有承包商文件,因此至今未颁发最终接收证书。故质量保证金的支付条件尚未成就,被申请人无须支付质量保证金及所谓逾期利息损失。

合同中的"最终接收证书""最终验收证书"对应的英文均为"Final Acceptance Certificate"。被申请人多次催告申请人尽快按规定编制和提交承包商文件,并于 2020 年 4 月邮件提醒申请人此系质量保证金的支付条件,申请人却至今未提交符合要求的承包商文件,当然更不能获颁最终接收证书,故而质量保证金的支付条件并未成就。

4. 关于申请人第 3 项至第 10 项仲裁请求所主张的变更费用,其中仅有第 3 项仲裁请求所涉浮筒建造产品取证费用构成合同变更,其余不构成合同变更。

关于浮筒建造产品取证费用,被申请人一直认可作为合同变更,但并未确定变更金额。而申请人与中国 I 公司签署的 1 号协议载明的"CCS 产品认证收取费用"仅为 18 余万元,其他"现场施工节点报验费用""管理费"无法看出与取证工作的关联。在申请人未说明费用组成的合理性并取得被申请人认可前,被申请人有理由暂不予支付。

5. 即使申请人第 1 项至第 3 项仲裁请求所涉款项的付款条件已成就,但因申请人的违约行为,被申请人也有权要求从应付款中扣除其应承担的违约金。

因申请人所供关键设备制造、到货、安装进度严重滞后,导致工程严重逾期,其应承担延误工期损害赔偿金,并且因关键人员长期擅离岗位导致对项目现场管理不力,申请人还应承担关键人员调离的损害赔偿金,仅该两项违约金合计金额即高达 2530 余万元。被申请人有权要求在最后一笔应付款中扣除违约金,且该金额已远远超出申请人第 1 项至第 3 项仲裁请求的金额,故被申请人无论如何都无须承担前述款项的付款义务,当然更不需要承担任何逾期利息。

6. 申请人主张的除浮筒建造产品取证之外的其他5项变更均属于合同约定的“为达到装置性能要求以及装置操作安全和便利要求而进行的工作”，不应视为合同变更，且其中锚桩及PLEM钢材量增加完全是申请人自身原因所致，因此该5项所谓的变更费即便假设存在，也应由申请人自行承担。

被申请人不仅多次通过邮件明确告知申请人其他5项不构成合同变更，且在2021年12月向申请人发送结算初审结果时也再次重申。申请人在仲裁申请书中声称被申请人于2019年11月就该5项变更签发《变更确认单》，因此应承担变更费用的说法完全系故意曲解，不符合客观事实。

7. 申请人第5项和第6项的损失，其述称均由迟延颁证引发。且无论该等损失是否发生（申请人未举证），即便假设存在，但申请人才是作业许可及海事作业通知的申办义务主体，且迟延颁布也是申请人自身原因所致，与被申请人无关。

（1）无论从合同约定还是当地法律规定及实际申领过程来看。作业许可和海事作业通知的申领主体都是申请人。

第一，从合同约定来看，合同附件1明确约定，申请人才是作业许可及海事作业通知的申领主体，且需承担迟延颁证所致工期滞后和费用增加的风险，对此不作为合同变更处理。

申请人援引合同附件1完全是对合同条款理解与适用错误，该条列于“详细设计”条目的承包商责任项下，所约定的是承包商应在工程安装之前提供必要文件以供业主办理其自身需申办的批文和许可，但作业许可和海事作业通知是承包商自身需要申办的批文和许可，显然不属于此列。

第二，从当地法律规定及实际审理过程来看，在实操过程中，一般先取得作业许可，再经多轮审核（包括对船只整体施工方案及安全措施的评估确认）通过后才能取得海事作业通知。申请人称“作业许可与海事作业通知两个许可证书的申请没有先后顺序，可以同时申请”与事实不符。

申请人恶意曲解被申请人与 I 国政府部门的往来函件,并未真实还原作业许可及海事作业通知的实际审理流程,且遗漏了部分关键事实:

①申请人至少在 2018 年 1 月就知晓应自行申领海事作业通知及如何申请,并开始自行准备申领海事作业通知,而非是其所称在被申请人 2018 年 2 月通知后才开始申请。被申请人 2018 年 2 月向申请人发送邮件,是提醒和催促其尽快与顾问公司 I 国 J 公司协商填写书面通知(Written Notification),并非通知其申请海事作业通知。

②被申请人与 I 国政府部门过程中沟通的往来函件,根本未涉及申请人所述的“由于被申请人自身原因单点东侧锚地安全评估未能满足政府要求”的内容。

③申请人于 2018 年 2 月向 I 国环保部门撰写并提交了书面通知(Written Notification),但因其将原定采用绞吸船[Cutter Suction Dredger(CSD)]挖沟的施工方案擅自变更,故 I 国环保部门于 2018 年 3 月向申请人发送邮件,通知其提交的书面通知(Written Notification)不符合 EPMO 要求。申请人此后于 2018 年 3 月重新向 I 国环保部门提交了一份书面通知(Written Notification),I 国环保部门这才于 2018 年 3 月向申请人出具了审批认为符合管理部门(EPMO)要求的批准函,次日挖沟船队即获颁海事作业通知。由此可见,一直是申请人撰写并提交书面通知(Written Notification),而且 I 国环保部门发送批复函件的对象均为申请人,显然申请人才是申领海事作业通知的义务主体。

④C 船队规模远超挖沟船队,且其主要在外海作业、水深较深、作业区域大,过往船只较多,I 国海事局对 C 船队有关环保和安全评估审核方面更为谨慎。基于申请人的要求,被申请人帮助其向 I 国政府部门积极沟通并说明了已增加安全措施等事项,才使 C 船队及时获颁海事作业通知证书。

第三,申请人具有丰富的海上作业经验,对 I 国的气候条件及施工海域的浪涌对施工造成的影响等应有充分预期。事实上,某号台风对实际施工的影响极小,船队在台风多发季开展挖沟和登陆拖拉工作也是申请人自身原因所致。

①海上作业的特殊性在于稍大的浪涌便会造成海沟挖掘的返工,申请人早在 2015 年即已开始在 I 国海域施工作业,应对当地气候条件以及由此可能给施工造成的影响具有充分预估和防范能力,同时对 I 国海域相关作业许可和海事作业通知的申办也应具备相应经验。

②实际上,某号台风的行进路线与 I 国海域相距甚远,对施工造成的影响十分有限,最多只能算是较大的浪涌而已。而依据合同约定,即便假设对施工存在一定影响,该等费用及责任也应由申请人承担。

③迟延开工也并非完全是因迟延办证导致,挖沟船队设备待机持续发生,申请人在 5 月的项目工作周报也自认船设备故障,目前项目组正在积极寻找替代资源、寻找可替代资源以及存在沟深不满足拖拉需求,进行沟型维护工作的情况。

(2)被申请人从未自认就该两项费用作合同变更处理,2020 年 5 月召开的会议就所涉事项的回应并不构成自认。

该会议本身仅是个讨论会,被申请人只是同意以此作为依据共同推进后续结算工作,会议纪要中虽确认第 7 ~ 8 项船队待机、海管二次登陆拖拉等事实,并未明确迟延颁证的责任方。至于会议纪要明确申请人就该事项提供完整的证据资料后,结合合同变更处理原则双方友好协商结算,是被申请人在基于双方继续合作的良好愿景才同意由双方友好协商处理,但并非确认第 7 ~ 8 项已经构成合同变更且同意支付变更费用。被申请人也未对申请人 2020 年 6 月发送的《变更确认事宜函件》作任何回应。

8. 关于申请人仲裁请求所涉的律师费和其他办案费用、仲裁费用依法应由申请人自行承担。

被申请人请求仲裁庭驳回申请人的全部仲裁请求。

(三)被申请人的仲裁反请求及其所依据的事实和理由

被申请人的仲裁反请求为:

1. 申请人向被申请人支付延误工期损害赔偿金人民币1620余万元，以及以前述款项为基数，支付自2019年5月起（不含当日）至实际支付完毕之日止的利息（2019年8月19日前的利息按中国人民银行发布的同期同类贷款利率计算，2019年8月20日之后的利息按全国银行间同业拆借中心发布的同期贷款市场报价利率（LPR）计算，暂计至2022年4月为人民币130余万元，以后据实计算至实际清偿之日止）；

2. 申请人向被申请人支付关键人员调离岗位的损害赔偿金人民币770万元，以及以前述款项为基数，支付自申请人收到仲裁反请求申请书之日起按全国银行间同业拆借中心发布的同期贷款市场报价利率（LPR）为标准计算的利息至实际清偿之日止；

3. 申请人承担被申请人因本案支出的律师费及其他为办理本案支出的费用；

4. 本案全部仲裁费由申请人承担。

本案合同明确约定，实现中间交接的时间为2018年7月。但案涉工程开工后，因申请人项目负责的关键人员长期擅离职守对项目现场管控不力，以及关键设备供货、制造、安装多次延期滞后，导致案涉项目施工计划多次调整，最终在被申请人的反复敦促下，申请人才于2019年5月提请工程交工，并于2019年5月完成工程中间交接工作。被申请人有权按照法律规定及合同约定要求申请人承担相应的违约损害赔偿责任，具体如下：

1. 因申请人关键设备供货制造安装进度严重滞后，导致项目完工远迟于合同原定日期，进而影响到整个项目总体开车计划，给被申请人造成了严重经济损失。

2017年9月申请人提交的施工进度计划表，载明将于2018年1月完成PDU滑环和主轴承的采购，2018年3月完成浮筒制造，但2018年2月、9月申请人先后两次推迟到货时间。对此被申请人于2018年10月专门召开了单点浮筒项目专题会，确定"单点浮筒出货日期以2018年12月为目标"……"1）止链器10月到货;2)遥测器及相关电气设备10月到货;3)PDU设备10月到货"。然而,至2018年11月PDU仍未到货,双方经过多次反复函件往来沟通,最终浮筒直到2019年3月初才最终抵运施工现场,3月中旬才完成安装进入设备调试环节,由此影响到项目的进度,给被申请人造成了巨大的经济损失。

根据本案《合同条款与条件》及合同附件15的约定以及《民法典》第585条第1款及第3款规定,被申请人有权向申请人主张延误工期损害赔偿金。被申请人已于2019年5月通过邮件明确向申请人要求支付延误工期损害赔偿金1620余万元,因此申请人应自2019年5月起承担相应的利息。

2. 合同附件2明确约定,申请人负责案涉项目的关键人员包括项目经理、项目副经理、项目QA/QC经理、项目采购经理、项目陆地建造经理、项目海上建造监督。但前述人员自项目开工以来,并未依约驻守项目工作岗位,导致项目施工管理不力、问题频发,对此被申请人多次敦促申请人整改未果。

依据本案合同《合同条款与条件》、合同附件15的约定以及《民法典》第885条第1款及第3款规定,被申请人要求申请人承担关键人员调离的损害赔偿金人民币770万元及承担相应的利息。

3. 申请人仲裁请求缺乏事实及法律依据不能成立,其理应承担被申请人因本案支出的律师费、仲裁费及其他为办理案件支出的费用。

(四)申请人对被申请人所提反请求的答辩意见

1. 工期延误并未造成实际损失,申请人不应赔付

(1)因被申请人原因迟延获颁海事作业通知导致工期延误,进而导致申请人不得不在台风季进行施工,本项目实际工期相较合同工期计划有所滞后,在很大程度上是由于被申请人自身的原因。申请人承担延误工期损害赔偿金的前提是"非业主原因而未能满足本合同规定的进度计划要求",在被申请人自身原因导致工期不能满足进度计划要求的情况下,被申请人主张申请人支付延误工期损害赔偿金,缺乏事实和法律依据的。

(2)本项目工期延期并未给被申请人造成实际损失,被申请人主张的违约

金金额过分高于损失。

申请人负责实施的单点系泊和海底管线工程，已于 2019 年 5 月完成首次提油，2019 年 5 月，被申请人和申请人进行了单点系泊和海底管线工程的中交并于 2019 年 5 月签署中交证书以及竣工验收证书。对于单点系泊和海底管线工程来说，首次提油时记录工程的相关参数如果符合要求，则相当于通过了所有调试和测试，已具备工程交接和投运条件。根据被申请人、申请人和项目其他承包商 4 月共同签署的《I 国 B 公司项目工程协调例会》会议纪要，截至 4 月，单点系泊和海底管线工程已具备投运条件，已实现首船原油的提油工作的条件，如果此时项目生产线的其他工序均已就绪和完成调试，项目即可以实现投产。但事实上，2019 年 7 月，项目才实现装置全面中交，2019 年 11 月才经过全面调试和联运，第一次投料试车，实现工厂全流程打通和全面投产，此时距离申请人承包的单点系泊和海底管线项目实现投运条件，已经过了近半年的时间。

根据申请人掌握的极其有限的情况，项目其他工程的承包商中，也存在延误的情形。如果将整个项目作为一个整体考虑，显然，其他分项的延误才是关键延误事件，并导致项目投运时间被拖延至 2019 年 11 月。截至 2019 年 5 月（此为申请人作为工程承包商收到的最后一份项目周会会议纪要，此后被申请人召开会议的频率提高至一周两次，以推进滞后的工程进度，但由于不再涉及申请人的工作，因此，此后的会议纪要申请人不掌握），仍存在大量待解决的主要矛盾和待实施的关键工作，包括电站两炉、两机的投运无法满足需求、主装置区剩余工作量依然很大、各单元仪表施工剩余工程量三大等。

综上所述，申请人完成单点系泊和海底管线工作的实际工期，未对被申请人项目整体投运和盈利产生任何影响，也就没有对被申请人造成任何实际损失。而项目顺利投产后获得了国家级的项目质量金奖，给被申请人带来了极高的盈利和声誉。现阶段被申请人正在积极筹措案涉项目的二期工程，并曾与申请人沟通二期合作事宜。根据《民法典》第 584 条的规定，违约金数额应当参照实际损失,不应过分高于实际损失。如前所述,由于本案所涉及的单点系泊和海底管线工作不是关键延误,被申请人并未因此遭受实际损失。且该工序方面的延误也可以归责于被申请人,根据公平原则考虑,也不应由申请人承担所谓违约金,被申请人主张的1620余万元延误工期损害赔偿金,没有法律和事实依据。

2. 关键人员调离损害赔偿金无事实与法律依据,应予驳回

(1)本案基于项目特性及部分工作必须在国内完成的需要,无须关键人员全程在I国现场参与施工

合同附件15的约定对关键人员更换和调离的发生是以新人员的增补为前提,而案涉项目未曾发生新人员进场接手工作之情形,项目人员自始至终未发生调离,仅有新增,且分工明确,各司其职。

案涉项目为EPC总承包项目,工作类型复杂,项目的详细设计,分包采办管理,PLEM(水下基盘)及单点建造,设备装船运输,船舶资源协调等工作均需在国内执行,人员无条件且无必要长期在I国驻扎。部分项目关键岗位人员除部分时间在I国协调工作外,在国内也一直参与项目工作。I国现场主要参与人员为施工及现场技术管理人员,申请人派出项目常务副总经理自然人K作为项目主要负责人在现场协调和管理工作。项目经理自然人L在项目全周期负责整体组织和管理工作,全面协调项目工作,并未出现调离情况,并于2018~2019年实时跟进项目施工进度,解决施工中遇到的障碍;项目副经理自然人M、项目副经理自然人N、项目QA/QC经理自然人O、项目采购经理自然人P、项目陆地建造经理自然人Q、项目海上建造监督自然人R,在与各自工作相关的项目关键作业期间,如拖拉、浮筒安装等节点,均赴现场进行管理和支持,其余时间在国内执行项目的采办及项目管理工作。故而本项目中,关键人员不在项目现场是由工程特性决定的,被申请人以“不在项目现场”为由主张,关键人员调离损害赔偿金没有合同和事实依据。被申请人提出该项反请求的依据,仅能推导出案涉项目负责人员并未全程出现在I国项目施工现场,而无法直接证明申请人存在将项目关键人员调离的行为;事实上,案涉负责人虽不

在现场,但仍勤勉完成相关工作、推进施工进度,促使项目顺利完工。被申请人对该项损害赔偿金的主张无事实依据。

(2)被申请人未能提供所谓关键人员调离导致的任何损失证明,应承担举证不利后果

被申请人第 2 项反请求仅称自案涉项目开工以来,前述关键人员并未依约驻守项目工作岗位,导致项目施工现场管理不力、问题频发,但项目施工现场如何管理不力、出现何种问题,该等不力管理及问题对施工现场具体造成什么程度的实际损失,被申请人均未对该等损失作出任何证明及量化。被申请人在其官网宣传新闻中已经自认对申请人完成的工程运作能力非常满意,并对被申请人持续贡献业绩增量,不曾显示出实际损失的存在。同时,案涉项目完成的高质量已得到含金量极高的国家级奖项认可,也足以反证项目各关键人员兢兢业业、恪尽职守、未有损失产生的事实。

(3)被申请人的"只要离开现场即应赔偿"的主张不能成立

申请人请求仲裁庭驳回被申请人的全部仲裁反请求。

二、仲裁庭意见

仲裁庭依据现有证据以及仲裁庭的庭审调查,查明本案有关事实,并作出以下分析和认定。仲裁庭充分考虑了各方在程序过程中提出的意见、审查了各方提交的证据,对于仲裁庭经过审理认为不影响仲裁结论的主张或证据,仲裁庭在下文中将不加以详述或分析。

(一)关于本案的适用法律、合同效力、合同语言和仲裁语言

1. 适用法律

仲裁庭注意到,合同约定:本合同的效力、解释及执行均受并遵守中华人民共和国(港澳台地区除外)的法律管辖。合同争端解决,无论采用仲裁或者诉讼,均适用中华人民共和国法律(港澳台地区除外)。并且,排除按照司法规则

应适用的任何其他国家的法律。仲裁庭认为,根据合同上述约定,解决本案争议适用中国法律。

2. 本案合同的效力

仲裁庭认为,本案合同是当事人的真实意思表述,且不违反中国法律和行政法规中的强制性规定,故合法有效。

3. 合同语言

本案合同以中、英文书就,本案合同约定:“本合同以中英双语书写而成,如遇不一致时,以中文为主。”根据上述约定,仲裁庭在审理中将以合同中文版作为审理的合同文本。

4. 仲裁语言(略)

(二)关于本案的事实

仲裁庭经审理查明如下事实:

2016 年 12 月,申请人与被申请人签订本案合同,由申请人作为 EPC 承包商承包被申请人位于 I 国的 I 国 B 公司某石化项目单点系泊和海底管线项目。合同包括合同协议书、合同条款与条件和合同附件文件,约定申请人将提供项目的详细设计、采办、预制、建造等服务。本案合同《合同协议书》约定“本合同装置工期自合同生效开始至全部工程完工并实现中间交接的时间为 2018 年 7 月”。

2019 年 5 月,申请人提请工程交工。

2019 年 5 月,工程完成中间交接,双方签署了《工程交工证书》(Handover Certificate)。

2020 年 5 月,双方召开会议,会议纪要载明,“第 7 ~ 8 项,因项目海域使用许可证办理问题导致的海工船队待机、海管二次登陆拖拉等事宜,情况属实”“中国 A 公司就该事项提供完整的证据资料后,结合合同变更处理原则双方友好协商结算”“双方共同努力,争取上述问题尽快解决”。

2020 年 6 月,申请人向被申请人发送《关于工程变更确认申请事宜的备忘录》。

2021 年 6 月，双方签署《工程复验报告》，确认工程复验合格。

2021 年 12 月，被申请人向申请人发送结算初审结果。

现合同进度款尚有 150 万元未予支付，质保金尚未返还。

双方就申请人主张的变更价款及被申请人主张的二期延误赔偿等事宜存在争议。

（三）关于《民法典》适用的问题

仲裁庭注意到，双方当事人在代理意见中均引用了《民法典》，双方对于适用《民法典》无争议。仲裁庭还注意到，根据双方提交的证据，本案项下涉及变更的款项争议和进度款的争议均早于《民法典》实施的日期，双方纠纷持续至《民法典》施行后。

仲裁庭认为，参照最高人民法院《关于适用〈中华人民共和国民法典〉时间效力的若干规定》第 1 条第 3 款的规定“民法典施行前的法律事实持续至民法典施行后，该法律事实引起的民事纠纷案件，适用民法典的规定，但是法律、司法解释另有规定的除外”，本案适用《民法典》。

（四）申请人的仲裁请求

1. 关于工程进度款 150 万元及利息的问题

双方当事人对于被申请人尚欠进度款 150 万元没有争议。申请人主张自质保期开始，进度款全部金额的支付条件已经成就，被申请人则称进度款尾款的支付属于结算价款，在结算款未确定的情况下被申请人没有支付的义务。

（1）进度款

申请人称，最后一笔工程进度款 150 万元的支付条件已成就。本案项目已于 2019 年 5 月竣工验收，所有工程量均已完成并通过《工程交工证书》的签发获得认可，申请人已于 2020 年 7 月开具了发票，符合本案合同和合同附件约定的支付条件。最后一笔工程进度款不是工程结算款，合同确实约定了合同结算内容包括合同价款，但绝不应被扩张解释为业主有权将应付工程进度款拖延至合同结算后再支付。合同对于工程进度款的支付有特殊规定，且双方均已批准和同意该笔工程进度款到期应付，被申请人仅以资金理由为借口分期、拖延支付，其工程进度款属于工程结算款的抗辩不应被采信。

被申请人辩称，最后一笔工程进度款的支付条件未成就。合同约定“本工程结算内容包括合同价款、变更费用、违约金”，申请人需按合同约定提交符合要求的交工文件和竣工图并经被申请人书面确认和接受，但实际情况是申请人于 2022 年 6 月才提交相关文件，且仍不符合要求。

仲裁庭注意到，合同“工程进度款支付”约定，“业主应当按照附件 14 规定向承包商支付合同价款”。而合同附件 14 约定，“对承包商工程款的支付，基于双方对工作类别项下每一子类的工作列表上累计已完工作量的认可”。

仲裁庭认为，双方确认的进度款属于双方对于申请人已完工作量的认可，其支付与双方是否结算无关。再者，在申请人自 2020 年 7 月开具发票申请支付最后一笔进度款 1620 余万元，被申请人于 2021 年 2 月第一次付款 620 余万元、于 2021 年 7 月第二次付款 300 万元、于 2021 年 8 月第三次付款 200 万元、于 2021 年 10 月第四次付款 350 万元，说明被申请人也意识到双方无争议的进度款支付无须与结算事宜捆绑。在申请人按照合同约定向被申请人提交了发票之后，被申请人有义务向申请人支付进度款，故仲裁庭对于申请人的此项请求予以支持。

(2)利息

申请人称，被申请人逾期未付工程进度款，在申请人催告下才在 2021 年分 4 笔支付了部分款项，剩余本金 150 万元未付，应当根据本案合同及最高人民法院《关于审理建设工程施工合同纠纷案件适用法律问题的解释(一)》(以下简称《建工司法解释(一)》)第 26 条的规定，承担延期付款的责任，偿付本金并按照 LPR 标准承担利息。

申请人的利息请求具体如下(申请人按被申请人付款情况分段计算利息

情况略)。

就被申请人提出款项支付条件尚未成就因而不应支付逾期付款利息的抗辩理由,仲裁庭认为,根据上述仲裁庭意见,被申请人负有按照合同约定的时间向申请人支付进度款的义务。被申请人逾期支付,应当承担逾期支付利息。

仲裁庭注意到,本案合同《EPC 合同条件》约定,"承包商可以催告业主支付结算价款,如达成延期支付协议,业主应按中国银行人民币同期贷款利率支付拖欠工程价款的利息"。仲裁庭认为,虽然申请人仲裁请求中的此项金额并非结算价款,但是依然可以参照该条款约定的利率计算逾期付款利息。申请人主张按照全国银行间同业拆借中心发布的同期贷款市场报价利率(LPR)计算逾期付款利息,鉴于原中国人民银行人民币同期贷款利率自 2019 年 8 月 19 日均调整为 LPR,故申请人主张按照 LPR 计算逾期付款利息是合理的,仲裁庭予以采纳。

仲裁庭还注意到,被申请人对于申请人主张的期间 4 次付款的金额、实际付款日期未提出异议,故仲裁庭采纳申请人就逾期付款利息的基数及截止日期。

综上所述,被申请人应按照全国银行间同业拆借中心发布的同期贷款市场报价利率(LPR),向申请人支付暂计至 2021 年 12 月合计为 50 余万元,并支付至实际支付之日止。

2. 关于质保金 1620 余万元及利息的问题

(1)质保金

申请人主张质保期已经届满,被申请人应当返还质保金。虽然被申请人尚未颁发最终接收证书,但是工程复验报告即可视为合同约定的最终接收证书。被申请人辩称申请人未按照合同的约定向被申请人提交所有的承包商文件,导致被申请人未签发合同约定的最终接收证书,而工程复验报告是针对某一项工程,不能视为最终接收证书。本案合同约定的质保金在"业主颁发最终接收证书后支付"的返还条件尚未成就。

双方对于质保金金额为1620余万元不存在争议。

仲裁庭注意到，本案合同约定："承包商的质量保证期（缺陷责任期）自合同装置中间交接之日起十八（18）个月，或装置完成性能考核并签发竣工证书后十二（12）个月期满，以先发生的日期为准。"本案工程质保期为12个月。另，双方对于项目质保期届满并无争议。申请人主张质保期始于2019年5月，届满于2020年5月；而被申请人主张始于2019年5月，届满于2020年5月。申请人证据《工程复验报告》"施工单位"一栏申请人写道："工程已于2019年5月交付业主。合同约定的质保期至2020年5月。"第一次庭审中申请人也同意以2019年5月为质保期开始的日期，故仲裁庭认为，根据《工程复验报告》及双方的意见，本案工程质保期于2020年5月届满。

仲裁庭还注意到，合同约定："质量保证期已满，承包商已提供了所有承包商文件、完成了合同规定的所有工程施工和试验，包括完成了所有缺陷的修补后，由业主签发最终的验收证书，最终验收证书上将注明完成合同规定的各项义务的日期。承包商接到业主签发的最终验收证书后，承包商的工作才被认为是最终的验收。"被申请人就合同约定的"承包商已提供了所有承包商文件"尚缺的部分，在庭审中称申请人至今没有提供的一是中英文双语编制的最终证书；二是3个资料手册。经庭审双方当事人最终澄清，被申请人主张申请人尚未提交的文件主要为中文版竣工图和3个维修手册。

仲裁庭认为，按照合同的约定，申请人负有向被申请人提交上述文件的合同义务。但是质保金的目的是在质量保修期内用以维修工程在保修期限和保修范围内出现的质量缺陷的资金，不能将其扩大理解，而在质保期届满后，这一目的已经实现。即使申请人尚未向被申请人交付所有的承包商文件，或者其已经交付的文件尚未经被申请人审核通过，但是交付承包商文件仅是返还质保金的一项非目的性义务，被申请人以此为由在质保期满超过2年后仍拒绝向申请人返还双方并无争议的质保金，不符合合同约定的质保金的目的，也不符合公平原则。

仲裁庭还认为,在合同并未约定质保期届满工程需复验的情况下,在质保期届满 1 年后的 2021 年 6 月被申请人向申请人签发了《工程复验报告》,确认工程复验合格,该份报告应是对质保期结束的确认,在被申请人迟迟不颁发最终接受证书的情况下,视《工程复验报告》为最终接收证书并无不妥。故仲裁庭对于被申请人的此项抗辩不予采纳。

仲裁庭另认为,即使仲裁庭未采纳被申请人的此项抗辩理由,不意味着解除申请人向被申请人交付合同约定的承包商文件的义务。

综上所述,在质保期已经届满且申请人按照合同约定向被申请人提交了发票之后,被申请人有义务向申请人返还质保金,故仲裁庭对于申请人的此项请求予以支持。

(2)利息

申请人请求被申请人自应返还质量保证金之日 2021 年 6 月起,以同期 LPR 作为利率标准计算至实际支付之日止的利息,暂计至 2021 年 12 月为 30 余万元。

仲裁庭注意到,申请人主张的利息起算日期为《工程复验报告》签署的 2021 年 6 月。仲裁庭认为,根据上述仲裁庭意见,被申请人负有按照合同约定的时间向申请人返还质保金的义务。工程质保期已经于 2020 年 5 月届满,申请人于 2021 年 5 月向被申请人开具了质保金的发票,2021 年 6 月被申请人签发了《工程复验报告》,至此可认定被申请人向申请人返还质保金的条件已经成就。

仲裁庭还认为,被申请人未能及时向申请人返还质保金,应当承担逾期利息。就申请人主张的按照 LPR 计取利息,根据前述仲裁庭对于逾期付款利率的意见,仲裁庭对此予以采纳。

综上所述,被申请人应以质保金 1620 余万元为基数,以同期 LPR 作为利率标准,向申请人支付自 2021 年 6 月起至实际支付之日止的利息,暂计至 2021 年 12 月为 30 余万元。

3. 关于浮筒建造产品取证费用 39 万余元和利息的问题

(1)浮筒建造取证费用

申请人称,被申请人要求申请人完成新增浮筒建造组装的取证工作并根据合同变更条款处理,申请人完成此项工作,产生的费用为 39 万余元。

被申请人对于该项工作属于合同变更不持异议,但是主张双方并未就变更的金额达成一致。因申请人在本案庭审补充举证之前并未对该费用的具体计算、构成以及支出的合理性进行说明,而是后经仲裁庭要求才于 2022 年 8 月在其提交的《庭后代理意见》中详细说明了具体费用的计算方式及构成,故在此之前被申请人无法确定该款项的具体金额、构成以及支出的合理性,有权暂不予支付。

仲裁庭注意,在申请人提交的《庭后代理意见》中详细说明了具体费用计算方式及构成后,被申请人未对申请人仲裁请求中的此项金额提出异议,故仲裁庭予以采纳。

在双方就申请人主张的浮筒建造产品取证费用 39 万余元不存在争议的情况下,被申请人应向申请人支付浮筒建造产品取证费用 39 万余元。

(2)利息

申请人主张以 39 万余元为基数,及自《变更确认单》签发之日 2019 年 11 月起,以同期 LPR 作为利率标准计算至实际支付之日止的利息,暂计至 2021 年 12 月为 3 余万元。

被申请人辩称,因被申请人在申请人详细说明具体费用计算方式及构成之前无法确定该款项的具体金额、构成以及支出的合理性,有权暂不予支付,且被申请人有权在最后一笔应付款中扣除申请人应承担的违约金,而该等违约金明显已超过申请人该项仲裁请求所主张的款项金额,故被申请人无须支付该款项,申请人主张自 2019 年 11 月变更确认单签发起计算此项费用的逾期利息不能成立。

仲裁庭认为,被申请人主张的扣除违约金的事宜在本案仲裁反请求中处理,与本案仲裁本请求无直接关联。另外,利息为法定孳息,与当事人某一方是否违约无关。但是考虑申请人直至本案审理时才对其此项仲裁请求的金额构成作出说明,故仲裁庭酌情裁定被申请人应以 39 万余元为基数,以同期 LPR 作为利率标准计算向申请人支付自本案第二次开庭日期至实际支付之日止的利息。

4. 关于新增浮筒液压舱室安装工作平台费用 10 余万元及利息的问题

(1)新增浮筒液压舱室安装工作平台费用

申请人请求被申请人赔偿申请人其根据被申请人指示进行新增的浮筒液压舱室安装工作平台而产生的费用 10 余万元,系向中国 I 公司支付的款项近 10 万元与 5% 的申请人公司管理费的总和。申请人提供了《变更确认单》、其与中国 I 公司签署的合同、发票等证据。《变更确认单》上的金额为 10 余万元,申请人称因增值税税率由 16% 降低到 13% ,因而整体费用较之《变更确认单》有所减少。

被申请人辩称,第一,虽然是被申请人发函要求申请人开展此项工作,但被申请人在发函时表述得非常清楚——要求增加此工作平台的原因是"为考虑后期的检验与维修工作能够方便操作",属于合同约定的"为达到装置性能要求以及装置操作安全和便利要求而进行的工作",当然不构成合同变更,而申请人收函后并未提出异议。第二,假设申请人认为被申请人发函构成业主的书面变更要求,那么按照合同约定,理应在收到后 5 日内提交变更建议书并待被申请人批准后才开始施工,然而实际上申请人却未进行任何操作也未提出异议便直接完成了相应工作,可见,申请人自己也并不认为此项属于合同变更,因此才未履行相关程序,如今却出尔反尔,明显缺乏依据。第三,倘若按照申请人所述"由于额外平台的要求对于我方在浮筒加工工作量方面的影响,导致产生重新设计,增加材料使用、加工及安装的工作,导致额外费用增加,故应给予补偿",岂非意味着但凡只要发生一丁点合同未约定的工作量都需由业主给予其补偿?这显然违背了 EPC 总承包模式的主旨,否则 EPC 合同反复约定合同约定内容仅为最低合同要求,“为达到装置性能要求以及装置操作安全和便利要求而进行的工作”均不视为合同变更的意义何在？申请人的主张明显毫无逻辑和道理可言。第四,即便该项主张成立,申请人就此项费用仅举证提供了其母公司与中国I公司签订的协议及往来付款凭证,而协议中并未提及浮筒液压舱室安装工作平台相关信息,变更费用明细表中申请人述称因本项工作支出的CCS船级社认证费更无法看出与浮筒液压舱室安装工作平台有任何关系,应由其自行承担举证不能的不利后果。被申请人核算认为该项费用合理价格也仅应为1.5余万元,具体组成如下:钢结构出图的设计费为2000元/套、钢结构制作安装费用单价13,000元/吨(依据2015年版《石油化工建筑工程综合定额》),并结合了I国B公司一期项目各承包商钢结构制作安装费用,包括制作安装、防腐、防锈,二次搬运费用等均已考虑)、5%管理费700余元。

仲裁庭注意到,被申请人于2018年3月向申请人发函,提出“现浮筒设备液压系统穿舱连接点位于底板以上3.5米,为考虑后期的检验与维修工作能够方便操作,希望设计公司在此处增加工作平台,具体请见附件说明”,并附上了“液压系统穿舱示意图”。在相关《变更确认单》中被申请人确认了发生的工作量,对于变更性质和变更金额未作确认。另外,被申请人向申请人发函之时,本案工程的设计已经完成。

仲裁庭认为,被申请人在设计完成后在设计范围之外要求申请人新增浮筒液压舱室安装工作平台,且其目的并非原设计不符合合同要求或不能满足“装置操作安全和便利”,而是“为考虑后期的检验与维修工作能够方便操作”,而“方便操作”属于主观认知且无止境。在无证据显示原设计不能满足“装置操作安全和便利”的情况下,被申请人简单以“方便操作”为由要求增加申请人的工作构成了变更,并应当承担该项被申请人指令产生的额外费用。

仲裁庭还认为,申请人就变更的金额源自其主张的向中国I公司支付的款项近10万元与5%的申请人公司管理费的总和,结合双方当事人的意见和证据材料,仲裁庭酌情裁定该项变更金额为8万元。

(2)利息

申请人主张以 10 余万元为基数,自确认该项变更属实之日 2019 年 11 月起以同期 LPR 作为利率标准计算至实际支付之日止的利息,暂计至 2021 年 12 月为 8000 余元。申请人在其提交的庭后代理意见附件一中将利息金额调整为 9000 余元。

结合上述仲裁庭意见,仲裁庭认为被申请人应以 8 万元为基数,按照同期 LPR 向申请人支付自 2019 年 11 月起计算至实际支付之日止的利息,暂计至 2021 年 12 月为 6000 余元。

5. 关于船队待机损失 1460 余万元及利息的问题

申请人请求被申请人赔偿申请人因被申请人原因导致的申请人项目单点及海管安装船队产生的待机损失,称:外国船只须具有作业许可和海事作业通知才能开始工作。根据合同约定,上述许可应由被申请人向第三方申请获得。2018 年 1 月起,申请人的项目单点及海管船队——C 船队的三艘作业船即 D 号船、E 号船和 F 号船相继获得了作业许可;2018 年 4 月,C 船队获颁海事作业通知。因被申请人原因导致迟延获颁项目单点及海管安装船队的海事作业通知,致使船队产生待机损失。

(1)船队待机损失

第一次开庭后,申请人向仲裁庭提交了中国 U 公司于 2022 年 7 月出具的《进度延误分析专家报告》,后又提交了中国 U 公司于 2022 年 7 月出具的《对〈进度延误分析专家报告〉的补正说明》,同时将其仲裁请求中的船舶待机损失金额调整为 1460 余万元。在其提交的庭后代理意见附件一中,申请人亦将仲裁请求中的此项金额确定为 1460 余万元。

仲裁庭注意到,中国 U 公司称其报告不是工期延误报告,未对施工许可的颁发发表意见,对于施工费用不作鉴定,而是针对海事作业通知对后续施工影响的意见。该报告的基础为合同进度计划,未考虑合同履行过程中申请人变化了的进度计划。仲裁庭认为,中国 U 公司出具的《进度延误分析专家报告》虽然是申请人单方面的专家意见,但是其内容和分析是专业的,仲裁庭将予以参照采纳。

仲裁庭认为,申请人此项仲裁请求能否得到支持,需先厘清如下问题:一是应由谁申请作业许可及海事作业通知?二是C船队在挖沟船队之后1个月拿到海事作业通知是否正常?三是若不正常,导致C船队在挖沟船队之后1个月才拿到海事作业通知的责任应由谁承担?

1)应由谁申请作业许可及海事作业通知?

申请人称,合同附件1约定:"在安装工作之前,承包商负责向业主提供单点系统、海底管道、水下结构以及其他海上设施所有相关的必要文件供业主向第三方申请、获得批文,以及获得许可文件。"根据该条约定,被申请人负责许可证的申请工作。另外本案合同解释顺序为合同协议书、合同条款,然后是附件。在《合同条款》有明确的约定,业主和承包商应按照附件一获取另一方不能以自己名义获取的,或未被授权以另一方名义获取的建设和运行合同装置所需要的官方审批,因此确定谁来获取这个申请。获取这个审批是谁的合同义务,需要看两个方面:一是附件1是否有明确约定;二是应该以谁的名义来获取。因为即使有约定,而如果不能以申请人的名义去获取海事作业通知的话,那实际上根据《合同条款》理解还是应该由被申请人负责申请。《合同条款》和合同附件1承包商责任的条件是承包商负责向业主提供单点系泊和海底管道,水下结构以及其他海上设施所有相关的必要文件,供业主向第三方获得批准或者是许可文件。事实上海事作业通知是颁发给业主的,根据《合同条款》,申请人无法以自己名义获取。

被申请人辩称,申请人才是作业许可和海事作业通知的申办义务主体。合同附件1约定,申请人应对"由于不遵守I国现行法律(包括没有获得I国政府的批准和许可)造成的工期滞后和额外成本支出(例如,船舶在I国海域的使用,外籍人员赴文莱的工作申请入境签证)"所产生的风险负责。合同附件1明确约定"中国A公司应在海上作业前负责向I国政府申请作业许可(LTO)

和海事作业通知(NTM)”。合同约定“为满足现行有关法律和/或 I 国政府部门的要求而导致的任何改变和/或费用增加和/或工期延误的,将不被视为变更”。而申请人援引的两个条款均不能得出作业许可及海事作业通知应由业主方申办的结论:其一,合同附件 1 系在“详细设计”条目项下的承包商责任,所约定的是在工程安装之前,当业主办理其自身需要办理的批文和许可时,承包商应为业主提供必要的设计文件,根本不能得出所有许可均应由业主办理之结论。其二,合同附件 1 所附《政府批准及许可工作分工表》的“备注”约定“施工许可”是“参照《实施协议》内容并根据实际需要调整”。而《实施协议》系申请人就整个项目与 I 国两个政府部门签署,通篇根本不涉及任何船舶的作业许可和海事作业通知申办事宜。从实际申办过程的客观证据亦可印证申请人才是申办主体之事实。第一,被申请人在招标阶段通过澄清表 2 答复申请人关于“I 国 B 公司是否可以协助项目承包方办理 CCS 认证的船舶进入 I 国施工作业”的提问时,已明确“I 国海事部门对外国船舶进入 I 国水域有相应的规定(见附件),I 国 B 公司可以协助承包商办理相关手续”,可见,双方均认可船舶施工作业所需许可包括作业许可和作业通知的申办主体为申请人,被申请人仅是同意“可以协助承包商办理相关手续”而已。第二,无论从 I 国政府部门的沟通和审批函件,还是被申请人与申请人的往来邮件及例会纪要,均可看出申请人明知其才是申办义务主体,并且在被申请人通知其之前就已经一直在准备和向政府部门提交申办材料,被申请人还通过邮件再三向申请人表示“获得开工许可是贵公司的主要工作之一,I 国 B 公司会予以积极配合,但是主要工作还是贵公司牵头和主导”,以及在施工周例会中被申请人也在对申请人的要求事项中多次反复提及:要求其做好相关船舶的作业许可和海事作业通知办理工作,足见申请人才是申办义务主体。在实操层面,被申请人只不过是按照 I 国政府部门的要求,在申请人的申请资料上附信(cover letter)后协助其转交相关政府部门而已,且被申请人亦及时转交并无任何的拖沓,这并不会改变申请人才是作业许可和海事作业通知申办义务主体这一事实。

申请人则称,合同附件 1 约定的海事作业通知的负责申领主体看似有矛盾之处,但结合上下文及后续邮件沟通确认可知,合同所约定的海事作业通知申领义务主体是业主,即被申请人,或者应被理解为双方已经实际变更为被申请人作为申领义务主体,而申请人作为承包商,仅负责配合;在本案项目的海事作业通知的实际申领过程中,也确实是由被申请人来负责申领海事作业通知,申请人只负责提供文件。

仲裁庭注意到,合同附件 1 约定的"在安装工作之前,承包商负责向业主提供单点系统、海底管道、水下结构以及其他海上设施所有相关的必要文件供业主向第三方申请、获得批文,以及获得许可文件",是指被申请人"向第三方申请、获批以及获得许可文件"所需申请人提供的"必要文件"应是涉及设计内容的文件。而本案争议所涉作业许可涉及的是船舶自身,海事作业通知涉及的是承包商施工方案及安全措施,两者都不属于"详细设计"的范畴,且该条款更未特指业主向第三方的申请包含作业许可及海事作业通知,因而申请人援引该条款主张作业许可及海事作业通知属于被申请人的合同义务,缺乏合同的依据,仲裁庭不予采纳。

仲裁庭还注意到,合同附件 1 所附《政府批准及许可工作分工表》约定由业主主办的"施工许可",其备注是"参照《实施协议》内容并根据实际需要调整"。所谓的《实施协议》,是被申请人于 I 国某政府部门就"2 号项目"签署的,而《实施协议》并不涉及作业许可和海事作业通知。仲裁庭认为,《工作及服务范围》附表"政府批准及许可工作分工表"约定被申请人负责施工许可,但是施工许可不必然包含申请人船舶的作业许可和海事作业通知,就如同承包人施工使用车辆的许可不必然属于业主责任一样。涉及申请人船舶的许可不等同于施工许可。因而,从合同附件 1 所附的《政府批准及许可工作分工表》,无法得出海事作业通知申领属被申请人合同义务的结论。

仲裁庭另注意到,合同附件 1 已经明确"承包商应在海上作业前负责向 I 国政府申请作业许可和海事作业许可"。仲裁庭认为,结合仲裁庭上述关于合同的意见，根据这一条款的约定，无论海事作业通知应以谁的名义获取，负责申请海事作业通知的责任方是本案的申请人。

仲裁庭认为，由于申请作业许可和海事作业通知属申请人的合同义务，除非存在被申请人责任导致迟延获取海事作业通知，因迟延获取海事作业通知导致的待机损失不应由被申请人承担。

2）关于挖沟船队与 C 船队获取海事作业通知之间的时间差

申请人称，2018 年 3 月，被申请人收到环保局来函确认项目海上施工方案符合 EPMO 要求，按照正常流程，海事局会颁发本项目航行通告即海事作业通知。2018 年 3 月，申请人挖沟船队获取海事作业通知。此事实说明，如非因其他原因，I 国海事局应在 EPMO 颁发次日即颁发本项目施工所需的各份海事作业通知。2018 年 4 月，申请人与 I 国海事局负责人自然人 S 会面后获悉 C 船队海事作业通知迟延颁发的原因系受被申请人负责的新锚地选址和安全评估一事影响。申请人于当天即积极与被申请人沟通要求其尽快解决此事，被申请人也承诺积极协调 I 国 J 公司提供单点东侧锚地的安全评估报告，促进海事作业通知进度。2018 年 4 月，I 国 J 公司提供了第一版新锚地选址和安全评估实验方案的报告，但仅能达到海事局颁发单点相关的 C 船队锚桩锚链安装工作的海事作业通知的条件（单点锚桩工作区域仅为海管铺设工作区域所需海域的 50% 左右），无法满足海事局对涉及海域较大的颁发海管安装工作的海事作业通知的条件。2018 年 4 月，被申请人基于此情况向申请人指示拆分海事作业通知申请工作范围，先申请单点锚桩施工工作范围，在其解决锚地安全评估问题后，再申请海管铺设工作的海事作业通知，申请人只得根据被申请人的指示照做，当天立即提供了单点工作的锚桩安装的海事作业通知申请材料。2018 年 4 月获颁 C 船队锚桩锚链安装工作海事作业通知，4 月 C 船队锚桩锚链安装工作海事作业通知开始生效。申请人请求的是挖沟船队与 C 船队分别获取海事作业通知之间 26 日待机损失的费用。

仲裁庭注意到，EPMO 颁发于 2018 年 3 月，挖沟船于第二天获取海事作业通知,C 船队于 4 月获取海事作业通知,C 船队获取海事作业通知的时间比挖沟船晚了 26 日。仲裁庭认为,申请人主张的迟延是 3 月挖沟船获取海事作业通知与 C 船队 4 月获取海事作业通知之间 26 日的"延误",是两份海事作业通知之间日期的差异,因而申请人此项仲裁请求与 EPMO 颁发的时间无关。在申请人仲裁请求中的此项费用不涉及 EPMO 颁发日期的情况下,争论因谁的责任导致 EPMO 迟延不存在意义。需要厘清的是,这 26 日的时间差是否应当归责于某一方当事人。

仲裁庭还注意到,就申请人主张因被申请人原因所涉的两份函件,分别由被申请人于 2018 年 1 月向 FAST 发出,是被申请人与 I 国政府部门过程中沟通的往来函件,其中未见申请人所指的"由于被申请人自身原因(其整体开发过程中单点东侧锚地的安全评估未能满足政府要求)"的内容,也未见该函件涉及海事作业通知相关事宜。仲裁庭认为,从该两份函件,仲裁庭无法得出海事作业通知因被申请人原因迟延颁发的结论。

仲裁庭另注意到,合同并未明确在 EMPO 之后多少天可以拿到海事作业通知,无论是申请人抑或被申请人,均未举证在 EPMO 之后多少天可以获取海事作业通知。仅以挖沟船队在 EMPO 第二天获颁海事作业通知,不能将其视为海事作业通知颁发的常态。而就该 26 日的时间差,申请人虽称因被申请人整体开发过程中单点东侧锚地的安全评估未能满足政府要求,迟迟未能获颁项目单点及海管船队的海事作业通知,但是并未说明被申请人锚地的问题与其主张的 26 天的延误存在何种关联。仲裁庭认为,虽然挖沟船在 EPMO 之后的第二天取得海事作业通知,但是并无证据显示在 EPMO 颁发之后的第二天船只必然可以取得海事作业通知。C 船队与挖沟船不同,船队庞大,船只性质及功能不同,申请人也承认 C 船队的工作范围是单点的锚抓锚链的安装、海管铺设,需要海事作业通知的条件比较高,因而将挖沟船获取海上作业通知的日期视为 C 船队应获取海上作业通知的日期既没有合同依据,也缺乏其合理性。因而申请人以挖沟船取得海事作业通知的日期计算 C 船队海事作业通知延误时间，缺乏合同、法律和事实依据，仲裁庭无法采纳。

此外，申请人于 2018 年 4 月就 C 船队的海事作业通知致函被申请人，称在 C 船队没有获颁海事作业通知的情况下，“C 船队计划于明日 14 号完成单点锚桩作业的施工准备后转入待机状态”。仲裁庭认为，根据申请人的此份函件，C 船队在 2018 年 4 月之前在为单点锚桩施工做准备，而待机则从后一日开始。按照这一日期计算，至 2018 年 4 月获颁海事作业通知，C 船队待机的时间应为 8 日。

3）关于 2020 年 5 月《会议纪要》

申请人称，2020 年 5 月《会议纪要》载明“第 7 ~ 8 项，因项目海域使用许可证办理问题导致海工船队待机、海管船队二次登陆拖拉等事宜，情况属实。中国 A 公司就该事项提供完整证据材料后，结合合同变更处理原则双方友好协商结算”。该《会议纪要》构成了被申请人的自认。

被申请人辩称，2020 年 5 月的会议本身仅是个讨论会，被申请人会上同意共同协商推进后续结算工作并特别提出需结合“I 国 B 公司技术部门确认意见”。可见，就如何结算双方尚未达成实质性的最终意见。《会议纪要》提及“情况属实”只是确认该等事实的发生，并未明确迟延颁证的责任方，而是要求“中国 A 公司就该事项提供完整的证据资料后，结合合同变更处理原则双方友好协商结算”“双方共同努力，争取上述问题尽快解决”。

仲裁庭认为，《会议纪要》第 7 ~ 8 项的表述显示双方均认可存在 C 船队办理 EPMO 及海事作业通知造成申请人船队待机的事实。但是其“结合合同变更处理原则双方友好协商结算”的表述不应理解为被申请人认同迟延获取海上作业通知属被申请人的责任并应承担补偿义务。其中“结合合同变更处理原则”说明双方并未就迟延获取海上作业通知属于变更达成一致，而在“结合合同变更处理原则”的基础上“双方友好协商结算”，说明双方对于该问题最终的结算亦未达成一致，期待后续进行协商。但是无论如何，被申请人的此番表态意味着被申请人同意就申请人 C 船队待机损失“结合合同变更处理原则”与申请人“友好协商结算”，也就意味着被申请人在一定程度上愿意承担申请人的此项损失。

4) 申请人待机损失的金额

就申请人请求的损失金额为 1460 余万元，被申请人对于申请人主张的计算金额未提出自己的计算。

仲裁庭认为，中国 U 公司出具的《进度延误分析专家报告》虽然是申请人单方面的专家意见，但是其内容和分析是专业的，在没有对于该报告的反驳意见的情况下，仲裁庭合理采纳该报告对于申请人每天损失计算的数据。

综上所述，结合申请作业许可及海事作业通知的责任在申请人，但是双方均认可存在 C 船队迟延获取海事作业通知且仲裁庭确定申请人船队待机 8 日的事实，在无证据证明 C 船队 2018 年 4 月取得海事作业通知相较于挖沟船队于 2018 年 3 月获取海事作业通知之间 26 天的时间差完全是因被申请人环评原因导致的情况下，考虑到本案合同履行的实际情况和申请人因 C 船队待机的损失的情况下，仲裁庭酌情裁定由被申请人承担申请人此项费用 450 万元。

(2) 利息

申请人主张以 1460 余万元为基数，自确认该项变更属实之日 2020 年 6 月起以同期 LPR 作为利率标准计算至实际支付之日止的利息，暂计至 2021 年 12 月为 80 余万元。

仲裁注意到，申请人主张自 2020 年 6 月起算利息，是其于当日向被申请人提出变更请求，未经被申请人审核批准，不符合合同的约定，仲裁庭不予采纳。

仲裁庭认为，被申请人向申请人支付待机费用 450 万元属于仲裁庭审理过程中根据合同履行的实际情况酌情裁定，并非被申请人欠付的款项，被申请人无须承担此笔费用的逾期付款利息。

6. 关于台风多发季开挖和登陆拖拉工作的损失 7050 余万元及利息的问题

(1) 台风多发季开挖和登陆拖拉工作损失

申请人就其请求损失赔偿称，本案项目挖沟船 G 号船和 H 号船分别于

2018 年 2 月取得作业许可,具备先后投入现场施工的条件,但被申请人直到 2018 年 2 月才通知申请人进行该船队的 EPMO 和海事作业通知的申请,导致申请人挖沟船队于 2018 年 3 月方才获得政府准许预挖沟海事作业通知。上述被申请人原因造成许可证申请和获颁延迟,导致申请人的预挖沟船队不得不在台风高发季节进行预挖沟及登陆拖拉工作,也因此受极端天气影响,施工方案变更,作业船队待机、工期延期完成,申请人蒙受重大损失。申请人在其提交的庭后代理意见附件一中将仲裁请求中的此项金调整为 7050 余万元。

1)申请人主张的此项损失的源头

申请人称,中国 U 公司的《进度延误分析专家报告》已经明确指出,海事作业通知的迟延获颁这一事项确实会导致申请人不得不进入台风季进行施工。台风季对于施工造成的具体影响:受 2018 年 7 月超级台风“某号”的影响,拖拉缆上浮筒丢失严重且部分区域产生风暴天气之后的骤淤现象导致拖拉缆被掩埋,以致无法按照原定方案一次性完成海管登陆拖拉作业。调整后的方案为先将管线拖拉至沙堤暂停,在沙堤组建海管铺设作业线,然后进行二次拖拉。由此方案变更产生了计划外的部分工作,主要为重新布置拖拉缆、二次拖拉施工环境监测费用、沙堤南侧进行二次挖沟、后挖沟费用、沙堤作业线建设与登陆点延长施工、海管物料倒运储存。申请人还向仲裁庭提交了中国 T 公司出具的《I 国 B 公司某石化项目海管台风影响分析咨询》报告,证明台风生成后对申请人作业的海域的影响因海底回淤增多,对申请人已经开挖的管沟造成管沟淤积,导致申请人不得不变更施工方案。

被申请人不认可极端天气对申请人的施工造成了影响,辩称:被申请人提交的证据体现申请人至少在 2018 年 1 月前就知晓应自行申请海事作业通知及如何申请,且至少在 2018 年 1 月前就已经开始自行准备申领海事作业通知,而非是其所称在被申请人 2018 年 2 月通知后才开始申请。另外,台风从未在 I 国海域形成也未经过 I 国海域,申请人所述海上浪涌高达 1.5 ~ 2 米本就是海上作业的正常情况，该浪涌高度与招投标阶段披露的数据基本吻合，申请人应对施工海域附近的气候、浪涌高度，以及由此可能造成的管沟回淤等风险有充分预期及应对措施，故所谓“台风季”的概念根本就不成立；再者，系申请人自身原因导致进入 2018 年 7 月施工：除因申请人自身原因导致迟延获颁海事作业通知外，在挖沟船队开工后不久的 2018 年 4 月初，申请人就出现设备待机情况，持续至 6 月初仍有发生，使挖沟工作屡屡未达到计划长度，这才是导致预挖沟工作远迟于合同原定计划进度完成的真正原因，这点申请人在项目工作周报中也是予以自认的。

仲裁庭注意到，申请人提交了中国 T 公司出具的《I 国 B 公司某石化项目海管台风影响分析咨询》报告对台风导致回淤增加做了技术性分析，中国 T 公司也就被申请人对其咨询报告提出的质疑提交了《对 I 国 B 公司质证意见中涉及的专业性、技术性问题的回应》。仲裁庭认为，中国 T 公司出具的《I 国 B 公司某石化项目海管台风影响分析咨询》报告虽然是申请人单方面的专家意见，但是其内容和分析是专业的，仲裁庭将予以参照采纳。

仲裁庭理解，申请人此项仲裁请求主要是基于其主张的因被申请人原因造成 EPMO 迟延，而 EPMO 的迟延导致挖沟船队和 C 船队迟延获颁海事作业通知，申请人不得不在台风季施工而台风造成回淤增加，造成申请人海底二次施工和 C 船队待机而增加的费用。仲裁庭还认为，中国 T 公司的报告仅基于台风造成回淤，因而申请人此项仲裁请求与浪涌高度无关。海底回淤增多确实会对申请人的施工造成影响。

就申请人的此项仲裁请求，需要厘清申请人为何在 7 月台风季节施工的原因。

2）台风季节施工的原因和责任

申请人称，申请人作为项目建设承包商，无义务申办 EPMO，也确非事实上申办该许可的主体，亦不可能有条件和能力去申办此项许可。被申请人 EMPO 迟延导致海事作业通知迟延获颁是申请人在台风季施工的主要原因。

仲裁庭认为，作业许可和海事作业通知的申办人是申请人，但是 EMPO 的申办人应是被申请人。海事作业通知的前提是 I 国政府机构批准 EMPO。在 EMPO 延迟的情况下，海事作业通知的颁发亦会受到影响。

仲裁庭还认为，就申请人的此项仲裁请求，还需判断申请人按照合同约定应施工的时间以及申请人实际施工的时间之间的关联。

仲裁庭注意到，根据合同附件 3《进度计划》，近岸段施工、海管的登陆拖拉、海上安装等工作均应在 2018 年 6 月完成。其中近岸段施工（陆地管线施工、预开沟）的时间为 2017 年 12 月至 2018 年 4 月；涉及 C 船队的“海上安装”应从在 2018 年 4 月完成动员、施工准备，开始施工至 6 月完工，也就是说，在完成动员和施工准备后，海上安装的时间计划为 2018 年 4～6 月。

就挖沟船队的工作，仲裁庭认为挖沟船队于 2018 年 3 月获颁海事作业许可，会对进度计划中 2017 年 12 月至 2018 年 4 月的近岸段施工造成不利影响。

就 C 船队的工作，仲裁庭认为申请人在其 2018 年 4 月致被申请人函中称，“C 船队计划于明日完成单点锚桩作业的施工准备后转入待机状态”，因而 C 船队于 2018 年 4 月获颁海事作业通知的时候已经完成了施工准备，至迟可以自 2018 年 4 月开始施工。C 船队实际可开工日期比计划日期晚了 12 日，理论上推迟 12 日后的完工日期应为 2018 年 7 月。而根据中国 T 公司的报告，申请人于后几日才完成了本应于 2018 年 4 月完成的拖拉缆预布，7 月开始后续施工受到台风的影响，造成拖拉缆被回淤所掩埋。申请人并未说明在挖沟船队于 2018 年 3 月获颁海事作业许可，C 船队于 2018 年 4 月获颁海事作业许可的情况下，拖拉缆预布为何迟至 2018 年 7 月方才开始。

综合上述仲裁庭意见，仲裁庭认为，申请人进入台风季施工的责任不应归责于合同一方，双方对此均负有相应的责任。且 2020 年 5 月《会议纪要》也确认了“……海管船队二次登陆拖拉等事宜，情况属实”，该项目最后一句表示：“结合合同变更处理原则双方友好协商结算”并未排除该事项的合同变更，也考虑被申请人仅是表示“结合”而非按照合同变更处理，意味着被申请人在一定程度上愿意承担申请人的此项损失。

3）申请人待机损失的金额

申请人就其主张的待机损失金额向仲裁庭提交了中国U公司落款日期为2022年7月的对《进度延误分析专家报告》，被申请人对于申请人主张的计算金额未提出自己的计算。

仲裁庭认为，申请人提交的中国U公司出具的《进度延误分析专家报告》属于申请人单方面提交的专家意见，在没有对该报告的反驳意见的情况下，仲裁庭合理酌情采纳该报告对于申请人损失的计算数据。

综上所述，考虑申请人二次登陆拖拉布缆和C船队待机的实际情况，仲裁庭酌情裁定被申请人向申请人支付台风多发季开挖和登陆拖拉工作的损失1500万元。

（2）利息

申请人主张以7050余万元为基数，自确认该项变更属实后明确金额之日2020年6月起，以同期LPR作为利率标准计算至实际付款之日的利息，暂计至2021年12月为420余万元。

仲裁注意到，申请人主张自2020年6月起算利息，是其于当日向被申请人提出变更请求，未经被申请人审核批准，不符合合同的约定，仲裁庭不予采纳。

仲裁庭认为，被申请人向申请人支付待机费用1500万元属于仲裁庭审理过程中根据合同履行的实际情况酌情裁定，并非被申请人欠付的款项，被申请人无须承担此笔费用的逾期付款利息。

7. 关于登陆标高增加0.75米导致回填土方量增加产生的费用19余万元及利息的问题

（1）登陆点场地标高增加0.75米

申请人称，招标阶段招标文件要求3.25米登陆点标高，但在实际施工中被申请人指示将标高提高至4米，登陆点场地标高增加0.75米导致回填土方量增加，属于合同条件约定的业主指示变更情形，产生的费用为19余万元。单价参考的是《变更资源单价依据》,同时结合工作日报、周报等。申请人在其提交的庭后代理意见附件一中将请求金额调整为 19 余万元。

被申请人辩称,被申请人从未指示申请人增加登陆点标高,更未认可该项作合同变更处理。被申请人在对应的《变更确认单》中同样也仅在"发生工作量"处打勾确认,并未对变更性质、变更金额予以确认,且表示"以上描述无误。但本工程为 EPC 工程,此部分工程量的增加是否予以计价,请采购部审核"。另外,申请人主张,被申请人两次指示提高登陆点场地标高,其实是混淆了东西管库路由区域最终场地标高、陆地收发球桶标高、登陆点场地标高三者的概念,三者相互独立且并无直接联系。被申请人两次邮件中提到的都是"东西管廊路由区域最终场地标高""陆地收发球桶标高",与"登陆点场地标高"毫无关联。申请人自行选择提高登陆点场地标高,与被申请人无关。再者,本案工程的基础设计和勘察和详细设计都是由申请人完成的,申请人应当自行审核相关的数据准确性,以满足工程的技术要求。

仲裁庭注意到,申请人请求的基础为从属招标文件的基础设计文件与实际施工的差别。仲裁庭认为,虽然申请人承担了本案工程的勘察设计工作出具了基础设计文件,但是其与被申请人就勘察设计工作另行订立了合同,因而申请人的勘察设计工作并非申请人本案合同项下的工作,在勘察设计合同项下出具的基础设计文件属于被申请人的招标文件,而非申请人在本案合同项下的合同义务。申请人不应在本案合同项下承担其他合同约定的责任和义务,因而因基础设计文件与实际施工不符导致的结果不应由申请人承担责任。

仲裁庭还注意到,该项《变更确认单》"承包商意见"载明:"根据 I 国 B 公司在基本设计阶段'关于东西管廊路由区域最终场地标高的函'(附件 1:2016 年 7 月),登陆点区域设计标高为 3.25m(BSD88),参考图纸(HYBN－01BD－3.15.6)。在后期进行详细设计阶段,按照 2017 年 4 月联络函中(附件),管廊区域标高为 3.76m(BSD88),经我方核实登陆点区域涉及标高需增加至 4m(BSD 88),较基本设计整体增加了 0.75m,由此导致现场施工土方回填工作量增加。”被申请人对于土方量增加的事实不持异议。

仲裁庭认为，虽然本案合同为EPC合同，但是业主招标文件表示的施工条件与承包商进场后发现的与招标文件不一致的施工条件，承包商仍然有权向业主索赔。

仲裁庭还认为，虽然被申请人否认其要求申请人增加标高，但是从所涉《变更确认单》可以看出，实际施工时标高需增至4米，其中所差为0.75米。申请人不会无缘无故抬高标高而增加费用，因而标高的变化应是施工场地实际情况所致，产生的额外费用为变更费用，应由被申请人承担。在被申请人未就仲裁庭确认的索赔事项提出不同金额的情况下，仲裁庭合理采纳申请人主张的变更金额。故仲裁庭对于申请人的此项请求予以支持。

（2）利息

申请人主张以19余万元为基数，自确认该项变更属实之日2019年11月起以同期LPR作为利率标准计算至实际支付之日止的利息，暂计至2021年12月为1余万元。

结合上述仲裁庭意见，仲裁庭对被申请人此项利息请求予以支持。

8.关于收发球筒基础增加预应力PHC500桩16根产生的费用6余万元及利息的问题

申请人请求被申请人赔偿申请人因收发球筒基础增加预应力PHC500桩16根产生的费用6余万元及逾期付款利息。

（1）收发球筒基础增加预应力PHC500桩16根

申请人称，为在某岛上建设海管的终端设备收发球筒，需要建设一个地基。申请人投标报价是以被申请人招标文件中的基设文件为基础，但基设文件中并未具体要求地基形成，即并未显示需要打16根桩，所以申请人按照常规设置混凝土施工方法进行投标报价。后续在实际施工的详细设计阶段，较基本设计增加16根预应力打桩，以增加预应力，使地基更稳固。在实际工作中，申请人确实完成了与基础设计不一致的工作，应属于合同约定的合同变更，费用为4余万元,单价参考的是《变更资源单价依据》,同时结合工作日报、周报等。申请人在其庭后代理意见附件一中将该项请求的金额调整为 6 余万元。

被申请人辩称,被申请人在对应的《变更确认单》中同样也单单只在"发生工作量"处打勾确认,并未对变更性质、变更金额予以确认,且表示"以上描述属实,在 PLR 基础设计期间和详细设计期间新增了 16 根 PHC500 混凝土预应力桩属实。本工程属于 EPC 合同是否予以计价请采购部予以审核"。可见,被申请人并未认可作合同变更处理。另外,增加 16 根桩属于"为达到装置性能要求以及装置操作安全和便利要求而进行的工作",不构成合同变更:一是基础设计文件并未具体要求地基形成当然更未显示需打 16 根桩;二是案涉工程的地质勘探基础设计详细设计均由申请人负责,是否选择打桩、打多少根桩均由申请人自行决定,此系 EPC 总承包模式的应有之义;三是案涉工程为 EPC 总承包模式,合同明确约定承包商"负责完成详细工程设计工作",那么申请人主张只要"在实际工作中确实完成了与基础设计不一致的工作"即构成合同约定的能对合同价格产生影响的合同变更,显然有悖合同约定。

仲裁庭注意到,该项《变更确认单》申请变更金额为人民币约 40 万元,"承包商意见"载明:"PLR 基础在基本设计阶段至描述要设置混凝土地基(参见附件 1),并没有明确地基具体形式,投标报价期间也仅仅只是考虑为混凝土墩台结构形式。项目执行阶段,根据最新的土壤资料进行土建设计时,根据 PLR 吨位设计需要在 PLR 混凝土墩台下方安装 16 根 PHC 500 混凝土预应力桩(参见附件 2)。"仲裁庭认为,基础设计文件并未明确地基的具体形式,因而"投标报价期间也仅仅只是考虑为混凝土墩台结构形式"是申请人自行选择的施工方案,而非施工条件与基础设计文件相比较发生了变化。申请人作为 EPC 总承包商,除非业主在招标文件中给出了不符合实际情况的地质条件,否则土壤资料等风险应由申请人作为 EPC 总承包商承担。故,仲裁庭对于申请人的此项仲裁请求不予支持。

（2）利息

因该项变更费用仲裁庭未予支持，故对相应的利息亦不予支持。

9. 关于因陆管穿越公路产生的费用 34 余万元及利息的问题

（1）因陆管穿越公路产生的费用

申请人请求被申请人赔偿申请人因穿越公路产生的额外费用，称：在前期基础设计阶段和招标过程、投标和后期详细设计阶段，都是按照 4 米的公路标高设计方案为开挖铺设路管。被申请人未能在其工作范围内将公路标高提升到计划标高，导致公路的实际标高是 1.73 米，无法按照原设计方案进行开挖铺设路管。经与被申请人沟通，由申请人提供陆管穿越优化方案，经由被申请人批准后，申请人进行施工。双方通过会议纪要明确“海底管线跨越检修道路属于新增工作内容……I 国 B 公司将对产生的费用作为合同变更进行补偿”。申请人在其提交的庭后代理意见附件一中将其该项仲裁请求的金额调整为 34 余万元。

被申请人辩称，被申请人在对应的《变更确认单》中同样也单单只在“发生工作量”处打勾确认，并未对变更性质、变更金额予以确认，且表示“以上描述无误。原设计由挖沟跨路方案调整为造坡跨越公路。工程量属实。但本工程为 EPC 工程，是否予以计价请采购部审核”。可见，被申请人并未认可作合同变更处理。申请人混淆了“海底管线跨越检修道路”与“陆管穿越公路”两个概念，开工会议明确的是“海底管线跨越检修道路”作为合同变更，但申请人后续实际施工方案为“陆管穿越公路”，“跨越”和“穿越”虽仅一字之差但施工方案完全不同，实际施工的“陆管穿越公路”仅是在平铺于地面的管道上填砂土后再铺撒碎石子而已，属于“为达到装置性能要求以及装置操作安全和便利要求而进行的工作”，不构成合同变更。

仲裁庭注意到，申请人请求的基础为从属招标文件的基础设计文件与实际施工的差别。根据上述仲裁庭意见，因基础设计文件与实际施工不符导致的结果不应由被申请人承担责任。

仲裁庭注意到,该项《变更确认单》申请变更金额为人民币 50 余万元,“承包商意见”载明:“根据 2016 年 11 月 I 国 B 公司某石化设计分工及界面对接会议纪要中关于单点系泊管线与厂区管廊交接点变更,故陆地管线需穿越检修公路(附件 1:I 国 B 公司某石化项目设计分工及界面对接会纪要),增加详细设计和现场施工的工作。后续施工期间,由于管廊附近区域及公路标高低于规划高度,为保证陆地管线标高,原计划采用挖沟跨公路的施工方案更改为从贯线上造坡跨越公路。”

仲裁庭认为,《变更确认单》明确了“增加详细设计和现场施工的工作”,而该增加的工作则是因为“单点系泊管线与厂区管廊交接点变更,故陆地管线需穿越检修公路”。“单点系泊管线与厂区管廊交接点变更”所导致的“陆地管线需穿越检修公路”工作属于因其他变更导致的申请人的额外工作,原设计并没有这个连接点,因而申请人的该项工作不属于“为达到装置性能要求以及装置操作安全和便利要求而进行的工作”,构成合同变更。故,仲裁庭对于申请人的此项请求予以支持。

(2)利息

申请人主张被申请人以 34 余万元为基数,自确认该项变更属实之日 2019 年 11 月起以同期 LPR 作为利率标准计算至实际支付之日止的利息,暂计至 2021 年 12 月为近 3 万元。

结合上述仲裁庭意见,仲裁庭对申请人的此项利息请求予以支持。

10. 关于因锚桩及 PLEM 钢材量增加 510 余万元及利息的问题

申请人请求被申请人赔偿申请人因锚桩及 PLEM 钢材量增加总计近 390 吨的费用 510 余万元及利息。

(1)锚桩及 PLEM 钢材量增加

申请人就其此项仲裁请求称,因投标阶段的钢桩量无法满足实际需求,所以申请人在详设阶段增加了钢桩量。实际钢桩量变化为 406.18 吨 = 详设阶段设计用量 736.73 吨 – 招标设计阶段钢桩量为 330.55 吨,但因为 2018 年 11 月被申请人签发的《变更确认单》中，双方已确认钢桩量增加为近 390 吨，因此申请人在主张变更时，按照近 390 吨钢桩量（比实际数量少）计价，本金金额为 510 余万元。

被申请人辩称，被申请人在对应的《变更确认单》中同样也单单只在“发生工作量”处打勾确认，并未对变更性质、变更金额予以确认，且表示“基础设计和详细设计之间 PLEM 和单点总的钢桩的钢材量新增近 390 吨。但本工程属于 EPC 工程，地质勘探也是 EPC 承包商的工作之一，有地质勘探资料不充分导致的设计新增工作量是否予以计价？请采购部审核”。可见，被申请人并未认可做合同变更处理。另外，系申请人自身原因导致该项费用产生：一是案涉工程设计基础资料的收集（包括环境数据收集、物理测量、地质勘探等）及基础设计文件编制工作均由申请人负责完成。二是在双方明确申请人应于 2016 年 8 月提交基础设计文件的情况下，申请人迟延至 2016 年 11 月才提交基础设计文件终版，而终版基础设计文件与详细设计文件中的锚桩及 PLEM 的钢材用量基本一致，可见如不是申请人迟延提交基础设计文件终版，根本就不会发生该问题。故不应作合同变更处理。三是合同约定承包商可以基于其工程技术经验进行工程设计优化，如果此等工程设计优化引起或导致其他部分需要或者是减少设备材料设施或者是提高、降低这些设备材料设施标准的，这些变化不构成本合同约定的合同变更。

仲裁庭注意到，申请人请求的基础为从属招标文件的基础设计文件与实际施工的差别。根据上述仲裁庭意见，因基础设计文件与实际施工不符导致的结果不应由被申请人承担责任。

仲裁庭还注意到，该项《变更确认单》“承包商意见”载明：“受详细设计阶段海底土质资料变化影响，为了保证设备性能和增加安全性，增加了 PLEM 和单点钢材量，总计增加近 390 吨。”而合同文件已经对于该项工作的锚桩的采购清单和水下的结构材料清单作了确认。后续实际施工需要的钢材量大于基础设计文件所示的钢材用量，构成了基于基设文件的钢材量不同的变更，而且这个钢材量的差距非常大，比例达到了 50% 以上。

仲裁庭认为，《变更确认单》明确了增加的钢材用量是“受详细设计阶段海底土质资料变化影响”所导致的，而详细设计结果与基础设计文件存在差异造成了申请人的额外费用，因而申请人的此项支出不属于申请人的合同义务，构成合同变更。鉴于双方对于申请人主张的钢材单价意见不一，仲裁庭酌情裁定被申请人应向申请人支付因锚桩及 PLEM 钢材量增加费用 40 万元。

(2)利息

申请人主张以 510 余万元为基数，自确认该项变更属实之日 2019 年 11 月起以同期 LPR 作为利率标准计算至实际支付之日止的利息，暂计至 2021 年 12 月为 40 余万元。

结合上述仲裁庭意见，仲裁庭认为被申请人应以 40 万元为基数，按照同期 LPR 向申请人支付自 2019 年 11 月起计算至实际支付之日止的利息，暂计至 2021 年 12 月为 3 余万元。

11. 关于申请人因本案支出的律师费和其他为办理本案产生费用的问题

(1)律师费

申请人请求被申请人支付律师费约 210 万元，称：申请人律师费系基于工作量小时收费。第一笔律师费已于 2022 年 3 月实付、第二笔律师费已于 2022 年 11 月实付、第三笔律师费已于 2023 年 3 月实付、第四笔(待付律师费)，包括自前 3 笔律师费项下对应工作量日期(2023 年 1 月之前)之后，即自 2023 年 2 月至本案裁决出具之日，代理人基于工作量预估的律师服务费、因代付产生的手续费、增值税、差旅、办案杂费等。

结合本案审理的实际情况，仲裁庭裁定被申请人向申请人支付申请人为本案支出的律师费约 120 万元。

(2)其他办案费用

申请人请求被申请人支付办案费用 70 余万元，称其中包括工程专家费用 50 万元已于 2022 年 11 月实付；技术专家费用 20 万元因支付节点为第二次庭审不再更新相关意见和回复之后目前节点刚刚届至,正在启动请款流程;I 国法律咨询费用 1 余万元因需要申请人完成内部审批流程实际支付给代理人后代理人再代为对外支付。因此,目前尚未完成支付。

仲裁庭注意到,申请人就其请求的工程专家费 50 万元,向仲裁庭提交了其代理人与中国 U 公司签订的《专家委托协议》和中国 U 公司于 2022 年 7 月出具的《进度延误分析专家报告》。第一次庭审时,中国 U 公司相关人员作为专家出庭并回答了当事人和仲裁庭的质询。申请人就其请求的技术专家费用 20 万元,向仲裁庭提交了其代理人与中国 T 公司签订的《专家委托协议》和中国 T 公司于 2022 年 11 月出具的《I 国 B 公司某石化项目海管台风影响分析咨询》。申请人就其请求的 I 国法律咨询费用 1 余万元,未向仲裁庭提交任何证据材料。

结合申请人提交的专家报告,专家出庭情况和本案审理的实际情况,仲裁庭酌情裁定被申请人向申请人支付工程专家费用 40 万元及技术专家费用 15 万元,共计 50 余万元。申请人请求的 I 国法律咨询费用因申请人未提交相关证据,仲裁庭不予支持。

(五)被申请人的仲裁反请求

1. 关于工期延误损害赔偿金 1620 余万元和利息

(1)损害赔偿金

被申请人请求申请人支付延误工期损害赔偿金 1620 余万元。庭审中被申请人称,该金额是以合同约定的 5% 违约金的上限确定。

申请人辩称,因被申请人原因迟延获颁海事作业通知导致工期延误,进而导致申请人不得不在台风季进行施工,因此,整体工期延误包含被申请人自身原因。另外,本项目工期延期并未给被申请人造成实际损失,被申请人主张的违约金金额过分高于损失。违约金必须与实际损失相关,中国法项下违约金不存在惩罚的作用。

被申请人辩称,工期延误是不容否认的客观事实,而工期延误的根本原因是，申请人负责项目的关键人员长期擅离职守对项目现场管控不力，以及关键设备供货、制造、安装多次延期滞后，导致案涉项目施工计划多次调整；工期延误损害赔偿作为违约金性质，违约金的承担仅需以违约事实存在为前提，并不以实际损失产生为前提，本案也不存在违约金过分高于损失之情况。

仲裁庭注意到，双方对于本案工程存在延误的事实不存在争议，但是均指责对方应对工期延误承担责任。被申请人主张的工期延误依据合同协议书2018年7月的中交日期与2019年5月的中交日期相比对，工期延误近10个月。

仲裁庭认为，根据上述仲裁庭对于申请人仲裁请求中涉及工期迟延的意见，本案双方当事人对于工期延误均负有相应的责任。

仲裁庭还注意到，《会议纪要》签署于2020年6月，此时距合同约定的中交日期已经延误了接近一年的时间，但是被申请人仍然称“双方共同努力，争取上述问题尽快解决”。被申请人称，《会议纪要》是被申请人基于二期项目双方继续合作的良好愿景下签署的。仲裁庭认为，在中交延误近一年的情况下，被申请人未向申请人主张工期延误的损害赔偿，而是继续表示愿意在二期项目继续合作，说明工期延误未给被申请人造成实质性的损失。

鉴于申请人存在工期延误的事实，结合申请人专家意见对于工期延误天数的意见以及仲裁庭对于工期延误责任的意见，在工期延误责任无法细分量化的情况下，仲裁庭酌情裁定申请人向被申请人支付工期延误赔偿200万元。

(2)利息

被申请人请求申请人以1620余万元为基数，支付自2019年5月起(不含当日)至实际支付完毕之日止的利息[2019年8月19日前的利息按中国人民银行发布的同期同类贷款利率计算，2019年8月20日之后的利息按全国银行间同业拆借中心发布的同期贷款市场报价利率(LPR)计算，暂计至2022年4月为130余万元，以后据实计算至实际清偿之日止]。

仲裁庭认为，仲裁庭根据本案审理的实际情况确定工期延误的赔偿，而工期延误赔偿并不属于申请人逾期支付的款项,被申请人并无利息损失,故仲裁庭对被申请人的此项请求不予支持。

2. 关于关键人员调离岗位的损害赔偿金 770 万元和利息

(1)损害赔偿金

被申请人请求申请人向被申请人支付关键人员调离岗位的损害赔偿金 770 万元。

申请人对于其部分人员不在 I 国施工现场不持异议,但是辩称,本案不存在关键人员调离情况。人员调动系基于项目特性及部分工作必须在国内完成的需要,关键人员根据不同分工在不同地点完成工作。另外,被申请人未能提供所谓关键人员调离导致的任何损失证明,应承担举证不利后果。

被申请人辩称,被申请人在 2016 年 11 月的开工会上已明确要求申请人各专业人员需在 I 国开展工作,申请人辩称关键人员无须在现场纯属狡辩,不能成立,反而可以证明其违约之事实;被申请人在施工过程中也反复催告要求"海油项目负责人能尽早常驻 I 国",但申请人始终拒不整改;申请人关键人员调离损害赔偿金性质上同样属于违约金,因此仅需证明违约事实发生即可,无须以实际损失的发生为前提;况且被申请人在计算 6 名长期、多次未到岗的关键人员时均仅计算了 1 次未到岗次数,也远低于被申请人因延误工期所遭受的实际损失。

仲裁庭认为,申请人员工为履行本案合同项下的工程,不必所有时间都在 I 国现场,也可以在申请人总部为项目提供服务,如采购人员等。人员调离应指该人员不为本案工程项目提供服务,因而申请人人员离开现场不等同于调离。故只要不能证明该人不再参与本案项目,或者其不在现场导致被申请人受损,则不应简单以不在现场而适用合同约定。

申请人作为承包商,其关键人员,例如项目经理或者副经理,则应该长期在现场服务于本案工程。被申请人多次催促申请人人员返岗到岗,说明确实存在申请人关键员工长期不在施工现场的事实。

结合本案审理的实际情况，仲裁庭酌情裁定申请人向被申请人支付关键人员调离岗位赔偿金 100 万元。

(2)利息

被申请人请求申请人以 770 万元为基数，支付自申请人收到仲裁反请求申请书之日起按全国银行间同业拆借中心发布的同期贷款市场报价利率(LPR)为标准计算的利息至实际清偿之日止的利息。

仲裁庭认为，仲裁庭根据本案审理的实际情况确定关键人员调离岗位赔偿，而关键人员调离岗位赔偿并不属于申请人逾期支付的款项，被申请人并无利息损失，故仲裁庭对被申请人的此项反请求不予支持。

3. 关于被申请人律师费和其他办案费用

(1)律师费

被申请人请求申请人承担被申请人因本案支出的律师费约 115 万元。

根据本案审理的实际情况，仲裁庭裁定申请人向被申请人支付被申请人为本案支出的律师费用 30 万元。

(2)其他办案费

被申请人请求申请人承担被申请人因本案支出的其他为办理本案支出的费用。

在庭审中被申请人澄清未产生其他办案费用，故仲裁庭对于被申请人的此项费用请求不予支持。

(六)本案仲裁费和实际费用

根据本案实际审理的情况，仲裁庭认为，本案本请求仲裁费由申请人承担 30%，由被申请人承担 70%；本案反请求仲裁费由申请人承担 30%，由被申请人承担 70%。

仲裁庭根据本案的实际审理情况，认为本案在 V 市开庭产生的实际费用由申请人承担 30%，由被申请人承担 70%。

仲裁庭还认为，双方当事人选定开庭地之外的仲裁员，由此额外产生的差旅、住宿费用不属于申请人和被申请人为主张其权利必须产生的费用，申请人和被申请人选定的仲裁员因赴 V 市开庭而产生的差旅、住宿等实际费用全部由申请人和被申请人自行承担。

三、裁 决

综上所述，经合议，仲裁庭裁决如下：

1. 被申请人向申请人支付工程进度款人民币 150 万元，并以人民币 150 万元为基数，以同期 LPR 为利率向申请人支付至实际付款之日止的利息，暂计至 2021 年 12 月为人民币 9000 余元。

2. 被申请人向申请人返还质量保证金人民币 1620 余万元，并以人民币 1620 余万元为基数，按照同期 LPR 作为利率向申请人支付自 2021 年 6 月至实际支付之日止的利息，暂计至 2021 年 12 月为人民币 30 余万元。

3. 被申请人向申请人支付浮筒建造产品取证工作费用人民币 39 万余元，并以 39 万余元为基数，以同期 LPR 作为利率标准计算向申请人支付自 2023 年 3 月至实际支付之日止的利息。

4. 被申请人向申请人支付新增浮筒液压舱室安装工作平台费用人民币 8 万元，并以人民币 8 万元为基数，按照同期 LPR 作为利率标准向申请人支付自 2019 年 11 月至实际支付之日止的利息，暂计至 2021 年 12 月为人民币 6000 余元。

5. 被申请人向申请人支付项目单点及海管安装船队待机损失人民币 450 万元。

6. 被申请人向申请人支付开挖和登陆拖拉工作所产生的损失人民币 1500 万元。

7. 被申请人向申请人支付因登陆点场地标高增加，回填土方量增加产生的费用人民币 19 余万元，并以人民币 19 余万元为基数，按照同期 LPR 作为利率标准向申请人支付自 2019 年 11 月至实际支付之日止的利息，暂计至 2021 年 12 月为人民币 1 余万元。

8. 被申请人向申请人支付因陆管穿越公路产生的额外费用人民币 34 余万元，并以人民币 34 余万元为基数，按照同期 LPR 向申请人支付自 2019 年 11 月起计算至实际支付之日止的利息，暂计至 2021 年 12 月为近 3 万元。

9. 被申请人向申请人支付因锚桩及 PLEM 钢材量增加费用人民币 40 万元，并以人民币 40 万元为基数，按照同期 LPR 向申请人支付自 2019 年 11 月起计算至实际支付之日止的利息，暂计至 2021 年 12 月为 3 余万元。

10. 被申请人向申请人支付申请人因本案支出的律师费和其他办案费用。

11. 驳回申请人的其他仲裁请求。

12. 申请人向被申请人支付工期延误违约金 200 万元。

13. 申请人向被申请人支付关键人员调离岗位赔偿金 100 万元。

14. 申请人向被申请人支付被申请人的律师费 30 万元。

15. 驳回被申请人的其他仲裁反请求。

16. 本案本请求仲裁费，由申请人承担 30%，由被申请人承担 70%。

17. 本案反请求仲裁费，由申请人承担 30%，由被申请人承担 70%。

18. 实际费用(略)。

上述当事人应向对方支付的款项，应于本裁决作出之日起 30 日内支付完毕。

本裁决为终局裁决，自作出之日起生效。

案例评析

【关键词】

工程地政府部门批准迟延的合同责任及损失的承担　台风季额外增加的施工费用　工期延误索赔

【焦点问题】

该案工程项目地为“一带一路”国家,案件争议复杂,专业性强,有专家证人,主要涉及I国当地政府对申请人施工船队许可证颁发的流程及EPC合同项下申领许可合同义务等专业问题、申请人是否能够因台风季施工主张额外的费用以及被申请人主张的工期延误索赔是否合理?

【焦点评析】

本案双方当事人均是具有中资背景的I国公司。被申请人作为业主,与申请人作为专业承包商就PMB石化项目单点系泊和海底管线项目签订EPC合同争议案。合同已履行完毕,申请人以被申请人违约,未支付最后一笔到期工程进度款、合同约定的到期质保金及多项合同变更所产生的费用为由提起仲裁,被申请人则认为合同变更未经双方一致同意,因申请人原因造成工期延误,提出工期延误损失等反请求。

一、海事作业许可

无论是申请人的仲裁请求还是被申请人的仲裁反请求,都与海事作业许可颁发是否迟延相关。本案涉及的石化项目的施工需要投入专业的施工船舶,这些船舶都是申请人安排的非I国籍的船舶。在I国,外国船只须具有作业许可和海事作业通知才能开始工作。

申请人主张,C 船队的海事作业通知获取日期过迟造成船队的待机损失,具体为:海事作业通知颁发的前提条件为 I 国环保局对项目符合环保局环境保护及管理规则批准 EPMO。EPMO 的颁发日期为 2018 年 3 月 26 日,申请人的挖沟船于第二天也就是 3 月 27 日就获取了海事作业通知,但是 C 船队迟至 4 月 22 日才获取海事作业通知,C 船队获取海事作业通知的时间比挖沟船晚了 26 日,被申请人应补偿该 26 日的船队待机费用。另外,也因为上述许可的迟延,申请人的预挖沟船队不得不在台风高发季节进行预挖沟及登陆拖拉工作,增加了高额的费用。申请人依据合同附件 1《工作及服务范围》第 5.3 条约定的"在安装工作之前,承包商负责向业主提供单点系泊、海底管道、水下结构以及其他海上设施所有相关的必要文件供业主向第三方申请、获得批文,以及获得许可文件"和合同附件 1 所附《政府批准及许可工作分工表》约定由业主主办的"施工许可"为基础,主张申领是业主的合同义务。另外,主张上述许可是颁发给业主而非承包商的。

被申请人则称申请人才是作业许可和海事作业通知的申办义务主体。合同附件 1《工作及服务范围》第 1.6 条第 3 款约定,申请人应对"由于不遵守 I 国现行法律(包括没有获得 I 国政府的批准和许可)造成的工期滞后和额外成本支出(例如船舶在 I 国海域的使用,外籍人员赴 I 国的工作申请入境签证)"所产生的风险负责。合同附件 1《工作及服务范围》第 3.1 条明确约定"承包商应在海上作业前负责向 I 国政府申请作业许可(LTO)和海事作业通知(NTM)"。合同第 11.3 条约定"为满足现行有关法律和/或 I 国政府部门的要求而导致的任何改变和/或费用增加和/或工期延误的,将不被视为变更"。而申请人援引的两个条款均不能得出作业许可及海事作业通知应由业主方申办的结论:其一,合同附件 1《工作及服务范围》第 5.3 条系在"详细设计"条目项下的承包商责任,所约定的是在工程安装之前,当业主办理其自身需要办理的批文和许可时,承包商应为业主提供必要的设计文件,根本不能得出所有许可均应由业主办理之结论。其二,合同附件 1 所附《政府批准及许可工作分工表》的“备注”约定“施工许可”是“参照《实施协议》内容并根据实际需要调整”。而《实施协议》系申请人就整个 PMB 项目与 I 国经济发展局、I 国首相署能源局签署，通篇根本不涉及任何船舶的作业许可和海事作业通知申办事宜。实际申办过程的客观证据亦可印证申请人才是申办主体之事实。

这里涉及的主要争议项是 EPC 合同项下申领作业许可和海事作业通知是业主还是承包商的合同义务。

这一争议项不仅涉及合同的相关约定，也涉及 I 国当地的法律规定。为了回答应由谁申请作业许可及海事作业通知的问题，裁决书仔细分析了申请人援引的条款，认为合同附件 1《工作及服务范围》第 5.3 条约定的是设计工作，而合同附件 1 所附《政府批准及许可工作分工表》约定的是施工许可而非船舶作业许可，而根据合同附件 1《工作及服务范围》第 3 条“供货范围”第 3.1 条明确的“承包商应在海上作业前负责向 I 国政府申请作业许可和海事作业许可”的约定，结合关于合同附件 1《工作及服务范围》第 5.3 条的意见，根据这一条款的约定，无论作业许可和海事作业通知应以谁的名义获取，负责申请作业许可和海事作业通知的责任方是本案的申请人。

裁决书另外还分析了申请作业许可和海事作业通知的前提条件，即 I 国环保局对项目符合环保局环境保护及管理规则批准 EPMO。在 EMPO 延迟的情况下，作业许可和海事作业通知的颁发亦会受到影响。根据合同的约定，EMPO 的申办人是被申请人。但是申请人并未主张 EPMO 颁发迟延，而是主张挖沟船队与 C 船队 3 月 27 日挖沟船获取海事作业通知与 C 船队 4 月 22 日获取海事作业通知之间 26 日的“延误”，局限于两份海事作业通知之间日期的差异，因而申请人此项仲裁请求与 EPMO 颁发的时间无关。需要厘清的是这 26 日的时间差是否应当归责于某一方当事人。裁决书进而写道：仲裁庭另注意到，合同并未明确在 EMPO 之后多少天可以拿到海事作业通知，无论是申请人抑或是被申请人，均未举证在 EPMO 之后多少日可以获取海事作业通知。仅以挖沟船队在 EMPO 第二天获颁海事作业通知，不能将其视为海事作业通知颁发的常态。仲裁庭认为,虽然挖沟船在 EPMO 之后的第二天取得海事作业通知,但是并无证据显示在 EPMO 颁发之后的第二天船只必然可以取得海事作业通知。C 船队与挖沟船不同,船队庞大,船只性质及功能不同,申请人也承认 C 船队的工作范围是单点的锚抓锚链的安装、海管铺设,需要海事作业通知的条件比较高,因而将挖沟船获取海上作业通知的日期视为 C 船队应获取海上作业通知的日期既没有合同依据,也缺乏其合理性。因而申请人以挖沟船取得海事作业通知的日期计算 C 船队海事作业通知延误缺乏合同、法律和事实依据,仲裁庭无法采纳。

裁决书进一步梳理了 C 船队的实际情况,即申请人自称"C 船队计划于明日 14 日完成单点锚桩作业的施工准备后转入待机状态"。根据申请人的此份函件,C 船队在 2018 年 4 月 14 日之前在为单点锚桩施工做准备,而待机则从 4 月 15 日开始。按照这一日期计算,至 2018 年 4 月 22 日获颁海事作业通知,C 船队待机的时间应为 8 天(2018 年 4 月 15 ~ 22 日),而非申请人主张的 26 日。

而就被申请人是否应当承担申请人待机损失费用的问题,裁决书实事求是地根据双方之后的《会议纪要》"第 7 ~ 8 项,因项目海域使用许可证办理问题导致海工船队待机、海管船队二次登陆拖拉等事宜,情况属实。海油工程就该事项提供完整证据材料后,结合合同变更处理原则双方友好协商结算"的表述,认为《会议纪要》显示双方均认可存在 C 船队办理 EPMO 及海事作业通知造成申请人船队待机的事实。但是其"结合合同变更处理原则双方友好协商结算"的表述不应理解为被申请人认同迟延获取海上作业通知属被申请人的责任并应承担补偿义务。其中"结合合同变更处理原则"说明双方并未就迟延获取海上作业通知属于变更达成一致,而在"结合合同变更处理原则"的基础上"双方友好协商结算",说明双方对于该问题最终的结算亦未达成一致,期待后续进行协商。但是无论如何,被申请人的此番表态意味着被申请人同意就申请人 C 船队待机损失"结合合同变更处理原则"与申请人"友好协商结算",也就意味着被申请人在一定程度上愿意承担申请人的此项损失。

最终,裁决书就申请人请求的该项费用,给予了合理范围内的支持。

裁决书对于双方争议的这一关键问题,深入细致地进行分析,作出了责任判断,公平合理地进行了处理,并为本案其他争议的解决提供了基础。

二、台风的影响

自然灾害经常会影响到合同的履行。本案本请求金额最大的一项是,申请人请求被申请人赔偿申请人因迟延获颁海事作业通知导致申请人不得不在台风多发季开挖和登陆拖拉工作所产生的损失及利息。

申请人称:由于被申请人原因造成许可证申请和获颁延迟,申请人的预挖沟船队不得不在台风高发季节进行预挖沟及登陆拖拉工作,也因此受极端天气影响,施工方案变更,作业船队待机、工期延期完成,申请人蒙受重大损失。具体为申请人因在台风季施工而台风造成回淤增加,造成申请人海底二次施工和船队待机而增加的费用。就台风是否造成回淤,申请人提交了专业咨询报告。

被申请人不认可极端天气对申请人的施工造成了影响,辩称:台风从未在I国海域形成也未经过I国海域,申请人所述海上浪涌高达1.5~2米本就是海上作业的正常情况,该浪涌高度与招投标阶段披露的数据基本吻合,申请人应对施工海域附近的气候、浪涌高度,以及由此可能造成的管沟回淤等风险有充分预期及应对措施,故所谓"台风季"的概念根本就不成立;再者,系申请人自身原因导致进入2018年7月施工:除因申请人自身原因导致迟延获颁海事作业通知外,在挖沟船队开工后不久的2018年4月初,申请人就出现设备待机情况,持续至6月初仍有发生,使挖沟工作屡屡未达到计划长度,这才是导致预挖沟工作远迟于合同原定计划进度完成的真正原因,这点申请人在项目工作周报中也是予以自认的。

事实上,申请人主张的台风是吹向中国某省的,但是其造成的回淤却影响到了千里之外的I国。申请人提交的专业咨询报告从技术角度说明了台风造成的回淤,仲裁庭认为这是专业的,认可了台风造成I国施工现场回淤的事实,而海底回淤增多确实会对申请人的施工造成影响。裁决书在认定台风对施工的影响实事求是采纳了申请人专家证人的意见,确认了台风造成回淤的事实。由于台风造成了回淤,则增加了申请人的施工难度也属于事实。

在分析台风造成的回淤究竟是何方的合同责任的问题上,裁决书结合了前述对于许可证书颁发的责任及双方《会议纪要》的约定,结合合同约定应施工的时间以及申请人实际施工的时间之间的关联,确认申请人进入台风季施工的责任不应归责于合同一方,双方对此均负有相应的责任。且2020年5月《会议纪要》也确认了,海管船队二次登陆拖拉等事宜,情况属实,该项目最后一句表示"结合合同变更处理原则双方友好协商结算"并未排除该事项的合同变更,也考虑被申请人仅是表示"结合"而非按照合同变更处理,意味着被申请人在一定程度上愿意承担申请人的此项损失。

三、被申请人主张的工期延误损失

无论是境内还是海外工程施工,工期延误常有发生,但是判断工期延误责任的归属则十分困难。这是因为双方虽然都承认工期存在延误的事实,但是业主方面通常都是以合同工期与实际工期相比较主张承包人承担工期延误的责任,而承包人往往提出业主方未能及时完成开工所必需的条件,工程中存在增项、变更等事宜延长工期。本案双方对于本案工程存在近10个月延误的事实不存在争议,但是均指责对方应对工期延误承担责任。申请人还向仲裁庭提交了工期延误分析的专家报告,庭审中申请人的工期专家亦出庭陈述意见。

裁决书首先澄清了工期延误责任的归属,结合仲裁庭对于申请人仲裁请求中涉及工期迟延的意见,确定本案双方当事人对于工期延误均负有相应责任,在此种情况下部分支持了被申请人的仲裁反请求。

【结语】

本案所涉的是一项审理上技术难度极高的争议项,争议项多,专业性强,标的金额较大,涉及EPC发包人、承包人及当地政府行为。但是裁决书抓住了双方争议的主要矛盾,剖析了争议的实际情况及当事人各自的责任,依合同合理地解决了当事人的争议。裁决书尤其是对自然界原因是否会对工程施工造成影响,以及造成影响的情况下责任的分担,作了精辟的分析。海外工程,尤其涉及海上作业的工程,其所涉的专业问题非常多,在案件审理中及在裁决书的撰写中需要仲裁庭审慎、仔细地分析作出合理判断,这一裁决在同类案件中具有一定的代表性。

中国 A 建设公司与中国 B 医药公司项目承包合同争议仲裁案

中国国际经济贸易仲裁委员会(以下简称贸仲)根据申请人中国 A 建设公司(以下简称申请人)和被申请人中国 B 医药公司(以下简称被申请人)共同签订的《G 国 M 地 E 项目承包合同》(以下简称本案合同)中仲裁条款的约定,以及申请人于 2022 年 3 月提交至贸仲的书面仲裁申请,受理了申请人和被申请人之间上述合同项下的项目承包合同争议仲裁案。受理了申请人和被申请人因上述合同而产生的本争议仲裁案。

一、案　　情

(一)申请人的仲裁请求及事实理由

2017 年 2 月,申请人与被申请人签订《项目承包合同》,合同约定由申请人承建位于 G 国 M 地的项目工程,被申请人负责协调工程各方关系、办理对业主结算。合同约定施工建筑面包括室内停车场面积、办公及其他综合楼、室外工程的公共建筑项目。合同暂定总价为近 1600 万美元。

合同签订后,申请人按照本案合同的约定对本工程进行施工。2019 年 5 月,本项目已经实际完工并签发竣工证书,项目进入质保阶段,质保期 365 日,及项目质保期为2019年5月至2020年5月。据被申请人反映,本工程竣工验收后,业主已就本工程与被申请人办理了竣工结算。

经申请人计算,在扣除4项(空调、电梯、消防、喷淋)分包价款、暂定金、对外欠款、监理代购材料等费用后,就本工程申请人已完工程造价为近1400万美元,而被申请人截至仲裁申请提出之日止仅支付了1120余万美元,仍余130余万美元约为人民币900万元未支付。需要说明的是,上述欠付工程款中包含了被申请人应向申请人支付的质量保留金70余万美元,由于本工程质保期已于2020年5月届满,故被申请人应予支付。

在合同履行过程中,被申请人严重违反合同约定,为了获取高额利润将本属于申请人承包范围内的空调、电梯、消防、喷淋工程以及玻璃隔断安装工程另行分包给了其他分包单位,导致申请人遭受了经济损失以及预期可得利益损失,具体包括以下两个部分:

第一,停工损失近20万美元。被申请人将本应由申请人施工的空调、电梯、消防、喷淋工程分包给了其他单位,导致合同工期严重延误,该等工期延误的根源在于被申请人,且给申请人造成了重大经济损失,故被申请人应承担相应的赔偿责任。

第二,预期可得利益损失近20万美元。根据《民法典》第584条"当事人一方不履行合同义务或者履行合同义务不符合约定的,造成对方损失的,损失赔偿应当相当于因违约所造成的损失,包括合同履行后可以获得的利益"的规定,预期可得利益应当是守约方通过履行合同后未来可以获得的利益,本案中,玻璃隔断安装工程按安装合同的约定本属于申请人的承包范围,但是,被申请人为了获得高额利润却将玻璃隔断安装工程另行分包给了其他分包单位,故被申请人应向申请人支付预期可得利益损失近20万美元。

申请人还认为,被申请人应向申请人支付律师费损失。

基于上述事实和理由,申请人提出如下仲裁请求:

1. 被申请人向申请人支付欠付工程款项共计人民币近890万元(其中包括

质量保证金490余万元)及相应利息:(1)以除质量保证金以外的欠付工程款人民币390余万元为基数,自2019年5月起算至8月,按照中国人民银行公布的同期贷款利率的标准计算,利息为人民币近5万元;自2019年8月至款项实际付清之日止,按照全国银行间同业拆借中心公布的贷款市场报价利率的标准计算,暂计算值2022年1月为近40万元。(2)以人民币490余万元为基数,自2020年5月起算至款项实际付清之日止,按照全国银行间同业拆借中心公布的贷款市场报价利率的标准计算,暂计算至2022年1月为人民币30余万元。

2. 被申请人向申请人支付因被申请人原因导致的损失人民币210余万元,并自仲裁申请提出之日起,按照全国银行间同业拆借中心公布的贷款市场报价利率的标准计算延迟支付利息,计算至实际付清之日止。

3. 被申请人向申请人支付律师费约人民币12万元。

4. 本案仲裁费用由被申请人承担。

(二)被申请人的主要答辩意见

1. 案涉合同是双方真实意思表示,为境外工程承包合同,不存在法律规定的无效情形,应当作为双方的结算依据。

2. 主合同作为本案合同的一部分,申请人已经充分理解和知晓,申请人应遵守主合同的约定,承担相关责任。

3. 申请人未提供结算书、明细表、计算说明及相关证据,申请人主张近1400万美元的结算价格缺乏事实依据,不能成立。

4. 申请人的结算价格应为960余万美元,被申请人已超付工程款160余万美元,不存在欠付工程款的情形。根据本案合同的约定,申请人提交并认可业主批复结算书,应当作为双方结算的基础依据。根据本案合同工程量清单和进度款支付可知,双方结算产值计算应按主合同价下浮超过10%,作为被申请人前期及管理费成本费用。根据本案合同工程量清单约定,工程变更价格应根据调减金额与合同价(不含开办费、暂列金)的比例计算折扣,应为近15%。

5. 被申请人认可申请人主张的已付金额 1120 余万美元。

6. 被申请人有权调整申请人的承包范围,申请人无权抗辩,空调、电梯、消防、喷淋和玻璃隔断安装工程系业主指定分包,被申请人不存在违约情形,申请人无权主张损失。

7. 申请人提出的近 20 万美元的工期补偿(不含误期赔偿),双方已达成一致,已计入结算价格,与空调、电梯、消防、喷淋工程无关。

8. 申请人未提供预期利益损失近 20 万美元的计算依据,且双方已经达成一致,被申请人就玻璃隔断安装工程给予申请人近 2 万美元的配合费,已计入结算价格,申请人主张预期利益损失不能成立。

9. 因申请人尚欠被申请人超付工程款,其仲裁主张缺乏事实依据、合同和法律依据,申请人应自行承担律师费用。

(三)被申请人的反请求及其事实理由

被申请人称,2017 年 2 月,被申请人与 G 国某公司(业主)就 G 国 M 地的项目签订了施工总承包合同(主合同),合同约定签约合同价为 1740 余万美元(含暂列金),工期 20 余月或近 700 日,每逾期一天误期赔偿费为近 4000 美元,工程质量保修期为 1 年,工程量清单汇总页还约定了工程变更价格的折扣下浮比例。

2017 年 2 月,被申请人与申请人签订了本案合同。根据本案合同的约定,申请人承包图纸、工程量清单内的全部施工内容,签约合同价为 1470 余万美元(含暂列金),合同工期与主合同相同,同时就承包范围调整、代购材料费用、承包商税、质量缺陷维修、误期赔偿费、索赔条件、质保金返还等进行了约定,工程量清单汇总页还约定了被申请人费用、工程变更折扣下浮等条款。

案涉工程于 2019 年 5 月竣工验收并起算质保期。2020 年 11 月,业主签发批复的主合同的结算,其中,除扣减未发生的暂列金、指定分包和代购材料费用外,申请人在合同履约期间存在工期延误、质量缺陷、保修不力等问题,导致业主在工程结算款中扣除质保金 50 余万美元和误期赔偿费近 7 万美元。根据本案合同的约定,上述两笔费用应由申请人承担。

2022年3月,被申请人与申请人就本案合同结算达成部分一致,合计近160万美元,包括变更1(Variations 1)业主批复第一次索赔(实为工程变更)近110万美元、波动(Fluctuations)人工费调整20余万美元、延期(Extension of Time)工期索赔(未抵扣误期赔偿费用)近20万美元、被申请人采购车辆费用约2万美元、业主指定4项分包(空调、电梯、消防、喷淋)配合费约9万美元和玻璃隔断安装工程配合费约2万美元。

由于工程竣工验收前申请人存在诸多工程质量缺陷、对外欠账、工程变更折扣未计取等问题,为了顺利地竣工验收并减少双方损失,被申请人组织资源积极补救,产生后期配合费用近40万美元,应由申请人承担。依据本案合同及工程量清单约定,变更工程价格折扣应扣除20余万美元,另外申请人自认在G国当地欠款近20万美元,由被申请人先行垫付应当扣除。

因此,根据本案合同的约定和业主批复结算金额计算,被申请人有权扣除上述款项,故申请人已完工程的最终结算金额为960余万美元。根据双方核对结果,被申请人已付工程款金额为1120余万美元,被申请人实际超付160余万美元,已无须返还质保金,经换算申请人应返还超付人民币近1100万元。

基于上述事实和理由,被申请人提出仲裁反请求如下:

1. 申请人向被申请人返还超付工程款160余万美元,换算为人民币近1100万元。

2. 申请人向被申请人支付资金占用利息损失,以人民币近1100万元为基数,按照全国银行间同业拆借中心公布的贷款市场报价利率的标准,自2020年11月起计算至实际支付之日止,目前暂计算至2022年5月为人民币60余万元。

3. 申请人向被申请人支付律师费约人民币12万元。

4. 本案仲裁费用由申请人承担。

（四）申请人对被申请人反请求的主要答辩意见

1. 申请人已完工程造价为近1400万美元，被申请人已付款为1120余万美元，即被申请人还应向申请人支付欠付工程款及相应利息等，并不存在其在反请求申请中所称“超付工程款”的情形。由于并不存在“超付工程款”的情形，故被申请人无权主张资金占用损失。

2. 对于已完工程造价组成明细中，申请人存在异议的工程款包括：

（1）约5万美元索赔费用应计入申请人已完工程造价。

（2）申请人施工的屋面防水处理工程款近20万美元，应计入申请人已完工程造价。

（3）4项分包相关的土建工程款近7万美元应计入申请人已完工程造价。

（4）因玻璃隔断安装过程产生的预期可得利益损失近20万美元应由被申请人支付给申请人。

（5）被申请人没有提供相应工程变更证据，无权从已完工程造价中扣除近20万美元的工程量调整费用。

（6）被申请人无权从已完工程造价中扣除所谓的代扣代缴承包商税20余万美元。

（7）被申请人无权从已完工程造价扣除误期赔偿费近7万美元。

（8）被申请人主张从已完工程造价中扣除近40万美元后期配合费，申请人不同意扣除。

（9）被申请人无权从已完工程造价中扣除20余万美元变更价格折扣近14%。

（10）被申请人无权从造价中扣除50余万美元质保金。

（11）申请人实际接收并适用的甲供材料金额为近40万美元。

（12）已完造价应扣除的未施工机电工程（空调、电梯、消防、喷淋）调整费用应为近250万美元，未施工暂列金为70余万美元，而非被申请人主张的近270万美元、近80万美元。

（五）双方提交证据情况（略）

二、仲裁庭意见

（一）关于本案适用法律的认定

本案合同《合同协议书》约定："本合同的签订、解释、执行、纠纷解决等均适用中华人民共和国的现行相关法律法规。在主合同依据G国法律被认定为存在违约或瑕疵时，承包商（指申请人）应接受其结果，且不得以中国法律有不同的规定（如有）为由提起任何抗辩。"根据上述约定，仲裁庭认为本案应适用中华人民共和国法律。

（二）关于本案合同效力的认定

仲裁庭注意到，被申请人在代理意见认可应以本案合同作为双方的结算依据。仲裁庭认为，本案合同是申请人与被申请人真实意思的表示，不违反法律、行政法规的效力性强制性规定，亦不违背公序良俗，且双方未对本案合同效力提出异议，合法有效，对双方均有约束力，双方均应按照本案合同的约定履行自己的义务。

（三）关于申请人主张的应付欠付工程款，被申请人主张的应返还超付工程款的认定

仲裁庭认为，申请人主张被申请人应付欠付工程款人民币近890万元，与被申请人主张的申请人应返还超付工程款160余万美元（折合人民币近1080万元）属于同一争议，仅是双方在应付工程款金额立场不同导致的差异，可在此一并处理。

1. 本案合同的主要约定和双方的工作范围

仲裁庭注意到，本案合同第三部分《合同条件》约定："总包商（指被申请人）提供主合同（总包商的价格细节除外，视情况而定）的复印件，以及适用于

主合同但不同于主合同通用条件的任何其他合同条件的细节。应视为承包商(指申请人)已经全面了解主合同的各项规定,承包商对主合同、承包工程所在国、所在地进行了详细的考察,对主合同和合同条件进行了认真的研究,承包合同价格充分考虑了履行合同的不确定性因素,对其明示和暗示风险进行了预测。承包商保证承担并履行与承包工程有关的主合同规定的总包商的所有责任和义务,并全面配合总包商履行主合同。"

本案合同第三部分《合同条件》约定:"除非承包合同另有要求,承包商在对承包工程进行建造以及修补其中任何缺陷时,应避免其任何行为或疏漏构成、引起或促成总包商违反主合同规定的总包商的任何义务。除上述外,承包商应承担并履行与承包工程有关的主合同规定的总包商的所有义务和责任。"

本案合同第三部分《合同条件》约定:"如果承包商未能按规定的承包工程的竣工期限完工,或未能在规定的相应期限内完成其中任何区段或部分(如果适用),则承包商应按照主合同的规定,向总包商支付违约赔偿费。在不排斥其他赔偿方法的前提下,总包商可以从到期应支付给承包商的其他款项中扣除此项赔偿费。此项赔偿费的支付或扣除不应解除承包商完成该承包工程的义务,也不应解除承包合同规定的承包商的任何其他责任和义务。"

本案合同第三部分《合同条件》约定:"在包含承包工程的主包工程或主包工程的区段或部分(视情况而定)的有关移交证书颁发之后,承包商应修补承包工程中主合同规定的总包商应负责修补的缺陷,发生的一切修复费用由承包商承担……"

关于本案合同项下双方的权利和义务,本案合同第二部分《合同补充条件》第1条约定被申请人的权利义务包括:协调工程各方、协助办理申请人人员出国工作相关手续、核备申请人选择劳务人员来源、申请人履约不力时采取紧急措施、调整申请人承包范围和在约定条件下辞退申请人人员。

本案合同第二部分合同补充条件第2条约定申请人的权利义务包括以下几个方面。

(1)组建项目实施管理班子、管理所属队伍建设,对工程进度、质量、安全、文明施工及工程保修等负全部责任;

(2)应要求,编制和提供管理人员及机构配置和资信证明;

(3)保证被申请人免于受到任何形式的投诉和索赔;

(4)严格按图纸、规范和技术要求施工,确保工程质量,接受被申请人、业主和监理工程师的质检;

(5)按照当地规定,组织实施工地的安全、消防、卫生、警卫等工作并承担费用。

仲裁庭认为,根据上述合同的约定,申请人实际承担了主合同项下全部的施工内容,申请人应承担并履行与案涉工程有关的主合同规定的总包商的所有义务和责任。被申请人以总包商身份进行协调、管理、监督等工作。

在这种所称"大包"类型的国际工程分包合同中,申请人作为案涉工程的实施主体,负责整个工程项目的实施、完成和缺陷修复工作,并负责在施工过程中按照主合同的约定通过总包商(被申请人)向业主递交工程进度结算文件,因此,在全部工程由申请人实施和完成,且由申请人报送工程进度结算再通过总包商(被申请人)向业主递交工程结算文件并获得业主签认的情况下,申请人应对业主结算中的工期、质量、工程量调整等结果承担合同责任,业主结算结果,无论是期中付款结算(工程进度结算)还是最终付款结算,均对申请人具有约束力。

2. 双方无争议工程价款

根据双方庭审意见、代理词和相关证据,仲裁庭查明,双方不存在争议的工程价款项共有9项。

3. 争议焦点

仲裁庭认为,在双方就被申请人已付工程款1120余万美元不存在争议的情况下,本案双方的争议焦点在于:申请人主张已完工程价款为近1400万美元,而被申请人主张已完工程价款为960余万美元,双方对于应付工程款项存在290余万美元的争议，共计12项。

4. 双方争议的各项工程款的认定

（1）第二批索赔

1）申请人的主张

申请人称，工程变更洽商费用5万余美元应计入申请人已完工程造价。

①现有材料表明，申请人已按照本案合同的相关约定，向被申请人提交了5万余美元的变更洽商费用所对应的材料。而被申请人计算已完成工程造价中未包含5万余美元的变更洽商费用，该项变更洽商费用主要包括如下3笔费用：

（a）提供并安装停车场1～10层灯具、购买、安装楼梯出口灯、购买、安装楼梯间顶灯，3项合计4万余美元。

（b）陶瓷墙砖不锈钢隔条的购买及安装费近7000美元。

（c）空调出风口开孔约1万美元。

上述金额相加总计6万余美元，扣除被申请人管理费率后为5万余美元[6万余×(1－约12%)＝5万余美元]。

②申请人曾于2019年4月通过电子邮件将5万余美元的索赔材料发给被申请人，即申请人已按照本案合同关于"在承包工程实施过程中，如果承包商遇到了任何不利的外界障碍或外部条件或任何其他情况而由此按主合同可能进行索赔时……承包商应花费足够的时间，向总包商提供所有为使总包商价格能就此合同方面的利益进行索赔所要求的材料和帮助"的约定，向被申请人提交了索赔材料。

③按照本案合同以及主合同的相关约定，对于索赔事项，被申请人应当在规定时间内采取一切合理步骤争取索赔费用，并且应定期将其为获得此合同方面的利益而采取的步骤的情况通知申请人。根据主合同（索赔通知）的约定，如果施工经理或建筑师不担任初始决策者，业主或承包商的索赔必须通过书面通知另一方和初始决策者，并将副本发送给施工经理和建筑师。任何一方的索

赔必须在引起此类索赔的事件发生后21日内或在索赔人首次确认引起索赔的情况后21日内提出，以较晚者为准的约定，索赔应当由索赔方自索赔事由发生之日或索赔方首次确认提出索赔条件之日起21日内提出，同时应当承担证明责任。

实际上，申请人对被申请人所谓已将邮件发送至业主水电设计师、造价师的情况并不知晓，即被申请人并未按照本案合同第三部分的约定，定期将其为获得此合同方面的利益而采取的步骤的情况通知申请人，而该等行为已严重损害了申请人的合法权益，即被申请人存在未按照本案合同以及主合同的约定履行相应义务的行为，被申请人怠于履行合同义务的过错行为已经严重损害了申请人的合法权益。

④被申请人的证据13至证据14表明，被申请人对于申请人提出的变更洽商项目所发生的款项是知晓并认可的，否则被申请人不会将含有上述施工内容的明细表格通过邮件发送给业主。

2）被申请人的主张

被申请人主张，关于申请人提出的5万余美元的索赔，经被申请人上报业主后，申请人未提供充分有力的索赔证据支持，导致业主未批复同意，按照承包合同约定，被申请人有权不予纳入结算。

①被申请人已经尽到了及时提交申请人索赔的义务。根据被申请人证据13、证据14可知，被申请人及时将申请人索赔向造价咨询师、水电设计师和业主造价师进行提交，尽到了总包义务。

②结合申请人证据10，申请人提供的证据形成时间为2018年9月至2019年1月，而其向被申请人发送索赔邮件的时间为2019年4月，不符合主合同约定的21日的时限。申请人于2019年4月发送的索赔邮件中并不包括其证据8明细表中第17项墙瓷砖索赔项，该项索赔更为迟延。尽管主合同没有约定明确的索赔逾期失权条款，但申请人无权主张因被申请人迟延索赔导致业主未予批复。

③申请人没有提供充分有力的索赔依据，导致业主未能批复同意，根据本案合同约定，被申请人有权不予纳入结算。申请人并未在邮件中逐一说明索赔原因、索赔归责依据和索赔损失的计算依据，导致业主未能批复。根据本案合同之约定，业主未予批复索赔，申请人无权向被申请人主张。因此，被申请人有权将该4项索赔不予纳入结算。

3）仲裁庭的认定意见

仲裁庭注意到，申请人证据10和被申请人证据13表明，申请人提供的证据形成时间为2018年9月至2019年1月。申请人证据9表明，申请人向被申请人发送索赔邮件的时间为2019年4月，将5万余美元的索赔材料发送至被申请人。被申请人证据13、证据14表明，被申请人于2019年4月将申请人递交的索赔文件发送造价咨询师，2019年5月发送给业主水电设计师和造价师。

仲裁庭注意到，申请人该项索赔未得到业主的批复。

本案合同第三部分《合同条件》约定："如果承包商在其承担的承包工程施工中向总包商递交任何索赔要求，但总包商向雇主递交的相应索赔要求未获得批准，则承包商的索赔要求亦将不会得到批准。"

仲裁庭认为，根据仲裁庭前述关于申请人和被申请人工作范围，申请人负责整个工程项目的实施、完成和缺陷修复工作的义务，申请人应对业主结算结果承担合同责任，业主期中付款结算和最终付款结算结果对申请人具有约束力的意见，在申请人将该项索赔递交给被申请人，被申请人递交给业主后业主未能批准的情况下，申请人应承担业主结算的结果。因此，申请人主张的第二批索赔款5万余美元，不应予以支持。

（2）屋面防水处理

1）申请人的主张

申请人称，申请人施工的屋面防水处理工程款近20万美元应计入已完工程造价，具体理由如下：

①经业主批复的《结算书》显示，业主同意支付的屋面防水处理工程款为

近20万美元，而案涉工程的屋面防水处理工作均由申请人完成，因此被申请人应将“业主批复的屋面防水处理金额”减去“工程量清单屋面防水处理金额”乘以管理费扣除比例对应的款项，即近20万美元[（近20万-6000余美元）×（1-近12%）]支付给申请人。本案合同第三部分《合同条件》明确约定：“当总包商从雇主处得到任何此类合同方案的利益时，总包商应将在所有情况下公平合理的那一部分转交给承包商。”

②需要说明的是，截至申请人提起仲裁之日，被申请人已支付款项为1120余万美元，被申请人已支付的工程进度款中包含了屋面防水处理工程款，这表明被申请人完全认可将该等款项计入申请人已完工程造价，但是目前被申请人所计算已完工程造价中并未包含该等费用。

2）被申请人的主张

被申请人称，申请人主张屋面防水处理工程款近20万美元，被申请人已在支付进度款时支付了屋面防水处理的工程款，申请人无权再次主张。

①根据被申请人证据15和证据16，被申请人在主合同中屋面防水报价为近20万美元，而申请人工程量清单中报价仅为6000余美元，申请人存在不平衡报价，应承担相应责任。

②根据申请人证据11且申请人认可，尽管申请人存在不平衡报价，被申请人实际已支付屋面防水工程款近20万美元，申请人无权再次主张。

③仲裁庭的认定意见

申请人证据11表明，屋面防水工程金额近20万美元已包括在进度款结算文件中，且被申请人实际已向申请人支付屋面防水工程款。

仲裁庭注意到，双方就该项的争议在于：申请人主张被申请人已实际支付屋面防水工程价款，不应再行扣除，而被申请人提出申请人无权再次主张该款项。

仲裁庭认为，在被申请人已向申请人实际支付屋面防水工程价款的情况下，被申请人无权再从已付给申请人的工程款项中扣回该笔款项。因此，申请人提出的屋面防水处理工程款近 20 万美元的主张,应予支持。

(3)4 项分包实际产值批复偏差

1)申请人的主张

申请人称,4 项分包相关的土建工程款近 7 万美元应计入申请人已完工程造价。经业主批复的《结算书》显示,对于 4 项分包土建及设备安装部分,业主实际批复金额为 460 余万美元,业主认可的四项分包设备安装部分的完成金额为 450 余万美元,二者之间的差额 10 余万美元(460 余万 -450 余万)是申请人施工的 4 项分包相关的土建工作的金额,应计入案涉工程的工程造价,因为申请人在施工过程中已实施该部分施工内容,如挖洞、开槽等。而且,根据本案合同第三部分的约定,上述 4 项分包相关的土建工程款应计入申请人已完工程造价。

2)被申请人的主张

被申请人称,关于 4 项分包土建工程费用近 7 万美元,被申请人在结算时已经充分考虑了申请人的利益,对其所做工作、配合费、利润等进行了充分考虑,申请人未提供任何证据证明该笔费用对应的工程范围、计算方式及相关证据,故不能成立。

根据被申请人证据 5 及电子版结算表(Adjustment of MEP),10 余万美元费用中包括了 4 项分包的利润。在此基础上,被申请人还同意给予申请人近 10 万美元的配合费。申请人主张其针对 4 项分包土建费用金额近 7 万美元完全没有事实、合同及法律依据,甚至没有任何逻辑可言,依法不应支持。

3)仲裁庭的认定意见

仲裁庭注意到,申请人证据 3 表明业主实际批复金额为 460 余万美元,业主认可的 4 项分包设备安装部分的完成金额为 450 余万美元。

仲裁庭注意到,被申请人证据 5“Adjustment of MEP”中注明 4 项分包中包括了 4 项“Add for Profit”(增加利润)项,其余 6 项为配合业主指定分包商提供的设施费和人员费和配合工作。

仲裁庭认为，根据仲裁庭关于业主期中付款结算和最终付款结算结果对申请人具有约束力的意见，结合本案合同第三部分《合同条件》的约定，工程为申请人实际完成的工程内容，被申请人应在业主批复的金额范围内向申请人支付工程款项 4 万余美元。

在被申请人同意给予申请人近 10 万美元的四项分包配合费的情况下，被申请人证据 5“Adjustment of MEP”中注明 4 项分包中包括了 4 项“Add for Profit”(增加利润)项应由被申请人享有。

据此，仲裁庭认为，申请人提出的 4 项分包实际产值批复偏差 4 万余美元，应予支持。

(4)未施工机电工程调整

1)申请人的主张

申请人称，已完造价中应扣除的未施工机电工程(空调、电梯、消防、喷淋四项设备分包工程)调整费应为近 250 万美元[近 310 万 ×(1 - 8.5%) ×(1 - 近 12%)]，而非被申请人主张的近 270 万美元，理由如下：

①根据被申请人证据的内容可知，空调、电梯、消防、喷淋 4 项设备分包工程的款项在业主与被申请人最终确定的合同价款中让利 8.5%，因为让利前的金额为(近 1740 万 - 近 170 万)美元，核减的只是开办费，并未核减 4 项分包的款项。而在让利 8.5% 后，申请人与被申请人又在此基础上下浮近 12%，金额为 -190 余万美元，作为申请人支付给被申请人的管理费。既然申请人与被申请人在确定案涉工程价款时，4 项分包的价款就下浮了两次，那么在扣除 4 项分包价款时，自然也应该按照 1 -(1 - 8.5%) ×(1 - 近 12%)的下浮比例予以扣除。

需要注意的是，在下浮前，业主与被申请人拟定的合同价格为近 1740 万美元，而该数字下方的 -130 余万美元则是被申请人 8.5% 的让利部分，该等让利金额的计算方式为：(近 1740 万 - 近 170 万) ×8.5%，其中的近 170 万美元对应清单中的描述为“Preliminary & General Provisions”(开办费)。

从上述计算过程可知,被申请人给业主的让利部分确实按照双方在案涉工程的工程量清单中关于"增加或扣除一笔金额,该金额将被视为工程量清单中全部价格的百分比(不含开办费、暂列金),以及任何变动的费率将以经过这种百分比调整后得出的费率为基础"的约定,没有对开办费进行让利,但是需要重点强调的是,空调、电梯、消防、喷淋4项设备分包工程的款项在业主与被申请人最终确定的合同价款中让利了8.5%。

而在被申请人给业主让利8.5%后,申请人与被申请人又在此基础上下浮近12%,金额为-190余万美元,作为申请人支付给被申请人的管理费。

②根据2016年12月21日被申请人回复申请人的澄清回函,被申请人明确空调、电梯、消防、喷淋4项设备分包工程属于申请人的承包范围,而且4项分包也是属于必然发生的专业工程项目,申请人根据承包范围内的项目综合核算了成本及利润,由此接受了被申请人管理成本费用,并签署了本案合同,现在由于被申请人原因四项分包未能由申请人施工,应当按照1-(1-8.5%)×(1-近12%)的下浮比例扣除未施工机电工程调整费用以及未施工暂列金。

需要澄清的是,4项分包应属于暂估价项目,并非暂列金额项目,因为工程量清单中对4项分包的描述是暂列金额(Cash Allowance),并非成本补偿费(Cost Allowances)[双方工程量清单中约定不让利的包括开办费(Preliminary Items), Cost Allowances];而且,主合同补充合同条件明确约定"业主有权推荐机电工程分包商",其实也暗含了4项分包是必定要实施的项目。

2)被申请人的主张

被申请人称,申请人主张的4项机电暂列金扣减基数为近310万美元,但按照双方之间的结算原则,扣减金额应为270余万美元,即近310万美元×(1-近12%),其中扣减基数近310万美元申请人已认可,根据4项机电分包暂列金调整表(Adjustment of MEP),即主合同量单原始数据(Original Figure of BQ)320余万美元-给予承包商的项目(Items for Contractor)10余万美元。

3）仲裁庭的认定意见

仲裁庭认为，双方关于未施工机电工程调整金额的争议在于申请人主张扣减金额应为近 250 万美元，计算公式为：近 310 万 ×（1 – 8.5%）×（1 – 近 12%），而被申请人主张扣减金额应为 270 余万美元，即 270 余万美元 = 近 310 万美元 ×（1 – 近 12%）。在双方就扣减基数近 310 万美元和扣减的被申请人管理费系数（1 – 近 12%）不存在争议的情况下，双方争议焦点在于被申请人给业主让利的 8.5% 是否同样适用于申请人。

仲裁庭注意到，被申请人与 G 国业主签订的主合同的合同价格为 1140 余万美元（包含电梯等 4 项分包合同价格）。根据被申请人证据 2 主合同工程量表（Bill of Quantity）汇总表（General Summary）显示，在扣除开办费及总则项目（Preliminary & General Provisions）金额近 170 万美元后，被申请人向业主让利金额为 130 余万美元，让利百分比为 8.5%（130 余万 ÷ 1580 余万 = 8.5%）。

被申请人主张本案合同签约价近 1600 万美元 ÷ 主合同签约价 1650 余万美元（不包含电梯等 4 项分包合同价格）= 近 12%，因此，与主合同的合同价格相比，本案合同价格下浮比例为近 12%。

本案合同第一部分《合同协议书》约定："合同总价近 1600 万。本合同对承包商的支付将按照总包商与业主签订的主合同条款支付……"

被申请人证据 1 本案合同工程量表（General Summary）显示，被申请人扣减了两项金额，分别是与被申请人让利给业主对应金额的申请人让利 –130 余万美元和被申请人开办费 –190 余万美元。

仲裁庭认为，在主合同工程量表汇总表中，被申请人给业主让利金额为 130 余万美元；在本案合同工程量表汇总表中，与被申请人让利给业主相对应金额的申请人让利给被申请人的让利金额为 130 余万美元，然后被申请人扣减开办费 190 余万美元。虽然在本案合同中申请人给被申请人让利比例亦为 8.5%（130 余万 ÷ 近 1570 万 = 8.5%），但申请人提出的扣除未施工机电工程调整费用按下浮比例 1 –（1 – 8.5%）×（1 – 近 12%）的主张无法成立，这是因为上述公式中的(1－近12%)与被申请人主张的近12%不符。被申请人主张本案合同签约价近1600万美元÷主合同签约价1650余万美元(不包含电梯等4项分包合同价格)＝近12%,如果按照申请人的主张1－(1－8.5%)×(1－近12%)计算,则存在明显的逻辑错误,造成整体合同价格(1－近12%)与部分合同价格(1－8.5%)的重复或叠加计算。

综上所述,申请人提出的已完造价中应扣除的未施工机电工程(空调、电梯、消防、喷淋4项设备分包工程)调整费应为近250万美元的主张,不应予以支持。被申请人主张的已完造价中应扣除的未施工机电工程调整费扣减金额应为270余万美元,应予支持。

(5)未施工暂列金

1)申请人的主张

申请人称,已完造价中应扣除的未施工暂列金应为70余万美元[该金额中未扣除玻璃隔断安装工程的暂列金,计算方式为:近90万×(1－8.5%)×(1－近12%)],而非被申请人主张的近80万美元,理由与申请人在未施工机电工程调整中的主张相同。

2)被申请人的主张

被申请人称,被申请人主张的暂列金扣减基数为近90万美元,申请人已认可。按照双方之间的结算原则,扣减金额应为近80万美元,即近80万美元＝近90万美元×(1－近12%)。

3)仲裁庭的认定意见

仲裁庭认为,根据仲裁庭关于已完造价中应扣除的未施工机电工程(空调、电梯、消防、喷淋4项设备分包工程)调整费的意见,申请人的主张1－(1－8.5%)×(1－近12%)计算存在明显的逻辑错误,造成整体合同价格(1－近12%)与部分合同价格(1－8.5%)的重复或叠加计算,因此,申请人主张的已完造价中应扣除的未施工暂列金应为70余万美元,不应予以支持。被申请人主张的已完造价中应扣除的未施工暂列金应为近80万美元,应予支持。

(6)业主代购材料费

1)申请人的主张

申请人称,被申请人无权在造价中扣除近130万美元的业主代购材料费用,理由如下:

①根据本案合同第二部分的相关约定,如果被申请人欲向其他第三方采购材料,应通知申请人共同选择供应商,但实际上被申请人从未通知过申请人,以致申请人对采购材料的事情并不知晓,而且申请人对该等所谓的甲供材采购价格也完全不予认可。

②对于被申请人提交的有关甲供材的证据材料,申请人均无法认可其真实性及关联性,因为该等证据根本无法证明相关材料是否用于本案工程,也无法证明申请人是否接收并使用了所谓的代购材料。

对于所谓的业主代购材料,目前被申请人只提交了一些总监IBEC采购发票等,而从上述证据根本无法看出相关材料是否用于本案工程,也无法证明申请人是否接收并使用了所谓的代购材料,因此,申请人对上述证据的真实性、关联性完全不予认可。除上述证据外,被申请人并未提供申请人签认的收料单据以及申请人实际使用了该等材料的证据材料。因此,申请人对被申请人目前主张扣除的近130万美元的业主代购材料费完全不予认可。

③退一步讲,即使要在已完造价中扣除业主代购材料费用,金额也并非被申请人主张的近130万美元。经申请人核算,申请人实际接收并使用的甲供材金额为近40万美元,即申请人同意在工程造价中予以扣减近40万美元的甲供材费用。而之所以双方就甲供材金额产生如此大的差距,是因为被申请人主张的业主代购材料费用中包含了很多申请人在施工过程中根本没有签收、使用的材料,例如,被申请人证据第273页显示的"涂料费用",申请人在实际施工过程中根本没有接收、更未使用,但是被申请人却在申请人已完工程造价中予以扣除,完全与事实情况相背离。

④被申请人庭后代理意见:被申请人证据29证明申请人认可接收和使用

了业主采购材料或服务向的项目，申请人不予认可，证据 29 无法证明申请人认可接收并且使用业主代购的材料，申请人只是对被申请人列出的甲供材统计表中的项目提出了异议意见，且从邮件内容根本无法看出申请人认可接收并使用了所谓的甲供材。相反，申请人实际上对所谓业主代购的绝大部分材料都是不知情，而且被申请人也根本没有证据可以证明业主采购的该等材料用于了案涉工程。

2）被申请人的主张

被申请人称，申请人在施工过程中使用业主代采材料及享有业主代付的相关服务等工作成果，导致业主在结算中扣除代采及代付费用近 130 万美元，应由申请人承担。

因申请人原因未能完成合同约定的义务，导致业主决定自行采购工程材料等发生费用，应自合同结算价中扣除。根据被申请人证据 29，申请人向被申请人发送邮件认可了接收和使用业主采购材料或服务的项目，其在邮件附件中认可使用业主方采购的材料、服务等的金额合计为近 130 万美元。申请人在施工过程中应自行采购材料等，但其在明知现场材料非己方采购时，无论该材料为哪一方提供，申请人的擅自使用行为，代表其放弃履行合同义务，并接受扣款的后果。业主已在同被申请人的结算中扣除该笔费用，申请人共使用业主采购材料和服务等相关费用合计近 130 万美元，应自结算中扣除。

需要说明的是，根据申请人证据业主批复结算书所示，业主扣除代付款项合计为近 130 万美元。

3）仲裁庭的认定意见

仲裁庭注意到，被申请人证据 29《E 项目决算问题相关事宜》显示，在业主代购材料中，“备注”中注明“监理采购，我方安装，我方索赔 30% 安装费，15% 管理费”。被申请人证据 29 下方备注中显示“2. 根据统计：中国 A 建设公司认可业主代采：中国 B 医药公司主张 G 国货币合计 1 亿 6400 余万元，中国 B 医药公司主张美元合计近 130 万元。”

被申请人证据30《项目管理公司IBEC信函及支出款项凭证》显示业主代购材料的发票和明细。

申请人证据3《业主批复结算书》显示,业主代购金额为近130万美元。

仲裁庭认为,被申请人证据29表明申请人接受业主代购材料,被申请人证据30表明业主代购材料的发票和明细内容,申请人证据3《业主批复结算书》表明业主扣减代购材料金额为近130万美元。

仲裁庭还认为,根据仲裁庭前述认定的业主批复的最终付款结算结果对申请人具有约束力的意见,业主在批复最终结算书中扣除的代购材料金额近130万美元应对申请人具有约束力。

综上所述,仲裁庭认为,被申请人提出的在工程价款中扣除业主代购材料费用近130万美元的主张,应予支持。申请人主张的应扣减业主代购材料费用近40万美元,不应予以支持。

(7)工程量调整

1)申请人的主张

申请人称,业主批复的《结算书》中并未扣除所谓的"工程量调整金额",而且根据主合同的相关约定,如被申请人认为本工程存在工程变更事项,其应提供由业主、被申请人、施工经理、建筑师四方签字的记载工程变更后显示工程范围、合同价格等的变更单,但是截至目前被申请人并未提供该等材料,故其无权在申请人已完造价中扣除近20万美元的工程量调整费用,理由如下。

①业主批复的《结算书》中并未扣除所谓的"工程量调整金额",因此被申请人主张在造价中扣除该笔费用严重缺乏依据。

②根据本案合同"始终规定,由于法规的变更或雇主指令引起的费用增加或扣减,必须在雇主依据主合同对主合同价格进行增加和扣减之后,才能根据类似幅度对承包合同价格进行增加或扣减"的约定,以及主合同"除建筑师根据授权对工程进行的小改动外,承包商只有在征得业主同意,并经建筑师评估,与施工经理协商后,才能对工程进行变更。并符合变更命令或建设变更指令"

的约定,如被申请人认为本工程存在工程变更事项,其应提供由业主、被申请人、施工经理、建筑师四方签字的记载工程变更后显示工程范围、合同价格等的变更单(change order),但是目前被申请人并未提供该等材料,故其无权在申请人已完造价中扣除该笔费用。

③本案并未约定业主与被申请人结算时,业主扣除被申请人多少钱,被申请人就有权扣除申请人多少钱,因此被申请人的该项主张严重缺乏合同依据。

④被申请人主张扣除工程量调整费用的依据是其证据第 235 ~ 236 页,但是该两页证据所载明的"筏板基础,钢筋砼工程,地坪"(Raft Foundation, Reinforced Concrete Work, Floor Finishes)等工程内容本就属于申请人的承包范围,申请人也已实际施工完毕,而且业主已于 2019 年 5 月接收案涉工程并颁发竣工证书,说明申请人已按照约定对承包范围内的施工内容施工完毕,因此被申请人无权扣除所谓的工程量调整费用。若被申请人认为上述两页证据所载工程内容并非申请人施工从而要扣除相应费用,则应按照"谁主张,谁举证"的原则提交有效证据予以证明,而其目前并未提供该等证据,因此被申请人的该项主张严重缺乏事实依据。

2)被申请人的主张

被申请人称,关于工程量调整(Adjustment of Work Done),根据业主核定的实际完成工程量,应当扣除近 20 万美元。

①根据业主批复的结算书中默认变更(Deemed Variation)表格计算,业主扣除工程量调整费用 20 余万美元,被申请人按照近 12% 下浮后扣除申请人近 20 万美元。被申请人证据默认变更(Deemed Variation)表格,系根据申请人证据业主批复结算书中默认变更(Deemed Variation)表格调整计算的。按照业主批复结算书扣除了消防工程(暂列金)、空调工程(暂列金)电梯工程(暂列金)和电气安装(已计入变更)后,所得工程量调整金额为 -20 余万美元。被申请人按照双方之间结算原则,扣除申请人工程量调整金额为近 20 万美元,即近 20 万美元 = 20 余万美元 × (1 - 近 12%)。

②申请人项目经理对于工程量调整扣减项目的认可金额高于被申请人主张金额，申请人反言不予承认，不应获得支持。根据被申请人证据18，2020年11月，申请人项目经理向被申请人发送邮件所包含的工程量调整明细表默认变更（Deemed Variation），其认可工程量调整金额为－近20万美元，且包含被申请人已计入变更价格的电气安装工程增加的近10万美元。若扣除电气安装工程变更金额，申请人项目经理认可的工程量调整扣减金额为－近30万美元。后经被申请人与业主多次谈判证据，取得目前主张扣减的金额为－20余万美元，优于申请人认可的金额。因此，申请人在其已经认可工程量调减金额高于被申请人主张金额的情况下，不得反言，其主张不应获得支持。

③申请人不能证明其实际已完工程量的情况下，应承担举证不能的不利后果。申请人在其反请求答辩意见中主张被申请人应当出示变更命令或指令，而此项调整为工程量调整，根据申请人实际施工的工程量进行的调整，不属于工程变更。申请人如有异议，应当证明其已施工工程的工程量。申请人不能证明的，应当承担举证不能的后果。

3）仲裁庭的认定意见

仲裁庭认为，判断工程量调整是否扣减近20万美元的关键是业主是否在批复的最终结算书中扣减了工程量调整金额。

仲裁庭注意到，被申请人证据5《结算汇总及明细表》默认变更（Deemed Variation）显示业主扣减金额为（20余万美元），即－20余万美元。

申请人证据3《经业主批复的〈结算书〉》显示了与被申请人证据5相同的工程子项，加项金额和扣项金额有所不同，经比对，最终扣减金额为被申请人证据5显示的金额，即－20余万美元。

仲裁庭认为，在被申请人证据表明业主在批复的最终结算书中扣减了工程量调整金额－20余万美元的情况下，按照本案合同下浮近12%的约定，则扣减金额应为近20万美元＝20余万美元×（1－近12%）。

综上所述，被申请人主张的工程量调整金额应为－近20万美元，应予支持,而申请人主张不应扣减工程量调整金额的主张不应予以支持。

(8)代扣代缴承包商税2%

1)申请人的主张

申请人称,被申请人无权在已完造价中扣除所谓20余万美元的代扣代缴承包商税,具体理由如下:

①目前并无任何证据表明业主扣除了被申请人2%的税款,被申请人要求扣除税款的说辞不仅严重缺乏事实依据,从逻辑上看也完全站不住脚。被申请人提交的G国承包商税法(证据9)显示,"制定的任何规定,任何人根据在本法案生效日期或之后签订的关于施工作业、耕作作业或运输作业的合同,向总承包商或分包商支付任何款项,或以其名义支付任何款项,应从付款总额中代扣该总额的2%作为税款",根据上述规定,业主每向被申请人支付一笔工程款,都要扣掉2%的税款,但是目前并无任何证据表明业主扣除了所谓的税款;退一步讲,假设业主当时扣除了所谓的税款,按照正常逻辑,被申请人在向申请人支付相应款项时为何不扣除税款,反而现在提出要扣,因此被申请人要求扣除税款的说辞不仅严重缺乏事实依据,从逻辑上看也完全站不住脚。

②被申请人在庭审中承认其负责案涉工程的外账税务处理,由于被申请人并未将外账作为证据提交,因此申请人有充分的理由相信,外账中存在增值税退税的情况,因此退一步讲,即使业主扣除了所谓的税款,被申请人在进行税务处理时已作了统筹考虑,即将业主扣除的税款与税务机关返还的增值税进行了冲抵,故而被申请人实际上并未支出所谓的代扣代缴承包商税

在庭审中,被申请人承认案涉工程的外账税务处理都是由其负责的,既然如此,被申请人应当向仲裁庭提交完整的外账,因为一般来说,外账中会显示2%的税款是否真实发生、真实扣除,但事实上,被申请人并未提交该等外账,因此申请人相信外账中也会显示增值税的退税情况,被申请人是因为增值税退税退的金额比较多,所以故意没有提交外账,由此申请人就无法得知税务机关到底返还了多少增值税。因为按照案涉承包合同第二部分合同补充条件"总包

商同意如存在增值税抵扣情况，将全额返还由承包商支付的增值税”的约定，如果存在增值税退税，应将相应部分返还给申请人，且据申请人了解，案涉工程确实存在增值税退税的情况。

③按照双方的约定，承包商税应由被申请人自行承担。2016 年 12 月，申请人向被申请人发送函件（申请人证据 26），该函件中申请人表示“自我司与贵司就 G 国 E 项目达成合作投标协议以来，我司积极配合投标报价工作……我司愿意继续跟进该项目，现有以下几点疑问烦请贵司予以呈请确认，该澄清确认亦作为双方合作协议不可分割的组成部分：1. 贵司承担项目的工程一切险及税金”。申请人发送函件当日，被申请人即发送回函（申请人证据 27），该函中提到“针对贵司 2016 年 12 月来函，现对函件提出的疑问澄清如下：1. 该项目的工程保险及当地税金由我公司承担，但其余费用，如工程材料、设备进口关税及当地采购普通消费税等由分承包商承担”，即按照双方的约定，20 余万美元的代扣代缴承包商税应由被申请人自行承担。

2）被申请人的主张

被申请人称，关于代缴承包税款，本案合同明确约定合同价格为含税价，且双方在计量工程进度款时亦依据 G 国税法规定扣除了 2% 的承包商税，故被申请人代缴的 20 余万美元应予扣除。

①本案合同价格为含税价，承包商税应由申请人承担。本案合同补充条件约定，承包商应遵守工程所在国家及地方政府的任何法律和法规及其发布的一切与工程实施相关的通知，承包合同价格中包括承包商完成本承包工程所有应向 G 国当地政府和机构缴纳的各项税金和费用（增值税除外）。故，本案合同价格包括增值税外的各项税费，而承包商税不属于增值税，应由申请人承担。

②申请人主张 2016 年 12 月双方之间的往来函件不构成合同组成部分，不对双方产生合同约束力，应以双方签订时间在后的承包合同约定为准。双方在签订承包合同时，并未将 2016 年 12 月的两封函件纳入合同构成部分，不对双

方构成合同约束力。该两封信函也不构成合同法上的要约与承诺。而且,承包合同约定亦代表双方最终真实意思表示,故应以双方在后的意思表示为准。因此,被申请人不应承担申请人产值内应缴纳的承包商税。

③G 国承包商税法规定,承包商应当缴纳产值 2% 的赋税,申请人应当承担其合同价款内 2% 的承包商税 20 余万美元。根据被申请人提供证据 9 和证据 43,G 国承包商税法规定的承包商应当缴纳的产值 2% 的税,为强制税。总包方必须交予 G 国政府,不存在任何退税的情形。业主方在与被申请人的结算和付款中也要代扣代缴 2% 的承包商税。申请人作为大包的施工承包人,应当在其合同产值范围内承担该笔承包商税。

④承包商税 20 余万美元 =(签约价近 1600 万美元 - 暂列金近 80 万美元 - 机电暂列金 270 余万美元 - 工程量调整近 20 万美元 + 工程变更近 110 万美元 + 人工费调差 20 余万美元 + 工期延长可补偿近 20 万美元 + 玻璃隔断配合费近 2 万美元)×2%(税率)。需要说明的是,被申请人目前就 4 项分包配合费近 10 万美元和申请人对外欠款近 20 万美元并未向申请人主张支付承包商税,如果申请人不认可目前被申请人主张,则被申请人保留向申请人主张该两笔费用税费的权利。

⑤退一步讲,即使按照被申请人对申请人的已付款 1120 余万美元计算,申请人应承担的税款至少应为 20 余万美元 = 1120 余万美元 ÷ 98% × 2%。

3)仲裁庭的认定意见

仲裁庭认为,判定是由申请人还是被申请人承担因本案合同产生的承包商税的关键在于合同约定的具体内容。

本案合同《合同补充条件》约定:“1. 承包商应遵守工程所在国家及地方政府的任何法律和法规及其发布的一切与工程实施相关的通知。2. 承包合同价格中包括承包商完成本承包工程所有应向 G 国当地政府和机构缴纳的各项税金和费用(增值税除外),包括但不限于……②总包商同意如存在增值税抵扣情况,将全额返还由承包商支付的增值税……如有必要,总包商代替承包商向政府有关部门缴纳部分或全部税费,相应的款项将从工程款中扣除。为此总包商有权要求承包商提供所有有关的票据证明,承包商亦有责任协助总包商完成相关税费缴纳工作。"

被申请人证据9《G国承包商税法》第3条表明总包商(principal contractor)或分包商(sub – contractor)应从付款总额(gross amount of payment)中缴纳2%承包商税(contractors levy)。被申请人证据43《G国律师关于承包商税的回复邮件》表明,G国承包商税法规定的承包商应当缴纳的产值2%的税,为强制税,由总包商或项目业主代扣并向G国政府缴纳。

仲裁庭注意到2016年12月双方往来函件及其内容。本案合同《合同协议书》约定:"组成本合同的文件及优先解释顺序如下:6.1、合同协议书;6.2、合同补充条件;6.3、合同条件;6.4、主合同及补充协议;6.5、设计图纸及工程量清单;6.6、构成承包合同一部分的任何其他文件。"仲裁庭认为,根据本案合同组成和优先顺序的约定,《合同补充条件》位于第二顺位,应按照《合同补充条件》的约定进行解释。而2016年12月双方往来函件未能在合同中予以约定,仲裁庭也并不认为该函件应包括在第6.6项之中。

仲裁庭认为,本案合同《合同补充条件》明确约定了申请人应承担增值税之外的所有税费。仲裁庭认为,承包商税(contractors levy)属于G国政府对于建设工程合同征收的一笔税,具有预提税性质,但与增值税不同,不存在进项和销项抵扣的情况。同时,考虑到仲裁庭对于2016年12月双方往来函件及其内容的认定以及本案合同申请人以"大包"方式分包案涉工程的情况,仲裁庭认为,申请人应承担本案合同项下的承包商税。

关于申请人应承担的承包商金额,仲裁庭认可被申请人提出的按照被申请人已向申请人实际付款1120余万美元计算的承包商税为20余万美元的计算公式和结果。

综上所述,仲裁庭认为,被申请人主张的申请人应承担本案合同项下的承包商税20余万美元,应予支持。

(9)误期赔偿费

1)申请人的主张

申请人称,被申请人无权在申请人已完造价中扣除所谓的误期赔偿费近7万美元,该项主张已过诉讼时效。即使存在工期延误情形,由于业主变更设计、将本应由申请人施工的4项分包另行分包给其他单位所致,与申请人并无关联;而且被申请人在开工后逾期支付工程款,已构成严重违约,按照《民法典》的规定,其应自行承担工期延误的过错责任。

①案涉工程的竣工时间为2019年5月,被申请人仲裁反请求申请书的落款时间为2022年5月。而在被申请人提出仲裁反请求之前,其从未通过口头或是书面的方式向申请人主张过所谓的误期赔偿费,因此该项主张早已过诉讼时效。

②在施工过程中,案涉项目顾问曾于2018年12月发送停工令(申请人证据28),该份停工令显示由于业主要求改变办公室1~4层的室内空间规划,故要求停止在该等楼层天花板安装石板的施工,即本工程即使存在工期延误的情形,是业主的原因导致的。此外,由于业主和被申请人将本应由申请人施工的空调、电梯、消防、喷淋工程分包给了其他单位,合同工期大幅延误,因为从《竣工证书》可以看出,申请人的竣工验收时间为2019年5月(被申请人在仲裁反请求申请书第3页对此竣工时间也是认可的),但是建筑师的签字时间却为2019年11月,产生该等时间差距的原因是因空调、电梯、消防、喷淋工程分包商拖延施工进度所致,因此即使业主存在误期赔偿的主张,那也应该由业主和4项分包单位予以承担。

③申请人曾于2018年5月向被申请人发送《G国E项目关于项目组资金情况说明》,该说明中提到申请人为了案涉项目的顺利完成,曾垫付大额的材料、设备款项,且直到上述函件发送之日,申请人"也没有收到E项目上的任何费用",因此根据原《合同法》第283条"发包人未按照约定的时间和要求提供原材料、设备、场地、资金、技术资料的,承包人可以顺延工程日期,并有权请求

赔偿停工、窝工等损失”（同《民法典》第803条）的规定，以及《主合同》“如果施工经理和建筑师在收到承包商的付款申请后14日内没有出具付款证明或工程证明付款，或者如果业主在合同文件中规定的日期后7日内未向承包商支付施工经理和建筑师证明的金额或根据有约束力的争议解决办法确定的金额，那么在非承包商过错的情况下，承包商可以在书面通知业主、施工经理和建筑师后停止施工，直至收到欠款，而且业主应当延长工期，并在合同金额中增加承包商合理的停窝工费用和逾期工程款利息”的约定，由于被申请人存在逾期支付工程款的情形，故即使存在工期延误，也应由被申请人自行承担相应的过错责任。

④申请人第37～40项证据显示，被申请人实质上深入参与了整个案涉工程的工程管理，包括对方案、技术审核，周例会召开及三持工作等。而由于被申请人对整个项目具有相当的把控能力，因此，即使案涉项目真的存在所谓的工期延误情形，被申请人也应承担相应的责任，而并非将相关责任完全归结于申请人。

2）被申请人的主张

被申请人称，申请人存在工期违约情形，尽管经过被申请人的争取获得业主批复的部分延长工期补偿，但仍不能覆盖主合同约定的误期赔偿，延误该项责任应由申请人承担。

①申请人应按照主合同约定的每天近4000美元的标准承担误期赔偿责任。根据主合同之约定，工期延误一天应承担误期赔偿费用近4000美元。根据本案合同第三部分合同条件约定，如果承包商未能按规定的承包工程的竣工期限完工，或未能在规定的相应期限内完成其中任何区段或部分（如果适用），则承包商应按照主合同的规定，向总包商支付违约赔偿费。因此，申请人应当按照主合同约定的标准承担误期赔偿责任。

申请人在庭审中表示被申请人从未向其主张工期延误，但是，根据申请人当庭提交的证据36可知，被申请人早在2019年7月就工期延误问题即向申请人提出主张,申请人对此还进行了回复,况且,工程结算本就应包括工期违约等合同责任的内容,因此,被申请人提出的误期赔偿不存在诉讼时效逾期问题。

②案涉工程实际延期近 130 日,业主批复结算时主张其中近 20 日由承包方承担,被申请人已经尽到了最大努力减少双方的损失。案涉工程实际于 2017 年 3 月开工,按照 20 余月工期计算,计划竣工日期为 2018 年 12 月。根据验收证书可知,案涉工程于 2019 年 5 月甩项竣工验收(初交),共延期近 130 日。根据业主批复结算书显示,在申请人未提供工期索赔资料情况下,被申请人已经尽到最大努力,积极与业主谈判,促使业主批复了可补偿的工期并给予工期延长补偿费用,但并不能覆盖全部延误工期,故业主主张 18 日的延误责任,共计误期赔偿金近 7 万美元(近 7 万美元 = 近 4000 美元 ×18 日)。

③在工程施工过程中,申请人因违约行为,导致工期严重滞后,被申请人多次发函催告,故工期延误责任应由申请人承担。根据被申请人证据 21,由于申请人存在材料不足、人员安排不足、未及时支付工人工资等违约行为,工期严重滞后,被申请人多次发函催告,申请人并未采取有效措施整改,挽回滞后的工期,故申请人应当承担工期延误责任。

④申请人未证明工期延误责任在于业主或其他责任方,也未证明其可就工期延误的全部期间免责,属举证不能,应承担不利后果。

3)仲裁庭的认定意见

仲裁庭认为,被申请人主张的申请人承担案涉工程误期赔偿费涉及的争议焦点如下:

①关于仲裁时效

仲裁庭认为,双方关于误期赔偿费的争议是本案合同项下与工程价款有关的争议之一,不存在误期赔偿费争议与其他工程价款争议相分离的情形。在案涉工程竣工后直至申请人提起仲裁时双方就工程价款存在争议的情况下,双方之间关于误期赔偿费的争议不存在仲裁时效已过问题,申请人提出的误期赔偿费争议已过仲裁时效的主张不应予以支持。

②关于被申请人主张申请人承担误期赔偿费是否成立

本案合同第三部分合同条件约定:“如果承包商未能按规定的承包工程的竣工期限完工,或未能在规定的相应期限内完成其中任何区段或部分(如果适用),则承包商应按照主合同的规定,向总包商支付违约赔偿费……”

根据本案合同《合同协议书》的约定,本案合同工期与主合同工期一致,合同工期为20余月。案涉工程实际于2017年3月开工,计划竣工日期为2018年12月,案涉工程于2019年5月甩项竣工验收(初交),共计延期近130日。

被申请人证据21《关于中国A建设公司工期延误的工作联系单》显示,申请人曾在施工过程中存在材料不足、人员安排不足、未及时支付工人工资、质量缺陷、工期滞后等问题。

申请人证据3《经业主批复的〈结算书〉》扣减项中,业主扣除“预定损害赔偿金”(Liquidated & Ascertained Damages)金额为近7万美元。

仲裁庭认为,根据仲裁庭前述认定的业主批复的最终付款结算结果对申请人具有约束力的意见,业主在批复最终结算书中扣除的误期赔偿费近7万美元应对申请人具有约束力。因此,被申请人提出的申请人承担误期赔偿费近7万美元的主张,应予支持。

(10)后期配合费

1)申请人的主张

申请人称,被申请人主张在已完造价中扣除近40万美元的后期配合费严重缺乏依据,申请人不同意扣除。对于被申请人目前提交的所谓后期配合费相关的证据材料,申请人都是不予认可的,因为该等证据严重缺乏关联性,并不能证明相关费用实际发生。退一步讲,即使发生了相关费用,也不应由申请人予以承担。

①对于“材料款、现场零星材料采购”等材料采购费用,根据本案合同第二部分“总包商不为本承包工程提供任何机械设备、材料和临时设施,但出于保证工程质量、进度和降低采购成本的考虑,总包商保留提供任何机械设备、材料

和临时设施,以及承包商承包范围内保险、医疗救助站和专项工程施工等统一采购或实施的权力。总包商如果认为必要,将由总包商牵头,承包商参与共同选择供应商或专业分包商,由承包商与供应商签订采购合同”的约定,即使被申请人出于保证工程质量、进度和降低成本的考虑要采购材料,也应让申请人参与共同选择供应商,但实际上,被申请人并未按照上述约定予以执行,至今为止,申请人也不清楚被申请人采购的材料用在了何处,因此不应在造价中扣除该等费用。此外需要说明的是,材料采购中关于电气的电线电缆,已超出原工程量清单的范围,属于变更项目,该等费用应由被申请人向业主进行索赔。

②对于“工人工资、遣散费、停车场裂缝修补人工费”等劳务费,申请人不予认可,因为申请人对被申请人额外聘请工人的问题毫不知情,也不知道该等人工费发生在了何等项目上,而且对于被申请人额外聘请的工人,也未见业主、监理的任何指令文件。

③对于“水箱消毒、灭害处理、外墙清洁”费用,由于该等工作不属于申请人的承包范围,故不应由申请人承担相关费用。

④对于“车辆保险”,由于该等车辆为被申请人自行购买及使用,与申请人无关,因此保险费用应由其自行承担。

⑤对于“水箱及地面裂缝修补费用”,申请人不予认可,因为停车场地面裂缝修复由总监和各专业咨询师同意后找专业分包商进行施工,在地面修补完成后依然出现问题,这足以说明是设计出现了问题,因此大面积停车场未设置温度缝或伸缩缝而导致产生裂缝是在所难免,与申请人无关。此外,监理、结构工程师、建筑工程师和被申请人代表曾现场勘查,勘查后最终确定是由于温度造成地面裂缝,与申请人无关。

⑥对于“吊车租赁费”,申请人不予认可,因为被申请人聘请了当地分包商D公司对案涉工程南面太阳能支架进行的漆面修补,那么对于漆面修补后续产生的费用,应由被申请人和D公司协议费用负担问题,与申请人无关。

⑦对于“现场电费”,申请人不予认可,因为被申请人发生的所谓的电费都

是其自行使用的,与申请人并无关联。

⑧虽然本案合同约定“承包商不能胜任工作或工期严重滞后或投入人力、物力不足时,总包商有权采取紧急措施组织实施项目,由此发生的一切费用及损失由承包商承担”,但须知,被申请人采取紧急措施组织的前提条件应为“承包商不能胜任工作或工期严重滞后或投入人力、物力不足”,因此,被申请人在采取相关措施时,首先应满足上述前提条件,且应提供达到证明上述前提条件满足的证明材料,否则就是剥夺了申请人承包范围内的施工权利、维保权利。

2)被申请人的主张

被申请人称,申请人在竣工验收(初交)前因自身原因导致多项工程内容无法完成,被申请人为避免双方更大的损失,依承包合同约定委托第三方完成或代申请人支付相关费用近40万美元,应由申请人承担。

①申请人在竣工初交前存在违约行为,导致工程延期愈发严重,被申请人在多次催告后仍未见整改,故被申请人委托第三方或先行垫付费用产生后期配合费近40万美元,应由申请人承担。

②根据被申请人证据31和证据36,被申请人修补停车场地面后期配合费1070余万G国货币。

③根据被申请人证据32和证据37因申请人所施工外墙涂料及粉刷工程存在颜色与设计不符等缺陷,但却未能及时进行修补,被申请人委托第三方进行修补发生外墙涂料及粉刷后期配合费1250余万G国货币。

④根据被申请人证据33、证据38和证据39,因申请人未能履行合同义务,被申请人雇用工人或分包完成后期施工及修补工作,并为申请人垫付人工工资、遣散费等近1150万G国货币。

⑤根据被申请人证据34,因申请人未能履行合同义务,被申请人组织完成后期施工及修补工作,所需采购电缆、水管、排水弯头、控制阀、插座等,发生现场零星材料费用330余万G国货币。

⑥根据被申请人证据40,因申请人未能履行合同义务,室内设计师多次指

出申请人施工的室内油漆工程不符合质量要求，申请人未整改，被申请人委托第三方完成室内油漆整改费用近 490 万 G 国货币。

3）仲裁庭的认定意见

仲裁庭认为，双方就后期配合费争议焦点在于被申请人是否有权在申请人未能履行义务的情况下采取施工补救措施的权利和是否履行了告知义务，以及被申请人采取补救措施费用的承担问题，分述如下：

①关于被申请人是否有权在申请人未能履行义务的情况下采取施工补救措施的权利和是否履行了告知义务

仲裁庭注意到，本案合同约定："总包商不为本承包工程提供任何机械设备、材料和临时设施，但出于保证工程质量、进度和降低采购成本的考虑，总包商保留提供任何机械设备、材料和临时设施，以及承包商承包范围内保险、医疗救助站和专项工程施工等统一采购或实施的权力。总包商如果认为必要，将由总包商牵头，承包商参与共同选择供应商或专业分包商，由承包商与供应商签订采购合同。"

仲裁庭注意到，被申请人证据 31、证据 32、证据 40 显示，被申请人通过邮件或信函方式通知申请人有关工程质量和未完尾项工程等存在问题，被申请人委托第三方完成修复工作事宜。

仲裁庭认为，根据本案合同第二部分的约定，被申请人作为总包方有权在申请人未能履行义务的情况下采取施工补救措施，且被申请人证据 31、证据 32、证据 40 表明被申请人已履行了相应的通知义务。

②关于被申请人采取补救措施费用的承担问题

仲裁庭注意到，被申请人主张采取补救措施发生的费用汇总如下：

（a）修补停车场地面后期配合费 1070 余万 G 国货币（被申请人证据 31 和证据 36）；

（b）修补外墙涂料及粉刷后期配合费 1250 余万 G 国货币（被申请人证据 32 和证据 37）；

(c)为申请人垫付人工工资、遣散费等近1150万G国货币(被申请人证据33、证据38和证据39);

(d)采购电缆、水管、排水弯头、控制阀、插座零星材料费用330余万G国货币(被申请人证据34);

(e)第三方完成室内油漆整改费用近490万G国货币(被申请人证据40)。

仲裁庭认为,根据本案合同中申请人为“大包”的工程分包性质,申请人承担了完成全部工程的义务,而被申请人并不承担具体的施工任务。在此种情况下,被申请人在项目竣工验收时,在申请人未能完成工程质量缺陷修复工作和尾工的情况下,被申请人有权聘用第三方进行修复工作。根据本案合同“在不排斥其他赔偿方法的前提下,总包商可以从到期应支付给承包商的其他款项扣除此项赔偿费”的约定,被申请人作为总包商有权从应支付给申请人的工程款项中扣除委托第三方进行的工程质量修复和未完尾工的费用。对于被申请人在上述证据中提出的支付第三方修复、完成尾工的费用以及购买材料的费用,仲裁庭予以采信。

综上所述,仲裁庭认为,被申请人提出的申请人应承担后期配合费的主张,应予支持。

(11)变更价格折扣近14%

1)申请人的主张

申请人称,被申请人无权在造价中扣除20余万美元的变更价格折扣近14%,理由如下:

①被申请人造价金额的组成明细中计取的工程变更(近110万美元)、人工费调差(20余万美元)等索赔变更费用已按近12%的比例下浮,因此被申请人主张还要在造价中扣除变更价格折扣的主张完全没有任何依据。

②经业主批复的《结算书》中,对于变更索赔费用是按照实际费用计取的,并未让利,因为该等索赔变更费用不属于让利范围。

③被申请人在庭后代理意见写道，所谓的变更价格折扣来源于工程量清单关于“在工程量清单总价（不包括暂列金额、成本补偿费）基础上增加或扣除一定百分比，且任何变更的费率将基于经此百分比调整后的费率确定”[Add or deduct a sum that will be treated as a percentage on or off the whole of the prices in the Bills of Quantities（excluding Preliminary Items, Cost Allowances）and the rates for any variations will be based on rates arrived at after being subjected to such percentage adjustment]的约定，申请人认为，上述约定的真实意思表示是，如产生变更价格，无论增加还是减少，双方应按照被申请人与业主实际是否让利以及申请人的下浮比例予以考虑，对于变更减少部分，被申请人却认为不属于8.5%的让利范围，而对于工程变更、人工费调差等变更增加部分，却认为下浮近12%还不够，还需要在此基础上乘以近14%，被申请人关于上述约定的解读完全曲解了双方当事人的真实本意。

④申请人还主张，“未施工机电工程调整（空调、电梯、消防、喷淋4项设备分包工程的款项）”和“未施工暂列金”在业主与被申请人最终确定的合同价款中是实实在在让利了8.5%的，而在让利8.5%后，申请人与被申请人又在此基础上下浮了近12%，即“未施工机电工程调整”和“未施工暂列金”实际上并不属于上述约定提到的、不需要让利的“成本补偿费”（Cost Allowances）。但是从被申请人计算变更价格折扣的方式却可以看出，被申请人把“未施工机电工程调整”和“未施工暂列金”等同“开办费，成本补偿费”（Preliminary Items, Cost Allowances），故意忽略二者已经让利8.5%、下浮近12%的事实，在签约价近1600万美元的基础上减去了“未施工机电工程调整”和“未施工暂列金”，使计算式的分母变小，以达到相除之后折扣价格变大的目的。

实际上，-130余万美元则是被申请人对业主8.5%的让利部分，计算方式为（近1740万-近170万×8.5%，该计算式中的近1740万美元是下浮前业主与被申请人拟定的合同价格（该金额中包含“未施工机电工程调整”和“未施工暂列金”），该计算式中的近170万美元所对应的清单中的描述为“Preliminary &

General Provisions”(开办费)。而在让利8.5%后,申请人与被申请人又在此基础上下浮近12%,金额为-190余万美元,作为申请人支付给被申请人的管理费。

2)被申请人的主张

被申请人称,根据承包合同工程量清单约定,变更增加价格时应按照折扣费率相应下浮,故根据申请人已经认可的变更增加金额应按折扣费率下浮20余万美元。

①根据本案合同工程量清单约定,折扣下浮率应为-近15%,而被申请人主张的下浮折扣率为-近14%为主合同的折扣率,优于本案合同的约定,被申请人出于善意考虑,主张适用主合同折扣率,扣除变更折扣费20余万美元,即20余万美元=(业主批复变更110余万美元+业主批复电气变更近10万美元+业主批复人工费调增20余万美元+业主批复工期补偿调增近20万美元)×近14%。

②申请人在适用本案合同工程量清单时存在双重标准,在被申请人未予同意的情况下,应严格按照约定进行折扣下浮,即先扣除近12%管理成本后再适用折扣费率,即:申请人变更价格=业主变更价格×(1-近12%)×(1-下浮折扣率)。

③业主在向被申请人批复变更增加费用时未予折扣下浮,属于业主与被申请人之间合同结算的处理,并不代表被申请人放弃与申请人之间的合同权利。

3)仲裁庭的认定意见

仲裁庭认为,判断双方在变更价格折扣的争议焦点在于业主批复的《结算书》中是否已经进行了折扣,上述折扣是否适用于变更工程,折扣百分比以及应折扣金额是多少。

①关于业主批复的《结算书》中是否已经进行了折扣

仲裁庭认为,根据仲裁庭在前述4(4)未施工机电工程调整中对于案涉工程价款折扣率的认定意见,关于对工程价款折扣让利系双方当事人在本案合同中的约定,而不是被申请人与业主在主合同中的约定事项,且申请人证据3《业主批复的〈结算书〉》中无法得出业主对于变更工程进行折扣的结论。

②关于上述折扣是否适用于变更工程

仲裁庭认为,根据仲裁庭在前述4(4)未施工机电工程调整中对于案涉工程价款折扣率的认定意见,在双方就被申请人管理费扣减系数近12%不存在争议的情况下,考虑到工程变更价款属于本案合同工程价款的一部分,上述折扣应按照双方合同的约定予以折扣。

③关于折扣百分比

仲裁庭认为,根据仲裁庭在前述4(4)未施工机电工程调整中对于案涉工程价款折扣率的认定意见,在双方就被申请人管理费扣减系数近12%不存在争议的情况下,被申请人在本项争议中就变更工程价款另外提出按照主合同约定再向申请人让利后的扣减系数为－近14%,与本案合同约定不符,不应予以支持。

④关于变更折扣金额

仲裁庭注意到,被申请人主张扣除变更折扣费20余万美元,即20余万美元=(业主批复变更110余万美元+业主批复电气变更近10万美元+业主批复人工费调增20余万美元+业主批复工期补偿调增近20万美元)×近14%。

仲裁庭认为,被申请人主张的"业主批复变更110余万美元和电气变更近10万美元属于工程变更内容,应纳入折扣范围。业主批复人工费调增20余万美元和业主批复工期补偿调增近20万美元属于业主对于总包商的费用补偿,不属于变更范畴,应由负责全部施工的申请人享有,不应纳入变更折扣范围。

因此,仲裁庭认为,上述工程变更应按近12%进行折扣,折扣金额为:(业主批复变更110余万美元+业主批复电气变更近10万美元)×近12%＝10余万美元。

综上所述,仲裁庭认为,被申请人提出的应予扣减变更折扣金额10余万美元应予支持。

(12)质保金扣款

1)申请人的主张

申请人称,被申请人无权在造价中扣除50余万美元的质保金,理由如下:

①业主颁发《竣工证书》、接收并使用案涉工程即表示案涉工程的工程质量并无问题,根据本案合同第三部分合同条件的约定,被申请人应向申请人返还50%的质保金用于案涉项目质保期的正常维保工作;此外,如果案涉工程存在质量缺陷,业主根本不可能颁发《竣工证书》,也根本不可能接收并使用案涉工程,因此业主和被申请人现在以案涉工程存在质量缺陷为由,拒绝向申请人返还全部的质保金的说辞不仅违反合同约定,而且从逻辑上也无法自圆其说。

案涉工程在2019年5月即取得竣工证书,而业主颁发《竣工证书》、接收并使用案涉工程即表示案涉工程的工程质量并无问题。

根据本案合同第三部分合同条件(保留金的支付)"在雇主颁发整个工程的移交证书后的近40日内,总包商应将承包合同支付的支付规定的保留金的一半支付给承包商……"的约定,被申请人自然应向申请人返还质保金的50%用于案涉项目质保期的正常维保工作,但是被申请人并未按照约定与业主协调案涉项目质保金的支付事宜,且直至案涉工程质保期届满,申请人仍未收到应得的质保金;而在申请人未收到任何质保金的情况下,依旧积极配合被申请人完成各项质保工作,并实际发生了近30万美元的维修费用。

②需要澄清的是,申请人在收到被申请人发送的要求修复质量缺陷的函件后,已经及时安排施工人员进行了相关的维修工作。而之所以在修复相应质量缺陷后没有所谓双方确认的留痕文件,是因为申请人在案涉工程中处于比较弱势的地位,而且根据本案合同约定,申请人无权跟业主直接进行沟通。因此,即使完成修复后业主仍存在一些不满意之处,申请人也无从得知,因为被申请人并未及时把该等业主的意见传达给申请人。

而且,目前被申请人提交的要求申请人修复的往来函件只能证明案涉工程曾经出现过某些质量问题，但不能证明后期申请人没有整改。而且按照正常逻辑，如果没有整改或者整改后仍存在质量问题，被申请人应该发送进一步的催促整改的函件，但是被申请人目前并未提供该等证据。

③业主和被申请人在质保期届满后才将缺陷清单发送给申请人，由于质保期已届满，被申请人无权在造价中扣除质保金。但即使如此，申请人为了维护被申请人在涉外工程中的声誉和形象，还是按照业主和被申请人的要求进行了维修，反而是被申请人怠于行使对业主的抗辩权，存在较大过错。被申请人第25项证据的证明目的显示，直至2020年10月，业主才出具案涉工程的缺陷清单，而此时距离案涉工程质保期的届满之日已超过5个月（质保期已于2020年5月届满），但即使是在质保期已经届满的情况下，申请人为了维护被申请人在涉外工程中的声誉和形象，还是按照业主和被申请人的要求进行了维修。

另外，对于被申请人在庭审中提到的因新冠疫情影响导致缺陷清单未在质保期内完成的说法，申请人完全不予认可。

④需要说明的是，有相当一部分缺陷项目是业主直接分包的施工项目，后期维保事宜应由该等分包单位负责，与申请人无关。

⑤根据本案合同的相关约定以及申请人提交的证据看，被申请人实质上深入介入整个案涉工程的管理，其中就包括对工程的临时验收，即在被申请人认为工程验收合格的情形下才可交付业主。因此，退一步讲，即使案涉工程存在所谓的缺陷问题，被申请人作为总包商应自行承担相应的责任。

2）被申请人的主张

被申请人称，因申请人施工存在未完项及工程质量缺陷项，且未能按约进行施工和维修工作，存在违约情形，导致业主扣除施工及维修款项50余万美元，应由申请人承担。

①根据被申请人证据10、证据22、证据23、证据27和证据28，申请人施工工程存在未完项及工程质量缺陷，业主、项目管理公司和被申请人多次通知申请人进行完成和维修。

②申请人未能按约完成未完项施工和缺陷维修，导致业主对其丧失信心，组织第三方就未完及维修事项进行比选报价，最终扣除质保金50余万美元，应由申请人承担。

③根据被申请人证据24和证据45，项目管理公司证实受新冠疫情影响，在缓慢推进进度，项目管理公司证明业主截至2022年8月已支出质保维修费用近20万美元，并随附相关凭证，后续仍将继续，并在最终完成时提供相关费用清单。

④尽管业主实际发生费用未达所扣金额，但业主所扣质保维修费用的损失系因申请人未能完全履约所致，该50余万美元应由申请人承担，而非由被申请人先行承担。

3）仲裁庭的认定意见

仲裁庭注意到，被申请人证据10、证据22、证据23、证据24、证据27、证据28和证据45所示，申请人施工工程存在未完项及工程质量缺陷，业主、项目管理公司和被申请人多次通知申请人进行完成和维修，并组织第三方就未完及维修事项，截至2022年8月已支出质保维修费用近20万美元。

申请人证据3《经业主批复的〈结算书〉》第55页表明业主扣减质保金（Retention）50余万美元。

仲裁庭认为，在申请人存在对于施工过程中存在未完项和未能及时修复工程质量缺陷的事实，且根据仲裁庭前述关于业主批复结算书对申请人产生约束力的认定意见，申请人应承担业主质保金扣款50余万美元的责任。因此，仲裁庭认为，被申请人提出的应由申请人承担业主扣减质保金50余万美元的主张，应予支持。

5. 仲裁庭认定的双方结算金额

基于上述事实和理由，仲裁庭关于双方第4.1项～第4.12项争议的认定意见汇总如下，

根据仲裁庭关于双方第4.1项～第4.12项争议的认定意见，仲裁庭认为，

在本案合同项下,双方就案涉工程的工程价款结算总金额为970余万美元。

需要说明的是,被申请人主张本案合同结算价为960余万美元,特此说明。

仲裁庭认为,双方均认可被申请人已向申请人支付工程价款金额为1120余万美元,因此,根据仲裁庭前述认定的案涉工程的结算总额为970余万美元,申请人应向被申请人返还超付的工程价款为近150万美元(1120余万美元－970余万美元)。

综上所述,仲裁庭认为,申请人在仲裁请求中主张的被申请人应向其支付欠付工程款人民币近890万元,不应予以支持。被申请人反请求主张的申请人应返还超付工程款近150万美元折合人民币近990万元,应予支持。

(四)关于申请人请求被申请人支付其违约导致损失人民币210余万元及其利息的认定

1. 申请人的主张

申请人称,在合同的履行过程中,被申请人严重违反合同约定,为了获取高额利润将本属于申请人承包范围的空调、电梯、消防、喷淋工程以及玻璃隔断安装工程另行分包给了其他分包单位,导致申请人遭受了经济损失以及预期可得利益损失,包括如下两部分:

(1)"停窝工"损失近20万美元,折合人民币近110万元。被申请人将本应由申请人施工的空调、电梯、消防、喷淋工程分包给了其他单位,导致合同工期严重延误,该等工期延误的根本原因在于被申请人,且给申请人造成了重大经济损失,故被申请人应承担相应的赔偿责任。

(2)预期可得利益损失近20万美元,折合人民币100余万)。根据《民法典》第584条"当事人一方不履行合同义务或者履行合同义务不符合约定,造成对方损失的,损失赔偿额应当相当于因违约所造成的损失,包括合同履行后可以获得的利益"的规定,预期可得利益应当是守约方通过履行合同后未来可以获得的利益。本案中,玻璃隔断安装工程按照合同约定本属于申请人的承包范围,但是被申请人为了获得高额利润却将玻璃隔断安装工程另行分包给了其他分包单位,故被申请人应向申请人支付预期可得利益损失近20万美元。

2. 被申请人的主张

关于申请人主张的停窝工损失,被申请人称,双方已经达成一致,已计入结算价格,与空调、电梯、消防和喷淋工程无关。

(1)根据被申请人证据5和证据6,2022年3月《项目结算会议纪要》,工期延长费用为近20万美元,系根据业主批复的相应金额中按照合同结算原则下浮近12%后所得,双方已达成一致,被申请人已经计入结算金额中。

(2)该补偿不包含业主根据主合同约定按照每日近4000美元扣除的18日的误期赔偿金近7万美元。

(3)申请人提供该笔工期延长费用与空调、电梯、消防和喷淋工程分包之间存在因果关系的证据,其主张不能成立,该笔费用也非被申请人违约应承担的费用。

关于申请人主张的预期可得利益损失,被申请人称:

(1)申请人并未施工玻璃隔断工程,而是由业主选定的分包商F公司施工,双方已经同意被申请人给予申请人就业主结算玻璃隔断价格2.5%的配合费,被申请人不存在截留玻璃隔断工程款的情形,申请人无权主张可得利益损失15万余美元。

(2)根据本案合同补充条件第1条第5款约定,总包商保留调整承包商承包范围的权利,承包商无条件服从决定并放弃一切诉求,总包商无须为此作任何补偿或任何解释。

(3)根据被申请人证据17,造价咨询师2021年7月22日邮件已经证实,玻璃隔断工程由业主选定的分包F公司施工,且费用由业主直接支付给了分包商,被申请人并未截留玻璃隔断工程款,被申请人在此项中获得的利润补偿只有近20万美元。而被申请人认可给予申请人在此项的费用还高于被申请人所获补偿,已经展现出最大善意。

3. 仲裁庭的认定意见

(1)关于工期索赔费用近20万美元

被申请人证据6《2022年3月〈会议纪要〉》显示,双方就工期索赔近20万美元达成一致。

被申请人证据5(第230页)表明“Extension of time”(工期延长)金额为近20万美元。

仲裁庭认为,双方已就工期索赔费用近20万美元达成一致,按照折合人民币近110万元,仲裁庭不持异议,予以支持。

(2)关于申请人主张的预期可得利益损失近20万美元

仲裁庭认为,本案合同补充条件第1条第5款的约定,被申请人有权保留调整承包商承包范围的权利,且双方已经同意给予申请人就业主结算玻璃隔断价格2.5%的配合费,被申请人不存在截留玻璃隔断工程款的情形。因此,申请人主张的预期可得利益损失近20万美元不应予以支持。

仲裁庭注意到,申请人主张自仲裁申请提出之日起按照全国银行间同业拆借中心公布的贷款市场报价利率的标准计算延迟支付期间的利息,计算至实际付清之日止。鉴于仲裁庭在前述裁决中支持申请人提出的工期索赔费用近20万美元折合人民币近110万元,对于申请人提出的相应利息主张,仲裁庭予以支持。仲裁庭认为,应以人民币近110万元为基数,自2022年3月申请人提出仲裁申请之日起按照全国银行间同业拆借中心公布的贷款市场报价利率的标准计算延迟支付期间的利息,计至实际付清之日止。

(五)关于申请人请求被申请人支付欠付工程款利息的认定

申请人主张被申请人应向其支付欠付工程款项共计人民币近890万元及相应利息。

根据仲裁庭在裁决意见第(三)部分中对申请人主张被申请人向其支付欠付工程款不予支持、对被申请人主张的申请人向其返还超付工程款予以支持的认定意见,仲裁庭认为,申请人提出的被申请人支付欠付工程款利息的主张,不应予以支持。

（六）关于被申请人请求申请人支付资金占用利息损失的认定

被申请人在仲裁反请求中主张申请人支付资金占用损失。

仲裁庭认为，在仲裁庭前述认定的申请人应向被申请人返还超付工程款近150万美元折合人民币近990万元的意见，但该项请求在仲裁庭认定后才能确权。因此，被申请人提出的资金占用利息的请求不应予以支持。

（七）关于仲裁请求和仲裁反请求中律师费的认定

结合本案处理情况以及仲裁请求和反请求被支持的程度，仲裁庭认为，被申请人应承担申请人支出律师费2万元，申请人应承担被申请人支出的律师费10万元。

（八）关于本案仲裁费用的认定

关于本案仲裁费用，根据本案争议处理情况以及申请人的仲裁请求、被申请人的仲裁反请求被仲裁庭支持的程度，仲裁庭酌情确定申请人预缴的仲裁请求仲裁费全部由申请人承担；被申请人预缴的仲裁反请求仲裁费，由申请人承担80%，由被申请人承担20%。

三、裁　决

综上所述，仲裁庭对本案作出裁决如下：

1. 申请人向被申请人返还超付工程款人民币近960万元。

2. 被申请人向申请人支付工期索赔费用人民币近110万元。

3. 被申请人向申请人支付以人民币近110万元为基数，自申请人提出仲裁申请之日起按照全国银行间同业拆借中心公布的贷款市场报价利率的标准计算延迟支付期间的利息，至实际付清之日止。

4. 律师费（略）。

5. 驳回申请人的其他仲裁请求。

6. 仲裁费(略)。

上述应付款项,应自本裁决生效之日起30日内履行完毕。

本裁决为终局裁决,自作出之日起生效。

案例评析

【关键词】

业主结算　让利幅度　增值税　承包商税

【焦点问题】

一是被申请人(总包商)与业主结算结果是否对分包商产生约束力;二是申请人(分包商)的索赔未被业主批准时,申请人是否可向总包商索赔;三是代扣代缴承包商税2%是否应由申请人(分包商)承担。

【焦点评析】

本案涉及G国某健康综合体建设工程分包合同争议。申请人(分包商)主张因被申请人(总包商)未能按照合同约定支付剩余工程款,主张已完工程造价为近1400万美元,被申请人应向申请人支付欠付工程款项共计人民币近890万元。而被申请人主张结算价格应为960余万美元,被申请人已超付工程款160余万美元。双方就承包范围调整、代购材料费用、承包商税、质量缺陷维修、误期赔偿费、索赔条件、业主指定4项分包(空调、电梯、消防、喷淋)、质保金返还等多项工程款项是否扣除和支付存在不同意见,被申请人因此提出申请人应返还超付工程款项和工期延误违约金等多项反请求。现结合本案案情评述如下。

一、被申请人(总包商)与业主结算结果是否对分包商产生约束力

本案涉及"大包"国际工程中遇到的核心问题。在这种所称"大包"类型的国际工程分包合同中,申请人作为案涉工程的实施主体,负责整个工程项目的实施、完成和缺陷修复工作,并负责在施工过程中按照主合同的约定通过总包商(被申请人)向业主递交工程结算文件,因此,在全部工程由申请人实施和完

成,且由申请人报送工程进度结算再通过总包商(被申请人)向业主递交工程结算文件并获得业主签认的情况下,申请人应对业主结算中的工期、质量、工程量调整等结果承担合同责任,业主结算结果,无论是期中付款结算(工程进度结算)还是最终付款结算,应对作为分包商的申请人具有约束力。

本案合同第三部分《合同条件》约定:"总包商(指被申请人)提供主合同(总包商的价格细节除外,视情况而定)的复印件,以及适用于主合同但不同于主合同通用条件的任何其他合同条件的细节。应视为承包商(指申请人)已经全面了解主合同的各项规定,承包商对主合同、承包工程所在国、所在地进行了详细的考察,对主合同和合同条件进行了认真的研究,承包合同价格充分考虑了履行合同的不确定性因素,对其明示和暗示风险进行了预测。承包商保证承担并履行与承包工程有关的主合同规定的总包商的所有责任和义务,并全面配合总包商履行主合同。"根据本案合同约定的工程范围和双方权利和义务范围,仲裁庭认为,申请人实际承担了主合同项下全部的施工内容,包括开工、施工、材料供应、结算、竣工、修复缺陷等义务,申请人应承担并履行与案涉工程有关的主合同规定的总包商的所有义务和责任。被申请人以总包商身份进行协调、管理、监督等工作。

关于案涉工程索赔结果是否对分包商产生约束力,本案中,申请人主张其已按照本案合同的相关约定,向被申请人提交了5万余美元的索赔费用所对应的材料。申请人已按照本案合同关于"在承包工程实施过程中,如果承包商(指申请人)遇到了任何不利的外界障碍或外部条件或任何其他情况而由此按主合同可能进行索赔时……承包商应花费足够的时间,向总包商提供所有为使总包商价格能就此合同方面的利益进行索赔所要求的材料和帮助"的约定,向被申请人提交了索赔材料。

仲裁庭认为,本案合同第三部分《合同条件》约定:"如果承包商在其承担的承包工程施工中向总包商递交任何索赔要求,但总包商向雇主递交的相应索赔要求未获得批准,则承包商的索赔要求亦将不会得到批准。"申请人证据表明,申请人提供的证据形成时间为2018年9月至2019年1月。申请人证据9表明,申请人向被申请人发送索赔邮件的时间为2019年4月,将5万余美元的索赔材料发送至被申请人。被申请人证据13、证据14表明,被申请人于2019年4月将申请人递交的索赔文件发送造价咨询师,2019年5月发送给业主水电设计师和造价师。

仲裁庭认为,根据仲裁庭关于申请人和被申请人工作范围,申请人负责整个工程项目的实施、完成和缺陷修复工作的义务,申请人应对业主结算结果承担合同责任,业主期中付款结算和最终付款结算结果对申请人具有约束力的意见,在申请人将该项索赔递交给被申请人,被申请人递交给业主后业主未能批准的情况下,申请人应承担业主结算的结果。因此,申请人主张的第二批索赔款5万余美元,不应予以支持。

二、代扣代缴承包商税2%是否应由申请人(分包商)承担

申请人称,被申请人无权在已完造价中扣除所谓近20万美元的代扣代缴承包商税。被申请人称,关于代缴承包税款,本案合同明确约定合同价格为含税价,且双方在计量工程进度款时亦依据G国税法规定扣除了2%的承包商税,故被申请人代缴的20余万美元应予扣除。

仲裁庭认为,判定是由申请人还是被申请人承担因本案合同产生的承包商税的关键在于合同约定的具体内容。

仲裁庭注意到,本案合同《合同补充条件》约定:“1. 承包商应遵守工程所在国家及地方政府的任何法律和法规及其发布的一切与工程实施相关的通知。2. 承包合同价格中包括承包商完成本承包工程所有应向G国当地政府和机构缴纳的各项税金和费用(增值税除外),包括但不限于……②总包商同意如存在增值税抵扣情况,将全额返还由承包商支付的增值税……如有必要,总包商代替承包商向政府有关部门缴纳部分或全部税费,相应的款项将从工程款中扣除。为此总包商有权要求承包商提供所有有关的票据证明,承包商亦有责任协助总包商完成相关税费缴纳工作。”

仲裁庭注意到,G 国承包商税法第 3 条表明总包商(principal contractor)或分包商(sub-contractor)应从付款总额(gross amount of payment)中缴纳 2% 承包商税(contractors levy)。被申请人证据《G 国律师关于承包商税的回复邮件》表明,G 国承包商税法规定的承包商应当缴纳的产值 2% 的税,为强制税,由总包商或项目业主代扣并向 G 国政府缴纳。

仲裁庭注意到,2016 年 12 月双方往来函件及其内容。仲裁庭注意到,本案合同《合同协议书》约定:"组成本合同的文件及优先解释顺序如下:6.1、合同协议书;6.2、合同补充条件;6.3、合同条件;6.4、主合同及补充协议;6.5、设计图纸及工程量清单;6.6、构成承包合同一部分的任何其他文件。"仲裁庭认为,根据本案合同组成和优先顺序的约定,《合同补充条件》位于第二顺位,应按照《合同补充条件》的约定进行解释。而 2016 年 12 月双方往来函件未能在合同中予以约定,仲裁庭也并不认为该函件应包括在第 6.6 项之中。

仲裁庭认为,本案合同《合同补充条件》明确约定了申请人应承担增值税之外的所有税费。仲裁庭认为,承包商税(contractors levy)属于 G 国对于建设工程合同征收的一种税,具有预提税性质,但与增值税不同,不存在进项和销项抵扣的情形。同时,考虑本案合同申请人以"大包"方式分包案涉工程的情况,仲裁庭认为,申请人应承担本案合同项下的承包商税。

【结语】

本案涉及了中国企业总包商与分包商之间因"大包"产生的合同争议问题,具有一定的典型意义。

首先,本案中双方当事人并未就"大包"方式的分包合同效力产生异议,双方认可合同效力。正如仲裁庭在裁决书中所述,"大包"方式的分包合同,分包商承担了总包商在主合同项下的全部施工义务,总包商仅负责有限的沟通和协调义务。在工程履约过程中,业主和监理工程师对于分包商通过总包商提交的工程进度款的签认、结算和支付等均对分包商产生约束力。因此,分包商在履约过程中对于业主和监理工程师工程款的签认、结算和支付均予认可,但在仲裁中予以否认和反言行为,无法得到仲裁庭的支持。

其次,在"大包"方式下,业主否决索赔亦对分包商产生约束力,特别是本案合同明确约定了业主否决索赔意味着总包商对索赔的不予批准。在此类争议中,总包商是否履行了合同约定的协调义务,是否将分包商递交的索赔文件提交给业主即履行了协调义务,往往成为分包商异议之所在。但由于合同约定总包商的协调义务一般较笼统,仅约定负责协调与业主关系的情况下,如何判断协调义务的标准,成为裁决此类争议的难题。在此种情况下,仲裁庭只能依据事实作出判断,是否及时将分包商索赔文件递交给业主或监理工程师,是否与业主和监理工程师讨论或回复业主拒绝索赔函,但索赔是否成功不能成为判断总包商是否履行协调义务的标准,即分包商应接受索赔不成功的结果。另外,正如本案被申请人所指出的,作为分包商的申请人提出的索赔理由、索赔文件和未能在索赔期限(索赔时效)内递交索赔文件,可能是索赔无法成功的决定性因素。

最后,在国际工程分包合同中,税务争议已成为一项具有普遍性的争议事项。在国际工程项目中,中国分包商大多未在工程所在国注册公司,一般是以"总包商"名义实施工程,分包商均由总包商进行税务处理和纳税,分包商需要向总包商提供成本税票证明,由此产生税票不合规、无法纳入成本、预提税、增值税和企业所得税、税务罚款承担等问题和争议。在本案中,合同约定分包商承担除增值税以外的所有税费,而G国的承包商税属于预提税,不存在增值税那样的进项和销项抵扣事项,因此,仲裁庭依据合同约定判定分包商应承担G国的承包商税。从本案可以看出,总包商和分包商在国际工程分包合同中应明确约定税务承担条款,包括合同是否含税、税务种类、预提税和增值税处理原则、税务账目和审计、成本税票、所得税承担、税务罚款、所在国税制变更等,避免合同履约中产生税务争议。

A有限公司与B工程有限公司施工分包合同争议案

中国国际经济贸易仲裁委员会(以下简称贸仲)根据申请人A有限公司(以下简称申请人)与被申请人B工程有限公司(以下简称被申请人)签订的《施工分包合同》(以下简称本案合同)中仲裁条款的约定,以及申请人于2021年6月向贸仲提交的书面仲裁申请,受理了双方当事人的施工分包合同争议仲裁案。

一、案　　情

(一)申请人的仲裁请求及事实和理由

2016年4月,申请人与被申请人签订了本案合同,约定由申请人承包被申请人在R国M工业园区项目中的钢结构工程。合同形式为单价合同(单价不可调),合同暂定总价为400余万美元,其中合同总价的5%作为质保金。后应被申请人要求,双方于2019年1月补签了《施工分包合同补充协议(1)》(以下简称《补充协议(1)》),确定结算金额上限为500余万美元(1亿余R国货币)。主合同与补充协议的付款货币均为R国货币,美元和R国货币的折算汇率约为1美元=20R国货币。

合同签订后,申请人依约完成了工程施工,被申请人会同项目各方分批次对工程进行了初步验收与最终验收,其中初验的最后时间为2018年12月2日,终验的最后时间为2020年9月9日。

后由于申请人与被申请人对付款问题产生纠纷,双方于2019年12月达成《纠纷和解协议》(以下简称《和解协议》),约定了被申请人支付工程尾款与质保金的时间。但自《和解协议》签订至今,申请人仍未收到被申请人应当支付的工程尾款与质保金共计1200余万R国货币。在庭后代理词中,申请人同意按照被申请人认可的金额900余万R国货币主张欠付款。

申请人多次寻求与被申请人协商解决付款事宜,但被申请人总是以各种理由拖延拒绝,迄今未付。

基于上述事实,申请人的仲裁请求为:

1. 被申请人向申请人支付工程款900万余R国货币及逾期付款违约金(计算方法:以欠付金额为基数,利率按照R国商业银行公布的(中期贷款1~5年)贷款利率计算,期限自2020年9月9日起至实际付清之日止)。

2. 被申请人承担本案仲裁费。

(二)被申请人的答辩意见

1. 被申请人未付工程款项为900万余R国货币(40余万美元),此款项未达到付款条件。

申请人未履行在先合同义务,被申请人不应当支付工程款。

申请人与被申请人签订本案合同及《补充协议(1)》,后双方与案外人C有限公司(以下简称案外人C有限公司,申请人为该公司的母公司)签署《和解协议》。

经查,被申请人应付申请人工程款为900万余R国货币(40万余美元),内含部分质保金。被申请人无权主张支付剩余200万余R国货币。

根据本案合同约定,"因施工需要,以甲方(被申请人)名义,由乙方(申请人)采购的施工机械设备及周转材料等,产权归乙方所有。项目实施期间,作为履约担保不得调离项目实施现场。项目完工且结算后,甲方可放行或过户给乙方,乙方承担所有相关税费。在乙方妥善处理此类施工机械设备及周转材料之前,不得按合同规定退还保留金”。故质保金尚未达到退还条件。

另外,《和解协议》中明确规定,申请人需履行《和解协议》规定的 7 项义务,但申请人在收到被申请人根据和解协议的付款后,未履行义务,至今未履行(1)(3)(5)(6)项义务,其中(1)(3)项未取得咨询工程师批复,(5)项中申请人尚有以被申请人名义进口的设备未完成过户,(6)项申请人未配合完成海关审计义务。

《和解协议》中明确规定,该 4 项义务是申请人对被申请人的共同义务,并且是应当先履行的合同义务。根据《民法典》第 526 条之规定,当事人互负债务,有先后履行顺序,应当先履行债务一方未履行的,后履行一方有权拒绝其履行请求。故未付材料款付款条件尚未达成,申请人无权请求支付尾款,更无权主张延期付款利息。

2. 申请人不当履行合同,给被申请人造成了损失,损失金额应当从质保金中扣减。

《和解协议》第 1 条第(5)项规定“由于 D 公司(申请人 A 有限公司和案外人 C 有限公司共同以‘D 公司’的名义签署和解协议)不当履行义务,对被申请人造成虚假发票罚款和海关罚税等损失,待损失核算确定后,上述(二)(三)(四)项对应的 R 国货币不足以弥补相应损失,差额从质保金中扣除”。

申请人使用被申请人的名义在 R 国付款,以被申请人名义在当地取得增值税发票。因申请人提供虚假发票,导致被申请人被 R 国税务机关审计出发票问题,产生税务罚款。同时,申请人在 R 国以被申请人名义免税进口施工设备,施工结束后,申请人应当对设备补缴关税将设备过户到其名下。但申请人并不履行上述义务,导致被申请人被当地海关审计,产生罚款。《和解协议》已明确约定两项责任由申请人承担,是双方真实意思表示。R 国 M 工业园项目产生的虚假罚款和海关审计罚款达 1000 余万 R 国货币(680 余万 R 国货币 +

330余万R国货币),《和解协议》中涉及的所有项目产生的罚款达到300余万美元和2200余万R国货币。被申请人已函告申请人,并要求其承担。申请人剩余质保金尚不足以弥补其给被申请人造成的损失。

3.被申请人不应当支付逾期付款违约金。

如前所述,申请人未履行其在先义务,且不当履行合同给被申请人造成了损失,被申请人不应当支付工程款,因此不产生逾期付款违约金。

4.本案仲裁费应由申请人承担,申请人同时应当承担被申请人参加仲裁的费用。

申请人未完成合同义务即提起仲裁,本案仲裁费用应由申请人承担。同时被申请人参加仲裁,产生的境外文件翻译费、邮寄费、交通费等费用,应当在被申请人确定全部发生费用金额后,一并由申请人承担。

(三)双方提交证据及质证情况(略)

二、仲裁庭意见

(一)关于本案的适用法律、合同效力

1.适用法律

仲裁庭注意到,本案合同约定:"本合同的生效、履行、解释均适用中华人民共和国法律。"仲裁庭认为,根据合同上述内容,解决本案争议适用中国法律。本案争议系申请人与被申请人签订本案合同及《补充协议(1)》和《和解协议》,并因付款问题产生分歧所致。双方签订合同并产生合同关系在《民法典》施行之前,但因此建立的合同法律关系持续至仲裁庭作出裁决之时。根据最高人民法院《关于适用〈中华人民共和国民法典〉时间效力的若干规定》第1条的规定,本案应适用《民法典》。

2. 本案合同的效力

申请人依据本案合同提出本案仲裁请求。仲裁庭认为,本案合同形式合法,内容及相关条款明确,是双方的真实意思表示,且不违反中华人民共和国法律或行政法规的强制性规定。因此,根据《民法典》的相关规定,仲裁庭认为本案合同依法成立、合法有效,对签约双方均具有法律约束力,签约双方均应当按照本案合同的约定履行各自义务。

此外,申请人与被申请人之间签署的《补充协议(1)》和《和解协议》,考虑其是在本案合同的基础上对双方权利义务关系作出调整,内容明确,是双方真实意思表示,且不违反中华人民共和国法律或行政法规的强制性规定。因此,仲裁庭认为《补充协议(1)》和《和解协议》也系合法有效,对签约双方均具有法律约束力,与本案合同相关的内容属于本案仲裁的范围。

(二)本案的基本事实和争议焦点

根据当事人双方提交的材料和仲裁庭审理情况,仲裁庭查明事实如下:

申请人与被申请人于 2016 年 4 月签订本案合同,约定由申请人承包被申请人在 R 国 M 工业园区项目中的钢结构工程。合同形式为单价合同(单价不可调),合同暂定总价为 400 余万美元,其中合同总价的 5% 作为质保金。双方于 2019 年 1 月签订《补充协议(1)》,确定结算金额上限为 500 余万美元(1 亿余 R 国货币)。本案合同与补充协议的付款货币均为 R 国货币,美元和 R 国货币的折算汇率为 1 美元 = 22.7438R 国货币。

合同签订后,申请人依约完成了工程施工,被申请人会同项目各方分批次对工程进行了初步验收与最终验收,其中初验的最后时间为 2018 年 12 月 2 日,终验的最后时间为 2020 年 9 月 9 日。

后由于申请人与被申请人对付款问题产生纠纷,双方于 2019 年 12 月达成《和解协议》,约定了被申请人支付工程尾款与质保金的时间。但自《和解协议》签订至今,申请人未收到被申请人应当支付的工程尾款与质保金。

现双方就是否应支付案涉项目尾款、质保金及逾期违约金等问题存在争议。

（三）关于申请人的仲裁请求

1. 关于被申请人欠付申请人工程未付款项的金额问题

申请人在提起仲裁请求时主张，被申请人应向其支付工程欠款1200万余R国货币。被申请人答辩称，其应付工程欠款为900万余R国货币（40万余美元），该款项内含部分质保金，对于剩余近290万R国货币的款项，申请人无权主张。在庭后代理意见中，申请人认可被申请人提出的应付款金额。因此，仲裁庭认定，被申请人欠付申请人的未付款项为900万余R国货币（40万余美元）。其中质保金为600余万R国货币（1亿余R国货币×5%），即20余万美元（近550万美元×5%）。工程尾款为近300万R国货币（近900万R国货币－近600万R国货币），即12万余美元（近40万美元－近28万美元）。

2. 关于被申请人是否应支付申请人案涉项目工程尾款的问题

根据《和解协议》的约定，"R国M工业园项目工程尾款，共计60万余美元和近20万R国货币（R国货币部分暂不支付）。在付款前，D公司需履行如下义务：（1）D公司需尽快组织人员进行暖通风机调试、联系国内厂家提供质量合格证书以及操作手册，被申请人审核后报送咨询工程师，取得咨询工程师批复；（2）完成初验报告上的所有销项内容，例如，厂房变压器高压电缆头接地、厂房夹层的墙面裂缝修补、厂房夹层的办公室卫生间吊顶修补、门窗整改；（3）完成钢结构疏散门、钢结构防火门、钢结构防火涂料材料报检，取得咨询工程师批复（双方共同与咨询公司协商解决）；（4）完成厂房1～4号/6～9号结构、建筑、给排水、暖通竣工图、电气竣工图纸批复（双方共同与咨询公司协商解决）；（5）完成以被申请人名义进口的发电机、移动式升降平台等所有设备过户到D公司在R国注册的关联公司名下，由D公司承担过户所需的税款和手续费（双方共同协商解决）；（6）由于D公司部分物资采购实际用量超过设计量，D公司需要整理所有采购物资数量、设计数量、目前剩余库存数量，以应对海关审计；（7）取得业主、咨询工程师批复的终验报告。D公司履行上述义务后30日内,B公司支付约60万美元。由于D公司不当履行义务,对被申请人造成虚假发票罚款和海关罚税等损失,R国货币暂不予支付”。

被申请人在答辩中称,申请人未完成《和解协议》中上述7项义务中的(1)(3)(5)(6)项义务,因此工程尾款的支付条件未达到。

关于第(1)项义务,被申请人在庭审中承认申请人已完成暖通风机调试,并提供了合格证书以及操作手册,且被申请人在审核后报送了咨询工程师,咨询工程师未审批通过。但被申请人并未说明咨询工程师未通过的原因,也未通知申请人整改或采取其他补救措施,考虑申请人无法与咨询工程师直接对接,也无法及时获悉报送结果或者自发整改,仲裁庭认为,申请人已完成此项中其应承担的义务,应视为第(1)项义务已完成。

关于第(3)项义务,被申请人称申请人未能完成钢结构防火门的批复,申请人提供的证据工程师批复文件中确系仅提及疏散门、防火涂料材料报检,但申请人在庭审中称防火门未获得批复的主要原因在于被申请人于2021年额外要求需另行委托进行防火门检测,结合其提供的证据,防火门检测报告送样时间确为2021年7月。仲裁庭认为,申请人已举证其在防火门检测中应尽的义务,被申请人需要举证申请人未能完成具体工作内容且未完成的原因在于申请人。此外,此项义务在《和解协议》中标注为“双方共同与咨询公司协商解决”,因此,仲裁庭认为,申请人已基本完成其应当承担的义务,根据现有证据,此项报验是否仍未通过及是否归责于申请人无法查明。

关于第(5)项义务,被申请人称设备过户义务未完成,申请人也认可设备过户义务未完成,但提交了设备过户相关付款单据、设备过户流程清单、中介身份证、过户过程中所获得的相关文件及与被申请人方的微信聊天记录等证明申请人已为设备过户投入费用与努力,过户未完成的原因在被申请人。仲裁庭注意到,申请人提供的证据大部分是申请人自行制作的手写文件,无法确认是申请人为完成过户手续发生的费用,且即使确认申请人提供的证据是与过户相关的费用,但费用发生时间均在2019年12月《和解协议》签订之前发生,未能提供充分证据证明申请人在《和解协议》签订后为完成过户手续做出的努力，且申请人在庭审中承认目前仍在咨询中介、询问流程中。另外，申请人提供的与被申请人关于要求被申请人提供相关材料的聊天记录发生在《和解协议》签署之前，无法充分证明被申请人存在阻却过户手续完成的事实。综上，仲裁庭认为，申请人尚未完成此项相关设备过户的义务。

关于第(6)项义务，申请人提供的证据列明了 R 国 M 工业园项目中的采购物资数量、图纸数量及变更、目前剩余库存数量等，仲裁庭认为，此义务是“以应对海关审计”为目的，并非要求被申请人所称的“完成海关审计的所有义务”，被申请人也未能说明 D 公司未完成义务的具体内容，仲裁庭认为，此项义务应视为申请人已完成。

综上所述，仲裁庭认为，申请人尚未完成案涉项目工程尾款支付的全部前提条件，因此，被申请人不应支付案涉项目工程尾款。

3. 关于被申请人是否应向申请人支付案涉项目质保金的问题

被申请人答辩中称，质保金尚未达到退还条件。首先，申请人未完成本案合同的约定，因此不得按本案合同的规定退还保留金。其次，双方当事人在《和解协议》中约定，“R 国 N 工业园一期二步、R 国 M 工业园、R 国 O 工业园质保金，在被申请人收到业主释放的质保金后 30 天内退还 D 公司相应质保金。但被申请人支付的质保金应扣除 D 公司给被申请人造成的损失，即，由于 D 公司不当履行义务，对被申请人造成虚假发票罚款和海关罚税等损失，待损失核算确定后，在 R 国 N 工业园项目一期一步 50% 质保金、R 国 O 工业园项目工程款尾款、M 工业园区项目工程款尾款对应的 R 国货币部分不足以弥补相应损失，差额从质保金中扣除”。因此，本案中被申请人是否应支付案涉项目质保金，除考虑上述施工机械相关设备的过户是否完成外，还应考虑质保金的支付条件是否已成就及是否应在案涉项目质保金中扣除《和解协议》中 R 国货币部分不足以抵扣的虚假发票罚款和海关罚税的问题。

(1)质保金支付条件是否已成就

本案《和解协议》中将业主向被申请人支付质保金约定为被申请人向申请人支付质保金的前提条件,此条款是双方真实意思表示,明确表达了就业主质保金的支付共同承担风险的意愿,从当事人契约自治的角度考虑,仲裁庭认可该条款的效力。但该条款从一定程度上突破了合同相对性,申请人并非被申请人与业主方之间总包合同的相对方,没有合同权利且没有合同路径就总包合同质保金支付进行主张或维权。因此,仲裁庭认为,支持质保金"背靠背支付"条款的效力,应以被申请人积极进行权利主张为前提,且被申请人应就此承担举证责任。从被申请人提交的证据可知,被申请人曾于 2021 年 3 月向业主方发函,称案涉项目已投入使用 2 年有余,要求业主立即支付质保金,但业主以未完成相关工作为由拒绝。除此次发函外,本案中被申请人未能提供其他证据,证明被申请人已向业主积极采取了实质性的权利主张行动。根据《民法典》第 159 条的规定,"附条件的民事法律行为,当事人为自己的利益不正当地阻止条件成就的,视为条件已经成就"。被申请人怠于向业主主张质保金,可构成阻止分包合同的质保金付款条件成就,应当视为条件已成就。因此,仲裁庭认为,本案合同质保金的支付条件已成就。

(2)关于是否应在案涉项目质保金中扣除《和解协议》中 R 国货币部分不足以抵扣的虚假发票罚款和海关罚税

本案申请人与案外人 C 有限公司共同以"D 公司"的名义,与被申请人签署了《和解协议》。在《和解协议》中,申请人与被申请人就案涉项目签署的分包合同、被申请人与案外人 C 有限公司就案涉项目签署的材料合同,质保金部分是合并计算的。不仅如此,申请人与被申请人就 R 国 N 工业园项目一期一步、案涉项目工业园、R 国 O 工业园项目签署的分包合同,被申请人与案外人 C 有限公司就 R 国 N 工业园项目一期一步、R 国 M 工业园、R 国 O 工业园项目签署的材料合同,尾款和质保金部分均是按项目,分别合并计算的,并未按合同主体进行拆分。《和解协议》中还明确了多维公司对被申请人造成的虚假发票和海关罚税损失,就R国N工业园项目一期一步50%质保金、R国O工业园项目工程款尾款、R国M工业园项目工程款尾款对应的R国货币部分不足以弥补的损失,要从R国N工业园项目一期一步50%质保金、案涉项目质保金及R国O工业园质保金中扣除。

仲裁庭认为,《和解协议》中申请人明确与案外人C有限公司共同承担责任的虚假发票罚款与海关罚税损失,是由D公司(包括申请人与其子公司案外人C有限公司)不当履行义务导致的。关于虚假发票罚款,从被申请人提交的证据"税务局出具所得税罚款决定"、证据"税务局确认的虚假发票清单"及证据"虚假发票样例一份",无法明确哪些是由申请人及案外人C有限公司提供并导致的虚假发票,也未能证明这些发票导致的确定的罚款金额;关于海关罚税,被申请人称是因为申请人未能完成设备和材料的复出口导致的,但本案合同及《补充协议(1)》中并未约定进行复出口的责任承担主体,被申请人也未能提出责任归属申请人的其他理据。且被申请人提供的证据"海关审计报告罚款明细及截关单"能证明被申请人被海关罚款,但未证明哪些是由申请人导致的,也无法核算出具体金额。

综合被申请人的相关证据,仲裁庭认为,被申请人就其在答辩中所称"案涉项目所产生的虚假罚款与海关审计罚款达1000万余R国货币",且此数额损失是由申请人或案外人C有限公司导致的,相关证据不足,无法形成完整有效的证据链,仲裁庭不予认可。

仲裁庭另认为,申请人与案外人C有限公司之间签署的案涉项目、R国N工业园一期一步项目、R国N工业园一期二步项目、R国O工业园(以下合称4个项目)的材料合同及被申请人与申请人之间签署的4个项目分包合同中,由申请人与案外人O有限公司不当行为导致的虚假发票罚款与海关罚税总额在本案中无法查明,R国N工业园项目一期一步50%质保金、R国O工业园项目工程款尾款、案涉项目工程款尾款对应的R国货币部分无法抵扣虚假发票罚款与海关罚税总额的差额也无法确定,案涉项目本案合同质保金应抵扣的差额亦无法查明。因此,仲裁庭认为,不应在案涉项目质保金中扣除《和解协议》中R国货币部分不足以抵扣的虚假发票罚款和海关罚税。

综上所述,仲裁庭认为,被申请人应向申请人支付案涉项目质保金。

4. 关于被申请人是否应当支付逾期付款违约金的问题

被申请人是否应支付质保金部分的逾期付款违约金,取决于被申请人是否存在延期支付质保金的事实。因此,需要查明被申请人应付质保金的时间节点。

本案合同约定,“保留金在乙方完成保修责任后支付,保留金不计利息”且“缺陷责任期为365天,从工程实际通过竣(交)验收(业主颁发初验证书)之日起算本合同约定的缺陷责任期”。根据申请人提交的初验报告可知,案涉项目通过最终验收的日期为2018年9月7日,因此原缺陷责任期到期日可为2019年9月7日,原质保金支付日期应为2019年9月8日。

但申请人与被申请人在此后的《和解协议》中约定了在“被申请人收到业主释放的质保金后30天内退还D公司相应质保金”。仲裁庭认为,《和解协议》应视为已对原合同质保金支付条款进行变更,且根据前述3(1)问题论述,仲裁庭认可质保金“背靠背支付”条款的效力,但被申请人怠于向业主主张质保金,应当视为本案合同质保金的支付条件已成就。因此,仲裁庭酌定申请人应就“背靠背支付”的约定,给予被申请人2年的付款宽限期,所以,仲裁庭酌定申请人应就“背靠背支付”的约定,给予被申请人2年付款宽限期,所以案涉项目本案合同质保金的支付日期应为2021年9月8日。

根据前述问题的仲裁庭意见,案涉项目质保金的支付条件已成就,被申请人存在逾期违约的事实,应向申请人支付逾期违约金,且根据最高人民法院《关于审理建设工程施工合同纠纷案件适用法律问题的解释(一)》第27条之规定,利息从应付工程价款之日开始给付,因此案涉质保金逾期支付违约金应从2021年9月8日起算。

5. 关于逾期付款违约金数额的问题

仲裁庭注意到，本案合同中并未约定被申请人逾期支付工程款的违约金计算方式，申请人在仲裁请求中主张按照 R 国商业银行（Commercial Bank of Country R）公布的中期贷款 1～5 年贷款利率来计算利息。根据最高人民法院《关于审理建设工程施工合同纠纷案件适用法律问题的解释（一）》第 26 条的规定，“当事人对欠付工程价款利息计付标准有约定的，按照约定处理。没有约定的，按照同期同类贷款利率或者同期贷款市场报价利率计息”。同时仲裁庭注意到实践中并没有直接可适用的全球性普及且公认的 R 国货币贷款利率，R 国当地银行公布的 R 国货币商业银行贷款利率不具有全球广泛适用性和标志性的基准意义。因此，仲裁庭酌定按照年利率 4% 计算本案逾期付款利息。

综上所述，仲裁庭认为，被申请人应以 600 余万 R 国货币为基数，按照年利率，自 2021 年 9 月 8 日起至实际支付之日，向申请人支付逾期付款违约金，暂计至 2022 年 5 月 31 日为 18 万余（600 余万 ×4% ÷365 天 ×266 天）R 国货币。

（四）关于本案仲裁费

根据本案的实际审理情况，仲裁庭认为本案仲裁费应由申请人承担 50%，被申请人承担 50%。

三、裁　　决

基于上述的案情与理由，仲裁庭对本案裁决如下。

1. 被申请人向申请人支付质保金 600 余万 R 国货币（27 万余美元）。

2. 被申请人向申请人支付计至 2022 年 5 月 31 日逾期付款违约金 18 万余 R 国货币，并以欠付金额 600 余万 R 国货币为基数，按照年利率 4% 自 2022 年 6 月 1 日起至实际支付之日止继续向申请人支付利息。

3. 驳回申请人的其他仲裁请求。

4. 本案仲裁费应由申请人承担50%，被申请人承担50%；鉴于申请人已向贸仲全额预付本案仲裁费，故被申请人应向申请人支付相应费用以补偿申请人代其垫付的仲裁费。

本裁决为终局裁决，自作出之日起生效。

案例评析

【关键词】

仲裁条款扩张适用　付款条件　“背靠背”条款　外币利息计付标准

【焦点问题】

相同主体关联合同之间仲裁条款可否扩张适用;如何判断付款条件是否已成就的问题;“背靠背”付款条款的效力认定;外币利息计付标准问题。

【焦点评析】

申请人与被申请人于2016年4月签订《建设工程施工分包合同》,约定由申请人承包被申请人在R国项目中的钢结构工程。合同签署后,申请人完成了工程施工,被申请人分批次对工程进行了初步验收和最终验收。双方于2019年1月签订《补充协议(1)》,确定了结算金额上限。后申请人与被申请人于2019年12月就工程款付款问题达成了《和解协议》,约定被申请人支付工程尾款前申请人需履行的义务,且约定业主向被申请人释放质保金后,被申请人向申请人返还质保金。但自《和解协议》签订至今,被申请人未向申请人支付工程尾款与质保金。

申请人提起仲裁,主张被申请人支付工程尾款、质保金及逾期付款违约金。

现结合本案案情评述如下。

一、关于相同主体关联合同之间仲裁协议的效力扩张

有效的仲裁协议或条款是仲裁机构受理案件、行使仲裁权的法定依据。

相同主体之间订立多份关联合同时,部分合同约定的仲裁条款能否扩张适用其他关联合同,取决于关联合同之间的法律关系。

在主从合同关系中,虽然从合同具有从属性,但二者本质上仍属于相互独立的合同。鉴于合同争议解决条款及仲裁条款的独立性原则,应当尊重当事人意思自治原则,按照各自合同的约定确认争议解决方式,除非有其他证据证明从合同当事人亦同意受主合同争议解决或仲裁条款约束。根据最高人民法院2021年发布的《全国法院涉外商事海事审判工作座谈会会议纪要》第97条第2款的规定,"当事人在主合同中约定争议解决方式为仲裁,从合同未约定争议解决方式的,主合同中的仲裁协议不能约束从合同的当事人,但主从合同当事人相同的除外"。因此,该条款确立了主合同仲裁条款可向从合同扩张的例外,即主从合同当事人完全相同时,主合同的仲裁条款效力自然及于从合同。

在主补合同关系中,判断仲裁条款能否扩张适用时,需要首先判断主合同与补充协议之间是否具有可分性。如果主合同与补充协议之间互相独立,主体不一致或关联度较低时,则原则上应以各自约定的管辖条款为准。当主合同与补充协议主体一致,或者内容上构成整体合意、相互依存度、关联度高时,则说明不具备可分性。当主补合同不可分时,原则上主合同的仲裁条款可扩张适用于补充协议,但若补充协议明确"以补充协议为准",则应解释为补充协议对仲裁条款进行了变更,此时应以后约定的补充协议确定主补合同的管辖。

在本案中,双方当事人先后签署了案涉合同、《补充协议(1)》和《和解协议》。案涉合同中约定了明确的仲裁条款,但《补充协议(1)》与《和解协议》均未约定争议解决条款。《补充协议(1)》中约定了"除本补充协议中明确所修改的条款之外,原合同其余部分应完全继续有效",《和解协议》也是对案涉合同的相关条款进行了补充、变更与修改。因此,案涉合同与《补充协议(1)》与《和解协议》系主补合同关系,3份合同的合同主体一致、内容上高度关联,且仲裁条款之间具备兼容性。因此,案涉合同的仲裁条款可扩张适用于《补充协议(1)》与《和解协议》,《补充协议(1)》和《和解协议》应属于本案仲裁范围。

二、关于付款条件是否已成就的认定

商事交易中,合同双方当事人在合同付款条款中通常会约定明确的付款期限与付款条件。此类约定是当事人真实意思表示,不存在违反法律法规的强制性要求,通常情形下应是合法有效的,理应尊重当事人意思自治。但在具体案件的裁判中,考量付款条件是否已成就时,不能仅对照条款字面意思去衡量付款条件是否达成,而是应综合考虑实际情况。

首先,应考虑付款义务人是否具有确定的付款义务。若根据合同,收款人已经基本履行合同义务,且付款义务人负有明确、必然的付款义务,设定付款条件就意味着付款条件未成就时,付款方则完全无须付款,这明显不符合合同目的。其次,应考虑付款条件是否显失公平,是否不利于维持当事人之间的利益平衡。例如,收款人是否能掌控付款条件的实现,是不是第三方或者付款人更能控制付款条件,收款人很难在合同签署时确定付款条件何时能达成甚至能否达成。如果只尊重当事人的合同约定本身,而罔顾公平诚信原则,则不利于维护和谐的市场秩序。此外,根据《民法典》第159条的规定,"附条件的民事法律行为,当事人为自己的利益不正当地阻止条件成就的,视为条件已经成就"。因此,也需要考虑个案中是否存在付款方阻却付款条件达成的情形。最后,要考虑付款条件是否客观上已经无法实现或者较长时间内难以实现。如果在具体案件中,收款人能证明已为相关付款条件的达成承担应尽义务,且付款条件很难在短时间内达成,应视为付款条件已达成。

具体到本案中,本案《和解协议》中约定申请人在完成7项义务后30日内,被申请人支付工程尾款。《和解协议》依法成立并生效,被申请人应视为通过此条款设定了工程尾款的付款条件。但在本案中申请人已基本完成全部施工义务,工程尾款的支付应属于确定的付款义务。当然,申请人是否存在履行瑕疵或者未完成的零星义务,付款方可主张抵扣而非完全拒绝付款义务的存在。此外,申请人已证明其为达成第(1)项、第(3)项、第(6)项付款条件做出的合理努力,且被申请人无法证明付款条件未达成的原因在于申请人,此3项付款条件应视为已达成。但关于《和解协议》第(5)项付款条件"设备过户义务",申请人既无法证明其本身为付款条件达成应尽的努力,也无法证明付款人存在阻却付款条件达成的情形，更未能证明此项义务短时间内根本无法达成。因此，无法认定已满足尾款的付款条件。

三、关于“背靠背”付款条款的效力认定

“背靠背”付款条款，即将上游业主支付款项作为向下游支付相应款项的前提条件，在建设工程领域非常常见，本质上是以转移或降低承包方的支付风险为目的，减轻其资金压力，具有商业上的合理性。“背靠背”条款系双方当事人的真实意思表示，系对自身合法民事权益的处置。同时，“背靠背”条款并没有违反现行有效的效力性禁止规定，未违反公序良俗，也不存在其他令合同条款无效的情形。因此，在分包合同有效的情形下，应认可该“背靠背”条款的效力，但对“背靠背”条款的适用应进行一定程度的限制。

首先，应考虑承包商是否已积极主张权利，包括是否主动履行催款义务、主张合法权益等。其次，应考虑付款条件是否已不可能成就，例如，业主已破产，根本不存在依约付款的可能或概率极小。最后，在具体个案中，考虑分包方处于弱势地位，很难掌握总包合同的履行情况，可适用举证责任倒置原则，即由承包商举证业主方未支付相关款项且承包商已积极主张权利，否则应承担举证不利的后果。根据《民法典》第 159 条的规定，“附条件的民事法律行为，当事人为自己的利益不正当地阻止条件成就的，视为条件已经成就”。被申请人怠于向业主主张质保金，可构成阻止分包合同的质保金付款条件成就，应当视为条件已成就。

值得注意的是，《保障中小企业款项支付条例》（以下简称原《条例》）已于 2020 年 9 月 1 日起正式施行，虽然原《条例》并未直接规定“背靠背”条款的效力，但 2024 年 8 月 27 日最高人民法院在《关于大型企业与中小企业约定以第三方支付款项为付款前提条款效力问题的批复》（以下简称《批复》）中已明确人民法院应当根据《民法典》第 153 条第 1 款的规定，认定“背靠背”条款约定无效。且新修订的《保障中小企业款项支付条例》（以下简称新《条例》）于 2025 年 6 月 1 日起正式实施，新《条例》第 9 条第 2 款明确规定：“大型企业从中小企业采购货物、工程、服务，应当自货物、工程、服务交付之日起 60 日内支付款项；合同另有约定的，从其约定，但应当按照行业规范、交易习惯合理约定付款期限并及时支付款项，不得约定以收到第三方付款作为向中小企业支付款项的条件或者按照第三方付款进度比例支付中小企业款项。”结合最高人民法院《批复》的意见，可认为新《条例》中关于“背靠背”条款无效的规定应属于效力性规定。在案件事实确系符合新《条例》中规定的情形时，应裁判原《条例》施行后签署的“背靠背”条款无效，但如不符合新《条例》中规定的情形时，需要结合案情具体判断条款效力。

在本案中，被申请人除举证一封两年前对业主主张权利的发函外，未能提供任何其他证据证明被申请人已向业主积极采取了实质性的权利主张行动，被申请人怠于向业主主张质保金的行为，可构成阻止付款条件成就的事由，应视为质保金的付款条件已成就。此外，案涉合同签署于原《条例》生效前，且原《条例》仅适用中华人民共和国境内依法设立的企业，本案被申请人系外国企业，并不属于原《条例》规定的适用范围，因此原《条例》并不影响本案背靠背支付条款的效力认定。

四、关于逾期付款外币利息计付标准

自 2015 年 5 月外币存贷款利率全部市场化以来，中国人民银行不再对外公布统一的外币存贷款利率，各地审判实践从此缺乏统一的对外币逾期付款利息的计算标准。2024 年 11 月 25 日最高人民法院发布《关于外币及港澳台货币逾期付款利息计算标准的批复》（以下简称《利息批复》）规定了外币逾期利息计算标准的确定原则：当事人有约定从约定；当事人没有约定或约定不明时，明确了常见外币适用的利率标准。就不常见外币的利息计算标准，《利息批复》第 2 条第 3 款规定：“对于其他外币逾期付款利息的计算标准，可以参考相关国家中央银行官方网站公布的该币种基准利率确定。”此外。最高人民法院民四庭负责人就《利息批复》答记者问时，建议“关于外币币种的适用利率标准要考虑利率标准的权威性、适用广泛性、执行便利性等因素”。

具体到本案中,案涉合同与补充协议约定的付款货币均为R国货币,但未约定被申请人逾期支付工程款应适用的利息计付标准。实际裁判中发现R国当地银行公布的R国货币商业银行贷款利率不具有全球广泛适用性和标志性的基准意义,也无法找到直接可适用的全球性普及且公认的R国货币贷款利率。因此,为最大限度地保护当事人合法权益,本案酌定按照年利率4%计算本案逾期付款利息。

【结语】

相同主体之间签署多份关联合同的情境下,对于没有约定争议解决方式的合同或者各合同间约定互相矛盾的仲裁条款,易引发管辖权相关争议。为提高争议解决效率、节约维权成本,最好能实现多份合同的单一仲裁或合并仲裁程序,这主要取决于各合同的仲裁条款能否兼容。因此,在多份关联合同中建议统一采用仲裁条款的标准化文本,避免特殊化约定,确保仲裁条款兼容性。

在建设工程合同纠纷中,设定工程款付款条件或者"背靠背"支付条款的情形十分常见。但在实务中,对付款条件是否成就以及"背靠背条款"效力认定,均不局限于条款约定本身,而是需要结合适用法律、双方当事人的举证情况、案件事实情况等综合判断。对于当事人来说,应尽量避免不可执行或效力不明的合同约定,且在合同履行过程中注意固化证据,最大限度地保障合法权益。

最后,随着中国"一带一路"倡议的深入践行,中国对外承包商已涉足很多个国家和地区,在建设工程合同中采用外币计价与付款的现象已屡见不鲜。为了减少争议,建议在合同中明确计价与支付货币、汇率及逾期付款计息标准等,用明确的合同约定防范不确定性风险。

A 水处理公司与 B 政府、D 建设公司污水处理项目建设经营移交合同争议仲裁案

中国国际经济贸易仲裁委员会(以下简称贸仲)根据案外人 H 地 E 投资公司(以下简称 E 公司)与第一被申请人 B 政府(原 C 政府,以下简称第一被申请人)和第二被申请人 D 建设公司(原 F 投资公司、G 投资公司,以下简称第二被申请人,与第一被申请人合称被申请人或两被申请人)于 2013 年 11 月签订的 1 号《建设—经营—移交合同》(以下简称 1 号合同)中仲裁条款的约定,申请人 A 水处理公司(以下简称申请人)与两被申请人于 2014 年 6 月签订的 2 号《建设—经营—移交合同》(以下简称 2 号合同)中仲裁条款的约定和申请人与两被申请人于 2021 年 9 月签订的《合同终止协议》中仲裁条款的约定,以及申请人于 2022 年 11 月提交至贸仲在线立案系统、后于 2022 年 12 月寄至贸仲的书面仲裁申请,受理了申请人与被申请人之间因上述合同而产生的本争议仲裁案。

一、案　情

(一) 申请人的仲裁请求、事实和理由

第一被申请人的前身为 C 政府,第二被申请人的前身为 F 投资公司,二者

名称变化系因行政区划调整所致。

原C政府及中F投资公司与E公司于2013年11月签订1号合同，由后者以人民币2200余万元（本案所涉金额均为人民币，下同）应急接手“烂尾”的M地污水处理厂项目。

1号合同的主要内容包括：M地污水厂特许经营权项目采用BOT模式，由乙方（指E公司，下同）投资建设和运营，项目规模为8万吨/日，一期建设污水处理厂正常处理能力为日处理污水2万吨。乙方享有独占特许经营权，特许机关不能将本合同项目的任何部分授予第三人，且当合同中规划的生活污水处理厂规模增加时，乙方自动拥有其BOT运作的特许经营权，除非乙方丧失其履行扩建部分项目特许经营权的能力，或自动放弃该扩建工程的特许经营权。作为甲方的两被申请人或甲方指定的部门负有按本合同的规定在特许经营期内向乙方支付污水处理费用的义务。在本合同项目下，二期的建设应先保证乙方对本项目的扩建和运行，后期污水厂投建项目乙方在同等条件下享有优先权。甲方保证在特许期内尽其所能完善管辖行政区域内的污水收集工作，以满足乙方污水处理量的需要。污水厂进水水质须符合国家《污水排入城市下水道水质标准》A级标准及《污水综合排放标准》，并满足COD≤350mg/L等指标要求。基本水量和污水处理费计取：甲方向乙方支付的污水处理费单价为1.35元/吨（该价格不含城镇土地使用税和房产税，不含污泥5公里以外的运费及垃圾场接纳费。如有变化则计入污水处理费，污水处理费单价相应提高）。每月5日以人民币结算，以进水水量向乙方支付污水处理费；运营期第1年至第2年，污水处理量小于1.4万吨/天时，按1.4万吨/天计；运营第三年起，污水处理量小于2万吨/天时，按2万吨/天计；大于2万吨/天，按实际发生水量计算费用。价格调整：在特许经营期内，如遇到以下情况之一，对污水处理费进行同比例提高——电价上涨、综合物价指数发生5%以上变化、合同签订后由于国家或当地政策改变乙方须向税务部门缴纳新税种、因执行甲方要求造成项目成本增加或乙方额外的资本性支出、按省级以上政府文件规定增收污水处理费。甲方承诺在污水处理达标排放运行期内，以 C 政府各年度财政预算保证支付应付乙方款项，并设立支付水费的专款专项银行账户作为支付担保条件。甲方还负有按照国家相关部门对污水处理厂 BOT 项目制定的相关政策使乙方享受免征增值税、营业税等优惠政策的义务。若甲方违约且该违约行为不是因乙方违约或不可抗力引起的，则在甲方收到乙方发出的指明甲方有违约情况的书面通知后 60 日内，甲方未对违约情况实施有效补救措施，且此种违约已对乙方的利益构成实质性损害的，乙方有权以书面形式向甲方提出终止本合同。

随后，原 C 政府及 F 投资公司与 E 投资公司、申请人及其分公司于 2014 年 7 月签订《协议书》，各方同意将 1 号合同中 E 投资公司的全部权利义务转让给申请人，并由申请人授权其分公司运营管理。《协议书》约定其效力溯及至申请人成立之日。

2018 年 12 月，申请人与被申请人签订《C 县污水处理厂特许经营项目补充协议（一）》（以下简称《1 号合同补充协议（一）》），就因行政区划调整被申请人名称变更、特许经营期的起始时间、基本水量、结算月和调整污水处理费等事宜作出约定，即 1 号合同的甲方名称分别变更为两被申请人的现称谓，乙方应享有的各种权利不因变更名称而产生任何影响。特许经营期自 2015 年 8 月至 2044 年 7 月。自 2017 年 8 月起，污水处理量小于 2 万吨/天时，按 2 万吨/天计；大于 2 万吨/天时，按实际发生水量计算费用。甲乙双方按月结算污水处理费，每月的运营天数按所在公历月的实际天数计算。甲方补偿乙方自 2016 年 7 月起因国家税收政策改变额外负担的增值税及地方附加税的全部费用，自 2019 年 1 月起将污水处理费调整为约 1.44 元/吨（不含此次税收政策变化导致的企业所得税增加部分税额，若遇政策调整，此价再重新测算）。对于税收政策变化导致的企业所得税增加部分，每年单独进行审计结算，以双方认可的审计机构审计结果为准，审计结算额于次年 3 月前补偿乙方。

M 地污水厂竣工财务决算专项审计报告显示该污水厂工程概算金额为近 5230 万元，工程实际投资近 5210 万元，与计划投资相比节约近 20 万元。

原C政府及F投资公司与申请人还于2014年6月签订了2号合同。

2号合同主要内容有:N地污水厂特许经营权项目采用BOT模式,由申请人投资建设和运营。项目规模2万吨/日,前期建设污水厂正常处理能力为日处理污水0.5万吨。合同对基本水量和污水处理费计取、结算(每月5日以人民币结算)、价格调整及税收优惠(如被申请人负有按照国家相关政策使申请人享有免征增值税、营业税等优惠政策的义务)等进行了约定。

2020年9月,被申请人向申请人发出《B政府关于停止运营N地污水处理厂的函》(以下简称《停止运营N地污水厂的函》)。

2021年9月,被申请人与申请人签订《合同终止协议》,该协议载明的主要内容有:原C政府及其原F投资公司与申请人于2014年6月签订2号合同,约定特许经营权30年。N地污水处理厂于2016年6月正式投产运行。H化工公司因于2019年11月发生爆炸而停产,致使N地污水厂已不具备生产运营的基本条件。第一被申请人于2020年9月向申请人送达《停止运营N地污水厂的函》,要求申请人停止该污水厂运营服务。此后,双方同意2020年9月作为N地污水厂BOT合同终止日。被申请人确定应向申请人补偿5710余万元,并应于2021年9月前至少向申请人支付3000万元,于2021年12月前至少向申请人支付800万元,于2022年6月前向申请人付清余款。被申请人未按约定付款的,申请人有权要求被申请人支付应支付款项并予补偿。补偿方式以被申请人欠款之日起的应支付金额为基数,按照人民银行一年期同期贷款基准利率支付利息,计至被申请人支付全部应支付金额之日止。申请人应按现状向被申请人移交N地污水厂,并于收到被申请人支付的第一笔补偿款后的5个工作日内与被申请人共同办理污水厂移交手续。

另外,就M地污水厂和N地污水厂的收益,申请人在2015年至2020年期间可享受国家“三免三减半”的税收优惠政策。

M地污水厂和N地污水厂分别于2015年4月、2016年6月正式投产运营,申请人积极依约全面履行合同义务,但两被申请人却存在如下根本违约行

为,致申请人损失惨重:

1. 严重拖欠污水处理费

在两合同履行过程中,被申请人应于每月 5 日向申请人结算两个污水处理厂上月的污水处理费,却长期持续高额拖欠污水处理费,截至 2022 年 10 月,尚欠该两个污水厂污水处理费总计 4950 余万元。

(1)拖欠 M 地污水厂处理费情况。经被申请人委托 I 会计师事务所进行专项审计,截至 2021 年 4 月,尚欠污水处理费近 2260 万元;在 2021 年 4 月至 2022 年 10 月运营期间又拖欠污水处理费近 1560 万元。扣除期间支付的部分费用外,截至 2022 年 10 月拖欠污水处理费 3380 余万元。

此外,在本案仲裁程序进行过程中,2022 年 11 月 1 日至 2023 年 9 月发生的污水处理服务费近 920 万元,其间被申请人仅支付近 180 万元,新增尚欠污水处理费近 740 万元。

(2)拖欠 N 地厂污水处理费情况。经被申请人委托 I 会计师事务所进行专项审计,2019 年 3 月至 2020 年 9 月应付的污水处理费为近 1930 万元,扣除已支付部分费用外,拖欠污水处理费近 1570 万元。

2. 严重拖欠 N 地污水厂补偿款

对于《合同终止协议》确定的终止 2 号合同补偿款 5710 余万元,被申请人仅于 2021 年 9 月支付 1000 万元、于 2021 年 12 月支付 2000 万元,严重拖欠补偿款。

3. 逾期付款造成申请人企业所得税负担增加

申请人在 2015 ~ 2020 年本可享受国家“三免三减半”税收优惠政策,但被申请人逾期付款,导致本应于 2020 年 12 月前收取的可减半征收企业所得税的收入,在 2020 年 12 月后才有可能入账,且一旦入账就会成为申请人应全额缴交企业所得税的计税基数,增加了申请人企业所得税的税负负担。

(1)M 地污水厂本应于 2020 年 12 月前入账但未入账的污水处理费为近 1920 万元,因丧失减半征收待遇而将发生的所得税额为近 240 万元(近 1920

万元×25%×50%)。

(2)N地污水厂本应于2020年12月前入账但未入账的污水处理费为近1930万元,因丧失减半征收所得税待遇而将发生的所得税额为240余万元(近1930万元×25%×50%)。

4. 长期未依约解决M地污水厂正常运营相关问题,不仅导致M地污水厂无法正常运营,也带来了严重的环保隐患

(1)因污水管网建设严重滞后,无法将大量待处理污水引流到M地污水厂处理,致M地污水厂进水量总体偏低,且波动极大(2021年最低日进水量仅约260吨,最高日进水量却达11,000吨),极大增加了污水处理难度和运营成本。

(2)M地污水厂进水COD在线监控数据显示,进水水质长期严重超标,有时COD浓度甚至超过1000mg/L,是设计允许上限值的3倍。严重超标的进水含有有毒有害物质,严重威胁污水厂的生化系统,极易引发严重的恶性环保事故。

(3)M地污水厂一直沿用将污泥脱水至含水率80%后送垃圾填埋场填埋的处理工艺,但根据最新的环保要求,自2020年5月起进入垃圾填埋场的污泥含水率必须低于60%,必须更换升级污泥脱水设备,因被申请人迟迟未解决污泥脱水设备升级更换问题,导致污泥无处排放,只能暂存场内,目前已达存储极限。

5. 违反合同约定,已规划由第三人投资建设Q市主城区第二污水处理厂,以取代M地污水厂的二期建设

M地污水厂本是申请人为被申请人应急接手项目,且根据1号合同约定,申请人享有独占特许经营权,当合同中规划的生活污水处理厂处理规模增加时,申请人自动拥有其BOT运作的特许经营权。事实上,M地污水厂亦预留了一期之外的项目建设用地。目前,被申请人已同意由第三人在M地污水片区建设Q市主城区第二污水处理厂。由于污水处理厂项目通常分期投资建设,对投资人而言,其收益往往寄托在二期甚至三期项目上,被申请人未将M

地污水厂二期项目交由申请人的行为，严重违背合同约定，亦严重损害申请人利益。

另外，申请人为维护自身合法权益提起本案仲裁申请，发生律师代理费 38 万余元。

针对两被申请人的上述违约行为，申请人提出并经变更后确认仲裁请求如下：

1. 两被申请人立即向申请人清偿污水处理服务费 4950 余万元及逾期付款违约金（应计算至申请人实际受偿之日止，暂计至 2022 年 10 月为近 220 万元）；

2. 两被申请人立即向申请人支付 N 地污水厂补偿款近 2740 万元及逾期付款违约金（应计算至申请人实际受偿之日止，暂计至 2022 年 10 月 31 日为近 60 万元）；

3. 两被申请人立即向申请人补偿因逾期付款导致企业所得税负担 480 余万元；

4. 两被申请人立即向申请人支付律师代理费 38 万余元；

5. 确认 1 号合同及其补充协议（含 2014 年 7 月 3 日《协议书》中涉及 1 号合同内容及《1 号合同补充协议（一）》）自仲裁申请书送达被申请人之日起解除；

6. 两被申请人向申请人支付因解除 1 号合同及其补充协议而应给付的 M 地污水厂补偿款近 5210 万元（具体以依法由有权机构作出的评估金额或双方协商一致的金额为准）；

7. 两被申请人立即向申请人清偿 2022 年 11 至 2023 年 9 月发生的 M 地污水处理服务费近 740 万元及逾期付款违约金（应计算至申请人实际受偿之日止，暂计至 2023 年 9 月为近 1 万元）；

8. 本案仲裁费、财产保全费、保全保险费、公告费等费用全部由被申请人承担。

（二）被申请人的答辩意见

第一被申请人答辩称：

1. 行政合同的一方主体必须是行政机关，订立目的是实现行政管理职能，具有公益性及公共服务目标，其产生、变更、消灭的是行政法律关系。案涉合同符合行政合同特征，具有公益性及公共服务目标，当属行政合同。被申请人曾向北京市第四中级人民法院（以下简称北京四中院）提起确认仲裁条款无效的诉求，但该院认为涉案合同签订于 2015 年 5 月前，不适用最高人民法院《关于审理行政协议案件若干问题的规定》（以下简称《行政协议规定》），最终未支持被申请人的诉求。

2. 案涉合同系无效合同。

（1）涉案合同包含污水处理厂建设，建设规模均千万元以上，同时建设项目属于公共利益项目，合同因违反《招标投标法》第 3 条，《工程建设项目招标范围和规模标准规定》（已废止）第 2 条、第 3 条、第 7 条等相关法律规定而无效。

（2）1 号合同和 2 号合同均有项目以特许经营的方式实施、授予投资公司承担特许经营权项目的约定，但没有按照特许经营权的法定程序实施，而是以私下“授予”的方式实施，因违反《市政公用事业特许经营管理办法》《政府采购法》相关规定而无效。

（3）从协议签订时，M 地厂基建由案外人已基本完成，因而涉案合同不属于 BOT 协议，应为国有资产转让。涉案合同因违反《企业国有资产管理法》的相关规定而无效。本案中，项目运作平台公司的第二被申请人属于全资国有公司。其资产处置因违反上述规定，亦属无效。

（4）关于特许经营权部分即使理解为政府购买服务，涉案合同也因违反《政府采购法》未进行公开招标而无效。涉案合同即使需要采用公开招标以外方式的，也应当经过省政府采购监督管理部门的批准方可进行。

（5）1 号合同从签约主体来讲，其合同行为应属于无效。E 公司成立于 2013 年 11 月 16 日，而涉案合同签订时间为 2013 年 11 月 14 日。合同签订当天,E 公司还没有注册成立,不具备法人的民事行为能力及民事权利能力。依据原《民法通则》规定,涉案合同同样是无效的。

(6)E 公司主体让渡到申请人的行为属于无效行为。依据《市政公用事业特许经营管理办法》第 16 条"特许经营者不得以转让、出租、质押等方式处置特许经营权"之规定,中标企业、获得特许经营权的企业、提供服务的企业在特许经营项目中的主体具有一致性,依法不能以转让等形式处置特许经营权。受让主体本质上属于未经依法公开招投标程序获得特许经营权,属于以其他方式规避招投标,转让行为因违反法律强制性规定属无效。

3. 因合同无效,则双方约定保底水量不能作为申请人的依据,申请人须举证证明其实际运营水量及损失,另行主张其损失。

合同无效,申请人存有重大过错,应承担相应损失。E 公司为案涉项目在签订合同后才注册成立的 H 地公司,其故意隐瞒自身无行为能力的事实清楚;作为专门项目公司,E 公司无论是 H 地公司还是 P 地公司均应熟知行业内法律法规,但有意规避相关强制性法律规定;合同条款主要起草方为 E 公司,起草时也注意到了合同无效情形,在合同中预判其可能并做了模糊处理,以 1 号合同为例。所以申请人对其损失应承担较大责任,同时所谓利息损失这一间接损失不应得到支持,即使存在也是申请人过错造成。

庭审中,申请人并没有提供其具有日处理 2 万吨及以上的污水处理能力的相关证据。涉案合同约定不足 2 万吨按照 2 万吨计算处理费显失公平,而且申请人的实际运营能力远未达到合同约定的处理量。

4. 因行政区划调整,被申请人不是全部适格主体。

(1)2017 年 1 月,国务院批准 Q 市部分行政区划调整,将 C 县与 B 区合并,撤销 C 县,成立新的 B 区。而随着行政区划的调整,M 地污水处理厂划归 S 区管委会管辖,N 地污水处理厂划归 R 区管辖。被申请人已经丧失对 M 地及 N 地污水处理厂的实际管控力,涉案合同的主体因行政区划的调整已经变更。因此,本案适格主体应为 R 区政府和 S 区管委会。

(2)被申请人为便于案件顺利解决及查清案件事实,曾向贸仲提出追加 R 区政府及 S 区管委会为本案被申请人,但最终未被准许。申请人要求解除涉案合同的诉求,因被申请人对 M 地污水处理厂已无属地管辖权,不是涉案适格主体,故申请人对当庭提出的该项询问,无法做出有效应答。

(3)即使另外两区域无仲裁协议,也不同意纳入仲裁管辖,对于区域划分后的事项,仲裁庭也不应作出裁决,应由申请人对 R 区及 S 区政府另行诉讼解决。

综上所述,因涉案合同违反了法律的强制性规定而无效。无效合同自始无效,合同中所约定的保底水量、处理费的计取办法及违约责任等约定均无效。申请人的请求无合法性及事实依据,请依法驳回申请人的仲裁申请。

5. 税赋问题是申请人依法应当负担的法定义务,要求被申请人承担无合法依据。

6. 申请人主张律师费负担,无法律依据。

第二被申请人答辩称:

1. 第二被申请人与第一被申请人系代理法律关系,不是案涉合同主体,法律后果不应由代理人承担,应驳回对第二被申请人的仲裁申请。

(1)从合同文本表述和内容来看,第二被申请人在案涉两个合同中地位均是"甲方委托方",既不是甲方也不是乙方;案涉两个合同总则均表述"经以下双方协商一致",签订主体部分亦载明"甲方:C 政府,乙方:A 水处理公司",仅将第二被申请人表述为"甲方委托方",且合同条款内容均约定甲方与乙方权利义务关系,并无关于第二被申请人权利义务约定。

(2)从污水处理费收费流程可知,第二被申请人收到第一被申请人划转的污水处理费专项款后,全额转付申请人,仅是代付污水处理费的受托代理人。

(3)从合同性质看,案涉合同是特许机关对申请人污水处理经营权的行政许可,特许经营合同本质是作为一方的政府对另外一方社会资本的授权经营行为,只有政府才享有授权的主体资格和行政许可权利。第二被申请人并不享有授予申请人污水处理特许经营的主体资格，不能成为特许经营合同授权方，不是案涉合同权利义务主体。

2. 案涉合同甲方权利义务主体已发生变更，本案的被申请人应为R区政府和S区管委会，与第一被申请人无关。

(1)从行政区划调整和合同性质看，案涉争议污水处理项目所在行政区划管辖已根据国务院《关于同意T省调整Q市部分行政区划批复》(以下简称《国务院行政区划批复》)进行了调整，N地(N地污水厂所在地)已划归R区管辖，M地(M地污水厂所在地)划归S区管辖范围。合同项目主要内容系污水处理费特许经营权的授予和实施，该特许经营权的授权主体为行政辖区内的政府机关。污水处理属于辖区政府应向社会公众提供的公共服务项目，污水处理费的支付主体也是该辖区政府机关。故因M地和N地行政区划调整，相关合同主体和付款义务主体也应相应变更为新的主管政府，第一被申请人不应成为本案被申请人。

(2)案涉合同9规定“甲方在未事先征得乙方书面同意的情况下，无权转让其在本合同中规定的各项权利或义务的全部或任何部分，但甲方同中华人民共和国任何政府主管机构进行合并或联合而向其转让自己的权利和义务的除外，受让人或合并后的实体应负责履行本合同规定的甲方的各项义务并承担全部责任”。依据该条约定，并根据目的解释和诚实信用原则，污水厂所在乡镇发生行政区划调整分别并入其他区县，合同的一方主体应发生变更，第一被申请人已经不再是案涉争议合同主体。

(3)从合同实际履行角度看，S区和R区已实际向申请人分公司及污水处理厂支付部分污水处理费，申请人接受并开具了付款人为S区和R区的收款发票，申请人已认可合同权利义务主体变更。

3. 申请人主张的违约金缺乏事实基础和法律依据，不应支持。

(1)根据合同内容可知双方并未就违约金的支付及计算方式作出明确约定。因此，申请人以年利率约5%向被申请人主张违约金缺乏事实和法律依据,不应支持。

(2)根据《合同终止协议》约定的补偿逾期付款责任是利息,计算方式是按照人民银行一年期同期贷款基准利率支付利息,在同期 LPR 已经取代同期贷款基准利率的情况下,人民银行已经不再向社会公布同期贷款基准利率,因此应适用同期 LPR,并非固定的 4.35%。

4. 申请人主张的律师代理费缺乏法律和合同依据。合同双方并未对律师费承担作出约定,聘请律师系申请人单方行为,所发生的费用由其自行承担。

5. 被申请人不是案涉合同权利义务主体,更不存在根本性违约,申请人无权要求解除合同。

(1)1 号合同权利义务主体已经变更为 S 区,第一被申请人已经不是合同权利义务主体,申请人不应向其主张解除合同。

(2)目前,1 号合同仍在履行,申请人提出的二期建设并未实施,也不存在第三人建设情况,并未违背合同约定,未损害申请人的利益。M 地污水厂仍在正常运行,不存在根本违约。

(3)在 BOT 模式(建设—经营—转让)下,申请人在取得特许经营权后代政府向社会提供污水处理这一公共服务关乎公共利益,申请人既是特许经营权的权利人,也是负有提供污水处理公共服务的义务人,不能随意解除合同。

6. 申请人要求第一被申请人补偿其所得税款损失,既无事实依据也无法律依据。

(1)从事实角度,申请人以第一被申请人逾期支付污水处理费导致其丧失本应享受的“三免三减半”优惠政策为由,主张所得税税款损失,没有事实根据。该项税款并没有实际发生,申请人并未实际向税务机关缴纳,不应得到支持。且计算公式不正确,申请人实际适用税率不一定是 25%,在满足小微企业情况下,100 万元以内实际税率 2.5%,100 万~300 万元实际税率是 5%,分段计算。申请人统一适用 25% 的税率计算所得税税款损失,无任何事实依据。

(2)申请人主张税款损失没有法律依据。按照《企业所得税法实施条例》第 9 条和国家税务总局《关于确认企业所得税收入若干问题的通知》(国税函〔2008〕875 号)第 1 条的规定,作为企业主体的申请人税务上应以“权责发生制”为原则进行纳税处理,对于收入而言,无论款项是否收到,均应作为当期的收入。关于收入的时间确认,国家税务总局《关于确认企业所得税收入若干问题的通知》第 2 条第 4 款第 8 项规定,申请人提供的是污水处理服务,属于长期为客户提供重复的劳务收取的劳务费,应在相关劳务活动发生时确认收入,并且合同也约定了污水处理费的结算周期是按月结算。

申请人混淆了《企业所得税法》和会计准则规定权责发生制和收付实现制的两个会计处理原则。依据《企业所得税法实施条例》第 9 条的规定,企业应纳税所得额计算属于当期的收入和费用,无论款项是否收付均作为当期的收入和费用。企业应按照权责发生制确认收入和费用,而不是收付实现制。因此,被申请人的付款时间并不会影响到企业税收优惠政策的享受,申请人也自认其企业所得税“三免三减半”的优惠期是 2015 ~ 2020 年。

如果申请人未按照权责发生制的规定进行账务处理并纳税申报,而是错误地在实际收到款项时进行账务处理并申报纳税,已超过税收优惠期而多缴企业所得税,造成这种结果的原因是申请人没有按国家税法的规定政策处理导致,与被申请人逾期付款没有因果关系。如果申请人按照税法的规定在权责发生制的情况下进行账务处理并纳税,申请人在优惠期内已经享受到了税收优惠,并未给申请人造成税收利益损害。申请人在实际收到污水处理费时,因为前期已经确认了收入并纳税申报,在实际收到款项时无须再次确认收入,只需冲减“应收账款”即可。

7. 关于企业增值税的问题。申请人向被申请人主张的污水处理费的计价方式是通过简单提高单价的方式来计算,未考虑增值税进项税额对应纳税的影响,计算方式错误。污水处理费仍应按原协议约定的单价予以计算,由被申请人额外据实支付申请人实际缴纳的增值税税款和附加税费。

(三)双方提交的证据及质证意见(略)

二、仲裁庭意见

需要说明的是,本案双方当事人及代理人就本案事实及法律问题等先后向仲裁庭提交了资料和意见,这些资料和意见分别以证据、笔录、质证意见、代理意见等形式保留在本案卷宗中,仲裁庭均已予以充分的审阅和考虑。仲裁庭在案情中未予摘录、述及者,或者虽已在案情部分摘录述及但未在仲裁庭意见中予以采用者,并非仲裁庭忽视或默认。

仲裁庭根据对案件事实所进行的庭审调查,结合当事人的陈述、答辩以及提交的全部材料,形成仲裁庭意见如下。

(一)关于本案法律适用

仲裁庭认为,案涉 1 号合同、2 号合同就法律的适用部分均约定,“本合同的订立、争端的解决、条文的解释及合同的履行等均受中华人民共和国法律约束”,应当适用中华人民共和国法律解决本案争议。

仲裁庭注意到,第一被申请人在答辩意见中主张案涉协议性质为行政协议,但北京四中院曾就第一被申请人申请确认案涉仲裁协议效力一案,作出民事裁定。该裁定认为,1 号合同、2 号合同的签订时间均在 2016 年之前,因此产生的争议亦属于民事纠纷范畴。《合同终止协议》的签订时间虽然在 2021 年,但相关权利义务源于《2 号合同》,且《合同终止协议》约定的双方的具体权利义务内容,系合同终止后补偿金的定价及支付事宜等,属于民事权利义务范畴。因此,依据相关法律及司法解释的规定,案涉 3 份合同均系民事法律关系性质。

参照最高人民法院《关于适用〈中华人民共和国民法典〉时间效力的若干规定》第 1 条的规定,《民法典》施行前的法律事实引起的民事纠纷案件,适用当时的法律、司法解释的规定,但是法律、司法解释另有规定的除外。本案 1 号合同及其补充协议、2 号合同及《合同终止协议》均签订于《民法典》施行前。根据最高人民法院《关于适用〈中华人民共和国民法典〉时间效力的若干规定》第 1 条、第 20 条的规定,除非存在法律规定的特定情形,本案申请人与被申请人之间的法律关系,原则上应当适用《民法典》施行前的原《合同法》等相关法律规定。

(二)关于案涉合同的效力

仲裁庭注意到,被申请人对合同效力提出异议,主张案涉合同无效。其理由主要包括:案涉合同包含污水处理厂建设,建设规模均千万元以上、属于依法进行招投标公共利益项目,合同因违反《招标投标法》等相关法律规定而无效;1 号合同、2 号合同没有按照特许经营权的法定程序实施,而是以私下“授予”的方式实施,因违反《市政公用事业特许经营管理办法》《政府采购法》的相关规定而无效;协议签订时,M 地污水厂基建由案外人已基本完成,因而涉案合同不属于 BOT 协议,污水处理主体应为国有资产转让、涉案合同违反《企业国有资产管理法》的相关规定而无效;关于特许经营权部分即使理解为政府购买服务,涉案合同也因违反《政府采购法》而无效;1 号合同从签约主体来讲,E 投资公司成立于 2013 年 11 月,而涉案合同签订时间为 2013 年 11 月。合同签订当天,还没有注册成立,不具备法人的民事行为能力及民事权利能力。依据原《民法通则》规定,民事行为无效,涉案合同同样是无效的。E 投资公司主体让渡到申请人的行为属于无效行为。

关于案涉合同效力,申请人认为,1 号合同及其补充协议、2 号合同签章完备,是各方当事人的真实意思表示;内容符合法律规定,也与特许经营合同性质相符,不存在违反法律、行政法规强制性规定的情形,合法有效;合同的签订过程也不存在违背《招标投标法》规定的情形,两份合同的“鉴于”部分,体现合同的签订不仅具备项目已获得 Q 市发改委批准的前提条件,也明确已遵循招标投标活动应当遵循的公开、公平、公正原则;《招标投标法》规定的招标形式多样,并不仅限于公开招标,还包括邀请招标等合法形式。故,两被申请人关于合同签订违反《招标投标法》规定的辩解没有事实和法律依据,不能成立。另外,关于1号合同的原签约主体E投资公司的设立时间,该公司实际已于2013年11月完成注册登记,两被申请人关于1号合同签订时该公司尚未注册的辩解明显与事实不符。

针对案涉合同的效力,仲裁庭分析如下:

第一,案涉协议是当事人之间产生、变更、终止民事法律关系的民事行为,当事人一旦达成合意便成立合同,合同是否有效是对当事人达成合意所进行的一种价值判断,其判断依据应当是法律、行政法规的效力性强制性规定。

第二,根据仲裁庭查明的事实,1号合同"鉴于"部分载明"C政府决定,C县污水处理厂项目以特许经营的方式实施,该项目已于2010年6月获得Q市发改委批准","C政府(甲方)对C县污水处理厂项目遵循公开、公平、公正原则,确定授予E投资公司(乙方)承担本特许经营权项目";2号合同"鉴于"部分载明"C政府决定,Q市N地循环经济园区污水处理厂项目以特许经营的方式实施。该项目已于2010年9月获得Q市C县发改委批准""C政府(甲方)对Q市N地污水处理厂项目遵循公开、公平、公正原则,确定授予E公司(乙方)承担本特许经营权项目",即从上述合同表述内容分析,案涉项目已经行政主管部门批准,并遵循公开公平公正原则将特许经营权授予申请人。

第三,两被申请人提交的证据不足以证明2013年11月14日签订1号合同时,E公司不具备主体资格,且退言之,如两被申请人所述E公司"成立于2013年11月16日",其主体资格问题亦得以补正,并不足以导致合同无效;两被申请人主张E投资公司主体让渡到申请人行为属无效行为,事实依据和法律依据亦不充分。

第四,就当事人举证证明责任分配角度而言,根据2015年版《仲裁规则》第41条的规定,当事人应对其申请、答辩和反请求所依据的事实提供证据加以证明,对其主张、辩论及抗辩要点提供依据;当事人未能在规定的期限内提交证据,或虽提交证据但不足以证明其主张的,负有举证责任的当事人承担因此产生的后果。在申请人提交证据初步证明案涉项目经过行政管理部门批准、履行相应程序的前提下,两被申请人负有对其主张进一步的举证证明责任,但现有证据不足以证明其主张。

仲裁庭在判断本案合同效力时,亦考虑到以下三方面因素:一是开展公用事业特许经营,其初衷在于扩大民间投资行为、激发社会活力,增加公共产品和服务供给,政府和社会方需协商约定、共担风险、长期合作、各展所长、共同提供优质的公共产品和服务,在鼓励社会资本特别是民间投资参与建设运营过程中,政府方应当严格遵循诚实信用原则;二是仲裁庭注意到,自 2013 年 11 月 14 日签订 1 号合同始至本案申请仲裁,近 10 年期间,两被申请人均未提交证据证明其曾提出过案涉合同因违反法律规定、违反法定程序而无效;三是如同 2015 年版《基础设施和公用事业特许经营管理办法》第 4 条所确定的特许经营所需遵循的原则包括,坚持公开、公平、公正,保护各方信赖利益,保护社会资本合法权益,保证特许经营持续性和稳定性。

综上所述,仲裁庭认为,被申请人主张案涉合同无效,事实依据和法律依据不足,仲裁庭不予支持。

(三)关于两被申请人是不是本案适格主体

1. 关于第一被申请人是不是适格主体。

仲裁庭注意到,两被申请人均辩称,第一被申请人并非适格主体,其理由主要包括:(1)根据《国务院行政区划批复》,N 地(N 地污水厂所在地)已划归 R 区管辖,M 地(M 地污水厂所在地)划归 S 区管辖。合同项目主要内容系污水处理费特许经营权的授予和实施,授权主体为行政辖区内的政府机关,污水处理费的支付主体也是该辖区政府机关。故因 M 地和 N 地行政区划调整,相关合同主体和付款义务主体也应相应变更为新的主管政府,第一被申请人不应成为本案被申请人。(2)案涉合同规定"甲方在未事先征得乙方书面同意的情况下,无权转让其在本合同中规定的各项权利或义务的全部或任何部分,但甲方同中华人民共和国任何政府主管机构进行合并或联合而向其转让自己的权利和义务的除外，受让人或合并后的实体应负责履行本合同规定的甲方的各项义务并承担全部责任”。依据该条约定，并根据目的解释和诚实信用原则，污水厂所在乡镇发生行政区划调整分别并入其他区县，合同的一方主体应发生变更，第一被申请人已经不再是案涉争议合同主体。(3)从合同实际履行角度看，S区和R区已实际向申请人分公司及污水处理厂支付部分污水处理费，申请人接受并开具了付款人为S区和R区的收款发票，申请人已认可合同权利义务主体变更。

申请人述称，区划调整不影响合同的责任主体，根据2015年版《基础设施和公用事业特许经营管理办法》第26条、第34条的规定，协议各方当事人应遵循诚实信用原则全面履行义务，行政区划调整不影响协议履行；1号合同、2号合同均约定，特许经营合同是基础，除非双方同意的特别约定，均以特许经营合同为准；《1号合同补充协议(一)》甲方和甲方委托方即为区划调整后的被申请人；《合同终止协议》签约主体也是区划调整后的被申请人；区划调整后，M地污水厂的移交工作并未推进完成。1号合同、2号合同是对“合并或联合”情形所作约定，本次区划调整对第一被申请人而言，是分立不存在合并或联合情形，该条款不具备适用条件，不会引起合同权利义务转移。

仲裁庭认为，两被申请人的该项抗辩事由难以成立，具体分析如下：

首先，就行政规定而言，2015年版《基础设施和公用事业特许经营管理办法》第34条明确规定，实施机构应当按照特许经营协议严格履行有关义务，为特许经营者建设运营特许经营项目提供便利和支持，提高公共服务水平。行政区划调整，政府换届、部门调整和负责人变更，不得影响特许经营协议履行。即针对特许经营项目投资额大、周期长，涉及多方利益主体，需要建立政府长期稳定的可预期合作和支持机制，故2015年版《基础设施和公用事业特许经营管理办法》在第37条规定“在特许经营协议有效期内，协议内容确需变更的，协议当事人应当在协商一致基础上签订补充协议”的协商变更机制，同时进一步明确行政区划调整不得影响特许经营协议履行。

其次,就合同约定而言,1 号合同、2 号合同虽均约定“甲方在未事先征得乙方书面同意的情况下,无权转让其在本合同中规定的各项权利或义务的全部或任何部分,但甲方同中华人民共和国任何政府主管机构进行合并或联合而向其转让自己的权利和义务的除外,受让人或合并后的实体应负责履行本合同规定的甲方的各项义务并承担全部责任”。根据仲裁庭查明的事实,《国务院行政区划批复》“同意撤销 Q 市 B 区和 C 县,设立新的 Q 市 B 区,以原 B 区和 C 县的行政区域(不含 M 地、V 镇、U 镇、N 地)为新的 B 区的行政区域”,被申请人主张的区划调整并不属于合同约定的情形。

再次,就合同履行情况而言,行政区划调整后,2018 年 12 月,申请人与被申请人签订《1 号合同补充协议(一)》,该合同“鉴于”部分载明“因 C 县行政区划调整变更为 Q 市 B 区,原合同中甲方的实际履行主体变更为 B 政府”,“乙方应享有的各种权利不因原合同甲方及甲方委托方变更名称而产生任何影响”,即双方当事人再次明确虽然区划调整,但甲方实际履行主体为被申请人。同样,2021 年 9 月签订《合同终止协议》,约定合同终止后补偿金的定价及支付事宜等,时间亦是在行政区划调整之后,该协议的签约主体仍系申请人与两被申请人。

最后,根据原《合同法》第 8 条的规定,依法成立的合同,对当事人具有法律约束力。一方面,合同具有相对性,合同项下的权利义务只能由合同当事人享有和承担,合同仅对当事人具有法律约束力,对合同当事人之外的第三人不具有法律约束力;另一方面,就合同效力而言,任何一方不得擅自改变合同,合同任何内容须经过双方协商达成。根据 2015 年版《基础设施和公用事业特许经营管理办法》第 37 条的规定,在特许经营协议有效期内,协议内容确需变更的,协议当事人应当在协商一致的基础上签订补充协议。合同主体变更为合同的实质性内容变更,两被申请人主张合同主体变更为 R 区政府、S 区管委会,对此负有举证证明责任,应当经过三方合意或者有明确的法律依据。

对此,仲裁庭注意到,2023 年 7 月,S 区管委会提交“关于被申请追加为被申请人意见”为,S 区管委会不是案涉特许经营合同纠纷仲裁案适格被申请人,申请追加理由不能成立。行政区划调整管理只是行政上的管理,而非对任何事项都负责管理;在 Q 市政府的相关会议纪要中虽有管委会负担 2019 年 3 月后的污水处理费,负责实施新建污水管线建设工程,没有决定 1 号合同中 M 地污水处理厂由 S 区管委会实际管理,第一被申请人以此认为合同权利义务已转由 S 区管委会承接是错误的。第一被申请人以相关资料文件移交 S 区管委会及管委会支付部分污水处理费为由,认定 M 地污水处理厂由 S 区管委会控制、承接,系单方曲解。S 区管委会支付污水处理费是因为辖区范围内产生的污水才支付应付费用,不能据此表明 S 区管委会已承接了合同义务;申请人收取污水处理费,也不代表同意第一被申请人转让其在合同中规定的各项权利义务,更没满足合同约定的需书面同意的条件。R 区政府于 2023 年 7 月提交“追加 Q 市 R 区人民政府为被申请人的意见”,载明:根据申请人提交的 1 号合同可知,R 区政府并非合同主体,与申请人亦无仲裁条款,不是本案适格被申请人,不应被追加为被申请人参与程序。即 S 区管委会与 R 区政府均明确表示,其并非合同主体。

综上所述,现两被申请人提交的证据,不足以证明合同主体发生了变更,对其该项主张,仲裁庭不予支持。

2. 关于第二被申请人是不是合同主体并承担相应责任。

仲裁庭注意到,第二被申请人辩称,其不是案涉合同主体,与第一被申请人之间系代理关系,不应承担合同后果。其理由包括:从合同文本表述和内容来看,第二被申请人在案涉两个合同中的地位均是“甲方委托方”,合同条款内容均约定甲方与乙方的权利义务关系,并无关于第二被申请人的权利义务约定;从污水处理费收费流程可知,第二被申请人收到第一被申请人划转的污水处理费专项款后,全额转付申请人,仅是代付污水处理费的受托代理人;但从合同性质看,案涉合同是特许机关对申请人污水处理经营权的行政许可,只有政府才享有授权的主体资格和行政许可权利,第二被申请人不能成为特许经营合同授权方,不是案涉合同权利义务主体。

申请人称,第二被申请人亦是合同主体并应承担付款义务,理由包括:第二被申请人在案涉合同签章;1 号合同、2 号合同均体现,第二被申请人是第一被申请人"指定部门",依法负有支付污水处理费义务;根据 2015 年版《基础设施和公用事业特许经营管理办法》第 26 条、第 34 条的规定,第二被申请人应当履行实施机构相关职责;两份专项审计报告是应第二被申请人委托作出,体现第二被申请人是污水处理费付款义务人。

仲裁庭认为,第二被申请人的该项辩解理由事实依据、合同依据不足,仲裁庭不予支持。理由如下:

首先,根据 2015 年版《基础设施和公用事业特许经营管理办法》第 14 条的规定,县级以上人民政府应当授权有关部门或单位作为实施机构负责特许经营项目有关实施工作,并明确具体授权范围。仲裁庭认为,第二被申请人虽并非有权授予特许经营活动的政府或政府部门,但其作为特许经营合同主体之一并不违反法律行政法规的强制性规定。仲裁庭亦注意到,在第一被申请人提交的答辩意见中,也有对第二被申请人"项目运作平台公司"的定位。

其次,就合同内容而言,亦有第二被申请人相关权利义务约定,如 1 号合同约定"甲方或甲方指定的部门按本合同的规定在特许经营期内,向乙方支付污水处理费用";就合同实际履行而言,委托 I 会计师事务所就 M 地污水厂、N 地污水厂污水处理费专项审计的委托主体即为第二被申请人,委托内容表述为第二被申请人"欠付污水处理费情况进行专项审计"。仲裁庭亦注意到,第二被申请人提交的证据《记账凭证》《国内支付业务收款回单》,虽相关款项源于 C 县财政局,而实际履行合同向申请人直接支付款项的相对方即为第二被申请人。

综上所述,第二被申请人该项主张依据不足,仲裁庭不予支持。

需要特别说明的是,仲裁庭确认两被申请人为适格主体包括下文所述被申请人承担特许经营权合同项下的欠付费用,并不影响被申请人基于行政区划调整,根据财政管理制度及Q市政府的行政管理要求,请求其他主体基于使用者付费的原则承担相应的污水处理费的权利。

(四)关于申请人的仲裁请求

1. 申请人第1项仲裁请求为,两被申请人立即向其清偿尚欠的污水处理服务费4950余万元及逾期付款违约金。

申请人第7项仲裁请求为,两被申请人立即向申请人清偿尚欠的M地污水厂于2022年11月1日至2023年9月发生的污水处理服务费近740万元及逾期付款违约金。

仲裁庭认为,申请人该两项请求主张的污水处理费可以分成M地污水厂和N地污水厂两个厂区。N地污水厂2019年3月至2020年9月欠付污水处理费。M地污水厂污水处理费包括3个阶段:(1)2019年3月至2021年4月欠付污水处理费;(2)2021年5月至2022年10月欠付污水处理费;(3)2022年11月至2023年9月欠付污水处理服务费。根据当事人的举证情况,仲裁庭分析如下:

(1)关于N地污水厂2019年3月至2020年9月欠付污水处理费、M地污水厂2019年3月至2021年4月欠付污水处理费。

根据仲裁庭查明的事实,I会计师事务所接受第二被申请人委托,分别对2019年3月至2020年9月1欠付N地污水厂污水处理费和2019年3月至2021年4月欠付M地污水厂污水处理费进行专项审计,并于2021年5月出具《34号审计报告》《32号审计报告》,审计结论为该期间第二被申请人欠M地污水厂污水处理费近2260万元、欠N地污水厂污水处理费近1930万元。

被申请人对于该两份证据真实性予以认可,但认为具体金额不应当予以支持。其理由为,审计报告无合同依据,税收政策变化应否予以补偿及如何补偿应当有合同依据,该审计报告仅是依据2018年7月2J事务所出具的专项审计报告和2020年K事务所对税务处理费提高单价专项审计报告作出,补偿方法变成简单单价调整。审计报告计价方式因违反《增值税暂行条例》规定而无效,不能采信。

仲裁庭认为,首先,就合同依据而言,1 号合同《2 号合同》第 5.4.2 条均约定,“在特许经营期内,如遇到以下情况之一,对污水处理费进行同比例提高……(3)本合同签订之日后由于国家或当地政策改变乙方须向税务部门缴纳新税种时……”,《1 号合同补充协议(一)》第 5 条约定“自 2016 年 7 月 1 日起国家实施新税收政策,乙方须额外负担 30% 增值税及相关地方附加税费、所得税,按照《特许经营合同》,双方经充分协商一致同意:甲方补偿乙方自 2016 年 7 月 1 日起因国家税收政策改变额外负担的增值税及地方附加税的全部费用,自 2019 年 1 月 1 日起根据审计将污水处理费调整为约 1.44 元/吨,此污水处理费不含此次税收政策变化导致的企业所得税增加部分税额,若遇政策调整,此价再重新测算”,即当事人对于因税收政策调整予以调整污水处理费有合同依据。

其次,就《32 号审计报告》《34 号审计报告》出具程序而言,该两份专项审计报告系由第二被申请人委托 I 会计师事务所,依据《注册会计师审计准则》《企业会计准则》《企业会计制度》和相关合同及财务会计资料等作出,申请人对审计结论予以认可,被申请人亦未提出合理理由予以推翻。

再次,如被申请人答辩意见所言,《32 号审计报告》《34 号审计报告》依据 J 事务所出具专项审计报告和 K 事务所对税务处理费提高单价专项审计报告作出,相反可以印证《32 号审计报告》《34 号审计报告》系因财税〔2015〕78 号文件下发自 2016 年 7 月 1 日起不再适用污水处理免征增值税政策,施行征收增值税及地方附加税税收政策变化,及财政部、国家税务总局《关于调整增值税税率的通知》,财政部、国家税务总局、海关总署《关于深化增值税改革有关政策的公告》相应增值税税率调整,而对污水处理费单价进行的相应调整。

最后,合同双方当事人对于污水处理费单价调整具有合同依据,因税收政策调整通过调整污水处理费单价予以补偿系当事人民事权利处分,被申请人主张违反《增值税暂行条例》规定依据并不充分。

综上所述,仲裁庭有理由采信两份该审计报告,并确认其审计结论,即被申请人欠付M地污水厂2019年3月1日至2021年4月30日污水处理费近2260万元、欠付N地污水厂2019年3月1日至2020年9月11日污水处理费近1930万元。

关于上述欠付污水处理费已付款项。依据申请人提交的《针对2021年4月30日前M地污水厂污水处理服务费的尚欠金额及其逾期付款违约金》计算表,其自认被申请人就该笔费用分两次支付款项约260万元、约260万元,共计约520万元,被申请人既未就支付款项提交证据,亦未对已支付的两笔款项提出异议,仲裁庭有合理理由认为被申请人已支付款项约520万元。综上,被申请人欠付M地污水厂2019年3月1日至2021年4月污水处理费近1740万元(近2260万元－约520万元)。

依据申请人提交的《N地污水厂污水处理服务费及逾期付款违约金计算表》,申请人自认被申请人就该欠款支付近400万元,被申请人既未就支付款项提交证据,亦未对已支付的款项提出异议,仲裁庭有合理理由认为被申请人就该笔欠款已支付款项近400万元。综上,被申请人欠付N地污水厂2019年3月至2020年9月污水处理费近1530万元(近1930万元－约400万元)。

(2)2021年5月至2022年10月欠付M地污水厂污水处理费。

庭审中,申请人对其主张污水处理费计算方式予以明确,“2021年5月至10月的污水处理费应当给付的款额,是按照最低的保底水量乘以处理污水的单价计算出来的”,单价按照约1.41元/吨计算。

被申请人认为,因合同无效,则双方约定保底水量不能作为申请人的依据,申请人须举证证明其实际运营水量及损失,另行主张其损失;申请人并没有提供其具有日处理2万吨及以上污水处理能力的相关证据,按照2万吨计算处理费显失公平,而且申请人的实际运营能力远未达到合同约定的处理量。

仲裁庭认为,首先,如前所述,案涉合同应为有效,《1号合同补充协议

(一)》约定“自 2017 年 8 月起,污水量小于 2 万吨/天时,按 2 万吨/天计,大于 2 万吨/天时,按实际发生水量计算费用”,申请人主张按照每天污水处理量 2 万吨计算具有合同依据。其次,被申请人主张按 2 万吨/天计显失公平,申请人实际运营能力远未达到该处理量,仲裁庭认为,所谓显失公平,是指一方当事人利用优势地位或者利用对方没有经验,致使双方的权利义务明显违反公平、等价有偿原则,就本案而言,结合双方当事人缔约过程、履约过程,不足以证明主观上申请人存在利用被申请人缺乏经验、判断能力,急迫、轻率等不利情境追求结果,客观上双方权利义务达到失衡的程度,且根据原《合同法》第 54 条、第 55 条的规定,订立合同时显失公平的,一方有权请求人民法院或者仲裁机构予以变更或者撤销,撤销权人应当在知道或者应当知道撤销事由之日起一年内行使,否则撤销权消灭,被申请人并未举证其在法定期限内行使过撤销权,故其该项主张,仲裁庭难以支持。

关于污水处理费单价,申请人主张按照约 1.41 元/吨计价,其依据为《32 号审计报告》。仲裁庭注意到,该报告表述,M 地污水厂自 2015 年 8 月开始收取污水处理服务费,每吨 1.35 元,根据财税〔2015〕78 号文不再适用污水处理免征增值税政策,自 2016 年 7 月 1 日起污水处理费调整为约 1.43 元/吨,后根据财政部、国家税务总局《关于调整增值税税率的通知》因增值税税率由 17% 调整为 16%,自 2019 年 5 月 1 日起污水处理费调整为约 1.43 元/吨;根据财政部、国家税务总局、海关总署《关于深化增值税改革有关政策的公告》,“因增值税税率由 16% 调整为 13%,自 2020 年 4 月 1 日起污水处理费调整为约 1.41 元/吨”。即随着增值税税率调低,相应污水处理费单价予以调低。

申请人主张按照约 1.5 元/吨计价有其合理性,仲裁庭予以支持。

综上所述,2021 年 5 月 1 日至 2022 年 10 月 31 日 M 地污水厂污水处理费应为近 1560 万元(约 1.41 元/吨 ×20000 吨/天 × 近 550 天)。仲裁庭注意到,申请人提交的《针对 2021 年 4 月后 M 地污水厂污水处理服务费的尚欠金额及其逾期付款违约金》计算表是按照“约 1.42 元/吨”计算,依据不足,仲裁庭予以纠正。对于该项污水处理服务费，双方当事人均未提交证据曾予以支付。

综上所述，申请人第1项仲裁请求中的欠付污水处理费本金，仲裁庭予以支持约4820万元（近1740万元+近1530万元+近1560万元）。

（3）2022年11月至2023年9月欠付污水处理服务费。

申请人主张2022年11月至2023年9月发生的污水处理服务费近740万元及逾期付款违约金，本案自申请仲裁以来，申请人继续依约履行合同义务、维系M地污水厂运行，至2023年9月19日，发生污水处理费近920万元，被申请人仅支付近180万元，新增尚欠污水处理费近740万元。

被申请人答辩称，污水处理费应按照原协议约定单价1.35元/吨计算，对于申请人向税务机关缴纳的增值税和附加税，应当凭完税凭证据实由被申请人支付。根据B区税务局出具的《纳税情况说明》证明，依据新的国家税收政策《完善资源综合利用增值税政策40号公告》，自2023年3月后，申请人已重新享受增值税免税待遇、不再有增值税及附加税费的额外支出，已恢复合同签订时税负水平，应以1号合同约定的1.35元/吨计算。2023年3月1日前欠付的污水处理费也应按合同约定单价1.35元/吨计算，然后凭完税凭证据实补偿。

仲裁庭注意到，申请人主张该部分款项的计算标准和依据为，污水处理量按照2万吨/天计，单价依照《32号审计报告》确定的约1.41元/吨计算。

首先，关于污水处理量。根据《1号合同补充协议（一）》约定"自2017年8月1日起，污水量小于2万吨/天时，按2万吨/天计，大于2万吨/天时，按实际发生水量计算费用"，申请人主张按照每天污水处理量2万吨计算具有合同依据。

其次，关于污水处理费单价。申请人主张应以约1.41元/吨计算，被申请人辩称应以1号合同约定的1.35元/吨计算。

仲裁庭认为，第一，1号合同约定污水处理费单价为1.35元/吨（该价格不含城镇土地使用税和房产税，不含污泥5公里以外的运费及垃圾车接纳费，如有变化则计入污水处理费，污水处理费单价相应提高），结合《1号合同补充协议(一)》第 5 条约定可知,由于“2016 年 7 月起国家实施新税收政策”,申请人需额外负担增值税及相关地方附加税,双方达成协议自 2019 年 1 月根据审计将污水处理费调整为约 1.44 元/吨,后由于增值税税率调整,分别由 17% 调整为 16%,后调整为 13%,污水处理费单价相应调整为约 1.43 元/吨、约 1.41 元/吨。

第二,财政部、国家税务总局发布并于 2022 年 3 月 1 日实施的《完善资源综合利用增值税政策 40 号公告》第 4 条规定“纳税人从事《目录》2.15 污水处理厂出水、工业排水(矿井水)、生活污水、垃圾处理厂渗透(滤)液等项目,5.2 污水处理劳务项目,可适用本公告‘三’规定的增值税即征即退政策,也可选择适用免征增值税政策,一经选定,36 个月内不得变更”;《完善资源综合利月增值税政策 40 号公告》第 7 条规定,本公告自 2022 年 3 月 1 日起执行,财税〔2015〕78 号文不再适用同时废止。即,本案中,因施行征收增值税及地方附加税而进行污水处理费单价调整补偿的依据已经废止。

第三,被申请人提交 B 区税务局出具《纳税情况说明》,申请人认可该份证据的真实性与合法性,虽认为“所涉及的税务数据不仅不准确,还存在错误(如关于 2016 年 10 ~ 12 月的相关数据),不能说明任何问题”,但并未提交证据予以推翻,《纳税情况说明》载明“该纳税人(申请人)已于 2023 年 3 月起选择享受污水处理增值税免税政策”。基于此,仲裁庭有理由相信申请人已经享受污水处理增值税免税政策,原征收增值税及地方附加税而进行单价调整的基础已经发生变化,申请人自 2023 年 3 月后发生的污水处理费继续按照约 1.41 元/吨计价依据不足。

综上所述,仲裁庭认为,自 2022 年 11 月 1 日至 2023 年 2 月,污水处理费应按照 2 万吨/天、约 1.41 元/吨计价,该阶段费用共计 340 余万元(2 万吨/天 × 约 1.41 元/吨 × 120 天);2023 年 3 月 1 日至 2023 年 9 月污水处理费应按照 2 万吨/天、1.35 元/吨计价,该阶段费用共计近 550 万(2 万吨/天 × 1.35 元/吨 × 200 余天),共计近 890 万元。

关于已付款项。根据申请人提交的《M 地污水厂污水处理服务费(2022 年 11 月至 2023 年 9 月新发生)的尚欠金额及其逾期付款违约金计算表》,申请人认可被申请人支付此阶段费用 190 余万元,被申请人既未就支付款项提交证据,也未对已支付的款项提出异议,仲裁庭有合理理由认为被申请人已支付款项 190 余万元,但申请人主张支付的 190 万元中,14 余万元系支付新发生的污水处理费逾期付款违约金,并未提交证据证明,仲裁庭不予采信,综上,就该部分款项被申请人尚欠近 700 万元。

关于逾期付款违约金。申请人主张由于两被申请人欠费,需要融资垫款,按照申请人在此期间申请银行贷款所适用的贷款年利率约 5% 主张。被申请人辩称,违约金责任作为民事责任的一种,以合同双方约定有违约金责任为存在前提,协议中并没有逾期付款违约金责任约定,申请人主张没有合同依据;申请人以向银行借款财务成本和利率标准主张没有法律和合同依据,更无事实基础。

仲裁庭认为,首先,根据原《合同法》第 114 条的规定,当事人可以约定一方违约时应当根据违约情况向对方支付一定数额的违约金,也可以约定因违约产生的损失赔偿额的计算方法。就本案而言,申请人并未举证证明双方在 1 号合同及其补充协议、2 号合同中约定因欠付污水处理费违约方所应支付的违约金或因违约产生的损失赔偿额计算方法。

其次,根据申请人所提交的《仲裁申请书》所附逾期付款违约金计算方法,实际并非以固定数额的"违约金"主张,而是以应付款项按照银行贷款年利率约 5% 标准予以主张。就其实质而言,系违约责任承担的方式,因对方违约行为给其造成损失的补偿。

另外,特许经营项目设立之目的,在于鼓励社会资本特别是民间投资参与基础设施、公用事业建设运营过程中,政府方应当严格遵循诚实信用原则,本案被申请人未按约支付污水处理费也会给申请人造成实际损失,应予适当补偿。

综上所述,仲裁庭酌定,申请人第 1 项仲裁请求所主张的 N 地污水厂 2019

年 3 月至 2020 年 9 月欠付污水处理费、M 地污水厂 2019 年 3 月至 2022 年 10 月欠付污水处理费逾期付款违约金以欠付污水处理费 4820 余万元（近 1740 余万元 + 近 1530 余万元 + 近 1560 余万元）为基数，自申请人 2022 年 11 月提交至贸仲在线立案系统之日，按照人民银行授权全国银行间同业拆借中心公布的同期 LPR 为标准予以支持，支付至实际清偿之日止。

申请人第 7 项仲裁请求主张的 M 地污水厂 2022 年 11 月至 2023 年 9 月欠付污水处理逾期付款违约金，以欠付污水处理费近 700 万元为基数，自 2023 年 10 月起，按照人民银行授权全国银行间同业拆借中心公布的同期 LPR 为标准予以支持，支付至实际清偿之日止。

2. 申请人第 2 项仲裁请求为，两被申请人立即向其支付 N 地污水厂补偿款近 2740 万元及逾期付款违约金（逾期付款违约金应计算至申请人实际受偿之日止，暂计至 2022 年 10 月的逾期付款违约金为近 60 万元）。

被申请人辩称，根据《合同终止协议》约定的补偿逾期付款责任是利息，计算方式是按照人民银行一年期同期贷款基准利率支付利息，在同期 LPR 已经取代同期贷款基准利率的情况下，人民银行不再向社会公布同期贷款基准利率，因此应适用同期 LPR，并非固定的 4.35%。

仲裁庭认为，根据查明的事实，2021 年 9 月，被申请人与申请人签订《合同终止协议》约定，因 H 化工公司发生爆炸，致使 N 地污水厂已不具备生产运营基本条件，双方同意 2020 年 9 月 11 日作为 2 号合同终止日。双方协商一致被申请人向申请人补偿 5710 余万元。补偿费支付约定，2021 年 9 月 30 日前向申请人支付 3000 万元，2021 年 12 月 30 日支付 800 万元，2022 年 6 月前支付 1910 余万元。违约责任约定，被申请人未按约定付款的，申请人有权要求被申请人支付应支付金额并予补偿，补偿方式以被申请人欠款之日起的应支付金额为基数，按照人民银行一年期同期贷款基准利率支付利息，计至被申请人支付全部应支付金额之日止。被申请人未能按时付款，应当承担违约责任。

关于已支付款项，根据申请人提交的《仲裁申请书》自认，被申请人于 2021

年9月支付1000万元、于2021年12月支付2000万元。被申请人并未就此提出异议,亦未提交其他证据证明支付过其他款项。基于此,仲裁庭认为被申请人欠付N地污水厂补偿款约2710万元(5710余万元-3000万元)。

根据合同约定,被申请人未按约定付款的,申请人有权要求被申请人支付应支付金额并予补偿,补偿方式以被申请人欠款之日起的应支付金额为基数,按照人民银行一年期同期贷款基准利率支付利息,计至被申请人支付全部应支付金额之日止。由于2019年8月20日之后,人民银行不再发布同期同类人民币贷款基准利率,而是授权全国银行间同业拆借中心公布LPR,即当事人所约定的补偿利息标准应为人民银行授权全国银行间同业拆借中心公布的LPR。

经查询,2021年9月22日,人民银行授权全国银行间同业拆借中心公布1年期LPR为3.85%,仲裁庭注意到申请人以年利率4.350%为标准计算利息,缺乏依据,仲裁庭不予支持。被申请人应以到期欠付本金2000万元为基数,按照年利率3.85%计算2021年10月1日至12月29日利息,为近20万元(2000万元×年利率3.85%÷365天×90天)。

2021年12月,被申请人应支付到期款项为3800万元(3000万元+800万元),被申请人于2021年9月30日支付1000万元、2021年12月29日支付2000万元,欠付本金为800万元,故应以800万元为基数,自2021年12月31日起按照年利率3.85%计息至2022年6月30日。

2022年6月30日,被申请人应付清余款1910余万元,此时到期应付款项本金为2710余万元,故应以2710余万元为基数,自2022年7月起按照年利率3.85%计息至款项付清之日止。

3.申请人第3项仲裁请求为,两被申请人立即向其补偿因逾期付款导致企业所得税负担480余万元。

申请人主张,申请人在2015~2020年本可享受国家“三免三减半”税收优惠政策,但被申请人逾期付款,导致本应于2020年12月前收取的可减半征收企业所得税的污水处理费收入,在2020年12月后才有可能入账,且一旦入账就会成为申请人应全额缴交企业所得税的计税基数，增加了申请人企业所得税的税负负担。M 地污水厂、N 地污水厂涉及企业所得税额为 480 余万元，该企业所得税负担是因被申请人逾期付款导致申请人丧失减半征收待遇造成，应由被申请人予以补偿。

被申请人辩称，申请人要求补偿其所得税款损失，既无事实依据也无法律依据。该项税款并没有实际发生，申请人并未实际向税务机关缴纳，不应得到支持。且计算公式不正确，统一适用 25% 的税率计算所得税税款损失，无事实依据。按照《企业所得税法实施条例》第 9 条、国家税务总局《关于确认企业所得税收入若干问题的通知》第 1 条，作为企业主体的申请人在税务上应以“权责发生制”为原则进行纳税处理；申请人混淆了《企业所得税法》和会计准则规定权责发生制和收付实现制的两个会计处理原则。如果申请人未按照权责发生制的规定进行账务处理并纳税申报，超过税收优惠期而多缴企业所得税，造成这种结果的原因是申请人没有按国家税法的规定政策处理导致，与被申请人逾期付款没有因果关系。

仲裁庭认为，申请人的该项主张无法予以支持。首先，申请人并未提交证据证明损失实际发生，事实依据不足；其次，根据《企业所得税法实施条例》第 9 条的规定，企业应纳税所得额的计算，以权责发生制为原则，属于当期的收入和费用，无论款项是否收付，均作为当期的收入和费用；不属于当期的收入和费用，即使款项已经在当期收付，均不作为当期的收入和费用。申请人主张因逾期付款导致无法享受相应税收优惠政策，法律法规依据并不充分。

4. 申请人第 4 项仲裁请求为，两被申请人立即向其支付律师代理费。

被申请人辩称，申请人主张的律师代理费缺乏法律和合同依据。合同双方并未对律师费承担作出约定；聘请律师系申请人单方行为，所发生的费用由其自行承担。申请人亦没有提供任何证据证明其主张，本案并无代理协议、付款凭证、发票等证据证明律师费的存在和数额。申请人述称，其主张的律师代理费，是申请人实现债权的必要合理费用，于法有据，应予支持。

仲裁庭认为，根据2015年版《仲裁规则》第52条的规定，仲裁庭有权根据案件的具体情况在裁决书中裁定败诉方应补偿胜诉方因办理案件而支出的合理费用。申请人确实聘请律师代理本案，必然会发生相关律师费用，有其必要合理性。仲裁庭综合考虑案件裁决结果、复杂程度、代理人实际工作量以及案件的争议金额等因素，对申请人该项主张，予以部分支持，酌定两被申请人向申请人支付律师代理费10万元。

5. 申请人第5项仲裁请求为，请求确认1号合同及其补充协议（含2014年7月3日《协议书》中涉及1号合同内容及《1号合同补充协议（一）》）自本仲裁申请书送达被申请人之日起解除。

庭审中，申请人明确，其主张解除的合同依据为1号合同8.2条；因被申请人存在严重拖欠污水处理费等根本违约行为，且经频繁催讨仍不改正；被申请人还违反1号合同及其补充协议约定，已规划由第三人投资建设Q市主城区第二污水处理厂，以取代M地污水厂的二期建设，申请人依法有权解除合同。

被申请人辩称，被申请人不是案涉合同权利义务主体，更不存在根本性违约，申请人无权要求解除合同。1号合同权利义务主体已经变更为S区，第一被申请人已经不是合同权利义务主体，申请人不应向其主张解除合同。目前，1号合同仍在履行，申请人提出的二期建设并未实施，也不存在第三人建设情况，并未违背合同约定，未损害申请人的利益。在BOT模式下，申请人在取得特许经营权后代政府向社会提供污水处理这一公共服务关乎公共利益，申请人既是特许经营权的权利人，也是负有提供污水处理公共服务的义务人，不能随意解除合同。

仲裁庭认为，首先，就约定解除角度而言，所谓约定解除是当事人可以约定解除合同的事由，解除合同的事由发生时，解除权人发出解除合同通知，合同自通知到达对方时解除。案涉1号合同第8.2条约定，“下述情况如果并非因乙方（申请人，下同）违约或不可抗力情况所引起的，乙方有权以书面形式向甲方（被申请人，下同）提出终止本合同：甲方在收到乙方发出的指明甲方有违约情况的书面通知后 60 日内,未对违约情况实施有效的补救措施,且此种违约已对乙方利益构成实质性的损害”。申请人提交的现有证据,既无法证明按照合同约定履行相应程序,也不足以证明对方仍未实施有效补救措施对其利益构成实质性损害,就申请人从约定解除角度主张合同解除,仲裁庭难以支持。

其次,就法定解除角度而言,所谓法定解除,是具有法律约束力的合同,当事人在法律规定的解除事由出现时,行使合同解除权而使合同权利义务关系终止。仲裁庭注意到,申请人主张已规划由第三人投资建设 Q 市主城区第二污水处理厂,以取代 M 地污水厂的二期建设,被申请人存在根本违约。被申请人述称,1 号合同仍在履行,申请人提出的二期建设并未实施,也不存在第三人建设情况,不存在根本违约。仲裁庭认为,申请人提交的现有证据不足以证明被申请人违反 1 号合同第约定的“特许期的独占性”约定。本案中,的确存在被申请人拖延支付污水处理费情形,但被申请人该违约行为,并不足以达到违反合同义务、致使合同目的不能实现的“根本违约”程度。

最后,案涉合同系特许经营权合同,涉及公用事业特许经营,该合作模式目的在于激发社会活力、增加公共产品和服务供给,更需政府和社会方协商约定、共担风险、长期合作、各展所长、共同提供优质的公共产品和服务。2015 年版《基础设施和公用事业特许经营管理办法》第 52 条亦有规定,特许经营协议存续期间发生争议,当事各方在争议解决过程中,应当继续履行特许经营协议义务,保证公共产品或公共服务的持续性和稳定性。

综上所述,仲裁庭认为,申请人主张解除合同事实依据、合同依据、法律依据不足,仲裁庭不予支持。同时,仲裁庭更希望双方当事人增进协商、诚信履约,遵循基础设施和公用事业特许经营应当坚持的原则,包括发挥社会资本融资、专业、技术和管理优势,提高公共服务质量和效率;强化政府与社会资本协商合作;保护社会资本合法权益,保持特许经营持续性和稳定性;兼顾经营性和公益性平衡,维护公共利益。

6. 申请人第 6 项仲裁请求为,两被申请人向申请人支付因解除 1 号合同及其补充协议而应给付的 M 地污水厂补偿款近 5210 万元(具体以依法由有权机构作出的评估金额或双方协商一致的金额为准)。

仲裁庭认为,申请人该项请求是以合同解除为前提,如前所述,申请人主张 1 号合同及其补充协议解除,仲裁庭不予支持,对于申请人主张其因解除合同的补偿款,仲裁庭亦不予支持。

7. 申请人的第 8 项仲裁请求为,本案仲裁费用(含受理费和处理费)、财产保全费、为财产保全开具保函而发生的保险费、公告费等费用全部由被申请人承担。

庭审中,申请人确认该项仲裁请求仅包括仲裁费用,财产保全费、保险费、公告费没有发生。

仲裁庭认为,根据 2015 年版《仲裁规则》第 52 条的规定,仲裁庭有权在裁决书中裁定当事人最终应向仲裁委员会支付的仲裁费和其他费用。考虑本案的裁决结果,仲裁庭认为,本案仲裁费应由申请人承担约 30 万元,被申请人承担 90 万元;仲裁员实际费用 600 元,由被申请人承担。

三、裁　　决

根据上述仲裁庭意见,经合议,仲裁庭裁决如下:

1. 两被申请人向申请人清偿尚欠的污水处理服务费 4820 余万元及逾期付款违约金(逾期付款违约金以 4820 余万元为基数,自 2022 年 11 月起,按照人民银行授权全国银行间同业拆借中心公布的同期 LPR,计付至实际清偿之日止)。

2. 两被申请人向申请人支付 N 地污水厂补偿款 2710 余万元及利息(以 2000 万元为基数,自 2021 年 10 月 1 日至 12 月 29 日按照年利率 3.85% 计算利息近 20 万元;以 800 万元为基数,自 2021 年 12 月 31 日起至 2022 年 6 月 30 日止按照年利率 3.85% 计息;以 2710 余万元为基数,自 2022 年 7 月 1 日起按照年利率 3.85% 计付至实际清偿之日止)。

3. 两被申请人向申请人清偿尚欠的 M 地污水厂于 2022 年 11 月 1 日至 2023 年 9 月 19 日发生的污水处理服务费近 700 万元及逾期付款违约金(逾期付款违约金以近 700 万元为基数,自 2023 年 10 月 5 日起,按照人民银行授权全国银行间同业拆借中心公布的同期贷款市场报价利率,计付至实际清偿之日止)。

4. 两被申请人向申请人偿付律师代理费 10 万元。

5. 本案仲裁费由申请人承担近 30 万元,两被申请人共同承担 90 万元。该笔仲裁费已由申请人向仲裁委员会全额预缴并相冲抵,故两被申请人应向申请人支付 90 万元以补偿申请人代其垫付的仲裁费。

6. 本案实际费用 600 元由两被申请人承担。该笔费用与第二被申请人向贸仲预缴的相应费用相冲抵后,余款由仲裁委员会退还给第二被申请人。

7. 驳回申请人的其他仲裁请求。

两被申请人应向申请人支付的上述款项,应自本裁决书作出之日起 15 日内履行完毕。

本裁决为终局裁决,自作出之日起生效。

案例评析

【关键词】

政府特许经营协议　可仲裁性　协议无效　违约责任

【焦点问题】

1. 政府特许经营协议纠纷的可仲裁性；

2. 政府特许经营协议的效力；

3. 政府特许经营协议的解除与违约责任。

【焦点评析】

本案的基本案情:2013年11月,C政府及F公司共同作为甲方与H地E公司签订《建设—经营—移交合同》。

合同主要内容包括:项目采用BOT模式,由E公司投资建设和运营,E公司享有独占特许经营权,若项目规模增加,E公司享有优先权。2014年7月,1号合同各方当事人与申请人签订协议书,同意将E公司在1号合同项下全部权利义务转让给申请人。2018年12月,E公司与B政府和D公司签订《1号合同补充协议(一)》,就因行政区划调整当事人名称变更、特许经营期的起始时间、基本水量、结算月和调整污水处理费等事宜作出约定。

申请人主张,被申请人存在拖欠污水处理费情形、逾期付款造成申请人企业所得税负担增加、违反合同约定已规划由第三人投资建设第二污水处理厂,构成根本违约,申请人主要仲裁请求为:确认合同自仲裁申请书送达之日起解除;两被申请人向其清偿尚欠的污水处理服务费及逾期付款违约金、补偿因逾期付款导致企业所得税负担损失等。

两被申请人主要答辩意见为:案涉合同具有公益性及公共服务目标,属于行政协议,纠纷不应提交仲裁解决;案涉合同因未依法进行招投标法定程序、没有按照特许经营权的法定程序实施,违反《企业国有资产管理法》有关国有资产转让的规定而无效;因合同无效,双方约定保底水量不能作为申请人的依据,申请人须举证证明其实际运营水量及损失,另行主张;因行政区划调整,被申请人不是适格主体。

仲裁庭裁决:两被申请人向申请人清偿尚欠的污水处理服务费及逾期付款违约金,驳回申请人其他仲裁请求。

现结合本案案情评述如下。

一、关于特许经营协议纠纷的可仲裁性

根据《仲裁法》的规定,具有可仲裁性的纠纷应为"平等主体的公民、法人和其他组织之间发生的合同纠纷和其他财产权益纠纷",依法应当由行政机关处理的行政争议不能仲裁。

如本案被申请人所抗辩,案涉协议系政府特许经营协议,属于行政协议、约定仲裁条款无效。政府特许经营协议是否具有可仲裁性争论颇多,梳理近年系列新规如下:

(1)2020 年 1 月 1 日起施行的最高人民法院《关于审理行政协议案件若干问题的规定》(法释〔2019〕17 号)(以下简称《行政协议规定》)第 1 条规定,明确行政协议系行政机关为了实现行政管理或者公共服务目标,与公民、法人或者其他组织协商订立的具有行政法上权利义务内容的协议。即从主体、目的、内容、意思四要素之内涵界定,以区别于民事合同。《行政协议规定》第 2 条规定"政府特许经营协议"属行政协议。

(2)2023 年 11 月 3 日,国务院办公厅转发国家发展改革委、财政部《关于规范实施政府和社会资本合作新机制的指导意见》的通知(国办函〔2023〕115 号)(以下简称 115 号文),即"PPP 新政"。以 2023 年 2 月划段,清理核查前未完成招标采购程序的项目以及后续新实施的项目,均应按照该指导意见规定的新机制执行,不再执行 2015 年 5 月印发的国务院办公厅转发财政部发展改革委人民银行《关于在公共服务领域推广政府和社会资本合作模式指导意见的通知》(国办发〔2015〕42 号)。新政核心要义在于:聚焦使用者付费项目、全部采取特许经营模式、限定于有经营性收益的项目等。

(3)2024 年 5 月 1 日起施行的国家发展改革委等六部门制定《基础设施和公用事业特许经营管理办法》(以下简称“17 号令”),第 54 条规定,特许经营者认为行政机关不依法订立、不依法履行、未按照约定履行或者违法变更、解除特许经营协议的,有陈述、申辩的权利,并可以依法申请行政复议或者提起行政诉讼。特许经营项目相关协议各方因协议约定的权利义务产生的民商事争议,可以依法申请仲裁或者提起民事诉讼。

自最高人民法院《行政协议规定》实施后,司法审判中对政府特许经营协议主流观点认为属于行政协议,并通过行政复议、行政诉讼予以救济;发改委“17 号令”采取两分法,但对于“民商事争议”范围并未明确,导致现行纠纷处理中,政府特许经营协议纠纷可否仲裁或者哪些属于可仲裁事项争议加剧。

结合政府特许经营协议发展历程,可从下述角度考虑可仲裁性问题:

一是因 2015 年 5 月 1 日前订立的政府特许经营协议发生纠纷的,基于法不溯及既往原则,原则上属于民商事争议,约定仲裁条款的,应当适用仲裁程序。如本案曾向北京四中院申请确认仲裁协议效力,法院认为案涉合同签订于 2015 年之前,产生争议属于民事争议纠纷范畴。

二是因 2015 年 5 月 1 日后订立的政府特许经营协议发生纠纷的,不宜“一刀切”,可依据协议具体内容、争议事项、仲裁请求综合判断。若因实施机构不依法订立、不依法履行、未按照约定履行或者违法变更、解除特许经营协议的,一般应通过行政诉讼程序解决;若相关协议各方因协议约定的权利义务产生的民商事争议,如已确认款项的支付等,约定仲裁条款的,可依法申请仲裁。

仲裁协议系当事人约定将争议提交仲裁解决的意思表示,有效的仲裁协议是实现当事人仲裁意愿的前提。实践中,当事人提出确认仲裁条款合法有效并具有约束力,系当事人对仲裁协议效力持有异议,属于申请确认仲裁协议效力案件的审查范围。司法实践中,亦对政府特许经营协议性质未机械“一刀切”,如北京四中院(2024)京 04 民特 476 号案,法院认为“某公司申请确认与某会之间签订的《某港区港口码头及综合物流园区 PPP 项目第四期工程 PPP 项目合同》中的仲裁条款合法有效。某会辩称该合同属于行政协议,仲裁条款无效。法院审查认为,合同虽涉及行政机关,但内容和争议事项体现民商事法律关系,具有可仲裁性。仲裁条款符合法律规定,对双方当事人均有约束力”。

二、政府特许经营协议的效力

本案审理过程中,被申请人对协议效力提出异议。仲裁庭从多个维度进行论述分析:

1. 案涉协议是当事人之间产生、变更、终止民事法律关系的民事行为,当事人一旦达成合意便成立合同,合同是否有效是对当事人达成合意所进行的一种价值判断,其判断依据应当是法律、行政法规的效力性强制性规定。

2. 根据仲裁庭查明的事实,合同“鉴于”部分载明“C 政府决定,污水处理厂项目以特许经营的方式实施”并载明发改委批准文号,从合同表述内容分析,案涉项目已经行政主管部门批准,并遵循公开公平公正原则将特许经营权授予申请人。

3. 从当事人举证证明责任分配角度而言,当事人应对其申请、答辩和反请求所依据的事实提供证据加以证明,当事人未能在规定的期限内提交证据,或虽提交证据但不足以证明其主张的,负有举证责任的当事人承担因此产生的后果。在申请人提交证据初步证明案涉项目经过行政管理部门批准、履行相应程序的前提下,两被申请人负有对其主张进一步的举证证明责任,但现有证据不足以证明其主张。

仲裁庭在判断本案合同效力时,亦考虑到以下三个方面因素:一是开展公用事业特许经营,其初衷在于扩大民间投资行为、激发社会活力,增加公共产品和服务供给,政府和社会方需协商约定、共担风险、长期合作、各展所长、共同提供优质的公共产品和服务,在鼓励社会资本特别是民间投资参与建设运营过程中,政府方应当严格遵循诚实信用原则;二是仲裁庭注意到,自2013年11月签订案涉合同始至本案申请仲裁,近10年期间,两被申请人均未提交证据曾提出过案涉合同因违反法律规定、违反法定程序而无效;三是如同2015年版《基础设施和公用事业特许经营管理办法》第4条所确定的特许经营所需遵循的原则,包括坚持公开、公平、公正,保护各方信赖利益,保护社会资本合法权益,保证特许经营持续性和稳定性。故仲裁庭对被申请人主张案涉合同无效不予支持。

需要特别注意的是,司法实践对于合同效力判断经历多个阶段:原《合同法》第52条将影响合同效力的强制性规定严格限定为法律、行政法规的强制性规定;2009年最高人民法院《关于适用中华人民共和国合同法若干问题的解释(二)》第14条又进一步将导致合同无效的强制性规定限制在效力性强制性规定;《民法典》第153条第1款虽然没有采用效力性强制性规定的表述,但在规定法律行为因违反法律、行政法规的强制性规定而无效的同时,明确规定:"但是,该强制性规定不导致该民事法律行为无效的除外"。2023年12月5日最高人民法院《关于适用〈中华人民共和国民法典〉合同编通则若干问题的解释》(以下简称《合同编通则解释》)实施,对于合同效力判断未再沿用"效力性强制性规定"表述,而是采取直接对《民法典》第153条第1款规定的"但书"进行解释的思路,具体列举了违反强制性规定不影响合同效力的5种情形。其所列举两种情形对于认定特许经营协议效力有直接影响:一是强制性规定虽然旨在维护社会公共秩序,但合同的实际履行对社会公共秩序造成的影响显著轻微,且认定合同无效将导致案件处理结果有失公平公正;二是强制性规定旨在维护政府的税收、土地出让金等国家利益或者其他民事主体的合法利益而非合同当事人的民事权益,认定合同有效不会影响该规范目的的实现。

三、政府特许经营协议的解除与责任承担

本案中,申请人主张确认合同自仲裁申请书送达之日起解除,仲裁庭未予支持,主要基于以下考虑。

1. 就约定解除角度而言,所谓约定解除是当事人可以约定解除合同的事由,解除合同的事由发生时,解除权人发出解除合同通知,合同自通知到达对方时解除。案涉合同虽约定,"甲方在收到乙方发出的指明甲方有违约情况的书面通知后 60 日内,未对违约情况实施有效的补救措施且对乙方利益构成实质性的损害",乙方有权终止合同。申请人提交的现有证据,既无法证明其按照合同约定履行相应程序,也不足以证明对方仍未实施有效补救措施对其利益构成实质性损害,就申请人从约定解除角度主张合同解除,仲裁庭难以支持。

2. 就法定解除角度而言,所谓法定解除,是具有法律约束力的合同,当事人在法律规定的解除事由出现时,行使合同解除权而使合同权利义务关系终止。仲裁庭注意到,申请人主张已规划由第三人投资建设第二污水处理厂,以取代案涉污水厂二期建设,但其提交的现有证据不足以证明被申请人违反合同"特许期的独占性"约定;本案中,的确存在被申请人拖延支付污水处理费情形,但被申请人的该违约行为,并不足以达到违反合同义务、致使合同目的不能实现的"根本违约"程度。

3. 案涉合同系特许经营权合同,涉及公用事业特许经营,该合作模式目的在于激发社会活力、增加公共产品和服务供给,更需政府和社会方协商约定、共担风险、长期合作、各展所长、共同提供优质的公共产品和服务。2015 年版《基础设施和公用事业特许经营管理办法》第 52 条亦有规定,特许经营协议存续期间发生争议,当事各方在争议解决过程中,应当继续履行特许经营协议义务,保证公共产品或公共服务的持续性和稳定性。

综上所述,仲裁庭认为,申请人主张解除合同事实依据、合同依据、法律依据不足,仲裁庭不予支持。同时,仲裁庭更希望双方当事人增进协商、诚信履约,遵循基础设施和公用事业特许经营应当坚持的原则,包括发挥社会资本融资、专业、技术和管理优势,提高公共服务质量和效率;强化政府与社会资本协商合作;保护社会资本合法权益,保持特许经营持续性和稳定性;兼顾经营性和公益性平衡,维护公共利益。

如同本案处理,涉及政府特许经营协议解除与责任承担时,可考虑以下原则:

1. 审慎确认合同解除。一般而言,项目实施机构与特许经营者在法律地位平等、权利义务对等的基础上签订特许经营协议。“PPP 新政”实施后,政府和社会资本合作全部采取特许经营模式,具体实施方式包括建设—运营—移交(BOT)、转让—运营—移交(TOT)、改建—运营—移交(ROT)、建设—拥有—运营—移交(BOOT)、设计—建设—融资—运营—移交(DBFOT)等。合同中应尽量明确约定建设和运营期间的资产权属,清晰界定各方权责利关系。

根据“17 号令”第 8 条的规定,特许经营期限原则上不超过 40 年,投资规模大、回报周期长的特许经营项目可以根据实际情况适当延长,法律法规另有规定的除外。就特许经营项目而言,周期长、投资规模大,涉协议解除需审慎。特别是在约定解除情形下,即使合同约定的解除条件成就,守约方以此为由请求解除合同的,仲裁庭仍应审查违约程度是否显著轻微、是否影响守约方合同目的的实现,根据诚信原则,确定合同应否解除。若违约方的违约程度显著轻微,不影响守约方合同目的的实现,守约方请求解除合同的,不宜支持。这既符合诚信原则和鼓励交易原则,也是禁止权利滥用原则的体现。

“PPP 新政”实施后,进一步限制政府特许经营协议解除,规范开展特许经营协议变更和项目移交等工作。“115 号文”规定,特许经营期限届满或提前终止的,应按协议约定依法依规做好移交或退出工作,严禁以提前终止为由将特许经营转变为通过建设—移交(BT)模式变相举债;“17 号令”规定:禁止在建设工程完成后直接将项目移交政府,或者通过提前终止协议等方式变相逃避运营义务。基于政府特许经营项目的特殊性,在处理特许经营协议纠纷时,应根据“17 号令”规定,存续期间发生争议,当事各方在争议解决过程中,应当继续履行特许经营协议义务,保证公共产品或公共服务的持续性和稳定性。

2. 政府方在特许经营协议履行中应秉持诚信、依约履行。目前,虽对于政府特许经营协议法律性质及争议解决方式存在争议,但即使按照行政协议处理的政府特许经营协议案件中,亦对于政府方苛以较社会资本方更严格的义务。比如,最高人民法院案例库案例[吉林长春铁路运输中级法院(2023)吉 71 行终 264 号行政判决]明确:PPP 模式,系由政府和社会资本共同出资建设公共基础设施或公共服务项目,双方共同承担风险、共享收益,以实现项目的共赢。作为行政协议一方主体的行政机关,在履约过程中对诚实信用原则的遵循,较之行政相对人要更加严格,如行政机关存在违约行为,再单方行使职权解除行政协议,则属违法;由此给协议相对方造成的直接损失,则予行政赔偿。最高人民法院公报案例(灌云中孚环保科技有限公司诉灌云县人民政府等撤销政府特许经营协议纠纷案)明确:行政协议的缔结应遵循依法行政原则。行政机关在缔结公用事业特许经营等类别的行政协议时,以公平竞争方式选择缔约人是行政机关应履行的先契约义务。通过非公平竞争方式缔结此类行政协议违反了法律法规的强制性规定,构成《行政诉讼法》第 75 条规定的"重大且明显违法",除确认协议无效会危及公共安全等少数例外情形,人民法院应依法判决确认该行政协议无效。

如前所述,处理政府特许经营协议仲裁案件中,应根据"17 号令"第 5 条之规定,坚持公开、公平、公正,保护各方信赖利益,"保护社会资本合法权益,保证特许经营持续性和稳定性"。

【结语】

政府特许经营协议属于行政协议,但其内容和争议事项体现民商事法律关系的,具有可仲裁性;合同效力认定,应以法律、行政法规为依据,违反法律、行政法规的强制性规定并不必然导致合同无效;基于鼓励交易原则与保证公共产品或公共服务的持续性和稳定性,政府特许经营合同解除应严格以合同目的不能实现根本违约为条件,违约程度显著轻微,不影响守约方合同目的的实现,不宜支持合同解除;政府方在特许经营协议履行中亦应秉持诚信、依约履行。

中国B集团有限公司与中国C国际经济技术合作公司电力工程实施合同书争议案

中国国际经济贸易仲裁委员会(以下简称贸仲)根据申请人中国B集团有限公司(以下简称申请人)和被申请人中国C国际经济技术合作公司(以下简称被申请人)签订的《U国330kV输变电工程实施合作合同书》(以下简称本案合同)中仲裁条款的约定,以及申请人提交贸仲的书面仲裁申请,受理了申请人与被申请人之间因上述合同而产生的本争议仲裁案。

一、案　　情

(一)仲裁请求与答辩

申请人称:2019年6月,当事人双方签订本案合同。本案合同约定,由申请人负责U国D电力工程(以下简称本案工程)的设计、采购、施工工作,被申请人负责与业主U国D电力公司对接及处理对外事宜;本案工程的具体付款时间节点按本案主合同约定执行;申请人完成本案主合同中约定的相应工作内容并提交给被申请人符合规定的付款证明文件,被申请人与业主、中国进出口银行进行结算;被申请人在收到中国进出口银行支付的进度款后30日内,在申请人提供U国当地税务局认可的发票后,扣除已收款项的44%,剩余的56%款项支付给申请人;被申请人向申请人支付工程进度款时,按主合同约定的币种(美元)向申请人直接支付;如果被申请人未按本案合同的规定支付相应款项且延迟超过28日,则视为违约,被申请人需赔偿因此给申请人造成的一切损失。

本案合同签署后,申请人就建筑安装工程2个施工标段分别与2家分包商签署了施工分包合同;就铁塔真型试验、出厂验收分别与2家技术服务商签署服务合同;就设备供应分别与8家供应商签署了采购合同。本案工程于2019年11月22日开工,截至2022年8月10日停工,申请人完成的工作如下:

关于设计部分,申请人完成了初步设计、施工图设计(包括线路施工图设计、变电站施工图设计、房建施工图设计),完成比例为100%。

关于采购部分,线路施工材料全部运抵现场,物流服务完成;高压电抗器及中性点小电抗已经厂验完成,但因被申请人欠款尚未发货;断路器及隔离开关、互感器及避雷器、通信设备、二次保护及计量设备已经全部生产完毕,但因被申请人欠款尚未发货。

关于施工部分,线路施工大部分完工,具体包括:通道清理、复测、临时道路完成约300公里,完成比例均达100%;基础分坑666/668基,完成比例均达99.7%;基础开挖、基础材料运输、基础模板、基础浇制、接地铺设664/668基,完成比例达99.4%;塔材运输、杆塔组立619/668基,完成比例均达92.66%;导地线架设完成248.5公里,完成比例78.41%(其中,施工二部的4基基础、49基铁塔及49.8公里架线,因66千伏线路迁改影响而不具备施工条件,施工一部约80公里OPGW未展放);铁塔标识完成254/668,完成比例达38.02%;变电站扩建、房建工程因被申请人欠款未开工。

申请人每月向被申请人上报工程进度,就已完工工程,申请人共计向被申请人上报13次工程计量,均获得业主批准,申请人已完工程量对应合同金额5900余万美元。然而,自2019年12月之后,被申请人就未再按照审批金额付款。在被申请人持续要求保障施工进度的情况下,申请人继续施工,欠款数额持续扩大。2022 年 8 月 10 日，现场已无施工工作面，申请人不得不通知被申请人停工，并基于被申请人的严重违约行为解除本案合同。合同解除后，被申请人拒不接管现场，申请人为保障本案工程财产安全及后续施工，被迫撤场后安排人员留守并将营地保留 1 年。就被申请人欠付的工程进度款，申请人持续与被申请人沟通，但被申请人拒绝付款。截至提请仲裁之日，被申请人仅向申请人支付 2370 余万美元，尚欠申请人 3510 余万美元工程进度款。且因被申请人拖欠工程进度款，针对已完工但未发货的国内定制设备，无法转卖或做其他处理，申请人只能向供应商继续支付采购合同尾款并做报废处理。截至 2023 年 1 月 31 日，还有 3 家供应商对申请人提起诉讼或仲裁索要欠款，申请人已为此支付相关费用，即产生额外损失。

申请人提出并经变更确认的最终仲裁请求为：

1. 确认《U 国输变电工程实施合作合同书》已于 2022 年 8 月 10 日解除；

2. 被申请人向申请人支付工程款 3480 余万美元（按照 2024 年 1 月 4 日美元兑人民币汇率中间价对应的人民币金额约为 2.41 亿元）；

3. 被申请人向申请人支付工程款利息损失（以第 2 项请求金额为基数，自每期欠款发生之日起至 2019 年 8 月 19 日按 1 年期银行贷款基准利率 4.35% 计付，自 2019 年 8 月 20 日至实际支付之日按 1 年期贷款市场报价利率计付，暂计至 2024 年 1 月 4 日金额为近 380 万美元，按照 2024 年 1 月 4 日美元兑人民币汇率中间价，对应的人民币金额为近 2620 余万元）；

4. 被申请人向申请人赔偿国内设备损失人民币近 2550 万元；

5. 被申请人向申请人赔偿因分包商索赔产生的损失人民币 1000 余万元；

6. 被申请人向申请人返还出口退税款人民币 1240 余万元；

7. 被申请人承担申请人因本案仲裁而支付的律师费、财产保全费用、担保费、差旅费（以实际发生为准）；

8. 被申请人向申请人赔偿恶意索赔履约保函给申请人造成的损失，包括本金损失约近 800 万美元（按照 2024 年 6 月 26 日 10 时公布的美元兑人民币参考汇率计算,对应的人民币金额为5400余万元)、利息损失(以近800万美元为基数,自索赔款项支付之日至被申请人实际赔偿之日按1年期贷款市场报价利率计付,最终按照实际赔偿日的美元兑人民币汇率中间价折算为人民币,暂计至2024年7月7日金额为近1万美元,按照2024年7月7日美元兑人民币汇率中间价,对应的人民币金额为6万余元)、申请止付保函所支付的受理费损失人民币约5000元、申请追加财产保全所支付的保险担保费损失人民币5万余元、申请止付保函的律师费;

9. 被申请人承担本案的全部仲裁费用。

针对申请人的仲裁请求,被申请人答辩称:

1. 无论是从投标以前以及投标过程中,还是从本案项目主合同与本案合同签订及签订后的履行来看,当事人双方之间的关系一直是联合体关系,双方的权利、义务和责任应根据联合体模式和本案合同的约定具体确定。

2. 被申请人在联合体模式下对申请人只负有转付义务,不仅已按约转付,而且已超付,并未欠付申请人任何款项。一是本案合同下被申请人对申请人的付款义务仅是联合体关系的转付义务;二是本案工程融资方中国进出口银行暂停放款,是造成双方未能收到后续工程款的根本原因;而就已收到的款项,被申请人均已按约转付申请人,甚至因垫付或代申请人对外支付而实际早已超付,被申请人从业主及中国进出口银行处收到的工程款为3080余万美元。

3. 本案工程所涉及的被申请人、申请人与申请人的下游供应商之间发生的诉讼(仲裁)案件,既有判决(仲裁)均认定被申请人对申请人的下游供应商无支付义务,再次证明被申请人对申请人无转付之外的其他支付义务。

4. 本案工程出口退税系申请人委托了中国E公司办理,且已获得的出口退税款,被申请人早已按申请人的要求,将申请人申请的款项全部支付给了申请人的供应商,申请人无权再向被申请人主张该款项。

5. 在申请人存在擅自停工撤场等违约行为且拒绝对履约保函进行展期的情况下,被申请人依法索兑保函的行为并不存在恶意或滥用权利的情形;V市金融法院驳回申请人终止支付保函项下款项的申请,亦证明被申请人索兑履约保函的合法正当性。

6. 在中国进出口银行暂停放款后,被申请人一直同业主及相关方协商督促放款和安排其他来源的建设资金,本案工程要求被申请人采用仲裁等法律行为向业主行权严重不妥。

7. 申请人作为联合体成员方不仅从未履行向业主催款义务,反而将被申请人大幅垫资的善意行为进行恶意曲解。

(二)仲裁反请求与答辩

被申请人提出仲裁反请求称:当事人双方共同合作开发本案工程,双方之间的法律关系是基于一系列政府文件和双方协议形成的联合体法律关系。当事人双方以联合体形式在实施本案工程的过程中,以投标前《关于U国输变电工程政府优贷项目合作框架协议》(以下简称框架协议)为渊源,以执行阶段的本案合同为统领,根据一系列政府文件和协议群文件内容,实施本案工程各项工作:

1. 被申请人已依约履行本案合同下的全部转付款义务,因此本案合同不具备解除条件,应继续履行。根据本案合同的约定,本案合同履行过程中,申请人向被申请人提交每笔期中结算申请文件后,被申请人向业主提交请款文件,获得业主同意的共计13期。业主批复被申请人提交的请款文件后,向中国进出口银行发出提款指令,中国进出口银行向被申请人付款。被申请人在本案合同项下向申请人的付款义务自中国进出口银行向被申请人付款后起算,或者在业主选择自己付款的情况下,自收到业主付款后起算,被申请人在申请人提供符合要求的发票后,扣除已收款项的44%,剩余部分支付给申请人。被申请人作为联合体牵头方,积极履行向业主请款结算、催款和协调相关方的义务,不存在任何违约责任。对于业主或中国进出口银行延迟付款或者暂停放款,被申请人既无法控制,也无任何过错,故本案合同不具备解除条件,申请人声称的合同解除属于不当解除,不产生解除效力,双方应继续履行主合同和本案合同。

2. 被申请人已经向申请人超额支付工程款。截至2023年4月25日，被申请人在本案主合同项下的收款总额为3080余万美元，根据本案合同约定，被申请人应向申请人支付预付款份额1125万美元和从业主处分别于2018年12月14日、2021年12月3日、2022年10月25日收款总金额的56%，即近590万美元，合计1710余万美元。此外，被申请人在申请人拒绝支付其农民工工资的情形下，肩负国企责任，以自有资金代为支付了农民工工资。在合同履行过程中，被申请人向申请人及其分包商和供应商的付款包括中国境内付款和中国境外付款两个路径，中国境内付款以直接向申请人的分包商和供应商支付等方式，累计支付人民币近7630万元（按照2024年4月12日中国人民银行发布的美元兑人民币汇率，折合1100余万美元）；中国境外向申请人及其分包商和供应商转付/垫付1330余万美元。综上，被申请人共向申请人支付2440余万美元，较前述应付金额1710余万美元，超付近800万美元，上述金额暂未按照U国和/或中国法律法规扣缴税费，也未考虑相关进口税减免政策，被申请人保留主张扣缴相关税费以及根据业主要求将减免进口税金额纳入主合同暂定金的权利。至2021年9月18日，被申请人超付近800万美元（暂计折合人民币5040余万元）；超付期间自2021年9月18日起，暂计算至2024年4月12日，按照中国人民银行同期全国银行间同业拆借中心公布的1年期贷款市场报价利率计算，申请人应向被申请人支付利息损失人民币近370万元。

3. 申请人未按照本案合同约定全面履行合同，且未按照被申请人通知要求对其违约行为进行整改，应依约承担违约责任。申请人对本案工程实施过程中的工程缺陷未能按照业主和被申请人要求进行整改。2022年12月7日，业主发函要求对本案工程Section A已完工铁塔平台及进场道路进行整改；2022年8月10日，业主发函要求对本案工程Section B铁塔基础及进场道路进行缺陷整改；申请人收到业主检查通知后均未按照业主要求进行整改。2022年7月16日，申请人单方面通知被申请人本案工程将于2022年8月10日全面停工，中方人员自2022年8月11日起陆续撤场。2022年8月3日，申请人又向被申请人发送《关于现场停工移交和要求支付工程款项的函》,明确告知本案工程将于2022年8月10日正式停工。申请人单方面解除合同的通知函无任何法律、合同依据,被申请人不同意、也不接受其单方擅自停工或解除合同的违约行为。被申请人于2022年8月5日向申请人正式回复《关于现场停工移交和要求支付工程款的函及工作联系函的回复》,明确告知申请人其单方面告知解除合同并接收现场的通知不符合合同约定和工程实际,应严格按照合同约定履行相应义务,全力保障工程运行。截至2023年4月25日,为了补救申请人违约,被申请人垫资继续实施工程,工程形象进度大约为84%;本案工程各工序完成进度可参见业主于2024年4月17日确认的截至2023年年底的项目周报。根据本案合同的约定,申请人应承担其质量违约和擅自停工撤场造成被申请人和第三方的一切经济损失外,还需承担本案合同总价款10%的违约金。

4. 申请人违反合同约定,擅自停工撤场,应立即返工并依约完成剩余未完工项,被申请人自行或者委托第三方实施采取补救措施、防止损失扩大发生的费用应由申请人承担。由于本案工程尚未完工,申请人亦未按照本案合同约定完成合同义务,根据本案合同的约定,并依据《民法典》第578条和第581条的规定,被申请人有权要求申请人立即返工并依约完成剩余未完工内容,并承担被申请人自行或者委托第三方实施采取补救措施、防止损失扩大发生的费用。

综上所述,为维护被申请人合法权益,提出并经变更确认如下仲裁反请求:

1. 确认本案合同未具备解除条件,应继续履行;

2. 申请人向被申请人返还超额支付的工程款近800万美元(暂按照2024年4月12日中国人民银行发布的美元兑人民币汇率,折合人民币金额为5400余万元);

3. 申请人支付被申请人超额支付工程款的利息损失人民币450余万元(自被申请人核算的超付开始日期2021年9月18日起至实际支付之日,暂计至2024年4月12日);

4. 申请人因拒不整改违约行为承担本合同总价款10%的违约金,共计近

800万元(按照2024年4月12日中国人民银行发布的美元兑人民币汇率,折合人民币金额为5160余万元),并承担被申请人因此遭受的损失人民币近500万元(暂计);

5. 申请人立即返工,依约完成剩余未完工项,并承担被申请人自行或委托第三方采取补救措施、防止损失扩大发生的费用;

6. 申请人承担本案仲裁费、财产保全费、鉴定费、律师费、公证服务费等与本案仲裁相关的全部费用。

对于仲裁反请求第4项和第6项,被申请人亦作出以下说明:

关于第4项反请求,该项所述的近800万元违约金对应的人民币金额,系按照2024年4月12日中国人民银行发布的美元兑人民币汇率计算,实际应以仲裁庭作出裁决时对应的汇率为准。该项所述的被申请人遭受的损失金额为人民币近500万元,具体包括两项:(1)因申请人擅自撤场等违约行为导致被申请人遭受损失人民币近310万元;(2)因申请人擅自撤场等违约行为导致被申请人额外发生的费用人民币近190万元,包括额外采购费用人民币100余万元和重新试验费人民币约85万元。

关于第6项反请求,具体包括:律师费,财产保全费和差旅费。

针对被申请人的仲裁反请求,申请人辩称:

1. 无论是从双方磋商情况、主合同招投标情况、本案合同约定及履行情况、还是从被申请人事后书面表态来看,双方之间不构成"联合体法律关系",而构成"境外工程转包法律关系"。理由如下:一是双方在磋商、投标、签署主合同的整个过程中,被申请人缺乏承包电力工程项目的资质,尽管申请人提供了协助,但从未签署联合体协议或类似文件,反而此间沟通情况及书面文件明确显示双方不构成"联合体法律关系",被申请人提交的《框架协议》与本案工程无关,实际是另一个输变电工程;二是从本案合同的约定看,双方不构成联合体法律关系,而构成境外工程转包法律关系;三是从本案合同的签约及履行情况来看,双方不构成"联合体法律关系",而构成境外工程转包法律关系;四是被申请人在另案中申请投保及理赔时明确否认双方系共同承包商或构成合伙关系，被申请人为应对本案仲裁做出虚假陈述，违反诚实信用和禁反言原则，认定双方法律关系时应以被申请人在先作出的自认为准。

2. 在境外工程转包法律关系下，根据合同约定及实际履行情况。被申请人有向申请人支付工程款的义务。理由如下：一是根据本案合同的约定，被申请人有向申请人支付工程款的义务，而非“转付”义务，被申请人与业主结算并从中国进出口银行获得资金的约定，仅是在该种资金来源下的付款安排；二是实际履行合同过程中，被申请人的行为也能印证其认可对申请人有付款义务。

3. 被申请人未能就申请人已完工程及时且足额付款，构成违约，申请人有权依法解除且已通知被申请人解除本案合同，合同不应继续履行。一是针对申请人已完成的约 83% 的工程，已经满足本案合同约定的付款条件，被申请人应向申请人支付相应款项；二是因被申请人未能履行付款义务，根据《民法典》第563 条的规定，申请人有权解除合同，本案合同已于 2022 年 8 月 10 日解除，不应继续履行。

4. 被申请人以“工程质量问题”为由向申请人主张本案合同总价 10% 违约金缺乏依据，且被申请人还应就其恶意索兑履约保函的行为，向申请人赔偿相应损失。一是被申请人声称的质量问题不存在，也不符合本案合同约定应由申请人承担违约责任的前提，被申请人无权索赔合同总价 10% 的违约金；二是被申请人以质量问题等为由索兑履约保函缺乏依据，就其滥用保函权利恶意索兑的行为，应向申请人赔偿相应损失。

（三）当事人的代理意见

申请人代理意见的主要内容如下：

1. 关于本案合同的效力，当事人双方均认可有效。若仲裁庭经审查认定合同无效，则被申请人应参照合同约定及计量批复金额向申请人折价补偿、赔偿申请人各项损失。

2. 关于本案合同解除。因被申请人拖欠预付款及工程进度款，经申请人多次催告后仍未支付,构成违约,申请人有权依法解除合同,本案合同自2022年8月13日申请人的书面通知送达被申请人时,即告解除。

3. 关于双方法律关系。双方不构成“联合体法律关系”,而构成境外工程转包法律关系,被申请人有向申请人付款的合同义务。

4. 关于欠款金额及支付条件。本案预付款、进度款及保留金的支付条件均已成就,目前被申请人欠款金额为人民币约2.5亿元;而因被申请人恶意违约,欠款利息应自支付条件满足(或视为满足)的最早日期起算。

5. 关于国内设备损失,已生产设备因无法转卖或另做他用而发生全损,申请人已积极尽到了合理的减损义务。因为330kV电站项目不同于国内国家级常见的750kV或500kV项目、省级220kV项目、地级110kV或66kV等项目,为本案工程生产的高压电抗器及中性点小电抗、断路器及隔离开关、互感器及避雷器、通信设备、二次、保护及计量设备无法直接向国内项目转卖。

6. 因分包商索赔产生的损失属于被申请人违约导致的损失,申请人已积极尽到了合理的减损义务。

7. 关于出口退税款。双方已确认被申请人已收到出口退税款人民币1240余万元,扣除双方确认已经返还的人民币近930万元,被申请人应向申请人返还人民币310余万元;若进一步扣除申请人应向被申请人子公司支付的代理费人民币近160万元,被申请人应向申请人返还人民币近160万元。

8. 关于索赔履约保函所致损失。因被申请人索赔履约保函的理由均不成立,故被申请人应赔偿保函本金及利息损失,申请人为减少损失及讼累,申请履约保函止付,由此产生的费用必要且合理,应由被申请人向申请人赔偿。

9. 申请人因被申请人违约而解除本案合同,故被申请人第1、2、3、5项仲裁反请求缺乏依据,均应予以驳回。

10. 申请人实施工程不存在质量问题,亦不符合案涉合同约定的违约金支付情形,故被申请人第4项仲裁反请求缺乏依据,亦应驳回。

被申请人代理意见的主要内容如下。

1. 关于本案仲裁实体审理的准据法。被申请人对仲裁庭确定的本案实体审理的准据法为中华人民共和国法律,且适用《民法典》无异议,但被申请人认为不应适用《建筑法》以及源自并建立在我国的《建筑法》体系之上的《民法典》合同编第十八章(建设工程合同)以及相应的司法解释,特别是其中的禁止性规定和限制性规定,如禁止工程转包、禁止主体结构施工分包等规定,而应适用国务院颁布并修订的《对外承包工程管理条例》。

2. 关于申请人主张和请求的基本法律基础的错误性及后果。申请人在本案中所有请求和主张的基本法律基础都是基于对双方在案涉项目上的法律关系为"境外工程转包法律关系"的法律性质认定,但在国际工程法律实践中根本不存在"转包"的法律概念,故其在本案中的所有请求和主张在法律上当然都不能,也不应获得仲裁庭的支持。

3. 关于当事人双方的法律关系及本案合同的效力。一是双方是以当事人双方签订的《合作框架协议》为标前协议安排,以双方之间合作的交易习惯为基础,通过一系列书面明示、行为默示形成的对外以被申请人的名义签约和履约的联合体关系;二是本案合同是约定双方联合体法律关系及内部分工与执行的合意性文件,且不违反法律、行政法规的强制性规定,应属有效。

4. 关于申请人报审金额、业主计量批复金额、业主支付金额、主合同暂列金额、被申请人应付款金额、质量保证金等几项金额之间的关系。一是申请人报审金额、业主计量批复金额、业主支付金额和被申请人应付款金额关系,直接关系被申请人在本案合同是否存在违约,以及申请人是否有权解除本案合同。双方对本案中业主 13 期计量批复也即相当于结算批复金额不存在根本性分歧,但申请人将业主计量批复的金额 56% 作为被申请人应付款则有违本案合同的约定。本案中的中国进出口银行只是业主的融资方,其放款只是业主付款的一种方式,而本案合同第约定的含义是,只有业主向承包商支付了工程款后,被申请人才有义务将属于申请人的份额转付给申请人。二是被申请人向申请人按比例支付款项时,有权扣除本案工程质量保证金以及暂列金额部分对应的预付款金额。

5. 关于申请人是否有权单方解除本案合同。一是申请人向被申请人主张工程款，属权利主张对象错误。当事人双方属于联合体关系，即便不是联合体，根据本案合同约定，申请人也应与被申请人协商、并以被申请人的名义向业主主张。二是被申请人已依约履行合同义务，特别是付款义务，不存在根本违约的情形，申请人单方面主张解除本案合同无合同和法律依据，其发出的解除通知也无解除合同的效力。三是申请人缺乏基本的契约精神，完全不尊重合同，不应当支持申请人通过解除合同而获益。四是即使仲裁庭最终认定本案合同被解除，解除日期也不应为申请人声称的2022年8月13日，且合同解除也属申请人违约解除，引起的不利后果应由申请人承担。

6. 关于本案工程上为何采取诉讼仲裁方式向业主行权严重不妥。一是本案工程以U国中央政府财政部名义为业主提供了国家主权财务担保，将业主诉诸仲裁程序就使争议上升到了国家主权层面；二是本案工程作为输变电工程，实现通电后可以产生电费收益，极大地提高业主的还款能力；三是申请人一直认可客观情况不适合以仲裁等法律方式行权，申请人关于被申请人不积极行权、恶意阻却付款条件成就的主张无任何依据；四是中国与U国就债务问题一直在谈判，作为国有企业，在此时间点将U国方业主诉诸仲裁等法律程序是不合适的，甚至可能会直接影响两国之间的债务谈判计划。

7. 关于已付款中双方存在争议的10笔款项。一是66kV线路迁改材料尾款1笔应当计入已付款。该笔款项属主合同下的第3次变更，变更金额是由申请人经与业主沟通确认后，函告至被申请人，被申请人据此与业主签订了第3次变更协议；从2021年4月始，申请人对66kV线路迁改材料采购是同意并一直在履行的，直至2022年5月，申请人才开始反悔。为避免因与供应商产生不必要纠纷而对案涉工程施工进度造成影响，被申请人于2022年6月23日直接向供应商支付了尾款近30万美元。二是共管账户3笔，申请人已实际使用并支配，应当计入已付款。申请人停工撤场后，被申请人向共管账户支付的该3

笔款项，申请人均已收到，并在收到之后用于对外付款。共管账户一直均由申请人实际控制和使用，共管账户的网银一直由申请人保管和使用，庭审过程中申请人自认共管账户网银 U 盾的失效时间为 2024 年 3 月，而上述对外付款都是在 U 盾失效之前对外付出的；共管账户虽是以被申请人的名义开立，但共管账户授权的两名签字人为申请人指定的其项目经理甲和被申请人指定的乙，授权的经办人是申请人指定的出纳丙，被申请人既无法通过网银 U 盾使用共管账户进行任何付款，亦不能不经申请人的授权签字人签字而直接在银行柜台办理业务。三是施工一部(中国 I 公司)的 2 笔应当计入已付款。被申请人于 2022 年 10 月 15 日直接向申请人的分包商施工一部支付的约 10 万美元，是申请人未按约进行施工，被申请人不得不委托第三方施工；被申请人于 2023 年 1 月 20 日直接向申请人的分包商施工一部支付的 8.5 万美元，是申请人拖欠该分包商工程款，导致该分包商在当地聘请的工人因薪资拖欠聚集于当地劳工部门，被申请人要求申请人从共管账户中向分包商支付的，但申请人未予理会。为维护稳定，被申请人直接支付了 8.5 万美元解决该纠纷。四是施工二部(中国 J 公司)的 2 笔应当计入已付款。被申请人于 2023 年 5 月 31 日直接向申请人的分包商施工二部支付约 2 万美元，是由于申请人停工撤场后，欠付其分包商施工二部留守人员费用，施工二部多次致函申请人要求支付却未能得到解决，施工二部请求被申请人支付该笔款项，被申请人为维护稳定，向施工二部支付了该笔款项；被申请人于 2023 年 12 月 20 日直接向申请人的分包商施工二部支付的约 20 万美元，是由于申请人迟迟未解决农民工工资及回国差旅隔离费等费用，施工二部请求被申请人支付该笔款项，且该款项从应付给申请人的款项中扣除。被申请人考虑到维护稳定、解决农民工工资等问题，支付了该笔款项。五是 2 笔农民工工资应当计入已付款。被申请人于 2023 年 2 月 24 日直接向申请人的分包商施工一部支付的人民币近 400 万元和于 2023 年 11 月 2 日直接向申请人的分包商施工二部支付的人民币 200 余万元。上述款项均是由于申请人拖欠其分包商工程款，从而引发了拖欠农民工工资问题，同时引起了X省商务厅的高度关注。被申请人为维护稳定，根据申请人向被申请人回函中确认的待支付金额，分别向施工一部和施工二部进行了支付。

8. 关于申请人就案涉工程质量问题应承担的责任。本案工程由申请人负责的工作自2021年年初开始，即存在基础回填、未压实等问题需整改。业主亦明确告知，若未处理好，线路完工将不会被业主接受，但申请人一直未整改。2022年8月，业主发函要求对B部分铁塔基础及进场道路进行缺陷整改；2022年12月，业主发函要求对本案工程A部分已完工铁塔平台及进场道路进行整改，申请人在收到上述业主检查通知及检查评估报告后一直未按照业主整改要求进行整改，根据本案合同约定，申请人应当承担质量损失和本案合同总价款10%的违约金。

9. 关于申请人应承担因其擅自撤场造成被申请人的实际损失。申请人擅自离场的违约行为导致被申请人遭受实际损失费用共计人民币近500万元，包括：(1)中国P公司案件一审费用：代理费人民币约5万元、差旅费人民币1万余元，共计人民币6万余元。(2)中国O公司物流案件一审代理费用：人民币约5万元。(3)中国Q公司案件一审费用：代理费人民币约5万元、差旅费人民币3000余元，共计人民币53,000余元。(4)中国Q公司案件财产保全资金成本损失：①人民币近3490万元(2022年10月12日至2024年9月25日)资金成本损失：人民币250余万元；②人民币近850万元(2022年10月21日至2023年11月29日)资金成本损失：人民币30余万元。第(4)项资金成本损失共计：人民币近290万元。(5)申请人擅自停工撤场后，申请人与其供应商中国F公司订立的《断电器及隔离开关采购合同》(总价款为人民币近350万元)无法继续履行，被申请人在申请人擅自撤场后原本计划重启与中国F公司的签约事宜，但因申请人干预，导致中国F公司未同意与被申请人签订采购合同。无奈之下，被申请人不得不另行从中国G公司采购断电器及隔离开关，发生采购总费用人民币约450万元，即额外发生采购费用人民币100余万元。(6)申请人擅自停工撤场后，被申请人在与供应商中国H公司签订采购合同时，因需要重新试验，导致额外发生重新试验费人民币约 85 万元。

10. 关于被申请人在本案仲裁中支出的与本案仲裁相关的费用。截至目前，被申请人因本案仲裁支出的与本案仲裁相关的费用包括仲裁费、律师费、财产保全费和差旅费，均应由申请人承担。

本案中，当事人双方均向仲裁庭提交了大量的证据，申请人和被申请人分别对对方当事人向仲裁庭提交的证据发表了质证意见。本案庭审前和庭审结束后，当事人双方还就本案事实及法律问题等向仲裁庭提交了书面意见，上述材料均已保留在本案卷宗中。仲裁庭充分注意到当事人提交的每一份证据和对方发表的质证意见，亦充分审阅和考虑了当事人提交的书面回复意见和代理意见，仲裁庭在案情中未予摘录、述及者，或虽已在案情部分摘录述及但未在仲裁庭意见中予以采用者，不意味着仲裁庭忽视或默认。

二、仲裁庭意见

（一）关于本案的基本法律事实

根据双方当事人提交的材料和仲裁庭审理情况，仲裁庭认定本案的基本法律事实如下：

1. 2017 年 3 月 7 日，被申请人与业主签订本案主合同。

2. 2019 年 6 月 25 日，当事人双方签订本案合同，约定的合同包干费暂定为约 7500 万美元。

3. 当事人双方为本案工程开立的共管账户系在 U 国中国银行营业部开设。

4. 申请人为履行本案合同雇佣了两家分包商：一是中国 I 公司，也称施工一部；二是中国 J 公司，也称施工二部。

5. 2022 年 8 月 10 日，申请人停止本案工程施工并撤场。

6. 截至 2022 年 8 月 10 日申请人停工撤场，本案主合同项下业主就本案工程已完合同价款共进行了13期计量批复。

（二）关于本案争议的焦点问题和审理重点

基于双方当事人的主张、提交的证据和本案审理情况，仲裁庭认为，本案中当事人双方争议的焦点和本案审理的重点问题可以归纳为：

1. 本案的准据法；

2. 本案的仲裁语言；

3. 当事人双方之间合作关系的性质；

4. 本案合同的效力；

5. 被申请人在本案合同项下的付款义务；

6. 申请人是否具有合同解除权以及本案合同是否已经解除，如果合同已经解除，合同解除的具体时间；

7. 申请人主张的欠付工程款金额以及支付条件是否成就，包括申请人应得的工程款金额和本案合同项下被申请人的已付款金额；

8. 申请人主张的工程款利息损失的起算时间和计算标准；

9. 申请人主张的国内设备损失的实际发生金额以及是否应当由被申请人承担；

10. 申请人主张的因分包商索赔产生的损失的实际发生金额以及是否应当由被申请人承担；

11. 申请人主张的出口退税款的金额以及被申请人是否应当向申请人支付；

12. 被申请人是否应当赔偿申请人履约保函本金以及相关的损失；

13. 申请人因本案支出的保全费、保险费、律师费和差旅费的实际发生金额以及是否应当由被申请人承担；

14. 被申请人各项反请求能否成立并得到支持或者部分支持。

（三）关于本案的准据法和实体审理适用的法律

仲裁庭注意到，本案合同约定："甲方（指被申请人，下同）与乙方（指申请人,下同)之间的合同事项若不涉及第三方的,可按中国法律解决。若与雇主或其他第三方有关的、在U国法律管辖范围内的,则遵照U国的法律解决。”

鉴于本案当事人双方的争议系本案合同项下的争议,而本案合同的当事人即是本案当事人,根据上述合同约定,仲裁庭认为,本案实体审理所适用的法律应为中华人民共和国法律。

鉴于《民法典》于2021年1月1日起施行,故仲裁庭认为,仲裁庭有必要首先厘清本案的实体审理是否应当适用《民法典》。

审理查明,一是当事人双方签订本案合同的日期为2019年6月25日,但本案合同的履行持续至《民法典》施行后,申请人在本案中的仲裁请求之一即为确认本案合同于2022年8月10日解除;二是当事人双方在向仲裁庭提交的仲裁材料中,均援引了《民法典》作为其相关主张的法律依据。

最高人民法院《关于适用〈中华人民共和国民法典〉时间效力的若干规定》(法释〔2020〕15号)第1条规定:“民法典施行后的法律事实引起的民事纠纷案件,适用民法典的规定。民法典施行前的法律事实引起的民事纠纷案件,适用当时的法律、司法解释的规定,但是法律、司法解释另有规定的除外。民法典施行前的法律事实持续至民法典施行后,该法律事实引起的民事纠纷案件,适用民法典的规定,但是法律、司法解释另有规定的除外。”

鉴于仲裁庭在上文意见中认定的事实,参照上述司法解释的规定,仲裁庭认为,本案的实体审理应当适用《民法典》。

本案审理过程中,当事人双方对本案实体审理适用中华人民共和国法律和《民法典》均无异议;但被申请人主张,本案实体审理不应适用《建筑法》和《民法典》之合同编第十八章“建设工程合同”以及相应的司法解释,特别是其中禁止工程转包、禁止主体结构分包等规定。对此,仲裁庭将在下文意见第(五)部分中予以分析和认定。

（四）关于本案的仲裁语言（略）

（五）关于当事人双方之间的合作关系和本案合同的效力

被申请人主张，当事人双方之间的法律关系是基于一系列政府文件和双方协议形成的联合体法律关系，被申请人是联合体牵头人。无论是从投标以前以及投标过程中，还是从本案工程主合同与本案合同签订及前后的履行来看，当事人双方之间的关系一直是联合体关系，双方的权利、义务和责任应根据联合体模式和本案合同的约定具体确定；申请人则主张，当事人双方并未就本案工程签订联合体协议，双方之间并非联合体法律关系，而是境外国际工程转包关系。

仲裁庭注意到，申请人本请求证据61系被申请人丙发给申请人X经理的邮件，其附件是落款日期为2016年8月的本案工程业主招标文件［330kV 工程采购与施工（EPC）招标书（招标文件投标编号 D/088/2016）］［Bidding Document Tender No. D/088/2016 Tender for Engineering Procurement and Construction（EPC）of 330kV－D/088/2016］，其9.3款内容大意是：联合体成员应当签署投标文件以约束联合体全体成员，收付款事务只能由牵头人承担，一份联合体成员签署的联合体协议副本应当与投标文件一致递交。被申请人对申请人该证据的真实性予以认可。

仲裁庭认为，申请人上述证据系本案工程业主发售的招标文件，也是被申请人投标、中标并最终签署本案主合同的基础性依据；申请人该证据能够证明，一是如果当事人双方之间系联合体法律关系，则在本案工程投标时被申请人即应当根据业主招标文件的规定与申请人签署联合体协议，且应当作为投标文件的组成文件递交给业主，双方还须共同签署本案工程投标文件；二是申请人该证据与仲裁庭在下文意见中引述的被申请人本请求证据41相互印证，可以证明当事人双方采用联合体合作方式时，均签订有联合体投标协议；三是即便当事人双方就本案工程签订了联合体协议，当事人双方亦需要在投标文件中明确一名牵头人，主合同项下的收付款事务只能由牵头人承担。

仲裁庭注意到，被申请人本请求证据 7 系被申请人本案工程投标文件《330kV D/0882016 线路工程采购施工（EPC）总承包项目招标文件第 2 卷》之 Consortium Agreement（联合体协议），其中载明，被申请人为联合体牵头人，但只有签字盖章页打印了被申请人授权代表丁和申请人授权代表戊的名字，并无任何人员的签字和（或）盖章，申请人对该证据的真实性不予认可。

仲裁庭同时注意到，被申请人本请求证据 43 之邮件截图（案涉项目联合体协议），以此证明被申请人于 2016 年 10 月就本案工程合作向申请人发送了与被申请人上述类似工程内容一致的联合体协议文本，但申请人没有来得及签署，申请人称未查询到该邮件，则对其真实性、合法性及关联性不予认可，但对该邮件原始载体进行了核对，确认邮件与提交的证据一致。

庭审中，被申请人当庭确认，一是当事人双方之间没有就本案工程签署联合体协议；二是本案主合同文件的组成和合同条款中均未述及联合体协议。

仲裁庭认为，在本案主合同意义上，当事人双方是否为联合体法律关系首先取决于与业主签订本案主合同的签约主体是否为联合体。本案中，被申请人向仲裁庭提交的证据不足以证明双方之间签署了具有法律约束力的联合体协议，而被申请人当庭确认的上述事实则进一步印证了申请人的主张，即当事人双方之间并未就本案工程签署有招标文件所要求的联合体协议，而被申请人本请求证据 41 所包括的联合体协议文本的内容既不完全符合仲裁庭在上文意见中述及的本案工程业主招标文件对联合体协议的要求，又未经双方签署，因此，在本案主合同意义上，被申请人与申请人并非联合体法律关系。

本案合同约定，“甲方作为总承包商于 2017 年 3 月与 U 国 D 电力公司（以下简称‘雇主’）签订了本工程设计采购施工合同书……”；第 1.3 款约定，“甲方作为本工程总承包方，负责本工程与雇主方、中国进出口银行等对外联络及所有对外关系的处理……乙方负责组建技术力量，完成本工程的设计采购施工任务……”；第 2.5 款约定：“甲方向乙方提供主合同以及本工程招投标文件供乙方查询，乙方已经全面了解上述合同的各项规定，并承诺按照上述合同的有关要求履行。乙方承诺，履行主合同中本工程全部EPC有关的甲方的所有义务和责任（本合同中明确的甲方义务及责任除外）。”第17.1款约定：“如果在乙方全面履行了合同规定的其义务之前，无论由于任何原因，主合同对甲方的雇用被终止或主合同被终止，则甲方应在上述终止后的24小时内通知乙方立即停止对乙方的雇用，乙方在接到通知后应尽快将其职员、工人和乙方的设备撤离现场。”

《民法典》第967条规定：“合伙合同是两个以上合伙人为了共同的事业目的，订立的共享利益、共担风险的协议。”第973条规定：“合伙人对合伙债务承担连带责任……”

仲裁庭认为，以契约型联合体方式共同参与境外国际工程投标并在中标后共同实施所中标工程在我国工程承包企业“走出去”参与国际工程竞争活动中较常见，根据上述法律规定，契约型联合体是基于联合体成员之间依法签订的联合体协议，而非基于政府文件，联合体成员应当遵循利益共享和风险共担原则，并就所承包工程对业主承担连带责任，双方之间是平等的合作关系，而非雇佣与被雇佣的关系。然而，本案合同上述约定的措词清晰地表明，被申请人是本案工程的总承包商，被申请人与申请人之间是“雇佣”与被“雇佣”的关系，故在本案合同意义上，被申请人向仲裁庭提交的现有证据也不足以证明当事人双方之间的法律关系为联合体法律关系。

关于被申请人有关双方之间已经形成联合体合作方式的商业习惯的主张，仲裁庭注意到，被申请人本请求证据41之《联合投标协议书》（LOT1项目）及其英文版的联合体协议（Consortium Agreement）系当事人双方于2014年2月3日就U国330kV输电线路设计施工安装及调试第一标段（LOT1）项目的投标和实施而签订；该证据之《联合投标协议书》（LOT2项目）及其英文版的联合体协议系当事人双方于2014年2月就U国330kV输电线路设计施工安装及调试第二标段（LOT2）项目的投标和实施而签订，被申请人以此证明当事人双方就同一业主的其他类似工程均是采用联合体合作方式且对外均系以被申请人名义,双方已经形成了该合作模式的商业惯例,申请人对被申请人该证据的真实性予以认可。

仲裁庭认为,被申请人上述证据仅能够证明,双方在U国类似工程的两个标段中曾采用过以被申请人名义对外的联合体合作方式,均签订有联合体协议,但并不足以证明当事人双方之间的联合体合作关系已经形成商业惯例,就其他项目再行合作时不再需要签订相应的联合体协议。

综上所述,仲裁庭无法采信被申请人有关当事人双方之间的法律关系是基于一系列政府文件和双方协议形成的联合体法律关系的主张。

《建筑工程施工发包与承包违法行为认定查处管理办法》(建市规〔2019〕1号)第8条规定:"存在下列情形之一的,应当认定为转包,但有证据证明属于挂靠或者其他违法行为的除外……(六)承包单位通过采取合作、联营、个人承包等形式或名义,直接或变相将其承包的全部工程转给其他单位或个人施工的……"

参照上述规范性文件规定的精神,仲裁庭认为,本案合同的约定清晰地表明,被申请人是本案工程的总承包商,其在本案工程主合同项下的最主要义务是本案工程的设计、采购和施工,但前述被申请人在主合同项下的义务均转由申请人承担,在我国现行法律制度下,本案合同或者被申请人与申请人就本案工程的合作关系已接近于工程转包关系。

《民法典》第153条第1款规定:"违反法律、行政法规的强制性规定的民事法律行为无效。但是,该强制性规定不导致该民事法律行为无效的除外。"最高人民法院《关于审理建设工程施工合同纠纷案件适用法律问题的解释(一)》(法释〔2020〕25号)第1条第2款规定:"承包人因转包、违法分包建设工程与他人签订的建设工程施工合同,应当依据民法典第一百五十三条第一款及第七百九十一条第二款、第三款的规定,认定无效。"

鉴于本案合同不能排除属于工程转包的情形,根据上述法律规定并参照上述司法解释规定的精神，仲裁庭认为，仲裁庭有必要在此首先认定本案合同的效力。

本案中，被申请人主张，本案实体审理不应适用《建筑法》和《民法典》之合同编第十八章"建设工程合同"以及相应的司法解释，特别是其中禁止工程转包、禁止主体结构分包等规定；申请人主张，被申请人不具备我国电力工程承包资质。

庭审中，被申请人确认，一是其不具备我国相关行政管理部门核发的电力工程设计或施工承包资质；二是本案工程业主招标时并未要求投标人必须具备我国建筑业相应资质。

仲裁庭认为，上述被申请人的自认与其参与了本案工程投标、中标并与业主最终签订本案主合同的事实相互印证，足以证明本案工程业主招标时并未要求投标人必须具备我国建筑业相应资质。

仲裁庭注意到，被申请人本请求证据1系2016年11月商务部出具的《对外承包工程项目投(议)标核准证》和《对外承包工程特定项目立项回执》。其中，《对外承包工程项目投(议)标核准证》载明的"项目名称"为本案工程，《对外承包工程特定项目立项回执》载明的"承揽方式"为"工程总承包—施工总承包"，申请人对该证据的真实性不予认可，但确认《对外承包工程项目投(议)标核准证》原件与复印件一致，《对外承包工程特定项目立项回执》为商务部信息平台打印件。

仲裁庭认为，被申请人上述证据与本案工程主合同、本案合同相互印证，至少可以证明被申请人参与本案工程投标并以工程总承包承揽本案工程经过我国有权机关的核准。

仲裁庭注意到，《建筑法》第1条规定："为了加强对建筑活动的监督管理，维护建筑市场秩序，保证建筑工程的质量和安全，促进建筑业健康发展，制定本法。"第26条规定："承包建筑工程的单位应当持有依法取得的资质证书，并在其资质等级许可的业务范围内承揽工程。禁止建筑施工企业超越本企业资质等级许可的业务范围或者以任何形式用其他建筑施工企业的名义承揽工程。禁止建筑施工企业以任何形式允许其他单位或者个人使用本企业的资质证书、营业执照,以本企业的名义承揽工程。”第28条规定:“禁止承包单位将其承包的全部建筑工程转包给他人,禁止承包单位将其承包的全部建筑工程肢解以后以分包的名义分别转包给他人。”第29条第3款规定:“禁止总承包单位将工程分包给不具备相应资质条件的单位。禁止分包单位将其承包的工程再分包。”

仲裁庭同时注意到,《民法典》第791条第2款规定:“总承包人或者勘察、设计、施工承包人经发包人同意,可以将自己承包的部分工作交由第三人完成。第三人就其完成的工作成果与总承包人或者勘察、设计、施工承包人向发包人承担连带责任。承包人不得将其承包的全部建设工程转包给第三人或者将其承包的全部建设工程支解以后以分包的名义分别转包给第三人。”

根据上述法律规定,仲裁庭认为,一是保证工程质量和安全是《建筑法》的主要立法目的之一,并通过建筑业实行资质管理制度,以资质作为考核建筑市场主体是否具备相应履约能力并承揽相应业务的法定条件,禁止工程转包和禁止主体结构分包等规定得到了具体体现。然而,境外国际工程承包实践中却少见对工程承包企业要求具备我国建筑业资质的情况,本案工程业主招标时即未要求投标人具备我国工程设计和(或)施工承包资质,故《建筑法》与我国资质管理制度相关的禁止转包和主体结构分包等的规定在境外国际工程发承包活动中缺乏适用的基础。二是我国工程承包企业“走出去”参与境外国际工程竞争的优势之一是可以充分利用国内生产资源以降低成本,但也面临对工程所在国的法律还不够熟悉的困难,如果我国工程承包企业为规避我国法律有关转包和分包的相应规定,在就境外国际工程承包签订合作或分包合同时选择适用工程所在国的法律,无疑会大大增加合同双方的交易成本和经营风险,进而影响我国工程承包企业承揽国际工程的竞争力。三是如果合同双方在签订合同时明知适用我国法律,某些特殊规定可能导致合同无效的法律后果,而依然不加限定或排除地选择适用我国法律，不符合理性经济人趋利避害的本性，因而也几无可能是合同双方的本意。四是被申请人承揽本案工程经过我国相关部门核准，诸如被申请人此类的“窗口型”工程承包企业，在境外国际工程发承包活动中，选择具有我国建筑业相关资质和能力的企业作为其合作单位或分包单位负责具体实施工程的设计和施工等具体工作，有利于更好地保证工程质量和安全，维护业主的利益，符合立法的本意，应予鼓励。五是《建筑法》作为调整和规范建筑活动的特别法，其效力优先于其他法律规定和司法解释。综上，仲裁庭采纳被申请人有关本案实体审理不适用《建筑法》和《民法典》第十八章“建设工程合同”有关禁止转包和禁止主体结构分包等规定的主张。

庭审中，当事人双方均确认，本案合同为有效合同。综合仲裁庭上述意见，仲裁庭对当事人双方有关本案合同为有效合同的主张不持异议，仲裁庭认为，本案合同系双方当事人真实一致的意思表示，应作为仲裁庭进行实体审理的依据。鉴于此，仲裁庭同时认为，本案中分析和判断本案合同或者当事人双方之间的法律关系是否归于工程转包对本案的裁决并无实际意义。

（六）关于被申请人的付款义务

被申请人主张，当事人双方之间为联合体法律关系，故被申请人只有转付工程款的义务；申请人则主张，当事人双方之间为境外工程转包法律关系，被申请人具有向申请人支付工程款的义务，一是根据本案合同的约定，被申请人有向申请人支付工程款的义务，而非“转付”义务，被申请人与业主结算并从中国进出口银行获得资金的约定，仅是在该种资金来源下的付款安排；二是实际履行合同过程中，被申请人的行为也能印证其认可对申请人有付款义务。

审理查明，被申请人所主张的“转付”义务，是指当事人双方在联合体协议项下，其收到业主向中国进出口银行申请并由中国进出口银行直接支付给被申请人的工程款后，将其中属于申请人的工程款支付给申请人，“转付”与习惯所谓的“背靠背”支付条款的主要区别在于被申请人没有向业主催要工程款的义务。

仲裁庭注意到，申请人证据1载明："付款程序——申请认证和支付款项时应遵循以下程序：(一)承包商提交发票；(二)业主审核、认证并批准；(三)向资金提供方提交用款申请，并附全部必要证明文件；(四)资金提供方向承包商直接支付款项；(五)向业主发送付款通知。"被申请人对该证据的真实性予以认可。

仲裁庭认为，申请人的上述证据能够证明，本案主合同项下业主对被申请人的付款程序为：业主对被申请人递交的请款单进行审核、确认和批准后，向融资人提交资金利用申请，由融资人直接向被申请人付款。

本案合同第2.4款约定："本项目对外主合同总价款为约1.34亿美元，本项目工程款在甲方与雇主按照设计、采购、施工工程进度结算后，甲方扣除结算工程价款的44%金额，作为甲方工作内容的款项，剩余的56%款项作为乙方完成本项目所有工作任务的包干费，乙方包干费暂定为约7500万美元。本项目实施所需的其余所有费用均包含在乙方包干费中，若主合同内容范围有变更且该变更与乙方承包范围有关，则双方友好协商确认变更后的工作范围，因此导致的本合同价款变更由双方另行商议。"第3.1款约定："在项目实施过程中，甲方负责对乙方工作进行全面的监督和管理，派出若干名项目管理人员常驻现场，代表甲方参与项目的管理和监督，允许乙方通过甲方负责对外处理工程款催收、索赔、变更以及其他需要与雇主沟通的事项，乙方应按照甲方确认的结果完成相关工作。"第3.2款约定："甲方负责与中国进出口银行、雇主办理本工程工程款结算。甲方承诺，按照合同约定的期限和方式，并按照本合同要求，按时将乙方的包干款支付给乙方。"第13.3款约定："本工程的具体付款时间节点按主合同约定执行。乙方完成主合同中约定的相应工作内容并提交给甲方符合规定的付款证明文件，甲方与雇主、中国进出口银行进行结算，甲方在收到中国进出口银行支付的工程进度款后30日内，在乙方提供U国当地税务局认可的发票后，扣除已收款项的44%金额款项，剩余部分支付给乙方。"

仲裁庭认为，本案合同的上述约定清晰而明确，结合本案工程主合同约定的工程款支付程序，本案合同项下向业主结算请款属于被申请人义务，即便申请人向业主催要工程款，也需要通过被申请人办理。鉴于仲裁庭在上文意见中已经认定，当事人双方并未就本案工程合作签署具有法律拘束力的联合体协议，且即便当事人双方按照业主招标文件要求签订了联合体协议，与业主办理工程款收付事宜也属于被申请人义务，故仲裁庭无法采信被申请人有关其在本案合同项下只有工程款“转付”义务的主张。

仲裁庭同时认为，根据本案工程主合同和本案合同的上述约定，本案合同项下被申请人向申请人付款的条件可以归纳为，一是被申请人收到中国进出口银行支付的工程款，即收到了主合同项下的工程款，也即本案合同约定的工程支付条款更接近于习惯所谓的“背靠背”条款；二是申请人向被申请人提交了符合合同要求的发票。

根据证据和双方庭审时的确认，仲裁庭将统计和分析结果以表列方式汇表（表及计算公式均略，编者注），并根据统计分析结果，仲裁庭认为，截至业主第13期计量批复，本案主合同项下，被申请人已完工程合同价款应为约1.05亿美元，业主应付工程进度款为近8120万美元，应抵扣预付款金额为1580余万美元，应暂扣保留金金额为840余万美元。

庭审中，被申请人确认，业主13期计量批复的应付工程进度款金额为近8120万美元，与仲裁庭上文意见中的计算结果一致。故仲裁庭认为，截至业主13期计量批复，本案主合同项下，业主应付工程进度款金额以近8120万美元计较为妥当。

关于主合同项下业主已付工程进度款，仲裁庭根据被申请人证据，认定本案主合同项下被申请人共收到业主付款3080余万美元，2022年8月10日前，被申请人实际收到的业主付款为2790余万美元，其中归于工程进度款的金额仅有中国进出口银行以业主为付款人直接支付给被申请人的760余万美元。

截至业主第13期计量批复和2022年8月10日申请人停工撤场，本案主合同项下业主欠付被申请人应付工程进度款金额为7350余万美元(计算公式为:业主应付工程进度款总额近8120万美元-归于工程进度款的已付款760余万美元)。

关于被申请人是否怠于向业主主张权利,仲裁庭注意到,被申请人本请求证据之2021年12月30日致业主的函件载明:"兹请贵司函告中国进出口银行1号发票的未付款项。未付款项的详情如下。"以表格方式罗列了发票No.1应付金额为950余万美元,已付金额为760余万美元,应付未付金额为190余万美元;该证据之2021年6月22日致业主的函件同样以表列的方式罗列了发票No.1至发票No.8的应付金额、已付金额和未付金额,其中,发票No.1应付金额、已付金额和应付未付金额均与上述2021年12月30日致业主的函件中载明的金额一致,发票No.2至发票No.8的已付金额均为"$0",8份发票应付未付金额合计为4800余万美元;同时载有:因财政部拖欠其他贷款引发交叉违约,中国进出口银行停贷,导致本项目资金链断裂、严重延误。恳请贵部门协调财政部直接与进出口银行沟通放款,否则承包商将就延误索赔的相关内容。该证据之2021年5月致业主的函件载明与上述函件一致的发票No.1至发票No.7的应付金额、已付金额和欠付金额,同时载有:"因此,我们试图说服融资方尽快支付该项目的资金,中国驻U国大使馆经济商务办公室、中国信保也已经参与其中。同时,CJIC投资逾3000万元以确保项目进展符合预定期限。不幸的是,付款仍毫无进展。更糟糕的是,新冠全球大流行使得我们的现金流处于危险之中。

"鉴于上述原因,电塔架设工程、架线工程、变电站安装工程和基础设施工程均无法如期进场开工。

"我方因合同款未支付而不能履行合同项下义务。尽管我方已尽力减轻其对竣工时间造成的影响,工程进度仍严重延误。我方作为承包方有权请求赔偿时间和亏损损失。

"请注意并理解工程进度延误是款项未付所致。"申请人表示对该证据的真实性无法核实,但确认除该证据之2021年5月致业主的函件未见原件外,其余证据的原件与复印件一致。

仲裁庭认为,尽管申请人对被申请人上述证据的真实性未予认可,被申请人亦未能出示上述证据的全部原件,但上述证据中对被申请人不利的内容,仲裁庭应当给予采信。被申请人上述证据能够证明,2021年12月30日至2023年6月22日,被申请人多次催告业主尽快解决中国进出口银行放款问题,但本案主合同项下的应付未付金额90余万美元仍未得到全额支付,其余七份请款单载明的应付金额则分文未付,累计应付未付金额达到4800余万美元,被申请人自述已经垫付了超过3000万美元的资金以维持工程进度,尽管被申请人述及了资金问题严重延误了工程进度,并表达了可能要索赔工期和费用,但未有其将根据主合同约定暂停施工或解除主合同的任何意思表示。

本案主合同通用合同条款第41条"暂停施工"约定了如果业主未能在规定的期限内向承包商支付合同项下应付的任何款项,未能批准请款单或支持文件……那么承包商可以提前14日通知业主停止履行合同项下的全部或任何义务,或者放慢工程进度;第42条"终止合同"约定了如果业主未能在规定的期限内向承包商支付合同项下应付的任何款项,未能批准请款单或支持文件……或者实质性违约,承包商可向业主发出通知,要求支付欠付款项并加上根据通用合同条款的利息,要求批准请款单或者支持文件,或者指明违约行为并要求业主纠正,视具体情况而定。如果收到承包商的通知后14日内,业主未能支付欠付款项及其利息,未能批准请款单或者支持文件或者给出其不批准的理由,未能纠正其违约行为或者采取纠正违约行为的措施。承包商应就此再次向业主发出通知,如果业主在通知28日内仍未支付待付款项,批准请款单或支持文件,给出其未批准的理由,或者纠正其违约行为……承包商可根据通用合同条款进一步通知业主,即刻终止合同。

庭审中,被申请人确认,在主合同履行期间其既没有因业主欠付工程进度款通知业主暂停施工或解除主合同,实际也没有暂停施工和解除主合同。

仲裁庭认为，在2021年12月至2023年6月长达约18个月时间中，被申请人7次致函业主催要应付工程进度款未见到业主付款，累计拖欠工程进度款达4800余万美元。至2022年8月10日申请人停工和撤场时业主已拖欠被申请人工程进度款达仲裁庭在上文意见中认定的7350余万美元。根据上述主合同的约定，被申请人早应提前14日通知业主，暂停工程施工或者减缓施工进度，并在经过两次预警通知后解除主合同。然而，被申请人上述证据及其自认的上述事实表明，其并未及时行使主合同赋予的上述暂停施工、减缓施工进度和解除合同的权利。

仲裁庭注意到，主合同"第二部分：合同特别条款"合同专用条款第6.2条约定，双方在主合同项下的争议纠纷，友好协商不成，28天内向对方发出启动仲裁程序通知。

庭审中，被申请人确认，其在主合同履行过程中并未就业主欠付巨额工程款和其他争议问题依据主合同合同专用条款的约定以仲裁方式寻求法律救济；针对仲裁庭有关被申请人本请求证据26有关U国是其主力市场、且有3个买方出口信贷项目等事实的问询，被申请人确认，U国是其自主选择的主力市场，本案工程属于U国政府担保的商业信贷项目。仲裁庭注意到，被申请人在庭审后向仲裁庭提交的书面代理意见中主张，如果其就业主欠付工程款事宜将业主诉诸仲裁程序会使争议上升到国家主权层面，且会影响中国与U国两国之间就债务问题的谈判计划。

仲裁庭认为，尽管被申请人主张，其未及时向业主行权有国际政治影响方面的考虑，但显然也有对作为其"主力市场"的U国其他项目和自身长远经济利益的考虑。

《民法典》第159条规定："附条件的民事法律行为，当事人为自己的利益不正当地阻止条件成就的，视为条件已经成就；不正当地促成条件成就的，视为条件不成就。"

综合仲裁庭上文的意见，仲裁庭认为，被申请人存在因自身在U国其他工程利益的考虑而怠于主张权利的情形，并由此导致了本案合同项下被申请人欠付申请人巨额应付工程款，根据上述法律规定，本案合同约定的被申请人向申请人支付工程进度款以收到中国进出口银行以业主为付款人支付的主合同项下的工程进度款为前提的“背靠背”支付条件应当视同成就，即被申请人负有及时向申请人支付应付工程款的义务。

需要说明的是，被申请人在针对申请人仲裁请求的答辩意见和仲裁反请求申请书中称，本案合同项下，被申请人向申请人的付款2440余万美元，较之根据业主已付金额折算的应付金额近1650万美元，其超付了近800万美元，即除了来自业主的付款外，被申请人还自筹资金向申请人支付了近800万美元。

尽管被申请人主张的本案合同项下已付款金额因汇率和统计口径问题未必与申请人认可的一致，但仲裁庭认为，被申请人上述主张至少可以确认一个事实，即被申请人以自有资金向申请人支付了本案合同项下的工程进度款。该等实际支付行为也在一定程度上表明，在中国进出口银行停止放款的情况下，被申请人认同其负有向申请人支付工程款的义务。

（七）关于本案合同项下被申请人应付申请人的预付款和进度款

根据仲裁庭在上文意见第（六）部分中的分析和本案合同约定的56%的支付比例，仲裁庭认为，本案合同项下，截至业主13期计量批复，被申请人应向申请人支付的工程进度款为4500余万美元（计算公式为：近8120万美元×56%）。

仲裁庭注意到，本案主合同之合同格式附录1：支付条款和程序第1.1.1项、第1.1.2项、第1.1.3项和第1.1.4项均载明：“合同总价[按完税后交货（DDP）或运费÷保险费付至（CIP）适用者计]的15%，应作为预付款，在（卖方/承包商）提交发票及一份以业主为受益人、金额等同于此预付款的不可撤销的预付款保函后45天内支付。”

仲裁庭认为，根据上述主合同约定，被申请人尚须向申请人支付本案合同暂定包干费约7500万美元的15%的预付款，即截至业主13期计量批复，被申请人应当向申请人支付的预付款和工程进度款总额为5670余万美元。

（八）关于本案合同项下被申请人已付款

申请人主张，本案合同项下被申请人已付款总额为约2420万美元，包括其要求被申请人使用出口退税款支付的设备货款；被申请人主张，本案合同项下其已付款总额为约2440万美元。当事人双方所主张的本案合同项下被申请人的已付款均未区分预付款和工程进度款，双方各自所主张的已付款总额实际是本案合同约定的预付款和工程进度款的已付款之和。

本案合同第13.4款约定："甲方向乙方支付工程进度款时，按主合同美元规定的币种（美元）向乙方直接支付。"

本案审理过程中，当事人双方均确认，本案合同履行过程中，被申请人以人民币向申请人支付的款项均以实际支付日中国人民银行公布的美元兑人民币的中间价折算为美元。根据上述合同约定和当事人双方的一致意见，仲裁庭认为，本案合同项下的支付货币为美元，被申请人以人民币向申请人支付的本案合同项下的工程款，均应当以实际支付日的中国人民银行公布的美元兑人民币中间价折算为美元。

申请人在庭审前以列表形式提交了被申请人70笔付款明细，被申请人本请求证据15等亦对各笔付款情况进行了统计记载，经过开庭审理并比较双方证据和提交说明情况，仲裁庭认为，当事人双方各自主张的付款金额一致，差异在具体支付日期以及以人民币支付的款项因各自所主张付款日期不同而造成的汇率差，包括申请人表格中列明的第8、41、45、53、31、43、50、55、56、59、60、61笔付款日期，仲裁庭进行了逐一分析判断（详情略）。

另外，双方对表格第57及第62～70笔款项是否应计入本案合同项下被申请人的已付款亦存在争议，被申请人认为该等付款均应计入本案合同项下付款。申请人则主张，本案合同解除后，被申请人应直接向申请人支付欠款，其未经申请人同意向共管账户、施工分包单位支的款项不应计入已付款。此外，申请人停工撤场系因被申请人违约、合同解除所致，由此产生的费用，也应由被申

请人自行承担。为此,仲裁庭逐类分析和判断如下:

1. 关于第 57 笔 66kV 线路迁改材料采购尾款

当事人双方有关该笔款项的争议在于 66kV 线路迁改材料采购是否属于本案合同项下的变更。

被申请人主张,66kV 线路材料采购属本案主合同下的变更,该次变更的金额是由申请人经与业主沟通确认后,函告被申请人,被申请人据此与业主签订了第 3 次变更协议,双方已按本案合同第 2.4 款进行了商议及书面确认,理应属申请人的工作范围,且申请人从 2021 年 4 月始对 66kV 线路迁改材料采购是同意并一直在履行,直至 2022 年 5 月才反悔而不愿履行;申请人则主张,根据本案合同第 2.4 款,涉及本案合同价款变更的承包范围变更均应征得申请人同意,申请人虽协助被申请人核对了材料采购金额,但从未同意在不变更本案合同包干价的情况下将该部分采购款项直接纳入本案合同范围并由申请人自行承担。

仲裁庭注意到,被申请人本请求证据 44 之 2021 年 4 月 9 日被申请人致申请人的《关于本项目第三次变更(66kV 线路改迁材料采购)确认的通知》载明:“近日,我司收悉业主发来的项目第三次变更(66kV 线路改迁材料采购)批复文件。本次变更批复金额约 $923,000,详情请见附件。现将该变更文件转发至贵部,请贵部仔细核对变更工程量、金额等信息,核对后请将相关意见立即回函我司,若确认无误请明确我司可以签署该变更。”该证据之 2021 年 4 月 15 日申请人致被申请人的《工作联系单》,由 LZQ 签发,其中载明:“贵司发来的信函我部收悉。为加快采购进度,经我部仔细核对工程量并同各材料供应商再次确认,最终采购合同金额为约 820,000 美元(详见附件)。但与雇主批复的采购金额有出入,经于雇主沟通确认,差额部分将从 SS3 第 3.3 条予以计量,故对第三次变更文件我部确认无误可签署。”该证据之 Addendum No. 3 系 2021 年 4 月 28 日被申请人与本案工程业主签订的本案主合同第三号补充协议,其中第 1.4.1 载有,“双方兹同意对现行合同作如下修改:(i)……(ii)工程范围增加约923,000美元,用于扩充工作内容——供应各类材料,为与新建330kV输电线路并行敷设的66kV线路部分区段进行路径改造……”,申请人对该证据的真实性予以认可。

仲裁庭同时注意到,本案主合同第39.2款“业主发起的变更”就业主向被申请人发出“变更建议请求”以及被申请人向业主项目经理提交“变更建议估算”和“变更建议书”等给予了明确约定。

本案合同第1.6款约定:“下列文件应被认为是组成本合作合同书的一部分,并应被作为其一部分进行阅读与理解:1.6.1、本合作合同书;1.6.2、主合同文件;1.6.3……以上文件顺序如无法合理解释或确定优先顺序,则以时间最后的文件为准。”第2.4款约定:“……本项目实施所需的其余所有费用均包含在乙方包干费中,若主合同范围有变更且该变更与乙方承包范围有关,则双方友好协商确认变更后的工作范围,因此导致的本合同价款变更由双方另行商议。”

仲裁庭认为,一是被申请人上述证据能够证明,就本项66kV线路迁改材料采购变更,被申请人与业主履行了本案主合同约定的变更程序并签署了变更文件,构成本案主合同项下的变更;二是根据本案合同的上述约定,本案主合同文件系本案合同的组成部分,主合同项下的变更理应归于本案合同项下的变更;三是本案合同约定的7500万美元包干费系暂定,并非固定包死,未排除变更所导致的包干费必须进行的增减调整;四是被申请人上述证据相关印证,能够证明有关本项变更,当事人双方已履行了上述本案合同约定的变更程序,且申请人已就变更价款给予了明确的确认,而被申请人是根据申请人确认结果才与业主最终签署了本项变更;五是当事人双方对该笔款项的付款日期和付款金额并无异议,且付款日期2022年6月23日早于2022年8月10日申请人停工撤场,故仲裁庭支持被申请人有关本项变更属申请人的工作范围的主张,即该笔66kV线路迁改材料采购尾款约30万美元应当计入本案合同项下被申请人的已付款。

2. 关于第62笔、第63笔和第64笔向共管账户支付的3笔款项

该3笔被申请人向共管账户支付的款项的时间均在申请人停工撤场之后，当事人双方有关该3笔款项的争议点在于本案合同解除后申请人能否支取已经支付到共管账户的款项以及相关款项是否属于业主13期计量批复的已完合同价款范畴内的款项。

被申请人主张，该3笔付款申请人均有收到，并在收到之后用于对外付款，共管账户虽以被申请人名义开立，但无论是申请人撤场前还是撤场后，共管账户均由申请人实际控制和使用，共管账户的网银U盾是始终由申请人保管和使用。申请人则主张，共管账户以被申请人名义开立，备案的签字人共4人，包括申请人的项目经理甲以及被申请人的项目经理乙、财务组长己和庚，只需其中两位签字即可到柜台办理支取业务。被申请人无须申请人同意即可使用账户，且申请人持有的共管账户U盾已经到期失效，其更新需由开户人被申请人持相关文件到柜台办理，共管账户实际成为被申请人的自有账户。该3笔付款申请人无法查询转出记录，不能确认系用于本案工程且属于业主13期计量批复已完合同价款范畴。

仲裁庭注意到，被申请人本请求证据52之2020年4月1日申请人致被申请人的《关于U国330kV输变电工程开立银行账户的申请》其中载明："U国330kV输变电工程已于2020年11月22日起算工期……现特向贵司申请，请贵司协助为我司提供专门的当地币和美元账户。同时，我司指定甲同志作为账户签字人之一，出纳人员暂定为丙，另一账户签字人由贵司指定。"该证据之U国Z银行于2024年7月31日出具的《业务咨询回复》，载有："1、若您在我行的账户开通了网银服务，可在网银口令牌上查询口令牌的失效日期；2、网银口令牌的更换需要账户签字人或者经办人到银行柜台办理，并提交变更申请，变更申请上的印鉴方式与银行预留信息一致；3、若需要变更公司账户签字人，需要提交董事会决议原件等资料；4、若需查询账户相应信息，需要由账户经办人或者签字人向开户行查询，并提交正式查询申请，申请书上印鉴方式应与银行

预留信息一致;5、若需要在银行柜台渠道发起支付申请,银行将根据公司提交的支付申请进行业务处理,支付申请上印鉴方式应与银行预留信息一致;6、如账户有两人及以上的签字人,提交给银行的申请书上印鉴方式应与银行预留信息一致。”该证据页面底部“【说明】”中载有:“由于共管账户在U国Z银行备案的3名授权人员为:2名签字人(被申请人的项目经理乙、申请人的项目经理甲)和1名经办人(申请人的出纳丙)……故,如果申请人对共管账户的情况或上述内容有任何质疑,申请人可以通过其签字人甲和经办人丙向银行进行查询,被申请人愿意配合。”申请人对该证据的真实性予以认可。

仲裁庭认为,被申请人上述证据至少能够证明,一是当事人双方开立的共管账户由双方各指定一名账户签字人,即仅有两名签字人员,另有申请人指定的一名经办人;二是当事人双方开立的共管账户可以通过柜台办理支付业务,但需要共管账户预留的2位签字人共同签字;三是共管账户的信息可以通过2位签字人或经办人查询;四是申请人有关当事人双方开立的共管账户有4位签字人的主张,且共管账户只需其中任意两位签字人签字即可到柜台办理支取业务的主张不能成立,缺少充分的证据予以支持。

仲裁庭注意到,申请人本请求证据97系2024年8月7日申请人通过Z银行官网查询双方在U国Z银行开立的共管账户密钥登录流程及密钥失效后的网页截图,其第三张截图载有:“您的中银e令已过期,请您尽快去柜台更换新的中银e令!”被申请人对该证据的真实性不予认可,但确认原件与复印件一致。

本案审理过程中,申请人对其实际保管和使用共管账户网银U盾,以及其可以通过U盾网上办理共管账户支取业务未表示异议。但在庭审中,申请人当庭主张,其持有的共管账户网银U盾在3月已无法打开共管账户,并承诺庭后与其财务人员核实共管账户网银U盾失效的具体时间,但庭后申请人并未向仲裁庭反馈其核实的结果。

仲裁庭认为,申请人上述证据最多只能够证明申请人于2024年8月7日通过Z银行官网登录双方共管账户时网银U盾已经过期，并不能证明被申请人向共管账户支付本项所涉3笔款项时该共管账户的网银U盾已经过期。鉴于申请人已于2022年8月10日停工撤场，故其在庭审中所主张的共管账户网银U盾已无法打开账户的3月最早应当为2023年3月。

仲裁庭注意到，被申请人本请求证据15之两份中国银行活期账户对账单载明，2022年11月5日被申请人向共管账户支付40,000美元后，共管账户于2022年11月10日向AM Engineering Limited在线(On-line)支付了40,000美元。2022年11月15日被申请人向共管账户支付了20,000美元后，共管账户于2022年11月18日向AM Engineering Limited在线支付了20,000美元。2022年11月26日被申请人向共管账户支付了80,000美元，共管账户于2022年12月3日向GD Investments Limited在线支付了32,000美元。申请人对该证据的真实性予以认可，但无法确认3笔转出款项是否对应本案所涉3笔被申请人支付的款项以及剩余48,000美元的用途。

被申请人上述证据的收支信息有清晰的时间先后逻辑关系，根据优势证据原则，仲裁庭认为，被申请人上述证据能够证明本项所涉3笔款项的收支对应关系，3笔款项的转出均是通过在线方式，即是通过申请人保管和使用的共管账户的网银U盾进行网上操作的。该等事实足以证明申请人确认收到并实际使用了该3笔款项，其理应掌握本项所涉3笔款项的具体用途。

综上所述，仲裁庭认为，共管账户的网银U盾系由申请人掌控，柜台业务办理需要当事人双方的签字人共同签字，故进入共管账户中的款项的支出必然需要申请人的同意并履行相应的手续或由申请人通过Z银行官网进行必要的操作，申请人向仲裁庭提交的现有证据不足以证明其停工撤场后向被申请人移交了共管账户，以及自其停工撤场至被申请人向共管账户支付本项所涉3笔款项期间，共管账户的U盾已经失效。鉴于申请人实际保管和使用共管账户的U盾，且具备到共管账户银行柜台查询共管账户收支信息的条件，申请人完全有条件和能力收集并向仲裁庭提交相应的证据证明本项所涉3笔款项支付至共管账户后的转出用途等情况,但申请人并未向仲裁庭提交足够的证据证明本项所涉3笔款项不属于业主已经计量批复的13期已完工程价款范围或者其中有任何部分系代被申请人向其指定的第三人支付,申请人应当承担相应的不利后果,故本项所涉3笔款项均应当计为本案合同项下被申请人的已付款,即仲裁庭支持被申请人的主张。第62笔被申请人于2022年11月4日向共管账户支付的40,000美元、第63笔于2022年11月12日向共管账户支付的20,000美元和第64笔于2022年11月23日向共管账户支付的80,000美元均应计入本案合同项下被申请人的已付款。

3.关于第65笔被申请人向施工一部支付的款项

被申请人主张,被申请人按照申请人要求支付了OPGW光缆物流款项,申请人应当尽快施工,但申请人未施工,被申请人委托施工一部施工,该笔款项应当从应付给申请人的款项中扣除。申请人则主张,该部分工程未计入业主13期计量批复范畴,故被申请人无权从应付申请人的款项中扣除。

仲裁庭注意到,被申请人本请求证据53之2022年9月16日被申请人致申请人的函件《关于OPGW光缆展放施工的函》载明:"根据贵司于2022年7月27日向我司发送的邮件要求,贵司请求我司尽快安排支付U国330kV输变电工程项目(以下称'项目')部分境外物流款(该款项在我司应付给贵司的工程款中扣除),而这笔境外物流款正是用于本项目OPGW光缆的物流款,现我司已按照贵司来函的要求,进行了相应款项的支付,并且该OPGW光缆现已运抵项目现场已有24天有余。"该证据之2022年9月28日被申请人致施工一部并抄送申请人的《关于完成OPGW光缆展放施工的函》载明:"现我司代表申请人委托贵司(施工一部)完成该部分OPGW光缆施工展放,该部分OPGW光缆施工展放工程的工程款项按照贵司与申请人之间的合同计取,且我司将直接向贵司支付该项施工的工程款……"申请人对被申请人上述证据的真实性予以认可。

仲裁庭认为,被申请人上述证据证明,该笔款项所对应的工程内容是在

2022年9月28日委托施工一部施工，即是在申请人于2022年8月10日停工撤场后实施，而仲裁庭在上文意见中认定的业主第13期计量批复的时间为2022年7月12日，故该部分工程的合同价款显然未包括在本案主合同项下业主13期计量批复已完合同价款的范畴，故仲裁庭无法支持被申请人将该笔款项计入本案合同项下已付款的主张。

4. 关于第66笔施工一部支付的款项

被申请人主张，申请人拖欠其分包商工程款，导致分包商在当地聘请的工人因拖欠薪资聚集于当地劳工部门，被申请人要求申请人从共管账户支付，但申请人未予理会，被申请人为维护稳定支付了该笔85,000美元的款项，应从应付给申请人的款项中扣除。申请人则主张，该款项系被申请人接管现场后发生，且未经申请人同意，无法确认是否属于业主13期计量批复的已完合同价款范畴，该等用途不明的款项不应计入本案合同项下被申请人的已付款。

仲裁庭注意到，被申请人本请求证据53之2022年12月31日被申请人致申请人的《关于妥善处置当地分包工人劳资纠纷的函》载明："2022年12月27日，因贵司拖欠贵司下属分包商工程款，导致该分包商在当地聘请的分包工人因薪资拖欠聚集于U国330kV输变电工程项目（以下称'项目'）当地劳工部门诉求帮助，并且据悉分包工人已向当地法院提起诉讼要求支付薪酬……当前由贵我双方就本项目实施而开立的项目共管账户仍有近期支付给贵司的款项若干，且贵我双方在此前已就该款项的用途达成了一致，即由贵司用作支付分包单位的工程款，进而向分包工人支付相应薪酬。现为了妥善解决前述事项，我司请贵司：(1)最迟于2022年1月3日17:00时将共管账户中的资金，按照贵我双方之前达成的一致，全部用于支付分包单位工程款并确保其工程款能够最终支付至分包工人；……"被申请人以此证明其向施工一部支付了85,000美元解决劳务工人纠纷，申请人对该证据的真实性表示认可。

仲裁庭注意到，被申请人本请求证据15第446页是一份S银行的付款指示—明细报表，其中载有，2023 年 1 月 20 日被申请人要求银行向 AM Engineering Limited 支付了 85,000 美元，申请人对该证据的真实性不予认可，被申请人亦未能出示该证据的原件。

仲裁庭认为，尽管被申请人本请求证据 53 之上述函件能够证明其曾经就申请人下属分包商聘用的当地工人讨薪问题致函申请人，但该证据既未述及其将代申请人直接向施工一部支付拖欠当地工人的工资，更未述及具体的付款数额。尽管申请人对被申请人本请求证据 15 之上述付款凭证的真实性不予认可，且被申请人未能出示该证据原件，但该证据有利于申请人的内容，仲裁庭应当给予采信，虽然该证据所载明的付款金额为 85,000 美元，但收款单位并非施工一部，被申请人向仲裁庭提交的现有证据不足以证明其因代申请人向申请人的分包商所聘请的当地工人支付了该笔拖欠薪资 85,000 美元，故仲裁庭无法支持被申请人有关该笔 85,000 美元的款项应当计入本案合同项下被申请人已付款的主张。

5. 关于第 67 笔和第 68 笔被申请人向施工二部支付的款项

被申请人主张，由于申请人不理会施工二部要求其支付的留守人员费用、农民工工资和回国差旅隔离费，被申请人为维护现场稳定等考虑，向施工二部支付了 20,000 美元和 200,000 美元的费用，该两笔费用应从应付给申请人的款项中扣除。申请人则主张，申请人停工撤场和本案合同解除后人员留守产生的费用系因被申请人拒绝接收现场而产生，应由被申请人承担，被申请人未经申请人同意和审核即向施工二部付款，申请人无法确认其真实性，该两笔款项均不应计入本案合同项下被申请人的已付款。

仲裁庭注意到，被申请人本请求证据 54 之 2023 年 2 月 25 日施工二部致申请人的《工作联系单》载有："我部自 2022 年 8 月 10 日接到停工令开始至 2023 年 3 月 10 日按照计划安排 3 人留守看护剩余的设备、材料……另外留守人员的工资以及回国费用请一并考虑。"该证据之 2023 年 4 月 25 日施工二部致申请人的《工作联系单》载有："现在现场人员已经没有生活费，雇佣的保安也无法按时发放工资,请贵司立即安排支付生活费、保安工资以及其他现场费用。"申请人对上述证据的真实性予以认可。

仲裁庭认为,被申请人上述证据能够证明,申请人停工撤场后施工二部曾经向其致函要求支付现场人员留守发生的相关费用。

仲裁庭注意到,被申请人本请求证据54之2023年5月9日施工二部致被申请人的《关于申请停工后留守人员生活费的函》载有:"因甲供物资材料没有人员接收,我司只能安排人员留守……现急需美元贰万元用于支付现场拖欠的当地安保人员工资及留守人员生活费,因我司在本项目中存在大量应收未收款项,已无力承担该笔费用,现向贵司申请借支该笔资金。若后续该笔款项无法从贵司应付给申请人的款项中扣除,我司将向贵司全额返还该笔资金。"该证据之2023年10月20日施工二部致被申请人的《关于申请资金以支付相关费用的函》载有:"为了保管项目现场剩余材料、支付我公司留守看护人员的费用,缓解我方相应的资金压力,现向贵公司申请借支人民币约200万元以及20万美元……贵公司应我方申请支付借款后,请贵司首先从应付给申请人的本项目最终结算工程款中直接扣减;不足部分(如有),我方将向贵公司全额返还。"申请人对上述该证据的真实性表示无法核实,但对于原件与复印件的一致性予以确认。

仲裁庭注意到,被申请人本请求证据15第447页和第448页是两份S银行的付款指示—明细报表,其中分别载有,2023年5月31日和12月20日被申请人分别要求银行向辛和壬支付了20,000美元和200,000美元,申请人对该证据的真实性不予认可,被申请人亦能未出示该证据的原件。

仲裁庭认为,尽管申请人对被申请人上述证据的真实性并未完全认可,但其中对申请人有利的内容仲裁庭应当给予采信。被申请人上述证据能够证明,一是被申请人所主张的两笔支付给施工二部的20,000美元和200,000美元均系施工二部向被申请人的借款,且其中有如无法从申请人的款项中扣除时,施工二部予以全额返还的明确的意思表示;二是施工二部留守人员是为了看护无人接收的本案工程现场甲供物资材料，相关费用系在2022年8月10日申请人停工撤场后发生，显然不属于本案主合同项下业主13期计量批复的已完合同价款范畴；三是被申请人实际是向两位自然人支付了相关费用。

综上所述，结合仲裁庭在下文有关申请人有权停工撤场并解除本案合同的意见，仲裁庭认为，一是因申请人停工撤场和解除本案合同后现场所发生的必要和合理费用不应由申请人承担；二是施工二部无权决定从被申请人应付给申请人的款项中扣除其向被申请人的借款，故仲裁庭无法采信被申请人有关该两笔付款应当计入本案合同项下已付款的主张。

6. 关于第69笔和第70笔被申请人向施工单位支付的农民工工资

被申请人主张，其于2023年2月24日直接向申请人的分包商施工一部支付的人民币约400万元和于2023年11月2日直接向申请人的分包商施工二部支付的人民币约200万元，均是由于申请人拖欠其分包商工程款，从而引发了拖欠农民工工资问题，同时引起了X省商务厅的高度关注并致函联合体组建方申请人与被申请人，要求两家单位妥善解决农民工工资问题。被申请人为维护稳定、妥善解决问题，根据申请人向被申请人回函中确认的待支付金额，即施工一部人民币约400万元和施工二部人民币约200万元，分别向施工一部和施工二部进行了支付。因此，应计入被申请人对申请人的已付款中，且与其是否属于13期计量范围之内并无关联。申请人则主张，该两笔农民工工资是本案合同解除后被申请人支付的费用，被申请人未能证明农民工收到该款项并确认该款项系合同解除前产生的费用，应由被申请人承担。

仲裁庭注意到，被申请人本请求证据55之2023年1月27日被申请人致申请人的《关于〈要求贵司支付工程款项的联系函〉的复函》载有："贵司来函中提及的农民工工资支付等相关事宜，我司高度重视，也愿意以坦诚的态度与贵司进行沟通、力所能及地提供双方妥善解决的方案以及部分急需用于解决该相关事件的资金（具体待我司研究后决定，且后续将从应付给贵司的工程款中直接扣除）；为此，也请贵司积极摸排好具体情况，并按照合同约定提供相应的申请支付文件并附上涉及的农民工人员姓名、收款信息、联系方式、出国情况(护照签证页)等。鉴于时间紧急,请贵司于1个工作日内函复我司。”该证据55之2023年1月29日申请人对被申请人上述函件的回函《工作联系单》及其附件,其中载有“我司作为央企子企业,一直高度重视国企职责和社会责任,我司已按照贵司的要求收集好施工单位的相关资料并转发至贵司(因时间紧急,我司无法复核资料准确性),恳请贵司立即支付农民工工资。”其附件一为“施工一标资料电子版”,附件二为“施工二标资料电子版”,其所附《关于急需解决农民工工资的相关事宜》系2022年12月28日由施工一部致申请人的函件,其中载有:“本次申请支付农民工工资约400万元,直接支付至农民工账户(见明细表),该笔款项从我公司的工程款中予以扣除,贵公司支付后,视同已向我公司支付了相应金额的工程款。”所附《U国330kV输变电工程施工一部中方工人工资表(截至2022年12月31日)》,载明了48名人员姓名、性别、岗位及其工资明细等,合计为人民币约400万元;其所附《关于急需解决农民工工资、回国费用等相关事宜》系2023年1月施工二部致申请人的函件,其中载有:“本次申请支付农民工工资约200万元,我公司承诺专款专用并在支付后向贵司汇报支付情况。”所附《U国输变电工程施工二部工资表(截至2022年12月30日)》载有26名人员的姓名、性别、岗位及其相应工资明细,合计金额为人民币约200万元,申请人对该证据的真实性表示认可。

仲裁庭认为,被申请人上述证据能够证明,一是被申请人是应申请人有关农民工工资问题的函件要求,向申请人提出了解决农民工工资的方案和相关要求;二是在被申请人已经明确其解决部分农民工工资急需的资金后续将从应付给申请人的款项中直接扣除的情况下,申请人根据被申请人的要求向被申请人提交了农民工工资明细,并明确恳请被申请人立即支付;三是施工一部和施工二部分别确认了申请支付的农民工工资总额,且施工一部明确是作为申请人欠付其工程款的一部分。

仲裁庭同时认为,农民工工资属于申请人应付相关分包商工程款的当然组成部分，申请人主动与被申请人协商解决拖欠农民工工资问题所需资金的事实表明，其实际了解并掌握其停工撤场前本案合同项下其欠付分包商工程款和拖欠农民工工资的实际情况。考虑仲裁庭下文中有关被申请人本请求证据15的意见，尽管申请人有因时间紧急无法复核资料准确性的意思表示，然而在要求被申请人代付农民工工资总额已经明确且申请人明知被申请人将根据其提供的信息支付农民工工资的情况下，申请人该等意思表示并不能在任何意义上否定是其要求被申请人代为支付相应总额的事实。

被申请人本请求证据15第393页系《J银行网上银行电子回执》，其中载明，2023年2月24日，被申请人以电子转账方式向施工一部支付了人民币约400万元，用途为："代申请人支付农民工工资"；该证据之2023年2月17日施工一部致被申请人的《关于申请资金支付农民工工资的相关事宜》，其中载有："在严峻的疫情形势下，我公司现场克服各种困难，项目线路的基础、立塔、架线工作已全部完成，并由我公司已分批将48名中方员工全部撤离现场，目前所有人员已经安全回到国内，将境外风险降至最低。截至目前，农民工工资、回国差旅隔离等费用一直没有得到解决。其中农民工工资人民币(下同)1011.05万元……为保证稳定，及时解决农民工工资问题，本次计划向相关农民工支付其工资共计约400万元……现向贵司申请代付约400万元用于支付农民工工资……该笔款项从我公司应收工程款中予以扣除，贵公司支付后，视同申请人已向我司支付了相应金额的工程款……"该证据第395页系Z银行《国内支付业务付款回单》，其中载明，2023年11月2日，被申请人以普通汇兑方式向施工二部支付了人民币约200万元，用途为："U国输变电项目代申请人支付工程款"。该证据之2023年10月20日施工二部致被申请人的《关于申请资金以支付相关费用的函》，其中载有："在严峻的疫情形势下，我方现场克服各种困难，项目线路的基础、立塔、架线工作已全部完成(因项目原因不能施工的除外)，并由我公司已分批将26名中方员工撤离现场，3人留守看护剩余材料，目前26名人员已经安全回到国内，将境外风险降至最低。截至目前，我方的农民工资、回国差旅隔离等费用一直没有得到解决。其中农民工工资人民币(下同)596万元……为了保管项目现场剩余材料、支付我公司留守看护人员的费用，缓解我方相应的资金压力，现向贵公司借支人民币约200万元以及20万美元……贵公司应我方申请支付借款后，请贵司首先从应付给申请人的本项目最终结算工程款中直接扣减；不足部分(如有)，我方将向贵公司全额返还。”申请人不认可该证据的真实性，但确认原件与复印件一致。

尽管申请人对被申请人上述证据的真实性不予认可，但申请人并未向仲裁庭提交足以反驳被申请人上述证据原件证明力的相反证据。仲裁庭认为，被申请人上述证据与仲裁庭上文意见中述及的被申请人本请求证据55相互印证，能够证明被申请人实际已经分别于2023年2月24日代申请人向施工一部支付了人民币约400万元的农民工工资，于2023年11月2日代申请人向施工二部支付了人民币约200万元。鉴于被申请人实际是向申请人的分包商施工一部和施工二部支付而非直接向农民工本人支付的农民工工资，而相应的款项属于申请人欠付其分包商工程款的组成部分，故只要申请人要求被申请人代付的该两笔款项不超过其欠付相应分包商的工程款，是否复核其向被申请人提交的代付农民工工资资料的准确性并无实际意义。

需要说明的是，尽管施工二部在向被申请人出具的上述《关于申请资金以支付相关费用的函》中亦有借款等的意思表示，但该等借款金额与仲裁庭上文意见中述及的申请人此前已经向被申请人提交的并请求被申请人支付的农民工工资金额一致，故该等意思表示并不能影响仲裁庭上文意见中的认定。

综上所述，仲裁庭认为，仲裁庭应当支持被申请人的主张，即第69笔申请人停工撤场后被申请人于2023年2月24日向施工一部支付的人民币约400万元和第70笔2023年11月2日向施工二部支付的人民币约200万元应当计入本案合同项下被申请人的已付款。

综合仲裁庭上文的意见，仲裁庭认为，本案合同项下被申请人已付款总额

(包括预付款)为2410余万美元各笔付款的付款日期、付款金额和已付款总金额如下表(略)。

(九)关于本案合同的解除

申请人主张,自2019年12月之后,被申请人就未再按照审批金额付款,欠款数额持续扩大,且2022年8月10日,现场已无施工工作面,申请人不得不通知被申请人停工,并基于被申请人的严重违约行为,依据《民法典》第563条第3项解除本案合同,为此申请人向仲裁庭提交了本请求证据给予佐证。被申请人则主张,其已依约履行本案合同下的全部转付款义务,本案合同不具备解除条件,应继续履行。被申请人作为联合体牵头方,积极履行向业主请款结算、催款和协调相关方的义务,不存在任何违约责任。业主或中国进出口银行延迟付款或者暂停放款,被申请人既无法控制,也无任何过错,故本案合同不具备解除条件。申请人声称的合同解除属于不当解除,不产生解除效力,双方应继续履行主合同和本案合同。

庭审中,申请人确认,本案合同解除的具体日期为2022年8月13日,申请人在庭后向仲裁庭提交的书面意见中对此亦给予了进一步明确。被申请人确认,申请人实际于2022年8月10日停工撤场,但在当庭作补充答辩时称,不认可申请人有关本案合同已于2022年8月13日解除的主张,认为申请人在2023年5月19日致被申请人的工作联系单仍表示在解决欠款问题后可开展剩余工程施工。

鉴于仲裁庭上述意见,截至业主13期计量批复,本案合同项下被申请人应付申请人的预付款和工程进度款为5670余万美元,被申请人本案合同项下的已付款为2410余万美元。故仲裁庭认为,截至申请人2022年8月10日停工撤场,本案合同项下被申请人欠付申请人的预付款和工程进度款累计金额为近3260万美元(计算公式为:5670余万美元-2410余万美元),欠付款占应付款总额的比例为57.47%(计算公式为:近3260万美元÷5670余万美元×100%)。

仲裁庭注意到，申请人本请求证据19系申请人致被申请人的《〈关于现场停工移交和要求支付工程款的函及工作联系函的回复〉的复函》，落款日期为2022年8月13日，其中载有："首先，我司正式通知贵司解除《U国输变电工程实施合作合同书》与所有相关协议（以下简称交易文件）"；"从贵司开始拖欠工程款（时间约为2019年12月）到我司发函通知停工退场并解除合同（时间为2022年8月10日），中间历时31个月。虽然我司尽最大诚意、最大努力勉强维持现场施工，所完成的工程量从最初完成了约9%到现在完成了约83%（尚有部分待计量），但贵司却一直未能解决拖欠工程款问题。截至我司发函通知停工退场并解除合同之时，贵司累计应付工程款项约为5904万美元（尚有部分待计量），但贵司仅支付了2392万美元。贵司拖欠工程款时间跨度长且金额巨大。不仅如此，我司一直催促贵司履行上述付款义务，也给了充分的时间，但贵司一直没有解决上述欠款问题。在此情形之后，我司当然有权解除合同并停工退场。"申请人证据17系申请人致被申请人的《关于因资金未解决现场被迫停工的告知函》（编号：JXDS-CJIC-LX-024）。其中载明："我部按贵司要求全力推进本项目，截至目前计量进度完成超77%，按照当前项目的实施进度及合同约定，贵司累计应付工程款项近5800万美元，但贵司仅支付近2300万美元。根据双方合作合同，本项目的资金问题由贵司负责解决，2022年6月22日我部通过函件'022'联系贵司：项目执行至今面临难以为继的困境并期望贵司提出合理有效的资金解决方案，截至2022年07月16日，我部仍未收到贵司相关书面回复。8月10日后现场将无施工工作面，届时我部将被迫停工，中方人员从8月11日起将陆续撤场，请贵司于8月30日前对现场已完工部分及未使用完的材料接收完毕。"被申请人对申请人上述两份证据的真实性予以认可。

庭审中，被申请人对申请人上述本请求证据19已于2022年8月13日以电子邮件送达被申请人表示认可。

仲裁庭认为，申请人上述证据及被申请人当庭确认的事实能够证明，一是申请人已就被申请人拖欠本案合同项下的工程款数次催告被申请人，但均未能得到解决，导致累计欠付款总额已达近3300万美元；二是申请人已就解除本案合同书面通知了被申请人，书面通知送达被申请人的时间为2022年8月13日。

《民法典》第563条规定："有下列情形之一的，当事人可以解除合同：(一)因不可抗力致使不能实现合同目的；(二)在履行期限届满前，当事人一方明确表示或者以自己的行为表明不履行主要债务；(三)当事人一方迟延履行主要债务，经催告后在合理期限内仍未履行；(四)当事人一方迟延履行债务或者有其他违约行为致使不能实现合同目的；(五)法律规定的其他情形。"第565条第1款规定："当事人一方依法主张解除合同的，应当通知对方。合同自通知到达对方时解除；通知载明债务人在一定期限内不履行债务则合同自动解除，债务人在该期限内未履行债务的，合同自通知载明的期限届满时解除。对方对解除合同有异议的，任何一方当事人均可以请求人民法院或者仲裁机构确认解除行为的效力。"

鉴于仲裁庭上述意见，且申请人承担着本案主合同项下的需要大量资金投入的设备采购和工程施工任务，而向申请人及时支付本案合同项下的工程款是被申请人的主要合同义务，在被申请人欠付巨额工程款的情况下，根据上述法律规定，仲裁庭认为，申请人依法具有解除本案合同的权利，且申请人已经依法行使了合同解除权，故仲裁庭确认，本案合同已于2022年8月13日解除。

需要说明的是，在庭审中，被申请人主张，2023年5月，申请人在向被申请人发送的工作联系单中明确表示，如果被申请人支付拖欠的工程款，申请人可以开展剩余工程的施工。该事实证明，申请人以实际行动默认了本案合同并未解除。申请人对此则不予认同。

仲裁庭注意到，申请人本请求证据29系申请人于2023年5月致被申请人的《关于要求贵司支付工程款项的联系函》(编号035)，其中载有："请贵司尽快筹款支付拖欠的工程款项。若贵司支付拖欠款项后，我司可以开展剩余线路施工。"被申请人对该证据的真实性表示认可。

仲裁庭认为,尽管申请人上述证据有附条件可以开展本案工程剩余线路施工的意思表示,但该等意思表示并不能简单等同于申请人继续履行本案合同,更不足以认定本案合同尚未解除,申请人与被申请人另行协商签订一份继续本案工程剩余线路施工的协议亦是可能的选项,故仲裁庭无法采信被申请人有关本案合同并未解除的主张。

(十)关于本案合同项下被申请人欠付的工程款

申请人主张,被申请人应当向其支付工程款3480余万美元,按照2024年1月4日美元兑人民币汇率中间价,对应的人民币金额为2.41亿元)。被申请人则主张,一是本案合同项下,其未欠付申请人工程款,且还超付了工程款;二是申请人无权解除合同,其发出的解除合同通知为不当解除,不发生解除合同的效力。

庭审中,被申请人对申请人以主合同项下业主13期计量批复的金额为准计算本案合同解除后申请人应得的结算工程款表示认可。

关于主合同约定的保留金(“retention”,或称质量保证金),申请人主张,本案合同解除后其没有承担本案工程质量保修的义务,本案工程无法按计划完工构成被申请人恶意阻止保留金返还条件成就,鉴于申请人已不再继续施工,故10%保留金的付款条件已经成就。

庭审中,申请人主张,其要求被申请人先行支付10%的保留金与保修义务是不同层面的问题,其不否认根据合同或者法律应当承担的保修义务。被申请人则主张,其不存在恶意阻止付款条件成就,即使本案合同已解除,申请人已经完成的工程,无论是根据合同还是根据法律规定,都应该承担保留金,且本案主合同约定的质保期还可能会延长。

仲裁庭注意到,本案主合同通用合同条款第42.3条对合同终止时,雇主需支付的已完工工程款、撤场遣返费、分包解约金、场地清理费、其他第三方债务等作出了明确的约定。根据上述约定,仲裁庭认为,如果承包商根据合同约定解除主合同,业主应当向承包商支付截至合同解除之日承包商已完工合同价款以及其他合理的费用，但未述及保留金（质量保证金）的扣留。

根据本案主合同附件一“付款条件和付款程序”以及主合同第三部分27.2条的约定，在本案合同履行过程中，业主有权扣留已完工合同价值的10%作为质量保证金，本案工程竣工之日起45日内返还5%，剩余5%在缺陷责任期届满之日起45日内返还剩余的5%。本案工程的缺陷责任期为24个月，自本案工程竣工证书颁发之日起算。

本案合同第2.1款约定：“甲方负责本工程所有对外事宜处理以及本工程约定的甲方工作内容，乙方根据上述1.6款规定的文件、雇主审定的图纸和相关技术规范等要求，完成本工程主合同中规定的设计施工任务，包括质量、进度、成本、安全和环保等所有要求，确保在规定工期内完工，工程质量达到主合同要求，并在质量保修期内承担工程质量保修责任。”

根据上述本案合同的约定，仲裁庭认为，本案合同约定的申请人应得的工程款包括了其承担质量保修义务的对价。

《建设工程质量管理条例》第39条第1款规定：“建设工程实行质量保修制度。”第41条规定：“建设工程在保修范围和保修期限内发生质量问题的，施工单位应当履行保修义务，并对造成的损失承担赔偿责任。”

根据上述行政法规的规定，仲裁庭认为，质量保修义务是作为本案工程已完工程施工单位的申请人的法定义务。本案合同解除并不能豁免申请人应尽的质量保修义务，故申请人在本案合同解除后对其已完工程仍负有质量保修义务。

关于申请人有关被申请人恶意阻止保留金返还条件成就的主张，仲裁庭注意到，被申请人本请求证据第650页系业主于2022年1月6日致被申请人的函件。其文大意为：你方有关将竣工日期顺延1年至2023年5月21日的请求正在被考虑，我方不久后即回复之表述，申请人对该证据的真实性不予认可，但确认原件与复印件一致。

仲裁庭同时注意到，申请人本请求证据10，业主批复日期为2022年1月

21日的付款证书，其中载明的竣工日期为2022年5月21日；业主批复日期2022年7月12日的付款证书，其中载明的竣工日期为2023年5月21日。

仲裁庭认为，上述被申请人与申请人证据相互印证，能够证明在申请人2022年8月10日停工撤场前，业主已经根据被申请人请求将本案工程的工期延长至2023年5月21日。在一般情况下，建设工程合同中设定工期延长条款的主要考虑正在于工程建设周期较长，过程中存在可能影响工期的诸多不确定因素，设立工期延长条款有利于及时厘清业主与承包商的延误责任。属于业主原因的，可以调整竣工日期，属于承包商原因的，承包商则需要承担逾期竣工的违约责任。如果工期延误不属于申请人责任，申请人有权根据本案工程主合同和本案合同的约定向被申请人主张工期延误的损失，与申请人是否应当承担工程质量保修义务是不同层面的问题。本案合同履行过程中，全球暴发新冠疫情和业主未能及时支付工程款均属于可能影响工期的因素，并不能完全归责于被申请人。申请人向仲裁庭提交的现有证据也不能完全排除申请人自身可能存在延误工期的责任，故仲裁庭无法采信申请人有关本案工程无法按计划完工构成被申请人恶意阻止保留金返还条件成就的主张。

仲裁庭同时认为，即便本案工程于2023年5月21日如期竣工，也只有本案合同约定的已完工合同价款5%的保留金（质量保证金）具备返还条件，故仲裁庭无法支持申请人有关本案合同项下的保留金（质量保证金）应当全额返还的主张。

住房和城乡建设部、财政部印发的《建设工程质量保证金管理办法》（建质〔2017〕138号）第7条规定："发包人应按照合同约定方式预留保证金，保证金总预留比例不得高于工程价款结算总额的3%。合同约定由承包人以银行保函替代预留保证金的，保函金额不得高于工程价款结算总额的3%。"

根据上述规范性文件的规定，鉴于本案主合同并未解除，综合考虑仲裁庭上文的意见和本案的案情，并考虑仲裁庭在下文第（十八）节第4项的意见，仲裁庭认为，本案中被申请人先行向申请人返还已完合同价款5%的保留金（质量保证金)应属公平和合理。

综上所述,根据仲裁庭上文意见第(六)部分中的统计分析结果,仲裁庭认为,申请人应得的工程款总额为近5670万美元。又鉴于仲裁庭在上文意见中已经认定,本案合同项下被申请人已付工程款为2410余万美元,故仲裁庭认为,本案合同项下被申请人欠付的工程款为近3260万美元(计算公式为:近5670万美元-2410余万美元)。

鉴于当事人双方在对仲裁庭《程序令二》的书面回复中均确认,当事人双方在本案本请求和反请求中所请求的款项以美元为货币单位的,本案裁决时均同时以中国人民银行公布的美元兑人民币汇率中间价折合出以人民币为货币单位的金额。考虑本案合同项下被申请人在我国境内向申请人支付的已付款均以人民币支付以及当事人双方在我国境内执行本案裁决时将受我国现行外汇管理制度的约束,仲裁庭对此不持异议。鉴于此,对上文意见认定的本案合同项下被申请人欠付申请人的工程款近3260万美元,仲裁庭将在本案裁决中暂按裁决作出之日中国人民银行公布的美元兑人民币汇率中间价折合出以人民币为货币单位的金额。该原则同样适用于本案其他本请求和反请求以美元为货币单位的裁决结果,仲裁庭在下文意见中对此将不再赘述。

(十一)关于申请人主张的工程款利息损失

申请人主张,被申请人应当以欠付工程款金额为基数,自每期欠款发生之日起至2019年8月19日按1年期银行贷款基准利率4.35%计算,2019年8月20日至实际支付之日按1年期贷款市场报价利率计算,向其支付工程款利息损失,暂计至2024年1月4日为近380万美元,按照2024年1月4日美元兑人民币汇率中间价,对应的人民币金额为近2620余万元。被申请人则主张,本案合同下其对申请人的付款义务仅是联合体关系的转付义务,就被申请人已收到的款项,均已按约转付申请人,实际早已超付。

审理查明,申请人实际是以业主13期计量批复的已完合同价款为基础计算的被申请人应付款和欠付款,未考虑本案主合同约定的预付款(advance payment)的实际支付情况,仲裁庭在上文第(八)部分意见中认定的被申请人在本案合同项下的已付款2410余万美元均分别归集计入与业主13期计量批复对应的已付款,但申请人在计算业主13期计量批复对应的被申请人欠付款时未抵扣本案主合同约定的15%的预付款。仲裁庭认为,申请人上述有关欠付工程款利息损失的计算方法实际是放弃了要求被申请人按本案合同约定向其支付预付款的权利,鉴于申请人该等计算方法明显有利于被申请人,仲裁庭对此不持异议。

关于申请人主张的利息计算标准,庭审中,当事人双方一致确认,本案中无论利息的计算基数是美元还是人民币,均适用中国人民银行或其授权机构同期发布的人民币利率。

根据本案主合同约定,主合同项下业主逾期付款的利息以逾期付款金额为基数,按每天2%的标准计算。鉴于本案中被申请人迟延支付工程进度款系因业主欠付主合同项下的工程进度款所致,仲裁庭认为,申请人有权依照上述主合同约定的2%/天的标准向被申请人主张逾期付款违约金,本案中申请人主张按照中国人民银行或其授权机构发布的1年期银行贷款基准利率和1年期贷款市场报价利率计算工程款利息损失明显有利于被申请人。又鉴于当事人双方上述的一致确认,故仲裁庭支持申请人有关工程款利息损失计算标准的主张,即本案合同项下被申请人欠付申请人工程款的利息损失,无论作为计算基数的工程款是以人民币还是美元计,2019年8月19日前欠付的工程款按1年期银行贷款基准利率4.35%计算,2019年8月20日至实际支付之日欠付的工程款,按相应的全国银行间同业拆借中心公布的1年期贷款市场报价利率计算。

庭审中,申请人当庭陈述,其在仲裁申请书中主张的1年期全国银行间同业拆借中心公布的贷款市场报价利率的利息计算标准是基于到本案开庭时是1年,如实际支付时已到了5年,就是5年期,故其将利息计算标准改成全国银行间同业拆借中心公布的贷款同期市场报价利率。

鉴于申请人的上述主张构成对其仲裁请求的变更，而在仲裁庭规定的期限内申请人并未以书面形式向仲裁庭提交相应的仲裁请求变更申请，故仲裁庭无法审理。

关于利息损失的起算时间，仲裁庭注意到，仲裁庭在上文意见中引述的本案主合同之附件约定，业主向被申请人支付预付款和保留金（质量保证金）的付款准备期均为45日，其有关75%进度款的约定亦有45日的付款准备期。

本案合同约定："如甲方未按本合同的规定支付相应款项且延迟支付超过28天，这时甲方被视为违约，甲方需赔偿因此给乙方造成的一切损失。"

根据仲裁庭在上文意见引述的本案合同和本案主合同的约定，仲裁庭认为，自业主项目经理签发相应付款证书之日起103日（计算公式为：45日+30日+28日）内，被申请人未向申请人付款应承担相应的利息损失，故申请人主张的工程款利息损失的起算时间应当自项目经理签发业主13期计量批复相应的付款证书之日另加103日之次日起算。鉴于申请人提请本案仲裁时当事人双方对本案合同解除尚存有争议且并未就本案合同解除后的结算款和本案合同项下的已付款达成一致，故仲裁庭认为，仲裁庭在上文意见第（十）部分中认定的被申请人欠付工程款近3260万美元的利息损失应当自申请人提请本案仲裁之日之次日，即自2024年1月5日开始计算，基本计算公式为：利息=Σ欠付款×利息计算期间×当期适用全国银行间同业拆借中心公布的一年期贷款市场报价利率（LPR）÷365天（具体计算列表略——编者注）。

综上所述，仲裁庭认为，暂计算至2024年1月4日，被申请人应当向申请人支付的工程款利息损失为300余万美元；自2024年1月5日起，被申请人向申请人支付的工程款利息损失应当以仲裁庭上述认定的欠付工程款近3260万美元为基数，按照相应的全国银行间同业拆借中心公布的1年期贷款市场报价利率继续计算至实际支付之日。

（十二）关于申请人主张的国内设备损失

申请人主张，因被申请人拖欠工程进度款，针对已完工但未发货的国内定制设备，无法转卖或做其他处理，申请人只能向供应商继续支付采购合同尾款并做报废处理，产生损失人民币近2550万元，应当由被申请人承担。被申请人则主张，申请人负责本案工程的采购工作，采购合同的付款义务人是申请人，被申请人在工程款转付/支付方面并未违约，被申请人对申请人不承担损失赔偿责任。

审理查明，申请人主张的国内设备损失赔偿金近2550万元共由5份设备采购合同的损失构成，分别是：

1. 中国H公司：采购高压电抗器及中性点小电抗，合同价款人民币约1374万元，扣减已付预付款，损失人民币约1236万元；

2. 中国K公司：采购断路器及隔离开关，合同价款人民币约345万元，扣减已付预付款，损失约人民币310万元；

3. 中国L公司：采购互感器及避雷器，合同价款约人民币114万元，扣减预付款后，损失约人民币102万元；

4. 中国M公司：采购通信设备，合同价款约人民币637万元，扣减预付款后，损失约人民币573万元；

5. 中国N公司：采购保护及计量设备，合同价款约人民币359万元，扣减已付预款，损失约人民币323万元。

庭审中，申请人主张，一是上述国内定制设备已经生产完成，但因为被申请人未向相关厂家支付发货款，厂家不发货；二是申请人已实际向上述设备厂商支付了其与相应生产厂商所签订的采购合同约定的预付款；三是5份设备采购合同中均未明确是专项和定制设备，申请人对定制的理解是国外适用的特殊设备，不是国内通用的常用设备。

仲裁庭注意到，申请人提交了与中国H公司、中国K公司、中国L公司、中国M公司和中国N公司签订的相关采购合同证据，被申请人对申请人上述证据的真实性不予认可，但确认原件与复印件一致。

仲裁庭认为，申请人上述证据最多只能证明其就本案工程与中国H公司、中国K公司、中国L公司、中国M公司和中国N公司分别签订过相关设备采购合同，并不足以证明其已实际向上述5家设备制造厂商支付了合同约定的预付款。

仲裁庭注意到，申请人本请求证据77系2022年1月中国K公司致被申请人和申请人的《关于U国项目产品顶用的通知函》，其中载明："……该项目原定于2021年5月到场监造……但是随后，我司就接到了多次监造和发货推迟的通知，至今也没有收到具体的监造时间和发货计划。该项目产品现已存栈超过6个月，为了保证产品质量，我司暂定将已生产的产品交由生产部门进行处理。请在贵司确认具体交货期及监造日期后，提前90天发函通知我司，我司将尽快安排重新排产。"被申请人对该证据的真实性不予认可，但确认原件与复印件一致。

仲裁庭认为，申请人上述证据既未述及因资金问题设备厂商拒绝发货，也未述及推迟监造和发货而将存栈设备交由生产部门处理会产生任何损失，因此，该证据不足以证明申请人有关设备厂商不发货是因为被申请人没有支付发货款、相关设备均为定制设备以及只能做报废处理的主张。

仲裁庭注意到，申请人本请求证据76系检查日期为2021年7月13～24日的检测报告（不可变更）节选及翻译件，以此证明中国H公司已经生产完成其采购的高压电抗器及中性点小电抗并完成设备试验。本请求证据78系两张断路器及隔离开关生产完毕图片，以此证明中国K公司已生产完成其采购的断路器及隔离开关。本请求证据79系落款日期为2021年4月28日的Test Report（节选），本请求证据80系四张互感器及避雷器生产完毕图片，以此证明中国L公司已生产完成其采购的互感器及避雷器并完成了设备试验。本请求证据81系3张通信设备生产完毕的图片，以此证明中国M公司已生产完成其采购的通信设备。本请求证据82系一张二次、保护及计量设备生产完毕的图片,以此证明中国N公司已经生产完成其所采购的二次、保护及计量设备,被申请人对上述证据的真实性均不予认可,但确认证据复印件与原件一致。

仲裁庭认为,即便仲裁庭采信申请人上述证据的证明效力,上述证据所显示的信息也无法令仲裁庭识别出相关设备已经生产完成或者就是申请人为本案工程所采购的设备。

本案合同约定:"工程实施过程中,如果乙方遇到了按主合同可能进行索赔的情况时,则乙方应通过甲方采取一切合理的步骤向雇主(雇主代表)提出索赔(包括追加付款、延长工期,或二者均有)。乙方应向甲方提供所有文件,并与甲方确认索赔金额。"

鉴于本案工程中业主亦欠付被申请人巨额工程款,被申请人可依据本案主合同向业主索赔因资金问题造成的损失。仲裁庭认为,根据本案合同的上述约定,即便申请人上述证据能够证明其为本案工程所采购的相关设备为专为本案工程定制、无法转卖和做其他处理,如果申请人主张的报废处理并因此需向被申请人索赔相应损失发生在申请人停工撤场和解除本案合同前,申请人在做报废处理前即应通知被申请人相关设备将做报废处理以及可能的损失。如果申请人做报废处理前未及时通知被申请人,申请人至少也应在做报废处理后及时通知被申请人,但本案中,申请人向仲裁庭提交的现有证据并不能证明其就此通知过被申请人,该等明显有违常理的事实令仲裁庭无法采信申请人在其停工撤场和解除本案合同前已对相关设备进行了报废处理。

本案主合同通用合同条款约定,如果合同根据通用合同条款解除,承包商应当立即:"(a)停止所有进一步的工作……(d)另外,受通用合同条款第42.3.4项规定的付款的制约,承包商应当(i)向业主交付截至解除合同之日承包商已经实施的工程的任何部分(ii)只要法律上允许……(iii)向业主交付截至合同解除之日承包商或其分包商制作的与工程有关的全部图纸、技术规范和其他文件。"

《民法典》第591条规定:"当事人一方违约后,对方应当采取适当措施防止损失的扩大;没有采取适当措施致使损失扩大的,不得就扩大的损失请求赔偿。当事人因防止损失扩大而支出的合理费用,由违约方负担。”

根据本案主合同的上述约定和上述法律规定,仲裁庭认为,在被申请人有权解除本案主合同的情况下,被申请人已经生产完毕的设备应当立即要求业主支付合同约定的款项并移交给业主。相应地,在申请人有权解除本案合同并实际解除本案合同后,其已经生产完成的定制设备应当要求被申请人付款并移交给被申请人,避免损失扩大,而不应直接做报废处理并要求被申请人赔偿相应损失。但正如仲裁庭在上文意见所述,本案中申请人向仲裁庭提交的现有证据并不足以证明其就此与被申请人有过必要的沟通。

综上所述,仲裁庭认为,申请人向仲裁庭提交的现有证据既不足以证明上述设备属于定制设备、已生产完毕和已做报废处理,也不足以证明其已经实际遭受了或者必然要遭受任何损失,故仲裁庭无法支持申请人有关该项损失的主张。

(十三)关于申请人主张的分包索赔损失

申请人主张,目前有 3 家供应商对申请人提起诉讼或仲裁索要欠款,申请人已为此支付相关费用,产生额外损失人民币 1000 余万元,该部分损失应当由被申请人承担。为此,申请人向仲裁庭提交了本请求证据 37 至证据 43 和证据 83 等给予佐证。被申请人则主张,本案工程所涉及的被申请人、申请人与申请人的下游供应商之间发生的诉讼(仲裁)案件中,既有判决(仲裁)均认定被申请人对申请人的下游供应商无支付义务。

审理查明,申请人主张的该项损失由 3 家分包商的损失构成,分别是:

1. 中国 O 公司人民币 80 余万元;利息损失人民币 60 余万元;受理费人民币近 5 万元;律师费人民币约 18 万元;

2. 中国 P 公司人民币 450 余万元;利息损失人民币 360 余万元;受理费人民币 34 万元;律师费人民币约 560, 000 元;

3. 中国 Q 公司人民币近 470 万元;利息损失人民币近 330 万元;受理费人

民币20余万元;律师费人民币约56万元。

关于第1项损失,仲裁庭注意到,申请人本请求证据37系Y市仲裁委员会于2023年11月28日作出的《Y市仲裁委员会裁决书》,其中载明:"本案中,被申请人(指本案申请人,仲裁庭注)亦未提供证据证明被申请人之前的已付款是以银行放款为前提,再结合自2020年5月13日起中国进出口银行未放款后,被申请人仍通过本案被申请人向申请人支付过案涉运输费用的事实,仲裁庭认为,被申请人关于中国进出口银行的放款是被申请人向申请人支付运输费用的支付条件的说法,缺乏充分的证据证明,仲裁庭不予采信。综上,仲裁庭对被申请人的该项抗辩不予采纳。""仲裁庭裁决如下:(一)被申请人中国B集团有限公司应向申请人中国O公司支付拖欠的国际货运代理费870余万元;(二)被申请人中国B集团有限公司应向申请人中国O公司支付逾期支付利息,该利息计算方式为:以870余万元为基数,按照全国银行间同业拆借中心公布的同期贷款市场一年期报价利率(LPR)从2022年2月14日起算至裁决书生效之日;(三)申请人中国O公司预交的本案仲裁费,由被申请人中国B集团有限公司承担并径付申请人中国O公司。"被申请人对申请人上述证据的真实性表示认可。

仲裁庭同时注意到,申请人本请求证据38之申请人与ZB律师事务所就上述申请人与中国O公司仲裁案件于2023年3月10日签订的《委托代理合同》,其载明"甲方(指申请人,仲裁庭注)应当向乙方(指ZB律师事务所,仲裁庭注)支付固定律师代理费人民币178000元整(含6%增值税)"。该证据之招商银行《出账回单》显示,申请人于2023年6月向ZB律师事务所支付了代理费人民币近20万元,被申请人对上述证据的真实性不予认可。

仲裁庭认为,即便申请人上述证据能够证明其实际支出的利息、受理费和律师费,但上述申请人本请求证据37作为有既判力的法律文书,已经认定申请人负有直接和及时向中国O公司付款的义务,且该等义务与本案合同项下被申请人是否及时和足额向申请人付款没有关联,其实际支出上述费用与被申请人迟延付款不存在直接的因果关系。

此外,根据仲裁庭在上文意见第(十二)部分中引述的《民法典》第591条的规定,仲裁庭认为,申请人本可以及时向中国O公司支付相关合同约定的款项,避免发生利息损失、仲裁受理费和律师费,然后再根据本案合同向被申请人主张欠付款及相应的利息损失,故即便申请人认为被申请人存在违约行为,其也未能恰当履行上述法律规定的减损义务。

综合上述分析,仲裁庭无法支持申请人有关该项损失的主张。

关于第2项损失,仲裁庭注意到,申请人本请求证据39系S省W市中级人民法院于2023年11月16日作出的(2023)《S省W市中级人民法院民事判决书》。其中,法院认定:"案涉买卖合同买方应确认为X省电力设计院,其为付款义务人。""其中,应付到货款(60%部分)逾期付款违约金,以开票金额×60%为基数,从开票日后6个月届满之日起至2022年8月13日(中国R公司起诉日)计算;安装款(20%部分),以开票金额×20%为基数,从2021年5月31日起至2022年8月13日计算,合计160余万元。此后至实际履行时止的逾期付款违约金,亦按5.78%计算。"判决结果为:"一、被告中国B集团有限公司于本判决生效之日起十五日内给付原告中国P公司货款、安装款计人民币2450余万元,至2022年8月13日止逾期付款利息160余万元(自2022年8月14日起至实际给付之日的逾期付款利息,以2450余万元为基数,按年息5.78%计算);二、驳回原告中国P公司的其他诉讼请求。如果未按本判决指定的期间履行给付金钱义务,应当依照《中华人民共和国民事诉讼法》第二百六十条之规定,加倍支付迟延履行期间的债务利息。案件受理费近20万元,诉讼保全费5000元,合计人民币近20万元,由被告中国B集团有限公司负担近19万元,原告中国P公司负担近1万元。"被申请人对该证据的真实性表示认可。

申请人本请求证据40系招商银行《出账回单》,其中载明,申请人于2023年12月15日向S省高级人民法院缴纳上诉费人民币近20万元。证据41系申请人与ZB律师事务所就上述申请人与中国P公司诉讼案件签订的《委托代理合同》,其载明"甲方应当向乙方支付固定律师代理费人民币约伍拾陆万元(含6%增值税)"。该证据之招商银行《出账回单》显示,申请人于2022年12月27日向ZB律师事务所支付了咨询服务费人民币约56万元,被申请人对申请人该证据的真实性不予认可。

同本节上文有关第1项损失的意见,仲裁庭亦无法支持申请人有关该项损失的主张。

需要指出的是,申请人上述证据证明,其作为本案损失主张证据的法律文书仍存在改判的可能,故尚不足以证明其所主张的损失实际发生,即便应当由被申请人承担,也属于未到期债权。

关于第3项损失,仲裁庭注意到,申请人本请求证据42系中国Q公司于2022年9月出具的致ZX市Y区人民法院的《民事起诉状》,被告为本案申请人和被申请人,请求判令申请人和被申请人支付本案工程铁塔采购合同剩余合同款人民币近3440万元;并以欠款为基数,按同期全国银行间同业拆借中心公布的贷款市场报价利率,支付自2021年7月4日起至款项实际履行完毕之日止的逾期付款利息;承担律师费,被申请人对该证据的真实性予以认可。

仲裁庭同时注意到,申请人本请求证据43系申请人与ZB律师事务所就上述申请人与中国Q公司诉讼案件于2023年3月签订的《委托代理合同》,其载明"甲方(指申请人,仲裁庭注)应当向乙方(指ZB律师事务所,仲裁庭注)支付固定律师代理费人民币约陆拾捌万元(含6%增值税)"。该证据之招商银行《出账回单》显示,申请人于2023年6月23日向ZB律师事务所支付了诉讼费人民币约680,000元,被申请人对申请人上述证据的真实性不予认可,申请人未能出示上述证据原件。

仲裁庭认为,一是即便仲裁庭采信申请人上述证据的证明力,申请人上述证据最多只能证明中国Q公司准备了向人民法院起诉申请人和被申请人的民事起诉状并因此签订了委托代理律师合同和支付了律师费,仲裁庭无法据此判断被申请人欠付申请人工程进度款与其所主张的该项损失之间存在直接的因果关系。二是申请人上述证据并不足以证明人民法院已经受理,即便相应损失实际发生后应当由被申请人承担,也属于未到期债权,申请人只能另案主张,故仲裁庭无法支持申请人有关该项损失的主张。

(十四)关于出口退税款

申请人主张,本案合同履行期间共有31批材料设备出口至U国并用于本案工程,涉及出口退税款人民币1240余万元根据本案合同约定,被申请人应向申请人支付上述出口退税款。被申请人则主张,本案出口退税系申请人委托了中国E公司办理,且已获得的出口退税款,被申请人早已按申请人的要求,将申请人申请的款项全部支付给了申请人的供应商,申请人无权再向被申请人主张该款项。

庭审中,当事人双方均确认,一是申请人系委托被申请人的子公司中国E公司通过被申请人的平台办理出口退税,出口退税款先支付到被申请人的银行账户;二是本案合同项下申请人31批材料设备出口已完成退税,退税额为人民币1240余万元;三是已经办理完成的退税额中,有近930万元已根据申请人意见由被申请人支付给了申请人的两家供应商用作货款,申请人同意计入出口退税款返还中,对此,申请人在庭后提交的对被申请人本请求证据32和证据33的质证意见中亦给予确认;四是申请人在本案中所主张的出口退税款未扣减其与中国E公司约定的代理费。

仲裁庭注意到,被申请人本请求证据31系2021年3月申请人与中国E公司就本案合同项下的材料设备出口退税签订的《代理出口协议》,其中载明,"鉴于:乙方(指中国E公司,仲裁庭注)是中国U国际经济技术合作公司的全资子公司";"乙方按每1美元收取人民币0.1元的代理费,按报关单美元金额与甲方(指申请人,仲裁庭注)进行结算",申请人对该证据的真实性表示认可。

仲裁庭认为,被申请人上述证据能够证明,申请人需要向中国E公司支付代理费,其标准为每1美元收取人民币0.1元,美元金额以报关单为准。

仲裁庭注意到，被申请人本请求证据58系中国E公司于2024年7月出具的《关于代理服务费的说明》，其中载明："2020年至2021年，X省设计院组织供货商以中国U国国际经济技术合作公司的名义出口了31批货物，我司均已完成退税。经统计，上述31批物资累计实际报关金额1550余万美元，共计退税额1240余万元人民币……据此，就上述31批物资，我司应收取代理服务费近160万元人民币"，申请人对该证据的真实性予以认可。

庭审中，当事人双方一致同意，由被申请人按照当事人双方共同确认的代理费金额从申请人应得的出口退税款中扣除并直接支付给其子公司中国E公司，申请人无须另行向中国E公司支付任何代理费。庭审结束后，申请人在向仲裁庭提交的对被申请人本请求证据31的质证意见中对此给予了确认，申请人向仲裁庭提交的代理意见中对应付中国E公司代理费为人民币近160万元亦予认可。

仲裁庭认为，被申请人上述证据能够证明，申请人所主张的出口退税款总额为人民币1240余万元，但其中并无中国E公司同意由被申请人直接从申请人应得的出口退税款中代扣并代为向其支付的明确的意思表示，故尽管当事人双方均同意由被申请人直接从申请人应得的出口退税款中代扣申请人应当向中国E公司支付的代理费近160万元。鉴于申请人与中国E公司双方约定的代理费系基于本案合同之外的其他法律关系，仲裁庭在本案中亦无法给予审理。

本案合同约定："甲方(指被申请人，仲裁庭注)应协助乙方(指申请人，仲裁庭注)办理用于永久工程的设备材料的出口退税手续，所退税款归乙方所有。"

鉴于仲裁庭在上文意见中已经认定，申请人同意用于支付其两家供应商货款的人民币近930万元计为被申请人已经支付给申请人的出口退税款，根据上述合同约定，仲裁庭认为，被申请人应当向申请人支付的出口退税款为人民币约315万元(计算公式为：人民币1240余万元-人民币近930万元)。

(十五)关于被申请人恶意索赔履约保函损失

申请人主张,因被申请人索赔履约保函的理由均不成立,申请人为减少损失及讼累,申请履约保函止付,由此产生的费用必要且合理,包括本金损失近800万美元(按照2024年6月美元兑人民币参考汇率计算,对应的人民币金额为5400余万元)、利息损失(以近800万美元为基数,自索赔款项支付之日至被申请人实际赔偿之日按1年期贷款市场报价利率计付,最终按照实际赔偿日的美元兑人民币汇率中间价折算为人民币,暂计至2024年7月7日金额为近1万美元,按照2024年7月美元兑人民币汇率中间价,对应的人民币金额为6万余元)、申请止付保函所支付的受理费损失人民币约5000元、申请追加财产保全所支付的保险担保费损失人民币5万余元、申请止付保函的律师费10万元,上述费用损失均应由被申请人赔偿。被申请人则主张,在申请人存在擅自停工撤场等违约行为且拒绝对履约保函进行展期的情况下,被申请人依法索兑保函的行为并不存在恶意或滥用权利的情形;V市金融法院驳回申请人终止支付保函项下款项的申请,亦证明被申请人索兑保函的合法正当性。

庭审中,申请人确认,其本项请求所主张的履约保函本金近800万美元实际于2024年6月26日直接按照J银行X支行换算为人民币的金额5400余万支付给了出具上述履约保函的J银行X支行,故其本项请求中主张的履约保函本金实际即为人民币5400余万元;对此,被申请人当庭未明确表示异议。

仲裁庭注意到,申请人本请求证据86系2024年6月J银行X支行向申请人开具的《关于已支付保函索赔款项的情况说明》,其中载明:“贵司2024年6月26日向我行内部账户支付的5400余万元人民币,用于编号为××665履约保函索赔款项已收悉,我行已于2024年6月26日汇至保函受益人中国U国际经济技术合作公司指定对公结算账户,交易附言‘编号为××665保函索赔款’。”申请人证据85系被申请人于2024年5月30日致J银行X支行的《索赔通知》,其中载明:“现我司根据该履约保函的规定,就该履约保函向贵行提出索赔:索赔金额为近800万美元。”申请人证据98系J银行X支行于2024年6

月26日致中国R公司和申请人的《关于按期支付保函索赔款项的告知函》,其中载有,“现以美元兑人民币参考汇率计算,请将约近800万美元折算等值人民币在2024年6月26日下午17:00前足额划扣至以下行内账户”,被申请人对申请人上述证据的真实性予以认可。

仲裁庭认为,申请人上述证据能够证明,其因被申请人向保证人J银行X支行索赔本案合同项下近800万美元的履约保函,按照J银行X支行的要求的币种和时间于2024年6月26日向J银行X支行支付了与被申请人索赔金额近800万美元等值的人民币5400余万元,J银行X支行同日向被申请人支付了人民币5400余万元。

本案合同第5.1款约定:“履约保函:甲方(指被申请人,仲裁庭注)与乙方(指申请人,仲裁庭注)签订合同后14个工作日之内,乙方应按甲方提供的格式向甲方提交金额为乙方包干费的10%(按照保函开具当日的汇率折合人民币)的履约保函,该保函不得附有任何附加条件且不可撤销,保函失效日期在主合同约定的保函失效日期基础上延长十五个自然日。”合同约定:“若施工期限延长,乙方应在保函到期前15个工作日内予以延期,否则甲方有权在到期前3日内予以没收保函,直至乙方递交新的保函。”

仲裁庭注意到,申请人本请求证据84系J银行X支行于2020年11月22日向受益人被申请人出具的《履约保函》(见索即付),保函编号为××665,其中载明:“一、本保函项下我行承担的不可撤销的保证责任最高限额为美元柒佰伍拾万元整(下称‘保证金额’)。二、1.本保函有效期至2024年6月5日止。三、在本保函的有效期内,我行将在收到你方提交的符合下列全部条件的书面单据后15个工作日内,以上述保证金额为限支付你方索赔金额:(一)本保函原件。(二)索赔通知。该通知应同时满足以下要求:1.列明索赔金额(币种、金额、大写)。2.说明被保证人在哪些方面违反了基础合同项下义务。3.声明索赔款项并未由被保证人或其代理人直接或间接地支付给你方。4.由你方法定代表人(负责人)或授权代理人签字并加盖公章……七、本保函适用国际商会第 758 号出版物《见索即付保函统一规则》URDG758(2010 年修订版)。”被申请人对申请人该证据的真实性予以认可。

仲裁庭同时注意到,申请人证据 85 载明的申请人主要违约行为有:“擅自违约声称解除《合作合同》、擅自停工撤场、拒不改正其实施的存在问题的工程内容,以及在工程实施并未完成但该履约保函有效期临近届满的情况下拒不延长该履约保函的有效期等,并且经我司多次函告和督促仍未予以整改或纠正。”被申请人以此向保证人索赔履约保函本金近 800 万美元,并要求保证人在收到索赔通知 15 个工作日内支付。

仲裁庭认为,履约保函是履约担保的一种表现形式,在建设工程合同中表现为保证人为承包商向业主提供的债务担保,保证承包商履行合同约定的义务和业主债权的实现。鉴于仲裁庭在上文意见中已经认定申请人有权停工撤场并依法解除本案合同,且本案合同已于 2022 年 8 月 13 日解除,故仲裁庭认为,迟至 2024 年 5 月 30 日,被申请人无权以申请人擅自违约声称解除本案合同、擅自违约撤场以及在工程实施并未完成但该履约保函有效期临近届满的情况下拒不延长该履约保函的有效期等为由向保证人索赔申请人所提交的履约保函。

关于被申请人所主张的申请人拒不改正其实施的存在问题的工程内容,仲裁庭注意到,本案合同约定:“如果乙方没有按照本合同的规定执行其他工作内容或忽视履行其义务,从而严重影响了工程的施工,甲方可向乙方发出违约通知,要求其对这样的不履行或忽视进行整改。如乙方未能在甲方规定的时间整改完成,乙方除承担因违反该条款所造成甲方或第三方的一切经济损失外,还需承担本合同总价款 10% 的违约金;情节严重的,甲方可直接终止合同,并将乙方清离现场,因清离现场所造成的一切损失全部由乙方承担,从履约保证金或合同报酬中直接扣除。”

根据上述合同约定,即使申请人存在拒不改正由其实施但存在问题的工程内容,但被申请人向仲裁庭提交的现有证据既不足以证明其曾经就此向申请人发出过违约通知,也不足以证明其因此终止了本案合同、将申请人清离现场并因此遭受了相应损失;且在仲裁庭上文意见中已经认定被申请人仍欠付申请人巨额工程款的情况下,更不足以触发本案合同约定的索赔履约保函的条件。综合仲裁庭在下文中述及的被申请人有关申请人拒不改正违约金近800万美元的仲裁反请求以及仲裁庭的意见,被申请人以申请人存在拒不改正其实施的存在问题的工程内容为由向保证人索赔申请人所提交的履约保函本金的条件并未成就。

综上,仲裁庭认为,被申请人要求保证人兑付申请人提交的履约保函的行为有违诚实信用原则,难免有人为扩大损失之嫌。又鉴于申请人实际是按照J银行X支行的要求直接以人民币向J银行X支行支付了5400余万元的履约保函本金,且J银行X支行实际也以人民币5400余万元向被申请人支付了其索赔的履约保函本金近800万美元,故仲裁庭无法支持申请人本项请求中有关履约保函本金以美元计付的主张。鉴于仲裁庭上文第(九)节的意见,且申请人本项请求包括按照实际支付日2024年6月公布的美元兑人民币参考汇率将履约保函本金近800万美元折算为人民币的金额5400余万元,仲裁庭支持申请人本项请求中有关履约保函本金以人民币支付的主张,即被申请人应当直接以折算后的人民币金额赔偿申请人实际支出的且亦是被申请人实际收到的履约保函本金人民币5400余万元。

关于申请人所主张的利息,鉴于利息为法定孳息,综合仲裁庭上文的意见,仲裁庭认为,仲裁庭应当支持申请人的该项主张,即被申请人应当以人民币5400余万元为基数。自2024年6月至被申请人实际赔偿之日,按同期全国银行间同业拆借中心公布的一年期贷款市场报价利率(LPR)向申请人支付利息,暂计算至2024年7月7日为人民币约6.3万元(计算公式为:人民币5400余万元×3.55%÷365日/年×12天)。鉴于申请人所主张的计算至2024年7月7日以人民币计付的利息仅为人民币6万余元,该等明显有利于被申请人的主张,仲裁庭应当予以采纳,故仲裁庭认定,暂计算至2024年7月7日的利息即为人民币6万余元。仲裁庭不支持申请人有关上述利息以近800万美元为基数进行计算后再折算为人民币的主张。

关于申请人主张的申请止付履约保函所支付的案件受理费,仲裁庭注意到,申请人本请求证据87和被申请人本请求证据36相同,均系V市金融法院于2024年6月作出的《V市金融法院民事裁定书》,其中载明的申请人为本案申请人,被申请人为本案被申请人,第三人为J银行X支行,同时载有:“本院经审查认为……《独立保函若干规定》第十二条明确了‘欺诈例外’原则,该条明确规定,具有下列情形之一的,人民法院应当认定构成独立保函欺诈:(一)受益人与保函申请人或其他人串通,虚构基础交易的;(二)受益人提交的第三方单据系伪造或内容虚假的;(三)法院判决或仲裁裁决认定基础交易债务人没有付款或赔偿责任的;(四)受益人确认基础交易债务已得到完全履行或者确认独立保函载明的付款到期事件并未发生的;(五)受益人明知其没有付款请求权仍滥用该权利的其他情形。根据《独立保函若干规定》第十四条第一款规定,人民法院裁定中止支付独立保函项下的款项,必须同时具备下列条件:(一)止付申请人提交的证据材料证明本规定第十二条情形的存在具有高度可能性;(二)情况紧急,不立即采取止付措施,将给止付申请人的合法权益造成难以弥补的损害;(三)止付申请人提供了足以弥补被申请人因止付可能遭受损失的担保。”“因此被申请人基于申请人履行合同违约而主张兑付履约保函。虽然被申请人未向J银行X支行附带提交相关申请人违约材料,但此并非独立保函索兑时的必要要求,再结合目前工程现状,双方就《合作合同》的履行存在争议。案涉合同履行情况以及合同主体的违约情况均属于需要经过实体审理的范畴,但从电建X省公司在本案中提交的证据来看,其未能提交充分证据证明其在合同履行中不存在违约行为,故本案中的索兑请求不足以认定被申请人作为受益人明知其没有付款请求权仍滥用该权利。”“因此,本案中申请人提交的证据材料难以达到使本院确信《独立保函若干规定》第十二条情形的存在具有高度可能性,申请人申请中止支付保函项下款项的依据不足”,“止付申请人以受益人在基础交易中违约为由请求止付的,人民法院不予支持"。"案件申请费5000元,由中国B集团有限公司负担(已交纳)。"申请人本请求证据88系保函止付申请费支付凭证,其中载明,申请人于2024年6月8日向V市金融法院支付了V市法院诉讼费人民币约5000元,被申请人对申请人上述证据的真实性予以认可。

仲裁庭认为,一是申请人本请求证据87和被申请人本请求证据36系有既判力的法律文书,其中认定的事实,仲裁庭应当予以采信。该证据能够证明,申请人在向人民法院申请止付履约保函时,未能提交充分的证据证明其在合同履行中不存在违约行为,而申请人亦不能以被申请人在履行本案合同时存在违约行为为由实现申请止付履约保函的目的。二是申请人上述证据相互印证,能够证明其为向人民法院申请止付实际支出了案件受理费人民币约5000元,但人民法院已经裁定该等案件受理费由申请人自行承担,并未要求作为当事人之一的被申请人分担。

仲裁庭同时认为,一是申请人作为履约保函的被保证人,在其提请本案仲裁尚未裁决而被申请人向履约保函保证人申请索赔的情况下,申请人应当对不可撤销、见索即付的独立保函能否被成功止付的情形和自己的举证能力有充分的认知,人民法院驳回其止付申请并裁定由其承担案件受理费的事实足以证明申请人未尽到应有的谨慎义务。二是申请人本项请求的主张之一即为要求被申请人赔偿履约保函本金的事实证明,即便被申请人成功索赔了履约保函,也不会对申请人的合法权益造成难以弥补的损害,故申请人向人民法院申请止付履约保函的行为并非必要,根据仲裁庭在上文意见第(十二)部分中引述的《民法典》第591条的规定,仲裁庭亦无法支持申请人要求被申请人承担其支出的案件受理费的主张。

综上所述,仲裁庭不支持申请人要求被申请人承担案件受理费人民币约5000元的主张。

关于申请人主张的申请止付履约保函律师费,鉴于该等律师费与上述案件受理费同属于申请人向人民法院申请止付履约保函所支出的案件办理费用,同仲裁庭本节上文有关案件受理费的意见,即便申请人因申请止付履约保函实际支出了任何律师费,仲裁庭亦无法支持申请人要求被申请人承担其实际支出的律师费的主张。

关于申请人主张的追加保全保险费,仲裁庭注意到,申请人本请求证据 89 系 X 省 Y 市中级人民法院于 2024 年 6 月 29 日作出《X 省 Y 市中级人民法院民事裁定书》,其中载明:“裁定如下,冻结被申请人中国 U 国际经济技术合作公司名下 53, 204, 250 元银行存款或者查封、扣押其名下其他同等价值财产。”被申请人对申请人该证据的真实性表示认可。

仲裁庭同时注意到,申请人本请求证据 90 系中国 T 公司于 2024 年 6 月 8 日出具的《中国 T 公司平安诉讼财产保全责任保险保单》和《中国 T 公司平安诉讼财产保全责任保险担保书》,其中载明的保费为人民币 5 万余元,保全标的为“被申请人名下银行存款人民币 53, 204, 250 元或等值财产”。申请人本请求证据 91 系招商银行《出账回单》,其中载明:“申请人于 2024 年 6 月 8 日向中国 T 公司 V 市分公司支付了人民币 5 万余元”。其中的“交易摘要”注明为“保险费”,被申请人对申请人上述证据的真实性不予认可,但确认证据 91 的原件与复印件一致。

2015 年版贸仲规则《仲裁规则》第 52 条第 2 款规定:“仲裁庭有权根据案件的具体情况在裁决书中裁定败诉方应补偿胜诉方因办理案件而支出的合理费用。仲裁庭裁定败诉方补偿胜诉方因办理案件而支出的费用是否合理时,应具体考虑案件的裁决结果、复杂程度、胜诉方当事人及/或代理人的实际工作量以及案件的争议金额等因素。”

仲裁庭认为,申请人上述证据 89 和证据 91 相互印证,能够证明申请人因本案追加财产保全支出了保全保险费人民币 5 万余元。根据上述《仲裁规则》的规定,仲裁庭支持申请人的该项主张,上述保全保险费人民币 5 万余元应当由被申请人承担。

（十六）关于申请人主张的财产保全费和担保费

申请人主张，被申请人应当承担其因本案支出的财产保全费用人民币约5000元和担保费人民币12万余元。

仲裁庭注意到，申请人证据46系2024X省Y市中级人民法院民事裁定书，该证据载明，冻结被申请人名下人民币305,682,905.38元银行存款或者查封、扣押其名下其他同等价值财产；案件申请费人民币约5000元，由申请人承担。申请人证据47系2024年2月16日X省Y市中级人民法院向申请人开具的《X省政府非税收入票据（电子）》，其中载明"项目名称"为"申请诉讼保全措施"，金额为人民币约5000元；申请人证据48系中国T公司于2024年2月1日向X省Y市中级人民法院提交的《中国T公司平安诉讼财产保全责任保险担保书》《中国T公司平安诉讼财产保全责任保险保单》《中国T公司平安诉讼财产保全责任保险担保书》。此证据载明，财产保全申请人为本案申请人，财产保全被申请人为本案被申请人，保险金额为人民币305,682,905.38元。《中国T公司平安诉讼财产保全责任保险保单》载明的当事人和保险金额与担保书相同，同时载明保费为人民币12万余元。申请人证据49系招商银行《出账回单》，其中载明，申请人于2024年3月15日向中国T公司V市分公司支付了人民币12万余元。其中"交易摘要"载明："X省国际案诉讼财产保全责任险保费"，被申请人对申请人上述证据的真实性予以认可。

仲裁庭认为，申请人上述证据相互印证，能够证明其因本案实际支出了保全费人民币约5000元和保全责任险保费人民币12万余元。

鉴于仲裁庭上述意见，根据上述2015年版贸仲《仲裁规则》第52条第2款的规定，仲裁庭认为，申请人因本案支出的财产保全费用人民币5000元应当由被申请人承担，申请人因本案支出的担保费人民币12万余元应当由被申请人承担其中的85%，人民币10万余元。

（十七）关于律师费和差旅费

申请人主张，被申请人应当承担其因本案支出的律师费人民币60万元和差旅费(以实际发生为准)。

庭审中,申请人确认其因本案支出的差旅费为人民币21,983元,但其在庭后明确该仲裁请求金额过迟,故仲裁庭决定,对于明确过迟的差旅费人民币22,582元不予受理。

仲裁庭注意到,申请人证据44系申请人与ZA律师事务所就代理本案仲裁程序和执行程序于2024年1月30日签订的《委托代理协议》,其约定:"基本工作费用:本协议签订之日起五日内,甲方向乙方支付60(陆拾)万元(人民币,下同),作为乙方代理本案仲裁程序及仲裁裁决执行程序的基本工作费用。"申请人证据45之2024年2月1日ZA律师事务所向申请人开具的《V市增值税专用发票》,其中载明"鉴证咨询服务律师费"。申请人证据45之《中国民生银行电子银行回单》显示,申请人于2024年2月7日向ZA律师事务所支付了60万元,用途为"U国纠纷案律师基本工作费用",被申请人对申请人上述证据的真实性予以认可。

仲裁庭认为,申请人上述证据相互印证,能够证明其因本案仲裁已实际向代理本案的律师原执业的ZA律师事务所支付了律师费。

综合仲裁庭上文的意见和本案的案情,根据2015年版贸仲《仲裁规则》第52条第2项的规定,仲裁庭认为,申请人实际支出的上述律师费由被申请人承担其中的2/3是合理和公平的。

(十八)关于被申请人仲裁反请求

庭审中,被申请人当庭确认,除其所主张的申请人拒不整改两项质量问题违约金外,其在本案中的其他仲裁反请求均以申请人不具有本案合同解除权为前提。

1. 关于本案合同的继续履行

被申请人主张,其已依约履行本案合同项下的全部转付款义务,本案合同不具备解除条件,申请人声称的合同解除属于不当解除,不产生解除效力,双方应继续履行主合同和本案合同。

鉴于仲裁庭在上文意见中已经认定,申请人依法享有本案合同解除权,故仲裁庭无法支持被申请人有关本案合同不具解除条件,双方应当继续履行本案合同的主张。

2. 关于申请人返还超付的工程款

被申请人主张,其在主合同项下的收款金额为 3080 余万美元,根据本案合同约定,被申请人应向申请人支付近 1650 万美元,实际已支付 2440 余万美元,超付近 800 万美元,申请人应当予以返还。

鉴于仲裁庭在上文意见中已经认定,本案合同项下被申请人仍欠付申请人工程款,且申请人依法享有本案合同解除权,故仲裁庭无法支持被申请人有关申请人应当返还其超付工程款近 800 万美元的主张。鉴于此,仲裁庭在此分析和判断被申请人所主张的应付申请人工程款金额对本案裁决已无实际意义。

3. 关于超付工程款利息

被申请人主张,申请人应向其支付超付工程款近 800 万美元的利息损失。自 2021 年 9 月 18 日起至实际支付之日止,暂计算至 2024 年 4 月 12 日为人民币 450 余万元。

鉴于仲裁庭在上文意见中并未支持被申请人有关申请人返还其超付工程款的主张,故仲裁庭亦无法支持被申请人有关超付工程款利息的主张。

4. 关于申请人拒不整改违约金和被申请人损失

被申请人主张,因申请人拒不整改,根据本案合同约定,申请人应承担拒不整改违约金近 800 万美元,并承担被申请人因申请人擅自撤场所遭受的实际损失人民币近 500 万元。为此,被申请人向仲裁庭提交了反请求证据予以佐证。申请人则主张,一是合同履行期间,业主已对本案工程铁塔基坑回填情况进行逐基检查,并审批认可,且铁塔基础为埋深为 3 米的钢筋混凝土,即便因工程所在地雨季冲刷导致回填土流失,也不属于严重影响工程质量的缺陷;现场检查没有通知申请人参加,其中的检查结论也无法反映现场实际情况。二是被申请人提出申请人拒不整改问题,不符合本案合同约定的违约金支付情形,本案合同解除后被申请人继续顺利施工且目前已完成工程进度约90%，被申请人也从未声称其为解决如此严重的质量问题采取了哪些行动，可见至少未对工程施工产生严重影响。

被申请人在庭审中及庭后向仲裁庭已提交的书面材料中确认，一是其本项反请求所主张的违约金近800万美元（暂按2024年4月12日中国人民银行发布的美元兑人民币汇率中间价，折合人民币5160余万元，实际应以本裁决作出时对应的汇率为准）是基于申请人存在拒不整改质量问题的违约行为；二是其主张的损失为人民币近500万元。

关于被申请人所主张的拒不整改质量问题违约金，仲裁庭注意到，被申请人本请求证据60至证据67系2020年12月13日至2022年4月19日涉及工程回填和混凝土质量要求和相关质量问题的会议纪要和往来函件，以证明申请人负责的工作自2021年年初开始即存在基础回填、未压实等质量问题，且申请人一直未整改，申请人对上述证据的真实性表示认可，但不认可证明目的。

仲裁庭同时注意到，申请人本请求证据95系665份塔基回填检查表，其中载有本案工程在1号塔至665号塔4个塔基回填土的检查结果均为“批准通过”，其上有承包商、业主检查和审批代表的签字，底部载有：“备注：本检查表应当与周进度报告一并提交。”塔基工程只有在承包人的回填土工程合格且经过D审批的情况下方可认为完成。申请人本请求证据96系两份周度进展报告，其上有业主检查和审批代表的签名，日期为2022年6月27日，载有A部分共有353座塔，基础工程完成353座，Section B共有315座塔，基础工程完成311座。被申请人对该证据的真实性予以认可，但不认可证明目的，认为业主签字人员无权对质量情况作出认定。

仲裁庭认为，被申请人上述证据只能证明本案合同履行过程中申请人施工的工程质量存在的问题，并不足以证明所存在的问题在已经完成的工程中仍然存在。而申请人上述证据相互印证，能够证明，一是本案工程共665座铁塔的塔基已经完成并通过业主的验收，回填工程质量合格（proper backfilling has been done)；二是只有回填工程质量合格才能认定基础工程已完成，即计入13期计量批复已完合同价款的基础工程均应属于已经业主检验合格的工程。

仲裁庭注意到，被申请人反请求证据4-1系本案工程业主于2022年12月7日致被申请人Section A铁塔平台和进场道路(access road)检查报告。报告形成时间为2022年9月14日，其中载明：本报告主要是检查和评估经过近期数次降雨A段铁塔平台回填土和进场(巡检)道路状况。U国D电力公司注意到若干铁塔平台的回填土出现了沉降。出现沉降的大部分原因是回填土夯实不够甚至完全没有夯实。如果这种情况不能得到修补，铁塔结构可能发生不均匀沉降并可能影响其功能。该报告还以表列的方式列出了具体的铁塔平台和进场道路存在的问题和相应的处理建议(Recommendations)，部分铁塔之间的进场道路需要增加下埋的穿路排水管。申请人对该证据的真实性表示无法核实，但确认该证据复印件与原件一致，但申请人在庭后向仲裁庭提交的书面代理意见中主张，本案合同履行期间，被申请人从未通知其Section A存在问题。

仲裁庭同时注意到，被申请人反请求证据4-2系本案工程业主于2022年8月10日致申请人的Section B铁塔基础和进场路缺陷通知。报告形成时间为2022年6月30日，其中载明：本报告主要是检查和评估经过近期数次降雨B段铁塔基础回填土和进场(巡检)道路状况。U国D电力公司注意到若干铁塔的回填土基础出现了过大的沉降甚至坍塌。出现基础坍塌的大部分原因是回填土夯实不够，甚至有一些完全没有夯实。如果这种情况不能得到解决，已建成的铁塔可能倒塌并因此妨碍整体输电线路的功能。该报告同样以表列的方式列出了具体的铁塔平台和进场道路存在的具体问题和相应的处理建议(Recommendations)。申请人对该证据的真实性表示无法核实，被申请人出示了该证据的原件，但申请人在庭后向仲裁庭提交的书面代理意见中主张，该证据系本案合同解除后被申请人发至项目电子邮箱(非申请人公司电子邮箱)，并非有效送达申请人。

仲裁庭还注意到，被申请人本请求证据 68 系被申请人向“330”邮箱发送电子邮件的截图，以此证明其于 2022 年 8 月 28 日将上述被申请人反请求证据 4－2 发送给申请人并要求其做好整改工作，申请人对该证据的真实性表示认可。

仲裁庭认为，即使仲裁庭采信被申请人上述证据的证明力，被申请人向申请人送达上述业主检查报告的最早时间 2022 年 8 月 28 日，也已经晚于仲裁庭在上文意见中认定的本案合同解除时间 2022 年 8 月 13 日。

本案合同约定：“如果乙方（指申请人，仲裁庭注）出现下列情形：18.1.1、乙方被依法判定不能支付其到期债务，或者自愿或非自愿地宣告破产、停业清理或解体（为合并或重建目的而自愿的清理除外），或者已失去偿付能力；或者与其债权人作出安排，或者作出对债权人的转让；或者同意在其债权人的监督委员会监督之下执行本合同……18.1.4、在甲方（指被申请人，仲裁庭注）根据本款规定作出要求乙方清除有缺陷的材料或修补有缺陷的工作的指示后，乙方拒绝执行或忽视此类指示；18.1.5、乙方无视甲方的事先书面警告，反而固执地或公然地忽视履行本合同所规定的其任何义务……甲方可书面通知乙方进行改正，如乙方在 28 天内未采取有效改正措施，将被视为严重损害合同，而合同又未对赔偿（补救）这种损害作出规定，这时乙方被视为违约，甲方要求乙方赔偿因此而给甲方造成的一切损失，同时甲方有权因乙方违约终止合同，并不因此向乙方承担任何责任。”合同约定：“如果乙方没有按照本合同的规定执行其他工作内容或忽视履行其义务，从而严重影响了工程的施工，甲方可向乙方发出违约通知，要求其对这样的不履行或忽视进行整改。如乙方未能在甲方规定的时间整改完成，乙方除承担因违反该条款所造成甲方或第三方的一切经济损失外，还需承担本合同总价款 10% 的违约金；情节严重的，甲方可直接终止合同，并将乙方清离现场，因清离现场所造成的损失全部由乙方承担，从履约保证金或合同报酬中直接扣除。”

根据本案合同的上述约定，仲裁庭认为，一是被申请人主张的申请人“拒不整改”质量问题构成违约并适用本案合同约定的违约责任的基础条件是本案合同处于存续状态,其最严重的法律后果是被申请人有权解除本案合同;二是在本案合同仍处于存续状态时,申请人是否构成违约并因此需要承担被申请人或第三方的经济损失和违约金是以申请人在收到被申请人违约整改通知后仍未及时整改,且相关质量问题已经“严重影响了工程的施工”为前提。

鉴于仲裁庭在上文意见中已经认定本案合同已于2022年8月13日解除,仲裁庭认为,被申请人在本案合同解除后才通知申请人整改的质量问题,即使问题确实存在且申请人未及时整改,也不适用本案合同的约定,故仲裁庭无法支持被申请人依据本案合同要求申请人承担近800万美元违约金的主张。

又鉴于被申请人反请求证据4-1和证据4-2所附报告形成的时间与业主发送给被申请人的时间均超过1个月,仲裁庭认为,该事实证明,即便其中所反映的质量问题存在且可能构成较严重的隐患,尚没有达到必须立即予以整改的严重程度。本案工程施工过程中申请人施工的铁塔基础回填土工程已经通过业主验收,且本案庭审之日距申请人停工撤场已近两年,但被申请人并未能向仲裁庭提交证明上述需整改的质量问题已经严重影响了本案工程的施工或者已经造成了任何损害的任何证据。鉴于仲裁庭在上文意见中已经认定,在本案合同已经解除的情况下,申请人仍负有对其已完工程的质量保修义务,故如果被申请人所主张的质量问题确实存在且属于申请人责任,申请人应当以保证本案工程安全以及顺利施工、竣工和交付为原则及时予以整改,依法履行其对已完工程的质量保修义务。

关于被申请人主张的申请人擅自停工撤场的违约行为所导致的实际损失人民币近500万元,鉴于仲裁庭在上文意见中已经认定申请人有权停工撤场并解除本案合同,故仲裁庭无法支持被申请人有关该项损失的主张。鉴于此,仲裁庭在此分析和判断被申请人是否因申请人停工撤场而遭受了实际损失及其损失大小对本案裁决已无实际意义。

5. 关于申请人立即返工和被申请人防止损失扩大发生的费用

被申请人主张，申请人应当立即返工，依约完成剩余未完工程，并承担被申请人自行或委托第三方采取补救措施、防止损失扩大发生的费用。

庭审中，被申请人当庭确认，其本项反请求所主张的防止损失扩大的费用因尚未发生，没有具体的费用金额，故其在本案中撤回，待将来实际发生费用后再另案主张。

鉴于仲裁庭在上文意见中已经认定，申请人具有解除本案合同的权利且本案合同已于 2022 年 8 月 13 日解除，故仲裁庭无法支持被申请人要求申请人立即返工、依约完成剩余未完工程的主张。

6. 关于被申请人的本案仲裁费、财产保全费、鉴定费、律师费、公证服务费和差旅费等

被申请人主张，申请人应当承担被申请人支出的本案仲裁费用、财产保全费、鉴定费、律师费、公证服务等全部费用 420 余万元。

仲裁庭注意到，被申请人在《对仲裁反请求第四项、第六项的说明》中明确，其本项反请求金额人民币 420 余万元包括仲裁费、律师费、财产保全费和差旅费，但被申请人并未向仲裁庭明确其本案反请求包括的鉴定费和公证服务费的具体金额。

鉴于被申请人的上述其他仲裁反请求仲裁庭均未给予支持，故仲裁庭亦无法支持被申请人的本项反请求。鉴于此，被申请人是否明确其本项反请求所包括的各项费用的具体金额以及仲裁庭在此对其各项费用的实际发生情况进行分析和判断对本案裁决均已无实际意义。

（十九）关于本案仲裁费

2015 年版贸仲《仲裁规则》第 52 条第 1 款规定："仲裁庭有权在裁决书中裁定当事人最终应向仲裁委员会支付的仲裁费和其他费用。"

综合仲裁庭在上文的意见和本案案情，仲裁庭认为，本案本请求仲裁费用应当由申请人承担其中的 30%，被申请人承担其中 70%；本案反请求仲裁费应

当由被申请人自行承担。

三、裁　　决

基于上述的案情与理由，经合议，仲裁庭对本案裁决如下：

1. 确认申请人与被申请人签订的《U国输变电工程实施合作合同书》已于2022年8月13日解除。

2. 被申请人向申请人支付工程款近3260万美元（按照2025年4月29日中国人民银行公布的美元兑人民币汇率中间价计算，对应人民币金额为约2.30亿元）。

3. 被申请人向申请人支付工程款利息损失，以各期欠款为基数，自相应欠款应付之日计算至2022年8月19日按年利率4.35%计算，自2019年8月20日至实际支付之日按1年期全国银行间同业拆借中心公布的1年期贷款市场报价利率计算，暂计算至2024年1月4日为近300万美元；2024年1月5日起，被申请人应当向申请人支付的工程款利息损失以欠付工程款近3260万美元为基数，按照全国银行间同业拆借中心公布的1年期贷款市场报价利率继续计算至实际支付之日。

4. 被申请人向申请人返还出口退税款人民币约315万元。

5. 被申请人向申请人赔偿索赔履约保函给申请人造成的损失，包括本金损失人民币5400余万元、利息损失（以人民币5400余万元为基数，自索赔款项支付之日2024年6月26日至被申请人实际赔偿之日按1年期贷款市场报价利率计付，暂计至2024年7月7日为人民币6万余元）和申请追加财产保全所支付的保险担保费损失人民币5万余元。

6. 被申请人向申请人支付其因本案仲裁而支付的律师费人民币40万元，财产保全费用人民币约5000元、担保费人民币10万余元。

7. 驳回申请人的其他仲裁请求。

8. 驳回被申请人的全部仲裁反请求。

9. 本案本请求仲裁费由申请人承担 30%，被申请人承担 70%；由于该笔费用已由申请人向仲裁委员会全额预缴并冲抵，故被申请人应直接向申请人支付代其垫付的仲裁费；本案反请求仲裁费由被申请人自行承担，并已由被申请人全额预缴并相冲抵。

上述第 2 项至第 6 项和第 9 项被申请人应当向申请人支付的款项自本裁决作出之日起 30 日内支付完毕。

本裁决为终局裁决，自裁决书作出之日起生效。

案例评析

【关键词】

国际工程　联合体承包　转包　“背靠背”付款条件　合同解除权

【焦点问题】

本案既有本请求亦有反请求，根据当事人提交的仲裁材料和审理情况，仲裁庭共概括了14项争议焦点和重点问题，其中最核心的争议焦点是当事人双方合作关系的法律性质，即究竟是国际工程联合体法律关系还是转包关系。其他诸如本案合同项下的付款义务、申请人的合同解除权等争议焦点均与该核心争议焦点紧密关联，该核心争议焦点的认定决定着本案裁决结果。

【焦点评析】

2017年，被申请人与业主就某海外电力工程签订EPC总承包合同（以下简称主合同）。2019年，被申请人与申请人就本案工程设计、采购、施工签订本案合同。

申请人提起仲裁，主张当事人双方之间是国际工程转包关系。本案工程开工后截至2022年8月10日停工，申请人完成了全部设计、采购以及大部分施工任务，但被申请人拖欠申请人巨额工程款，申请人不得不通知被申请人停工，并基于被申请人的严重违约行为依法解除本案合同申请人向仲裁庭请求裁决确认合同已解除，以及被申请人支付拖欠工程款和相关损失。

针对申请人的仲裁请求，被申请人提起仲裁反请求，主张当事人双方就本案工程承包是基于政府文件和双方协议的联合体法律关系，且双方已经形成联合体合作方式的商业习惯。被申请人仅负有转付业主已付款的义务，且其不但依约履行了本案合同下的全部转付款义务，还超付了工程款，本案合同不具备解除条件，申请人擅自停工撤场并拒绝按照业主和被申请人要求对质量缺陷进行整改，被申请人请求裁决申请人继续履行合同并承担被申请人相关损失。

现结合本案案情及争议焦点问题，评述如下。

一、关于当事人双方之间的合作关系

我国对外工程承包企业与国内建筑业企业合作开展对外国际工程承包业务时最常见的合作方式是联合体和总分包。具体到本案，根据当事人双方就本项争议焦点的主张，为认定当事人双方之间的合作关系，仲裁庭需要回答三个层面的问题：一是主合同项下当事人双方是不是联合体法律关系；二是本案合同项下当事人双方之间是否为联合体法律关系；三是当事人双方是否就联合体合作关系已经形成商业惯例，其中还包括有关我国禁止转包和主体结构分包等法律规定是否适用等问题的认定。

经审理，裁决未支持被申请人有关当事人双方之间系联合体法律关系的主张，主要理由：一是本案主合同招标文件明确规定联合体投标需按招标文件规定的格式签订联合体协议、明确联合体牵头人并作为投标文件的一部分提交给业主，但被申请人提交的证据未能证明双方签订有任何联合体协议并作为投标文件的组成文件，故在本案主合同意义上，当事人双方并非联合体法律关系。二是根据《民法典》，契约型联合体是基于当事人签订的联合体协议而非政府核准文件。根据《对外承包工程管理条例》和商务行政部门的配套管理制度，无论是对外承包工程的立项审批、核准，还是备案均未设定合作方式的审批、核准或备案要求。联合体各方均是联合体成员，应当遵循利益共享和风险共担原则，并就所承包工程对业主承担连带责任，双方之间是平等的合作关系，而本案合同约定的文义清晰地表明，被申请人与申请人之间是雇佣与被雇佣的关系，故就本案合同而言，当事人双方之间并非联合体法律关系。三是根据被申请人提交的证据，当事人双方过往工程以联合体方式合作时均签订有联合体协议，故有关当事人双方之间系已形成商业惯例，就其他项目再行合作时不再需要签订相应的联合体协议的主张不能成立。

关于当事人双方是否属于国际工程转包关系，本案中当事人双方在确认准据法为我国法律的同时，被申请人提出本案应排除我国法律有关禁止工程转包和主体结构分包等规定。仲裁庭支持了被申请人的该项主张，主要理由：一是现行禁止工程转包和禁止主体结构分包等规定植根于我国《建筑法》确立的建筑业资质管理制度中，然而，境外国际工程承包实践中却鲜见对工程承包企业要求具备我国建筑业资质的情况。本案工程业主招标时即未要求投标人具备我国建筑业相关资质，故禁止转包和主体结构分包等规定在境外国际工程发承包活动中缺乏适用的基础。《对外承包工程管理条例》侧重规范的是分包单位的资质和分包单位不得转包和再分包。二是我国"窗口型"对外工程承包企业践行国家"走出去"战略时，如果为规避我国法律有关转包和分包的相应规定，与国内建筑业企业就境外国际工程承包签订合作或分包合同时选择适用工程所在国的法律，无疑会大大增加合同双方的交易成本和经营风险，进而影响我国工程承包企业承揽国际工程的竞争力。三是如果合同双方在签订合同时明知适用我国法律，某些特殊规定可能导致合同无效的法律后果，却依然不加限定或排除地选择适用我国法律，不符合理性经济人趋利避害的本性，因而也几无可能是合同双方的本意。四是被申请人承揽本案工程经过我国有权机关批准。诸如被申请人此类的"窗口型"工程承包企业，在境外国际工程发承包活动中，选择具有我国建筑业相关资质和能力的企业作为其合作单位或分包单位负责具体实施工程的设计和施工等具体工作，会更好地保证工程质量和安全，维护业主的利益，应予鼓励。五是《建筑法》作为调整和规范建筑活动的特别法，其效力优先于其他法律规定和司法解释。

鉴于此，又考虑仲裁庭在认定被申请人具有付款义务是基于本案合同约定的"背靠背"支付条件视为成就，裁决书并未明确支持申请人有关当事人双方之间属于境外国际工程转包关系的主张，而是在认定双方不属于联合体法律关系的基础上采用了相对模糊的表述。

二、关于本案合同项下被申请人的付款义务和申请人的合同解除权

工程款的收付机制是工程承包联合体协议的要素内容之一。常见的流程是由代表联合体对外的牵头人负责向业主收款并向联合体其他成员转付各自应得的业主已付款项。具体到本案,被申请人主张其作为联合体牵头人仅负有向其他联合体申请人“转付”业主支付的工程款的义务,且没有向业主催要工程款的义务。

鉴于仲裁庭认定当事人双方并非联合体法律关系,又根据本案主合同和本案合同的相关约定,裁决书未采信被申请人有关其在本案合同项下只有工程款“转付”义务的主张,而是认定本案合同约定的工程支付条件更接近于习惯所谓的“背靠背”的付款方式。仲裁庭又根据当事人双方的证据和审理查明的事实,裁决书在逐项分析业主已经确认的付款证书和逐笔分析当事人双方之间的资金往来情况的基础上认定,截至申请人 2022 年 8 月 10 日停工撤场,业主欠付被申请人 7000 余万美元的应付工程款;相应地,被申请人亦欠付申请人 2000 余万美元的应付工程款。而被申请人并未行使合同约定的相关权利和及时寻求法律救济,尽管不能排除其中存在被申请人更有大局观的因素,但审理查明其中有其维护特定区域市场长远利益的考量,加之考虑被申请人自认其有动用自有资金向申请人支付了部分工程款的事实,且本案中被申请人主合同项下的设计、采购和施工等主要交付义务均实际完全由申请人承担,申请人需要大量的生产资金投入和确实面临巨大的资金压力。根据《民法典》第 159 条的规定,仲裁庭认定,合同约定的“背靠背”条件应视为成就,故被申请人负有向申请人支付工程款的义务。鉴于此,根据《民法典》第 563 条和第 565 条第 1 款的规定,仲裁庭认定,因被申请人严重拖欠工程进度款,申请人依法具有解除本案合同的权利,并确认本案合同于 2022 年 8 月 13 日申请人解除通知送达之日解除。

三、关于本案的其他争议焦点

在仲裁庭已经认定被申请人具有付款义务、严重拖欠工程进度款且申请人

具有合同解除权的基础上，本案申请人主张的有关欠付工程款金额以及支付条件是否成就、工程款利息损失的起算时间和计算标准、实际损失、出口退税款、被申请人兑付履约保函本金和相应损失以及被申请人主张的返还超付工程款和拒不整改质量问题违约金等其他争议焦点，均根据合同约定、法律规定和审理查明的事实迎刃而解。本案最终裁决确认本案合同已经解除，被申请人向申请人支付欠付的全部工程款和相应的利息损失，并向申请人返还出口退税款，赔偿索赔履约保函给申请人造成的损失，仲裁庭驳回被申请人的全部仲裁反请求。

【结语】

我国国内企业就涉外国际工程承包的合同争议纠纷在我国涉外仲裁实践中占有较大比例，其中，相对少见的是联合体协议争议，总分包合同争议则较常见。该类案件中经常出现分包单位以总承包单位违法分包或违法转包为由主张合同无效的情况，其主要目的往往是不予认可合同中有关“背靠背”付款条件、工期或违约责任等约定。

我国《建筑法》等相关法律中植根于建筑业资质管理制度中的禁止转包和违法分包等法律规定是否适用于涉外国际工程发承包活动是司法和仲裁实践中的热点问题之一，也是仲裁庭在审理类似涉外工程案件时经常面临的焦点问题。就合同约定的“背靠背”支付条件而言，如果被申请人存在为自己的利益而怠于及时依约依法向业主行权的情况，仲裁庭则可以依法认定“背靠背”支付条件视为成就。在此情况下，则可回避当事人双方是否属于违法分包或转包关系的认定问题。本案裁决因为需要认定被申请人有关双方之间系联合体法律关系，并因此确认只有“转付”工程款义务的抗辩，难免需要根据审理查明的情况解决当事人双方之间究竟属于何种关系的问题。然而，尽管仲裁庭根据本案的具体情况认定我国相关法律禁止转包和违法分包等规定对涉外国际工程发承包活动缺少适用的基础，但对本案双方是否属于国际工程转包关系依然选择了比较模糊的处理。

我国"窗口型"对外工程承包企业携手国内建筑业企业以联合体方式开展对外国际工程承包业务的情况,联合体合作关系可能存在牵头人只承担"转付"业主工程款的约定。仲裁庭需要注意的是,就总承包合同而言,如果业主接受联合体承包,往往在投标阶段就要求投标人签订联合体协议并作为投标文件的组成文件一并提交。当事人是否根据业主招标文件规定签订规定的联合体协议是识别双方是否属于总承包合同意义上联合体承包的要件。但在实践中,也存在以"一事一议"方式签订内部联合体协议(Silent Consortium Agreement)或就特定区域市场以"一揽子"方式签订战略合作协议组成联合体的情况,当事人的权利义务则需要仲裁庭根据具体情况进行分析和判断。至于本案被申请人有关双方是基于政府文件的联合体法律关系的主张,仲裁庭需要根据我国适用的《对外承包工程管理条例》和商务行政部门的配套管理制度进行分析和判断。本案中,仲裁庭未能查询到国家对对外承包企业与其他国内企业的合作方式进行审批、核准或备案的要求。

本案的启发在于,一是我国"窗口型"对外工程承包企业携手建筑业企业践行"一带一路"倡议和国家"走出去"战略时,选择适用我国法律和选择申请仲裁解决合作合同争议,既可以合理降低企业经营风险,也不会影响其按照国际工程习惯做法开展工程承包业务。但在做好工程项目自身风险研判的同时,应当充分重视"揽活"者与"干活"者的关系处理和利益平衡,努力构建优势互补、利益共享、风险共担和可持续的合作关系。二是从服务国家"走出去"战略大局出发,仲裁庭在类似案件审理过程中应当努力引导当事人进行调解,寻求共赢解决之道。本案虽经多方努力终因双方分歧过大而未能成功达成调解,尽管当事人在规定期限内自觉履行了裁决结果,但就我国对外工程承包事业整体形象而言难免令人遗憾。

中国A工程公司与中国B经济技术合作公司施工承包协议争议仲裁案

中国国际经济贸易仲裁委员会(以下简称贸仲)根据申请人中国A工程公司(以下简称申请人)与被申请人中国B经济技术合作公司(以下简称被申请人)于2018年12月签订的《I国电厂项目施工承包协议》(以下亦称本案合同)中仲裁条款的约定以及申请人于2022年12月向贸仲上海分会提交的书面仲裁申请,在申请人办理了相关手续后,受理了上述合同项下的本争议仲裁案。

一、案　　情

(一)申请人的仲裁请求及主要主张

2018年12月,双方签订本案合同,约定:被申请人承包I国M地电厂项目(以下亦称案涉项目)的土建工程施工,对案涉项目土建部分进行材料采购、运输、仓储、检验、建设、安装、调试和缺陷责任期内的缺陷修复。工程价格为可调总价协议,暂定协议总价为2000余万美元。案涉工程期限为:计划开工日期2018年11月,计划竣工日期2020年9月(具备竣工验收条件),总包项目对外移交日期2020年10月。

被申请人在案涉项目土建工程施工过程中管理不当,导致土建工程施工进度严重滞后，致使整个项目总体进度及关键节点无法满足合同及业主的要求。根据本案合同的相关约定，被申请人应就案涉项目土建工程延期事宜向申请人承担违约赔偿责任。

基于上述主张，申请人提出并最终确认仲裁请求如下：

1. 被申请人向申请人支付因土建工程工期延误造成的违约赔偿款人民币约4000万元（以土建工程结算总价人民币近3亿元为基数，按15%计算）。

2. 被申请人承担申请人因本案支出的律师费。

3. 本案仲裁费用全部由被申请人承担。

（二）被申请人的主要答辩意见

1. 本案基础法律关系为申请人是案涉项目的总承包商，负责设计、采购、施工、安装、试运行等全部工作；被申请人是申请人的土建分包商，就土建工程承担合同义务

2018年12月，申请人和被申请人签订本案合同，本案合同鉴于条款明确了业主、申请人和被申请人之间的实际法律关系，即被申请人是案涉项目土建工程的分包商，向申请人负责。

2. 申请人提出的工期延误违约金没有事实依据

（1）案涉项目土建工程分50个单体先后验收竣工，除灰场、门卫室两个单体的图纸迟至2020年12月申请人才予提供而不予考虑外，约20个单体在2020年9月前提前竣工，约30个单体竣工时间在2020年9月滞后，其中最后竣工的两个单体是1#宿舍楼、仓库，于2021年1月竣工，土建工程在2020年9月之前未能全部竣工，系申请人原因导致。

（2）案涉项目实际完工总量比合同约定增加80%以上，合同约定的工期应当依法予以顺延。

（3）部分土建单体出现延迟交付，系申请人图纸延期提交1年以上、设计变更频繁、拖延交付施工场地和条件、临时新增工作量大且频繁、甲供材料到货延误或质量问题、雨季施工、拖延付款等原因导致。

3. 申请人按本案合同金额每日万分之五主张逾期违约金不具有正当性和合理性

（1）《工期鉴定报告》认为截至2021年12月总工期延误约500日，被申请人承担延期责任为近90日，其余400余日的延期责任申请人应当承担。再加上500日之外的2021年12月至2022年11月业主颁发移交证书，申请人造成延误近330日，申请人应当承担延期责任的天数共计近740日，是近90日的约8倍。按照均衡原则，恳请仲裁庭调减万分之五的违约金计算标准，或者基于申请人延期责任近740日的事实充分考虑被申请人的反索赔。

（2）如延期责任共近830日中被申请人近90日，申请人近740日的比例分担给业主赔付的约1020万美元，则近90日对应分担金额是人民币760余万元。根据损失填平原则，仲裁庭对该项赔偿金额的裁决不应超过人民币760余万元。

（3）正如申请人不认可被申请人按约10%计取管理费用，主张按照约7%计取管理费，以及被申请人在主张利润费率时并未按照5%～7%，而是采用友好方式主动下调为约4%，那么被申请人恳请仲裁庭调减万分之五违约金计算标准。

4. 2021年9月《结算会议纪要》是双方对合同履行情况、工程价款支付达成的最终意见，就土建工程延误及索赔情况，该会议纪要并未声明保留或约定另行处理，应当视为不存在或者双方自愿放弃了工期延误索赔。

（三）被申请人的仲裁反请求及主要主张

申请人应当支付剩余工程款人民币2700余万元。《结算会议纪要》明确给出总价款为人民币约2.6亿元。之后，双方又陆续确认了上述会议纪要中的漏计项目甲型房造价及其他新增工程量共计人民币近170万元，两项合计申请人应付总价款为约人民币2.61亿元。截至反请求之日，申请人实际支付人民币约2.34亿元，剩余人民币2700余万元应予支付。

由于申请人提供图纸逾期1年以上、设计变更频繁、拖延交付施工场地和条件、临时新增工作频繁、甲供料延迟和存在质量问题、雨季施工、逾期付款等各种原因,造成土建工程停工、窝工以及项目整体交付逾期,被申请人遭受巨额经济损失,依约应当由申请人予以补偿。

为推进施工、减少损失,被申请人贷款垫资人民币近5780万元,累计亏损达人民币4470余万元(在收到申请人剩余工程款人民币2700余万元的情况下)。目前,被申请人因该项目对外欠款包括:需偿还贷款本金人民币近5780万元,待支付人工费、材料费、专业分包款等外部欠款人民币600余万元,待支付管理人员2019~2021年绩效工资人民币约270万元,拖欠税费人民币500余万元。

根据《民法典》第803条的规定和本案合同的约定,被申请人主张费用补偿如下:

第一,《结算会议纪要》前发生的费用损失约4100万元。包括因申请人图纸逾期1年以上导致的窝工损失、项目延迟遇到当地大宗材料物价上涨的损失、雨季施工窝工损失、延迟交付施工场地和条件产生的窝工损失、延迟交付发生的现场看护费用损失、逾期支付进度款损失以及赶工损失等。

第二,2021年9月后发生的现场看护费用损失补偿人民币约170万元。

第三,因逾期交付项目发生的履约保函费用人民币40余万元。

被申请人提出并最终确认仲裁反请求如下:

1. 申请人向被申请人支付剩余工程款人民币2700余万元,以及自2021年9月至2023年4月逾期付款利息损失人民币160余万元(按贷款市场报价年利率3.85%计算),并按年利率3.85%支付逾期利息至实际付清之日止。

2. 申请人向被申请人支付工期延误补偿金人民币4270万元。

3. 申请人向被申请人支付因项目延期交付发生的履约保函费用人民币40余万元。

4. 申请人承担被申请人为本案支出的律师费。

5. 本案仲裁费用全部由申请人承担。

(四)申请人对仲裁反请求的主要答辩意见

1. 剩余工程款。

(1)申请人应付被申请人剩余工程款为人民币2430余万元,而非被申请人所述人民币2700余万元。

2021年9月,双方结算的阶段性工程价款含税价人民币约2.6亿元,2021年9月之后新增工程款含税价为人民币80余万元,总计结算价款为含税价人民币约2.6亿元。

截至目前,申请人已支付被申请人人民币约2.36亿元,其中:NDE账户支付2310余万美元,折合人民币近1.62亿元;申请人国内账户支付人民币约7490万元。剩余人民币2430余万元为扣除的10%质保金的部分金额,申请人前期进度款支付已远超90%,导致剩余质保金金额已不足10%。

(2)被申请人主张申请人应向其支付的人民币近190万元所得税,在业主支付工程款至被申请人共管账户代扣代缴3%所得税时,申请人即已完成了缴纳税款义务,不应再另行向被申请人支付,否则形成重复支付的结果。

按照本案合同约定,在案涉项目下,申请人应负担两道税款。第一道为因业主代扣代缴所得税,业主支付工程款到被申请人共管账户时,业主的交税凭证全部开具给了被申请人,申请人应就其中暂定价约1500万美元承担3%所得税,即被申请人现在主张的人民币近190万元所得税。第二道为被申请人就共管账户余额(业主代扣3%所得税后)向申请人S公司划分工程款时,被申请人又进行了3%所得税的扣除,此时申请人完成了第二道税款缴纳义务,而该部分税款发票开具给了申请人S公司,申请人对此没有异议。

被申请人现主张申请人应另行向其支付人民币近190万元的所得税,是对税款缴纳存在错误认识。业主代扣代缴税款时,是按全部工程款代扣的,即申请人和被申请人已经各自负担了自身应承担的税款;被申请人向申请人S公司分配工程款时,是按扣税后的余额进行分配的,并进行了二次代扣3%所得税,始终不存在被申请人代申请人缴纳税款的事实。

(3)甲型房价款已包含在2021年9月结算价款人民币约2.6亿元之中,被申请人另行主张没有事实依据。

自2021年5月开始,双方就阶段性结算事宜进行往来沟通,无论是结算汇总表还是结算明细表,均显示甲型房为结算项之一。且本次结算会议期间为2021年9月的共计5天时间,被申请人对相关费用进行了多次审核和确认,双方最终确认阶段性结算价款金额为人民币约2.6亿元,并加以公章的形式予以确认,在此期间被申请人均未提出任何异议。

(4)申请人剩余应支付工程价款金额为10%质保金部分,该部分价款应满足协议约定的条件后予以支付,截至2021年7月16日付款条件尚不成就。且被申请人开具质保函的义务未履行到位,同样不符合支付剩余工程价款的条件,被申请人主张支付剩余价款及利息,没有事实依据。

根据本案合同第5条第4项的约定,剩余10%质保金的付款条件为:第一,土建工程全部完工经甲方验收认可,且办理竣工验收资料及各方代表签字盖章的工程竣工验收资料;第二,被申请人向申请人提交付款申请函,且经申请人审核批准后14日内支付。但土建工程完工后,被申请人一直未向申请人申报任何工程竣工验收资料,直至现在,申请人也未能掌握一份完整的土建工程竣工资料。且剩余价款双方一直存在争议,故剩余工程款的付款条款一直未成就。

2. 被申请人应承担土建工程工期延误的绝大部分责任。

(1)工期鉴定报告作为本案判断工期延误责任的重要依据,因相关施工资料的缺失,对竣工日期、区段2、区段3的工期延误责任均未能准确评价,而被申请人作为施工方,负有记录、保存全部施工基础资料并向申请人移交全部竣工验收资料的义务。被申请人在仲裁庭、鉴定专家多次要求下始终未能提供全部施工资料,导致工期鉴定报告未能就双方各自工期延误责任及延误事件给出明确、具体的鉴定意见,应由负有举证义务的被申请人承担全部不利责任。

(2)本案竣工日期的认定应结合协议约定、被申请人提报验收日、总包验收日及施工实际情况综合判断。第一,本案合同约定的竣工日期为具备竣工验收条件之日，即至少应为被申请人提交竣工验收之日，而非工程实际竣工之日。第二，经工期鉴定，主厂房竣工日期一定不是2020年11月，且被申请人就主厂房提交验收之日为2021年12月。第三，申请人作为总包就主厂房验收日期为2021年12月。

(3)被申请人主张工期总延误为500日且全部为申请人原因的延误事件，是对《工期鉴定报告》的刻意曲解，且申请人之所以2021年12月才签字验收，是因为被申请人在申请人于2021年2月催促其申报预验收之后存在延误提交报验的情形，被申请人应就此承担全部延期责任。第一，《工期鉴定报告》中工期延误天数为500日，但其中近360日并未明确延误责任事件，被申请人主张500日延误全部为申请人原因的延误事件导致没有任何依据。第二，即便根据《工期鉴定报告》结论，在500日的工期延误天数中，被申请人也有近90日工期延误责任，就剩余近360日无法确定延误责任的延误天数中，被申请人应就其延迟提交报验导致竣工验收延期近320日(2021年2～12月)承担全部工期延误责任，共计应承担400余日工期延误责任，或者至少就该近360日延误天数，根据公平原则由双方各自承担50%。第三，被申请人作为应对工期延误承担绝大部分责任的一方，且在没有充分有效证据证明其存在工期延误实际损失的前提下，其向申请人主张工期延误导致直接费用损失、间接费用损失、利润损失及利息损失等没有事实基础、合同及法律依据。

3. 被申请人主张的因工期延误导致的直接费用损失人民币3479余万元没有事实及法律依据。

(1)NDE合同履约保函延期费用损失人民币40余万元没有依据。

(2)大宗材料价格上涨损失人民币1520余万元没有依据。

(3)2021年9月后现场看护费用损失人民币近40万元没有依据。

4. 被申请人主张因工期延误导致间接费用损失管理费人民币1860余万元没有事实和法律依据。

(1)根据原《合同法》第283条、第284条的相关规定，发包人应赔偿的损失为停工、窝工、倒运、机械设备调迁、材料和构件积压等损失和实际费用,不包括管理费等间接损失。(2)被申请人管理费计取约10%不符合事实也不符合合同约定。按照《13年发电工程建设预算编制与计算规定》企业管理费率表中规定取费基数以直接工程费的约7%计算,而非被申请人主张的约10%。(3)2021年9月《结算会议纪要》对被申请人施工期间管理费在内的全部价款进行了结算,现被申请人另行主张工期延误期间的管理费没有事实依据。

5. 被申请人主张的因工期延误导致利润损失人民币近1190万元没有事实及法律依据。

6. 被申请人主张的因工程款延迟支付导致的利息损失人民币10余万元没有依据。

二、仲裁庭意见

(一)关于本案的法律适用和本案合同的法律效力

根据本案合同的约定,本案合同项下争议应适用中国法解决,仲裁庭予以确认。

仲裁庭认为,本案合同是当事人真实意思表示,不违反法律和行政法规的强制性规范,且双方当事人对本案合同的有效性未提出异议,合法有效,申请人与被申请人均应当按照本案合同的约定履行各自的义务。

(二)关于案涉项目履约的主要事实

1. 案涉项目交易背景

2017年7月,申请人与案涉项目业主C公司签订设备供货合同(以下简称NE合同),申请人关联公司中国D科技公司与业主签订设计施工合同(以下简称原NDE合同)。因中国D科技公司没有对外工程承包资质,业主和申请人邀请被申请人替代中国D科技公司作为原NDE合同变更后的名义主体,由此,2018年4月,被申请人与申请人签订了《设计施工项目双方合作协议》,约定:“原NDE合同主体应承担的所有责任、权利和义务名义转让给乙方(指被申请人,仲裁庭注),实际由甲方(指申请人,仲裁庭注)全部承担。”申请人将案涉项目土建工程(含钢结构安装)分包给被申请人。

2018年4月,被申请人以总承包名义与业主签订NDE合同(涉及的工程称为NDE工程)。2018年6月,被申请人与申请人签订《设计施工项目双方合作协议补充协议》,合同范围包括设计、现场接收设备、储存、保管、损失风险、施工、安装、装配、预调试、调试、性能测试、提供工程质保期内的保证,并修复任何的缺陷。

2018年12月,被申请人与申请人签订本案合同。本案合同约定了双方工作范围、合同价款、合同工期、支付等条款。被申请人主张,根据本案合同的约定,申请人为案涉项目的总承包商,直接与业主对接,负责整个项目在NE合同、NDE合同项下具体实施和管理,被申请人实际上作为案涉项目土建工程的分包商,向申请人负责。

2. 本案合同与NDE合同的关系及其双方当事人的权利义务

仲裁庭注意到,本案合同中的以下条款提及NDE合同:

(1)第一章:协议依据。该协议依据中共列出6个文件,其中排在第一位的是NDE合同及三方协议(IPDA)。排在第二位的是2018年4月签署的双方合作协议和2018年6月签署的合作协议补充协议。

(2)第二章:协议文件构成及优先顺序。本章节在排列组成《土建工程施工承包协议》的文件及优先解释顺序时将NDE合同及土建工程的技术要求以及三方协议(IPDA)排在了第一位,而将本《土建工程施工承包协议》排在了第二位。

(3)第六章:协议工期。本章节中约定双方应当对自身原因造成的工程进度、质量、安全等方面的损失,根据NDE合同的相关规定,在确认责任方后由责任方承担。

(4)第八章:乙方的权利和义务。本章节中约定:“按施工图纸、设计变更、NDE 合同规定的有关施工、验收规范及其他相关规定,保质保量、按时完成本协议约定的工程施工任务。”

仲裁庭认为,根据本案合同和双方签订的其他协议的约定,在本案合同项下,申请人为案涉项目的总承包商,承担整个项目在 NE(供货)合同、NDE(设计施工合同)合同项下权利和义务,被申请人作为分包商,按照本案合同第四章(工程承包范围及乙方工作内容)约定的工程范围,负责 NDE 合同项下土建工程的实施,对该工程土建部分进行材料采购、运输、仓储、检验、建设、安装、调试和缺陷责任期内的缺陷修复。

3. 双方当事人的工程范围

(1)申请人的工程范围

仲裁庭注意到,申请人在回答仲裁庭提出的《施工承包协议争议案问题清单》的答复中提出,根据 NDE 合同约定,申请人工程范围包括所有货物/设备的设计、接收、保管、损失险与现场存储、安装、涂漆、现场测试与调试、化学清洗、性能测试、培训,电厂运行维护的技术支持,包括 2 年质保期并另加 1 年。

(2)被申请人的工程范围

仲裁庭注意到,本案合同第四章(工程承包范围及乙方工作内容)对被申请人的工作范围作出详细描述,并指出:具体施工范围以 2018 年 9 月双方《I 国 M 地电厂项目会议纪要》及工程量报价清单为准。

在 2018 年 9 月双方签署的《I 国 M 地电厂项目会议纪要》中约定了以下土建工程范围:

①本项目永久围墙及大门的修建,包括采购;

②厂前区建筑(包括行政办公楼、清真寺、食堂及多功能厅、1#宿舍楼、2#宿舍楼、室内活动场);

③热力系统(主厂房本体包括汽机房、除氧跨及煤仓、锅炉房本体、锅炉基础、汽机基础、设备基础、电除尘器、烟囱、烟道支架、风机检修支架、管道支架、

水工及工艺管沟及支架、渣仓等）；

④燃料供应系统（干煤棚、1#输煤栈桥、破碎楼、2#输煤栈桥、燃油罐、燃油泵站、柴油发电机房、煤场等）；

⑤除灰系统（灰库、空压机房与除尘配电室等）；

⑥化学水系统（化水车间及设备基础、酸碱储棚、取水泵房、消防泵站、预处理、原水池、废水处理设备间、废水处理池、酸洗池、变压器事故油池、汽机事故油池、澄清池、污泥浓缩池、压滤机基础、虹吸水池等）；

⑦电气系统（A列外变压器基础、150kV升压站、150kV升压站控制室等）；

⑧附属生产工程（推煤机库、检修车间、仓库、综合管家、电缆沟及电缆支架）；

⑨其他单位工程（停车场、泡沫消防、排水口、1#高厂变、事故油箱、地下受料斗、加氯车间、汽车衡、输煤控制室、机械取样间、循环水管线支撑结构、煤场溢流泵站、生活污水处理设施、灰场等）；

⑩其他（全厂道路、挡土墙、基础防腐、电厂钢结构工程、给排水系统、消防系统、全厂照明系统、土石方工程、挡土墙、防雷接地系统、装饰工程、全场管沟及地下电缆沟工程、厂区绿化工程、白蚁防治）。

被申请人土建工程范围由50个单体工程组成，包括主厂房、烟囱、煤场、办公楼、宿舍楼等。

4. 履约过程

案涉项目于2018年11月开工，实际开工日期与计划开工日期一致。

2019年1月，主厂房第一批钢结构到现场。

2019年2月，主厂房第二批钢结构到现场。

2019年6月，主厂房第三批钢结构到现场。

2019年6月，被申请人开始钢结构钢柱吊装。

被申请人主张主厂房单体工程于2020年11月竣工。

2021年1月，1号机组实现初次并网。

2021年9月,双方签署《结算会议纪要》(以下简称919结算)。

2021年10月,1号机组实现实际运行移交。

2021年12月,2号机组实现实际运行移交。

2021年12月,申请人就主厂房土建工程验收合格。

2021年12月,业主就主厂房土建工程验收合格。

2022年1月,业主就缺陷和不合格项目第二次致函被申请人和申请人。在该函件中,业主列出:(1)不合格报告(Non-Conformance Report,NCR)清单;(2)缺陷项(Punch List);(3)剩余工程。

2022年7月,业主就误期罚款事宜致函申请人、被申请人和被申请人I国公司。业主指出,承包商尚没有实现机组的正式移交(Take Over),且误期罚款已经达到了合同的误期罚款的封顶值。按NDE和NE的合并合同价格(近1200万美元)的15%计算,业主索赔误期罚款1740万美元。

2022年9月,业主与设备供应商(申请人)和承包商(被申请人)就误期赔偿达成协议。此协议明确:双方同意,设备供应商(卖方)和承包商在根据NE和NDE合同实现每个机组的商业运行时造成的延误应付的总损害赔偿总额为近1020万元(延误损害赔偿金额),其中包括NDE合同项下的500余万美元和NE合同项下的近520万美元。

2022年11月,电厂项目实现整体商业运行移交,业主颁发移交证书。

(三)关于案涉项目工期延误及其延误责任

仲裁庭认为,案涉项目工期延误及其延误责任构成申请人仲裁请求第1项工期延误违约金人民币约4000万元,被申请人仲裁反请求第2项2021年9月前损失补偿金人民币约4100万元、2021年9月后损失补偿金人民币约170万元以及第3项履约保函延期费用人民币40余万元,合计人民币8310余万元的核心问题,为此,仲裁庭经双方同意,委托中国E咨询公司就此出具了《工期鉴定报告》。双方就《工期鉴定报告》初稿提出了意见。之后,E咨询有限公司出具了正式稿《工期鉴定报告》。双方在本案第二次开庭审理中就《工期鉴定报告》有关问题向自然人F专家提出了问题，自然人F亦予以相应的回应。双方在庭后代理词中亦各自表达了意见和主张。仲裁庭结合本案合同约定、双方意见、证据、《工期鉴定报告》等论述如下。

1. 本案合同关于合同工期、验收和工期延误违约金的约定

仲裁庭注意到，本案合同第六章对工期约定如下：计划开工日期：2018年11月；计划竣工日期：2020年9月(具备竣工验收条件)；总包项目对外移交日期为2020年10月。

根据本案合同第六章关于工期的约定，案涉项目合同约定的总工期为2018年11月至2020年9月，共近640日。

本案合同第十六章就工程验收、对外移交约定："对外移交，本项目完工并内部验收合格后，由甲方(指申请人)以乙方(指被申请人)的名义提请业主验收，甲方办理对外移交时，乙方予以协助。"

本案合同约定："如果由于乙方(指被申请人)责任未能在所报工期内完成全部工程，则乙方应按延期日数计算，以每日按协议金额的万分之五向甲方支付该项违约所致的赔偿费。延期日数为：自相应批准开工之日到全部工程或相应的部分工程发给移交证书之日止的日历数减去施工组织设计确定的工期的差额日历天数。赔偿费按日万分之五计算，但总的逾期赔偿费不应超过本协议总价款的15%。甲方可以从应付或将要付给乙方的款项或履约保函中扣回该项赔偿费。此项支付或扣除不应解除乙方对完成该项工程的义务或协议规定的乙方的其他义务和责任。"

2. 申请人的进一步主张

申请人进一步认为工期延误主要是因被申请人如下原因造成工期延误：

(1)施工人员严重不足、机械及材料严重不足；

(2)施工准备工作不到位、施工操作失误导致安全事故；

(3)不按施工图纸施工、施工质量不合格频繁整改；

(4)道路维护不到位导致雨季施工困难；

(5)项目管理人员频繁更换导致施工安排混乱等原因。

3. 被申请人的进一步主张

被申请人进一步主张,整个土建项目分50个单体先后验收竣工,其中有2个单体(灰场和门卫室)的图纸在原合同竣工日后才发放(仅白图,申请人迟至2020年11月、12月才提供),近20个单体在原合同竣工日期之前竣工,30余个单体的竣工时间在2020年9月之后,最晚竣工的两个单体为1#宿舍楼和仓库,日期为2021年1月。被申请人认为,土建工程在2020年9月之前未能全部竣工是申请人的原因造成的,汇总如下:

(1)项目实际完工总量比合同约定增加75%以上;

(2)图纸逾期1年以上;

(3)设计变更频繁;

(4)拖延交付施工场地和条件;

(5)临时新增工作量大且频繁;

(6)甲供材料到货延误或质量问题;

(7)雨季施工;

(8)拖延付款。

在上述8项延误事件中,被申请人主张,导致工期延误是第(1)项加上剩余7项,即"1+7"延误事件导致被申请人承建的土建工程工期延误。

4.《工期鉴定报告》意见

(1)工期鉴定方法

仲裁庭注意到,《工期鉴定报告》参照英国建筑法协会(Society of Construction, SCL)出版的《工期延误和干扰索赔分析准则》,并结合本案涉项目和争议的具体情况,中国E咨询公司认为,SCL工期分析方法中的"回顾式最长路径法"最适合本案的情况。

(2)案涉项目关键线路

《工期鉴定报告》确定主厂房单体工程为案涉项目的关键路线工程,关键路线具体如下：

①按照合同开工日期要求，土方开挖工作先从锅炉基础开始然后于2018年11月左右进行主厂房的土方开挖。

②主厂房土方开挖及地基处理工作于2019年1月14日完成。

③随后B-D轴的混凝土筏板基础及后浇带于2019年3月完成。

④之后继续进行A-B轴的混凝土短柱和独立基础的施工。

⑤被申请人2019年5月总进度计划中钢结构计划于2019年5月开始，实际开始日期2019年6月。

⑥2019年6～11月，钢结构安装至屋面底板。

⑦2019年11～12月，电动桥式(Electric Overhead Traveling, EOT)起重机调试完毕并准备就绪。

⑧2019年12月，现场等待1#加热器平台材料和协调EOT起重机，以用于1#加热器平台钢结构的安装。

⑨2019年12月～2020年1月，完成1#加热器平台钢结构的安装。

⑩2020年2月，持续协调EOT起重机，以用于2#加热器平台的安装。

⑪2020年2月，完成2#加热器平台钢结构的安装和焊接。

⑫2020年3～4月，完成2#加热器平台混凝土板及土建施工，以及混凝土屋顶层施工。

⑬2020年5～10月，完成主要装饰装修工作并申请验收(2020年10月为最后一楼层/8～13.5m提交申请验收日期)。

⑭2020年10～12月，完成其他合同剩余装饰装修工作。

⑮2020年12月～2021年2月，完成对主厂房装饰装修受甲供材料、场地移交以及设计变更影响的工作并通过验收。

⑯2021年2～12月，设备安装、调试及试运行并完成运行移交，最终主厂房土建验收通过。

(3)《工期鉴定报告》结论

《工期鉴定报告》得出的结论为案涉项目工期实际工期为近1140日,减去合同工期近640日,工期延误天数为500日。被申请人延期责任天数确定性意见为近90日,其中时间区段1为近60日,时间区段2为30日,时间区段3为0日。选择性意见为时间区段2被申请人延期权利天数为近60日、时间区段3被申请人延期权利天数为300余日,合计近360日为不确定延期权利天数,是否属于被申请人有权主张工期延长的期限有待仲裁庭认定。

《工期鉴定报告》对申请人主张的工期延误事件、被申请人主张的工期延误事件进行了分析,结论为申请人和被申请人主张的工期延误事件对案涉项目的关键线路不产生影响,不影响案涉项目的竣工日期。

5. 仲裁庭关于工期延误及其延误责任的认定意见

(1)工期延误分析方法

仲裁庭注意到,《工期鉴定报告》对案涉项目涉及的进度计划资料进行了分析,得出如下结论:

如在前面章节对本案涉项目的相关进度计划以及双方当事人所提交的与进度相关的资料信息的分析,本案涉项目的进度计划和同期记录有如下主要特征:

1)就涉及土建工程的四版进度计划,其均为Excel表格形式按单体工程的方式编制,各单体之间并没有相互逻辑关联;

2)同时,该四版进度计划亦不构成SCL《工期延误和干扰索赔分析准则》中所提到的更新的进度计划。该四版进度计划仅涉及争议工期期间的很短暂的时间区段(2019年5月为第一版,最后一版为2019年11月,即仅涉及6个月的时间区间),且这些计划中所给出的各单体的开始和结束日期仅代表当时的一个预期时间而非项目实际开始或者完成时间。

……

同时,本案涉工程还有另外一个重要的特征。那就是本工程土建施工范围并没有整体进行验收,而是按照各个单体分别进行验收。同时,涉及土建工程的四版进度计划并没有识别各单体工程之间的相互逻辑关联关系。加上同期记录的不完整,这也使同时期的确定土建工程的关键路径,即关键路径在不同时间阶段可能会在不同单体间发生变化的可能,变得不太可能或者不适用。因此这也意味着基线计划与竣工计划比较窗口分析法亦不适用于本案涉工程的工期分析。

仲裁庭注意到,《工期鉴定报告》进一步论述了案涉项目基准进度计划相关的双方当事人的观点,案涉项目证据资料的缺陷等,如下:

145)至此,可能适用于本工程的工期分析方法仅剩回顾式最长路径分析法。当然,这种方法的应用亦需要有一个选定的基准进度计划和竣工数据资料。然而就在这两个相对宽松的条件上,本案涉工程仍存在以下问题:

(1)关于基准进度计划/基线计划

a)双方当事人并没有真正认可的适用于本涉案工程的基准进度计划。虽然被申请人仅认可2019年5月版进度计划,但被申请人认为:"当时缺乏大部分的施工图纸,工程量等不明确,在制定当时就不具有可行性。该计划显示,项目大部分的工作内容都需要集中在2019年下半年完成,不符合实际情况。该版计划系根据业主和申请人的硬性要求,按照合约工期倒排的。"

b)而申请人工期延误分析专家意见则认为:…四版"进度计划"中,不论鉴定专家或仲裁庭最终认定哪一版作为"基准进度计划",都不能忽视《I国M地电厂项目土建工程施工承包协议》中约定的土建竣工日期为2020年9月1日这一基本事实;而且,上述四版"进度计划",不论如何认定"基准进度计划"或"更新的进度计划",根据国际工程延误规则,均不意味着申请人已确认或接受了被申请人的工期延误,上述四版"进度计划"的修改,只表示它们反映了当时的工程实际情况。

(2)关于竣工数据

a)如前面章节对双方当事人提交同期进度信息的分析,本案涉工程存在同期进度信息不完整(如被申请人周报仅涉及争议工期时间段的约30%,同期例会会议纪要仅涉及争议时间段的约20%)。

b)同时就双方提交的中间验收资料而言,其亦主要集中在2020年11月之前。

c)申请人提交的月进度报告开始日期为2019年7月,截至日期为2021年9月。此月报亦有相当一部分缺失,同时被申请人认为此材料缺乏证据合法性要求,不能作为鉴定依据材料。

仲裁庭认为,仲裁庭认可《工期鉴定报告》中采用回顾式最长路径分析法进行案涉项目的工期延误分析,步骤为:先识别出处于最长路径上的单体,然后根据同期的进度信息和中间验收资料以及《建筑单位工程竣工验收单》等资料,分析和判断该处于最长路径上的单体的关键路径及处于关键路径上的关键作业,并对照本案合同中约定的协议工期,来识别和量化造成处于该最长路径上关键作业延误的原因。

(2)关键线路

仲裁庭认为,关键线路法(Critical Path Method, CPM)是通过确定项目各工作最早、最迟开始和结束时间,通过最早最迟时间的差额分析每一工作相对时间的紧迫度和工作的重要程度,这种最早和最迟时间的差额为机动时间,机动时间为零的工作通常为关键工作,关键线路上全部工序的总持续时间就是项目的总工期。利用关键线路法判断工程延误时间的基本原理在于:由于机动时间为零的活动构成关键线路,而关键线路上全部工序或活动的总持续时间就是项目的总工期(Total Project Time, TPT),因此,关键线路上工序或活动的延误必然造成项目总工期的延误。非关键线路上的工序或活动存在机动时间,非关键线路上的延误不会造成项目总工期的延误。因此,仲裁庭认为可采用关键线路法对案涉项目工期延误作出分析。

仲裁庭注意到,关于案涉项目的关键线路,申请人对仲裁庭提问的回复意见为:“一般来说,热电厂项目关键线路是主厂房。主厂房里涉及电厂主控室、配电室、汽轮发电机及各类辅机设备和各类管道、电缆等。本项目主厂房主体结构土建施工流程为基础施工、钢结构安装、主厂房各楼层和各设备基础。在主厂房土建各类基础及各个房间建筑工程交付安装后,安装工作才能开始。所以主厂房不仅是土建工程的关键线路,也是制约整个项目的关键线路。M地电厂作为单项工程,根据图纸及材料供应的情况,每个单位工程有其各自的开始和结束时间,根据每个单位工程开始时间和结束时间得出,主厂房开始时间最早、结束时间最晚,故主厂房为该电厂能否按期完工的最为关键的单位工程。(以上开始时间和结束时间均为实际的开始及结束时间)。”

申请人对被申请人证据27的质证意见是:“根据被申请人提交的证据27附件,50个单体工程竣工日期(具备竣工验收条件)均在2021年,其中最早的单体为推煤机车库、餐厅及多功能厅,日期为2021年3月,最晚的单体为主厂房,日期为2021年12月。其他单位工程竣工日期(具备竣工验收条件)均在该期间范围内。”

仲裁庭注意到,被申请人对仲裁庭提出的案涉项目关键线路的答复意见为:“因尚未确定双方实际参照执行的进度计划,被申请人无法确定分包工程的关键线路。但被申请人认可主厂房是施工周期最长,最为核心的单位工程。”

仲裁庭还注意到,双方对案涉项目完工日期的界定存在根本分歧。申请人认为,合同约定的竣工日期是指具备竣工验收条件之日,应是《建筑单位工程竣工验收单》载明的总包签字确认日期。而被申请人认为,应当以《建筑单位工程竣工验收单》中列明的“竣工日期”来确定。

仲裁庭注意到,《工期鉴定报告》根据被申请人证据27汇总后得出案涉项目50个单体的开工日期、完工日期、申请人签署日期,除第1项单体工程灰场被申请人完工日期2021年9月与申请人签署日期2021年9月2日仅相差7日外,其余单体工程被申请人完工日期与申请人签署日期之间存在较大时间差。

仲裁庭注意到,《工期鉴定报告》给出的确定主厂房单体工程为案涉项目的关键线路的理由是:

根据以上双方对本案涉工程关键路径的描述以及各单体工程的《建筑单位工程竣工验收单》的签署情况，中国E咨询公司认为该案涉项目土建工程的关键路径在主厂房单体工程。这主要也是基于以下考虑：

(a)主厂房是本工程的最核心的部分，是影响项目生产运行的最重要的单体工程，也是工程量最多的单体工程。

(b)主厂房是最早开始的单体工程，其与锅炉基础几乎同一时间开始。

(c)主厂房亦为总包和业主最晚验收的单体工程。

仲裁庭认为，根据双方对案涉项目关键线路发表的回复意见中认为主厂房为热电厂最核心的单体项目，主厂房是最早开始的单体工程，也是最晚结束的单体工程，结合《工期鉴定报告》对案涉项目证据资料的分析，仲裁庭认可《工期鉴定报告》将主厂房作为案涉项目的关键线路。

(3)关键线路上的工期延误及其延误责任

①4个时间区段的工期延误分析

仲裁庭注意到，《工期鉴定报告》将案涉项目分为4个时间区段，对每一个时间区段内的施工活动及其延误进行了分析，如下：

i)时间区段1:2018年11月1日至2020年11月20日

在此时间区段内，主厂房土建单体工程延误为110天，被申请人享有工期延长50余天。具体工期延长时间段如下：

(a)2019年11月25日至12月15日，EOT起重机额外调试时间，工期延长20天。

(b)2019年12月16～30日，等待1#加热器平台材料和协调使用EOT起重机以用于1#加热器平台钢结构的安装，工期延长15天。

(c)2020年2月1～17日，协调使用EOT起重机以安装2#加热器平台钢结构，工期延长17天。

ii)时间区段2:2020年11月21日至2021年2月13日

在此时间区段内，主厂房土建单体工程产生额外延误85天，被申请人享有额外工期延长近60天。具体工期延长时间段如下：

2020年12月至2021年2月，除极少数可能受甲供材料、设计变更或者工作面移交影响的局部工作外，没有证据表明在2020年12月之后主厂房装饰装修工程存在不符合合同和图纸的剩余装修装饰工作，因此中国E咨询公司认定2020年12月主厂房装饰装修工程具备验收条件是合理的。因此，被申请人应享有从2020年12月至2021年2月的工期延长近60天。

中国E咨询公司注意到，申请人认为中国E咨询公司认定“2020年12月左右完成了所有合同范围内的主厂房装饰装修工作和部分设计变更工作”的论据不充分。同时申请人认为，没有具体证据情况下并不必然得出“2020年12月作为一个主厂房装饰装修工作具备验收条件的时间点是合理的”结论。申请人认为，对于没有具体证据情况下，鉴定专家不应给出明确、具体的鉴定意见，至少不应作出有利于负有举证责任一方（被申请人）的鉴定意见。

中国E咨询公司认为，申请人的质疑有一定的合理性。目前亦没有确凿的证据证明“此时的装饰装修工程已经达到合同或者图纸的要求”，即存在不能完全排除此时的装饰装修工程尚不具备验收的条件的可能性。中国E咨询公司认为，对此双方都有举证的责任，申请人有责任举证被申请人在2020年12月之后仍在继续装饰装修方面的整改或未完成工作。

鉴于以上情况，中国E咨询公司建议将此问题及涉及的时间区段（2020年12月至2021年2月）提交仲裁庭讨论，由仲裁庭裁定是否涉及责任划分问题，如果有或者适用，其属于仲裁庭适度把控的范畴。

iii）时间区段3：2021年2月14日至12月14日

在此时间区段内，主厂房土建单体工程产生额外延误300余天，被申请人享有额外工期延长300余天。

2021年2～12月两台机组完成了设备安装、调试和试运行，并分别于2021年10月和12月完成了1号和2号机组对业主的运行移交，在此之后主厂房土建工程通过竣工验收。而在此时间区段内没有证据支持主厂房有任何实质性工作未完成,或者有影响安全生产和运行或者其他关键性 NCR 或整改项目。因此,根据目前掌握的证据判断,不能认定此时间区段内被申请人的延期责任,故被申请人享有工期延长 300 余天。

申请人认为:在此期间,被申请人作为土建施工单位,是唯一具有现场施工证明材料控制力的单位,理应提供施工周报等详细技术资料,被申请人负有不可推卸的工期延误举证义务。根据举证责任原则,被申请人应承担对此的不利后果;即便考虑到客观上案涉工程基础性材料并不齐全,也缺少很多重要的佐证依据,在这种情况下,倘若无法准确划分双方的工期延误责任,至少按照公平原则,应由双方各自承担 50% 的工期延误责任。

中国 E 咨询公司对 2021 年 2 ~ 12 月申请人所提到的"大量土建工程的实质性工作"进行了详细的调查分析,中国 E 咨询公司并没有发现在此期间被申请人在主厂房有大量的消缺和整改项目,或者任何实质性的土建未完成工作。

然而,基于双方均未能提供主厂房所涉及的消缺和整改项目的细节,中国 E 咨询公司认为,存在不能完全排除在此期间主厂房存在有对项目运行有实质性影响的缺陷或 NCR 项目的可能性,从而导致主厂房土建工程竣工验收的滞后。中国 E 咨询公司建议将此问题提交仲裁庭讨论,并由仲裁庭裁定是否涉及责任划分问题,如果有或者适用,其属于仲裁庭适度把控的范畴。

iv)时间区段 4:2021 年 12 月至 2022 年 11 月

在此时间区段内,申请人进行消缺和整改及剩余工程,实现项目整体向业主移交,并就延误赔偿跟业主达成一致。

此时间区间跟主厂房土建单体工程的竣工没有任何关系。

②关于双方当事人关于时间区段意见的认定

(i)时间区段 1

仲裁庭注意到,被申请人提出不仅"EOT 桥式起重机调试完成并投入使用""等待加热器平台材料和协调 EOT 起重机""协调 EOC 起重机用于安装 2#

加热器平台”事件的持续天数属于被申请人有权延期的天数,而且这3项延误事件导致的后续施工天数也属于被申请人有权延期的天数。

仲裁庭注意到,中国E咨询公司对此回复意见如下:

中国E咨询公司不能认同被申请人得出的上述结论。被申请人上述结论忽略了被申请人在施工加热器平台周边基础的实际进度情况。基于所获取的资料,在工期分析和鉴定过程中,中国E咨询公司对同期项目的执行情况进行了详细的调查分析。加热器平台钢结构的安装处于实际的关键路线上,然而,被申请人在加热器平台周边基础的施工上存在自身的延误情况。例如,在2019年11月21日左右,加热器平台的钢结构还没有运送到现场,同时桥式起重机的联合检查已经完成,预计于2019年11月25日准备就绪。而在2019年11月25日EOT起重机并没有准备就绪,同时加热器周边的基础施工工作亦仍在进行,直到2019年12月10日左右,1号加热器平台周边基础才施工完成,具备安装加热器平台的条件。而EOT起重机的调试直到2019年12月15日才完成。因此从2019年11月26日至12月15日的20日时间里,EOT起重机的额外调试时间造成对后续加热器平台钢结构安装的关键延误。而在此期间,从2019年11月26日至12月10日,被申请人存在施工加热器平台周边基础上的同期延误,也就是说在2019年12月10日之前被申请人仍在施工和完成加热器平台周边的基础。因此,由于被申请人在施工加热器平台周边基础上存在自己的延误,即便不存在“EOT桥式起重机调试完成并投入使用”“等待加热器平台材料和协调EOT起重机”“协调EOT起重机用于安装2#加热器平台”等事件的出现,被申请人亦需要解决安装加热器平台钢结构的问题,因为1号加热器平台周边基础的施工直到2019年12月10日才具备安装钢结构的条件。因此中国E咨询公司认为被申请人仅能享有在后续加热器平台钢结构安装过程中申请人可能造成的延误,但不应该享有安装加热器平台钢结构自身所花费的时间以及相关联后续作业施工时间。

仲裁庭注意到,申请人和被申请人在时间区段1中提出的各项意见,《工期鉴定报告》在附件3中予以回复。仲裁庭认为,《工期延误报告》中的回复意见与案涉项目的实际施工情况相符,反映了当时现场情况,仲裁庭认可中国E咨询公司报告的意见,不认可被申请人提出的意见。仲裁庭认可《工期鉴定报告》中提出的时间区段1延期110余日,被申请人有权要求工期延长天数为50余日,被申请人负有延误责任天数为近60日。

(ii)时间区段2

仲裁庭注意到,申请人提出认为中国E咨询公司认定"2020年12月左右完成了所有合同范围内的主厂房装饰装修工作和部分设计变更工作"的论据不充分。同时,申请人认为,没有具体证据情况下并不必然得出"2020年12月作为一个主厂房装饰装修工作具备验收条件的时间点是合理的"结论。申请人认为,对于没有具体证据情况下,鉴定专家不应给出明确、具体的鉴定意见,至少不应作出有利于负有举证责任一方(被申请人)的鉴定意见。

仲裁庭注意到,中国E咨询公司认为,申请人的质疑有一定的合理性。目前亦没有确凿的证据证明"此时的装饰装修工程已经达到合同或者图纸的要求",即存在不能完全排除此时的装饰装修工程尚不具备验收的条件的可能性。中国E咨询公司认为对此双方都有举证的责任,申请人有责任举证被申请人在2020年12月20日之后仍在继续装饰装修方面的整改或未完成工作。

仲裁庭认为,虽然中国E咨询公司认为申请人的质疑具有一定的合理性,但没有证据佐证申请人的主张,仲裁庭不予采信。同时,仲裁庭认为,该问题应与案涉项目实际竣工日期一起作出判断,但这不影响在时间区段2中对延误工期和延误责任的判断。

(iii)时间区段3

仲裁庭注意到,申请人提出在时间区段3中仍有大量的未完工程。

仲裁庭注意到,中国E咨询公司在《工期鉴定报告》中提出:"中国E咨询公司对2021年2~12月申请人所提到的'大量土建工程的实质性工作'进行了详细的调查分析,中国E咨询公司并没有发现在此期间被申请人在主厂房有大量的消缺和整改项目,或者任何实质性的土建未完成工作。"

仲裁庭认为,考虑在时间区段3中没有发现被申请人在主厂房有大量的消缺和整改项目的证据,因此,仲裁庭对申请人的主张不予采信。

(4)关于案涉项目实际竣工日期的认定意见

仲裁庭注意到,双方在案涉项目实际竣工日期存在重大争议。被申请人认为实际竣工日期为2020年11月,申请人认为实际竣工日期为2021年12月。仲裁庭注意到,《工期鉴定报告》对案涉项目实际竣工日期并未给出结论,有待仲裁庭作出决定。

仲裁庭认为,判断案涉项目实际竣工日期应遵循本案合同的相关约定和实际情况确定。

仲裁庭注意到,本案合同约定:"对外移交,本项目完工并内部验收合格后,由甲方以乙方的名义提请业主验收,甲方办理对外移交时,乙方予以协助。"

仲裁庭注意到,《工期鉴定报告》就处于关键线路的主厂房在时间区段3中认定没有更多的消缺等工作,在时间区段3中的主要工程内容是申请人机电设备的安装、调试和试运行等工作。仲裁庭还注意到,在2020年11月主厂房基本完成后,仍有部分工程,如灰场、门卫室、1#宿舍楼、仓库、厂区道路、煤场、清真寺、空压机房尚未完成。

仲裁庭认为,根据本案合同本项目完工并内部验收合格的约定,案涉项目灰场最晚完工日期为2021年9月,被申请人就主厂房提交验收之日为2021年12月,申请人作为总包就主厂房验收日期为2021年12月的事实,参照最高人民法院《关于审理建设工程施工合同纠纷案件适用法律问题的解释(一)》第9条规定的"当事人对建设工程实际竣工日期有争议的,人民法院应当分别按照以下情形予以认定:(一)建设工程经竣工验收合格的,以竣工验收合格之日为竣工日期……"因此,案涉项目的实际竣工日期应为2021年12月。

(5)关于双方提出工期延误事件的认定意见

仲裁庭注意到,《工期鉴定报告》对双方提出的工期延误事件给出否定的鉴定意见。《工期鉴定报告》中详细列明了有关事实、证据和鉴定意见。

仲裁庭认为,在《工期鉴定报告》中详细列明了有关事实、证据和鉴定意见的情况下,仲裁庭认可《工期鉴定报告》中给出的否定性鉴定意见。

(6)关于工期延误天数和工期延误责任的认定意见

根据仲裁庭前述认定案涉项目的实际竣工日期应为2021年12月的意见,仲裁庭认为案涉项目工期延误总天数为500日,各个时间区段工期延误和延误责任计算:

①时间区段1,工期延误110余日,其中被申请人承担延误责任天数为近60日,被申请人有权要求工期延长天数为50余日。

②时间区段2,工期延误80余日,其中被申请人承担延误责任天数为30日,被申请人因申请人的甲供材料、场地和变更原因有权要求工期延长天数为近60日。

③时间区段3,工期延误300余日,此时间区段的主要工作是申请人设备的安装、调试和试运行等工作,为此,被申请人有权要求工期延长300余日,被申请人承担工期延误责任天数为0日。

综上所述,被申请人在案涉项目土建工程中承担工期延误责任的天数为近90日。

(四)关于申请人提出的工期延误违约金的认定意见

仲裁庭认为,根据仲裁庭前述认定的被申请人在案涉项目土建工程中承担工期延误责任的天数为近90日的意见,按照本案合同约定的每日按协议金额的万分之五支付赔偿费的约定,被申请人应承担延期违约金为人民币近1200万元(人民币约2.6亿元×0.05%×近90天)。需要说明的是,人民币约2.6亿元是2021年9月19日《结算会议纪要》中双方确认的结算金额。

（五）关于申请人向被申请人支付剩余工程款人民币2700余万元的认定意见

仲裁庭注意到，双方对2021年9月《结算会议纪要》、应付工程款、已付工程款存在争议，分述如下：

1. 2021年9月《结算会议纪要》

被申请人主张，2021年9月《结算会议纪要》是双方对合同履行情况，工程价款支付达成的最终意见，对土建工期延误及索赔情况，该会议纪要并未声明保留或约定另行处理，应当视为不存在或者双方自愿放弃了工期延误索赔。

申请人主张，2021年9月《结算会议纪要》为中间结算文件，其后双方还就新增工程款含税价人民币80余万元进行了结算。

仲裁庭认为，2021年9月《结算会议纪要》系双方对案涉项目土建工程的结算文件，最终双方达成结算总额为人民币约2.6亿元，双方对此不存争议。而对土建工期延误及索赔情况，仲裁庭认为，双方对工期延误及索赔并未明确放弃权利，应理解为双方保有对工期延误及索赔的权利。被申请人相反的理解，即"应当视为不存在或者双方自愿放弃了工期延误索赔"不能成立。

2. 应付工程款

（1）申请人主张应付工程款

①2021年9月《结算会议纪要》双方达成结算总额含税价为人民币约2.6亿元。

②2021年9月之后新增工程款含税价人民币80余万元。

上述两项合计为人民币约2.6亿元。

（2）被申请人主张应付工程款

①2021年9月《结算会议纪要》双方达成结算总额含税价为人民币约2.6亿元。

②2021年9月《结算会议纪要》结算外金额人民币近170万元（下述（i）至（iv）计人民币近150万元，外加13%税）：

(i)漏记甲型房人民币70余万元;

(ii)2021年11月#0029付款申请表,人民币70余万元;

(iii)2021年12月#0311工程联系单,人民币5000余元;

(iv)2021年12月#0312工程联系单,人民币近1万元。

上述两项合计为人民币2.61亿元(人民币约2.6亿元×人民币170万元)。

(3)申请人对被申请人主张工程款的意见

申请人认为甲型房价款已包含在2021年9月结算价款人民币约2.6亿元中。从2021年5月开始,双方就阶段性结算进行往来沟通,无论是结算汇总表还是结算明细表,均显示甲型房为结算项之一。且本次结算会议期间为2021年9月16~20日共计5日时间,被申请人就相关费用情况进行了多次审核和确认,在此期间被申请人均未提出任何异议,并以加盖公章的形式予以确认,在此期间被申请人均未提出任何异议,现双方发生争议,被申请人再行主张甲型房为结算漏项没有事实依据。

(4)仲裁庭关于最终工程款金额的认定意见

仲裁庭认为,考虑到双方对于最终工程款金额的汇总计算标准不同,为此,以被申请人主张的金额为计算标准进行评判。

①甲型房

仲裁庭认为,根据被申请人证据,申请人(总承包单位意见)中写明"甲型房为结算会议遗漏项,不在本次付款范围之内",因此,被申请人主张甲型房(不含税价)人民币70余万元,含税价(13%税率)人民币80余万元,应予支持。

②#0029付款申请表

仲裁庭认为,被申请人证据总承包单位意见中写明:"本次新增报价70余万元,同意此次新增报价,加入9月结算金额,按9月北京会议纪要按同比例在共管账户拆分。"项目经理意见写明:"同意支付。"因此,被申请人主张的#0029

付款申请书(不含税价)人民币70余万元,含税价(13%税率)人民币80余万元,应予支持。

③#0311工程联系单

仲裁庭认为,被申请人证据接收单位回复写明,“因工艺和业主需求,2021年11月1日~2021年11月7日毛石护坡凿除,共计发生费用5400余元”,因此,被申请人主张的#0311工程联系单(不含税价)人民币5400余元,含税价(13%税率)人民币6200余元,应予支持。

④#0312工程联系单

仲裁庭认为,被申请人证据接收单位回复写明,“消防设计变更增加基础,见附件。共计发生费用9200余元”。因此,被申请人主张的#0312工程联系单(不含税价)人民币9200余元,含税价(13%税率)人民币1余万元,应予支持。

综上所述,案涉项目最终工程款总额金额为人民币2.61亿元。

(5)质保金

仲裁庭注意到,被申请人主张应付工程款金额为最终结算工程款总额减去已付工程款金额,其中包括质保金。申请人主张剩余应付工程价款全部为10%质保金,该部分价款应在满足协议约定的条件后予以支付,但截至目前付款条件尚不成就,且被申请人开具质保函的义务未完全履行到位,同样不符合支付剩余工程价款的条件。剩余10%质保金的付款条款为:①土建全部完工经申请人验收认可,且办理竣工验收资料及各方代表签字盖章的工程竣工验收资料;②被申请人向申请人提交付款申请函,且经申请人审核批准后14日内支付。但土建工程完工后,被申请人一直未向申请人申报任何工程竣工验收资料,直至现在申请人也未能掌握一份完整的土建工程竣工资料。且剩余价款金额双方一直存在争议,故剩余工程款的付款条件一直未成就,被申请人主张自2021年9月起的剩余工程款利息没有事实依据。

仲裁庭注意到,本案合同约定:“工程竣工结算的要求:全部工程完工后,需经甲方有关部门验收认可,并按甲方规定程序办理竣工验收资料即有关各方代表签字盖章的工程竣工验收资料手续正本各一份后,甲方在收到并审核批准乙方付款申请函后十四天内,向乙方支付至工程协议总价款的100%,变更工程待竣工结算完成后三十天付至结算价的100%;同时乙方向甲方提供银行出具并经甲方认可金额未协议总价款10%见索即付且不可撤销的质保金保函给甲方,该保函自开出之日起生效,有效期为二年(24个月),在质保期内未出现任何工程质量或其他相关问题的条件下,质保期满后一个月内,甲方将质保金保函退回给乙方。"

仲裁庭注意到,本案合同约定:"工程质量保修期从乙方完成施工协议约定的全部内容,业主签发接收证书后开始进入保修阶段,保修期为二年。"

仲裁庭认为,根据仲裁庭前述认定的案涉项目实际竣工日期应为2021年12月的意见,案涉项目2年质保期应于2023年12月届满。2022年11月,电厂项目实现整体商业运行移交,业主颁发移交证书。申请人主张的剩余质保金价款付款条件不成就的主张不能成立。因此,被申请人有权要求包括质保金在内剩余工程价款的全额支付。

3. 仲裁庭关于已付工程款的认定意见

仲裁庭注意到,被申请人主张其累计收到工程款人民币约2.34亿元,其中NDE账户支付2320余万美元,折合人民币1.61亿元,申请人从国内支付人民币7300余万元(7490万元-近30万元×7)。

仲裁庭注意到,申请人主张其已支付人民币约2.36亿元,其中NDE账户支付近2330万美元,折合人民币1.61亿元,申请人国内账户支付约7490万元。申请人认为,被申请人主张申请人应向其另行支付人民币近190万所得税没有依据,即被申请人主张国内付款金额中的"近30万元×7",在业主支付工程款至共管账户代扣代缴3%所得税时,申请人已经完成了缴纳税款义务,不应再另行向被申请人支付,否则形成重复支付的结果。在案涉项目中,申请人应负担两道税款。第一道是业主支付工程款至共管账户时,申请人就其中暂定价1500万美元承担3%所得税,其中就包括了被申请人应承担的2000余万美元的3%所得税，以及申请人应负担1500万美元的3%所得税。第二道是税款缴纳时，在被申请人就共管账户余额向申请人S公司划分工程款时，被申请人又进行了3%所得税的扣除，此时申请人完成了第二道税款缴纳义务。申请人实际上已经完成了两道所得税的支付义务，且申请人始终认可承担金额。被申请人主张申请人应另行向其支付人民币近190万元所得税款，是对税款缴纳的错误认识，因为业主代扣税款时，是按全部工程款代扣的，即申请人和被申请人已经各自负担了自身承担的税款，而被申请人向申请人S公司分配工程款时，是按扣税后的余额进行分配的，并进行了二次代扣3%所得税，始终不存在被申请人代申请人缴纳税款的事实。

仲裁庭注意到，本案合同约定："上述协议价款包括乙方为履行和完成其协议义务所必须采购的设备、材料和服务，现场施工费用，以及附带的各种费用，包括但不限于施工主材、辅材、施工机具采购费用、包装费用、运输费用、乙方派出人员及其I国当地雇员的一切费用、保险及税费等乙方为完成本协议条款下约定的工作内容的全部费用。"

仲裁庭注意到，被申请人证据80主题为"贵我双方对账确认单"的往来邮件截图及附件显示，2022年5月12日被申请人财务自然人G向"自然人H"发送邮件并抄送自然人I等10余人，邮件主文第二段陈述"综上我司(指被申请人，仲裁庭注)累计收工程款为(1)+(2)=约2.34亿元人民币，以上数据计算过程详见附件，请贵司自收到函件5日内予以审核签字确认"，次日自然人H邮件明确回复"经核对贵司所发确认单，金额无误"。

仲裁庭认为，根据被申请人证据80，申请人认可被申请人主张的已付款金额，故案涉项目申请人已付款金额应为人民币约2.34亿元。

综上所述，根据仲裁庭前述认定的最终工程结算金额人民币约2.61亿元，仲裁庭认定的申请人已付款金额人民币约2.34亿元，申请人应向被申请人支付工程款金额为人民币2700余万元(约2.61亿元－约2.34亿元)。

4. 关于利息的认定意见

仲裁庭注意到,被申请人提出自2021年9月19日至2023年4月2日逾期付款利息损失人民币160余万元(按贷款市场报价年利率3.85%计算),并按年利率3.85%支付逾期利息至实际付清之日止的请求。申请人主张剩余工程款为质保金,依据本案合同约定付款条件不成就,被申请人提出自2021年9月19日计息没有合同和事实依据。

仲裁庭认为,根据仲裁庭前述认定的申请人应付工程款金额为人民币2700余万元,应付工程款金额性质上属于质保金,而案涉项目质保期于2023年12月届满,因此,应自2023年12月起,以应付工程款人民币2700余万元为基数计息。考虑贷款市场报价年利率自2023年至今处于下行区间,仲裁庭认为按此期间的平均年利率3.48%计息[(3.85% +3.10%)÷2]为宜,至实际付清之日止。

(六)关于申请人向被申请人支付工期延误补偿金人民币4270万元的认定意见

1. 被申请人的主张

仲裁庭注意到,被申请人主张因申请人原因导致500日工期延误造成的损失共计6项索赔,包括NDE合同履约保函延期费用损失、大宗材料价格上涨损失、现场看护费用损失、管理费损失、利润损失、利息损失。

2. 申请人的主张

(1)根据《工期鉴定报告》的结论,在500日工期延误天数中,被申请人有确定的近90日工期延误责任,选择性鉴定意见的近360日工期延长,被申请人应承担全部责任,或应根据公平原则双方各自承担50%,被申请人主张申请人承担500日工期延误责任并赔偿全部工期延误损失,没有任何依据。

(2)NDE合同履约保函延期费用损失人民币40余万元没有依据。首先,被申请人证据显示金额合计数不符,如被申请人证据第614页显示保函担保费金额为人民币近3万元,被申请人证据第619页、第622页未显示手续费人民币500元,被申请人证据第623页、第624页未显示手续费人民币500元支出内容。其次,被申请人提交的证据未能体现相关保函费用系因案涉项目而支出。最后,被申请人未能依据本案合同按期开具质保金保函,而直至2022年11月才开具质保金保函。

(3)被申请人主张的大宗材料价格上涨损失人民币1520余万元没有依据。首先,申请人不存在逾期提供图纸的情形,更不存在逾期提供图纸导致土建工程延期的情形。同时,被申请人也未提供其实际支付大宗材料采购款的支出凭证,无法证实价差损失。其次,根据本案合同约定,"乙方应负责承担以下费用……(2)正常不可预见的施工措施费、赶工费、施工材料、消耗材料的价差及施工中一般设计变更和材料待用等发生的费用……",因此,被申请人应自行承担该项费用。最后,2021年9月签订的《结算会议纪要》"二、争议项"中,对被申请人所提钢筋、混凝土及装饰提高档次部分已做了结算,被申请人不应重复要价。被申请人还在庭后代理意见中详细列明了各项大宗材料的价格、证据等。

(4)被申请人主张2021年9月后现场看护费用损失人民币近40万元没有依据。首先,被申请人提供的明细表第1~7项显示的费用发生日期为2021年7~9月,该部分费用与其主张的期间存在矛盾。其次,第8项费用金额为人民币20余万元,支出内容栏显示为"7月、8月、9月期间60余名人员办理签证中所产生的相关费用",与《工期鉴定报告》中认定的2020年12月底案涉工程基本施工完毕,却在2021年7月、8月、9月仍有63名人员发生现场费用,与事实明显不符。再次,本案合同第8.31条约定"已完工程未交付甲方之前,乙方负责已完工程的保护工作",被申请人于2021年12月13日才向申请人提交报验收资料,申请人于2021年12月14日予以签字确认,故在此之前,被申请人应负责案涉项目的看护工作。最后,被申请人提交的证据绝大部分为内部报销单、考勤表、工资单等单方制作文件,不具有真实性及客观性。

(5)被申请人主张因工期延误导致的间接费用损失管理费人民币1860余

万元没有事实和法律依据。首先,根据原《合同法》第 283 条、第 284 条的相关规定,发包人应赔偿的损失为停工、窝工、倒运、机械设备调迁、材料和构件等损失和实际费用,不包括管理费用间接损失。其次,被申请人主张管理费计取比例约 10% 不符合合同约定。本案合同约定:工程价款的调整应按《13 年发电工程建设预算编制与计算规定》企业管理费费率表中规定的企业管理费费率的取费基数以直接工程分的约 7% 计,而非被申请人主张的约 10% 。最后,双方在 2021 年 9 月签订的《结算会议纪要》已就包括被申请人施工期间的管理费在内的全部价款均进行了结算,不应予以支持。

(6)被申请人主张的因工期延误导致的利润损失人民币近 1190 万元没有事实和法律依据。首先,根据原《合同法》第 283 条、第 284 条的相关规定,发包人应赔偿的损失为停工、窝工、倒运、机械设备调迁、材料和构件等损失和实际费用,不包括利润等间接损失。其次,被申请人提交的《建筑安装工程费用项目构成》(附件 3《建筑安装工程费用参考计算方法》)不适用于本案工期延误损失的计算,其主张的利润损失缺乏法律依据。最后,双方在 2021 年 9 月签订的《结算会议纪要》已就包括被申请人施工期间利润在内的全部价款均进行了结算,不应予以支持。

(7)被申请人主张的因工程款延迟支付导致的利息损失 10 余万元没有依据。

3. 仲裁庭关于被申请人 6 项费用索赔的认定意见

(1)NDE 合同履约保函延期费用损失人民币 40 余万元

仲裁庭注意到,被申请人在 NDE 合同项下履约保函延期自 2020 年 10 月 31 日至 2022 年 10 月 31 日。

仲裁庭认为,本案合同为土建工程施工合同,合同双方为申请人和被申请人,NDE 合同为被申请人作为总承包商与业主之间的合同,NDE 合同项下履约保函的延期及其延期费用不是本案合同项下发生的相关费用,因此,被申请人主张的履约保函延期费用不应予以支持。

(2)大宗材料价格上涨损失人民币1520余万元

仲裁庭认为,根据本案合同被申请人应承担施工材料、消耗材料价差的约定,并考虑到2021年9月签订的《结算会议纪要》“二、争议项”中对被申请人所提钢筋、混凝土及装饰提高档次部分已做了结算的事实,因此,被申请人提出的大宗材料价格上涨损失不应予以支持。

(3)2021年9月后现场看护费用损失人民币近40万元

仲裁庭认为,根据仲裁庭前述认定的案涉项目实际竣工日期为2021年12月的意见,被申请人提供的明细表第1~7项显示的费用发生日期为2021年7~9月,根据本案合同的约定,上述期间的现场看护费用应由被申请人承担。第8项费用金额为人民币20余万元,为2021年7月、8月、9月60余名人员办理签证中所产生的相关费用,与被申请人主张的现场看护费用不符。因此,被申请人提出的现场看护费用损失人民币近40万元,不应予以支持。

(4)工期延误导致的间接费用损失管理费人民币1860余万元

仲裁庭认为,根据仲裁庭前述认定的《工期鉴定报告》中时间区段1中被申请人有权因申请人原因(EOT起重机额外调试时间、等待加热器平台材料和协调EOT起重机用于安装1#加热器平台、协调EOT起重机用于安装2#加热器平台)要求天工50余日工期延长,时间区段2中被申请人有权因申请人原因(甲供材料、场地及变更)要求近60日工期延长的意见,上述时间区段1的50余日和时间区段2的近60日系由于申请人原因而工期延长,因此,申请人应为此承担相应的额外费用的责任。

仲裁庭认为,在因申请人导致的工期延误近110日(50余日+近60日)期间,被申请人有权索赔因工期延长导致的与时间相关的拖延费用(time-related prolongation cost)的索赔,即工程成本中的间接费用—企业管理费,包括现场和总部管理费,被申请人无权索赔工程成本中的直接费用(人工、材料和施工机械设备)。

仲裁庭认为,根据本案合同其他按《火力发电工程建设预算编制与计算规定(2013 年版)》及 2013 年版《电力建设工程预算定额》的约定，参照《火力发电工程建设预算编制与计算规定(2013 年版)》企业管理费费率表中规定的企业管理费费率的取费基数以直接工程分的约 7% 计算，以双方在 2021 年 9 月签订的《结算会议纪要》确定金额人民币约 2.6 亿元为基数，案涉项目管理费用为人民币 1940 余万元，按照合同约定工期近 640 日计算，则案涉项目每日管理费用为人民币 30,378.40 元。因此，在时间区段 1 和时间区段 2 存在归责于申请人的工期延误近 110 日的情形下，被申请人有权索赔管理费用人民币近 330 万元(3 万余元 × 近 110 天)。

仲裁庭还认为，根据《工期鉴定报告》给出的在 2020 年 11 月主厂房基本完成后仅有部分工程，如灰场、门卫室、1#宿舍楼、仓库、厂区道路、煤场、清真寺、空压机房尚未完成，其中仅有灰场施工完成日期为 2021 年 9 月，在时间区段 3 中，被申请人的管理费用已大幅度降低。如果按被申请人正常施工期间管理费用考虑，显然与案涉项目实际施工情况明显不符，因此，被申请人无权要求时间区段 3 中 300 余日的工期延误的管理费用。

(5)工期延误导致的利润损失人民币近 1190 万元

仲裁庭认为，被申请人基于申请人应承担 500 日工期延误责任主张案涉项目利润损失，与《工期鉴定报告》和仲裁庭认定意见不符。在仲裁庭前述认定案涉项目实际竣工日期为 2021 年 12 月的情形下，且被申请人在 2020 年 11 月主厂房基本完工后仍有灰场等工程尚未完成，被申请人提出利润损失的请求缺乏事实依据，不应予以支持。

(6)工程款延迟支付导致的利息损失 10 余万元

仲裁庭注意到，被申请人在庭后代理意见中以 2021 年 9 月双方同意的人民币约 2.6 亿元计算其后每月欠款数额，得出利息应为人民币 10 余万元。

仲裁庭认为，仲裁庭在前述意见中已对案涉项目应付工程款金额、应付款起算时间和利息作出裁决意见，应按前述认定意见计算应付工程款利息。

综上所述，关于被申请人在仲裁反请求中提出的 6 项费用索赔，仲裁庭仅支持工期延误导致的间接费用损失管理费人民币近330万元,仲裁庭对被申请人在仲裁反请求中提出的其余5项费用索赔不予支持。

(七)关于申请人向被申请人支付因项目延期交付发生的履约保函费用人民币40余万元的认定意见

仲裁庭注意到,被申请人在第3项仲裁反请求中提出NDE合同履约保函延期费用人民币40余万元,仲裁庭作出了在NDE合同项下不支持履约保函延期费用的意见。

仲裁庭注意到,在被申请人第三项仲裁反请求中,被申请人提出因项目延期交付发生的履约保函费用人民币40余万元的仲裁反请求。

仲裁庭认为,被申请人在案涉项目和NDE合同项下的履约保函应为同一份文件。被申请人在第三项仲裁反请求中提出索赔的理由为项目延期交付导致的保函延期费用,而保函延期费用与其在第二项仲裁反请求中的金额人民币40余万元一致。根据仲裁庭前述认定的案涉项目实际竣工日期为2021年12月的意见,履约保函第六次延期至2022年10月31日,考虑到被申请人未能按照本案合同约定如期开具质保金保函,直至2022年11月才开具质保金保函的事实,申请人有权以履约保函项下的担保暂时替代质保金保函项下的担保义务,且被申请人证据存在延期金额无法完全符合的瑕疵,因此,被申请人提出的因项目延期交付发生的履约保函延期费用人民币40余万元,不应予以支持。

(八)关于律师费承担的认定意见

仲裁庭认为,根据本案审理情况,申请人和被申请人各自承担其主张的律师费用。

(九)关于仲裁费和实际费用承担的认定意见

仲裁庭认为,根据本案审理情况,申请人和被申请人应各自承担本请求和反请求仲裁费用;申请人选定仲裁员产生的差旅费用,由申请人自行承担;本案鉴定费用,由双方各承担50%。

三、裁 决

基于上述意见,仲裁庭裁决如下:

1. 被申请人向申请人支付延期违约金人民币近1200万元。

2. 申请人向被申请人支付工程款人民币2700余万元,并向被申请人支付自2023年12月起,以应付工程款人民币2700余万元为基数,按照年利率3.48%标准计算至实际付清之日止的逾期付款利息。

3. 申请人向被申请人支付因工期延误导致的管理费损失人民币近330万元。

4. 驳回申请人的其他仲裁请求。

5. 驳回被申请人的其他仲裁反请求。

6. 本案本请求仲裁费全部由申请人承担,并与其缴纳的等额仲裁预付金全额冲抵。

7. 本案反请求仲裁费全部由被申请人承担,并与其缴纳的等额仲裁预付金全额冲抵。

8. 申请人选定仲裁员参与本案庭审所支出的差旅等实际费用由申请人承担,与其预缴款项相冲抵后,余款由仲裁委员会予以退还。

9. 本案鉴定产生的实际费用由双方各承担50%。前述费用已由被申请人全额预缴并冲抵,故申请人应向被申请人支付相应款项补偿被申请人为其垫付的鉴定费用。

上述裁决项下应付款项,申请人和被申请人应于本裁决作出之日起30日内向对方支付完毕。

本裁决为终局裁决,自作出之日起生效。

案例评析

【关键词】

工期延误　关键线路　延误天数

【焦点问题】

1. 仲裁庭指定工期延误鉴定专家;

2. 工期延误责任和工期延误损失。

【焦点评析】

本案涉及I国燃煤发电厂土建分包合同争议。申请人(总承包商)主张被申请人(土建分包商)管理不当导致土建工程施工进度严重滞后,致使整个项目总体进度及关键节点无法满足合同及业主的要求,提出工期延误违约金。被申请人主张由于申请人提供图纸、设计变更频繁、拖延支付交付施工场地和条件、临时新增工作频繁、甲供料延迟和存在质量问题、雨季施工、逾期付款等各种原因,造成被申请人土建工程停工、窝工以及项目整体交付逾期,请求补偿工期延误损失。

现结合本案案情评述如下。

一、仲裁庭指定工期延误鉴定专家

本案申请人仲裁请求和被申请人仲裁反请求合计金额约超过亿万元人民币,其中双方因工期延误请求损失金额 8000 余万元,工期延误事件、工期延误责任和损失成为本案需要裁决的最大争议问题。

由于国内缺乏工期延误鉴定机构,因而在建设工程仲裁案件中多采用当事人指定工期延误专家证人或在双方当事人同意的情况下由仲裁庭指定工期延误专家证人的方式进行工期延误分析,为仲裁庭提供可供参考的工期延误事件、工期延误天数、工期延误责任的专家证人报告。在本案中，在双方当事人未能聘用工期延误专家证人对工期延误举证的情况下，经双方当事人在庭审中同意，仲裁庭决定采用由仲裁庭指定工期延误鉴定专家对工期延误进行分析。

二、工期延误责任和工期延误损失

本案中，项目工期延误及其延误责任构成申请人仲裁请求工期延误违约金、被申请人仲裁反请求工期延误损失补偿金的核心问题。

（一）本案合同关于合同工期和工期延误违约金的约定

本案合同约定计划开工日期为 2018 年 11 月，计划竣工日期为 2020 年 9 月（具备竣工验收条件），本案合同约定工期为近 640 日。工期延误赔偿费按日万分之五计算，工期逾期赔偿费不应超过总价款的 15%。

（二）工期延误分析方法

《工期鉴定报告》参照 SCL 出版的工期延误和干扰分析准则，并结合本案涉项目和争议的具体情况，鉴定机构认为 SCL 工期分析方法中的“回顾式最长路径法”最适合本案的情况。

（三）案涉工程的关键线路

《工期鉴定报告》确定主厂房单体工程为案涉项目的关键路线工程。主厂房土建工程的关键路线包括：锅炉基础土方开挖工作、主厂房土方开挖及地基处理、B-D 轴的混凝土筏板基础及后浇带、A-B 轴的混凝土短柱和独立基础施工、钢结构安装至屋面底板、起重机调试、1#加热器平台钢结构安装用起重机就绪、1#加热器平台钢结构安装、2#加热器平台安装起重机就绪、2#加热器平台钢结构安装和焊接、2#加热器平台混凝土板及土建施工、完成装饰装修工作并申请验收、完成其他合同剩余装饰装修工作、设备安装、调试及试运行并完成运行移交，最终主厂房土建验收通过。

（四）《工期鉴定报告》结论

《工期鉴定报告》得出的结论为案涉项目工期实际工期为近 1140 日，减去合同工期近640日,工期延误天数为500日。被申请人延期责任天数确定性意见为近90日,其中时间区段1为近60日,时间区段2为30日,时间区段3为0日。选择性意见为时间区段2被申请人延期权利天数为近60日、时间区段3被申请人延期权利天数为300余日,合计近360日为不确定延期权利天数,是否属于被申请人有权主张工期延长的期限有待仲裁庭认定。

《工期鉴定报告》对申请人主张的工期延误事件、被申请人主张的工期延误事件进行了分析,结论为申请人和被申请人主张的工期延误事件对案涉项目的关键线路不产生影响,不影响案涉项目的竣工日期。

(五)仲裁庭认定意见

仲裁庭认为,双方当事人并没有真正认可的适用于本涉案工程的基准进度计划,且同期进度信息不完整,仲裁庭认可《工期鉴定报告》中采用回顾式最长路径分析法进行案涉项目的工期延误分析,步骤为:先识别出处于最长路径上的单体,然后根据同期的进度信息和中间验收资料以及《建筑单位工程竣工验收单》等资料,分析和判断该处于最长路径上的单体的关键路径及处于关键路径上的关键作业,并对照本案合同中约定的协议工期,来识别和量化造成处于该最长路径上关键作业延误的原因。

仲裁庭认可鉴定机构对于主厂房单体工程为案涉工程关键路径的意见:

(1)主厂房是本工程的最核心的部分,是影响项目生产运行的最重要的单体工程,也是工程量最多的单体工程。

(2)主厂房是最早开始的单体工程,其与锅炉基础几乎同一时间开始。

(3)主厂房亦为总包和业主最晚验收的单体工程。

仲裁庭认为,根据双方对案涉项目关键线路发表的回复意见中认为主厂房为热电厂最核心的单体项目,主厂房是最早开始的单体工程,也是最晚结束的单体工程,结合《工期鉴定报告》对案涉项目证据资料的分析,仲裁庭认可《工期鉴定报告》将主厂房作为案涉项目的关键线路。

根据仲裁庭认定的案涉项目的实际竣工日期应为2021年12月的意见,仲裁庭认为案涉项目工期延误总天数为500日,对各个时间区段工期延误情况和延误责任作出明确认定并确认被申请人在案涉项目土建工程中承担工期延误责任的天数为近90日。

【结语】

本案涉及国内外建设工程项目中最常见的工期延误及其工期延误违约金的争议,系建设工程案件中仅次于工程价款争议的第二大争议案由。

在国内建设工程案件中,造价鉴定、技术鉴定(包括质量鉴定)行业相对成熟,各级法院和仲裁机构采用公示或短名单方式确定鉴定机构名单,供当事人选择或由法院或仲裁机构指定,鉴定意见易于为当事人所接受,而工期鉴定机构很少,缺乏工期鉴定的实践,且双方对鉴定意见也往往存在较大争议。许多当事人在国内诉讼或仲裁案件中往往采取被动做法,不主动聘用专家证人提交工期延误分析报告,未尽举证责任,而由法院或仲裁庭决定是否聘用专家证人或指定工期鉴定机构。这种被动的做法,往往导致当事人输掉诉讼或仲裁案件。但在建设工程案件的国际仲裁中,当事人负有聘用工期延误专家证人,提交专家证人报告,与对方聘用的专家证人出具联合报告,并出庭接受交叉盘问。本案中,考虑到双方请求和反请求中人民币8000余万元涉及工期延误及其责任,仲裁庭在庭审中经征求当事人意见,最终确定由仲裁庭指定鉴定机构的方式进行工期延误分析,并依据工期鉴定报告作出裁判。

目前国际上比较认可的用于工期分析的指导性文件有如下两个:一是SCL出版的《工期延误和干扰索赔分析准则》(第2版)(2017年)[Delay and Disruption Protocol (2nd Edition) (2017)];二是美国国际工程造价促进协会(Association for Advancement of Cost Engineering International,ACCEI)发布的“推荐操作规程RP29-3”(Recommended Practice RP29-3)。中国工程建设标准化协会(China Association for Engineering Construction Standardization,CECS)发布的《建设工程工期延误量化分析标准》则填补了国内工期延误量化分析的空白。

目前,国际上普遍采用关键线路法进行工期延误分析,并采用时间区段法或称视窗法(windows approach)对于不同时间区段的工期延误事件、责任和天数作出分析。关键线路法是通过确定项目各工作最早、最迟开始和结束时间,通过最早最迟时间的差额分析每一工作相对时间的紧追度和工作的重要程度,这种最早和最迟时间的差额为机动时间,机动时间为零的工作通常为关键工作,关键线路上全部工序的总持续时间就是项目的总工期。利用关键线路法判断工程延误时间的基本原理在于:由于机动时间为零的活动构成关键线路,而关键线路上全部工序或活动的总持续时间就是项目的总工期,因此,关键线路上工序或活动的延误必然造成项目总工期的延误。非关键线路上的工序或活动存在机动时间,非关键线路上的延误不会造成项目总工期的延误。

本案揭示了中国施工企业在国内外建设工程工期管理方面的主要弱点,一是施工企业无法递交一份合格的或符合合同要求的施工进度计划,如无法或不能准确使用微软 Project 软件或 P6 软件编制进度计划,导致无法确定基准工期计划;二是施工过程中缺乏工期进度信息,工期进度信息不完整等,包括每一项工作的最早开始日期,最晚结束日期等信息,导致无法或不能准确地进行工期延误分析,这也成为当事人对工期鉴定意见或一方当事人聘请的工期专家证人意见不予认可的一个重要的原因。因此,对于工程施工企业来说,加强进度计划的管理,编制一份业主认可的进度计划,确定项目的基准进度计划,并在项目施工过程中定期更新进度计划,将为工期延误索赔和工期延误分析奠定良好的基础,避免施工企业在工期延误分析和负有举证责任时举证不能,承担向业主赔付高额工期延误违约金。

在本案中,仲裁庭对工期鉴定报告进行分析后,结合关键线路法和 3 个时间区段中双方的工期延误责任和延误天数作出判断,从而为申请人提出的工期延误违约金的仲裁请求和被申请人提出的工期延误损失补偿的判定提供了依据。

中国A公司与P国B公司EPC协议争议案

中国国际经济贸易仲裁委员会(以下简称贸仲)根据申请人中国A公司(以下简称申请人)与被申请人P国B公司(以下简称被申请人)以及案外人中国C公司于2018年12月6日签订的"EPC Contract Agreement"(格瓦达尔300兆瓦进口燃煤独立发电项目EPC合同协议,以下简称《1号协议》)中仲裁条款的约定,以及申请人于2021年4月17日提交至贸仲的书面仲裁申请,受理了申请人与被申请人之间因履行上述合同而产生的本争议仲裁案。

一、案　情

(一)申请人的仲裁请求及所依据的事实和理由

2018年7月25日,被申请人刊登《关于1号项目的资格预审公告》,启动P国电站项目即1号项目(以下简称案涉工程)EPC总承包商的招标程序。申请人与案外人中国C公司(与申请人合称承包商)组成的联营体参与了案涉工程的投标,被申请人于2018年11月3日通知申请人联营体中标。

联营体中标后,被申请人与承包商于2018年12月6日签署了本案合同,本案合同总金额为约4.1亿美元。本案合同还约定,本案合同签署后,各方还应当签署2号协议以及3号协议(以下简称配套协议)对本案合同的具体执行进行进一步约定。

2018 年 12 月至 2019 年 1 月，在本案合同的基础上，被申请人与承包商小签了配套协议的技术文件，但被申请人以案涉工程电价未得到 P 国当局批复为由搁置了配套协议的签署。

根据本案合同约定，就案涉工程的前期工作，被申请人应当向申请人支付合同金额 10% 的预付款。但本案合同签署后，为了推进项目进度，被申请人在未向联营体支付任何预付款的情况下，要求申请人进行了大量如现场调研、配合申请环评、配合申请电价复议、起草项目计划等前期工作。

基于对被申请人的信任，申请人的工作全部是在垫资的情况下推进的。直至 2020 年 10 月 7 日，被申请人仍然通过邮箱向申请人指派工作。

2020 年 12 月 9 日，申请人得知，被申请人另行与案外人中国 I 公司签署了设计—采购—施工（Engineering-Procurement-Construction，EPC）合同，但截至申请人提起仲裁之日，被申请人从未通过任何正式渠道通知申请人解除本案合同或终止本案合同的履行。

综上所述，被申请人就案涉工程另行与案外人签署协议，已经事实上造成了本案合同无法继续履行。自涉案招标以来，申请人为案涉工程投入了巨大人力物力，而被申请人至今未向申请人支付任何款项，经初步统计，被申请人的上述行为给申请人造成的直接损失已经超过人民币 1200 万元。

申请人提出如下仲裁请求：

1. 被申请人向申请人支付因被申请人根本违约给申请人造成的损失人民币 3000 万元。

2. 被申请人承担申请人因被申请人根本违约导致申请人维权支出的律师费 98 万余元、公证费近 4000 元。

（二）被申请人的答辩意见

1. 本案系争协议明显不完整，缺乏确定性，在未签订在岸合同和离岸合同的情况下，根本无法单独执行，不具备法律约束力

根据本案《1 号协议》（以下或称伞协议，umbrella agreement）约定适用的准

据法,英格兰和威尔士法律(以下简称英国法,但不包括苏格兰法律),如果合同过于模糊,或者明显不完整(incomplete),则该合同会因为缺乏确定性(certainty)而无约束力。虽然各方并不必须就合同的每一处细节达成一致,但必须就成立具备约束力的法律关系客观上所必需的全部实质条款,包括当事方、价格、时间(期限)和具体工作内容等,达成合意。缺少必要的实质条款以致合同整体(在商业上)无法执行,则合同无法律约束力。

本案当事方于2018年12月6日签订的伞协议在绝大多数重要方面并未达成一致,明显不完整且无法执行,缺乏合同应有的确定性,故无法律约束力。

首先,伞协议明显不完整。伞协议鉴于条款第e项约定,业主欲根据总价包干的项目EPC合同雇用总承包商,总承包商完全理解并同意该等雇用受EPC合同中条件和条款的约束。伞协议明确约定,EPC合同文件包括:(1)伞协议;(2)离岸合同;(3)在岸合同。包括离岸合同和在岸合同在内的各项合同文件均为EPC合同的有机组成部分。显然,当事人意图缔结的完整协议是包括离岸合同和在岸合同在内的一份整体的EPC合同。

其次,在岸合同和离岸合同才是EPC合同的实质部分,缺乏离岸合同和在岸合同,伞协议根本无法独立存在和执行。在境外国际工程承包合同中,常需将一份总包合同(如EPC合同)分拆为两份甚至多份协议,主要目的是合理规避项目所在国的税收,EPC合同在大多数情况下会被分拆为在岸合同和离岸合同。在岸合同往往由承包商在项目所在国设立的当地公司(境内主体)与业主方签署,提供需要在当地履行的工作,包括工程的建设、安装、测试以及当地采购服务;离岸合同一般是由承包商自己或者其他子公司(统称为境外主体)与业主方签署,提供在境外履行的工作,包括工程的设计和境外采购服务。但是仅仅这两份合同是不够的,因为这两份合同下的权利和义务是独立的。业主需要与总承包商再签署一份总合同(伞协议),其目的是让在岸和离岸两份合同能够形成一个整体的合同,起到连接和统筹的作用。

本案伞协议明确了项目的整体工作范围,确保所有的工作均有负责的主体,避免任何遗漏。第2条约定了EPC合同的组成文件以及这些文件之间存在冲突时的优先适用顺序(伞协议具有最优先的效力)。第3条约定,将EPC合同分拆为离岸合同和在岸合同,不影响总承包商向业主全面、完整履行总承包商整体工作的义务;如在岸合同系由总承包商的附属子公司(在岸合同承包商)签订,则总承包商仍应负责协调两份合同的履行,且在岸合同的承包商和总承包商应就EPC合同文件下各承包商的义务对业主承担连带责任。此外,伞协议还就项目开工日(第6条)、完工时间(第7条)、第8条(违约金)、争议解决(第16条)等不宜拆分规定的事项作了统一规定,以降低两合同之间潜在不一致所可能产生的风险。因此,在岸合同和离岸合同才是EPC合同的实质部分。

最后,伞协议鉴于条款第e项明确:被申请人欲根据EPC合同雇用总承包商的目的是履行其与P国政府和相关机构在项目文件和融资文件下的义务。在2020年5月31日P国相关机构对本项目电价作出最终决定前,EPC合同承包方的工作范围和技术方案等尚未确定,无法签订可执行的EPC合同(包括在岸合同和离岸合同)。具体而言,双方2020年7月26日谈判中的在岸合同版本(采购和建设合同)合计有19个附件,分别确定合同价格明细、履约保函模板、分包工程、工程时间节点、履约担保、技术限制、与融资方的直接协议、质保金保函模板、建设期保险、预付款保函模板、项目要求、批准和许可、节点事件证书、环境事项、与P国方的项目文件、主要人员、执行时间表、付款节点表、完工保函模板事项。谈判中的离岸合同(采购和供应合同)也有类似附件。本案所涉的建设工程项目专业性、技术性很强,EPC项目承包方的具体工作范围、工程技术和商务条件等显然属于合同必备的实质条款,在各方未就案涉项目的实质必要条款达成一致时,伞协议缺乏关键的必要条款。

事实上,2020年5月31日,被申请人获得P国电监局电价最终决定后,P国方实质提高了本项目的相关性能技术要求,而此时承包商的工作范围才有可能确定。这也是为什么被申请人不愿意在P国当局批复项目电价、确定项目条件前与联营体签订在岸合同和离岸合同的原因。

在直接影响合同价格的 EPC 工程工作范围、关键技术和商务要求尚未确定的情况下，确定价格是无意义的。因此，伞协议中关于项目的包干总价以及在岸合同和离岸合同的包干价金额均加上了中括号；在英文起草的文件中，该等中括号往往表明其中的内容待定。

需要澄清的是，2018 年 12 月 6 日，申请人和被申请人只签署了伞协议，并未签署任何技术附件，伞协议也并未提及其存在任何附件。申请人证据技术附件上每页“L”的小签并非自然人 L 本人签署。

综上所述，在未签订在岸合同和离岸合同的情况下，伞协议本身根本无法单独执行，并不具备法律约束力。

2. 伞协议各方并无立即创设有约束力的法律关系的真实意图，该协议并无约束力，各方更未信赖伞协议有约束力

根据英国法，一份协议即使有对价支持，如果订立各方并无意图产生法律关系，则该协议并无约束力。各方是否有受协议约束的意图可能与他们是否达成了协议这一问题有所交叉，但显然创设有约束力的法律关系的“意图”是在任何情况下均需单独被满足的条件。如各方明确表明在一些步骤被采取或程序被完成前他们并无意图受约束，自然是最明显的情况。该等“意图”可以明示或默示方式，或者根据背景情况予以否认。

首先，伞协议鉴于条款第 e 项约定，“Contract”系指总价包干的项目 EPC 合同整体；而第 2.2 条约定，EPC 合同（“Contract”）的合同文件包括伞协议、离岸合同和在岸合同等有机组成部分。对于“伞协议”本身，则使用了“《1 号协议》”指代。伞协议约定，EPC 合同经各方授权代表签署后生效。作为统筹协调 EPC 合同全部合同文件的一般条款，该条的意图系确定 EPC 合同（包括伞协议、在岸合同和离岸合同）作为一个整体应在签署日生效。在各方仅签署伞协议而尚未签署在岸合同和离岸合同时，EPC 合同尚未生效，作为 EPC 合同有机组成部分的伞协议亦并未生效，各方并无意图产生法律关系。

其次,伞协议约定:“为执行本协议(指‘伞协议’),业主与总承包商应缔结《离岸设计和设备采购合同》(‘《离岸合同》’),以及业主与总承包商或其指定的附属公司应缔结《在岸供货和施工合同》(以下简称‘《在岸合同》’)。”因此,伞协议已明示伞协议的执行以缔结离岸合同和在岸合同为前提条件,因此各方并无立即创设有强制执行力的法律关系的真实意图。

需要注意的是,伞协议约定,各方应根据国际咨询工程师联合会(Fédération Internationale Des Ingénieurs Conseils, FIDIC)银皮书的内容以及各方进一步的协商调整在岸合同和离岸合同的具体条款,以符合/满足业主在其与 P 国政府方面的项目文件下的义务。而 FIDIC 银皮书中仅提供了合同的通用条款模板,并不包含诸如价款、承包方工作范围以及相关的技术和商务要求等实质条款。因此,伞协议仅是各方为进一步在适当时候缔结在岸合同和离岸合同而达成的缔约协议(an agreement to agree)。在英国法下,缔约协议并无法律约束力和可执行性。

再次,下列各节事实充分说明申请人并未信赖伞协议有约束力,且明知伞协议本身是无法独立执行的:

(1)2019 年 5 月 29 日、8 月 28 日、11 月 22 日,1 号项目部在其发出的《关于要求联合体参加项目会议及提交项目文件的函》以及相关邮件回函中,多次明确确认主合同未签订、一些工作条件不具备或无法组织相应专题讨论会,说明联营体项目部认可各方并未签署 EPC 合同这一事实。此外,2019 年 12 月 13 日,申请人方 J 先生给被申请人方 K 先生的邮件,亦确认合同没有签订,不好去部门协调资源。

(2)申请人在其《仲裁申请书》认可,2018 年 12 月至 2019 年 1 月,被申请人与承包商小签了配套协议的技术文件(被申请人注:事实上被申请人并未在申请人技术附件上签署/小签,该等技术文件上每页“自然人 L”的小签并非自然人 L 本人的签字),但被申请人以案涉工程电价未得到 P 国当局批复为由搁置了配套协议的签署。

2019年12月联营体项目部致被申请人电邮以及2020年12月申请人《关于促请履行EPC主协议的函》均认可,由于尚未获得P国相关机构对本项目电价的批复等原因,P国B公司未与联营体完成《在岸合同》《离岸合同》的谈判和签署,有些资源协调起来难度较大。

这些事实均清楚地说明申请人明知被申请人的意图是:只有当P国相关政府部门对本项目电价、技术方案等要求确定后,被申请人才会继续EPC合同的谈判和签署;被申请人不愿意承担因在P国方的项目文件下的义务/条件(如电价、技术方案)与EPC合同下主承包商相应的义务/条件不匹配所产生的风险。

(3)2020年5月31日被申请人获得P国电监局电价最终决定,在"成本加收益"电价模式下,最终确认EPC成本为约3.2亿美元,且在P国方实质提高了本项目的相关性能技术要求:其中对于电厂的净效率由原来约定的不小于37%提升为不小于37.25%;电厂用电率由原来的不大于9%变更为不大于8.98%。鉴于本项目的相关基础条件已经发生实质性变化,被申请人组织了本项目EPC承包商的第二轮报价比选,亦于2020年7月5日邀请申请人对EPC项目再次进行报价,并告知也邀请了其他几家有经验的单位进行报价。2020年7月9日申请人回函确认,其会和中国C公司尽全力配合业主做好后续合同变更谈判及方案优化工作,共同商定遗留合同条款、性能保证指标、报价范围及变更后的价格调整,争取早日关闭EPC合同。同年8月5日,申请人递交了报价文件。上述申请人参加二轮竞价比选的事实再次证明:申请人显然明知伞协议是无法律约束力的,被申请人的意图是在P国相关机构对本项目电价、技术方案、性能保证指标等要求确定后才继续EPC合同的谈判和签署。

另需要说明的是,2018年8月的招标文件第一部分"投标要求"第23条明确约定,在各方未就协议的条款和条件形成书面正式协议前,各方之间不存在有约束力的协议;在正式缔结合同前,业主保留在任何时候接受或拒绝任何投标的权利。2018年11月3日被申请人向联营体授予的是意向书(Letter of

Intent),邀请其开始EPC合同的谈判,而非具有法律约束力的中标通知(Letter of Acceptance)。

事实上,各方于2019年1月,2019年5月17~18日,就本案合同及其技术附件进行过两轮现场谈判。被申请人获得P国电监局电价最终决定后,各方就项目EPC合同又进行了数次技术和商务谈判,直至2020年9月17日,仍有41项未决的技术和商务问题。

最后,即便假定各方在签署伞协议时的意图是使之有效(但事实并非如此),申请人与项目联营体、被申请人上述后续行为已表明双方并不认可伞协议已经生效,根据不容反悔原则(Estoppel by Convention),申请人不得再主张伞协议具备法律约束力。

3. 联营体自愿承担合同不能最终缔结的风险

伞协议约定,在正式开工通知签发前,如总承包商收到合同价款10%的预付款、业主已获得施工场地并已移交给总承包商、各方对有限开工函下的工作未提异议或有限开工函下的工作的保险已取得,业主可以有限开工函(Limited Notice to Proceed, LNTP)要求总承包商开展某些前期工作。本案中,签发LNTP的上述条件均未被满足,故申请人主张的联营体前期工作不属于履行EPC合同。

2018年12月伞协议签订后至2020年,项目的技术方案、性能指标(包括三大主机、主要辅机、燃料、水、接入系统)并未确定,EPC合同尚未签订,项目成本没有最终确定、业主尚未获得施工场地、现场补勘详勘工作尚无法完成,初步设计原则更未经业主组织评审和确认,不存在申请人主张的"技术文件的设计深度已达到初步设计文件设计深度"的可能。申请人主张的联营体协助/配合被申请人进行的项目前期工作并无实质工作成果。项目前期可行性研究等实质工作是由被申请人自身及其聘请的其他第三方境内外专业机构进行的。

更重要的是,申请人主张的联营体项目前期的协助/配合工作在性质上不属于履行EPC合同,这些前期协助是为了评估、确定EPC合同下项目的技术要求和商务条件、获得对联营体较有利的 EPC 合同条件，其实质目的是推动和完成 EPC 合同（离岸合同和在岸合同）的谈判和签署。因此，项目联营体系为了其自身的利益，在明知 EPC 合同尚未生效的情况下，为了推动 EPC 合同的谈判和签署并获得较有利的合同条件，自愿开展了项目前期的很有限的非实质性的协助配合工作，其自愿承担合同如最终不能缔结相关支出无法获得补偿的商业风险。被申请人并未承诺一定会将项目授予联营体，只是先行与联营体进行谈判。在英国法下并不存在善意谈判的一般义务，被申请人善意积极地与联营体进行谈判，最终双方因合同条款未能达成一致而谈判破裂，相关风险只能由联营体自行承担。

4. 申请人不具备就其主张的联营体前期工作单独提起本案仲裁的授权和资格

申请人与案外人中国 C 公司组成联营体参与本案项目的投标。双方签订的《1 号项目总承包联营体协议》约定，中国 C 公司和申请人按 6：4 的比例分担 EPC 项目风险、分享项目收益，批准与雇主、分包商的超过 10 万美元的索赔、反索赔事宜，应由联营体领导小组通过。无证据证明申请人提起本案仲裁已经联营体领导小组决策，且中国 C 公司并未与申请人共同提起本案仲裁。就申请人所主张的联营体（项目部）前期工作，申请人并不具备单独提起本案仲裁要求赔偿的授权和资格，请求仲裁委员会或授权仲裁庭做出撤销案件的决定。

5. 关于申请人追加中国 F 公司作为本案第二被申请人的请求

关于申请人追加中国 F 公司作为本案第二被申请人的请求，被申请人同意中国 F 公司提交的异议意见，不再赘述，仅补充说明：

（1）2018 年 12 月 6 日本案双方和中国 C 公司只签署了伞协议，并未签署任何相关技术附件，所谓技术附件根本不是伞协议的组成部分，伞协议也根本未提及其存在任何附件。技术附件上每页“自然人 L”的小签并非自然人 L 本人签署。申请人 2022 年 1 月 12 日证据清单“证明事项”中关于技术附件的说明与事实不符。

(2)本案项目的招标主体是被申请人。

(3)在伞协议签订后,合同谈判和磋商仅发生在被申请人与中国C公司和申请人组成的联营体之间。

(4)申请人2021年8月14日向被申请人发送了《一号项目一号协议的解除通知》,通知被申请人终止伞协议。

综上所述,申请人不具备就其主张的联营体前期工作单独提起本案仲裁的授权和资格,本案伞协议并无法律约束力,被申请人不存在申请人主张的违约行为,联营体自愿承担合同不能最终缔结的风险,请求仲裁庭驳回申请人的全部仲裁请求。

本案双方当事人就本案事实和法律问题先后提交了资料和意见,这些资料和意见分别以证据、笔录、质证意见、代理意见等形式保留在本案卷宗中,仲裁庭均已予以充分地审阅和考虑。仲裁庭在案情中未予摘录、述及者,或者虽已在案情部分摘录述及但未在仲裁庭意见中予以采用者,并非仲裁庭忽视或默认。

二、仲裁庭意见

仲裁庭审阅了当事人提交的全部材料,充分听取了申请人的仲裁请求陈述、举证和主张,被申请人的答辩意见、举证和主张。现结合本案庭审情况,阐述意见如下。

(一)本案适用的法律和语言

仲裁庭注意到,申请人证据1,《1号协议》第15条(准据法和准据语言)约定:“15.1　本合同受英格兰和威尔士法律管辖,但不适用其冲突法规则。15.2　本合同以英文为准据语言。”

仲裁庭还注意到,《1号协议》第16条(仲裁条款)约定:“16.1　本合同争议应提交中国国际经济贸易仲裁委员会在北京根据其仲裁规则进行终局仲裁。16.2 除非业主与承包方另有约定,仲裁庭应由3名仲裁员组成。16.3 本合同协议项下争议与《海上合同》和/或《陆上合同》的仲裁可合并进行,承包商与陆上承包商应视为一方当事人。”

仲裁庭在1号函中提出,仲裁庭认为根据《1号协议》的约定,本案合同准据法为英国法,第15.2条约定本合同主导语言为英语。但仲裁庭认为根据第16条的约定,第16条仲裁条款未能约定仲裁语言。仲裁庭为此征求双方当事人关于本案审理和仲裁裁决书使用语言的意见。

申请人于2022年1月19日回复称本案应以中文作为仲裁语言进行审理,并以中文作为仲裁语言出具仲裁裁决书。被申请人于2022年1月15日回复称本案审理和仲裁裁决书应使用中文。

仲裁庭认为,在本案合同《1号协议》明确约定准据法为英国法的情形下,本案合同应适用英国法。在本案合同《1号协议》未明确约定仲裁语言的情况下,双方当事人同意本案审理和仲裁裁决书为中文,并根据贸仲《仲裁规则》(2015年版)第81条第1款的规定,本案应为中文。

(二)申请人仲裁主体资格

1. 被申请人的主张

本案中,被申请人主张,由于申请人与案外人组成联营体作为本案合同的承包商(Contractor),因此,申请人不具备就其主张的联营体前期工作单独提起本案仲裁的授权和资格。

申请人与中国C公司于2019年8月2日签订的《1号项目总承包联营体协议》约定,该联营体协议适用中国法律。协议签订时有效的原《民法通则》规定了3种联营方式,即第51条规定的法人型联营,第52条规定的合伙型联营以及第53条规定的契约型联营。联营体协议约定:“本协议中联营体一词……不可解释为双方之间存在中国《民法通则》第51条和第53条规定的联营关系。”第2.2.3条进一步约定:“本协议中所包含的任何内容都不得解释为在项目之外各成员之间建立了一种合伙关系……”据此,可以认定双方之间就本案EPC项目建立了临时性的合伙关系(未设立作为商事主体的合伙企业)。

虽然本案《1号协议》的准据法为英格兰和威尔士法律,但相关方(包括申请人和联营体)的民事行为能力问题(包括缔约能力和资格问题),根据《涉外民事关系法律适用法》第14条的规定,适用其属人法(而非合同的准据法),即中国法律[关于协议下当事人行为能力问题所适用的准据法(实际上关于合同授权签字人是否有适当代理权签署合同的问题,根据《涉外民事关系法律适用法》第16条的规定,亦非适用合同约定的准据法]。①

在《民法典》通过以前,我国法律中没有对合伙合同作出专门的规定。1997年制定《合伙企业法》,对合伙企业作出了专门规定。《合伙企业法》旨在规范以合伙协议为基础成立的合伙企业,属于典型的商事主体法,在适用范围上受到严格限制。各个民事主体之间为持续的或者临时的共同事业而未成立企业的合伙,则被排除在《合伙企业法》之外。② 最高人民法院《关于适用〈中华人民共和国民法典〉时间效力的若干规定》第3条规定:“民法典施行前的法律事实引起的民事纠纷案件,当时的法律、司法解释没有规定而民法典有规定的,可以适用民法典的规定,但是明显减损当事人合法权益、增加当事人法定义务或者背离当事人合理预期的除外。”《民法典》第967条规定:“合伙合同是两个以上合伙人为了共同的事业目的,订立的共享利益、共担风险的协议。”因此,在《民法典》生效前成立的非合伙企业的民事合伙,可以适用《民法典》合同编第27章合伙合同的相关规定(设立商事主体的合伙企业则由《合伙企业法》调整)。《民法典》第970条规定:“合伙人就合伙事务作出决定的,除合伙合同另有约定外,应当经全体合伙人一致同意。”“合伙事务由全体合伙人共同执行。

① 参见赵伟、程旭丹:《国际商事仲裁协议当事人行为能力的判定标准》,载《人民司法》2021年第14期。

② 参见黄薇主编:《中华人民共和国民法典合同编解读》(下册),中国法制出版社2020年版,第1504页。

按照合伙合同的约定或者全体合伙人的决定,可以委托一个或者数个合伙人执行合伙事务;其他合伙人不再执行合伙事务,但是有权监督执行情况。”

本案中,申请人与案外人中国C公司组成联营体参与本案项目的投标。联营体协议规定:“批准与雇主、分包商的超过10万美元的索赔、反索赔事宜,应由联营体领导小组通过。”该联营体协议约定:“如果雇主部分或全部拒绝了联营体的索赔要求……经联营体领导小组会议决议,可以联营体名义根据合同规定的争端解决程序向雇主提起争端解决。”因此,各方的安排和预期是:EPC合同下联营体对雇主的索赔争议应通过由联营体向雇主提起仲裁解决。本案中,并无证据证明申请人提起本案仲裁已经联营体领导小组决策;且中国C公司并未与申请人共同提起本案仲裁。无论根据上述《民法典》关于合伙人原则上应共同执行合伙事务的规定,还是联营体协议的约定,就申请人所主张的联营体(项目部)前期工作及所发生的费用/支出,申请人并不具备单独提起本案仲裁要求赔偿的授权和资格。

即使申请人仅就联营体(项目部)前期工作中其自己发生的费用/支出提出权利请求,本案中,申请人并未证明其主张的联营体前期工作哪些实际上系由其自己完成并发生相关费用/支出的。将申请人所主张的所谓联营体“前期工作成果”全部归为申请人的“工作成果”,显然缺乏依据,不合情理。

另需说明的是,商事审判中坚持的是权利外观主义原则。本案中,申请人所主张的“前期工作成果”显然是由联营体提供的。在解释《1号协议》时,应考虑申请人与中国C公司组成联营体参与投标这一基本事实。《1号协议》下预期与被申请人发生交易关系的承包方应为由申请人与中国C公司共同代表的、作为一个整体的联营体。由组成联营体的双方分别/各自向业主方/被申请人主张权利,显然超出了各方在《1号协议》下的真实意图和预期。

2. 申请人的答辩意见

申请人主张,讨论申请人是否能够单独提出仲裁请求,主要的判断标准是联营体成员申请人及中国C公司的工作范围是否可分。本案中,无论是根据联营体投标时提交的联营体协议(Joint Venture Agreement)、根据离岸协议和在岸协议的过程文件,还是根据申请人和中国C公司的履约能力和履约内容,均能够证明申请人和中国C公司的工作范围是可分的,申请人仲裁请求的内容不包括中国C公司的工作内容。

第一,联营体投标时提交的联营体协议对于联营体成员的分工非常明确。

中国A公司需负责:

1.1 提供工程设计、安装、调试服务和运行指导。

1.2 和中国C公司共同采购设备。

1.3 为项目开发提供技术支持。

中国C公司需负责:

1.4 提供设施和土建施工。

1.5 和中国A公司共同采购设备。

1.6 从有关政府机关或相关机构获得所有批准或许可证,由合资公司承担费用。

从上述约定可以看出,在联营体内部,对于设计、安装、调试等技术类相关工作,均由申请人负责。中国C公司主要负责土建工程以及办理必要的政府批准或许可文件。

第二,离岸协议和在岸协议的过程文件,也明确体现了申请人和中国C公司的分工内容。"在岸协议"后更名为"Procurement and Construction Contract Agreement",签署主体为申请人和被申请人,设计、施工工作在在岸协议中约定;"离岸协议"后更名为"Procurement and Supply Contract Agreement",签署主体为中国C公司和被申请人,主要约定内容为设备和材料的采购。

第三,申请人和中国C公司的履约能力及履约内容亦能够清楚区分二者的工作内容。中国C公司的优势领域和申请人领域并不同质。

案涉《1号协议》履约过程中,由于被申请人原因,工程迟迟未实际开工,被申请人委托联营体进行的勘察、设计工作均由申请人完成,且由于工程长期处于开工前准备阶段，申请人在此期间产生了巨量的项目管理工作和相应成本。

此外，联营体协议约定："各方同意指定中国A公司承担项目的勘察设计工作，勘察设计费用为人民币3000万元整。不论本协议另有其他规定，中国A公司在此范围的工作按分包协议向联营体承担责任。"该条已明确就勘察设计有关的工作，全部为申请人的工作范围，与中国C公司不存在重叠。

3. 仲裁庭关于本案适格主体的认定意见

仲裁庭认为，判定本案申请人是否为适格主体资格争议涉及的判断依据如下：(1)本案仲裁适用的程序法；(2)在适用中国的程序法时，判断本案申请人是否适格的判断标准。

根据本案的合同约定和有关法律，仲裁庭分述如下：

(1)本案仲裁适用的程序法

仲裁庭认为，国际商事仲裁中的实体法是指确定当事人之间争议的实体权利义务关系，判断争议是非曲直所适用的法律规范。在本案中，《1号协议》明示约定适用英国法，应理解为当事人在合同中约定的是适用的实体法，而国际仲裁中适用的程序法为仲裁地法(*lex arbitri*)，当事人选定某地为仲裁地，则该地的法律成为与该仲裁程序具有最密切联系的法律，也意味着其愿意接受该地的仲裁法律的约束。

仲裁庭注意到，在著名的英格兰和威尔士高等法院(England and Wales High Court)在Union of India v. Mckonnell Douglas Corportation EWHC [1993] 2 Lloyd's Law Rep. 48 (1992)案中，英格兰和威尔士高等法院判决仲裁应适用的程序法为英国法，即仲裁地法。在该案中，法院判决中给出的理由是基于当事人选择伦敦作为"仲裁地"，则当事人默示遵守英国程序法(或"外部"关系)，而当事人约定适用印度仲裁法的相关规则类似于仲裁规则，仅在不与英国法的强制性法律相冲突的情况下对仲裁程序中的"内部"关系予以适用。

仲裁庭认为，双方当事人在《1号协议》明示约定仲裁地点在中国S市。

基于国际商事仲裁的一般法律适用原则，在当事人明示约定仲裁地是中国

S市的情形下,本案仲裁适用的程序法应为中国法律。

(2)在适用中国的程序法时,判定本案申请人是否适格的判断标准

仲裁庭认为,《涉外民事关系法律适用法》第14条规定:“法人及其分支机构的民事权利能力、民事行为能力、组织机构、股东权利义务等事项,适用登记地法律。”在仲裁庭前述认定本案仲裁适用的程序法应为中国法律的情形下,中国法中有关诉讼和仲裁主体资格的法律应为《民事诉讼法》《仲裁法》的相关规定。

仲裁庭注意到,《民事诉讼法》第五章(诉讼参加人)第一节(当事人)第51条规定:“公民、法人和其他组织可以作为民事诉讼的当事人。法人由其法定代表人进行诉讼。其他组织由其主要负责人进行诉讼。”

仲裁庭注意到,《仲裁法》第2条规定:“平等主体的公民、法人和其他组织之间发生的合同纠纷和其他财产权益纠纷,可以仲裁。”

仲裁庭认为,《民事诉讼法》《仲裁法》对于诉讼(或仲裁)当事人主体资格出于保护当事人合法权益及法律面前人人平等的原则并未对当事人主体资格作出限制。在承包商以联营体投标模式下,虽然联营体各方在投标时是以一个承包商的身份投标的,但是联营体各方对外承担的均是连带责任,同时联营体各方均有自己相应的权利和义务,其针对自身权益被侵害,依法有权寻求法律保护。《民事诉讼法》《仲裁法》对联营体成员以自己名义起诉亦未作出禁止性规定。

仲裁庭认为,当承包商为联营体时的主体适格问题,通常以联营体成员权利和义务是否可分割作为联营体成员是否以联营体名义还是联营体一方(而非联营体全体成员)名义行使诉权的依据,即如果联营体成员的权利义务可分割,则联营体任何一方均可以自己的名义行使诉权;如果联营体成员之间的权利义务不可分割,则应以联营体名义行使诉权。在本案中,按照联营体协议的约定,申请人的义务范围为进行工程设计、安装、试运行和运行指导、与中国C公司联合采购设备、项目开发过程中提供技术支持,而联营体另一方中国C公

司的义务为土木工程施工、与申请人联合采购设备、从当地政府部门取得批准和许可。因此，本案合同对于联营体成员的分工约定非常明确、具体，属于可分割义务型联营体。

仲裁庭还认为，被申请人依据《民法典》第967条有关合伙的规定以及最高人民法院《关于适用〈中华人民共和国民法典〉时间效力的若干规定》第3条的规定等，均属于中国实体法的规定，而本案适用的实体法应为英国法，因此，被申请人以中国实体法为依据判断申请人和中国C公司组成联营体的合伙法律性质与本案合同约定的实体法为英国法不符。仲裁庭还认为，在本案中，被申请人提出主体资格异议的实质是本案申请人是否有权主张被申请人赔偿的问题，该异议属于实体问题，应按照双方约定的法律——英国法处理。

综上所述，仲裁庭认为，在本案的程序法适用中国法时，基于《民事诉讼法》《仲裁法》对联营体成员以自己名义起诉或提起仲裁亦未作出禁止性规定的情形，且《民事诉讼法》规定联营体不具有诉讼或仲裁的主体资格，应以组成联营体的公司或个人为当事人，因此，在本案中，申请人作为适格的仲裁当事人主体，可作为仲裁申请人提起本案仲裁。

（三）本案合同是否成立

仲裁庭认为，在本案中，双方当事人在实体法意义上的核心争议在于双方之间是否存在一份合同，即合同是否成立的法律问题。在建设工程领域，在涉及付款争议中，最基本和常见的争议就是双方当事人是否存在合同，以及如果存在一份合同，合同约定的付款条件是什么。在一方当事人通常为承包商已经履行全部或部分的合同义务时，另一方当事人是否应按照合同约定支付工程款项。或者在双方当事人不存在合同的情况下，是否应当根据按劳计酬（quantum meruit）原则支付承包商已全部或部分履行义务的款项。在涉及付款时，双方当事人往往对于是否存在一份合同以及合同是否成立存在分歧。

1. 项目背景

根据申请人和被申请人在本案中提交的代理意见和证据，案涉项目的项目背景摘要如下：

2014年2月，P国政府正式将某港运营权和配套设施开发权从S国某机构移交至中国X公司。

2017年10月，中国E公司在中国G省设立中国F公司。中国F公司成立后，中国E公司将案涉项目的开发建设交给了中国F公司负责。

2017年12月29日，两国第六次联委会签署会议纪要，正式落实1号项目的前期开发事宜。

2018年2月，P国政府私营和基础设施委员会正式批准案涉项目。

2018年4月28日，中国F公司和中国G公司正式在P国Y市设立B公司，作为案涉项目的开发建设单位。

2018年1月至6月，中国F公司和中国G公司联合委托申请人对案涉项目出具可行性研究报告，并提交中国Y研究院审查，并组织相关可研审查会议形成会议纪要。2018年7月最终在向P国政府提交以中国Y研究院的名义出具了正式版本的可行性研究报告。

2018年7月12日，中国F公司股东中国E公司向P国电监局国家电力监管局提交电价申请文件。

2018年8月18日，P国B公司向P国电监局国家电力监管局提交发电许可申请。

2. 主要事实

根据申请人和被申请人在本案中提交的代理意见和证据，与案涉项目签署《1号协议》的主要事实如下：

2018年7月，被申请人公开发布案涉项目EPC总承包资格预审公告，并在同日媒体上公布资格预审公告。

2018年8月，申请人与中国C公司签订联营体协议，组成联营体，并以联营体的形式参与案涉项目的资格预审。2018年8月提交资格预审文件，2018年8月收到被申请人通过资格预审通知书。

2018 年 8 月,联营体收到被申请人第二阶段招标文件购买通知。

2018 年 10 月,联营体在位于 P 国 Y 市被申请人指定地点递交了投标文件。

2018 年 11 月 3 日,被申请人向联营体发出意向书。

2018 年 11 月 20 日至 24 日,被申请人与联营体在北京签署了一系列技术合同谈判会议纪要。

2018 年 12 月 6 日,中国 F 公司在位于中国 Z 市 4 号区的中国 E 公司南方总部基地组织了合同签约仪式,案涉项目的《1 号协议》正式签署。签署仪式名称为"中国 F 公司、中国 C 公司、中国 A 公司联合体 1 号项目 EPC 合同签署仪式"。上述各方签署了《1 号协议》和近千页技术附件。

2018 年 12 月 31 日至 2019 年 1 月 2 日,相关当事人在 P 国就离岸合同和在岸合同进行了谈判,并就大部分合同条款达成一致,遗留部分合同偏差。后被申请人以 P 国电监局国家电力监管局电价未批复为由暂停推动离岸合同和在案合同的进一步谈判工作。

2019 年 1 月 12 日,被申请人向 P 国电监局国家电力监管局提交了案涉项目电价申请。

2019 年 3 月 19 日,被申请人向联营体签发《关于 1 号项目开工准备的函》。

2019 年 12 月 19 日,P 国电监局国家电力监管局向被申请人第一次批复电价。被申请人在申请电价复议过程中,指示联营体继续配合工作。2020 年 5 月 31 日,P 国电监局国家电力监管局向被申请人第二次批复电价。

2020 年 6 月 3 日,被申请人向联营体签发《关于请联合体安排人员赴 P 国 Y 市谈判合同的函》。2020 年 6 月至 10 月,双方就被申请人提出的技术和商务条款进行了合同谈判,尽管未能达成一致,但被申请人在此期间持续向联营体指派工作。

2020 年 10 月 25 日,被申请人提出《1 号协议》无效。

2020年12月9日,被申请人与案外人中国I公司就案涉工程签署EPC合同。

2021年8月14日,申请人向被申请人发出终止合同通知书。

3. 意向书

仲裁庭注意到,2018年11月3日,被申请人向联营体发出意向书,其中表明:

谨此通知,经第三方独立咨询机构对贵司及其他多家投标方方案进行审慎评估后,P国B公司(以下简称业主)决定将I国1号项目的意向书授予由中国C公司与中国A公司组成的联合体。贵司收到本函后,请于2018年11月7日分别在北京和D市与B公司就EPC合同的技术部分与商业部分展开谈判。

仲裁庭注意到,申请人将"Letter of Intent"翻译为"中标通知书",被申请人将"Letter of Intent"翻译为"中标意向书"。仲裁庭认为,"Letter of Intent"的中文翻译应为"意向书",而在国际工程项目中,中标通知书通常的英文表述为"Letter of Acceptance"或者"Letter of Award",表明业主接受投标人的投标要约,具有法律意义上的承诺效力。

关于意向书是否具有使合同得以成立的法律效力,仲裁庭注意到,在Turriff Construction Ltd. v. Regalia Knitting Mills Ltd. [1971] 9 BLR 20案中,法官费伊(Fay)解释道:

意向书只是一方当事人以书面形式提出将在未来某一天签订合同的意向。除特殊情况外,它没有约束力。

在如何判断意向书是否构成具有约束力的一份合同,法官安东尼·索顿(Anthony Thornton)在A C Controls Ltd. v. British Broadcasting Corporation, Quen's Bench Division, (2002) 89 Con LR 52; [2002] EWHC 3132案中总结了有关判断原则:

1. 经分析,当事人称为或视为意向书的文件可以构成有约束力的合同,如果在客观解释时当事人的语言确有如此效果。

2. 或者通过对其条款的客观解释，该份文件可以构成一种“如果”性质的合同，即一方当事人向另一方当事人发出标准的要约，如果他履行已界定的服务，那么他将为此得到报酬。然而，他们之间没有形成履行义务，而且要约中的明示或默示条款也限制了得到给付的相互义务。

3. 如果交易已被完全履行，并且合同成立的所有障碍已在合同谈判时和履行过程中消除，那么，即使没有完成正式合同的签字和履行手续，合同也是可能存在的。

4. 在解释意向书使用语言的效力时，有必要考虑产生意向书的实际背景。

法官汉弗莱·劳埃德（Humphrey Lloyd）在 Durabella Ltd. v. J. Jarvis & Sons Ltd.（2001）83 Con LR 145 案中进一步解释道：

另一方面，除非通过客观判断，非常清楚地，双方当事人事实上同意他们认为必要的以及构成合同所必需的所有事项，否则合同不能成立。

仲裁庭认为，从上述英国法院的判例，如 British Steel v. Cleveland Bridge 案、Mitsui Babcock Energy Ltd. v. John Brown Engineering Ltd.（1996）51 Con LR 129 案可以得出，如果一项意向书要具备合同约束力，必须具备如下条件：

（1）当事人必须声明他们签订合同的意愿，无论是来自意向书内容还是其行为。

（2）当事人必须就一些必要条款达成一致，如当事人、工程内容、价格和时间，并应具备充分的确定性以使合同能够在商业上运作。

（3）对要约的承诺必须清楚，无论是文字上还是行为上。

另外，判断意向书是否具备合同效力，还应考虑意向书中约定的条件是否具备充分的确定性以使合同能够成立，以及意向书中还有哪些事项尚需解决的程度。

基于英国法中确认的判断意向书是否具有使合同成立效力的法律验证标准（legal tests），仲裁庭注意到，在本案中，意向书明确表述“While receiving this letter, you are kindly invited to commence negotiations for the technical part and commercial part of EPC contract with B…”(中文翻译:在收到此函后,兹邀请你方与B公司开始就EPC合同技术和商务部分进行谈判)。仲裁庭认为,在意向书明确表达被申请人的签约意向,但意向书仅为邀请申请人开始进行合同谈判的情形下,而并非通常中标通知书中表达的“接受你方报价或投标”或者“授予你方合同”的此类明确的承诺的文字表述时,无法认定本案中被申请人向联营体发出的意向书具有使合同得以成立的法律效力。

4.《1号协议》及其技术附件

仲裁庭注意到,双方当事人对于《1号协议》及其技术附件是否构成当事人之间的一份具有约束力的合同存在争议。仲裁庭认为,为判断本案中《1号协议》及其技术附件涉及的焦点问题如下:

(1)被申请人发出意向书后与申请人进行技术和商务谈判的事实;

(2)双方当事人在《1号协议》签字和盖章的法律效力;

(3)2018年12月6日是否签订技术附件的事实;

(4)技术附件中被申请人的签字是否为自然人L本人签字对于合同效力的影响;

(5)《1号协议》的主要约定;

(6)《1号协议》是否明示约定了合同生效的前提条件;

(7)英国法中合同成立要件;

(8)本案合同成立要件的法律验证(legal test);

(9)被申请人主张的合同缺乏完整性;

(10)合同是否得到实际履行;

(11)结论。

仲裁庭注意到,申请人向仲裁庭提交了香港特别行政区某律师事务所律师自然人Z先生出具的英国法专家证人意见。仲裁庭对此安排对外国法专家证人进行了交叉盘问。

仲裁庭结合当事人的主张和证据,就上述问题分述如下。

(1)被申请人发出意向书后与申请人进行技术和商务谈判的事实

申请人主张,2018 年 11 月 20 日至 24 日,被申请人与联营体签署了一系列技术合同谈判会议纪要。

仲裁庭注意到,申请人证据第二组 2.1 项表明,被申请人向申请人发出《关于要求尽快开展 1 号项目 EPC 合同谈判的函》,双方于 2018 年 11 月 20 日至 24 日开展了项目谈判工作,并就案涉项目的各个专业进行了谈判,并以当事人小签会议纪要方式予以记录,如下:

①技术合同和合同谈判会议纪要(总图、建筑、结构);

②技术合同谈判会议纪要(电气一次、二次);

③技术合同谈判会议纪要(汽机);

④技术合同谈判会议纪要(锅炉、环保);

⑤技术合同谈判会议纪要(热控);

⑥技术合同谈判会议纪要(水工);

⑦技术合同谈判会议纪要(除灰);

⑧技术合同谈判会议纪要(其他专业);

⑨Appendix No. 1 里程碑计划;

⑩Appendix No. 4 设备材料供应商和分包商清单;

⑪Appendix No. 5 提交业主审批的文件清单;

⑫Appendix No. 6 性能保证值;

⑬Appendix No. 7 备品备件和专用工具清单;

⑭Appendix No. 9 性能修正曲线(仅供参考)和热平衡图。

(2)双方当事人在《1 号协议》签字和盖章的法律效力

仲裁庭注意到,在《1 号协议》中,被申请人 CEO 自然人 L 签字并加盖中国 F 公司印章,中国 C 公司副总经理签字,申请人副总经理签字。

仲裁庭认为,依据英国法,除非在契据(Deed)中要求为盖印合同(contract under seal),如信托合同、赠予合同、土地买卖合同等契据,盖章(stamp)不是合同生效的绝对条件，也不要求在一般合同中必须盖章，在 McCutcheon v. Macbrayne (David) Ltd. (1964) 1 W. L. R. 125 案中，判决书中写道：

在我看来，当一方同意构成其合同全部或部分的文件时，读或未读，签署或未签署，他都受该文件条款的约束，一个简单的原因是其已包含在合同之中。

因此，仲裁庭认为，基于英国法对于一般合同的法律要求，当事人的签字具有使合同生效的法律效力，而无须加盖当事人的公章。

(3)2018年12月6日是否签订技术附件的事实

仲裁庭注意到，被申请人以《1号协议》所附技术附件上并非自然人L本人小签为由主张双方仅在2018年12月6日签署了《1号协议》。

仲裁庭注意到，申请人主张，2018年12月6日被申请人与联营体签署了《1号协议》及相关技术附件，这些技术附件包括：

①ANNEX C Subcontractors and Vendor List;

②ANNEX D Schedule of Milestones;

③ANNEX E Performance Guarantees;

④ANNEX K Project Requirements;

⑤ANNEX O Standard IA and PPA;

⑥ANNEX P Key Persons;

⑦ANNEX Q Implementation Schedule;

⑧ANNEX T List of Documents for Approval or Review by Employer;

⑨ANNEX W Essential Spare Part List and Special Tools List;

⑩图纸。

仲裁庭认为，《1号协议》的技术附件中"自然人L"的小签真伪问题，在仲裁庭认为其系由被申请人其他在场人员代为签署的情况下，不影响仲裁庭对于合同是否成立的判断。

(4)技术附件中被申请人的签字是否为自然人L本人签字对于合同效力的影响

仲裁庭注意到,申请人主张,申请人证据1.2~1.11(技术附件)上部分“自然人L”的签字为P国B公司CEO自然人L本人签署,部分签字为自然人L委托中国F公司员工代为签署,无论“自然人L”由谁签署,均不影响合同效力。在合同附件中,“小签”表明双方当事人同意合同附件的内容。且无论《1号协议》及技术附件上全部或部分“自然人L”的签字是不是自然人L本人签署,因相关文件均已加盖中国F公司公章,表明中国F公司作为实际控制人已认可加盖公章文件的内容,加盖公章的文件对被申请人和中国F公司合法有效。更为重要的是,“小签”不仅是独立判断合同效力及合同组成部分的因素之一,也是本案当事人之间就合同内容达成一致的表现形式。2018年12月6日,《1号协议》及技术附件签署知情,各方当事人在北京对技术协议进行了谈判,并以小签的方式确认谈判成果。

仲裁庭认为,在仲裁庭认为其系由被申请人其他在场人员代为签署的情况下,“自然人L”的小签不影响被申请人同意《1号协议》所附技术附件内容的法律效力。

(5)《1号协议》的主要约定

仲裁庭注意到,《1号协议》约定了如下主要内容:

①合同标的物和工程范围(第1条),其中第1.1条约定合同标的物为1号项目工程,工程范围为设计、采购、施工、安装、试运行和商业发电,满足合同约定的使用功能。

②合同文件(第2条),其中第2.1条约定:

为实施本《1号协议》,业主与承包商应签订《海上设计与设备供应合同》(以下简称海上合同),且业主与承包商或其指定的关联公司应签订《陆上供应与施工合同》(以下简称陆上合同)。海上合同与陆上合同的条款应以FIDIC银皮书为基础,并经双方协商进一步调整,以使业主在项目文件项下的义务在适用于承包商工作的范围内得到履行。

第2.2条约定：

下列文件应构成业主与承包商之间的合同，且每一文件均应视为合同的组成部分（以下合称合同文件）：（Ⅰ）《1号协议》。（Ⅱ）海上合同：（a）海上合同协议及其附件；（b）海上合同条件；（c）项目要求。（Ⅲ）陆上合同：（a）陆上合同协议及其附件；（b）陆上合同条件；（c）项目要求。

③合同价格（第4条），第4.2条约定：

合同总价应相应划分为海上合同价格（以下简称海上合同价）与陆上合同价格（以下简称陆上合同价）。海上合同价应为：30,940万余美元（大写：叁亿零玖佰肆拾万美元整）。陆上合同价应为：10,010万余美元（大写：壹亿零壹拾万美元整），且应以美元或I国等值货币支付。

④工期（第7条），其中第7.2条约定：

电厂1号机组的完工时间应为自开工日起24个月；2号机组的完工时间应为自开工日起30个月。

（6）《1号协议》是否明示约定了合同生效的前提条件

仲裁庭注意到，《1号协议》约定，"The Contract shall enter into full force and effect on the date on which it is signed by the duly authorized representative of the Parties"（中文翻译：本合同在当事人合法授权代表签字之日完全生效）。

仲裁庭还注意到，除《1号协议》明示约定合同由1号协议、离岸合同和在岸合同组成外，《1号协议》没有约定合同生效的其他条件。

仲裁庭认为，在《1号协议》明示约定以当事人合法授权代表签字生效的情况下，《1号协议》应在当事人合法授权代表签字之日，即2018年12月6日生效。

仲裁庭还认为，《1号协议》的其他条款没有约定合同生效的其他前提条件，如"subject to contract"（以合同为准）、"subject to finalization of Offshore Contract and Onshore Contract"（以最终确定离岸合同和在岸合同为准）、

"subject to financial closing"(以融资关闭为准)等合同生效的前提条件。

(7)英国法中合同成立要件

英国著名的合同专著《奇蒂论合同》(*Chitty on Contracts*)第 37 – 043 节(第 32 版,第二册第 741 页)就施工合同的成立(formation of contract)论述道:

关于施工合同成立的法律莫过于在特定背景下适用合同的一般原则。

在英国法中,一项合同的成立要件如下:

①要约和承诺。在 Birse Construction Ltd. v. St David Ltd. [1999] EWHC Technology 253 (12th February, 1999) 1998 TCC 419 案中,判决书写道:

关于合同成立的法律原则通常需要确定一项要约是否作出,并且如果作出,是否得到承诺。

②对价(consideration)。

③创设法律关系的意图。创设法律关系的意图是通过客观行为、语言和环境等来评估,而不是当事人的主观心理。对于商业协议,法院默认支持存在创设法律关系的意图假设,除非有清晰的证据能够证明不存在,且举证责任在声称不存在意图的一方。

在英国最高法院 RTS Flexible System Limited v. Molkerei Alois Muller Gmbh & Company KG (UK Production) [a – 5] UKSC 14 案中,判决书第 45 段写道:

一般原则是毋庸置疑的。当事人之间是否存在一份具有约束力的合同,并且如果存在,则以什么条款为依据,这取决于他们已同意的内容。这不取决于他们的主观心理状态,而取决于当事人之间以言论或行为所传达的内容的考虑,以及这是否会在客观上得出一项他们打算创设法律关系,并已就他们认为或法律要求的合同具有法律约束关系的条件达成一致的结论。即使某些经济上的或者对当事人而言其他重要的条款未能最后确定,对他们言论和行为的客观评估也可能得出这样的结论,即他们不打算将同意这些条款作为达成并具有法律约束力的协议的先决条件。

此外，在英国法中，合同成立的必要元素还包括缔约能力、自由缔约、合法、条款的确定性和格式。对于书面格式的要求，限于契据、股权转让、支票、消费信贷、担保合同等法律要求书面形式的合同。

(8)本案合同成立要件的法律验证(legal test)

①要约和承诺

在建设工程实践中，在以招投标方式进行建设工程采购时，通常认为业主作为招标人发出招标通知为要约邀请，而投标人的投标行为视为法律意义上的要约(offer)。英国著名的合同专著《奇蒂论合同》第37－056节(第32版，第二册第748页)论述道："递交投标文件是承包商实施工程的要约，因此投标人始终处于其投标被拒绝的风险之中。"

业主向中标的承包商发出"Letter of Acceptance"(中标通知书)或者"Letter of Award"(授标通知书)通常视为法律意义上的承诺，具有使合同得以成立的法律效力。

仲裁庭认为，在本案中，2018年8月被申请人作为业主向通过资格预审的投标人发出招标通知。2018年10月17日，联营体在位于P国Y市被申请人指定地点递交了投标文件，即申请人向被申请人发出要约。仲裁庭在前述段落中已认定的2018年11月3日被申请人向联营体发出意向书不构成具有法律约束力的承诺，只能构成邀请申请人进行进一步合同谈判的意向书，但在双方经过2018年11月20日至24日的技术和商务谈判后，双方在案涉项目的几乎所有涉及的技术和商务文件被签字确认，因此可以得出，2018年12月6日签订的《1号协议》具有承诺的法律效力。

仲裁庭还认为，被申请人以《1号协议》作出的承诺符合英国法中对承诺的验证标准，双方已通过2018年11月20日至24日的技术和商务谈判基本解决了技术和商务事宜。仲裁庭没有在《1号协议》发现申请人承诺过程中提出反要约(counter offer)的证据。更为重要的是，申请人作为承包商针对被申请人的招标提出技术方案和商务方案，包括工期计划等应满足了招标文件的邀请，否则,被申请人不应向申请人发出意向书。

②对价

英国著名的合同专著《奇蒂论合同》第 37－045 节(第 32 版,第二册第 742 页)论述道:“通常,根据施工合同的上下文,业主提供的对价是支付合同价款,而承包商提供的对价是许诺实施工程。”

仲裁庭认为,在本案中,被申请人作为业主向作为承包商的申请人支付《1 号协议》约定的合同价款,而申请人作为承包商向业主许诺实施第 1 条约定的工程,构成本案的有效的对价。

③创设法律关系的意图

仲裁庭注意到,被申请人主张在本案中其不存在创设法律关系的意图。

仲裁庭认为,根据前述英国法创设法律关系意图的验证标准以及英国最高法院 RTS Flexible System Limited v. Molkerei Alois Muller Gmbh & Company KG (UK Production) [a－5] UKSC 14 案中的论述,被申请人向申请人于 2018 年 11 月 3 日向联营体发出意向书,其中表明:

谨此通知,经第三方独立咨询机构对贵司及其他多家投标方方案进行审慎评估后,P 国 B 公司(以下简称业主)决定将 I 国 1 号项目的意向书授予由中国 C 公司与中国 A 公司组成的联合体。贵司收到本函后,请于 2018 年 11 月 7 日分别在北京和 D 市与 B 公司就 EPC 合同的技术部分与商业部分展开谈判。

仲裁庭认为,双方经过 2018 年 11 月 20 日至 24 日的技术和商务谈判后,2018 年 12 月 6 日签订《1 号协议》,且该协议在授权代表签字之日生效。上述证据明确表明了本案中被申请人创设法律关系的意图。仲裁庭还认为,在法律要求举证责任在声称不存在意图的一方的情况下,被申请人未能举证证明其不存在,并且,被申请人的陈述意见不构成声明不存在的证据。

④必备条款(essential terms)

为进一步论证本案合同是否成立,本案合同是否具备必备条款(essential terms)以使合同可行(to be workable),需仲裁庭作出判断。

关于什么是施工合同的必备条款,英国著名的合同专著《奇蒂论合同》第37-048节(第32版,第二册第743页)论述道:

应由当事人决定他们之间的合同条款,并且,合同必须包括使得合同"从商业基本常识而言是可行的"所有必备条款。通常,在施工合同中,为了使得合同可行,例如工程范围、竣工期限和价格事项需要最终确定。

(i)工程范围

朱莉安·贝利(Julian Baily)在《建筑法》(*Construction Law*)(第1版,a-4年)第2.15节(第47页)写道:

为使必备条款具有达成有约束的协议的目的,需要当事人就承包商的工程范围充分详细地达成协议,以致就当事人所知的项目背景来看,必须实施哪些工作应颇为清晰。这并不意味着有关工程必须予以全面界定。即使考虑还需要进一步的细节,也可以签订一项合同。

仲裁庭注意到,在申请人招标文件中,申请人对于工程范围进行详细的界定,包括项目地点、场地、工程规模、工程性质等,被申请人作为投标人在投标文件中按照要求进行了投标和报价。《1号协议》明示约定了工程标的物和工程范围,且约定申请人作为承包商充分了解项目的重要性等事宜。

仲裁庭认为,被申请人招标文件、申请人投标文件、双方2018年11月20~24日的技术和商务谈判签字的所有技术部分以及《1号协议》的明示约定,均表明案涉项目的工程范围已界定清晰,充分满足法律要求的工程范围作为合同成立必备条款的要求。

(ii)竣工期限(工期)

《哈德逊建筑与工程合同》(*Hudson's Building and Engineering Contracts*)(第14版,2021年)第6-011节(第698页)关于时间是合同的要素写道:

履约时间有可能因明示条款的约定,或者根据合同解释,或者依据一份通知而得出其成为必不可少的条款。

仲裁庭认为,鉴于《1号协议》明示约定第1台机组在开工日期后24个月完成,第2台机组在开工日期后30个月完成,因此,案涉项目的工期约定清晰,充分满足法律要求的竣工期限(工期)作为合同成立必备条款的要求。

(iii)合同价格

关于合同价格是否应为施工合同的一项实质条款,在 British Steel Corporation v. Cleveland Bridge & Engineering Co. Ltd., Queen's Bench Division, (1981) 24 BLR 94 案中,判决书写道:

在辩论过程中,律师主张在这种合同中价格是一项必备的条件,如果双方不能达成一致,那么合同就不能成立。律师根据 Denning MR 大法官在 Courtney & Fairbairn Ltd. v. Tolaini Brothers (Hotels) Ltd. (1975)案中的附带意见,即在建筑合同中价格是一项最基本的条款。然而我并不理解民事上诉法院院长在附带意见中所说的每一个建筑合同中价格是一项必备条款,特别是在法庭上他明示地提到的大型合同。毫不怀疑地,在绝大多数商业交易中,特别是在大型合同中,价格是一项必备条款,但经过最终分析,它成为一项建筑工程的首要问题。从如下三个案件中可以清楚地明白这个问题,即 May & Butcher Ltd. v. The King(1929), W. N. Hillas and Co. Ltd. v. Arcos Ltd(1932)案以及 Foley v. Classique Coaches Ltd. (1934)案,这些案件表明了必须遵守这些明确的和固有的原则,但在这些案件中的问题是,依据有关具体建设项目交易,是否与当事人的意思表示相一致,即使双方当事人并没有就支付的合理价格达成一致。但在本案中,与民事上诉法院院长在 Courtney v. Tolaini Brothers 案中所表达的意见相一致,我毫不怀疑价格的确是一项必备条款,没有它(与其他必备条款一起)则不能形成最终协议。

仲裁庭注意到,申请人在投标函(Letter of Bid)中向被申请人提出(A)(B)(C)3个价格选项,其中(A)选项采用超超临界机组,欧洲品牌锅炉和中国品牌汽轮发电机组(super-high pressure unit, European brand boiler + Chinese brand steam turbine generator),总价为4.48543亿美元。(B)选项采用超超临界机组,中国品牌锅炉和中国品牌汽轮发电机组(super-high pressure unit,

Chinese brand boiler + Chinese brand steam turbine generator)，总价为4.32839亿美元。(C)选项采用亚临界机组，中国品牌锅炉和中国品牌汽轮发电机组(subcritical unit, Chinese brand boiler + Chinese brand steam turbine generator)，总价为4.44637亿美元。

仲裁庭注意到，《1号协议》约定合同总价为约4.09亿美元，其中离岸合同价格为约3.09亿美元，在岸合同价格为1亿美元。

仲裁庭认为，在申请人递交投标文件，被申请人向申请人发出意向书后，双方于2018年11月20日至24日在北京就技术和商务部分进行了谈判，在申请人《投标函》报出(A)(B)(C)3个价格选项基础上，最终确定合同价格为约4.09亿美元，并就离岸合同价格和在岸合同价格进行拆分予以确定，表明双方已就合同价格达成一致。

仲裁庭认为，在英国法中，合同价格是否成为施工合同的一项必备条款存有争议，这是因为即使双方未就合同价格达成一致，或者当事人未谈及合同价格，在合同成立的情况下，可依据合理原则予以估价，而在合同不成立的情况下，可依据按劳计酬原则支付报酬。仲裁庭按照British Steel Corporation v. Cleveland Bridge & Engineering Co. Ltd., Queen's Bench Division, (1981) 24 BLR 94案确立的"价格的确是一项必备条款，没有它(与其他必备条款一起)则不能形成最终协议"的结论，且根据本案事实认为，双方在经过谈判后，在《1号协议》明示约定了合同价格，且又明确了离岸合同价格和在岸合同价格，充分满足了法律要求的合同价格作为合同成立必备条款的要求。

(iv)可行的(workable)

仲裁庭认为，可行的一般是指能够做成的某些事或者可以投入使用。英国《剑桥词典》(*Cambridge Dictionary*)的解释是指可能去做或者实现预想的目的。在施工合同中，主要体现在两个方面，一是合同可以为当事人履行；二是案涉项目可以被执行，直至达到合同约定的满足使用功能的程度。

仲裁庭注意到，申请人作为联营体成员，其主要义务是负责案涉项目的设计工作并协助中国 C 公司进行设备的采购，而中国 C 公司负责土建工程施工和设备采购工作。鉴于本案合同和案涉项目为建造 300mw 燃煤电站，申请人作为中国知名的燃煤电站设计企业，且已通过被申请人的资格预审，而 300mw 燃煤电站技术成熟，申请人完全可以履行合同约定的案涉项目的设计工作，这一点毋庸置疑。申请人可以履行合同和完成案涉项目的设计义务，并承诺符合业主需求（project requirements），满足使用功能，因此，可以满足合同必备条款是可行的要求。

更重要的是，合同必备条款是可行的法律要求，承担此项法律要求责任的合同主体应是被申请人，而不应是作为承包商的申请人。一方面，被申请人作为业主，要使合同必要条件是可行的，需要进行和完成项目融资并使得融资关闭，以使项目得以实施；而项目融资和融资关闭的责任不在申请人，即不是承包商的义务。另一方面，被申请人作为业主，在招标文件中应考虑合同的可执行性。

（v）确定性

英国著名的合同专著《奇蒂论合同法》（第 32 版，第一册第 296 页）第 2－148 节论述道：

由于过于模糊或者在不增加进一步条款时无法界定准确的含义造成不确定，一项协议可能不具有合同效力。

《建筑工程法》第 2.28 节第 54 页写道：

为了合同的成立，议定的必备条款必须能够以合理的确定程度加以描述或表达。对于已经达成的协议，法院将努力维护并使之生效。然而，法院在使协议具体化方面能走多远是有限度的，特别是在双方当事人未能达成一致的重要问题上，或在双方当事人无法补救的模糊问题上，如果当事人显然没有就重要事项达成协议，法院就会认定合同不成立。

仲裁庭认为，被申请人通过招标方式选择承包商，投标人根据招标文件的要求进行投标，是建设工程项目通常使用的项目采购方式。通过招投标方式选择承包商实施工程,也是许多国家的法律要求,国际金融组织采购指南中均要求采用招投标方式采购项目。在招标文件提供了投标须知、技术规范、合同格式和一系列附件的情况下,承包商(投标人)按照招标文件要求递交投标文件,并且《1 号协议》明示约定了工程范围、价格和工期必备条款,仲裁庭无法得出本案合同条款或者必备条款存在不确定的结论。仲裁庭需要指出的是,在国际工程通过招投标采购时,在通常情况下业主按照承包商的投标发出中标通知书,承包商即可按照投标文件的要求实施工程,这是最为常见的国际工程项目的采购和实施方式。

(9)被申请人主张的合同缺乏完整性

仲裁庭注意到,被申请人主张根据《1 号协议》约定合同由《1 号协议》、离岸合同和在岸合同三部分组成,由于双方未能签订离岸合同和在岸合同,本案合同缺乏完整性而归于无法成立。

为了便于分析《1 号协议》及其是否构成被申请人所主张的离岸合同和在岸合同是使合同得以成立的前提条件,不妨将第 2.2 条摘抄如下。

第 2.2 条约定:

下列文件应构成业主与承包商之间的合同,且每一文件均应视为合同的组成部分(以下合称合同文件):(Ⅰ)《1 号协议》。(Ⅱ)海上合同:(a)海上合同协议及附件;(b)海上合同条件;(c)项目要求。(Ⅲ)陆上合同:(a)陆上合同协议及附件;(b)陆上合同条件;(c)项目要求。

仲裁庭认为,鉴于被申请人于该条款的解释提出多项主张,仲裁庭分述如下。

①本案合同中的“合同”定义

仲裁庭注意到,关于“合同”的定义,《1 号协议》鉴于条款第 e 项约定:“根据固定总价 EPC 合同(以下简称本合同)聘请承包商……”

仲裁庭认为,结合《1 号协议》的上下文,如合同价款等描述,本案合同,是指“一份固定总价的 EPC 合同”,泛指包括《1 号协议》约定的《1 号协议》、离岸合同和在岸合同,而不能特指离岸合同和在岸合同,而不应不包括《1 号协议》,这是因为《1 号协议》是合同文件的一个组成部分。

②离岸合同和在岸合同的签署是否是合同成立的前提条件

仲裁庭认为,判断离岸合同和在岸合同的签署是不是合同成立的前提条件,应以合同的明示条款(express terms)为依据,而不能默示(implied)推断其为合同成立的前提条件。

仲裁庭认为,可依据《1 号协议》上下文得出,《1 号协议》没有明示约定离岸合同和在岸合同的签署为合同成立的前提条件,因此,仲裁庭不能认定离岸合同和在岸合同的签署是合同成立的前提条件。

仲裁庭还认为,虽然离岸合同和在岸合同是合同文件的组成部分,但在英国法中,合同是否成立与组成合同的文件是两件事情,构成合同成立的要件是要约和承诺、创设法律关系的意图和必备条款。判断合同是否成立应以英国法关于合同成立的法律要件为准。在上述要件得以满足的情况下,特别是必备条款得以充分满足的情况下,根据英国法,应认定合同成立。

③离岸合同和在岸合同的确定性

仲裁庭注意到,《1 号协议》明确约定了离岸合同和在岸合同的价格。

仲裁庭认为,案涉项目为设计、采购和施工项目,所谓的离岸合同通常是指将设计和采购纳入离岸合同之中,而在岸合同通常是指将施工纳入在岸合同之中,按此拆分为离岸合同和在岸合同。在被申请人招标文件,申请人投标文件以及《1 号协议》明示约定的情况下,离岸合同和在岸合同的工程范围异常清晰。

仲裁庭认为,《1 号协议》明示约定了竣工期限(工期),离岸合同和在岸合同应予适用。

仲裁庭注意到,《1 号协议》约定,离岸合同和在岸合同将使用 FIDIC 银皮书,并在双方同意的基础上适当修改。《1 号协议》离岸合同的文件包括协议书和附件、合同条款和项目要求。在项目要求已在双方谈判予以明确的基础上,即使P国有关机构提出了更高的参数要求，在项目要求已通过招标文件、投标文件和谈判确定的情况下，也不具有影响合同的成立的法律效力。

因此，仲裁庭认为，离岸合同和在岸合同满足法律要求的确定性。

④离岸合同和在岸合同的谈判

《基廷论建筑合同》(*Keating On Construction Contracts*)(第12版，第33页)第2-025节写道：

合同之后的谈判："在当事人打算签订合同正在进行谈判的情况下，需要关注谈判的整个过程以决定一份合同何时完全存在……然而，一旦合同存在，例如任何一方当事人随后的谈判是为了寻求更好的条件，则不应影响先前已达成协议的存在。"

仲裁庭注意到，该书中的引述内容的脚注中注明案例为：British Guiana Credit Corp v. Da Silva [1965] 1 W. L. R. 248, 255。

仲裁庭还认为，仲裁庭同意英国法专家证人C1律师在其证词第26段的表述：

虽然第2.1条约定，为了实施EPC协议，当事人应签订离岸合同和在岸合同(如证词第7段所述)，但权威法律专家认为，只有在必备条款未能达成一致的情况下，合同才有可能因需要进一步达成协议而无法确定，正如"世界上到处都是需要进一步达成协议才能实施的可靠合同"(Lewison，第8.114节)。在此基础上，我们的观点是，未能对实施细节达成一致既不能使得EPC协议无效，也不能使其成为"空洞的协议"。

⑤伞协议

被申请人主张本案《1号协议》构成伞协议，《1号协议》正是起到连接和统筹在岸合同和离岸合同的伞协议。

仲裁庭认为，判断《1号协议》是否构成伞协议，应以合同的明示条款(express terms)为依据，《1号协议》中应有使其构成伞协议的明示条款的约定，而不能默示(implied)推断其为合同成立的前提条件。

仲裁庭认为，可依据《1号协议》上下文得出，《1号协议》没有明示约定其为伞协议，因此，仲裁庭不能认定，亦不能默示《1号协议》构成伞协议。

关于伞协议的默示问题，在 Mackie Motors（Brechin）Limited v. RCI Financial Services Limited［a+8］EWCA Civ 476 案中，判决书第19段写道：

关于所谓的伞协议，法官的结论是：

i）DAPOC 根本没有提及表明默示此类合同的必要性问题，也没有从制造商提供服务以协助分销商的行为中得出双方有意就其创设法律关系的结论。该等服务的存在并未使该等意图得以产生。如果没有此类意图，默示契约就会失效。

ii）在已经存在的［21］和［22］书面合同之外，DAPOC 的［32］中没有任何建议雷诺、日产或 RCI 创设法律关系的意图，

iii）DAPOC 未能恰当地具体说明索赔要求［23］，和

iv）他没有必要考虑这个论点，即使存在一份伞协议，但实际上也被整个协议取代了，在 RCI 合同中，不存在口头修改合同的条款（据承认，该合同是在据称的伞协议成立后签订的［24］）。

仲裁庭认为，该案确立了默示伞协议是否存在的法律原则，即一方当事人没有提及默示伞协议存在的请求的情况下，法官没有必要考虑一方当事人有关伞协议的论点。在本案中，在被申请人仅表明其观点，未能提出仲裁庭对《1号协议》行使默示权利的情况下，仲裁庭不能就《1号协议》行使默示权利。

仲裁庭还认为，英国法中确立的依事实默示、依惯例而成立的默示条款、依法律成立的默示和由法院认定的默示条款的前提条件是合同成立。在合同不成立的情况下，法院不能运用默示条款解决争议。在本案中，被申请人主张本案合同尚未成立，因此，被申请人不能主张默示条款或者请求仲裁庭运用默示条款解决争议。

⑥联营体过程文件中关于合同效力沟通事宜

仲裁庭注意到，被申请人主张在2019年5月29日、8月28日、11月22

日、12 月 13 日等邮件中，申请人均提及合同尚未签订。

仲裁庭注意到，在被申请人进行重新招标之前，联营体于 2020 年 11 月 11 日向被申请人发出信函，重申“虽然贵方（指被申请人，仲裁庭注）与联营体至今未根据《EPC 合同》第 2 条之规定签署《在岸合同》以及《离岸合同》，但《EPC 合同》的效力不受任何影响，贵方主张《EPC 合同》无效没有法律依据”。仲裁庭还注意到，2020 年 12 月 5 日，联营体又向被申请人发出了与 2020 年 11 月 11 日函基本相同内容的函件。

仲裁庭认为，虽然申请人在上述邮件中提及离岸合同和在岸合同未签订，但申请人在 2020 年 11 月 11 日、12 月 5 日的正式信函中表明了合同生效的立场，并表明至今未能签订《在岸合同》《离岸合同》，但《1 号协议》的效力不受任何影响。这表明申请人的最终立场是合同效力不受在岸合同和离岸合同是否签署的影响。

⑦P 国电监部门电价批复与本案合同效力

仲裁庭注意到，被申请人主张，2019 年 12 月 19 日 P 国电监局作出电价批复决定，并于 2020 年 5 月 31 日作出电价复审决定，最终确定案涉项目 EPC 成本为约 3.2 亿美元。被申请人还主张案涉项目净效率由原来约定的不小于 37% 提升为不小于 37.25%，电厂用电率由原来不大于 9% 变更为 8.98%。

仲裁庭认为，《1 号协议》除在鉴于条款中提及项目背景等内容外，《1 号协议》的生效条件、合同价格等并没有明示约定与 P 国电监局作出的电价价格和 EPC 成本相互关联或挂钩。因此，仲裁庭不能认同被申请人提出的合同价格的中括号表示暂估价格的主张，认为 P 国电监局作出电价的批复和复议决定及其对 EPC 成本的决定不影响本案合同的效力。

（10）合同是否得到实际履行

仲裁庭注意到，自 2019 年 3 月 19 日起被申请人陆续要求申请人开展相关工作，包括调整和深化设计方案，编制施工管理制度，编制工程及网络计划，编制三大主机、油泵、黑启动、施工生活及海水淡化、干式变压器及场平等技术规范,实际开展三大主机招标工作、黑启动、海水淡化等招标文件,就热效率值等问题开展专项技术论证,配合被申请人的电价申请和复议、征地、环评等工作。

在2018年12月6日签订本案合同后,自2019年3月19日至2020年10月,申请人履行了部分合同义务,且被申请人接受了申请人的工作成果,一方面调整和深化设计方案,另一方面将《1号协议》及其后申请人的工作成果用于融资、融资保险、投资保险、与P国电监局进行电价确定和购电协议的签署等,在长达约一年半的时间内,双方保持沟通和联络,直至2020年10月25日被申请人才提出合同无效的主张。仲裁庭认为,申请人在如此长的时间内履行相关义务,被申请人接受了申请人的工作成果并用于案涉项目的前期开发工作,这个事实表明被申请人以行为(conduct)表明双方签订合同的有效性。

仲裁庭认为,虽然英国法中对于全部或部分实际履行并不能完全确立当事人合同的成立或存在,但在本案中,在长达约一年半的时间内双方当事人一直在履行合同义务的情况下,仲裁庭没有任何相反的理由否认被申请人创设法律关系的意图,也无法否认双方当事人之间合同的成立和存在,因为被申请人直至2020年10月25日才否认合同的效力。

仲裁庭还认为,在P国电监局作出EPC成本约3.2亿美元的决定和对电价作出最终复议决定后,被申请人另行招标,寻求更低EPC价格的替代者的行为,以满足在EPC成本约3.2亿美元和批复电价基础上的可行性(feasible)和可融资性(bankable)的要求,但毫无疑问的是,被申请人的此类商业决策和行为不影响其与申请人的在先合同的成立及其效力。

(11)结论

基于上述事实和理由,仲裁庭认为,本案合同成立,具有法律约束力。

(四)申请人的仲裁请求

1. 被申请人向申请人支付因被申请人根本违约给申请人造成的损失人民币30,000,000元。

(1)双方当事人的主张

申请人主张,根据本案合同第之约定,就案涉工程的前期工作,被申请人应当向申请人支付合同金额10%的预付款。但本案合同签署后,为了推进项目进度,被申请人在未向联营体支付任何预付款的情况下,要求申请人进行了大量前期工作,包括但不限于:①多次赴项目现场调研;②配合被申请人申请环境影响评价工作;③配合被申请人申请电价以及电价复议工作;④起草项目管理/工程实施计划;⑤起草项目部门制度;⑥召开各类会议、按月上报项目月报;⑦设计效果图/宣传视频;⑧设计项目总图;⑨起草设备招标技术规范书;⑩起草前期工程总体策划、施工组织设计、围墙场平指导作业书、详勘及控制网测设方案等施工准备工作;⑪工程施工准备所需的其他工作。

申请人主张,基于对被申请人的信任,申请人的上述工作全部是在垫资的情况下推进的。直至2020年10月7日,被申请人仍然通过邮箱向申请人指派工作。申请人还主张,被申请人与案外人签订EPC合同,构成了合同项下的违约,应予赔偿申请人因此遭受的损失。

被申请人主张,联营体系为了其自身的利益,在明知EPC合同尚未生效的情况下,为了推动EPC合同的谈判和签署并获得较有利的合同条件,自愿开展了项目前期的很有限的非实质性的协助配合工作,其自愿承担合同如最终不能缔结相关支出无法获得补偿的商业风险。被申请人并未承诺一定会将项目授予联营体,只是先行与联营体进行谈判。而事实上,在整个缔约过程中,被申请人善意积极地与联营体进行谈判;最终双方因合同条款未能达成一致导致谈判破裂,相关风险只能由联营体自行承担。联营体所发生的投标费用、谈判费用,包括为了评估、确定谈判中的EPC合同下项目的技术要求和商务条件,为了获得较有利的EPC合同条件而发生的费用,应由其自行承担。

(2)事实

仲裁庭注意到,自2019年3月19日起,应被申请人的要求,申请人进行了大量前期工作,包括:①多次赴项目现场调研;②配合被申请人申请环境影响评价工作;③配合被申请人申请电价以及电价复议工作;④起草项目管理/工程实施计划;⑤起草项目部门制度;⑥召开各类会议、按月上报项目月报;⑦设计效果图/宣传视频;⑧设计项目总图;⑨起草设备招标技术规范书;⑩起草前期工程总体策划、施工组织设计、围墙场平指导作业书、详勘及控制网测设方案等施工准备工作;⑪工程施工准备所需的其他工作。

(3)申请人索赔的权利

仲裁庭认为,鉴于被申请人与案外人签署EPC合同,这清楚地表明被申请人不打算继续履行与申请人之间已存在的合同,被申请人的行为构成根本性违约(fundamental breach)或毁约(repudiatory breach)。

《奇蒂论合同法》(第32版,第二册第823页)第37-218节总结道:

在一方当事人以行为或语言明确表明他不再接受合同的义务,这可能视具体情况而定,构成毁约。通常,违反合同仅能导致损害赔偿索赔,并且尽管存在违约,但另一方仍可继续履行剩余的完毕的合同义务。如果违反了一项条件而导致拒绝履行合同直至合同的根本,那么就会构成毁约,使得无过错的一方在接受毁约后可视为合同终止。

因此,仲裁庭认为,在本案中,在被申请人与案外人签订EPC合同后,申请人选择接受被申请人的毁约行为,有权终止合同并有权要求赔偿损失。仲裁庭同意英国法专家证人C1在证词第37段第Ⅱ项中提出的"普通法关于损害赔偿标准的规则是使无过错的一方处于有利地位,就像合同已经履行一样"。

仲裁庭认为,《1号协议》及其所有往来文件中,没有明示条款表明申请人放弃其从事设计相关工作的应获得相应报酬的权利。因此,被申请人提出的由申请人自行承担配合义务所导致的损失的主张缺乏合同依据,更于法无据。

仲裁庭还认为,在本案合同存在明示的对价的情况下,被申请人应对申请人已部分履行的前期工作支付相应报酬。

(4)申请人部分履约的价值

①申请人投标文件中约定的设计工作的价格

仲裁庭注意到,申请人投标文件价格清单中对于设计勘察工作(Engineering/Survey)的报价为 500 万美元,其中,专用报告费用(Special Report Cost)为 75 万余美元。仲裁庭注意到,没有证据证明《1 号协议》中对该项价格作出相反的约定。

仲裁庭认为,应依据申请人投标报价中设计勘察工作的价格作为评估申请人已部分履行义务价值的依据,而申请人与中国 C 公司联营体协议中约定的设计费用人民币 3000 万元为联营体内部的价格约定,与作为业主的被申请人无关。

②申请人的设计是否达到初步设计深度及其应得报酬

仲裁庭注意到,申请人提出了多种方法对其前期工作进行估价。

《哈德逊论建筑与工程合同》(第 14 版,第 820 页)第 7 - 005 节写道:

损害赔偿的裁决具有补偿性质。一旦一方当事人明确其有权就其损失得到补偿,就会产生如何计算和衡量损失的问题……采用哪一种"衡量"或者评估损失的方法是正确的,将取决于许多因素,详述如下……考虑计算损害赔偿的起始点是 19 世纪形成的、一直以来都被采用的一项著名的规则,不仅在英联邦国家,也在美国适用:"普通法的规则是,在一方由于违约的原因遭受损失的情形下,就金钱所及,应将他置于同样的境地,就损害赔偿而言,就好像合同已被履行一样。"

仲裁庭认为,关于申请人前期工作的深度是否达到初步设计的深度及其应得到的补偿金额,应依据事实以及是否达到规范或标准要求的深度予以考虑。

仲裁庭注意到,申请人的专家证人自然人 1 号在证词中作证证明申请人的设计工作已经达到 LT2 号《火力发电厂初步设计文件内容深度规定》规定的基本要求,证词附表中列明了申请人所做的对应的设计工作内容。

仲裁庭注意到,被申请人在代理词中亦根据 LT2 号《火力发电厂初步设计文件内容深度规定》提出，该规定“5 初步设计图纸目录”总计要求 242 项(有 7 项在不同专业部分有重复)项目图纸。经核对，申请人补充证据(第二卷)1.11 仅提供了其中 107 项图纸，仍有 128 项图纸未提供。但申请人提供的图纸并不能表示其已构成初设图纸，因为案涉项目的技术方案和性能指标尚未确定。

仲裁庭注意到，被申请人提供证据 19，表明其与案外人签订了一系列与初步设计相关的基础工作，包括：与 P 国 M 公司签订的环评服务合同、与 P 国 N 公司签订的防洪研究咨询服务合同、与 P 国 N 公司签订的地震危险性评估咨询服务合同、与 P 国 N 公司签订的海域地勘研究合同、与 P 国 O 公司签订的水文气象研究合同、与 P 国 Q 公司签订的电网介入研究合同、与 A1 设计院签订的地勘及测量合同、与 A1 设计院签订的补充测量合同、与 P 国 Q 公司签订的财务顾问咨询服务合同、与中国 Y 研究院签订的可行性研究合同、与 P 国 T 公司签订的电价财务模型审阅服务合同、与中国 B1 设计院签订的工程技术服务合同、与 P 国 U 公司签订的工业小镇设计合同。

仲裁庭认为，根据 LT2 号《火力发电厂初步设计文件内容深度规定》的有关要求，特别是“5 初步设计图纸目录”的要求，考虑申请人提交了其中 107 项图纸、128 项图纸未提供，被申请人聘请案外人进行与初步设计有关的咨询服务合同基本涉及初步设计数据输入，以及不同种类的图纸在发电厂整体规划和设计中的重要性不同、所占权重完全不同，在总的要求和发电厂整体规划和设计均已基本完成的情况下，仲裁庭依据申请人完成前期工作的实际情况，判断申请人尚未完成全部的初步设计工作，但基本完成了约 60% 的主要工作。

仲裁庭注意到，申请人提出初步设计应按设计费 30% 予以考虑。仲裁庭认为，申请人的主张符合电力企业在境内外工程实践形成的商业惯例，应予采信。仲裁庭认为，以申请人对于设计勘察工作的报价 500 万美元为基数，扣除申请人报价中的专用报告费用 75 万余美元，申请人的设计费应为：500 万美元 - 75 万余美元(专用报告费用) = 425 万余美元，按照当时中国人民银行公布的美元兑人民币汇率某标准估算，折合为人民币 2800 万余元，基于盖然性权衡原则(on a balance of probability),则申请人从事前期工作的价值为:(2800万余元×30%)×60% =人民币504万余元。

仲裁庭注意到,申请人在递交的报价中还就项目管理(project management)费用进行了报价,价格为1480万余美元。

仲裁庭注意到,申请人主张项目管理工作包括两部分:第一部分是申请人的商务团队的工作,即前期项目跟踪、投标、协助项目执行团队的有关工作,进行三大主机的招标工作等;第二部分是申请人为本案合同履行组建的项目部,执行三大主机招标,起草项目管理文件、施工组织设计文件,协调设计团队工作等。

仲裁庭注意到,申请人在代理意见中主张按照总造价比率法得出人民币2140万余元,按照时间单价法得出1340万余元。

仲裁庭认为,申请人从事的第一部分工作是与投标相关的工作,这是申请人为获得合同应付出的劳动,在被申请人招标文件以及《1号协议》未明确约定给予投标人补偿的情况下,申请人应自行承担因投标而产生的费用和成本。仲裁庭还认为,在《1号协议》签订后直至被申请人与案外人另行签订EPC合同前,申请人按照被申请人的要求执行三大主机招标、起草项目管理文件、施工组织设计文件、协调设计团队工作等,申请人为被申请人提供上述服务属于项目管理内容,应按照申请人实际提供的服务价值给予补偿。

仲裁庭认为,申请人在代理意见中提出的总造价比率法和时间成本法得出的服务价值明显过高。根据申请人提供项目管理服务的内容和成果,仲裁庭认为,基于盖然性权衡原则,以申请人提出的时间成本法1340万余元为基础,按照20%予以考虑较合理,申请人可以就其提供的项目管理服务得到的补偿为:1340万余元×20% =人民币268万余元。

仲裁庭还认为,在仲裁庭前述判定被申请人存在根本性违约或毁约的情况下,考虑到设计工作的连续性以及申请人自签订《1号协议》后进行进一步调整和深化设计的事实,应以其认定的最终设计成果为衡量损害赔偿的标准。

综上所述,仲裁庭认为,申请人应就其提供的前期设计工作价值500万余元和项目管理费用260万余元,合计人民币770万余元,应予支持。

③申请人的其他费用

仲裁庭注意到,申请人在仲裁申请书和代理词中主张在2019年至2020年多次赴北京、成都、P国Y市和项目现场出差,为此支出差旅费人民币100万余元,为投标和履行合同向第三方支出了翻译费人民币20万余元,演示效果图及动画制作费用人民币22万余元和法律咨询费用人民币18万余元,合计人民币160万余元。

仲裁庭认为,在仲裁庭前述支持申请人前期设计成果500万余元和项目管理费用26万余元的情况下,申请人2019~2020年的差旅费、翻译费、演示效果图及动画制作费用、法律咨询费用为前期设计工作和项目管理费用的必要支出,不应予以支持。

2. 被申请人向申请人支付本案维权支出的律师费、公证费

仲裁庭注意到,申请人在仲裁请求中主张被申请人应承担因其根本性违约导致申请人支出的律师费、顾问费(含英国法专家费用和外部专业技术顾问费)和公证费等合计人民币98万余元。根据仲裁庭前述认定的申请人有权因被申请人根本性违约或毁约要求赔偿的意见,并根据申请人得到支持的程度和本案的复杂程度,仲裁庭支持申请人主张的费用按50%予以补偿,合计人民币49万余元。

3. 本案仲裁费用

根据本案审理的情况,考虑到申请人仲裁请求被支持的情况,仲裁庭决定本案仲裁费用由申请人承担70%,被申请人承担30%。

三、裁　决

综上,仲裁庭对本案作出裁决如下:

1. 被申请人应向申请人支付人民币 770 万余元。

2. 被申请人应向申请人支付相关律师费和公证费人民币 49 万余元。

3. 本案仲裁费用由申请人承担 70%，被申请人承担 30%。

上述应付款项，应自本裁决生效之日起 30 日内履行完毕。

本裁决为终局裁决，自作出之日起生效。

案例评析

【关键词】

英国法　联合体依法的主体资格　意向书　合同成立

【焦点问题】

1. 申请人作为联合体一方当事人,是否有资格单独提起仲裁。

2. 意向书的法律效力。

3. 双方签订的《1 号协议》在英国法下是否构成合同的成立。

【焦点评析】

本案涉及 P 国某新建 300mW 燃煤电厂设计服务合同争议。申请人[国内某电力设计院,与国内某企业(C 公司)共同组成联合体投标和签订 EPC 合同]主张因被申请人(境外 P 国注册的燃煤电厂业主)未能按照通过招标程序签订的 EPC 合同的约定继续聘任申请人作为设计单位进行设计和 EPC 合同的实施,而是在 2019 年 12 月通过第二次招标程序与第三方签订电厂 EPC 合同,且被申请人拒绝申请人为电厂提供设计和前期技术服务的设计费用,请求被申请人支付电厂设计和技术服务费用。而被申请人主张,依据合同适用的英国法,本案合同尚未成立,因此拒绝向申请人支付电厂设计和前期技术服务费用。现结合本案案情评述如下。

一、申请人作为联合体一方当事人,是否有资格单独提起仲裁

本案中,被申请人主张,由于申请人与案外人组成联营体作为本案合同的承包商,因此,申请人不具备就其主张的联营体前期工作单独提起本案仲裁的授权和资格。申请人主张,讨论申请人是否能够单独提出仲裁请求,主要的判

断标准是作为联营体成员的申请人和联合体另一方(C公司)的工作范围是否可分。本案中,无论是根据联营体投标时提交的联营体协议、根据离岸协议和在岸协议的过程文件,还是根据申请人和C公司的履约能力和履约内容,均能够证明申请人和C公司的工作范围是可分的,申请人仲裁请求的内容不包括C公司的工作内容。

仲裁庭认为,判定本案申请人是否为适格主体资格争议涉及的判断依据如下。

(一)本案仲裁适用的程序法

仲裁庭认为,国际商事仲裁中的实体法是指确定当事人之间争议的实体权利义务关系,判断争议是非曲直所适用的法律规范。在本案中,《1号协议》第15.1条明示约定适用英国法,应理解为当事人在合同中约定的是适用的实体法,而国际仲裁中适用的程序法为仲裁地法,当事人选定某地为仲裁地,则该地的法律成为与该仲裁程序具有最密切联系的法律,也意味着其愿意接受该地的仲裁法律的约束。

仲裁庭认为,双方当事人在《1号协议》第16.1条明示约定仲裁地点在中国北京。基于国际商事仲裁的一般法律适用原则,在当事人明示约定仲裁地是中国北京的情形下,本案仲裁适用的程序法应为中国法律。

(二)在适用中国的程序法时,判定本案申请人是否适格的判断标准

仲裁庭认为,《涉外民事关系法律适用法》第14条规定,“法人及其分支机构的民事权利能力、民事行为能力、组织机构、股东权利义务等事项,适用登记地法律”,在仲裁庭前述认定本案仲裁适用的程序法应为中国法律的情形下,中国法中有关诉讼和仲裁主体资格的法律应为《民事诉讼法》《仲裁法》的相关规定。《民事诉讼法》第五章(诉讼参加人)第一节(当事人)第51条规定:“公民、法人和其他组织可以作为民事诉讼的当事人。法人由其法定代表人进行诉讼。其他组织由其主要负责人进行诉讼。”《仲裁法》第2条规定:“平等主

体的公民、法人和其他组织之间发生的合同纠纷和其他财产权益纠纷，可以仲裁。”

仲裁庭认为，《民事诉讼法》《仲裁法》出于保护当事人合法权益及法律面前人人平等的原则，并未对当事人主体资格作出限制。在承包商以联营体投标模式下，虽然联营体各方在投标时是以一个承包商的身份投标的，但是联营体各方对外承担的均是连带责任，同时联营体各方均有自己相应的权利和义务，其针对自身权益被侵害，依法有权寻求法律保护。《民事诉讼法》《仲裁法》对联营体成员以自己名义起诉亦未作出禁止性规定。

仲裁庭认为，当承包商为联营体时的主体适格问题，通常以联营体成员权利和义务是否可分割作为联营体成员是否以联营体名义还是联营体一方(而非联营体全体成员)名义行使诉权的依据，即如果联营体成员的权利义务可分割，则联营体任何一方均可以自己的名义行使诉权；如果联营体成员之间的权利义务不可分割，则应以联营体名义行使诉权。在本案中，按照联营体协议第1条的约定，申请人的义务范围为进行工程设计、安装、试运行和运行指导、与C公司联合采购设备、项目开发过程中提供技术支持，而C公司的义务为土木工程施工、与申请人联合采购设备、从当地政府部门取得批准和许可。因此，本案合同对于联营体成员的分工约定非常明确、具体，属于可分割义务型联营体。

仲裁庭认为，在本案的程序法适用中国法时，基于《民事诉讼法》《仲裁法》对联营体成员以自己名义起诉或提起仲裁亦未作出禁止性规定的情形，且《民事诉讼法》规定联营体不具有诉讼或仲裁的主体资格，应以组成联营体的公司或个人为当事人，因此，在本案中，申请人作为适格的仲裁当事人主体，可作为仲裁申请人提起本案仲裁。

二、意向书的法律效力

本案中，2018年11月，被申请人向联营体发出意向书，其中表明收到该函后邀请联合体开始EPC合同的技术不符合商务部分的谈判。

本案中，申请人将“Letter of Intent”翻译为“中标通知书”，被申请人将

“Letter of Intent”翻译为“中标意向书”。仲裁庭认为,“Letter of Intent”的中文翻译应为“意向书”,而在国际工程项目中,“中标通知书”通常的英文表述为“Letter of Acceptance”或者“Letter of Award”,表明业主接受投标人的投标要约,具有法律意义上的承诺效力。

关于意向书是否具有使得合同得以成立的法律效力,仲裁庭注意到,在Turriff Construction Ltd. v. Regalia Knitting Mills Ltd. [1971]9 BLR 20案中,法官费伊解释道:

意向书只是一方当事人以书面形式提出将在未来某一天签订合同的意向。除特殊情况外,它没有约束力。

在如何判断意向书是否构成具有约束力的一份合同,法官安东尼·索顿在A C Controls Ltd. v. British Broadcasting Corporation, Quen's Bench Division, (2002) 89 Con LR 52; [2002]EWHC 3132案中总结了有关判断原则:

1. 经分析,当事人称为或视为意向书的文件可以构成有约束力的合同,如果在客观解释时当事人的语言确有如此效果。

2. 或者,通过对其条款的客观解释,该份文件可以构成一种“如果”性质的合同,即一方当事人向另一方当事人发出标准的要约,如果他履行已界定的服务,那么他将为此得到报酬。然而,他们之间没有形成履行义务,而且要约中的明示或默示条款也限制了得到给付的相互义务。

3. 如果交易已被完全履行,并且合同成立的所有障碍已在合同谈判时和履行过程中消除,那么,即使没有完成正式合同的签字和履行手续,合同也是可能存在的。

4. 在解释意向书使用语言的效力时,有必要考虑产生意向书的实际背景。

仲裁庭认为,从上述英国法院的判例,如British Steel v. Cleveland Bridge案、Mitsui Babcock Energy Ltd. v. John Brown Engineering Ltd. (1996) 51 Con LR 129案可以得出,如果一项意向书要具备合同约束力,必须具备如下条件:

(1)当事人必须声明他们签订合同的意愿,无论是来自意向书内容还是其行为；

（2）当事人必须就一些必要条款达成一致，如当事人、工程内容、价格和时间，并应具备充分的确定性以使合同能够在商业上运作；

（3）对要约的承诺必须清楚，无论是文字上还是行为上。

另外，判断意向书是否具备合同效力，还应考虑意向书中约定的条件是否具备充分的确定性以使合同能够成立，以及意向书中还有哪些事项尚需解决的程度。基于英国法中确认的判断意向书是否具有使合同成立效力的法律验证标准，仲裁庭注意到，在本案中，意向书中明确表述"收到该函后邀请联合体开始就 EPC 合同的技术和商务部分谈判"。仲裁庭认为，在意向书明确表达被申请人的签约意向，但意向书仅为邀请申请人开始进行合同谈判的情形下，而并非通常中标通知书中表达的"接受你方报价或投标"或者"授予你方合同"的此类明确的承诺的文字表述时，无法认定本案中被申请人向联营体发出的意向书具有使合同得以成立的法律效力。

三、双方签订的《1 号协议》在英国法下是否构成合同的成立

本案涉及在适用英国法项下合同是否成立和有效的问题，涉及合同成立的基本原则，包括要约、承诺、要约邀请、合同形式等，当事人通过英国法专家证人的证词，仲裁庭通过对案件事实的分析以及根据英国法的解释和判例，对本案项下《1 号协议》是否成立作出判定。

在英国法中，一项合同的成立要件如下：

（1）要约和承诺。在 Birse Construction Ltd. v. St David Ltd. [1999] EWHC Technology 253（12th February, 1999）1998 TCC 419 案中，判决书写道："关于合同成立的法律原则通常需要确定一项要约是否作出，并且如果作出，是否得到承诺。"

（2）对价。

（3）创设法律关系的意图。创设法律关系的意图是通过客观行为、语言和环境等来评估，而不是当事人的主观心理。对于商业协议，法院默认支持存在

创设法律关系的意图假设,除非有清晰的证据能够证明不存在,且举证责任在声称不存在意图的一方。

此外,在英国法中,合同成立的必要元素还包括缔约能力、自由缔约、合法、条款的确定性和格式。对于书面格式的要求,限于契据、股权转让、支票、消费信贷、担保合同等法律要求书面形式的合同。

根据上述法律验证标准(要件),仲裁庭在查明事实的基础上认定双方《1号协议》符合英国法下合同成立的要件,合同成立并有效。

(1)在本案中,2018年8月被申请人作为业主向通过资格预审的投标人发出招标通知,构成要约邀请,而2018年11月被申请人向联合体发出意向书不构成具有法律约束力的承诺,只能构成邀请申请人进行进一步合同谈判的意向书,但2018年12月双方签订的《1号协议》构成法律意义上的承诺。

(2)在本案中,被申请人作为业主向作为承包商的申请人支付《1号协议》第4条约定的合同价款,而申请人作为承包商向业主许诺实施第1条约定的工程,构成本案的有效的对价。

(3)双方经过2018年11月的技术和商务谈判后,2018年12月签订《1号协议》,且《1号协议》在授权代表签字之日生效。上述证据明确表明了本案中被申请人创设法律关系的意图。

(4)被申请人招标文件、申请人投标文件、双方2018年11月20~24日的技术和商务谈判签字的所有技术部分以及《1号协议》第1条的明示约定,均表明案涉项目的工程范围已界定清晰,充分满足法律要求的工程范围作为合同成立必备条款的要求。

(5)可行的,一般是指能够做成的某些事或者可以投入使用。在本案中,本案合同和案涉项目为建造300mW燃煤电站,申请人作为燃煤电站设计企业,且已通过被申请人的资格预审,申请人完全可以履行合同约定的案涉项目的设计工作。申请人可以履行合同和完成案涉项目的设计义务,并承诺符合业主需求,满足使用功能,可以满足合同必备条款是可行的要求。

(6)关于合同条款确定性,本案在招标文件提供了投标须知、技术规范、合同格式和一系列附件的情况下,且承包商(投标人)按照招标文件要求递交投标文件,并且《1号协议》明示约定了工程范围、价格和工期等必备条款,仲裁庭无法得出本案合同条款,或者必备条款,存在不确定的结论。

(7)关于合同条款完整性,《1号协议》除了在鉴于条款中提及项目背景等内容外,《1号协议》的生效条件、合同价格等并没有明示约定与P国电监局作出的电价价格和EPC成本相互关联或挂钩。因此,不能认同被申请人提出的合同价格的中括号表示暂估价格的主张,P国电监局作出电价的批复和复议决定及其对EPC成本的决定不影响本案合同的效力。

(8)关于双方当事人在《1号协议》签字和盖章的法律效力,仲裁庭认为,依据英国法,除非在契据中要求为盖印合同,如信托合同、赠予合同、土地买卖合同等契据,盖章不是合同生效的绝对条件,也不要求在一般合同中必须盖章。

仲裁庭认为,基于英国法对于一般合同的法律要求,当事人的签字具有使合同生效的法律效力,而无须加盖当事人的公章。因此,仲裁庭认为,《1号协议》的技术附件中自然人L的小签真伪问题,在仲裁庭认为其系由被申请人其他在场人员代为签署的情况下,不影响仲裁庭对于合同是否成立的判断。

【结语】

联合体一方当事人是否可以单独行使诉权在法院起诉或向仲裁庭提出仲裁请求,在不同的司法管辖地法律中存在不同的理解和争议。目前,最流行的理论是"权利义务可分割说",即在联合体成员权利义务可分割时,联合体一方当事人可以单独行使诉权;在联合体成员权利义务不可分割时,需要联合体作为诉讼或仲裁主体进行诉讼或仲裁。对于当事人来说,在处理联合体还是联合体一方当事人是否作为仲裁主体时,需要结合合同适用的程序法和实体法,并考虑是作为申请人还是被申请人进行综合考虑。

在本案中,双方当事人在实体法意义上的核心争议在于双方之间是否存在一份合同,即合同是否成立的法律问题。在建设工程领域,在涉及付款争议中,最基本和常见的争议就是双方当事人是否存在合同,以及如果存在一份合同,合同约定的付款条件是什么。在一方当事人通常为承包商已经履行全部或部分的合同义务时,另一方当事人是否应按照合同约定支付工程款项。或者,在双方当事人不存在合同的情况下,是否应当根据按劳计酬原则支付承包商已全部或部分履行义务的款项。在涉及付款时,双方当事人往往对于是否存在一份合同以及合同是否成立存在分歧。因此,在国际工程项目中,当事人最好能在合同中约定合同生效的条件,使合同具有法律意义上的确定性,便于合同的履行和争议的解决。

中国A设备进出口公司与中国B控股集团公司境外工程转包争议仲裁案

中国国际经济贸易仲裁委员会(以下简称贸仲)根据申请人中国A设备进出口公司(以下简称申请人)与被申请人中国B控股集团公司(以下简称被申请人)签订的《项目设计、供货和安装合同》(以下简称本案协议或《分包合同》)中仲裁条款的约定,以及申请人于2018年8月向贸仲提交的书面仲裁申请,受理了双方当事人因上述合同而产生的本争议仲裁案。

一、案　　情

(一)申请人的仲裁请求及所依据的事实与理由

2014年7月,被申请人与R国D局(以下简称业主)签订《项目设计、采购和安装总承包合同》(以下简称《主合同》)。2014年9月,申请人与被申请人签订《分包合同》;2014年11月,申请人与被申请人签订《补充合同》。根据上述合同,被申请人将其与业主签订的《主合同》范围内的全部设计、采购和安装工作分包给申请人实施。

《分包合同》和《补充合同》约定,合同价格为人民币约1.2亿元和8000余万R国货币、固定总价、工期10余个月、质保期2年,供货范围、进度计划及保函格式均执行《主合同》，人民币兑换R国货币执行固定汇率1∶3.254。

申请人认为，《分包合同》履行受众多因素影响造成项目执行近3年时间一直未完成，被申请人在2017年之后无法协调业主解决路权、入户安装等事宜导致无法进行项目收尾及通电调试工作，被申请人付款不及时造成申请人大量垫资，被申请人在双方未就后续项目推进和剩余款项支付问题达成一致的情况下，于2018年1月向申请人发函通知终止合同，且此后一直未与申请人就《分包合同》进行结算支付，严重损害了申请人的合法权益。

基于上述，申请人提出并经变更后的仲裁请求如下：

1. 被申请人立即向申请人支付已履行合同款人民币约2600万元；

2. 被申请人立即向申请人支付超出主合同规定的技术要求和供货范围所增加的合同款项共计人民币约1100万元；

3. 被申请人赔偿申请人延迟付款违约损失人民币约100万元，以人民币约3700万元为基数，按中国人民银行同期贷款利率上浮50%计算罚息利率损失，自2018年3月15日起开始计算，暂计算至申请仲裁之日（实际损失计算至被申请人实际结算给付之日）；

4. 被申请人承担本案全部仲裁费用；

5. 被申请人立即退还申请人开具的人民币1400余万元履约保函原件。

（二）被申请人方的答辩意见和仲裁反请求及所依据的事实与理由

1. 申请人的仲裁请求加上被申请人已支付工程款已远超过合同约定的固定总价。《分包合同》约定，申请人完全理解主合同的全部内容，并愿意承担主合同中规定的所有原属于被申请人的责任、义务和风险（协议另有约定除外）。《分包合同》约定，合同价格为固定总价，此价格包括按主合同及业主要求或指令按期保质完成项目所需的全部费用。《分包合同》约定，被申请人的任何由于申请人实施工作范围内的项目而造成的损失将由申请人承担。申请人的前3项仲裁请求加上被申请人已支付的款项（人民币9000余万元）合计高达人民币约1.3亿元，明显超过《分包合同》约定的固定总价人民币约1.2亿元。且项目目前尚未竣工,被申请人与他人签订的后续采购施工合同价款仍有人民币约3200万元。以上各项合计高达人民币近1.6亿元,远超合同固定总价。

2. 被申请人已依约支付应付工程款,第一项仲裁请求没有合同与法律依据。《分包合同》约定,被申请人有权根据实际情况调整支付比例。被申请人已实际支付工程款人民币9000余万元,扣除质保金和验收款,已付款比例占合同总价约80%,扣除双方认可的工程款扣除项,已付款比例高达近90%。双方在2016年7月会议纪要中明确约定工程款按施工进度支付,被申请人严格按会议纪要约定实际支付且超额支付,无任何违约行为。申请人未提出任何应付工程款的凭据。

3.《分包合同》项下工程尚未竣工,也未结算,第二项仲裁请求的合同外增量工程款要在竣工后方能确定,且没有合同与法律依据。《分包合同》约定申请人应承担项目施工的所有责任与风险,在工程竣工前,最终损失与责任均无法确定。且申请人未提交业主签字确认的签证单等材料并履行约定付款程序,无法证明其实际工作量。

4. 申请人在履约中存在严重违约,与申请人解约合法且有利于各方利益。被申请人主张申请人存在的主要违约情形包括:设计严重准备不足、现场人员配置不足、严重缺乏项目管理能力、分包商管理严重失控、虚报履约进度、施工质量存在严重缺陷、长时间大面积反复停工、履约保函到期后拒绝延期等,申请人违约导致项目严重逾期、业主多次发函警告,且对被申请人声誉造成严重不利影响。

5. 被申请人由于申请人实质违约而被迫终止合同后,为继续履行合同而与他人签订并支付的合同款项应由申请人承担,项目严重拖期导致被申请人额外承担的日常运营费用和保函延期费用与损失均应由申请人承担。

基于上述,被申请人提出经变更后的仲裁反请求如下:

1. 申请人承担《分包合同》履行期间,被申请人代为向第三方支付的设备材料采购款人民币20万余元;

2. 申请人承担合同终止后，被申请人代为履行合同义务而向第三方支付的设备材料采购款、勘测设计服务款、工程施工款、运行维护费用等合计人民币约2800万元；

3. 申请人承担被申请人额外承担的日常运营费用人民币1400万余元（暂计至2021年6月30日，最终应计算至项目实际运行验收日）；

4. 申请人承担被申请人额外承担的《主合同》下保函延期费用与资金占用成本损失人民币约520万元（暂计至2021年6月30日，最终应计算至《主合同》下所有保函全额释放之日）；

5. 申请人承担被申请人因本案发生的律师费30万元及仲裁费。

（三）申请人对于被申请人反请求的答辩意见

仲裁反请求缺乏事实、合同和法律依据，应当全部驳回，主要理由如下：

1. 第三方鉴定意见应作为认定项目工程造价金额的依据。

2. 被申请人证据材料完整性和真实性存在重大瑕疵，且论述自相矛盾。

3. 被申请人持续长期违反合同义务，单方恶意终止合同，被申请人沟通不畅、延迟履约，业主设计方案变更、路权等事宜协调不力是造成项目延期的主要原因。

4. 申请人不存在违约事项，项目延期由业主和被申请人导致，工期延误责任应由业主和被申请人承担。

5. 被申请人与第三方的交易文件不具有真实性、合法性和关联性，其交易属于重复采购施工或合同外采购、变更后的采购施工，与申请人无关，不能作为认定本案争议事实的依据。

6. 反请求申请违反2015年版贸仲《仲裁规则》第16条关于仲裁反请求应自收到仲裁通知后45日内以书面形式提交的规定，且已经过3年法定诉讼时效。

（四）申请人提交的证据及质证情况（41份，略）

（五）被申请人提交的证据及质证情况（76份，略）

（六）鉴定机构意见

2021年8月，中国C工程顾问公司（以下简称鉴定机构）出具《工程造价鉴定意见书》，鉴定范围为：申请人实际完成的合同内人民币部分工程款（以下简称鉴定范围1）；申请人实际完成的超出合同范围的工程款（以下简称鉴定范围2）；合同范围内未完成的工程量对应的人民币部分价款（以下简称鉴定范围3）。

鉴定机构采用“反向扣减法”，由合同固定总价减去鉴定范围3之鉴定金额，得出鉴定范围1之鉴定金额。鉴定机构认为，不平衡报价的具体情况和相应辨别缺乏足够依据性材料，故仍采用合同量单中的单价进行鉴定。对于双方对鉴定材料或基本事实没有争议的鉴定内容，出具确定性意见；对于双方对鉴定材料或基本事实有争议的鉴定内容，出具选择性意见。

鉴定机构在第二次庭审中表示，对于采用固定总价合同的项目进行造价鉴定时，如果实际施工人完成的合同比例较多，原则上就通过反向扣减计算未完成的部分，也就是扣减的部分；如果实际施工人完成的合同比例较小，就通过正向计算已完成的部分，这属于工程造价鉴定的常规做法。本案中，采用“正向计算法”计算鉴定范围1缺乏足够的图纸与材料。

按照第二次庭审安排，鉴定机构就被申请人主张的另行委托第三方施工部分于2022年6月出具《关于供货和安装合同争议案庭审安排事宜的回复》，并在收到双方当事人意见后于2022年8月出具《关于供货和安装合同争议案庭审安排事宜的回复修正版》。按照仲裁庭要求，鉴定机构分别于2022年12月、2023年1月组织当事人对证据材料作了进一步核对，2023年1月，鉴定机构出具《关于供货和安装合同争议案庭审安排事宜的回复修正版02》（以上三版回复合称《庭审安排回复》）。鉴定机构将第三方施工部分的鉴定结果划分了以下8类情形,分别得出鉴定金额,供仲裁庭选择(见表8-1)。

表8-1　第三方施工部分鉴定结果

类别	内　容
第1类	与本案合同清单人民币部分有关的项目
第2类	与被申请人主张的《2016年7月高层会议纪要》中约定R国货币转为人民币有关的项目
第3类	除上述第2类情形(R国货币转人民币项目)以外的与本案合同清单中R国货币部分相同的R国货币项目
第4类	除上述第2类情形(R国货币转人民币项目)以外的与本案合同清单中R国货币部分不同的R国货币项目
第5类	基于现有鉴定材料无法判断是否属于申请人应当完成但实际未完成的项目(均为人民币项目)
第6类	可以确定属于本案合同清单的部分工作内容,但无法从合同清单中获知相关工作内容对应的合同价款
第7类	可以确定属于本案合同清单项目,但被申请人主张的工程量超出本案合同清单所列工程量
第8类	可以确定不属于本案合同清单,但属于本案工程主合同约定工作内容的项目

《庭审安排回复》中采用的鉴定原则如下:

1. 被申请人相关证据载明的工程量小于或等于本案合同量单中对应项目工程量时,按被申请人相关证据载明的工程量计入。

2. 被申请人相关证据载明的工程量大于合同量单对应工程量时,按合同量单对应工程量计入。

3. 被申请人提交了第三方合同项下签证单但未提交第三方合同最终结算单的,按该类签证单计算的工程量作为被申请人相关证据载明的工程量,鉴定机构将被申请人于2022年12月补充提交的签证单对应工程量及价款单独汇总列出,供仲裁庭选用。

4. 被申请人提交了第三方合同最终结算单的，无论是否同时提交签证单，鉴定机构均按该类第三方合同最终结算单载明的工程量作为被申请人相关证据载明的工程量。但是对于被申请人既提交了签证单又提交了第三方合同最终结算单的，鉴定机构将其价款予以单独计算并单独汇总列出，供仲裁庭选用。

5. 单价按照合同量单所列人民币部分相应单价计算，量单单价缺失的，按市场价计入，同时将采用第三方合同单价的计价结果单独列出，供仲裁庭选用。

6. 合同量单中约定 R 国货币单价的，按照合同载明汇率（1 人民币 = 3.254R 国货币）换算成人民币单价计入。

7. 对于与合同清单中 R 国货币部分不同的 R 国货币项目，按照第三方合同清单载明的工程量和 R 国货币单价，按照第三方合同载明的汇率（1 人民币 =4.25R 国货币）换算成人民币计入。

8. 对于可以确定属于合同项下工作内容，但无法从合同量单获知对应单价或价款的，被申请人也未提供签证单或结算文件的，按照第三方合同载明金额计入。

（七）申请人对鉴定报告的意见

申请人基本认可 2021 年 8 月《工程造价鉴定意见书》的意见与结论，仅补充差旅补助费用明细及相应证明文件，涉及差旅费金额总计人民币约 300 万元。

申请人认为，《庭审安排回复》第 1 版所依据的鉴定材料是被申请人的单方文件，对其合法性、真实性和关联性不予认可，被申请人提交的鉴定材料和证据文件混淆了工程计价项目，除第 2 类之外的其他 7 类鉴定项均属于业主可支付的 R 国货币部分项目，不应作为申请人已完成工程量的扣减项，同时依据被申请人的单方文件也能证明申请人已完成大部分工程项目，文件中存在与申请人已完工项目大量冲突的情况。

申请人在 2022 年 12 月核对会议中表示不认可被申请人主张和提交的补充签证单等材料，也不认可后续鉴定机构出具的后续核对结果。

（八）被申请人对鉴定报告的意见

1. 关于《工程造价鉴定意见书》

被申请人认为，2021年8月《工程造价鉴定意见书》的鉴定范围、鉴定方法、鉴定依据和鉴定意见均存在错误，具体如下：

（1）鉴定范围不应仅限人民币部分，与委托鉴定范围不符。

（2）鉴定机构采用"反向扣减法"得出鉴定范围1于法无据，在本案中也不合理，将举证义务全部转移至被申请人，应采用"正向比例法"对鉴定范围1重新鉴定。

（3）不应以工程量清单（Bill of Quantities，BOQ）不平衡报价为取费标准，而应以《7月会议纪要》所载结算标准为取费标准。

（4）鉴定中存在明显的双标认定、计算错误。

（5）由于本合同为固定总价合同，鉴定范围2的合同外增量部分的认定，应以申请人举证证明相应费用由业主或被申请人原因造成，或该费用已由业主或总包明确认可为前提。

2. 关于前两版《庭审安排回复》

被申请人不认可《庭审安排回复》中的鉴定方法、分类方案与鉴定意见，认为其存在逻辑错误，采用工程量（僵化比对措辞以确定是否可对应至BOQ项目，且以BOQ工程量为限）×BOQ单价的鉴定方法，背离了固定总价合同的实质，忽略了项目的实际履行情况，同时存在大量漏记、少记工程量的问题。被申请人第2项反请求金额应按照与第三方的实际结算金额计算。

鉴定机构不应将项目工程量直接等同于《分包合同》的BOQ工程量，不应以BOQ载明的工程项目及对应工程量为限来统计工程量。在申请人未举证证明业主认可变更索赔的情况下，项目下全部工程量均属申请人的工作范围，既包括BOQ列明的工程项目及对应工程量，也包括未在BOQ列明或超出BOQ所示工程量的工程量。

鉴定机构明显忽略了双方均认可BOQ系"早收款"模式的不平衡报价的

客观事实,即 BOQ 的 R 国货币计价项目的单价严重低于实际单价,也未充分考虑双方合意以 2016 年 7 月会议纪要尽量校正不平衡报价的客观事实,采用严重折价的 BOQ 的 R 国货币单价作为取费标准,实质将固定总价合同异化为固定单价合同,严重低估了第三方替代履行工程量的价格,应以 2016 年 7 月会议纪要下涵盖的所有工程量作为人民币总价约 1.2 亿元对应的工程量总量。

被申请人称,项目履行过程中,各方就同一工程量在不同文件中所使用的分类和措辞存在不一致的情况,至少存在 4 种有所差异的标准和措辞,僵化对比措辞导致大量应直接认定为第 1 类和第 2 类金额的工程量未予认定。以低压架线(含低压拆旧)工作为例:

(1)BOQ 中约定为大项“低压安装”,包含两个小项“移除低压老旧线路”和“低压集束电缆架线”。

(2)2016 年 7 月会议纪要中约定为进度款 -12“低压台区架空导线完成”,实际包含低压拆旧和低压架线,因为承包商完成低压架空导线的前提是完成拆旧。

(3)被申请人与两家不同的第三方所签订的合同中,将低压架线和低压拆旧分别归类在了不同的项目中,措辞包括“低压台区剩余主体工作和带电调试”“台区整改入户及转负荷调试”“低压老旧线路拆除”等。

(4)被申请人与不同的第三方最终结算时,或统一表述为“低压/拆旧”,按进度款结算,或分别纳入“台区整改入户及转负荷调试”和“低压老旧线路拆除”项目中,以台区为单位统一计价结算或按公里数计价。

关于漏记、少记工程量问题,被申请人举例称:对于“电缆中间及终端接头安装”项目,《工程造价鉴定意见书》载明,“关于施工协议清单中的‘终端电缆的接头’,因被申请人提交的签证单未涉及该事项,故鉴定机构无法计算”。然而,被申请人提交的中国 D 公司替代履行签证单中明确载有“电缆中间及终端接头安装”项目完工工程量,属于漏记。再比如鉴定机构统计的路灯数量为 1600 余个,但被申请人统计的路灯安装数量至少为约 2300 个,存在少记情况。

3. 关于《庭审安排回复》第3版

被申请人于2023年1月出具对《庭审安排回复》第3版的意见，认为本版回复修正了部分此前漏记、少记工程量的错误，但仍存在僵化比对措辞、分类错误、计算错误等问题，且第三部分也未全部采用第三方合同单价，大量工程量仍适用了具有严重缺陷的已标价工程量清单单价。

二、仲裁庭意见

（一）本案合同的效力

本案合同的适用法律为中国法。被申请人将《主合同》中的工作内容全部分包给申请人实施，虽然《建筑法》明确禁止承包单位将其承包的全部建筑工程转包给他人，但该法律的适用范围为中华人民共和国境内的建筑活动。本项目位于境外，对境内建筑市场秩序不构成影响，因此《建筑法》不适用本案合同。2017年《对外承包工程管理条例》第10条规定，分包单位不得将工程转包或再分包，亦不涉及本案争议。

仲裁庭认为，本案合同是当事人的真实意思表示，且不违反中国法律和行政法规中的强制性规定，应认定为合法有效，仲裁庭将在此基础上对申请人的仲裁请求和被申请人的仲裁反请求是否存在事实依据、合同依据和法律依据进行评判。

（二）关于反请求是否已超过提出时限与诉讼时效问题

1. 反请求提交时限

申请人提出，根据2015年版贸仲《仲裁规则》第16条第1款的规定，“被申请人如有反请求，应自收到仲裁通知后45天内以书面形式提交”，申请人于2018年8月提交仲裁申请，被申请人于2021年9月才提出仲裁反请求，也未提出任何正当理由请求延长提交反请求的期限，严重违反2015年版贸仲《仲裁规则》的程序要求。

2015年版贸仲《仲裁规则》第16条第1款同时规定,"被申请人确有正当理由请求延长提交反请求期限的,由仲裁庭决定是否延长反请求期限",第16条第5款规定,"仲裁庭有权决定是否接受逾期提交的反请求和反请求答辩书"。

本案中,反请求的主要金额为《分包合同》终止后,被申请人聘请第三方代为履行合同而支付的设备材料采购款与工程款等费用,被申请人称相应工作内容均是《分包合同》范围内申请人未完成的工作,考虑到本案本请求中,申请人主张的合同范围内未支付工程款的计算方式采用的是"反向扣减法",需要先确定合同范围内未完成的工作对应的合同价格,再从合同固定总价中扣除。因此,反请求金额与本请求金额的确定紧密相关,且双方均已同意由鉴定机构对此部分金额进行鉴定,为全面查清案件事实,及时定分止争,仲裁庭认为,有必要接受被申请人逾期提交的反请求。

2. 诉讼时效问题

申请人主张,本案所涉项目的时间跨度为2014年9月至2018年1月,被申请人在2021年9月方提出反请求,已超过3年法定诉讼时效。

本案中,反请求所主张的主要费用为《分包合同》终止后,被申请人另行组织第三方施工期间发生的费用,相关费用的发生时间一直持续到反请求提出之日。因此,诉讼时效的起算时间不应从《分包合同》终止之日起算,而应该从反请求所主张的相关费用实际发生之日起算。

经仲裁庭核实,仲裁反请求中的第1项费用,被申请人代申请人向第三方支付的设备材料采购款人民币23万余元,实际发生于2017年1月,已超过诉讼时效,但不影响在计算合同范围内的欠付工程款时,将其作为扣除项,从固定总价合同金额中扣除。仲裁反请求中的第2~4项费用请求,属于《分包合同》终止后持续发生的费用,未超过法定诉讼时效。

（三）关于本案的焦点问题

1. 被申请人是否存在合同范围内的欠付工程款

申请人对第 1 项仲裁申请的计算方法为：合同人民币部分的固定总价人民币约 1.2 亿元－未履行工程量人民币约 6 万元－未供货的起重机款项人民币约 150 万元－被申请人已支付款项人民币 9000 余万元－部分未履行备件（约 50 万元）＝人民币约 2600 万元。

综合考虑本案实际情况，仲裁庭对采用“反向扣减法”计算申请人已履行的合同范围内工程款的方式表示认可。对上述计算公式，双方的争议焦点为未履行工程量的对应价格。申请人提供的未履行工程量（对应价格为人民币约 6 万元）的相关证据属于申请人单方统计的表格，且没有其他证据进行佐证，仲裁庭不予采信。

被申请人进一步确认，由合同固定总价减去反请求中第三方替代履行的合同范围内的未完工程费用（以下简称第三方替代履行费用），等于申请人的已完工程费用。双方同意由鉴定机构对第三方替代履行费用结合合同具体工作范围和 BOQ 进行造价鉴定，用于确定固定总价中的扣减项。

对于鉴定机构《庭审安排回复》中采用的计量原则与计价方法，仲裁庭认为：

（1）原则上认可《庭审安排回复》中采用的计量原则，即被申请人相关证据载明的工程量小于或等于本案合同量单中对应项目工程量时，按被申请人相关证据载明的工程量计入，被申请人相关证据载明的工程量大于合同量单对应工程量时，按合同量单对应工程量计入。

（2）对于 2022 年 12 月被申请人补充提交的签证单，由于已经超出本案证据提交时限，且未经过庭审质证程序，仲裁庭不予采信。

（3）对于被申请人既提交了第三方合同签证单又提交了最终结算单的，仲裁庭认为，应该按照最终结算单载明的工程量计入。

（4）对于第三方替代履行工程部分应适用的合同单价，鉴于双方均认可原始合同量单存在不平衡报价问题,但未对具体的不平衡项目和不平衡程度达成一致,考虑第三方合同采用的单价是相应未完工程实际发生的费用单价,其价格更客观、真实,仲裁庭认为,可以使用第三方合同单价作为未完工程的计价标准。

(5)对于可以确定属于本案合同清单项目或主合同约定工作内容,但第三方合同签证单所列工程量超出本案合同量单所列工程量的部分,基于本项目为固定总价合同的性质,量单中的工程量仅供参考,实际工程量大于量单工程量的,相应工程项目仍应按照约定合同价格结算。如果完全据实统计工程量,最终合同价格很可能超出约定的合同固定总价,第三方替代履行部分的价格将不合理压缩申请人已完工部分的合同价格。因此,对第三方合同签证单所列工程量超出合同量单所列工程量的部分,仲裁庭不予计算。

(6)对于被申请人仅提供了第三方合同,但未提供相应签证单或最终结算文件的,由于仅凭合同无法证明相应费用的实际发生,仲裁庭对这部分费用不予计算。

基于以上认定原则,对鉴定机构在 2023 年 1 月《庭审安排回复》第三部分所列备选鉴定金额得出的 8 类鉴定结果,仲裁庭分类陈述意见如下:

第 1 类"与本案合同清单人民币部分有关的项目"鉴定金额中的第(1)项鉴定金额人民币 21 万余元和第(4)项鉴定金额人民币约 554 万元应予以确认,对应金额总计人民币约 575 万元。

第 2 类"与被申请人主张的《2016 年 7 月高层会议纪要》中约定 R 国货币转为人民币有关的项目"鉴定金额中的第(1)项鉴定金额人民币约 11 万元和第(4)项鉴定金额人民币约 551 万元应予以确认,对应金额总计人民币 561 万余元。

第 3 类"除上述第 2 类情形(R 国货币转人民币项目)以外的与本案合同清单中 R 国货币部分相同的 R 国货币项目"鉴定金额人民币约 191 万元应予以确认。

第4类“除上述第2类情形以外的与本案合同清单中R国货币部分不同的R国货币项目”鉴定金额人民币约249万元应予以确认。

第5类“基于现有鉴定材料无法判断是否属于申请人应当完成但实际未完成的项目”，由于现有证据无法证明其是否属于合同范围内的工作，对相应鉴定金额不予确认。

第6类“可以确定属于本案合同清单的部分工作内容，但无法从合同清单中获知相关工作内容对应的合同价款”，由于被申请人未提供相应签证单或最终结算文件，相关鉴定金额均依据第三方合同约定得出，被申请人未能证明相关费用已经实际发生，故对相应鉴定金额不予确认。

第7类“可以确定属于本案合同清单项目，但被申请人主张的第三方合同对应签证单所列工程量超出本案合同清单所列工程量”，基于上文已经阐述的认定原则，对相应鉴定金额不予确认。

第8类“可以确定不属于本案合同清单所列项目，但属于本案工程主合同约定的工作内容”，相应鉴定金额人民币约335万元应予以确认。

此外，仲裁庭查阅证据时发现，被申请人证据2为双方在2017年1月签署的会议纪要，其中列明：“由于设计变更，现场施工附件数量远远不能满足现有施工的需要，中国A设备进出口公司没有按时采购，中国B控股集团公司组织了采购（金额为27万余元，不含运费），中国A设备进出口公司认可，中国B控股集团公司向中国A设备进出口公司提供采购合同和运输合同。”申请人在第一次开庭时对证据2的真实性表示认可。被申请人证据55为被申请人与中国D电气公司签署的两份购销合同和相应银行付款凭证、发票，其中，第一份购销合同签署于2016年12月，金额为人民币27万余元；第二份购销合同是对第一份购销合同的变更，签署于2017年1月，合同金额调整为人民币23万余元。虽然申请人并不认可证据55的真实性，但两份合同的内容、金额、日期等细节可以与证据2互相印证，两份购销合同表明，被申请人于2017年1月向中国D电气公司支付了人民币23万余元，用于购买申请人未能及时采购的现场施工附件，申请人在被申请人证据2会议纪要中对被申请人的代为采购行为表示认可。相关证据与第三方合同未纳入鉴定机构鉴定范围。仲裁庭认为，相应人民币23万余元采购款应作为申请人的未完成工作从固定总价合同金额中予以扣除。

综上所述，仲裁庭认为，第1类和第2类中的部分鉴定金额，以及第3类、第4类和第8类鉴定金额应计入第三方替代履行费用，总计人民币1910万余元（约575万元+561万余元+约191万元+约249万元+约335万元=1910万余元）。按照申请人主张的计算公式，合同范围内的欠付工程款应为：合同人民币部分的固定总价约1.2亿元-未履行工程量1910万余元-未供货的起重机款项约150万元-被申请人已支付款项9000余万元-部分申请人已认可的未履行备件（约50万元）-被申请人代为采购款23万余元=人民币约661万元。

2.被申请人是否存在合同范围外的欠付工程款

申请人主张了12项合同范围外的费用，合计人民币约1100万元。被申请人认为应当全部驳回。

鉴定机构出具确定性鉴定意见人民币约70万元，选择性鉴定意见人民币约390万元。

仲裁庭认为，应当按照以下原则确定合同范围外的变更以及相应的欠付工程款金额：

案涉合同为固定总价合同，工程量清单仅供参考，对有业主变更审批或有案件双方合意（如2017年10月补充协议书中合意的增补项），且有签证单或支付凭证的工程增量，可以认定构成合同范围外的变更；对仅比对合同量单数量和签证单数量得出的差额，不认定构成变更。

具体如下：

（1）第1项电线杆立杆费用，申请人主张金额为人民币约40万元，被申请人主张金额为0元，经鉴定机构和仲裁庭核实，根据申请人证据统计出的“标准杆立杆”数量并未超出合同量单数量，不存在合同外增加的情况，仲裁庭对此部分费用不予认可。

（2）第2项混凝土浇筑施工费用，申请人主张金额为人民币约404万元，被申请人主张金额为0元，鉴定机构根据双方共同认可的签证单，出具确定性鉴定意见人民币5万余元，选择性鉴定意见人民币7万余元。申请人未就此项工作提供业主变更审批文件或证明案件双方达成变更合意的文件，且在证据中提供了部分签证单，鉴定意见的出具主要基于比对签证单工作量和合同量单数量的差异得出，考虑本案合同为固定总价合同，量单数量仅供参考的原则，申请人未能证明上述数量差异构成合同范围外的变更，仲裁庭对此项费用不予采纳。

（3）第3项混凝土材料采购费用，申请人主张金额为人民币约16万元，被申请人主张金额为0元，鉴定机构认为无法核实是否存在合同外增量，也无法核实申请人主张单价的准确性，并基于申请人主张直接出具选择性鉴定意见人民币约16万元。仲裁庭认为，申请人现有证据无法证明相应费用为合同外变更费用，故对此项费用不予采纳。

（4）第4项电杆采购费用，申请人主张金额为人民币11万余元，被申请人主张金额为0元，申请人对此项费用提供的证据为4份工厂验收相关函件，用于证明电杆实际供货数量，鉴定机构将申请人主张的人民币11万余元列为选择性意见。考虑本案合同为固定总价合同，量单数量仅供参考的原则，仲裁庭对此项费用不予采纳。

（5）第5项物料和路权事宜垫付费用，申请人主张金额人民币13万余元，并提供了证据《补充合同协议书》，根据申请人与被申请人于2017年10月签署的《补充合同协议书》，物料及路权垫付费用由双方各自承担一半，被申请人应向申请人支付人民币12万余元（不含税），税率按6%计算。鉴定机构就本项出具确定性鉴定意见13万余元。被申请人认可上述金额，但主张根据被申请人证据，该笔费用已支付完毕，该证据为被申请人在《分包合同》终止后与申请人的分包商中国E公司于2018年5月签署的《代付协议》，其中明确，被申请人同意向中国E公司支付人工立杆费用及中国E公司为申请人垫付的费用总计人民币122万余元，协议附件的《邮电垫资说明》中包含“中压路径上砍伐村民树木赔偿金垫付”“PE管”“原有市政路灯线破损，我司垫付费用”等项目，被申请人同时提供了相关费用的发票与银行付款回单。申请人未提供进一步的反驳性证据。仲裁庭认为，上述证据可以初步证明，申请人主张的本项物料和路权事宜垫付费用已由被申请人支付完毕，不应再作为合同外增量费用计算。

(6)第6项特种电杆采购费用，申请人主张金额为人民币62万余元，鉴定机构基于申请人主张出具选择性鉴定意见人民币62万余元。申请人提供了证据，用于证明电杆供货为业主变更要求。经查阅合同量单，量单中未约定此种电杆；同时，申请人证据《补充合同协议书》中亦就电杆的运输和人工立杆费用单价进行了约定，证明双方在合同履行过程中均认可电杆的使用属于合同外的增项。被申请人提出，应按《2016年7月高层会议纪要》就本项费用由双方各自承担一半。经查阅该会议纪要，双方就涉及电杆事项同意由双方各自承担一半对应的工作内容为第3项“电杆商务变更”和第4项“电杆基础商务变更”，该两项内容实际为电杆厂要求提高中压杆单价和混凝土浇筑尺寸优化设计所产生的变更，不涉及本项特种电杆采购费用，因此该笔费用不应适用会议纪要约定由双方各自承担一半的原则。仲裁庭对鉴定机构计算的人民币62万余元予以确认。

(7)第7项人工立杆施工及运输费用，申请人主张金额为人民币约49万元，申请人证据《补充合同协议书》中明确约定人工立杆的施工费用为增补项，由双方各自承担一半，且约定了立杆单价与运输单价。被申请人主张，其与中国E公司签署《代付协议》后已直接向中国E公司代为支付人工立杆费用，经查《代付协议》，其附件2中包含人工立杆费用人民币86万余元，已超过申请人主张的本项金额，且被申请人已提供相应付款凭证。仲裁庭对被申请人上述证据予以采信，对申请人本项费用主张不予支持。

(8)第8项邮电工程索赔款，申请人主张金额为人民币319万余元，并提供了证据，为中国E公司《关于双方合同终止事宜通知函的回复》，其中载明第4项工程索赔款为人民币319万余元，并附上了索赔明细。鉴定机构认为本项金额无法计算或核实。经仲裁庭查阅证据，被申请人提供的证据（与中国E公司签署的《代付协议》）中也涉及该笔金额，其名称为申请人应向中国E公司支付的违约赔偿金，且具体金额一致。被申请人与中国E公司在《代付协议》中约定，如果仲裁机构裁决或法院判决支持中国E公司该笔请求金额，申请人在法定期限内拒不支付，且中国E公司在申请强制执行后仍未得到支付的，被申请人将在收到相关证明文件后的3个月内，将其对申请人应付未付款项中的对应金额向中国E公司支付。被申请人的上述证据可以佐证，中国E公司确实向申请人提出了人民币319万余元的索赔主张，但申请人未能有效证明，相关索赔事项均应由被申请人承担，也未能证明，中国E公司的相应索赔金额已经得到了法院或仲裁机构的支持。故，仲裁庭对本项费用主张不予支持。

（9）第9项设计图纸变更费用，申请人主张金额为人民币25万余元，累计增加线路测量踏勘30余公里，并提供了证据（设计变更明细表及图纸）。鉴定机构认为属于无法计算项目。经查阅相关证据，申请人提供的证据为其单方统计的变更明细表和其主张的变更后的图纸，既无业主审批或案件双方合意，也无原始图纸对比，仲裁庭对本项费用主张不予支持。

（10）第10项差旅补助费用，申请人主张金额为人民币约200万元，涉及现场管理人员4人，并向仲裁庭提供了证据35（改造项目告知函），以及现场管理人员的周会记录和其中一名员工自然人F的离境记录。证据35为申请人向被申请人发出的单方索赔函，考虑申请人仅提供了一名员工的离境记录，未提交与实际支付差旅补助费用相关的证明材料，且当事人双方对项目延期的责任归属存在较大争议，鉴定机构出具选择性鉴定意见约200万元。仲裁庭认为，申请人既未提交能够证明相关差旅补助费用实际支付的任何证据，也未有效证明相应费用应由被申请人承担，故仲裁庭对本项费用主张不予认可。

（11）第11项运输过程中滞港滞箱费用，申请人主张金额为98万余元，并提供了证据(滞港滞箱费用明细、海运公司及港口出具索赔发票),该证据只能证明发生了相应的滞港滞箱费用,但不能证明滞港滞箱由被申请人责任造成;同时,《分包合同》约定,申请人以被申请人名义办理出口报关及退税等工作,报关的实质性事务由申请人全权负责,故仲裁庭对本项费用主张不予支持。

(12)第12项箱变维修费用,申请人主张金额为人民币2万余元,并提供了证据37(货物运输保险单一份、保险调查报告一份、损失确认书一份、箱变产品维修发票及维修人员机票各一份)。申请人称,运输过程中箱变产品发生货损,申请人协调箱变厂家到项目现场进行了维修,并实际支付了维修费用和机票费用,后申请人以被申请人名义向保险公司提出索赔,保险公司将箱变维修费用及机票费用人民币2万余元赔付给了被申请人。鉴定机构对本项费用出具确定性鉴定意见人民币2万余元。被申请人在庭审中对证据37的合法性、客观性和关联性予以认可,但主张由于尚未与业主结算完毕,索赔条件未成就。仲裁庭认为,该笔费用已由保险公司理赔并由被申请人收取,与业主结算无关,且申请人在理赔前进行了代为支付,被申请人亦认可相关事实,被申请人理应将相应理赔费用支付给申请人。仲裁庭对申请人本项费用主张予以确认。

综上所述,仲裁庭认为,申请人主张的上述第6项和第12项费用,总计人民币约65万元(62万余元+2万余元=约65万元)应当由被申请人承担。

3. 关于项目违约责任

(1)项目延误的责任归属

申请人认为,项目延期完全是由业主(电力中断、路权问题、设计变更、延期付款等)和被申请人(沟通协调不力、延期付款等)原因导致的,相关责任应由业主和被申请人承担,被申请人长期违反合同义务,且恶意单方终止合同。

被申请人认为,由于申请人的现场人员配置不足、严重缺乏管理能力与施工计划、对分包管理失控等原因,造成工期严重滞后,且长时间大面积停工、虚报履约进度、施工质量存在严重缺陷,被申请人依法终止合同。

双方为证明项目延期和违约责任归属于对方而提交的证据主要是履约过程中业主、申请人与被申请人之间的大量往来信函,以及申请人与被申请人之间就少量争议项目达成的补充协议。

经查阅上述证据,再结合案涉合同终止后多年项目仍未完工,且业主并未向被申请人主张误期罚款、质量罚款和其他赔偿责任的实际情况,可以初步认定,合同约定的原始工期客观上过短,且履约过程中存在业主设计变更、路权问题、停电问题、外部人员机构干扰、申请人停工、延期付款、现场管理人员不足等多项问题。但这些往来信函只能体现出业主、申请人与被申请人对延误事由各执一词、互相指责。申请人与被申请人均没有对各个因素或问题对项目延误造成影响的具体程度和导致的具体延误时间、责任主次与大小进行客观的分析与证明。

申请人进一步主张,被申请人曾多次致函业主,要求解决因业主问题导致的误工事宜,可以证明被申请人充分知晓并确认业主应承担工期延误的主要责任。被申请人主张,本项目由被申请人完全分包给申请人,申请人对外以被申请人名义履约,相关函件是申请人以被申请人名义发出的。仲裁庭认为,项目履约过程中,在面对业主时,申请人与被申请人的利益是相对一致的,向业主提交索赔申请并陈述索赔事由符合申请人和被申请人双方的利益。因此,被申请人的索赔函件中虽然有项目延误由业主原因导致的表述,仍然不改变相应函件属于单方函件的性质,不具有客观证明力。

综上,仲裁庭认为,申请人与被申请人均未能充分证明项目延误的实际责任归属,原则上应当由提出延误主张的一方承担相应的举证不力后果。

(2)合同提前终止的合法性

《分包合同》约定,工期严重滞后并经多次警告后,甲方(被申请人)认为无明显改进的,或甲方认为如不及时采取措施将对甲方造成严重损失的,甲方有权终止合同。经仲裁庭查实,本项目原定完工时间为2015年10月,但截至2018年1月项目仍未完工,工期延误严重,其间业主和被申请人均曾多次发出警告函,但由于多种原因,项目延误情况并未得到有效改善,仲裁庭认为,被申请人有权提前终止《分包合同》。

4. 申请人是否应当承担第三方替代履行产生的各项费用

被申请人在答辩及反请求中主张,由申请人承担《分包合同》履行期间,被申请人代为向第三方支付的设备材料采购款,和《分包合同》终止后,被申请人代申请人履行合同义务而向第三方支付的设备材料采购款、勘测设计服务款、工程施工款和运行维护费等费用。

结合仲裁庭意见第(三)部分第1条被申请人是否存在合同范围内的欠付工程款的相应分析,仲裁庭对第三方替代履行费用人民币1910万余元予以确认,相应费用应由申请人承担,并从固定总价合同中扣除。

5. 申请人是否应当承担被申请人额外承担的日常运营费用

被申请人在反请求中提出,由申请人承担被申请人在《分包合同》终止后额外承担的日常运营费用人民币1400万余元(暂计至2021年6月某日,最终计至项目实际运行验收日)。

经仲裁庭查实,项目原定工期为300余天,《分包合同》自2014年9月签约,至2018年1月终止,历时超过3年未能完工。自《分包合同》终止,被申请人另行组织施工,至2022年4月本案第二次开庭时,项目历时超过4年仍未能完工,总体工期已近8年。被申请人未能充分举证证明原始工期延误的主要责任在申请人,也未能证明被申请人在合同终止后超过4年的履行过程中产生的额外运营费用完全由申请人责任导致,应当承担举证不力的后果。仲裁庭对被申请人反请求中要求申请人承担额外日常运营费用的主张不予支持。

6. 关于申请人履约保函原件的退还问题

申请人主张,被申请人应立即退还申请人开具的1400万余元履约保函原件。

鉴于《分包合同》已提前终止,申请人提交的履约保函也早已到期失效,仲裁庭认为,在全面解决项目结算与索赔争议的同时,被申请人应当向申请人返还履约保函原件。

7. 保函延期成本与费用损失

被申请人主张，申请人应当承担被申请人额外承担的主合同下保函延期的成本与费用损失。保函延期的主要原因是项目延期，如前文所述，被申请人未能充分证明，申请人是导致项目延期的主要责任方，仲裁庭对本项仲裁反请求不予支持。

8. 关于申请人主张的延迟付款利息

综合当事人的仲裁请求与反请求，本案中被申请人欠付的合同范围内工程款和合同范围外增加工程部分的工程款总计本金为人民币725万余元。

本案申请人提起仲裁的时间为2018年8月，根据当时尚在有效期内的最高人民法院《关于审理建设工程施工合同纠纷案件适用法律问题的解释》（已失效，法释〔2004〕14号）第17条的规定，当事人对欠付工程价款利息计付标准有约定的，按照约定处理；没有约定的，按照中国人民银行发布的同期同类贷款利率计息。自2019年8月20日起，中国人民银行已授权全国银行间同业拆借中心每月公布贷款市场报价利率（LPR）。

申请人在仲裁请求中主张，以被申请人欠付工程款为基数，按中国人民银行同期贷款利率上浮50%计算罚息利率损失，自2018年3月15日开始计算，实际损失计算至被申请人实际结算给付之日。上述罚息利率缺乏法律依据，仲裁庭不予采纳。经查阅《分包合同》，合同未对欠付工程款利息进行约定，也未约定合同提前终止情况下的付款时间。按照上述司法解释，应将建设工程实际交付日视为应付款时间。经仲裁庭查实，被申请人于2018年1月底向申请人发函终止合同，双方于2018年2～3月进行了工程场地与相关资料的移交，但均未提交证据证明工程的实际交付日，申请人主张自2018年3月15日开始计算延期付款利息具有合理性，仲裁庭予以采纳。

综上所述，被申请人应向申请人支付以欠付工程款本金人民币725万余元为基数，自2018年3月15日至2019年8月19日按照中国人民银行发布的同期同类贷款利率计算的利息;并自 2019 年 8 月 20 日起,按照中国人民银行已授权全国银行间同业拆借中心每月公布贷款市场报价利率(LPR)支付至实际付清之日止。

9. 仲裁费、鉴定费与律师费用承担问题

根据本案审理的情况及 2015 年版贸仲《仲裁规则》第 52 条的规定,仲裁庭认为,申请人应向被申请人支付律师费 15 万元。

本案本请求仲裁费应由申请人承担 80%,被申请人承担 20%;反请求仲裁费应由被申请人承担。鉴定费由申请人与被申请人各承担 50%。

三、裁　决

综上,经合议,仲裁庭裁决如下:

1. 被申请人向申请人支付合同款人民币 725 万余元。

2. 被申请人应向申请人支付以欠付合同款本金人民币 725 万余元为基数,自 2018 年 3 月 15 日至 2019 年 8 月 19 日按照中国人民银行发布的同期同类贷款利率计算的利息;并自 2019 年 8 月 20 日起,按照中国人民银行已授权全国银行间同业拆借中心公布的同期一年期贷款市场报价利率(LPR)支付至实际付清之日止。

3. 被申请人退还申请人开具的人民币 1400 万余元履约保函原件。

4. 申请人承担被申请人支付的律师费用人民币 15 万元。

5. 本案本请求仲裁费由申请人承担 80%,被申请人承担 20%;本请求仲裁费已与申请人预缴的等额仲裁预付金全额冲抵,故被申请人应向申请人支付相应费用以补偿申请人代为垫付的仲裁费。

6. 本案反请求仲裁费由被申请人承担,并已与被申请人预缴的等额仲裁预付金全额冲抵。

7. 驳回申请人和被申请人的其他仲裁请求。

8.本案鉴定费用由双方各自承担50%。本案鉴定费用已与申请人预缴的鉴定费用全额冲抵,故被申请人还应向申请人支付相应费用以补偿申请人代为垫付的鉴定费。

上述各项,双方应自本裁决作出之日起15日内向对方履行完毕。

本裁决为终局裁决,自作出之日起生效。

案例评析

【关键词】

境外工程转包　固定总价　造价鉴定　工期延误

【焦点问题】

境外转包合同的法律效力;如何认定固定总价合同项下是否存在欠付工程款;如何认定项目工期延误的责任归属。

【焦点评析】

本案的基本案情:2014年7月,被申请人与项目业主签订R国某城配网新建和改造项目的设计、采购和安装总承包合同(《主合同》)。2014年9月,申请人与被申请人签订《分包合同》,根据上述合同,被申请人将《主合同》范围内的全部设计、采购和安装工作分包给申请人实施。《分包合同》约定了合同固定总价的具体金额、工期与质保期,供货范围、进度计划及保函格式均执行《主合同》。受众多因素影响,项目执行近3年时间一直未完工,被申请人于2018年1月向申请人发函通知终止合同,双方就分包合同结算支付、项目延期责任、代为履行合同费用等问题产生争议。

现结合本案案情评述如下:

一、境外转包合同的法律效力

本案合同的适用法律为中国法。被申请人将《主合同》中的工作内容全部分包给申请人实施,虽然《建筑法》明确禁止承包单位将其承包的全部建筑工程转包给他人,但该法律的适用范围为中华人民共和国境内的建筑活动。本项目位于境外,对境内建筑市场秩序不构成影响,因此《建筑法》不适用本案合同。《对外承包工程管理条例》第10条规定,分包单位不得将工程转包或再分包,亦不涉及本案争议。本案合同是当事人的真实意思表示,且不违反中国法律和行政法规中的强制性规定,应认定为合法有效。

二、如何认定固定总价合同项下是否存在欠付工程款

1. 固定总价合同项下的造价鉴定考量。

案涉合同为固定总价合同,双方均提交了大量的付款申请、付款凭证、签证统计表,以及与结算有关的往来函件与会议纪要等文件,需要对双方结算争议进行造价鉴定。鉴定前,仲裁庭考虑鉴定包含以下内容:

(1)对于实际完成的合同内工程价款,包括申请人提供的设备和货物价值、申请人及其他项目关联方施工内容部分工程等。

(2)对于实际完成的超出合同外的工程价款,包括固定价合同之外的设计变更、工程洽商、签证及超出固定价合同之外的其他费用等。

(3)关于工期延误责任及工期延误和合同终止引起的费用,包括工期延误和合同终止导致的管理成本增加、"窝工"、周转材料租赁、机械设备台班、提前退场等相关费用。

(4)关于合同终止滞留现场材料、机械设备、临时设施及其他费用,包括用于投入工程的无法周转和运回国的现场材料设备、施工机械、临时设施等费用。

(5)其他相关费用,包括原约定在固定合同价中的提供现场汽车、业主方招待费用及为本项目开展所发生的其他关联费用。

考虑合同存在不平衡报价问题,需要对申请人已完工程量与被申请人提出的合同范围内未完成的工程量同时进行鉴定。之后由于被申请人提交了反请求,所以同时需要对其与第三方签署的合同项下工程量进行鉴定。

2. 对于采用固定总价合同的项目进行造价鉴定时,如果实际施工人完成的合同比例较多,或正向计算已完成的部分缺乏足够的图纸与材料,原则上可通过反向扣减法来计算未完成的部分;如果实际施工人完成的合同比例较小,就通过正向计算已完成的部分。本案情况属于前者,故鉴定机构采用反向扣减

法，先计算未履行工程部分的价格，再从固定总价中扣除。双方的争议焦点为未履行工程量的对应价格，并同意由鉴定机构对第三方替代履行费用结合合同具体工作范围和工程量清单进行造价鉴定，用于确定未履行工程价格，作为固定总价中的扣减项。

3. 相关费用的认定原则包括：

（1）被申请人相关证据载明的工程量小于或等于本案合同量单中对应项目工程量时，按被申请人相关证据载明的工程量计入，被申请人相关证据载明的工程量大于合同量单对应工程量时，按合同量单对应工程量计入。

（2）对于被申请人既提交了第三方合同签证单又提交了最终结算单的按照最终结算单载明的工程量计入。

（3）对于第三方替代履行工程部分应适用的合同单价，鉴于双方均认可原始合同量单存在不平衡报价问题，但未对具体的不平衡项目和不平衡程度达成一致，考虑第三方合同采用的单价是相应未完工程实际发生的费用单价，其价格更客观、真实，可以使用第三方合同单价作为未完工程的计价标准。

（4）对于可以确定属于本案合同清单项目或主合同约定工作内容，但第三方合同签证单所列工程量超出本案合同量单所列工程量的部分，基于本项目为固定总价合同的性质，量单中的工程量仅供参考，实际工程量大于量单工程量的，相应工程项目仍应按照约定合同价格结算。如果完全据实统计工程量，最终合同价格很可能超出约定的合同固定总价，第三方替代履行部分的价格将不合理压缩申请人已完工部分的合同价格。因此，对第三方合同签证单所列工程量超出合同量单所列工程量的部分不予计算。

（5）对于被申请人仅提供了第三方合同，但未提供相应签证单或最终结算文件的，由于仅凭合同无法证明相应费用的实际发生，对这部分费用不予计算。

基于以上认定原则，得出未履行工程价格，再以合同固定总价－未履行工程价格－未供货设备价格－被申请人已支付款项，得出合同范围内的欠付工程款金额。

4. 变更的认定原则。

申请人主张了12项合同范围外的费用。考虑案涉合同为固定总价合同，工程量清单仅供参考。仲裁庭认为，对有业主变更审批或有案件双方合意，且有签证单或支付凭证的工程增量，可以认定构成合同范围外的变更；对仅比对合同量单数量和签证单数量得出的差额，不应认定构成变更。按照上述原则逐一比对，最终仅两项合同范围外的费用得到仲裁庭认可。

三、如何认定项目工期延误的责任归属

申请人认为，项目延期完全是由业主（电力中断、路权问题、设计变更、延期付款等）和被申请人（沟通协调不力、延期付款等）原因导致的，相关责任应由业主和被申请人承担，被申请人长期违反合同义务，且恶意单方终止合同。

被申请人认为，由于申请人的现场人员配置不足、严重缺乏管理能力与施工计划、对分包管理失控等原因，造成工期严重滞后，且长时间大面积停工、虚报履约进度、施工质量存在严重缺陷，被申请人依法终止合同。

双方为证明项目延期和违约责任归属于对方而提交的证据主要是履约过程中业主、申请人与被申请人之间的大量往来信函，以及申请人与被申请人之间就少量争议项目达成的补充协议。

结合案涉合同终止后多年项目仍未完工，且业主并未向被申请人主张误期罚款、质量罚款和其他赔偿责任的实际情况，仲裁意见认为，合同约定的原始工期客观上过短，且履约过程中存在业主设计变更、路权问题、停电问题、外部人员机构干扰、申请人停工、延期付款、现场管理人员不足等多项问题。但双方提供的往来信函只能体现出业主、申请人与被申请人对延误事由各执一词，互相指责。申请人与被申请人均没有对各个因素或问题对项目延误造成影响的具体程度和导致的具体延误时间、责任主次与大小进行客观的分析与证明。

因此，申请人与被申请人均未能充分证明项目延误的实际责任归属，原则上应当由提出延误主张的一方承担相应的举证不力后果。

【结语】

中国企业在境外承包工程后转包他人,并发生争议的情况屡见不鲜。总包商在工程转包后只收取管理费,不参与具体施工,怠于履行项目协调、管理职责,而实际施工人顶着"总包商"的名义施工,自身原本的资质、能力就有所欠缺,比较容易出现履约问题。对簿公堂后,双方面临的法律成本都比较高。建议按照中国和所在国法律法规严格规范境外项目管理模式,切实履行总包管理职责,加强合作方资信调查与动态跟踪,及时化解过程争议,源头防范案件风险。

当事人对具体结算金额,尤其是合同范围外的变更存在争议时,对于固定总价合同来说,由于合同中的工程量清单仅供参考,仅比对合同量单数量和签证单数量得出的差额,难以被法院或仲裁机构认定构成变更,建议在履约过程中严格按照合同约定的程序进行变更索赔,并取得业主书面确认。

工期延误的举证责任,由提出主张的一方承担,需要就双方行为或履约问题对项目关键路径与工期造成影响的具体程度、导致延误的具体时间、责任主次与大小进行客观的分析与证明,必要时可以请工期专家出具意见。仅靠双方互相指责的往来信函,难以有效证明工期责任归属,只能承担举证不力的后果。

A建筑公司与B房地产公司、C房地产公司、D房地产公司、E房地产公司争议仲裁案

中国国际经济贸易仲裁委员会(以下简称贸仲)根据申请人A建筑公司(以下简称申请人)与第一被申请人B房地产公司(以下简称第一被申请人)、第二被申请人C房地产公司(以下简称第二被申请人)、第三被申请人D房地产公司(以下简称第三被申请人)、第四被申请人E房地产公司(以下简称第四被申请人,第一至第四被申请人合称被申请人)于2020年12月签订的《协议书》中仲裁条款的约定,以及申请人于2021年4月向贸仲提交的书面仲裁申请,受理了双方当事人之间因履行上述合同产生的本争议仲裁案。

一、案　　情

(一)申请人的仲裁请求及所依据的事实和理由

申请人最终的仲裁请求如下:

1. 第一被至第四被申请人连带支付欠付申请人的工程款近8.8亿元(本案所涉币种均为人民币,下同);

2. 第一至第四被申请人连带支付欠付申请人的工程款逾期利息,暂计约1500万元;

3. 确认申请人在近 8.8 亿元范围内对承建的 F 项目、G 项目、H 项目和 I 项目享有建设工程价款优先受偿权;

4. 第一至第四被申请人连带支付逾期付款违约金约 5800 万元;

5. 第一至第四被申请人连带支付因违约给申请人造成的利益损失暂计约 4200 万元;

6. 第一至第四被申请人共同并连带承担申请人为本案支付的律师费 200 万元;

7. 本案保全费用由第一至第四被申请人共同并连带承担;

8. 本案仲裁费用由第一至第四被申请人共同并连带承担。

仲裁所依据的事实和理由:

申请人与被申请人分别就 F、G、H、I 4 个项目签订施工总承包合同,由申请人承办上述 4 个项目的施工。目前,上述 4 个项目依据验收合格,并完成竣工验收备案和物业移交。

2020 年 12 月,申请人与被申请人共同签订《协议书》,明确案涉 4 个项目总结算金额为约 29 亿元,截至 2020 年 11 月 10 日已支付货币金额 18 余亿元,已完成签订商品房买卖合同近 2.3 亿元,合计仍应支付申请人工程款近 8.8 亿元。被申请人共同对清偿全部欠付工程款承担连带支付责任。

(二) 被申请人的答辩意见

被申请人与申请人经协商,达成将全部应付款项(包括未到支付期限的质保金)以房屋顶抵的一致意见,并于 2021 年 1 月签订《抵房协议书》,明确约定将应付工程款、应抵房额、质保金等各类款项(以下统称工程款)全部以第二被申请人的房源予以抵顶,即明确了“以房抵顶”的支付方式。申请人应要求被申请人履行签订在后的《抵房协议书》,不应要求以现金方式支付。双方已经在事实上履行了《抵房协议书》,签订了相关的抵房协议,陆续开展了“抵房”工作。同时,因被申请人与申请人在《协议书》中没有产生争议提交仲裁委员会的具体约定,已经提出了管辖权异议。

被申请人同意按《抵房协议书》的约定，继续完成相应以房抵顶的后续工作。

（三）申请人的代理意见的主要内容及对问题单的回复意见

1. 案涉工程已经竣工验收合格、交付，并签订《结算协议》和《协议书》，应当作为结算和支付的依据。

双方于 2020 年 9 月签订《结算协议》，一致认可结算金额为约 29 亿元。之后，2020 年 12 月签订《协议书》，对《结算协议》确定的结算金额约 29 亿元再次进行确认，并对工程款的清偿进行了约定。另外，被申请人在开庭时明确表示，对结算无异议，《结算协议》和《协议书》是双方当事人的真实意思表示，不违反法律、行政法规的强制性规定，合法有效，应当作为结算和支付依据。

2. 根据《协议书》约定，被申请人应付工程款近 8.8 亿元（含质保金近 1.5 亿元），且该等金额已届清偿期，被申请人应予以支付。

案涉工程欠付工程款共计近 8.8 亿元，被申请人对此无异议。除质保金近 1.5 亿元外，剩余 7.3 亿元工程款的清偿期于 2020 年 10 月届满。案涉工程合同约定，结算完成且申请人配合被申请人完成竣工备案、项目移交被申请人委托的物业公司并经验收合格后 1 个月内支付至结算金额的 95%。双方于 2020 年 9 月签订《结算协议》时，案涉工程已经全部验收合格并完成竣工验收备案、且已经全部移交被申请人委托的物业公司。据此，被申请人应当于 2020 年 10 月清偿欠付申请人的工程款约 7.3 亿元。

3. 案涉工程质保金近 1.5 亿元返还期已经于 2020 年 10 月届满，被申请人应当向申请人返还。

（1）根据《建设工程质量保证金管理办法》（建质〔2017〕138 号）第 2 条和第 8 条的规定，质保金的返还与保修期长短无关，只与缺陷责任期长短有关，且缺陷责任期最长不得超过 2 年，缺陷责任期从通过竣工验收之日起计算。涉案工程已经于 2018 年 12 月至 2019 年 12 月陆续通过竣工验收，截至 2021 年 4 月提起仲裁时，均已超过 2 年缺陷责任期，被申请人应当全额返还申请人质保金近1.5亿元。

(2)住建部和原国家工商总局联合制定的2013年版、2017年版《建设工程施工合同(示范文本)》(如1.1.4.4,15.2.2等),以及国家发改委、住建部等九部委联合制定的《标准施工招标文件》(如1.1.4.5,19.1、19.3等),作为行业交易惯例,均有关于缺陷责任期届满后返还质保金的规定,应予严格遵守。根据《民法典》第510条"约定不明时合同内容的确定"的规定,在合同没有约定或者约定不明的情况下,且无法达成补充协议约定的,应当适用行业交易惯例,即于缺陷责任期届满后返还质保金。

(3)案涉合同约定,工程质保金为工程竣工结算总价款的5%,在履行必要手续后,应在保修期满2年后返还质保金的70%,保修期满5年后全部返还。根据《建设工程质量管理条例》第40条之规定,建设工程的保修期为2年或5年,或地基基础工程和主体结构工程的合理使用年限(房屋建筑通常为50年)之分。据此,案涉工程合同约定"保修期满"既可能是2年后又可能是5年后,还可能是50年后,显然属于合同约定不明,应当按照双方当事人签订的补充协议确定,或按照交易习惯确定。

(4)《协议书》载明:"现甲方同意同时连带清偿上述项目包括约定抵房金额、质保金在内的欠付乙方的全部工程款,最终实现乙方(或乙方指定第三方)获得实质性物权或现金,乙方亦愿意接受甲方同时清偿。"以及《协议书》所约定的应付工程款总额为约8.8亿元,明确将质保金近1.5亿元纳入应付工程款。该约定应当视为,在合同关于质保金返还约定不明的情形下,双方通过补充约定的方式,将质保金的返还期限重新进行了明确,即将质保金随欠付工程款同时清偿。

4.抵房和现金清偿均只是被申请人给付工程款方式之一,《抵房协议书》只是对以房抵款方式的细化,不改变本案工程款债权性质或实质,在抵房未成的情况下,不应扣减工程款债权,且申请人作为债权人,始终有权要求被申请人以现金方式清偿。

(1)《抵房协议书》不是取代或变更《协议书》,更未代替或消灭工程款债权,且《协议书》和《抵房协议书》明确了抵偿房屋产权过户前,申请人始终同时享有工程款债权和建设工程价款优先受偿权。

首先,《协议书》和《抵房协议书》,均明确《抵房协议书》的签订只是为了“妥善处理各项目后续工程款等支付工作”,后者仅是细化了以房抵款方式,不是取代或变更《协议书》,更未代替或消灭工程款债权。

其次,《协议书》约定的被申请人对案涉工程款的清偿方式包括给付现金或其他资产等。《协议书》载明:“如采用工程款抵房的,则甲、乙方确认的抵偿房屋与乙方或乙方指定主体签订《商品房买卖合同》前,乙方同时享有工程款债权及工程款优先受偿权……”即没有完成以房抵款之前,没有签订网签《商品房买卖合同》前,案涉工程款债权及建设工程价款优先受偿权仍旧存在,并没有改变或消灭。

最后,根据《抵房协议书》约定,抵房完成需同时具备 3 个条件,签订商品房买卖合同、完成网签备案手续、完成房屋产权过户登记,只有 3 个条件同时具备,才可视为抵房完成,才能同等金额扣减工程款债权。否则案涉工程款债权及建设工程价款优先权仍旧存在。但除 K 项目 L 房屋和 N 车位外,其他拟抵偿房屋 3 个条件均不具备,不应视为抵房完成,工程款债权不应扣减。

此外,根据相关案例亦可知,在本案中双方当事人在签订《结算协议》《协议书》后,又签订《抵房协议书》,并不会消灭工程款债权。

(2)目前,除 K 项目 L 房屋和 N 车位外,其他拟抵偿房屋因被申请人违约导致抵房完成的 3 个条件不具备,不应视为抵房完成,不应扣减工程款债权,申请人有权要求被申请人以现金方式清偿工程款。

首先,《抵房协议书》签订后,除 K 项目 L 房屋和 N 车位外,拟用于抵顶工程款的其他房源均未完成抵房,而且 L 房屋和 N 车位实际上也是在 2020 年 7 月前启动的抵顶工作,也就是在《协议书》签订后,未完成任何一套房屋抵偿。

其次,虽然被申请人在 2022 年 2 月开庭后补交了大量的《以房抵款确认书》，但是被申请人从未将任何一份抵房申请的内部审批流转结果反馈给申请人，亦未能推进后续的抵房手续，也就是既没有签订商品房买卖合同、没有完成网签备案手续，更没有完成房屋产权过户登记，即没有完成抵房工作。不应扣减工程款债权，被申请人应当全面清偿工程款债务。

(3)《抵房协议书》签订后，抵房没有实现的原因在于被申请人将办理网签的销售密钥，交由其债权人 J 银行掌握，导致没有签订商品房买卖合同、没有办理网签备案和产权登记。就该等问题，申请人从 2021 年 1 月开始不断与被申请人进行沟通并要求落实、解决，但被申请人始终未能解决，抵房不能的责任和原因在于被申请人，申请人有权要求被申请人全面清偿工程款债务。

(4)在抵房没有实现、被申请人资信状况全面恶化，以及部分拟抵房产被第三方查封情况下，申请人要求以现金方式全面清偿工程款债务符合法律及合同约定，否则申请人的合法权益将受到根本性、无可挽回的损害。

首先，《抵房协议书》约定的抵房履行期限于 2021 年 12 月 31 日已经届满，在由于被申请人原因导致抵房不成的情况下，其亦未能以货币方式向申请人支付相应的工程款，被申请人已经违反了施工合同、《协议书》等约定，申请人作为债权人，有权要求被申请人以现金方式清偿工程款债权。

其次，被申请人资信状况全面恶化，部分拟抵房产已被第三方查封，以及销售密钥被案外人 J 银行掌握情况下，以房抵款无实施基础和实现可能。被申请人欠缴巨额税款、有巨额生效判决确定的债务未履行且财产正在被大量拍卖，经营状况恶化，责任财产在不断减少。双方已经丧失了实施以房抵款的信任基础和客观操作条件。

再次，如继续推进以房抵款操作方式，最终的结果将是申请人既无法获得现金清偿工程款债权，而抵偿房屋因被申请人自身债务问题，也无法过户给申请人或申请人指定主体，最终申请人合法权益将受到根本性、无可挽回的损害。

最后，被申请人的工程款债务已届清偿期，由于被申请人原因无法推进抵房工作，且因其资信状况不断恶化、部分拟抵房屋被第三方查封等，结合《民法典》第 527 条的规定，申请人提起本案仲裁，请求被申请人直接给付货币清偿，符合法律规定和合同约定，亦是为了保护申请人之合法权益，应当予以支持。

综上所述，《抵房协议书》附件中除已经完成抵顶的房屋和车位对应的房款 200 余万元外，其他房源拟抵顶的工程款金额均不应计入已付工程款，就未能抵顶的工程款和质保金合计近 8.8 亿元，被申请人应当以现金方式向申请人全面清偿。

5. 涉案工程的工程款 7.3 亿余元和质保金近 1.5 亿元的清偿期均已届满，被申请人应当按照 LPR 标准支付逾期利息。

如前所述，涉案工程的工程款 7.3 亿余元的清偿期已经于 2020 年 10 月届满，被申请人应当自届满之日起按照 LPR 标准支付逾期支付工程款的利息。

如前所述，涉案工程的缺陷责任期(2 年)均已经届满，被申请人应当按照 LPR 标准支付逾期返还质保金的利息，起算日也应于 2020 年 10 月开始计算。

6. 被申请人在《协议书》中明确承诺共同对清偿全部工程款承担连带支付责任，意思表示明确，应当予以尊重，被申请人应当共同向申请人承担连带支付责任。根据《民法典》第 691 条“保证责任的范围”的规定，在《协议书》并未就连带责任范围进行约定的情况下，本案连带责任的范围应当包括欠付的工程款、质保金、利息、违约金、损害赔偿金和实现债权的费用。

7. 确认申请人在被申请人欠付工程款约 8.8 亿元范围内对 K 项目享有优先受偿权符合法律规定及当事人的真实意思表示，应予支持。

建设工程价款优先受偿权是一种法定优先权，其行使对承包人利益及建筑工人权益保护等影响巨大。根据《民法典》第 807 条和最高人民法院《关于审理建设工程施工合同纠纷适用法律问题的解释(一)》(法释〔2020〕25 号)第 41 条的规定，涉案工程结算完成时间为 2020 年 9 月，被申请人应当给付工程款之日为 2020 年 10 月，距《协议书》签订日期和提起仲裁之日均未超过 18 个月，即申请人已经在合理期限内行使了建设工程价款优先受偿权。

8. 欠付工程款利息为法定孳息，且利息标准过低，不足以弥补申请人损失，申请人有权同时主张逾期付款利息，以及违约金约5800万元。

涉案工程合同约定，被申请人无正当理由不按合同约定付款，从应付款之日起按照应付款的每日万分之一标准计算违约金，违约金的上限为合同金额的2%，这是申请人和被申请人共同的真实意思表示，不违反法律、行政法规的强制性规定，约定合法有效，应当予以尊重。另外，逾期利息是法定孳息，是基于法律的规定，与违约金产生的依据不同，且利息标准过低，即便两者相加，亦不足以弥补申请人损失，守约方有权向违约方同时主张欠付工程价款利息和违约金。

本案中，欠付工程款和质保金的清偿期均已经届满，统一按自2020年10月暂计算至2022年3月（暂计500日），暂计算逾期利息约8.8亿元×500×1‱=约4400万元。

9. 在违约金和利息无法填补申请人实际损失的情形下，申请人有权继续要求被申请人赔偿损失约4200万元。

涉案工程于2018年全部竣工验收合格并完成竣工验收备案，2019年4月全部交付被申请人，但直到2020年9月才完成结算，自涉案工程交付至结算完成间隔长达18个月。LPR利率标准以及合同约定的逾期付款违约金标准均较低，申请人的资金成本远高于两者之和，按照LPR和合同约定的每日万分之一标准计算的逾期违约金之和，无法填补申请人的实际损失。此外，在工程交付被申请人后，被申请人就已经受益，从移交开始计算欠付工程款利息亦符合公平原则。本案中，自交付至结算完成期间的欠付工程款资金利息（结算金额约8.8亿元－质保金约1.5亿元）×3.85%×18÷12=约4200万元（暂按约4200万元主张）属于申请人的实际损失，应当由被申请人赔偿申请人。

10. 保全费裁定费、保全担保保险费、律师费和仲裁费等系申请人必须支付的合理必要费用，属于被申请人违约给申请人造成的实际损失，应当由被申请人承担。

申请人对于仲裁庭提出问题的回复：

1.《协议书》与《抵房协议书》之间的关系？

《协议书》于 2020 年 12 月签订。《抵房协议书》于 2021 年 1 月签订。《抵房协议书》系根据《协议书》签订，仅是对《协议书》约定的清偿工程款方式之一的以房抵款清偿方式的具体化和补充约定，不影响申请人提起仲裁，且申请人有权要求被申请人按照《协议书》等约定以现金方式清偿工程款。

2.《抵房协议书》签订后对于《协议书》有什么影响？

《抵房协议书》只是对《协议书》约定的清偿工程款方式之一的以房抵款清偿方式的细化，并不是取代《协议书》，也未更改、替换或消灭现金清偿方式。无论是合同约定还是最高人民法院的相关案例，如公报案例(2016)最高法民终字第 484 号等，均认可以房抵款作为清偿债务的方式之一，在拟抵债房屋所有权转移之前，工程款债权不消灭，亦未更改、替换和消灭现金清偿方式。因此，本案中，以现金清偿和以房抵款两种清偿方式并存。

3. 本案双方争议的工程款是应当按照协议书的约定履行，还是按照抵房协议书履行？

(1)案涉工程款金额，系根据《结算协议》和《协议书》予以确定，两份协议均明确了案涉工程款结算总金额及欠付工程款金额为约 8.8 亿元。

(2)欠付工程款的清偿期限及逾期清偿的违约责任，系根据案涉施工合同确定，其中欠付工程款清偿期已于 2020 年 10 月届满。

此外，根据案涉施工合同约定，被申请人无正当理由不按合同约定付款，从应付款之日起按照应付款的每日万分之一标准计算违约金，违约金的上限为合同金额的 2%。

(3)欠付工程款的清偿方式系根据《协议书》确定，《协议书》约定的清偿工程款的方式包括现金清偿和以房抵债清偿两种。《抵房协议书》是对《协议书》中“获得实质性物权”即以房抵款清偿方式的补充约定。需要说明的是，《协议书》中的“同时连带清偿”和“同时清偿”至少应当包括以下三层含义：一是清偿主体并行，没有先后和主次顺序之分，各被申请人均负有清偿全部欠付工程款的义务,申请人有权同时接受全部或部分被申请人清偿;二是质保金和其他欠付工程款同时清偿,即质保金与其他欠付工程款一同清偿;三是清偿方式并行,即现金清偿和以房抵款并存,《协议书》鉴于第2条约定,申请人实现工程款债权有两种:一是获得实质性物权,即取得抵顶房源的所有权;二是获得现金,即现金清偿。

综上,申请人系根据《结算协议》《协议书》和案涉施工合同提起仲裁并主张各项请求,《抵房协议书》之签署,不影响申请人仲裁请求的成立,申请人之请求有合同依据,仲裁庭理应支持申请人之仲裁请求。

4. 抵房行为没有完成的原因是什么?抵房不能的责任主体是谁?

抵房没有完成的原因以及抵房未实现的责任主体为被申请人,具体事实和理由如下:

(1)被申请人将销售密钥交由J银行保管,J银行不同意签订商品房买卖合同及办理网签备案导致未抵房未实现。

(2)被申请人未协调J银行解决抵房障碍,未履行抵房义务导致抵房未实现。

(3)被申请人未在《抵房协议书》约定期限内对申请人的抵房申请进行反馈,导致抵房无法进行。《抵房协议书》签订后,申请人已经按照约定提交了约6.9亿元抵房申请即《以房抵款确认书》供被申请人审核确认,但直至本案开庭前,被申请人都未将审核情况反馈给申请人,更未签署商品房买卖合同及办理网签备案和产权登记,未达到《抵房协议书》约定的抵房实现的认定条件。开庭后,被申请人虽然提交了对申请人的抵房申请即《以房抵款确认书》的审核意见,但已经远远超过了《抵房协议书》约定的抵房期限(2021年12月31日),故抵房未实现系被申请人责任。

综上所述,被申请人主张抵房未实现系申请人原因导致之抗辩不能成立,被申请人应当承担抵房未实现之责任,并以现金清偿案涉工程款。

5. 关于对《以房抵款确认书》性质的理解?

《以房抵款确认书》是申请人向被申请人提交的单方抵房申请,只有在经过被申请人审核同意后,才能初步确定抵顶房源和抵顶工程款的金额,最终完成抵房及确定抵顶工程款金额,还必须签订商品房买卖合同并办理网签备案和完成产权过户登记。申请人提交的《以房抵款确认书》以及被申请人对其的审核均不能产生抵顶工程款的法律效力,申请人有权要求被申请人以现金清偿。

6.《抵房协议书》履行期限为 2021 年 12 月 31 日前,在协商过程中被申请人是否构成违约?构成哪个合同项下的违约?以什么形式构成违约?

《结算协议》《协议书》共同明确了被申请人的欠付工程款金额和债务清偿方式。根据《协议书》的约定,被申请人清偿工程款的方式包括现金清偿和以房抵款清偿两种方式,两种方式并存,抵房完成的,工程款债权相应扣减,抵房未完成的,工程款债权不扣减。但是,根据案涉施工合同关于工程款支付期限的约定,被申请人一直处于违约状态。具体事实和理由如下:

(1)被申请人欠付工程款的清偿期于 2020 年 10 月届满,而不是《抵房协议书》中约定的 2021 年 12 月 31 日。

(2)《协议书》和《抵房协议书》均系在被申请人已经构成逾期支付违约的情形下签订的,签订该等协议系为清偿欠付工程款,不表明申请人放弃追究被申请人的违约责任。

(3)申请人从未放弃过追究被申请人逾期付款违约责任的权利。民事权利的放弃必须采取明示的意思表示才能发生法律效力,只有法律有明确规定及当事人有特别约定才能默示。本案中,申请人无论是在《结算协议》《协议书》还是《抵房协议书》中,都没有放弃向被申请人主张逾期付款违约责任的明确意思表示。

(四)被申请人的代理意见的主要内容及对问题单的回复意见

1. 对于第一项"请求裁决第一至第四被申请人连带支付欠付申请人工程款约 8.8 亿元",不同意申请人的此项仲裁请求。

首先,双方在签订《协议书》后,已经由各方另行签订了《抵房协议书》,申请人在申请仲裁时刻意回避这一事实,其原因无非是申请人明知通过《抵房协议书》已经确定了全部工程款(包括未到期质保金,以下工程款均包括质保金)以房抵款的原则。《抵房协议书》第 2 条的第一句中明确"经甲乙双方一致确认,同意以 K 项目房源抵顶《协议书》中确定的各类款项,共计约 8.8 亿元。具体抵顶房源及价格以双方确认的《抵顶房源明细表》为准"。此表述可以得出两个基本事实:一是约定了将各类款项共计约 8.8 亿元的工程款全部由 K 项目的房源予以抵顶,变更了支付方式,以及《协议书》只是确定了"各类款项",而是在《抵房协议书》第 1 条中,才确定了最终的数额;二是双方已经确定了所抵顶的具体房源以及价格,结合全部房源为可销售的现房,具备履行的全部要件。

其次,申请人在庭审中所述以及在回复问题单的第 2 个问题时称"签订了《抵房协议书》。被申请人应该按照《协议书》的约定支付工程款,《抵房协议书》仅是《协议书》约定的被申请人清偿工程款的方式之一",这个观点完全是自相矛盾,其意思是申请人有权在已经签订《抵房协议书》确定全部抵顶数额,具体抵顶房源以及价格和履行期限的情况下,还有权要求被申请人在没有违约的情况下以货币的方式给付工程款。这不仅没有法律依据,还毫无契约精神。《抵房协议书》的签订,既是在《协议书》约定的基础上,也是对《协议书》约定的重大变更,效力完全独立于《协议书》并在其之上。第一,《抵房协议书》加入了其他 3 个被申请人主体,将原《协议书》中由第二被申请人为其他 3 个被申请人通过以房抵款的方式承担连带责任担保的方式,直接变更为将四被申请人全部工程款包括在其他地区未完成抵房的全部以其项目房源抵顶,等于将保证责任变更为直接履行以房抵顶方式的义务。第二,通过签订《抵房协议书》全部用 K 项目房源抵顶全部的工程款，实质上等于将以货币支付工程款的方式全部变更为“以房抵顶”的方式。尽管约定了因被申请人的原因无法办理产权登记（使用权车位除外）的均不构成工程款支付的认定，但是该约定仅为保证实现所抵房屋期待权而设立，不能对抗“以房抵款”的约定事实。第三，在约定了以房抵顶的实质性内容以后，申请人应依约向 C 房地产公司主张履行《抵房协议书》办理抵房，在没有依法确定该“以房抵顶”的约定不能实现前，不能认定存在“欠付”的情况，各被申请人之间不能承担连带责任。第四，申请人称“抵房”是给付工程款的方式之一，对此逻辑被申请人并不否认，但是就本案而言，《抵房协议书》是对《协议书》相关约定的重大变更与补充，效力优于《协议书》，双方通过签订新的协议选择了“以房抵款”这种给付方式，既是意思自治也属双方合意且具有排他性。第五，通过被申请人举证的总抵房额在约 6.9 亿元的由申请人制作的《以房抵款确认书》以及《抵房协议书》《抵顶房源明细表（二）》中的房源的交付及车位的交付及实际使用，以及已经办理了该房屋的产权登记的证据上看，《抵房协议书》已经实际开始履行。申请人提交的证据也证实了申请人对于《抵房协议书》已经开始实际履行予以自认。第六，《抵房协议书》约定，申请人应当于 2021 年 12 月 31 日前完成全部房源的抵顶。申请人于 2021 年 4 月提起仲裁时，尚未到达约定的申请人办理完毕全部抵顶房源的时限，当时也未出现能导致最终无法签订《商品房买卖合同》的任何情形。同时，《抵房协议书》对申请人不能完成以房抵顶、可以向被申请人主张工程款的情况作了明确约定，若按申请人陈述的被申请人已经发生经营危机及重大风险，不能办理抵房了，申请人完全有权依《抵房协议书》的相应约定，行使不安抗辩权，要求付清相对应的工程款。但是申请人却选择了以《协议书》为依据申请仲裁，直接说明了，一是被申请人没有任何违约情形，没有任何不能办理所抵房屋产权登记的情形；二是被申请人没有出现让申请人感到不安的任何经营危机；三是申请人刻意回避《抵房协议书》仍在履行期间，其自身应当继续办理抵房的事实。正相反，恰恰是申请人违反约定，一是没有提供与所抵质保金等值的《质保金保函》;二是没有提前向申请人开具相对应的工程款发票;三是将已经用印的《抵房协议书》擅自取回,导致无法进行下一步工作;四是正是申请人违反约定单方面提出仲裁申请导致中断了抵房工作。第七,在《协议书》中,唯一具有清偿方面的约定也仅是约定由第二被申请人通过以房抵款的方式承担保证责任,并且其余内容也是围绕着实现抵房的最终目标来进行约定的,并无任何其他以货币方式予以清偿的约定。通过《抵房协议书》的约定可看出,在《协议书》中所列数额仅为示意款项名目之用,并非最终确定的数额,随后签订的《抵房协议书》也系对《协议书》的约定予以重大变更,至此该《协议书》已经履行完毕无实际意义。

2. 对于第二项"请求裁决第一至第四被申请人连带支付欠付申请人工程款逾期利息"的仲裁请求,不同意申请人的此项仲裁请求。

在申请人承认已经签订《抵房协议书》并且实际履行的情况下,各方应执行《抵房协议书》的约定,而在没有事实证明《抵房协议书》因被申请人原因不能履行或者部分不能履行的情况下,不存在任何可视为逾期给付的情形,当然不存在产生逾期利息的情况。申请人请求该项利息,没有事实和法律依据。同时,无论在施工合同还是结算协议中,双方对此亦没有任何约定。申请人举示证据《补充合同》约定"工程竣工后甲乙双方进行工程结算。甲方收到乙方递交的完整竣工结算资料 90 日内完成审核,但如果双方存在争议则结算完成时间延后。结算审核完毕后,双方签订结算协议书",从《结算协议》及后续各协议签订的情况看,被申请人未存在逾期结算及给付的情况。

3. 对于第三项"请求裁决被申请人在约 8.8 亿元范围内对承建的项目享有建设工程价款优先受偿权"的仲裁请求,不同意申请人的此项仲裁请求。

案涉相关项目,除第二被申请人 C 房地产公司 K 项目外,其余各项目已经基本销售完毕,其工程价款优先受偿权无法实现。另外,申请人单方中止《抵房协议书》的履行,属非因被申请人原因导致抵房不能进行,申请人无权主张该项。

4. 对于第四项“请求裁决第一至第四被申请人连带支付逾期付款违约金”的仲裁请求，不同意申请人的此项仲裁请求。

根据《抵房协议书》的约定，申请人应当在 2021 年 12 月 31 日前完成全部抵顶房源的《商品房买卖合同》的签订工作，因申请人原因，在自身不能签订所抵房屋购房合同的情况下，单方面违反约定，中止或者拒绝了《抵房协议书》的履行，被申请人不存在违约情况，不承担任何违约金。

申请人主张违约金的依据为《补充合同》的相关约定，给付违约金的条件必须以被申请人“无正当理由”为前提。经过庭审以及申请人举证及回答仲裁庭问题单可以证实，自相关工程竣工交付物业公司以来，双方关于结算事宜及最终工程款的给付方式的沟通一直进行，任何一方从未认为具有逾期给付的情况发生。双方签订《结算协议》《协议书》到最终签订《抵房协议书》虽然时间跨度较长，但是并不能排除一直在协商并且最终变更付款方式通过以房来抵款的事实，在协商变更的过程中，不存在被申请人无正当理由不按合同约定付款的情况，当然不能承担任何违约金。

《协议书》中并未有任何违约金的约定，申请人主张给付违约金的依据是各项目相关《施工总承包补充合同》的约定，其应向人民法院起诉，而非借本案仲裁予以审理已经约定由人民法院管辖的具体争议。

5. 对于第五项“请求裁决第一至第四被申请人连带支付因违约给申请人造成的利益损失”的仲裁请求，不同意申请人的此项仲裁请求。

真正利益损失的是被申请人，申请人无理拒绝履行《抵房协议书》申请仲裁以及对被申请人 C 房地产公司等商品房保全的行为，已经对被申请人造成了重大经济损失，销售不能正常进行，客户对被申请人的信誉产生严重质疑。同时，申请人此项请求，没有事实上及合同约定上的相关依据。没有任何证据显示申请人的利益受到损失，若存在，也系申请人单方违约中止《抵房协议书》的履行所致，与被申请人无关。

6. 对于第六项"请求裁决第一至第四被申请人连带承担申请人为本案支付的律师费"的仲裁请求，不同意申请人的此项仲裁请求。

被申请人没有任何违约的事实，双方任何相关的法律文件中均未有此约定。同时申请人也未实际支付相关费用，因此不存在申请人所述"为本案支付的律师费"的事实。

7. 对于第七项、第八项保全费及仲裁费由被申请人共同并连带承担的仲裁请求，不同意该项仲裁请求。

因申请人无理申请仲裁、错误保全，应由其自行承担相关费用，并且应赔偿因错误保全给被申请人造成的损失。

8. 关于仲裁庭提出的几个问题的相关说明。

(1)《抵房协议书》实际生效时间的问题

现《抵房协议书》文本系在之前已经于2020年12月生效并执行的前《抵房协议书》的基础上，对约定进行调整后，重新制作的，强调了在约定期限，即2021年12月31日前过后，仍保留房源以及由被申请人"代卖"的约定。在前《抵房协议书》于2020年12月生效后，双方办理了《抵顶房源明细表(二)》中第22号和第33号房源及车位的抵房手续，并将所抵房屋及车位予以交付实际购房人。为实现"抵房"，申请人安排其他项目人员组成十余人的团队，长期派驻在被申请人单位，被申请人为其准备了相应的办公室使用。

(2)竣工、交付物业公司后，签订《结算协议》时间跨度较大的问题

申请人共负责被申请人4个项目的工程施工，在施工进度方面，一直存在逾期情况直到最后逾期交付。

1)因质量问题，物业公司无法正常接收。

项目竣工后，因存在各种质量问题没有得到整改，而申请人又因当地其他第三方的项目也存在逾期情况，把施工力量抽调到第三方的项目上，直接导致物业公司的接收工作停滞，经申请人请求，被申请人经与物业公司沟通后，物业公司才勉强接收。

2)申请人施工的各项目存在严重的质量问题。

目前,网络上关于由申请人施工的案涉 4 个项目与质量问题相关的报道以及涉及质量问题的投诉比比皆是,说明当时各项目的质量问题还是比较严重的。如 K 项目小区存在一栋楼整面保温层几乎全部脱落,多项目存在室内天棚中心因过早撤去模板导致塌陷的质量问题等,在未处理完上述各类严重以及突发的质量问题前,申请人无权也不能提出结算的主张,各方此对无异议。

3)因逾期交付被申请人支付了巨额违约金。

因各项目均存在逾期竣工及向买受人逾期交付的情形,被申请人额外支付了约 1 亿元的逾期交付违约金,并面对众多的因逾期交付导致的要求给付违约金及解除合同索赔的诉讼,被申请人在当地深耕 20 余年的商誉毁于一旦。

4)真正回避结算的是申请人。

申请人一直无法提供包括物业交接单在内的完整的结算资料,《物业交接单》中相当一部分施工内容均表示为“部分完成”,而非全部完成,没有被申请人的斡旋,申请人根本完成不了移交物业公司;一直没有及时解决各类质量问题;一直回避因逾期竣工及质量问题而给被申请人造成巨额损失赔偿的问题等。但对于结算的期间及最终时间,任何一方均无异议,否则无法签订《结算协议》。

5)双方一直在沟通协调最终达成一致。

双方就最终结算的具体事宜,以及如何给付工程款及给付的方式等问题一直在接触、沟通,但受新冠疫情反复、申请人疲于大量的质量整改等各类因素影响,直至 2020 年 9 月达成《结算协议》。通过《结算协议》《协议书》《抵房协议书》的签订可以看出,申请人主张的尽快完成结算不仅没有证据支持,相反还证明不存在被申请人无正当理由不按合同约定付款的情况。

(3)《协议书》中欠付工程款的含义及各甲方对欠付工程款承担连带支付责任的问题

在《协议书》《抵房协议书》中关于确定各款项数额的表述,明确标明为“应付工程款”。《协议书》约定，合计应付各类工程款、应办理抵房额及未到期质保金(以下统称工程款)合计约8.8亿元。可见“应付工程款”从性质上是由上述3种款项组成，根据付款阶段(时间节点)的不同，分别为应付已付、应付未付、应付待付。应付已付指已经付款完毕的款项，应付未付指经过结算确认并已经超过付款节点的款项(包括抵房额的办理)，应付待付是指经过结算确认但尚未到达付款节点或者付款条件未成立的款项。

只有应付未付款才能被称为“欠付”，即已经超过付款节点或者付款条件成立后而未予以支付的款项。《协议书》中确定的各类款项约定了各甲方在“欠付”工程款范围内承担连带支付责任。而《抵房协议书》已经确定将原货币支付的方式(包括原抵房额度)全部变更为以房抵顶，那么在抵房过程中，没有确定因甲方原因不能履行抵房约定的情况下，尚不存在欠付情形。

(4)未到期质保金

案涉各项目目前仍在防水类质保期内，其中最晚到期期限为2024年4月。根据结算协议等约定，防水质保金总额为约4400万元。申请人若依《补充合同》的约定主张给付质保金，既没有合同依据，也没有事实和法律依据，并且根据《补充合同》的约定，关于质保金的争议应当由人民法院管辖。

(5)申请人应承担对物业公司及买受人的赔偿款等扣款及给被申请人造成损失

根据被申请人提交的证据7，目前仍有大量的申请人应当向物业公司及买受人予以赔偿的款项未付。其中，证据7仅为部分赔偿，还存在大量的申请人未予以处理的赔偿事项，该类款项，根据约定应当在最终办理抵房时予以扣减。

因申请人及其下游分包单位未能按约定给付工程款，导致第一被申请人因此被判决承担连带责任，该款项应当由申请人予以承担。

(6)关于工程款请求权是否存在及如何行使的问题

对于申请人享有的工程款请求等权利，被申请人并不否认。但是拥有该项权利与是否可以随时行使并非相同概念。根据《抵房协议书》的约定，只有因被申请人的原因,出现约定的 3 种情形的,申请人才有权要求付清相对应的工程款,体现了双方一致决定以“抵房”为核心及宗旨的合意。申请人提出仲裁的行为,以及其“抵房只是给付工程款的途径之一,申请人既可以要求抵房又可以主张给付工程款”的观点,违背了诚实信用原则与丧失契约精神。

综上,申请人的仲裁请求是没有事实基础和法律依据的单方行为,被申请人完全不能接受。《抵房协议书》已经生效并履行的事实不可改变,被申请人未有任何违反《抵房协议书》的违约行为,并且《抵房协议书》约定的条件依然存在,仍可继续履行,请求仲裁庭在查明上述事实的基础上,驳回申请人的全部仲裁请求,维护被申请人的合法权益。

被申请人对仲裁庭问题单的回复意见:

1.《协议书》是否履行的问题

《协议书》的主要内容为:将所有各公司原不同项目未完成的抵房房源统一变更为由第二被申请人的房源抵顶,第二被申请人为其他公司通过以房抵款的方式承担保证责任。同时还约定了签订《协议书》后 7 日内签订《抵房协议书》,以使全部应付未付工程款以房抵顶的双方约定得到落实。被申请人认为,上述内容已经全部履行,第一,第二被申请人同意按约定为其余公司通过以房抵款的方式提供保证,其余公司也均接受;第二,各方按约定已经签订了《抵房协议书》并履行;第三,第二被申请人已经按约定提供了足以覆盖全部应付工程款(包括原抵房及质保金)。此外,《协议书》并未约定各被申请人以自身行为履行协议的其他内容,亦未约定该协议与《结算协议》《总承包补充协议》之间关系。

2.《抵房协议书》与本案争议的关系问题

(1)《抵房协议书》已签订并开始履行。但因申请人怠于履行,且通过申请仲裁暂缓履行该协议。

(2)《抵房协议书》从表面上看与本案并无直接关系,申请人也未予以举证。但正是因为《抵房协议书》的签订,才说明各方真实的意图是全部应付款

（包括应抵未抵抵房额、未到期质保金等）均通过“以房抵款”的方式予以给付。《协议书》所确定的相关义务，已经通过《抵房协议书》的签订予以调整、明确并履行完毕。在签订《协议书》的同时，实际上各方已经达成了用第二被申请人房源抵顶全部各项目应付款的约定，并约定最终通过《抵房协议书》来实现，《协议书》只是进行过渡，这也是《协议书》中并无实际可执行实体内容的主要原因。

3.《抵房协议书》签订后是否具体履行的问题

《抵房协议书》签订后，已经实际予以履行，申请人按约定向各被申请人提交了办理抵房的前期手续，但后续因多种原因，申请人未就抵房一事与各被申请人进行沟通，并通过申请仲裁的行为表示了暂缓继续履行《抵房协议书》。

二、仲裁庭意见

根据双方当事人提出的仲裁请求及答辩意见，以及双方当事人提交的证据材料和代理意见等仲裁文件，结合庭审情况，仲裁庭就本案相关争议事宜发表如下意见：

（一）本案争议的有关合同文件以及相关内容

申请人根据2020年12月签订的《协议书》提起本案的仲裁请求。被申请人答辩称，双方在签订《协议书》后于2021年1月签订了《抵房协议书》，达成了以房抵工程款的合意，申请人依据《协议书》请求支付工程款违反了双方达成一致的以房抵工程款的合意。本案争议应当依据《抵房协议书》作为审理本案合同争议的依据。

仲裁庭注意到双方当事人在签订《协议书》之后又签订了《抵房协议书》，两份合同文件都是为解决未付工程款事宜签订的。

（二）本案争议的合同依据及效力

本案争议的主要焦点是应当依据《协议书》还是依据《抵房协议书》作为解

决本案争议的合同根据。

双方当事人于 2020 年 12 月签订《协议书》，第 1 条明确了根据《结算协议》被申请人应付工程款为约 8.8 亿元（含未到期质保金）。

《协议书》第 2 条约定，为确保 4 个项目后续付款工作顺利开展，甲方二（第二被申请人——仲裁庭注）同意为甲方一（第一被申请人——仲裁庭注）、甲方三（第三被申请人——仲裁庭注）、甲方四（第四被申请人——仲裁庭注）向乙方支付本协议约定的应付工程款，通过以房抵款的方式承担连带责任保证担保（保证期间至清偿欠付工程款期限届满之日起 3 年），甲方二应自签订本协议后 7 日内与乙方签订完成《抵房协议书》及相关文件。经甲乙双方一致确认，剩余未完成抵房将全部以 K 项目房源进行抵顶，甲方二同意经甲乙方确认的费用与乙方或乙方指定的第三方签订《商品房买卖合同》，且保证乙方享有签订合同前一次更名权，具体由甲方、乙方另行协商。甲方二承诺 K 项目经与乙方确认的房源足以覆盖全部应付工程款。如采用工程款抵房的，则甲方、乙方确认的抵偿房屋与乙方或乙方指定主体签订《商品房买卖合同》前，乙方同时享有工程款债权及工程款优先受偿权。甲方共同对清偿全部欠付工程款承担连带支付责任。

双方于 2021 年 1 月签订《抵房协议书》，第 1 条明确约定，根据 2020 年 12 月《协议书》：4 个项目总结算金额为约 29 亿元，截至 2020 年 12 月 1 日已支付货币金额约 18 亿元，已完成签订商品房买卖合同金额约 2.3 亿元，合计应付工程款、应抵房额、质保金等各类款项共计约 8.8 亿元（其中质保金约 1.5 亿元、应抵房额约 2.2 亿元）……

《抵房协议书》第 2 条约定："经甲乙方一致确认，同意以 K 项目房源抵顶《协议书》中确定的各类款项，共计约 8.8 亿元。具体抵顶房源及价格以双方确认的《抵顶房源明细表》为准。该表确定后非双方协商一致不作调整。所抵顶房源签订《商品房买卖合同》并完成网签备案手续或者甲方向乙方交付所抵顶的房屋，对应的应付款现金额视为甲方向乙方支付完毕。即使签订商品房买卖合同并完成网签备案手续但因甲方原因无法办理产权登记(使用权车位除外)的均不构成工程款支付完成的认定。”

《抵房协议书》第3条约定:“乙方应于2021年12月前,由乙方或乙方指定的第三方与甲方二签订抵顶房源《商品房买卖合同》并完成网签备案手续,以完成全部抵房,最终完成全部款项的房屋抵顶。所抵顶房屋完成网签备案手续后视为相对应的款项已经支付完成。即使签订商品房买卖合同并完成网签备案手续但因甲方原因无法办理产权登记的(使用权车位除外)均不构成工程款支付完成的认定。所抵全部房源,应在2021年12月前,由乙方或乙方指定主体抵顶完毕。2021年12月以后,若因乙方或乙方指定主体原因未能与甲方签订《商品房买卖合同》的房源,该房源由甲方保留给乙方。经乙方书面同意后,剩余未抵顶的房源甲方可以另行销售,所得售房款应交付乙方,《抵顶房源明细表》中与该房源对应的应抵款项视为已经抵偿完毕……”

《抵房协议书》第5条约定:“抵顶房源按照单元未销售全部房源进行抵顶,具体见双方确定附件《抵顶房源明细表》。甲方该部分房源未经乙方同意不得转让、出租、抵债、赠与、放弃给第三方。本《抵房协议书》所附《抵顶房源明细表》中任何一套房源因故无法签订《商品房买卖合同》并完成网签备案的,双方同意以本协议附件《抵顶房源明细表》的定价原则,乙方可优先选取K项目等值房屋进行置换。双方安排专人负责快速推进网签备案,月度协调。经乙方同意,过程中甲方有权用等额现金置换未完成签订《商品房买卖合同》的抵顶房源。”

《抵房协议书》第7条约定:“在乙方或乙方指定主体与甲方签订《商品房买卖合同》并完成网签备案手续前,乙方同时享有工程款债权及建设工程优先受偿权。”

《抵房协议书》第8条约定:“本协议履行期间,因甲方原因出现以下情形之一的,乙方有权向任何一甲方、若干甲方或者全部甲方主张相应的工程款及有关之请求权与抗辩权:1、依照本协议的约定,甲方无法在K项目提供足额的置换房源;2、出现其他导致抵顶房屋(不包括使用权车位)无法办理产权登记的;3、未经乙方同意,甲方将该部分房源转让、出租、抵债、赠与、放弃给第三方。若上述任一情形发生,乙方有权要求甲方付清相对应的工程款(质保金及应抵房额按原合同约定执行),或提供经乙方认可的等额担保。”

仲裁庭向双方当事人发送问题单要求对《协议书》与《抵房协议书》之间关系及与本案争议的关系作出回答。申请人回复意见认为,《协议书》是双方债权债务关系的基础合同,《抵房协议书》仅是约定被申请人清偿债务的一种方式。《协议书》和《抵房协议书》均约定了:……乙方或乙方指定主体与甲方签订《商品房买卖合同》并完成网签备案手续前,乙方同时享有工程款债权及建设工程优先受偿权。也即在双方没有签署《商品房买卖合同》之前,申请人仍然享有工程款债权,既可以主张以房抵工程款,也可以直接主张支付工程款。截至本案庭审前,双方并没有完成签署《商品房买卖合同》,所以本案不能排除《协议书》的适用,申请人有权直接主张以现金方式支付工程款。

被申请人回复意见认为,《协议书》显示以房抵工程款的意思,特别是明确自本协议签订后 7 日内签订《抵房协议书》,之后签订的《抵房协议书》是双方当事人的真实意思表示,应当按照签订在后的《抵房协议书》履行。只有发生《抵房协议书》约定的 3 种情形:无法提供足额的置换房源,无法办理产权登记,已将该部分房源转让、出租、抵债、赠与、放弃给第三方,申请人才能依《协议书》主张支付工程款。本案并未发生上述情形,因此应当继续按照《抵房协议书》履行。

仲裁庭认为,根据两份合同文件签订的时间以及内容关联,可以推定双方在签订《协议书》之后又签订《抵房协议书》,当时的真实意思表示是以《抵房协议书》代替《协议书》的履行,即以房屋抵顶未付工程款的方式替代以现金方式支付工程款。其实双方在签订《协议书》中已表示出以房抵顶工程款的意思表示,并约定 7 日后签订《抵房协议书》。因此,虽然《协议书》和《抵房协议书》均是双方解决未付工程款事项的合同文件,但是《抵房协议书》应当优先于《协议书》的适用。

仲裁庭注意到,双方在签订《抵房协议书》后,即开始按照《抵房协议书》履行,申请人向被申请人提交了涉及抵顶金额约6.9亿元的《以房抵款确认书》。该《以房抵款确认书》的前半部分内容由申请人填写:“B房地产公司(C房地产公司/E房地产公司):就‘以贵公司房屋折抵应付我公司工程款’一事,我公司予以确认及承诺如下:一、房屋所抵相应款项的数额、位置以本表确认为准。我公司对所抵房屋的现状以及暂不开具相应发票以及不具备办理产权证的条件等情况已经充分了解,没有异议。二、本确认表经你公司审批流转结束后生效。我公司在本确认表生效30日内,按原合同要求提供与抵款数额相符的发票,并与你公司签订《抵房协议书》……”在该确认书中载明有房屋的具体坐落位置、折抵价款,并加盖了申请人的法人公章。确认书后半部分内容需由被申请人填写,内容有合同金额、销售单价、房屋总价、抵房金额等,还有被申请人各个部门如“成本合约部”“审计部”“分管领导”“销售部分管领导”“财务部经办人”“财务总监”“集团财务总监”“常务副总经理”“总经理”“董事长”对应的签字栏。在该组证据中,被申请人方均没有完成《以房抵款确认书》中的审核签字程序及加盖法人公章。被申请人在庭审中亦承认,这些《以房抵款确认书》尚未完成其内部审批流程。被申请人提交的《以房抵款确认书》显示,申请人已经按照《抵房协议书》的约定启动了以房抵款的申请程序,申请人在《以房抵款确认书》中表明“本确认表经你公司审批流转结束后生效。我公司在本确认表生效30日内,按原合同要求提供与抵款数额相符的发票,并与你公司签订《抵房协议书》”。而被申请人截至本案开庭时尚未完成其内部的审批流程,未能进入签订《商品房买卖合同》的阶段,未完成《抵房协议书》约定的以房抵顶工程款的事项。

仲裁庭认为,虽然双方于2021年1月签订的《抵房协议书》,约定了采用以房抵顶工程款的方式偿付工程款,但是在《抵房协议书》的履行过程中,直至《抵房协议书》第3条约定的2021年12月届满时,被申请人对《以房抵款确认书》的内部审核流程仍未完成。根据《抵房协议书》第 3 条的约定,“乙方应于 2021 年 12 月前,由乙方或乙方指定的第三方与甲方二签订抵顶房源《商品房买卖合同》并完成网签备案手续,以完成全部抵房,最终完成全部款项的房屋抵顶”,因双方未按照《抵房协议书》约定的期限完成签订《商品房买卖合同》及网签手续,申请人享有的工程款债权未得到清偿,其有权依据《协议书》约定向被申请人主张直接偿还工程款;被申请人主张依据《抵房协议书》解决双方争议,不具备继续履行的条件,且时间已经超过合同约定的履行期限,仲裁庭认为《抵房协议书》不作为本案争议的合同依据。

仲裁庭还注意到,《抵房协议书》第 2 条中约定:“所抵顶房源签订《商品房买卖合同》并完成网签备案手续或者甲方向乙方交付所抵顶的房屋,对应的应付款现金额视为甲方向乙方支付完毕。”第 3 条约定:“乙方应于 2021 年 12 月 31 日前,由乙方或乙方指定的第三方与甲方签订抵顶房源《商品房买卖合同》并完成网签备案手续,以完成全部抵房,最终完成全部款项的房屋抵顶。所抵顶房屋完成网签备案手续后视为相对应的款项已经支付完成。即使签订商品房买卖合同并完成网签备案手续但因甲方原因无法办理产权登记的(使用权车位除外)均不构成工程款支付完成的认定。”被申请人在庭审中称,已有部分房屋签订了《商品房买卖合同》并完成了网签或者完成房屋交付。其在庭后提交了一组包含《抵款协议书》《M 市商品房买卖合同书》《车位服务协议》等证据,《抵款协议书》载明抵顶的房屋为 K 项目 L 房屋和 K 项目 N 车位,抵款总价为约 200 万元。申请人在其代理意见中也承认 L 房屋和 N 车位签订了《商品房买卖合同》并已交付,并称“除已经完成抵顶的 L 房屋和 N 车位对应的房款约 200 万元外,其他房源拟抵顶的工程款数额均不应计入已付工程款”。据此,仲裁庭认定,除 K 项目 L 房屋和 K 项目 N 车位外,其他《抵房协议书》附件清单中的房屋及车位,因双方未能提交签订《商品房买卖合同》或已经交付的证据,未完成对工程款的抵顶。

仲裁庭同时也注意到,双方当事人对于没有完成签订《商品房买卖合同》

及完成网签的原因和责任有不同的说法，申请人主张，其已积极按照《抵房协议书》履行，根据《抵房协议书》附件《抵顶房源明细表》向被申请人提交了约6.9亿元的《以房抵款确认书》，但是由于被申请人没有完成内部审核程序，所以无法继续进行后面的签订《商品房买卖合同》的程序。此外，由于被申请人欠J银行的贷款，销售密钥由J银行掌控，所以无法完成网签。被申请人主张，由于申请人未能提供签订《商品房买卖合同》的第三方主体，所以无法签订《商品房买卖合同》，至《抵房协议书》约定的2021年12月31日还有8个月到期，申请人便申请仲裁暂缓了《抵房协议书》的履行。只有发生《抵房协议书》第8条约定的3种情形，申请人才能依据《协议书》主张支付工程款。

根据《抵房协议书》的约定，由乙方或乙方指定的第三方与甲方二签订抵顶房源的《商品房买卖合同》并完成网签备案手续。即与被申请人签订《商品房买卖合同》的主体既可以是申请人提供的第三方，也可以是申请人自己。即便申请人没有提供签约的第三方主体，但根据该条约定，被申请人可以直接与申请人签订《商品房买卖合同》，申请人没有提供第三方签约主体，不是导致无法签订《商品房买卖合同》的原因。在本案审理中，被申请人并未提供证据证明，其曾经要求申请人签订《商品房买卖合同》，而申请人未能指定第三方主体，或者申请人自身拒绝与其签订，导致《商品房买卖合同》无法签订的事实存在。而申请人提交的关于抵顶房源被J银行管控的证据9—抵房进展的微信沟通记录截屏、证据10—申请人与被申请人关于抵房进展的沟通录音整理记录、证据11—申请人向J银行及被申请人发送《关于请求配合办理抵房合同签订与相关手续的函》，被申请人对该组证据发表质证意见称：因微信内容不完全、因录音未经谈话人同意、因申请人未提交证据原件等理由对上述证据的证明事项均不予认可。但是该组证据的内容可以相互印证：由于抵顶的房源被J银行进行监管，被申请人一直在向J银行申请网签而未得到银行审批而无法签订《商品房买卖合同》及办理网签手续，双方当事人对此事进行过多次沟通，申请人亦向J银行提出协助配合办理网签和备案手续的请求。仲裁庭认为，该组证据虽然形式存在一些瑕疵,但是其内容可以相互印证,存在 J 银行未批准本案所涉房源办理网签手续的情形,且被申请人提交的证据三《以房抵款确认书》显示,被申请人方未完成对《以房抵款确认书》的内部审核程序,这些是导致《抵房协议书》未能在“2021 年 12 月 31 日”前履行完成的原因。因此,未完成抵房事宜的原因及责任也不在申请人一方。

被申请人还主张,距《抵房协议书》约定的 2021 年 12 月还有 8 个月到期,申请人便提起本案仲裁,致使《抵房协议书》未能得到履行。仲裁庭认为,虽然申请人在《抵房协议书》约定的 2021 年 12 月届满前即提起本案仲裁,但是被申请人直至 2021 年 12 月尚未完成其对《以房抵款确认书》的内部审核,也未获得 J 银行对办理网签手续的批准,履行以房抵款的客观障碍直至 2021 年 12 月并未消除。因此,并非由于申请人提起本案仲裁影响了本案《抵房协议书》的履行。《抵房协议书》约定了 3 种情形下申请人可以直接请求支付工程款,在本案《抵房协议书》约定的 2021 年 12 月届满时,除 K 项目 L 房屋和 K 项目 N 车位外,其他房屋及车位均无法办理网签手续,符合上述 3 种情形中的第 2 种,即“其他导致抵顶房屋(不包括使用权车位)无法办理产权登记的”情形,申请人依约有权请求被申请人直接支付工程款。

仲裁庭据此认为,虽然双方当事人签订《抵房协议书》是双方真实意思表示,但是由于非申请人的原因直至《抵房协议书》约定的 2021 年 12 月届满时仍未能签订《商品房买卖合同》,以房抵款的约定未得到履行,致使申请人获取工程款的权利不能实现。现申请人依据《协议书》的约定主张被申请人支付工程款具有合同依据,而被申请人以双方签订的《抵房协议书》拒绝向申请人履行支付工程款义务的抗辩理由不能成立。本案争议应当以《协议书》作为申请人主张工程款的合同依据。

双方当事人对于本案《协议书》的效力均没有提出异议,仲裁庭也没有发现上述合同内容存在违反我国法律、行政法规强制性规定的情形,故认定上述合同有效。仲裁庭认为,双方当事人应当按照《协议书》的约定行使权利和履行义务，仲裁庭也将依据《协议书》的约定，审理双方当事人的合同争议。

（三）申请人的仲裁请求

申请人的第一项仲裁请求为：第一至第四被申请人连带支付欠付申请人的工程款约 8.8 亿元。

双方当事人在《协议书》和《抵房协议书》中均明确约定应付各类工程款、应办理抵房额及未到期质保金共计约 8.8 亿元，并且均认可 K 项目 L 房屋和 K 项目 N 车位已经完成了"抵顶"的事实，但是双方主张抵顶的金额不一致，申请人在其代理意见中主张抵顶 203 万余元，被申请人提交的《抵款协议书》显示抵顶总价为约 204 万元，仲裁庭认为，《抵款协议书》中有双方法人盖章，仲裁庭对于《抵款协议书》中载明的 K 项目 L 房屋和 K 项目 N 车位抵顶工程款约 204 万元予以认可，故相应购房款约 204 万元应当在工程款中予以扣减。

关于质保金是否应当随工程款一并支付问题，申请人主张《协议书》约定的约 8.8 亿元工程款中包含应付的各类工程款、应办理抵房额以及未到期质保金。根据《建设工程质量保证金管理办法》（建质〔2017〕138 号）以及 2013 年版、2017 年版《建设工程施工合同（示范文本）》中的规定，在工程交付 2 年后应当返还质保金。被申请人称《协议书》约定的约 8.8 亿元工程款中包含未到期的质保金。其中，防水类工程质保期为 5 年，到期日应为 2024 年 4 月，相应质保金约 4400 万元不应当支付。

仲裁庭注意到，《协议书》中明确约定约 8.8 亿元工程款中包含"未到期质保金"约 1.5 亿元。《抵房协议书》约定："经甲乙方一致确认，同意以 K 项目房源抵顶《协议书》中取得的各类款项，共计约 8.8 亿元。"仲裁庭认为，双方在签订《协议书》和《抵房协议书》时，确实有对于包括未到期的质保金在内的约8.8 亿元工程款一并清偿的意思表示，但是两份协议都是基于"以房抵款"的清偿方式为前提条件签订的。《抵房协议书》约定，"本协议履行期间，因甲方原因出现以下情形之一的，乙方有权向任何一甲方、若干甲方或全部甲方主张相对应的工程款及有关之请求权与抗辩权……若上述任一情形发生，乙方有权要求甲方付清相对应的工程款(质保金及应抵房额按原合同约定执行,或提供经乙方认可的等额担保)”,明确在申请人主张直接支付工程款时,相关质保金按照原合同约定执行,不再按照“以房抵款”方式中的约定一并支付。

申请人在代理意见中承认:“涉案工程合同约定:工程竣工结算总价款的5%作为工程质量保修金。工程质量保修期满两年后,由乙方提出申请经甲方和物业公司验收乙方全部修复工程缺陷合格后返还工程质量保证金的70%,工程质量保修期满五年后,由乙方提出申请经甲方和物业公司验收乙方已全部修复工程缺陷并且合格后返还剩余全部工程质量保证金。”仲裁庭认为,在双方当事人签订的合同中对于质保金有约定的情形下,应当适用合同约定,不适用《建设工程质量保证金管理办法》和《建设工程施工合同(示范文本)》的规定。申请人提交的《结算协议》中明确“防水工程质保期为五年”,本案工程项目交付至今尚未满 5 年保修期,依照上述合同约定,相应的质保金的返还条件尚未成就,不应随工程款一并支付。在庭审中,仲裁庭提出要求申请人对于分项工程质保期的年限以及对应的质保金数额予以明确,申请人在庭后提交的代理意见中对此没有提及,仲裁庭无从认定。鉴于申请人对于被申请人主张的防水质保金约 4400 万元的数额未提出异议,仲裁庭认为,应当将防水质保金约 4400 万元在申请人请求的工程款约 8.8 亿元中予以扣减。

据此,申请人本项请求中的工程款数额应当调整为约 8.3 亿元(约 8.8 亿元 - 约 204 万元 - 约 4400 元)。

关于被申请人之间的连带责任问题,申请人主张依据《协议书》“鉴于”条款:“现甲方(甲方一为第一被申请人、甲方二为第二被申请人、甲方三为第三被申请人、甲方四为第四被申请人)同意同时连带清偿上述项目包括约定抵房金额、质保金在内的欠付乙方(申请人)的全部工程款,最终实现乙方(或乙方指定第三方)获得实质性物权或现金,乙方亦愿意接受甲方同时清偿。”

仲裁庭认为,除上述约定外,《协议书》第 2.3 条约定,“甲方共同对清偿全部欠付工程价款承担连带支付责任”,“甲方一(第一被申请人)系甲方二唯一股东，甲方一同意甲方二为甲方一、甲方三、甲方四向乙方支付本协议第一条约定的欠付工程款承担连带责任保证担保”，“甲方一系甲方三、甲方四的唯一股东，甲方一同意甲方三、甲方四分别或共同为甲方二向乙方支付本协议第一条约定的欠付工程款承担连带责任保证担保”。因此，四被申请人之间依据上述约定对于彼此之间应当支付的工程款承担连带保证责任。

申请人的第二项仲裁请求为：第一被申请人至第四被申请人连带支付欠付申请人的工程款逾期利息，暂计约1500万元（利息以约8.8亿元为基数，按LPR标准，自2020年10月起计算至实际给付之日止，暂计至2021年4月）。

申请人在其代理意见中主张：涉案工程合同约定，结算完成且申请人配合被申请人完成竣工备案、项目移交被申请人委托的物业公司并经验收合格后1个月内支付至结算金额的95%。案涉工程于2020年9月完成结算，并签订《结算协议》，案涉工程已经全部验收合格并完成竣工验收备案、并移交被申请人委托的物业公司。因此，被申请人应当于2020年10月前支付工程款，并于2020年10月起计算工程款利息。

被申请人在其代理意见中提出从双方签订《结算协议》《协议书》到最终签订《抵房协议书》的时间跨度较长，双方一直在协商并且最终变更付款方式通过以房折抵工程款。在此期间，申请人从未向被申请人提出支付工程款的主张，并且签订《抵房协议书》之后，双方在积极履行办理抵房的事宜，申请人亦向被申请人提交《以房抵款确认书》。双方在履行《抵房协议书》期间，被申请人并无向申请人支付工程款的义务，申请人主张支付工程款利息无合同依据和事实依据。

仲裁庭认为，双方当事人签订《结算协议》确定工程款数额之日起，申请人便享有相应的工程款债权。虽然之后双方又签订《协议书》《抵房协议书》对支付工程款的方式进行了协商和变更履行，但是《抵房协议书》约定的以房抵款的方式最终因被申请人的原因没有得到履行。鉴于双方当事人在签订《结算协议》时本案工程已经完成了竣工验收备案和项目移交手续，申请人应当享有取得工程款的权利。因此，被申请人应当自签订《结算协议》后 1 个月即 2020 年 10 月起向申请人支付相应工程款利息。

仲裁庭注意到，申请人在此项仲裁请求中主张计算利息的基数约 8.8 亿元工程款中包含未到期的质保金。因申请人未能证明不同项目的质保期届满时间和对应的质保金数额，仲裁庭无法确定哪一部分工程质保期何时届满以及相应质保金的数额，故在前一项仲裁请求中对于被申请人主张的防水质保金约 4400 万元在应付的工程款中予以扣除，本项请求中的工程款利息应当以前项认定的工程款为基数，即按照扣除约 4400 万元质保金的 8.3 亿余元为基数计算利息，按 LPR 标准，自 2020 年 10 月计算至 2021 年 4 月为约 1440 万元。

根据仲裁庭在第一项仲裁请求中的论述，四被申请人之间应当对于此项仲裁请求中支付利息承担连带保证责任。

申请人的第三项仲裁请求为：确认申请人在约 8.8 亿元范围内对承建的 F 项目、G 项目、H 项目和 I 项目享有建设工程价款优先受偿权。

仲裁庭认为，根据我国法律规定，承包人可以与发包人协商将工程折价也可以就拍卖价款优先受偿。《协议书》约定："如采用工程款抵房的，则甲乙方确认的抵偿房屋与乙方指定主体签订《商品房买卖合同》前，乙方同时享有工程款债权及工程款优先受偿权。"被申请人在庭审中确认本案争议项目中的房产均属于商品房，不存在不适宜折价、拍卖的情形。故申请人应当在仲裁庭在第一项仲裁请求中确认的被申请人欠付的 8.3 亿余元工程款范围内，对承建的 F 项目、G 项目、H 项目和 I 项目的工程享有建设工程价款优先权。

申请人的第四项仲裁请求为：第一至第四被申请人连带支付逾期付款违约金约 5800 万元。

申请人主张，被申请人一致未履行支付工程款的义务，参照《补充合同》中约定："甲方无正当理由不按合同约定付款，从应付款之日起按照应付款的每日万分之一标准计算违约金，违约金上限为合同金额的 2%。"

被申请人抗辩称，《补充合同》之后，双方又签订了《结算协议》《协议书》

《抵房协议书》,一直在协议以房抵款的方式清偿工程款。《抵房协议书》签订后,申请人于2021年向被申请人提交《以房抵款确认书》,并未向被申请人提出支付工程款的要求。因此,不存在“无正当理由”不支付工程款的事实。并且《补充合同》约定的争议管辖是人民法院,本案也无权进行审理。

仲裁庭认为,双方在签订《结算协议》之后,虽然先后签订了《协议书》《抵房协议书》,对于欠付工程款的支付方式约定了以房抵款的方式承担工程款的支付义务,但是由于被申请人的原因,致使《抵房协议书》约定的以房抵款的方式最终未能得到履行,申请人的工程款债权一直未得到实现。故仲裁庭认为,本案属于工程款支付的争议,无论依据《补充合同》《结算协议》,还是依据《协议书》《抵房协议书》的约定,被申请人均未依约履行支付工程款的义务,应当认定为构成违约。但是鉴于本案《协议书》和《抵房协议书》中均未约定违约责任,申请人主张违约金所依据的合同为《补充合同》,但《补充协议》约定的解决争议方式是向人民法院提起诉讼。因此,本案中不能依据《补充协议》的约定计算违约金,故申请人的此项仲裁请求,仲裁庭不予支持。

申请人的第五项仲裁请求为:第一至第四被申请人连带支付因违约给申请人造成的利益损失暂计约4200万元。

申请人对此项仲裁请求作出说明,建设工程于2018年全部竣工验收合格并完成竣工备案,2019年4月全部交付被申请人,但直到2020年9月才完成结算。自涉案工程交付至结算完成长达18个月,此期间被申请人既未支付工程款,也未承担相应利息。本案中,申请人请求自结算完成后被申请人应当承担按照LPR利率标准计算的利息和合同约定的逾期付款违约金,但是按照LPR计算利息和按照合同约定的每日万分之一标准计算的逾期违约金之和,无法填补申请人的实际损失。此外,在工程交付被申请人后,被申请人就已经受益,从移交开始计算全付工程款利息亦符合公平原则。本项请求是自工程交付至结算完成期间欠付工程款资金利息(以结算金额约8.8亿元-质保金约1.5亿元)×3.85%×18÷12=约4200万元,属于申请人的实际损失,申请人暂按约

4200 万元提出主张。

被申请人抗辩称，申请人的此项仲裁请求既无事实依据，也无合同依据，不应当支持。

仲裁庭认为，根据最高人民法院《关于审理建设工程施工合同若干问题的解释》第 18 条的规定，“利息从应付工程价款之日计付……”。双方当事人约定自《结算协议》签订后的 30 日支付工程款，申请人在本案第二项仲裁请求中主张自支付工程款之日起计算利息已得到仲裁庭的支持。申请人此项请求中的利益损失是基于结算前（被申请人支付工程款义务前）工程款的利息提出的主张，缺乏合同依据和法律依据，仲裁庭不予支持。

申请人的第六项仲裁请求为：第一至第四被申请人共同并连带承担申请人为本案支付的律师费。

申请人与北京市 X 律师事务所签订的《委托代理合同》约定的委托事项为：代理 A 建筑公司与 O 公司、B 房地产公司、E 房地产公司 E 房地产公司、E 房地产公司、C 房地产公司关于“F、G、H、I 项目建设工程施工合同合并纠纷一案的仲裁事宜……；关于案件代理费约定：自本案取得生效仲裁裁决后 10 日内一次性支付案件代理费。

被申请人抗辩称，被申请人没有违约事实，双方合同中也没有此约定，申请人没有支付律师费，所以此项仲裁请求不应当支持。

仲裁庭认为，根据《委托代理合同》的约定，申请人的律师费用尚未实际支付。根据 2015 年版《仲裁规则》第 52 条的规定，仲裁庭认为根据本案实际情况酌情向申请人支付部分本案的律师费用 50 万元。

根据仲裁庭在第一项仲裁请求中的论述，四被申请人之间应当对于此项仲裁请求中应当支付的律师费用承担连带保证责任。

申请人的第七项仲裁请求为：本案保全费用由第一至第四被申请人共同并连带承担。

申请人提交了向 P 法院缴纳的财产保全申请费和 Q 保险公司缴纳的保全

保险费的支付凭证,要求被申请人予以补偿。被申请人称,申请人无理申请仲裁,应自行承担此费用。

仲裁庭认为,本案争议系因被申请人未履行《协议书》和《抵房协议书》约定的支付工程款或以房抵款而产生的争议,此争议发生的原因系被申请人未能依约履行合同义务所致。由于被申请人欠付工程款的事实存在,申请人提起本仲裁案时申请财产保全措施具有合理性以及法律依据。因此,被申请人应当对申请人支付的财产保全申请费和财产保全担保费用予以补偿。

根据仲裁庭中第一项仲裁请求中的论述,四被申请人之间应当对于此项仲裁请求中应当支付的保全申请费和保全保险费承担连带保证责任。

申请人的第八项仲裁请求为:本案仲裁费用由第一被申请人至第四被申请人共同并连带承担。

鉴于本案是因被申请人未履行《协议书》和《抵房协议书》义务欠付申请人工程款引发的争议,同时参照申请人仲裁请求被支持的情况,仲裁庭酌情认为,本案仲裁费用应由申请人承担10%,被申请人承担90%较为适当。

根据仲裁庭中第一项仲裁请求中的论述,四被申请人应当对于此项仲裁请求中的仲裁费用承担连带保证责任。

三、裁　　决

综上,仲裁庭经合议对本案作出裁决如下:

1. 第一至第四被申请人向申请人连带支付工程款8.3亿余元。

2. 第一至第四被申请人连带支付欠付申请人的工程款逾期利息(利息以8.3亿余元为基数,按LPR标准,自2020年10月起计算至实际给付之日止,暂计至2021年4月为人民币约1440万元。

3. 申请人在8.3亿余元工程款范围内对承建的F项目、G项目、H项目和I项目享有建设工程价款优先受偿权。

4. 第一被申请人至第四被申请人向申请人共同并连带支付部分律师费 50 万元。

5. 本案保全申请费,保全保险费由第一被申请人至第四被申请人共同并连带向申请人偿还。

6. 本案仲裁费由申请人承担 10%,由第一被申请人至第四被申请人共同连带承担 90%;该笔款项已与申请人缴纳的仲裁预付金相冲抵,故第一被申请人至第四被申请人应共同连带向申请人返还相应费用以补偿申请人为其垫付的仲裁费。

7. 驳回申请人的其他仲裁请求。

上述被申请人向申请人支付的费用,应自本裁决作出之日起 30 日内履行完毕。

本裁决为终局裁决,自作出之日起生效。

案例评析

【关键词】

《建设工程施工合同》《协议书》《抵房协议书》 工程款支付的依据

【焦点问题】

双方当事人在施工总承包合同的履行中完成结算后，就结算款项支付先后签订《协议书》和《抵房协议书》，抵房协议书也进行了一定的实际履行。申请人提起仲裁要求被申请人依据《协议书》以现金方式支付工程款，被申请人主张应继续履行《抵房协议书》，按“以房抵顶”的方式支付工程款。本案争议的焦点是应以《协议书》还是《抵房协议书》作为解决本案争议的合同根据，抵房协议书履行不能会产生什么样的法律后果。

【焦点评析】

本案的基本案情：申请人与被申请人签订施工总承包合同，由申请人承包被申请人发包的标的项目的施工，施工项目竣工经验收合格，并完成竣工验收备案和物业移交。2020年9月申请人和被申请人签订《结算协议》，确认结算金额为约29亿元。

2020年12月，申请人与被申请人签订了《协议书》，明确案涉施工合同目前仍应支付申请人工程款近8.8亿元。之后，申请人与被申请人签订《抵房协议书》。明确约定将应付工程款、应抵房额、质保金等各类款项(以下统称工程款)全部以被申请人的房源予以抵顶。

申请人要求被申请人依据《协议书》约定支付工程款，诉称双方签署《抵房协议书》后事实上已经按照《抵房协议书》约定签订了相关的抵房协议，陆续开展了“抵房”工作，但因被申请人欠付银行贷款而将其网签密钥交由银行保管，进而导致无法办理网签、无法签订商品房买卖合同、无法办理产权过户，且经申请人多番催告后，被申请人仍未能解决；抵房未能完成系被申请人原因导致，该等责任应当由被申请人承担，申请人有权要求被申请人依据《协议书》以现金方式清偿工程款。

被申请人答辩称，在签订《协议书》之后双方又签订《抵房协议书》，在签订《协议书》的同时，实际上各方已经达成了用被申请人的房源抵顶全部各项目应付款的意思表示，并约定最终通过《抵房协议书》来实现；签订《抵房协议书》是对《协议书》中关于以房抵工程款意思表示的进一步确定。《协议书》中所确定的相关义务，已经通过《抵房协议书》的签订予以调整、明确并履行完毕。《协议书》已被签订在后的《抵房协议书》取代。

结合本案案情及争议焦点问题，评述如下：

一、关于《协议书》和《抵房协议书》的关系问题

厘清《协议书》和《抵房协议书》的关系，是判断本案应以哪个协议作为争议解决的合同依据的前提。为此，在仲裁程序进行过程中，仲裁庭专门向双方发出问题单，请双方就《协议书》与《抵房协议书》之间的关系及本案应当依据哪一份协议履行的问题发表意见。

申请人答复称：虽然《抵房协议书》签订在《协议书》之后，但是《抵房协议书》仅是对《协议书》约定的清偿工程款方式之一的以房抵款清偿方式的具体化和补充约定，并不是取代《协议书》，也未更改、替换或消灭现金清偿方式。《抵房协议书》的签订，不影响申请人根据《协议书》《结算协议》及案涉施工合同之约定要求被申请人按照《协议书》等约定以现金方式清偿工程款。

被申请人回复称：在签订《协议书》的同时，实际上各方已经达成了用被申请人的房源抵顶全部各项目应付款的意思表示，并约定最终通过签订《抵房协议书》来实现；之后签订的《抵房协议书》将《协议书》中约定的抵房意思表示进一步明确，《协议书》中的相关义务，已经通过《抵房协议书》的签订予以调整、明确并履行完毕。根据《抵房协议书》的约定，只有因被申请人的原因，出现第

8条约定的3项情形(一是甲方无法提供足额的置换房源;二是无法办理产权登记;三是甲方将该部分房源转让、出租、抵债、赠与、放弃给第三方),申请人才有权要求以现金方式付清相应的工程款;未出现第8条约定情形的前提下,任何一方均应无条件执行《抵房协议书》。因此,被申请人认为申请人提出仲裁的行为,违背了诚实信用原则与丧失契约精神。

针对双方的争议,仲裁庭着重审理了双方签署《协议书》和《抵房协议书》的经过及协议的具体内容。仲裁庭注意到,其一,《协议书》第1条和《抵房协议书》第1条,明确的各类合计应付款项金额和构成一致;其二,《协议书》第2.1条明确约定,被申请人同意向申请人支付应付款项,同意通过以房抵款的方式承担连带担保责任,被申请人应自签订协议后7日内与申请人完成《抵房协议书》及相关文件。《抵房协议书》第2条亦明确,双方同意以标的项目房源抵顶《协议书》中确定的各类款项,具体抵顶房源和价格以双方确认表格为准;其三,《抵房协议书》第3条约定了抵房完成的期限为2021年12月31日,第8条约定了出现3种情形时,申请人有权要求被申请人付清相对应工程款。

仲裁庭认为,根据两份合同文件签订的时间以及内容关联,可以推定双方在签订《协议书》之后又签订《抵房协议书》,当时的真实意思表示是以《抵房协议书》代替《协议书》的履行,即以房屋抵顶未付工程款的方式替代以现金方式支付工程款。其实双方在签订《协议书》第2.1条中已表示出以房抵顶工程款的意思表示,并约定7日后签订《抵房协议书》。因此,虽然《协议书》和《抵房协议书》均是双方解决未付工程款事项的合同文件,但是《抵房协议书》应当优先于《协议书》的适用。

二、关于本案应当依据哪一份协议履行的问题

在确定《抵房协议书》效力优先的情况下,双方之间的工程款支付应按照《抵房协议书》的约定履行。仲裁庭注意到,双方在签订《抵房协议书》后,即开始按照协议进行履行,被申请人提交的该组《以房抵款确认书》显示,申请人向被申请人提交了涉及抵顶金额6.9亿元的《以房抵款确认书》,其前半部分内

容由申请人填写:"……我公司予以确认及承诺如下:(一)房屋所抵相应款项的数额、位置以本表确认为准。我公司对所抵房屋的现状以及暂不开具相应发票以及不具备办理产权证的条件等情况已经充分了解,没有异议。(二)本确认表经你公司审批流转结束后生效。我公司在本确认表生效 30 日内,按原合同要求提供与抵款数额相符的发票,并与你公司签订《抵房协议书》……"同时,确认书中载明有房屋的具体坐落位置、折抵价款,并加盖了申请人的法人公章。《以房抵款确认书》的后半部分内容需由被申请人填写,内容包括:合同金额、销售单价、房屋总价、抵房金额等,还有被申请人各个部门如"成本合约部""审计部""分管领导""销售部分管领导""财务部经办人""财务总监""集团财务总监""常务副总经理""总经理""董事长"对应的签字栏,但被申请人方均没有完成《以房抵款确认书》中的审核签字程序及加盖法人公章。被申请人在庭审中亦承认,这些《以房抵款确认书》尚未完成其内部审批流程。因此,申请人已经按照《抵房协议书》的约定启动了以房抵款的申请程序,而被申请人截至本案开庭时尚未完成其内部的审批流程,未能进入签订《商品房买卖合同》的阶段,未完成《抵房协议书》约定的以房抵顶工程款的相应事项。

仲裁庭认为,虽然双方于 2021 年 1 月签订的《抵房协议书》,约定了采用"以房抵顶"的方式偿付工程款,但是在《抵房协议书》的履行过程中,直至《抵房协议书》第 3 条约定的 2021 年 12 月 31 日届满时,被申请人对《以房抵款确认书》的内部审核流程仍未完成。因双方未按照《抵房协议书》约定的期限,即 2021 年 12 月 31 日前,完成签订《商品房买卖合同》及网签手续,申请人享有的工程款债权未得到清偿,其有权依据《协议书》约定向被申请人主张直接偿还工程款;被申请人主张继续依据《抵房协议书》解决双方争议,目前不具备继续履行的条件,且时间已经超过合同约定的履行期限。在此情况下,《抵房协议书》不能作为本案争议的合同依据。

三、关于未能完成以房抵顶工程款的责任认定

在《抵房协议书》的履行中,除 K 项目 L 房屋和 N 车位外,其他《抵房协议

书》附件清单中的房屋及车位,因双方未能提交签订《商品房买卖合同》或已经交付的证据,未完成对工程款的抵顶。

双方当事人对于没有完成签订《商品房买卖合同》及完成网签的原因和责任有不同的说法,申请人主张,其已积极按照《抵房协议书》履行,根据《抵房协议书》附件《抵顶房源明细表》向被申请人提交了约6.9亿元的《以房抵款确认书》,但是由于被申请人没有完成内部审核程序,所以无法继续进行后面的签订《商品房买卖合同》的程序。此外,由于被申请人欠J银行的贷款,销售密钥由J银行掌控,所以无法完成网签。被申请人主张,由于申请人未能提供签订《商品房买卖合同》的第三方主体,所以无法签订《商品房买卖合同》;至《抵房协议书》约定的2021年12月31日还有8个月才到期,申请人便申请仲裁暂缓了《抵房协议书》的履行。只有发生《抵房协议书》第8条约定的3种情形,申请人才能依据《协议书》主张支付工程款。

仲裁庭认为,根据《抵房协议书》第3条约定,与被申请人签订《商品房买卖合同》的主体既可以是申请人提供的第三方,也可以是申请人自己。即便申请人没有提供签约的第三方主体,也不是导致无法签订《商品房买卖合同》的原因。在本案审理中,被申请人并未提供证据证明其曾经要求申请人签订《商品房买卖合同》,而申请人未能指定第三方主体或者申请人自身拒绝与其签订,导致《商品房买卖合同》无法签订的事实存在。而申请人提交的关于抵顶房源被J银行管控的证据9—抵房进展的微信沟通记录截屏、证据10—申请人与被申请人关于抵房进展的沟通录音整理记录、证据11—申请人向J银行及被申请人发送《关于请求配合办理抵房合同签订与相关手续的函》,被申请人虽对上述证据的证明事项均不予认可。但是该组证据的内容可以相互印证:由于抵顶的房源被J银行进行监管,被申请人一直在向J银行申请网签而未得到银行审批而无法签订《商品房买卖合同》及办理网签手续,双方当事人对此事进行过多次沟通,申请人亦向J银行提出协助配合办理网签和备案手续的请求。仲裁庭认为,该组证据虽然形式存在一些瑕疵,但是其内容可以相互印证,存在

J 银行未批准本案所涉房源办理网签手续的情形，且被申请人提交的证据三《以房抵款确认书》显示，被申请人方尚未完成对《以房抵款确认书》的内部审核程序，这些是导致《抵房协议书》未能在“2021 年 12 月 31 日”前履行完成的原因。因此，未完成抵房事宜的原因及责任也不在申请人一方。

被申请人还主张，距《抵房协议书》约定的 2021 年 12 月 31 日还有 8 个月到期，申请人便提起本案仲裁，致使《抵房协议书》未能得到履行。仲裁庭认为，虽然申请人在《抵房协议书》约定的届满前即提起本案仲裁，但是被申请人直至 2021 年 12 月 31 日尚未完成其对《以房抵款确认书》的内部审核，也未获得 J 银行对办理网签手续的批准，履行以房抵款的客观障碍直至 2021 年 12 月 31 日并未消除。因此，并非由于申请人提起本案仲裁影响了本案《抵房协议书》的履行。《抵房协议书》第 8 条约定了 3 种情形下申请人可以直接请求支付工程款，在本案《抵房协议书》约定的 2021 年 12 月 31 日届满时，除 L 房屋和 N 车位外，其他房屋及车位均无法办理网签手续，符合上述 3 种情形中的第 2 种，即“其他导致抵顶房屋（不包括使用权车位）无法办理产权登记的”情形，申请人依约有权请求被申请人直接支付工程款。

【结语】

在建设工程施工合同履行中，由于发包人无法支付工程价款，承包人与发包人签订以房抵工程款协议的情形时有发生。对于以房抵款协议的效力，以及以房抵款协议履行与否的后果也多有争议。本案双方当事人虽然对协议效力不持异议，但对于以房抵款协议履行的法律后果各执一词。仲裁庭经过对协议签订过程和协议约定内容的详细分析，认定双方有以房抵款协议替代原债权协议的真实意思，并作出以房抵款协议有效且效力优先于原债权协议的认定，同时结合以房抵款协议履行的具体情况，对双方在协议履行中的责任进行确认，认定以房抵款协议非因申请人原因不能履行时，根据双方合同的约定，不支持被申请人要求继续按以房抵款协议履行的主张，而应以原债权协议作为处理本案争议的合同依据。

本案的审理和裁判发生在最高人民法院《关于适用〈中华人民共和国民法典〉合同编通则若干问题的解释》颁布和实施之前,其裁判理念与司法解释第27条的规定,即"债务人或者第三人与债权人在债务履行期限届满后达成以物抵债协议,不存在影响合同效力情形的,人民法院应当认定该协议自当事人意思表示一致时生效""债务人或者第三人履行以物抵债协议后,人民法院应当认定相应的原债务同时消灭;债务人或者第三人未按照约定履行以物抵债协议,经催告后在合理期限内仍不履行,债权人选择请求履行原债务或者以物抵债协议的,人民法院应予支持,但是法律另有规定或者当事人另有约定的除外"相吻合,充分体现了仲裁庭裁判的严谨和专业,对于引导当时的仲裁实践具有积极意义。

中国A国际工程公司与中国B电站工程公司燃煤电厂争议仲裁案

中国国际经济贸易仲裁委员会(以下简称贸仲)根据申请人中国A国际工程公司(以下简称申请人)与被申请人中国B电站工程公司(以下简称被申请人)于2010年5月签订的《Y国燃煤电厂项目分包合同》(以下简称合同或本案合同)中仲裁条款的约定,以及申请人于2019年12月向贸仲提交的书面仲裁申请,受理了双方当事人之间因履行上述合同而产生的本争议仲裁案。

一、案　　情

(一)申请人的仲裁请求及事实和理由

2010年4月,申请人母公司与Y国C公司(以下简称C公司)组成联合体,与业主D公司签订了Contract Agreement for Coal Fired Steam Power Plan Project 2×50mW及相关合同文本(以下简称主合同),由联合体作为总承包商建设位于Y国O省的燃煤电厂项目。

2010年5月,申请人与被申请人签署本案合同,约定被申请人负责主合同项下的全部工作。合同由协议书、合同条件、被申请人报价书、主合同及其附件及廉政合同等组成。根据合同约定及实际履行情况,被申请人分包合同项下的工作范围包括土建和机电在内的全部工作。其中,土建分包由C公司具体实施,被申请人与C公司签订了《土建分包合同》(以下简称C公司分包合同)。

2012年7月项目开工。在项目实施过程中,被申请人存在严重的违约行为,给申请人造成了巨大损失,应当依据合同约定和法律规定予以赔偿。

1. 被申请人人员配置不足、工期严重延误

根据合同约定,项目本应在2015年4月完成施工,2016年4月缺陷责任期届满。但因被申请人长期存在人员配置不足、工作进度拖延的情形,预计在2020年6月缺陷责任期才能届满,超出原定工期50个月。

在多年的误期过程中,申请人因此发生了人员工资、保函续期、租房费、办公设施购置费、交通费等额外成本。

为纠正被申请人施工出现的种种问题,如移动车辆性能参数低于合同要求、循泵及凝结水泵接管设备缺陷、边坡防护土工布使用错误,发电机局部放电检测系统未安装、集控室未安装窗户等,业主发生了费用,最终将在主合同下相应扣减应付款项,使申请人遭受损失。

被申请人还应当承担人员擅自离场、人员配置不足的违约金。

2. 被申请人资金不足、无法执行项目工作

2014年,被申请人因其自身资金不足,请求申请人代垫项目费用。申请人在过去的5年中被迫为被申请人垫付了大量的对外付款。这些均属于被申请人执行项目工作所应发生的支出和成本,应由被申请人承担。

3. 被申请人人员擅自离场、放弃现场工作

被申请人的人员擅自离场,构成违约。2017年5月,汽机主管、电气主管、热控主管擅自离场后,被申请人的现场管理人员仅剩4人。目前项目现场已无被申请人人员,而仍遗留一号机组剩余工作、二号机组首检以及多项消缺工作未完成。

2019年10月,申请人不得不接管项目现场工作,并于2019年12月向被申请人发函终止合同。申请人为完成项目剩余首检、消缺等工作的费用应由被申

请人承担。

申请人最终确认的仲裁请求如下：

(1)被申请人向申请人支付因其违约行为申请人造成的损失总计人民币约1.96亿元，具体如下：

①申请人因工期延误支出的额外管理成本人民币约4900万元；

②被申请人应支付的违约金人民币约610万元；

③被申请人施工质量问题给申请人造成的损失人民币约603万元；

④申请人代替被申请人支付的款项及利息人民币约1亿元(利息暂计至2020年6月30日)；

⑤因被申请人人员擅自离场、放弃现场工作导致给申请人造成的损失共计人民币约2700万元。

(2)被申请人承担申请人为本案支出的财产保全费、诉讼责任保险费、律师费、翻译认证费等合理费用人民币约180万元。

(3)本案仲裁费全部由被申请人承担。

(二)被申请人的答辩意见

1. 本案合同无效，申请人无权依据合同要求被申请人承担违约责任

2010年2月，中国A集团公司(以下简称A集团)与C公司签署《联合体协议》，双方组成联合体，C公司负责合同土建部分，E集团负责工程设计、供给、电站的启动和工程试车。后联合体中标案涉燃煤电厂项目，与业主签订了主合同。根据主合同约定，承包商不应将工程转包或者指定第三方，任何这类转让或者指定行为都是无效的。

本案中，申请人并非主合同主体，亦未取得联合体的指定授权，申请人无权与被申请人签署分包合同，并非分包合同的适格主体。而且再退一步讲，最高人民法院《关于审理建设工程施工合同纠纷案件适用法律问题的解释(一)》第1条规定，承包人因转包、违法分包建设工程与他人签订的建设工程施工合同，应当依据《民法典》第153条第1款及第791条第2款、第3款的规定，认定无

效。因此,本案申请人将主合同项下的任务分包给被申请人的分包合同应该依法被认定为无效。即使授权指定是合法有效的,按照主合同不得指定、转包的约定,申请人也不得再次向外转包。此外,申请人将相关工程转包后,仍然赚取主合同项下15%的工程款,仅余85%工程款给实际施工人。申请人利用其优势地位给被申请人附加设置了极高义务,规避自身责任,使实际施工人没有利润,再加之项目长期拖延不能开工及土建单位施工缓慢,使被申请人无法施工,在本项目中完全负利润,且有重大损失。

2. 申请人请求赔偿损失,无事实和法律依据

(1)申请人本案主张的损失,并未实际发生,且申请人亦未提供证据证明。

(2)按照主合同约定,C公司负责土建部分,与A集团系联合体成员,并约定承担合同项下义务的连带责任,C公司如有违约行为也不应当是被申请人承担责任。

(3)此外,项目现场海水水质受季节波动非常大,每年下半年以后,大量近海沉积杂物(腐烂树叶、树根、椰壳白色垃圾等大量有机物)被海浪卷起,每当近海有较大的风浪或者暴雨过后,项目现场的近海有近1~2公里的污染带,导致项目取水口水质部分指标成倍级的恶化,主合同中提供的水质指标无参考价值。

综上,申请人的仲裁请求无事实与法律依据。被申请人请求驳回申请人的仲裁请求。

二、仲裁庭意见

(一)关于本案的适用法律、合同效力

1. 适用法律

仲裁庭注意到,本案合同"适用法律"约定:"本合同适用法律为中华人民共和国法律、法规、司法解释及任何可适用的地方性法规、规章及有关规定。在

本合同履行过程中,甲乙双方应本着友好原则,相互协作,互利互让,出现新的问题协商解决,若双方协商不能达成一致意见,则按照中华人民共和国法律、法规裁决。"仲裁庭认为,根据合同上述内容,解决本案争议适用中国法律。

2. 本案合同的效力

被申请人在本案中主张合同无效的主要理由为:一是申请人不是与业主签订主合同的企业,申请人没有权利把不属于自己的工程转包给被申请人;二是根据主合同的约定,转包行为是禁止的;三是中国法律禁止转包行为。仲裁庭就被申请人提出的主张逐项发表意见:

(1)申请人没有权利把不属于自己的工程转包给被申请人

针对被申请人的此项理由,仲裁庭注意到,本案合同"协议书"已经明确"A集团就燃煤电厂项目与D公司(以下简称'业主')签订了EPC总承包合同(以下简称'主合同'),并全权授权、委托其全资子公司A公司即甲方实施该项目"。仲裁庭认为,在订立本案合同之时,被申请人完全知晓申请人作为发包人的权利来源且从未提出过异议,被申请人作为本案合同的承包人实际履行了绝大部分合同义务,在双方产生争议前从未提出申请人非本案合同适格主体,而在本案合同已经绝大部分实施完成的情况下,再以申请人非合同适格主体为由提出合同无效,不符合诚实信用原则。

仲裁庭还注意到,A集团于2020年7月出具《确认函》,全权授权、委托其子公司,也就是本案申请人具体实施本案项目的相关工作,认可申请人为本案项目事实所展开的工作,包括本案合同。而C公司作为联合体成员,对A集团向申请人的授权未提出异议,同时还与申请人的分包商即本案的被申请人订立了C公司分包合同。仲裁庭认为,A集团向申请人授权,而C公司在完全知晓申请人以联合体名义与被申请人订立本案合同的关系及事实的情况下,又以与被申请人订立C公司分包合同的实际行动对此表示认可,可以视为申请人经联合体合法授权。

再者,被申请人于2011年9月与C公司签订了C公司分包合同,将本案合同项下的土建工程分包给C公司,而C公司分包合同所涉的基础文件之一即为主合同。若是申请人无权与被申请人订立本案合同,则被申请人又基于何等权利与C公司订立C公司分包合同?因而被申请人此项主张缺乏逻辑性。

仲裁庭另注意到,本案合同已经部分实施,被申请人作为本案合同的承包人也实际履行了部分的合同义务,其间未见有任何案外人主张被申请人向其分包的工程不属于申请人的工程项目。仲裁庭认为,申请人作为本案合同的发包人,只要拥有本案合同项下的合同权利以及能够履行合同项下的义务,其与业主是否存在合同关系或者存在什么样的合同关系,都与本案合同及被申请人无关。

根据本案合同订立的实际情况,仲裁庭认为,应基于当事人意思自治原则,从维护交易秩序、保证交易安全的角度出发,对申请人订立本案合同的权利予以认定。如果不顾及合同履行的实际情况而认定本案合同无效,将彻底颠覆已经完成的交易,可能导致双方当事人无法弥补的损失,此种结果对双方当事人均非公平。故,仲裁庭对于被申请人的此项抗辩不予采纳。

(2)主合同约定禁止转包

针对被申请人的此项理由,仲裁庭结合上述对于申请人为本案合同适格主体的意见,认为分包合同是否违反主合同的条款,仅关系主合同的发包人是否向承包人追究违约责任。即使主合同的承包人涉嫌违法转包,也应由业主作出判定,由业主向承包人主张权利。本案双方当事人在合作长达近10年的情况下,被申请人并未举证业主对于本案合同的订立和实施提出过异议,因而本案合同的效力不存在因主合同约定而无效的事由。

根据本案合同的实际履行情况,仲裁庭对于被申请人的此项抗辩不予采纳。

(3)中国法律禁止转包

本案合同约定了适用中国法律。中国法律对于建设工程的规范主要见于《建筑法》,而中国企业参与的境外工程的合同效力,则见于《对外承包工程管

理条例》(以下简称《对外承包条例》)。仲裁庭对于建筑法及对外承包条例在本案中的适用情况意见如下:

1)《建筑法》的规定

就《建筑法》等法律法规禁止转包/违法分包规定的适用,仲裁庭认为,判断分包合同法律效力的关键要素是建筑法的适用范围。《建筑法》第2条规定:“在中华人民共和国境内从事建筑活动,实施对建筑活动的监督管理,应当遵守本法。”首先,《建筑法》第2条明确规定其适用范围为中华人民共和国境内。其次,《建筑法》第28条、第29条第3款禁止转包和违法分包的规定,系规制建筑主体行为的法律,上述法律规定应受第2条适用范围的限制,不宜将《建筑法》的适用范围理解为适用建筑地点位于境外的国际工程项目。况且,《建筑法》第2条适用范围的规定是属地主义原则,而非属人主义原则。另外,《建筑法》中关于资质、造价、招投标等的相关规定在境外工程项目中缺乏适用的基础。反之,如果《建筑法》等相关中国法律适用境外承包工程,则绝大部分境外工程承包合同都会仅仅因缺失国内法定工程招标程序而无效。这种结果肯定不符合立法的本意。最后,《建筑法》作为建筑活动的上位法,其效力优先于其他法律规定和司法解释。本案合同订立之时适用的原《合同法》作为建筑法的同位法,其第16章第272条的规定与《建筑法》第28条的规定相同。

综上,仲裁庭认为,分包合同是位于中国境外的工程项目,而《建筑法》第2条适用于中国境内的建筑活动,因此,建筑法及其他法律中规定禁止转包和违法分包的有关规制建筑主体及其市场行为的法律不适用本案合同,被申请人以此为由主张分包合同无效的主张不应予以支持。

2)对外承包条例

仲裁庭注意到,2017年版《对外承包条例》第10条第4款规定:“分包单位不得将工程项目转包或者再分包。对外承包工程的单位应当在分包合同中明确约定分包单位不得将工程项目转包或者再分包,并负责监督。”根据该条的规定,中国的总承包商在与中国的分包商所订立的分包合同中应当明确“分包单位不得将工程项目转包或者再分包”。而在本案中,分包单位为被申请人,因而该条禁止的是分包单位(本案被申请人)再分包。

仲裁庭还注意到,2017 年版《对外承包条例》第 2 条明确:“本条例所称对外承包工程,是指中国的企业或者其他单位(以下统称单位)承包境外建设工程项目(以下简称工程项目)的活动。”根据前述仲裁庭关于申请人经由联合体授权与被申请人订立本案合同的意见,仲裁庭认为,联合体就法律地位而言因有外国公司的参与而非“中国企业”,不属于 2017 年版《对外承包条例》第 2 条规定的承包境外建设工程项目的中国企业或其他单位,因而不属于中国违法分包相关禁止性规定规制的对象。申请人将本案工程分包给被申请人实施,也不属于 2017 年版《对外承包条例》第 10 条的禁止分包单位再分包的情形,没有违反法律禁止性规定。

综上,仲裁庭认为,本案合同是当事人的真实意思表示,且不违反中国法律和行政法规中的强制性规定,故合法有效。申请人与被申请人均应当按照合同的约定履行各自的义务。

(二)本案的基本事实和争议焦点

根据当事人双方提交的材料和仲裁庭审理情况,仲裁庭查明事实如下:

2010 年 2 月,A 集团与 C 公司签订《联合体协议》,组成联合体投标案涉燃煤电厂项目。

2010 年 4 月,联合体中标并与业主签订主合同。

2010 年 5 月,申请人与被申请人签订了本案合同。合同内容为“主合同项下所有任务”,价款为“固定总价合同”,金额为约 7100 万美元和约 5300 亿 Y 国货币,汇率为 1 美元:8656 Y 国货币,合同工期为 33 个月。

2011 年 9 月,被申请人与 C 公司签订了 C 公司分包合同,将本案合同项下的土建工程分包给 C 公司。

2012 年中下旬,项目开工。

2014 年 3 月,因被申请人资金问题,申请人、被申请人及 C 公司签署了《当地土建采购协议》(以下简称当地采购协议),约定由申请人代被申请人向C公司先行支付分包款项,再由申请人通过扣减分包合同后续工程款的方式收回代垫款。

2017年5月,被申请人主要人员离开现场,现场尚余4人。

2019年10月,申请人接管项目现场。

2019年12月,申请人向被申请人发送合同终止函。

现双方就本案合同的效力,被申请人是否违约及申请人损失等问题存在争议。

(三)申请人的仲裁请求

1. 关于C公司分包合同与本案关系的问题

申请人仲裁请求中相当部分基于其主张的被申请人工期延误。被申请人对于工期延误的事实不持异议,但是辩称工期延误主要由C公司的土建工程导致。C公司为联合体成员,其违约行为不应当由被申请人承担责任。

仲裁庭注意到,2011年9月,被申请人与C公司签订了C公司分包合同,将本案合同项下的土建工程分包给C公司,合同总价为约5000亿Y国货币,占本案合同项下Y国货币部分的近95%。

仲裁庭认为,鉴于本案合同包括了主合同项下的所有土建施工,因而作为联合体成员的C公司实施的土建工程仅是基于C公司分包合同,被申请人与C公司的关系为C公司分包合同的发包人和承包人。

仲裁庭还认为,在国际承包工程实践中,总承包商联合体成员在工程实施中又作为分包商承接部分项目的情况屡见不鲜,属国际工程承包的常态,不违反任何的强制性法律法规。因而本案中C公司既是联合体成员,又是被申请人的分包商。双方争议涉及C公司的部分,基于C公司分包合同项下C公司的义务,而非C公司作为联合体成员的义务。C公司分包合同实施中C公司若存在拖延工期的情形,被申请人应当基于C公司分包合同要求C公司承担责任,而非要求C公司作为联合体成员承担责任。

综上,鉴于被申请人基于本案合同与C公司订立了C公司分包合同,因而若C公司分包合同的履行导致本案合同项下工期拖延,本案合同项下工期拖延的违约责任应由被申请人承担。

2. 关于本案货币及汇率的问题

就本案合同货币,合同价款为美元及Y国货币,申请人则以外币折合人民币提出仲裁请求。仲裁庭认为,本案当事人双方均已经回国,再以外币计算对于双方均存在不必要的困难。申请人提出人民币的计算是合理的,对被申请人亦是公平的,仲裁庭予以采纳。

就人民币对外币的汇率,申请人主张以其提起仲裁申请前夕汇率计算。被申请人对此未表示异议。仲裁庭注意到,合同"合同价格"确定的美元对Y国货币的汇率为1∶8656。仲裁庭认为,合同虽未约定美元兑人民币的汇率但该等汇率多年变化不大,仲裁庭对于申请人主张的汇率予以采纳。虽然合同对于美元兑Y国货币的汇率作出了约定,但是合同订立于2010年5月,申请人仲裁请求事宜均主要在2016年6月之后发生,期间Y国货币的汇率有了大幅变动,因而若再以合同约定的汇率折算,势必造成对合同一方的不公。另外,申请人主张的汇率与合同约定的汇率相比,同样Y国货币兑换成美元再折合成人民币所得的金额,少于合同约定的1美元兑8656 Y国货币所得的金额,对被申请人不存在任何损害。故仲裁庭本案审理中采纳申请人有关汇率的主张。

3. 关于本案合同价格是否合理的问题

就被申请人提出的本案中申请人利用其优势地位给被申请人附加设置了极高义务,规避自身责任,不符合一般交易习惯以及公序良俗,使实际施工人没有利润,再加之项目长期拖延不能开工且土建单位施工缓慢,使被申请人无法施工,被申请人在本项目中完全负利润,且有重大损失的主张,仲裁庭认为,被申请人作为有经验的承包商,在了解主合同内容后,对于价格的判断应自行承担责任。再者,被申请人在整个合同履行期间未对合同价格提出异议,而在十年后申请人提起仲裁时才主张价格不公平,显然不符合诚信原则。此外,土建单位C公司施工缓慢,其责任应由被申请人承担。故仲裁庭对于被申请人的此项抗辩理由不予采纳。

4.关于双方结算金额的问题

申请人称,被申请人已完成的项目工作已全部结算,已结算工程总价值约7000万美元及约5200亿Y国货币,剩余部分被申请人未完成,因而未结算。

被申请人在庭审中辩称合同尚未最终结算。

仲裁庭注意到,申请人就其主张的已结算部分提交了证据《燃煤电站项目期中(末)付款项目部审核表》,上面有申请人与被申请人盖章确认,仲裁庭予以采纳。仲裁庭认为,该等证据证明双方就被申请人已完成工作的进度款进行了确认。但是,因被申请人提前撤场,尚有部分工作未完成,因而双方未就本案工程进行最终的结算。

仲裁庭还注意到,本案合同固定总价款为约7100万美元及约5300亿Y国货币。根据申请人证据,双方于2019年5月在"机务当地采购第3期"的《燃煤电站项目中(末)付款项目部审核表》签字确认"本期前累计结算金额"为约7000万美元和约5200亿Y国货币,"本期申请支付金额"为约16万美元及Y国货币0;同日,双方在"机务电气安装调试第四十四期进度款(2018年6月)"的《燃煤电站项目中(末)付款项目部审核表》签字确认"本期前累计结算金额"为约7000万美元和约5200亿Y国货币,"本期申请支付金额"为约2.6万美元和约2亿Y国货币。上述金额相加分别为约7000万美元(约7000万美元+约16万美元+约2.6万美元)和约5200亿Y国货币(约5200亿Y国货币+约2亿Y国货币)。该份审核表为双方当事人签字确认的最后一份审核表,确认被申请人已完工价款约7000万美元,占分包合同美元价款的98%左右;约5200亿Y国货币,占分包合同Y国货币价款的约99%。被申请人对申请人提出的已完工价款未发表意见,仲裁庭认为根据被申请人已完成的工作占合同美元价款约98%和Y国货币99%,可以推论出被申请人已完成的工作约占合同价款98%,结合本案审理的实际情况,这一结论是合理的,仲裁庭予以采纳。

5. 关于外文证据材料的问题

本案中，双方均提交了域外形成的外文证据材料。经考虑双方当事人意见及本案实际情况，仲裁庭在2号程序通知明确说明对于域外形成的证据不强行要求经中国使领馆公证认证，对于外文的证据材料要求提供由司法机关认可的翻译机构出具的中文翻译件。

6. 关于赔偿损失人民币约2亿元的问题

申请人此项仲裁请求包括工期延误额外管理成本、违约金、施工质量损失、垫资费用及利息和被申请人擅自离场损失。

仲裁庭就此逐项论述意见如下：

(1)关于工期延误额外管理成本人民币约4900万元的问题

仲裁庭认为，申请人仲裁请求中的此项费用是否能够得到支持，需先判断被申请人是否存在延误工期的违约行为？若存在，申请人主张赔偿损失的金额是否合理？

1)工期延误

申请人主张工期延误期间为2016年5月至2020年10月。本案工程原定工期33个月，实际开工为2012年7月，应当在2015年4月之前完工，2016年4月缺陷责任保证期满。但实际情况是，一号机组2017年12月业主签发带缺陷项的接收证书(Taking over Certificate，亦称TOC证书)，二号机组2018年10月业主签发带缺陷项的接收证书；2019年9月，业主签发一号机组履约证书(Final Acceptance Certificate，亦称FAC证书，亦为最终验收证明)，但仍附带79页的缺陷项清单，留待二号机组履约证书签发时一并解决。二号机组履约证书至今未签发。

被申请人则主张本案工程在合同签署后迟至2012年9月才破土动工，给被申请人事实上造成了时间、费用、成本上的巨大损失。被申请人已经完成案涉机组项下的工作，且经业主验收出具接收证书。证书载明一号机组质保期自

2017 年 12 月起算 12 个月，二号机组质保期从 2018 年 10 月起算 12 个月。质保期结束后，被申请人不承担责任。而一号机组 2019 年 9 月举办首次检查完工仪式，证明一号机组已经完成最终验收，出具最终验收证明。二号机组亦已取得该证书。但是被申请人不掌握资料。另外，项目拖期原因是联合体成员 C 公司的原因造成，并非被申请人的原因，即使存在相关损失导致，也不应由被申请人承担。

仲裁庭注意到，本案合同的“合同协议书”约定：“乙方需按照本合同及主合同规定的各个节点工期内完成相应工作：(1) 第一个工期节点为第一组蒸汽涡轮机及其辅助设备满足商业运行要求，工期为 30 个月；(2) 第二个工期节点为第二组蒸汽涡轮机及其附属设备满足商业运行要求，工期为 33 个月（完工工期）。”故本案工程的工期应为 33 个月。

仲裁庭还注意到，合同之约定：“‘竣工时间’指从开工之日算起到工程或其人和区段按合同要求完成竣工试验并收到业主颁发的接收证书或类似证明文件后的时间……‘接收证书’指工程按合同要求完成竣工试验后业主签发给甲方的接收证书或者类似文件或者证书。‘缺陷责任期’指业主办理接收证书或初步接收证书或类似文件或证书之日起 12 个月内，详细内容与主合同规定一致。‘履约证书’指工程缺陷责任期满后完成最终验收并获得业主签发给甲方的履约证书或类似文件或证书。”仲裁庭认为，根据上述约定，“竣工时间”“接收证书”与合同协议书约定 33 个月的“完工日期”并非同一概念。完工日期应以“完成最终验收并获得业主签发”的履约证书日期为准。

①开工日期及工期延误的起算时间

申请人主张本案工程于 2012 年 7 月开工，提交了业主落款日期为 2012 年 7 月 16 日的函件，其中只是说明可以开工，但是未标注开工日期。被申请人则主张为 2012 年 9 月 5 日，提交了 2012 年 9 月 5 日工程动工仪式的照片。

仲裁庭认为，申请人提交的业主函件并不能说明 2012 年 7 月工程即已经开工；而开工仪式实操中则可早于或者晚于实际开工日期，因而亦不能由此确定工程的实际开工日期。结合双方当事人的意见及证据,仲裁庭酌定本案工程的开工日期为 2012 年 9 月 1 日。

仲裁庭还认为,根据仲裁庭对于开工日期的意见,最迟于 2015 年 5 月 31 日,33 个月的工期已经届满。鉴于申请人主张的工期延误起算日期自 2016 年 5 月起算,迟于 2015 年 5 月 31 日。故仲裁庭采纳申请人的意见,工期延误自 2016 年 5 月 1 日起算。

②竣工日期及工期延误的月份

申请人在其提交的落款日期为 2021 年 3 月的《申请人对第 2 号程序令的回复及相关问题的说明》中称,业主尚未对二号机组完成最终验收并出具履约证书。

被申请人则称,一号机组于 2019 年 9 月 3 日已经完成最终验收,出具履约证书。二号机组亦已取得该证书。但是被申请人不掌握资料,申请仲裁庭要求申请人提供或者向业主调取。

仲裁庭注意到,业主已经于 2019 年 9 月 11 日颁发一号机组的履约证书,但是未见对二号机组颁发履约证书的证据。仲裁庭认为,根据一号机组 2017 年 12 月 31 日业主签发接收证书,而二号机组业主在 9 个月后于 2018 年 10 月 9 日才签发接收证书的事实,可以合理得出二号机组履约证书签发时间将晚于业主 2019 年 9 月就一号机组签发履约证书时间,且不早于 2020 年 6 月的结论。根据被申请人就一号机组于 2019 年 9 月签发履约证书提交的相关仪式照片的证据,说明二号机组若签发履约证书,其证据亦非无法取得。在申请人否认业主就二号机组已经签发了履约证书的情况下,二号机组是否签发履约证书属不确定事件,而仲裁庭无法就业主何时已经向二号机组签发了履约证书这一不确定事件向业主调取证据,故仲裁庭对于被申请人的此项调取证据的请求不予接受。仲裁庭还注意到,申请人此项仲裁请求主张的项目延期至 2020 年 10 月止,除房屋租赁费用一项至 2020 年 11 月外,其他金额不包含 2020 年 10 月之后的款项。仲裁庭结合本裁决对申请人仲裁请求中主张的被申请人撤场后申请人委托第三方完成被申请人剩余的性能试验、检修工作、消缺检修、土建工程及取水渠道施工、电气试验等的意见，认为申请人主张的自2016年5月至2020年10月的项目拖期时间是合理的，仲裁庭予以采纳。根据前述仲裁庭对于C公司分包合同项下C公司工期延误的意见，上述工期延误的责任应由被申请人承担。

2）损失赔偿的时间段

根据上述仲裁庭对于工期延误时间的意见，仲裁庭采纳申请人的意见，补偿费用的起算日期应从2016年5月起计算至2020年10月。

仲裁庭注意到，根据申请人证据，双方于2019年5月6日就被申请人已完工程做了结算，申请人于2019年10月9日接管项目现场。仲裁庭认为，根据上述申请人的自述，2019年10月9日之后，申请人在现场主要是为了完成双方尚未结算且申请人未支付合同价款的被申请人尚未完成的工作。申请人自行完成该部分工作，相应的款项从业主处获取而不必支付给被申请人。因而2019年10月9日之后申请人为继续履行合同项下被申请人未完成工作产生的费用，尤其是申请人为人员工资及社保、租房、日常办公、签证、员工生活、交通、差旅、业务、保险医疗等支出，即使属申请人损失，也可以从不必向被申请人支付的未结算合同价款中获得部分补偿，因而不应全部由被申请人承担。考虑到申请人不得已临时进场自行施工相较于被申请人按合同约定完成工作会产生较高的成本，因而仲裁庭对于2019年10月9日至2020年10月的工期拖延损失，将适度作出裁定。

3）损失赔偿的金额

申请人就工期延误主张的赔偿细分为16项，具体为：

①中方人员工资及社保费用人民币约2600万元，包括分别为2016年5月至2020年3月人民币约2400万元和2020年4月至10月人民币约127万元。

②保函续期费用人民币约261万元，在2016年5月至2020年10月的延期期间，申请人共计发生保函续期费用约36万美元和约23万元人民币，折合

人民币约261万元。

③总部借款利息人民币约669万元,2016年5月至2020年3月实际产生总部借款利息人民币约620万元,2020年4～10月利息人民币约49万元。申请人提交了借款期限为2017年6月至2017年12月的人民币约2000万元"代垫土建资金"的《内部资金借款协议》,借款利率为4.785%;借款期限为2019年1月至2020年9月的约2000万元"代垫土建资金"的《内部资金借款协议》,借款利率为4.75%。

④当地人员工资人民币约109万元,延期期间,申请人于2016年5月至2020年3月实际支出当地人员工资约14万美元,2020年4月至10月支出约2万美元,共计发生当地人员工资费用约16万美元,折合人民币约109万元。

⑤租房费用人民币约99万元,在延期期间,申请人共计发生租房费用约15万美元,折合人民币约99万元。

⑥日常办公费用人民币约63万元,包括2016年5月至2020年3月的支出约人民币51万元和2020年4～10月的估测支出约人民币11万元。

⑦签证费用人民币约93万元,延期期间,申请人于2016年5月至2020年3月实际支出签证费用约14万美元,2020年4月至10月支出约2400美元,共计折合人民币约93万元。

⑧员工生活费人民币约109万元,延期期间,申请人在2016年5月至2020年3月实际支出生活费用约15万美元,2020年4～10月支出约1.4万美元,总计折合人民币约109万元。

⑨交通费用人民币约28万元,延期期间,申请人于2016年5月至2020年3月实际支出交通费用约4万美元,2020年4～10月支出约1500美元,共计折合人民币约28万元。

⑩差旅费人民币约180万元,延期期间,申请人在2016年5月至2020年3月实际支出差旅费用约25万美元,2020年4～10月支出约2万美元,共计折合人民币约180万元。

⑪业务费用人民币约31万元,延期期间,申请人于2016年5月至2020年3月实际支出业务费用约5万美元,2020年4~10月支出约2000美元,共计折合人民币约31万元。

⑫保险、医疗、折旧等其他费用人民币约41万元,延期期间,申请人于2016年5月至2020年3月实际支出其他费用约5万美元,2020年4~10月支出约8000美元,共计折合人民币约41万元。

⑬聘请中国F监理公司(以下简称F公司)进行设计管理、合同管理和施工管理的额外费用人民币约523万元,由于项目延期,申请人不得不延长F公司的聘用期限。项目延期申请人额外增加管理费为约79万美元,折合人民币约523万元。

⑭第三方服务费支出人民币约46万元,由于延期,2016年11月联合体与G公司中国G公司(以下简称G公司)签署了《燃煤电站项目调试咨询协议》,约定由G公司提供调试咨询服务。该合同第3条约定按约4万元人民币/(人·月)计算服务酬金。申请人实际向G公司支付了人民币约8万元,有申请人向G公司付款的记账凭证和银行回单为证;2018年12月,联合体与中国H公司(以下简称H公司)签署了《燃煤电站项目技术服务合同》,聘请其提供机组消缺、调试消缺、首检等技术服务。合同约定的竣工时间"暂定2019年3月,具体根据实际工期情况确定",第3条约定了3个月的服务费用为约20万元,由于被申请人遗留的消缺工作过多,在2019年3月底无法完成,H公司不得不延长服务时间,申请人向H公司实际支付的费用总计人民币约38万元。

⑮律师费人民币约5万元,由于被申请人及其土建分包商C公司拖欠当地钢结构供应商、施工方款项,供应商在Y国提起诉讼。为应对该等诉讼,申请人聘请律师应诉,支出了律师费。

⑯安全生产费用人民币约32万元,延期期间,申请人于2016年5月至2020年3月实际支出安全生产费用约4万美元,2020年4~10月,支出约9000美元,合计折合人民币32万元。

申请人就其上述主张的各项损失赔偿,分别提交了相应的证据,被申请人质证的主要意见均是申请人证据不能证明实际发生该费用,且该费用也不应由被申请人承担,对于涉及没有被申请人参与的合同签订,被申请人质证认为与被申请人无关,对于涉及C公司或联合体的相关证据,被申请人质证认为,应由C公司或联合体承担责任。

结合双方证据和质证情况,仲裁庭对申请人主张的赔偿逐项进行了认定。仲裁庭认为,工期延误导致申请人产生中方员工工资和社保费用、保函续期费用、总部借款利息、当地人员工资、房屋租赁费用、签证费用、员工生活费、差旅费、交通费用、聘用F公司管理费用及第三方服务费用等额外费用,属于合理和必要的开支,被申请人应予承担。

对于申请人主张的保函续期费用人民币约261万元、聘用F公司管理费用约523万元、第三方服务费用约46万元,仲裁庭予以支持。

对于申请人主张的中方员工工资、当地人员工资,仲裁庭注意到,申请人就此两项费用虽然提交了申请人自行编制的项目财务文件,记账凭证及原始凭证,但是并未说明项目上究竟有多少人员,该等人员在项目部的合理性。仲裁庭认为,基于这一事实,仲裁庭只能结合申请人的相关证据,酌情裁定该部分的费用。结合上述仲裁庭对于2019年10月之后申请人损失的意见,仲裁庭酌情裁定申请人自2016年5月至2019年9月的中国员工工资及社保损失为人民币约980万元,2019年10月至2020年10月的工资及社保损失为人民币约50万元,共计约人民币1000万元,应由被申请人承担。申请人自2016年5月至2019年9月的当地员工工资损失为人民币约49万元,2019年10月至2020年10月的工资损失为人民币约100,000元,共计约人民币59万元,应由被申请人承担。

对于申请人主张的租房费用和鉴证费用,结合上述仲裁庭对于2019年10月之后申请人损失的意见,仲裁庭在被申请人未就此两项必要支出提出不同金额的情况下合理采纳申请人的证据,考虑到仲裁庭认可的美元兑人民币的汇率,酌情裁定申请人自2016年5月至2019年9月的房租损失人民币约50万元,2019年10月至2020年10月的房租损失为人民币约10万元,共计人民币约60万元,应由被申请人承担。酌情裁定申请人自2016年5月至2019年9月的签证费损失人民币约80万元,2019年10月至2020年10月的签证费损失为人民币约5万元,共计人民币约85万元,应由被申请人承担。

对于申请人主张的总部借款利息,仲裁庭认为,申请人在履行合同中因被申请人责任导致的借款,其利息应由被申请人承担。但是该等借款必须是必要且明确用于本案合同履行,而且不属于申请人合同项下支付义务的支出。申请人证据仅能证明相应期限内总部的两笔各自为约2000万元土建垫资借款,产生的利息分别为人民币约56万元(人民币约2000万元×4.785%利率×7个月)和人民币约166万元(人民币约2000万元×4.75%利率×21个月),共计人民币约220万元。结合合同履行期间申请人为被申请人垫付了大量资金的事实,对于上述两份《内部资金借款协议》的金额、借款期限利率予以采纳,被申请人应向申请人支付总部借款利息人民币约220万元。申请人就其主张的其余利息,未提交相关的证据说明款项的金额及用途,因而仲裁庭根据申请人的证据材料无法得出申请人主张的其余利息的总部借款属申请人履行本案合同必要的借款的结论,故仲裁庭对于申请人其余的利息损失无法支持。

对于申请人主张的员工生活费、交通费和差旅费,由于被申请人责任导致工期拖延,造成申请人支付该等生活费用、交通费用和差旅费用等损失,应由被申请人承担。鉴于申请人就相关费用开支的证据繁多,且支出内容不同,仲裁庭无法一一梳理统计并确认其合理性。申请人证据部分记载差旅费包含回国培训差旅费、回国出差差旅费、赴新加坡差旅费、Y国P市办事处至现场差旅费等,而申请人并未就该等差旅费的必要性作出说明。仲裁庭酌情裁定被申请人向申请人支付员工生活费人民币约50万元,向申请人支付交通费人民币约10万元,支付差旅费人民币约20万元。

综上,被申请人应向申请人支付工期延误损失人民币约2400万元。

(2)关于违约金人民币约610万元的问题

申请人称,自项目开工以来,被申请人存在大量项目经理、主要管理人员擅自离场,未配备合同要求的专职人员的违约行为。根据分包合同的约定,被申请人应向申请人支付相应的违约金,共计约90万美元,折合人民币为约610万元。申请人主张的违约金具体为:①2016年3月,被申请人项目经理自然人I和主要商务管理人员自然人J擅自离场,产生违约金约1.5万美元,申请人证据显示A集团于2016年4月为此致函被申请人。②2016年8月,被申请人项目经理自然人I擅自离场,产生违约金约1万美元,申请人证据显示被申请人曾经于2016年8月寄发工作联系函,告知项目经理自然人I回国事宜,A集团8月回函要求被申请人项目经理常驻现场,未予同意。③2017年4~5月,被申请人项目经理、现场经理和化学主管离场,且经多次催促未归;5月锅炉主管、汽机主管、电气主管、热控主管相继离场,产生违约金约4万美元,申请人证据显示A集团曾经于2017年4月和5月为此致函被申请人。④2019年9月,被申请人分包商的13名现场人员擅自离场,产生违约金约6.5万美元,申请人证据显示被申请人曾经于2019年9月向申请人寄发工作联系函,告知其分包商12名现场人员申请回国,A集团曾经于2019年9月回函不予同意,并在2019年9月针对被申请人首检人员回国发出警告函。⑤2019年9月,被申请人2名人员擅自离场,产生违约金约2.5万美元,申请人证据显示被申请人曾经于2019年9月寄发工作联系函,告知其分包商2名现场人员申请回国,A集团曾经于2019年9月回函不予同意。⑥2019年9~12月,被申请人未能配置电气专工、热控专工,产生违约金约3万美元,申请人证据显示被申请人曾经于2019年9月寄发“工作联系函”,告知原计划赴Y国现场的3名人员因其中两人家庭原因暂缓行程。⑦2012年7月开工起至2014年11月,被申请人未能配置安全员,产生违约金约14万美元,申请人证据显示被申请人安全员资格证书有效期从2014年11月起至2017年11月止。⑧2012年7月至2016年10月及2018年5月至2019年12月,被申请人未配置专职财务人员,产生违约金约

35万美元,申请人证据附有两份护照复印件。⑨2019年4~8月,被申请人项目经理自然人I不在现场,产生违约金约3.5万美元,申请人证据显示2019年7月17日A公司致函被申请人要求配置项目经理并附有自然人I护照复印件。⑩2016年6月至2019年12月,被申请人未配置设计工程师,产生违约金约21万美元,申请人证据附有护照复印件。

被申请人对于申请人上述主张的违约金请求并未逐项作出答辩,仅就申请人的相关证据发表质证意见称:申请人能够掌握相关人员的护照出入境记录,说明其对这些人员的出入境情况是知悉的,也没有提出异议,不能认定为相关人员是擅自离场,应是工作的正常轮换,且申请人主张2016年的违约金,至今已超过诉讼时效。另外2020年年初,新冠疫情暴发,Y国当地政府随后采取停止所有非必要的生产活动,限制入境等措施,当地工程项目开复工困难,该等情形属于不可抗力情形。

仲裁庭注意到,合同约定:"若乙方未遵守第11条之规定时,乙方应承担如下违约金:(i)项目经理:未按照本合同要求进行配置时,15万美元;未经甲方批准擅自离开现场时每次1万美元;(ii)项目其他主要管理人员:未按本合同附件要求配置到位或未经甲方批准擅自离开现场时,0.5万美元/(人·月)(不足一月按一月计算)或每次;(iii)其他人员的数量未按本合同附件要求配置到位且影响项目实施时,0.5万美元/(人·月)(不足一月按一月计算)。"而就申请人主张的10项共计92万美元的罚款,仲裁庭认为,申请人为此作出了说明及逐项的计算,并提交了相应的证据。根据申请人的证据,申请人对该等人员出境未曾同意,有的书面告知不予同意,有的甚至提出警告,并非被申请人辩称的"也没有提出异议,不能认定为相关人员是擅自离场"。若是如被申请人所称相关人员出入境"应是工作的正常轮换",则随后应该有"轮换"人员到场,但是被申请人并未就此作出任何的说明及提交相关的证据。另外,被申请人主张的涉及疫情的离场,主要是上述第④项、第⑤项。根据申请人证据被申请人提出离场的原因是其国内分包商"突然通知我们将离开现场,并且已自行购买了回国机票”,被申请人本身也没有同意这些分包商人员离场。申请人回函称,首检工作即将开始,众多消缺项尚未完成,工程并未受到疫情影响。而针对第⑥项被申请人则提出“原计划赴Y国现场的三名人员因其中两人家庭原因暂缓行程”,也未提出疫情原因。再者,被申请人证据虽然证明Y国因疫情限制人员入境,但是并未要求已经在当地的中国人离境。因而仲裁庭无法判断该等人员离场与疫情有关。故仲裁庭对于被申请人质证意见不予采纳,而是合理采纳申请人的意见及证据。就申请人请求的违约金事项,仲裁庭认为其中第⑦项,申请人证据显示安全员自然人J的“安全生产考核合格证书”自2014年11月起有效,只能说明该安全员的证书从何时有效,但是不能由此得出自2012年7月开工起至2014年11月被申请人未配置安全员的结论,故仲裁庭不予采纳;其中第⑧项申请人证据仅附有两份护照复印件,无法证明2012年7月至2016年10月及2018年5月至2019年12月被申请人未配置专职财务人员,故仲裁庭不予采纳;其中第⑩项申请人证据仅附有护照复印件,无法证明2016年6月至2019年12月被申请人未配置设计工程师,故仲裁庭不予采纳。仲裁庭合理采纳申请人的证据,认可上述违约金共计约20万美元。根据仲裁庭认可的美元兑人民币的汇率,裁定被申请人应向申请人支付的违约金人民币为约146万元(约22万美元×6.629)。

(3)关于施工质量损失约人民币603万元的问题

申请人称:被申请人在案涉项目施工过程中出现了许多质量问题,导致业主在主合同下多次来函提出质量异议,要求扣款。申请人就此提交了“第二十组证据:因被申请人剩余质量问题及未完成项被业主要求扣除的款项”证据179“业主关于扣减款项的函件及中文翻译”显示,业主于2022年3月致函联合体,载明:业主认可扣款约365亿Y国货币,但是“该金额须经K公司审计,且该结果对双方均具有约束力”。业主认可的扣款金额为约365亿Y国货币,申请人本项仲裁请求为其中约130亿Y国货币,折合人民币为约603万元,其余剩余的约235亿Y国货币(折合人民币约1088万元)申请人在因被申请人擅自离场、放弃现场工作导致损失中业主决定自行实施部分中主张。

仲裁庭注意到，合同约定："质量、误期违约金：若因乙方违约导致甲方承担主合同项下的质量、误期违约责任时，乙方应在本合同项下应承担等同的违约责任，包括但不限于承担违约金、损失及费用。""乙方违约可能产生的后果。如乙方有违反本合同的行为，乙方应保障甲方免于承担因此违约造成的工期延误、经济损失及根据总包合同甲方将负责的任何赔偿费，在此情况下，甲方可从本应支付乙方的任何价款中扣除此笔经济损失及赔偿费，并且不排除采用其他补救方法的可能。"仲裁庭认为，若存在因被申请人责任导致业主向申请人索赔，则业主的索赔扣款属申请人的损失，被申请人根据上述合同约定应当承担赔偿责任。

仲裁庭还注意到，申请人自称其完成了部分被申请人的剩余工作，包括首检、电气试验、土建、消缺等。仲裁庭认为，在相关剩余工作由申请人自行完成的情况下，不能排除业主施工质量索赔完全与申请人自行完成的工作无关，故仲裁庭在此情况下无法判断业主施工质量索赔是否全部基于被申请人已完成的工作。

仲裁庭还认为，就申请人要求被申请人赔偿损失的请求，仲裁庭只能支持金额已经确定且必将发生的损失请求。但是业主在扣款函中表示"该金额须经K公司审计，且该结果对双方均具有约束力"。而申请人并未说明该损失金额是否经过了K公司的审核，也未提交相关证据。因而在K公司审核之前，申请人的此项损失的金额可能增加，亦可能减少，因而是不确定的。而仲裁庭无法就不确定的损失金额做出裁定。另外，申请人亦无证据证明业主就所列的事项已经支出了相应的费用。申请人只有在此项损失金额确定且能够证明必将发生的情况下，另寻救济途径。故仲裁庭对于申请人仲裁请求中的此项请求不予支持。

(4)关于垫资费用及利息人民币约1亿元的问题

申请人此项仲裁请求原构成为代垫土建分包商C公司款项、代垫诉讼费、代垫土建费用利息、代垫其他分包商款项。调整后申请人仲裁请求的此项金额构成经由仲裁庭按照申请人主张的汇率重新计算后分别为:C公司土建款人民币约7200万元(约1563亿Y国货币)、土建钢结构厂商垫款人民币约1500万元(约321亿Y国货币)、土建地勘服务分包商垫款人民币约4万元(约0.8亿Y国货币)、上述土建费用利息(截至2020年6月)人民币约1200万元(约255亿Y国货币)、Y国分包商款项人民币约403万元(600美元+约87亿Y国货币)、国内分包商款项人民币约536万元。

1)C公司土建分包款人民币约7200万元(约1563亿Y国货币)

申请人称,2014年3月,因被申请人提出要求,希望申请人先垫付应由被申请人支出的土建等项目对外付款,再由申请人通过扣减分包合同后续工程款的方式收回代垫款。为推进项目工作,申请人及被申请人与C公司签署了当地采购协议,其中约定:"C公司以各方认可的审核单据为依据,向被申请人申请材料采购款,被申请人审核无误后向A公司(申请人)申请材料采购款。""材料采购款结算将在A公司对被申请人支付申请审核同意后支付至被申请人在联合体下的专用账户,再由被申请人支付至C公司在联合体下的专用账户。""A公司将在最近一期收到的进度款对被申请人进度款结算中扣除已支付材料采购款及利息","C公司应承担材料采购款支付后所产生的利息,利息的计算方法为:按中国银行发布的人民币同期贷款基准利率下浮10%后的费率收取利息,如中间遇有利率调整,采取分段计算。"2014~2019年,申请人共计代替被申请人向C公司支付了371期土建材料采购款,共计约4094亿Y国货币(其中第1~276期代垫款审核表总额约3173亿Y国货币,第277~371期付款审核表总额约921亿Y国货币),已收回金额约2531亿Y国货币,未回收金额约1563亿Y国货币(人民币约7200万元)。申请人就此向仲裁庭提交了各期付款审核表。其中第220~276期审核表均有三方签章认可,但是第

281～371期审核表未见被申请人签章。

被申请人对于申请人提交的证据辩称，该证据系联合体成员之一的C公司土建材料款的明细，与被申请人无关。

仲裁庭认为，当地采购协议支付流程为一项材料采购款经各方审核确定后，C公司向被申请人请款，被申请人则向申请人请款，申请人审核后将款项支付给被申请人，再由被申请人支付给C公司，说明资金的流向属申请人垫付被申请人应向C公司支付的款项。而被申请人在当地采购协议签字，以及在第220～276期审核表签字，进一步证明申请人给予C公司的资金支持属本案工程本应由被申请人与PREABA分包合同项下向C公司支付的款项，也是被申请人对于第220～276期审核表所列金额的确认。

仲裁庭还认为，C公司在当地采购协议项下的义务建立在C公司分包合同基础之上。虽然被申请人未在第281～371期审核表签章，但是这些审核表有申请人和C公司的签章，被申请人在C公司签认审核表的情况下若对申请人的垫款金额存在异议，有义务向C公司主张。在被申请人未向C公司就第281～371期审核表提出异议的情况下，仲裁庭对第281～371期审核表予以采信。

根据上述仲裁庭意见，仲裁庭对于第220～276期审核表和第281～371期审核表所列的申请人为被申请人垫付金额予以认可。仲裁庭注意到，申请人主张的未回收金额为约1563亿Y国货币，少于第371期审核表载明减去已收回代垫款约2531亿Y国货币后合计金额约1564亿Y国货币。故仲裁庭采纳申请人主张的金额，确认涉及当地采购协议申请人为被申请人向C公司垫付且未收回的款项为约1563亿Y国货币，折合人民币为约7200万元。

仲裁庭注意到，按照申请人主张的汇率及计算公式[如上述(3)项施工质量损失(人民币约603万元＝约130亿Y国货币÷14321＝约91万美元×6.629)]，约1563亿Y国货币折合人民币应为约7200万元(约1563亿Y国货币÷14321＝约0.1亿美元×6.629)，少于申请人主张的人民币约7200万元。

仲裁庭采纳自行计算得出的人民币金额，裁定被申请人应向申请人偿还人民币约7200万元。

2）土建钢结构厂商垫款人民币约1500万元（约321亿Y国货币）

申请人称，作为土建工作的一部分，钢结构材料供应商L公司、Q公司、钢结构施工方R公司向本案项目提供了产品或服务，但因被申请人土建分包商C公司拖欠款项，导致其在Y国当地以联合体为被告提起诉讼。经诉讼及调解程序，申请人被迫代垫钢结构欠款、调解程序费用总计约321亿Y国货币。

①L公司、Q公司和R公司的债权

申请人就此提交了L公司供货验收报告、含钢结构材料款项的土建材料付款审核表、法院判决（证明L公司的债权金额243亿Y国货币，Q公司的债权金额约55亿Y国货币及R公司的债权金额约6亿Y国货币，共计约304亿Y国货币）、申请人给被申请人的函件、付款审核表、申请人取现金向相关债权人支付判决款项的银行单据。申请人称，含钢结构材料款项的土建材料付款审核表均有被申请人签章，证明被申请人认可钢结构费用属于土建费用的一部分，并曾向申请人申请代垫钢结构款项，该等款项受当地采购协议管辖，应由被申请人承担偿还责任。而申请人给被申请人发函，证明曾多次催促被申请人结清上述欠款，但被申请人未能解决问题，申请人将代垫判决确认的款项。而付款审核表上亦有C公司签章确认上述债权金额。被申请人对于申请人提交的证据辩称，申请人证据非申请人与被申请人之间的资料，对其真实性不予认可。C公司出现相关问题应由其自身承担责任，联合体应根据联合体协议承担连带责任，被申请人不承担责任。

仲裁庭认为，申请人证据L公司供货验收报告和含钢结构材料款项的土建材料付款审核表均有被申请人签章，说明被申请人认可上述钢结构款项属于C公司分包合同及当地采购协议项下，因而申请人支付上述款项可以视为替被申请人的垫付款项。因而不论法院是否作出判决，上述款项都应当由被申请人承担付款义务。法院判决仅是对需由申请人垫付款项金额的认定。申请人的证据形成了一个完整的证据链，可以证明申请人代偿了C公司分包合同项下本应由被申请人承担的责任，故仲裁庭对于申请人仲裁请求中此项人民币约1400万元的请求予以支持。

②第一阶段管理员费用人民币约77万元

申请人就此提交了法院判决，证明钢结构厂商诉讼案件管理员费用金额总计约25亿Y国货币、申请人、C公司与管理员签署的管理费协议，约定第一阶段管理员费用约17亿Y国货币（折合人民币约77万元）、申请人给被申请人发函，将代垫判决确认的管理员费用约17亿Y国货币、付款审核表，除被申请人外，C公司、项目部各部门、管理公司均已签章确认管理员费用、申请人支付管理费约17亿Y国货币的银行单据。

被申请人对此未发表针对性意见，仅就申请人的相关证据发表质证意见称：申请人证据并非本案申请人与被申请人之间的资料，被申请人不予认可。C公司出现的相关问题应由其自身承担责任，该费用也不应由被申请人承担。

仲裁庭注意到，申请人证据《燃煤电站项目管理员协调管理费协议》载明：管理员为“商业诉讼协调管理员”。仲裁庭理解，申请人主张的第一阶段管理费内申请人因应诉讼而向第三方支付的除律师费之外的服务费用。仲裁庭认为，申请人未说明涉诉案件为何需要管理员？因而仲裁庭无法判断管理员费用的合理性，故仲裁庭对于申请人仲裁请求中的此项请求不予支持。

综上，被申请人应向申请人支付土建钢结构厂商垫款人民币约1400万元（约304亿Y国货币）的请求予以支持。

3）土建地勘服务分包商垫款人民币约4万元（约0.8亿Y国货币）

申请人称，与前述钢结构厂商类似，当地提供现场地勘服务的分包商S公司也向当地法院提起诉讼、索要欠款。后各方和解，申请人和C公司向其支付总计约16万Y国货币的欠款。申请人承担了其中约0.8亿Y国货币的货款，并分3笔约0.65亿、约975万和约586万Y国货币向其支付。如前所述，地勘工作亦是土建工作的一部分，依据分包合同和土建代垫款协议，申请人代垫的土建款项应由被申请人承担。申请人为此提交了相关的证据。

被申请人对于申请人仲裁请求中的此项请求及相关证据未发表意见。

仲裁庭注意到，申请人就此项金额请求所提交的证据，并无任何被申请人的签字确认，因而无法将其视为申请人替被申请人在当地采购合同项下垫付的款项，故仲裁庭对于申请人仲裁请求中的此项款项不予支持。

4）上述土建费用利息（截至2020年6月）人民币约1200万元（约255亿Y国货币）

申请人称，当地采购协议约定："A公司将在最近一期收到的进度款对被申请人进度款结算中扣除已支付材料采购款及利息……""C公司应承担材料采购款支付后所产生的利息，利息的计算方法为：按中国银行发布的人民币同期贷款基准利率下浮10%后的费率收取利息，如中间遇有利率调整，采取分段计算。"根据上述约定，申请人有权就未回收的土建款收取利息，从垫款之日起计至实际还款之日止，暂计至2020年6月，申请人未扣回代垫款产生的利息总计人民币1200万元（约255亿Y国货币）。申请人请求的利率分别为1年以内以4.35%，1~5年以4.75%为基础下浮10%计取。

仲裁庭认为，因被申请人原因导致申请人垫付被申请人土建分包商款项，可视为申请人向被申请人的借贷行为，不论双方是否约定，申请人就其遭受的利息损失均有权向被申请人主张利息。申请人主张根据当地采购协议的约定按照中国银行发布的人民币同期贷款基准利率下浮10%后的费率计算利息符合双方的意思表示，也是合理的，仲裁庭予以采纳。但是，仲裁庭审查了申请人证据"土建分包商代付资金利息计算表"，认为其中所列的金额有误，且仲裁庭无法剔除出仲裁庭未予支持的土建地勘服务分包商垫款人民币约4万元，故仲裁庭无法采纳。根据本案的实际情况，结合仲裁庭确认的C公司垫款约1563亿Y国货币（人民币约7200万元）和土建钢结构厂商垫款约304亿Y国货币（人民币约1400万元），考虑申请人垫付款项的时间和仲裁庭认可的利率，仲裁庭认为由被申请人向申请人补偿申请人垫付的土建费用利息人民币约800

万元损失是适当的。

5）Y国分包商款项人民币约403万元（约87亿Y国货币和600美元）

申请人称，其代替被申请人向其他Y国分包商支付了垫款共计约87亿Y国货币和600美元，折合人民币约为403万元，有被申请人签署予以认可的B公司《中国B公司Y国分包商/供应商付款项目部审核表》（以下简称Y国分包商审核表）为证。第1～35期Y国分包商审核表记载的代垫金额总计87亿Y国货币及600美元。第35期Y国分包商审核表记载的"本期申请支付金额"约5亿Y国货币与"本期前累计实际支付金额"约82亿Y国货币和600美元。

被申请人对此未发表针对性意见，仅就申请人的相关证据发表质证意见称：申请人证据无法证明申请人已经实际支付该款项，应当提交具体支付凭证及相关分包商已经免除被申请人付款义务的凭证予以证明。

仲裁庭注意到，Y国分包商审核表在支付依据栏均注明："根据双方签署的《燃煤电厂项目分包合同》以及中国B公司（以下简称B公司）因资金不足问题向A公司提交的请求对其分包商/供应商进行代付的函，且B公司同意相关代付资金将从其后续工程款或担保中扣除。"仲裁庭认为，上述"支付依据"可以说明这些款项属申请人替被申请人在当地采购协议项下垫付的款项，应由被申请人承担偿还的义务。

仲裁庭还注意到，申请人证据Y国分包商审核表均有被申请人签章，其金额与申请人主张的金额一致。申请人亦提交了相应的明细表、银行对账单。仲裁庭认为，申请人证据形成了完整的证据链，证明申请人已经向被申请人的Y国分包商支付了上述款项。另外，Y国分包商审核表形成的时间为2017年年底至2019年10月。若申请人未向被申请人的Y国分包商支付相应款项，相关分包商势必向被申请人主张付款义务。时至今日，被申请人并未提出有分包商向被申请人主张Y国分包商审核表中的款项，可以反证款项已经支付的事实。

根据申请人提交的证据，仲裁庭对于申请人仲裁请求中的此项款项请求予以支持。

6)国内分包商款项人民币 536 万元

申请人称,其代替被申请人向国内分包商支付款项 20 期,共计人民币约 2400 万元。有被申请人签署予以认可的《B 公司国内分包商/供应商付款项目部审核表》以下简称"国内分包商审核表",仲裁注)为证。第 20 期国内分包商审核表记载的当期应付代垫款为约 35 万元人民币,已垫付未收回的金额为人民币约 501 万元,已垫付并收回的金额 7 项合计共人民币约 1900 万元。

被申请人对此未发表针对性意见,仅就申请人的相关证据发表质证意见称:申请人证据无法证明申请人已经实际支付该款项,应当提交具体支付凭证及相关分包商已经免除被申请人付款义务的凭证予以证明。

仲裁庭注意到,国内分包商审核表在支付依据栏均注明:"根据双方签署的《燃煤电厂项目分包合同》以及 B 公司因资金不足问题向 A 公司提交的请求对其分包商/供应商进行代付的函,且 B 公司同意相关代付资金将从其后续工程款或担保中扣除。"仲裁庭认为,上述"支付依据"可以说明这些款项属申请人替被申请人在当地采购协议项下垫付的款项,应由被申请人承担偿还的义务。

仲裁庭还注意到,申请人证据国内分包商审核表均有被申请人签章,其金额与申请人主张的金额一致。申请人亦提交了相应的记账凭证和银行回单等原始凭证。仲裁庭认为,申请人证据形成了完整的证据链,证明申请人已经向被申请人的国内分包商支付了上述款项。另外,国内分包商审核表形成的时间为 2017 年年底至 2019 年 9 月,若申请人未向被申请人的国内分包商支付相应款项,相关分包商势必向被申请人主张付款义务。时至今日,被申请人并未提出有分包商向被申请人主张国内分包商审核表中的款项,可以反证款项已经支付的事实。

根据申请人提交的证据,仲裁庭对于申请人仲裁请求中的此项款项请求予以支持。

综上,被申请人应向申请人支付垫资费用人民币约1亿元。

(5)关于被申请人擅自离场申请人损失人民币约2700万元的问题

申请人称,因被申请人长期以来的违约行为,申请人已向被申请人发函终止了分包合同并接管了项目现场工作。被申请人撤场后项目现场仍剩余大量的首检、消缺工作。就被申请人未完成的剩余工作,申请人已经部分完成,实际支出了额外费用约136亿Y国货币及人民币约949万元;另外一部分剩余工作,业主决定自行实施、扣除应付申请人工程款约235亿Y国货币。

仲裁庭注意到如下事实:本案合同为固定总价合同,双方均未提出在合同价款之外有增加、变更工程量导致合同价款变更的情况。合同价款未结算部分为约148万美元(合同价款约7100万美元-结算价款约7000万美元)和约74亿Y国货币(合同价款约5625亿Y国货币-结算价款约5190亿Y国货币)。按照合同约定的汇率,约74亿Y国货币/8656约等于86万美元。与未结算的美元相加共计为约234万美元,按照6.629的汇率约等于人民币约1500万元。未结算的这笔款项申请人并未向被申请人支付。

仲裁庭认为,如果申请人在该项请求中主张的费用属于双方未结算部分,该部分工作虽然可由申请人或者业主代替被申请人完成。但是,鉴于双方对该部分工作并未结算,申请人也未支付,因而不存在要求被申请人支付该等金额的理由。虽然工程实践中替代他人完成某一项工作的费用由于临时安排人员和采购材料及赶工等原因费用往往高于原预算金额,但是需由申请人就高出部分的金额提出主张并提交相应的证据予以证明。本案中,申请人提出的主张并非因代替被申请人工作导致在原预算金额基础上增加的费用。

仲裁庭还认为,如果申请人在该项仲裁请求中主张的费用双方已经结算完成,说明被申请人已经完成了相应的工作,除相应的消缺工作外,不应存在再由申请人或者业主代替被申请人完成的理由。若是双方虽然做了结算但是被申请人尚未完成,则责任不应全部由被申请人承担。本案中,申请人并未明确说明其哪些主张属双方已经结算但是被申请人未完工而需申请人代替完成的。

仲裁庭另认为,如果申请人已经完成的项目存在缺陷需要被申请人履行消缺责任,则即使双方已经就该部分工作完成结算,但是该等费用仍应由被申请人承担。

仲裁庭将秉持上述观点,就申请人此项仲裁请求逐项发表意见:

1)申请人自行完成的剩余工作

①完成运维指导及性能试验的服务费用人民币约111万元

申请人称:由于被申请人提前离场,且欠付第三方分包商T公司部分款项,项目现场的运维指导及性能试验等工作无法展开。因此,为保障项目工作正常开展,联合体与中国U市T公司直接签署了《燃煤电站项目运维指导服务及性能试验服务合同》,约定由联合体向T公司支付被申请人欠付的人民币约34万元,并直接聘请其完成剩余性能试验工作,费用为人民币约77万元,两项共计人民币约111万元。后于2020年6月,申请人向T公司支付了人民币约50万元;2020年9月,支付了人民币约46万元。剩余款项申请人正在安排支付。

被申请人对此未发表针对性意见,仅就申请人的相关证据发表质证意见称:被申请人辩称,申请人提交的《燃煤电站项目运维指导服务及性能试验服务合同》签订时间为2019年3月,但在其"鉴于"部分注明"A公司已于2019年12月同B公司终止分包合同",此说明该合同时间先后矛盾。且该合同系案外人签署,与本案双方当事人无关联性。该合同是否履行尚不确定,不能证明申请人的待证事实。

仲裁庭注意到,申请人此项费用由两部分组成:一是联合体向T公司支付被申请人欠付的人民币约35万元;二是聘请T公司完成剩余性能试验工作费用人民币约77万元。仲裁庭认为,根据申请人提交的证据,就联合体向T公司支付被申请人的欠款,本案双方当事人并未就欠款事实及申请人直接支付该款项达成合意,而且该笔款项不属于当地采购协议项下申请人垫付的费用,因而申请人在未经被申请人同意的情况下代替被申请人向第三方支付款项无权直接向被申请人主张。仲裁庭还认为，申请人并未说明聘请T公司完成剩余性能试验工作是否结算。若未结算，则被申请人无须承担费用；若已结算，申请人未主张该等费用属因代替被申请人工作导致在原预算金额基础上增加的费用，故仲裁庭对于申请人仲裁请求中的此项费用无法支持。

②完成剩余首检工作的费用人民币约496万元

申请人称，由于被申请人提前离场，项目现场剩余的检修工作无法展开。为处理项目现场的遗留检修工作，联合体与中国V公司（以下简称V公司）签署了《燃煤电站项目机组检修合同》，聘请V公司处理相关检修工作，合同金额为人民币约496万元。截至2022年1月底，申请人向V公司共计支付检修工作费用人民币约378万元，剩余款项申请人正在安排支付。

被申请人对此未发表针对性意见，仅就申请人的相关证据发表质证意见称：《燃煤电站项目机组检修合同》的真实性不予认可，另称该合同系案外人签署，与本案双方当事人无关联性。该合同是否履行尚不确定，不能证明申请人的待证事实。

仲裁庭注意到，《燃煤电站项目机组检修合同》由联合体与中国M市电建签订。仲裁庭认为，上述申请人主张是首检剩余检修工作，而检修工作应属被申请人已经完成但因存在缺陷需要被申请人承担检修责任的事宜，其费用应由被申请人承担。基于合同约定："质量、误期违约金：若因乙方违约导致甲方承担主合同项下的质量、误期违约责任时，乙方应在本合同项下应承担等同的违约责任，包括但不限于承担违约金、损失及费用。""乙方违约可能产生的后果。如乙方有违反本合同的行为，乙方应保障甲方免于承担因此违约造成的工期延误、经济损失及根据总包合同甲方将负责的任何赔偿费。在此情况下，甲方可从本应支付乙方的任何价款中扣除此笔经济损失及赔偿费，并且不排除采用其他补救方法的可能。"若存在因被申请人责任导致申请人额外支出遭受损失，被申请人根据上述合同约定应当承担赔偿责任。因而无论是申请人自行完成剩余首检抑或委托他人完成剩余首检，产生的费用均可视为申请人的损失，被申请人亦应当承担赔偿责任。

仲裁庭还认为，虽然被申请人对于该合同的真实性不予认可，但是仲裁庭基于对双方当事人诚信的信任，合理认可该证据的真实性。即使仲裁庭持上述意见，仲裁庭仍然认为，申请人证据只能证明 V 公司介入本案工程的事实，但是并未说明《燃煤电站项目机组检修合同》合同价款的合理性。根据本案审理的实际情况及申请人提交的证据，仲裁庭亦酌情裁定被申请人就此项工作向申请人支付人民币约 245 万元。

③完成取水渠道施工及纠正遗留问题的费用约 123 亿 Y 国货币

申请人称，为处理项目现场被申请人遗留的取水渠道施工工作，联合体与 W 公司签署了关于展开土建取水渠道施工的分包合同，费用约为 123 亿 Y 国货币。申请人已向 W 公司支付约 110 亿 Y 国货币。申请人的银行付款单能够与统计表对应，证明前述款项均已支付。该项工作下的剩余费用申请人正在安排支付。申请人就此向仲裁庭提交了该分包合同的中文翻译件。

被申请人对此未发表针对性意见，仅就申请人的相关证据发表质证意见称：被申请人对申请人提交的分包合同证据的真实性不予认可，另提出域外形成的证据应经中国使领馆认证，且该合同系案外人签署，该部分工作由联合体成员 C 公司承担，被申请人不应就 C 公司的行为承担责任。

仲裁庭认为，申请人并未说明 W 公司处理项目现场被申请人遗留的取水渠道施工是否结算。若未结算，则被申请人无须承担费用；若已结算，申请人未主张该等费用属因代替被申请人工作导致在原预算金额基础上增加的费用，故仲裁庭对于申请人仲裁请求中的此项费用无法支持。

④完成剩余电气试验工作的费用约 4400 万 Y 国货币

申请人称，为完成案涉项目剩余的电气试验工作，联合体与 AA 公司签署了展开首检期间电气试验的合同，约定由 AA 公司完成剩余电气试验工作，费用为约 4400 万 Y 国货币。申请人的银行汇款单据可以证明前述款项已全额支付。申请人就此向仲裁庭提交了该电气试验合同中文翻译件。

被申请人对此未发表针对性意见，仅就申请人的相关证据发表质证意见称：被申请人对申请人提交的分包合同证据的真实性不予认可，且该合同系案外人签署，与被申请人无关，仅依据合同无法证明该项工作已经履行，无法证明该项费用实际发生。

仲裁庭认为，申请人并未说明完成剩余电气试验工作是否结算。若未结算，则被申请人无须承担费用；若已结算，申请人未主张该等费用属因代替被申请人工作导致在原预算金额基础上增加的费用，故仲裁庭对于申请人仲裁请求中的此项费用无法支持。

⑤完成剩余消缺工作的费用人民币约343万元

申请人称，由于被申请人提前离场，项目现场剩余的消缺工作无法展开。为处理项目现场的遗留消缺工作，联合体与V公司签署了《燃煤电站项目机组消缺合同》，聘请V公司处理相关检修工作，合同金额暂计为人民币约2500万元，包括固定单价部分和暂估价部分，其中固定单价及暂估价部分均按月据实结算。截至2022年1月底，申请人向V公司共计支付消缺工作费用人民币约343万元。

被申请人对此未发表针对性意见，仅就申请人的相关证据发表质证意见称：对《燃煤电站项目机组消缺合同》的真实性不予认可，合同签署主体不是本案双方当事人，与被申请人无关，仅依据合同无法证明该项工作已经履行，无法证明该项费用实际发生。

仲裁庭认为，上述申请人主张的剩余消缺工作，属于申请人已经完成但因存在缺陷需要被申请人履行消缺责任的事宜，因而无论是申请人自行完成剩余消缺抑或是委托他人完成剩余消缺，产生的费用均可视为申请人的损失，被申请人亦应当承担赔偿责任。虽然被申请人对于该合同的真实性不予认可，但是仲裁庭基于对双方当事人诚信的信任，合理认可该证据的真实性。即使仲裁庭持上述意见，仲裁庭仍然认为，申请人证据只能证明V公司介入本案工程的事实，但是并未说明《燃煤电站项目机组消缺合同》合同价款的合理性。根据本案审理的实际情况及申请人提交的证据，仲裁庭亦酌情裁定被申请人就此项工作向申请人支付人民币约170万元。

⑥申请人另聘土建分包商完成剩余土建工作的费用约13亿Y国货币

申请人称，因被申请人的土建分包商C公司停工，为继续项目工作，联合体被迫聘请BB公司完成剩余土建工程，并与其签署了两份《土建分包合同》，合同金额分别为约4亿Y国货币和约9亿Y国货币，共计约13亿Y国货币。截至2020年年底，申请人共计向其支付款项约13亿Y国货币。申请人银行汇款单等付款凭证可与统计表对应，证明上述款项已实际支付。该项工作的剩余费用申请人正在安排支付。申请人就此向仲裁庭提交了该《土建分包合同》和付款凭证的中文翻译件。

被申请人对此未发表针对性意见，仅就申请人的相关证据发表质证意见称：被申请人对申请人提交的分包合同证据的真实性不予认可，且该合同系案外人签署，与被申请人无关，仅依据合同无法证明该项工作已经履行，无法证明该项费用实际发生。另外，该部分工作由联合体成员C公司承担，被申请人不应就C公司的行为承担责任。

仲裁庭认为，申请人并未说明另聘土建分包商完成剩余土建工作是否结算。若未结算，则被申请人无须承担费用；若已结算，申请人未主张该等费用属因代替被申请人工作导致在原预算金额基础上增加的费用，故仲裁庭对于申请人仲裁请求中的此项费用无法支持。

2）业主扣款

申请人称，根据业主要求，业主扣款项中第2项及第19～24项为未完成工作项，扣款总计约235亿Y国货币，折合人民币约1000万元。

仲裁庭注意到，申请人主张的金额基于业主于2021年3月致联合体的函载明的业主认可扣款约365亿Y国货币，其中约130亿Y国货币申请人已经在上述“关于施工质量损失”中主张，此处为剩余的约235亿Y国货币。但是业主函件中明确了“该金额须经K公司审计，且该结果对双方均具有约束力”。

仲裁庭认为,就申请人要求被申请人赔偿损失的请求,仲裁庭只能支持损失金额已经确定的请求。但是业主在扣款函中表示"该金额须经K公司审计,且该结果对双方均具有约束力"。而申请人并未说明该损失金额是否经过了K公司的审核,也未提交相关证据。因而在K公司审核之前,申请人的此项损失的金额可能增加,亦可能减少,因而是不确定的。而仲裁庭无法就不确定的损失金额作出裁定。申请人只有在此项损失金额确定的情况下,另寻救济途径。

仲裁庭还认为,申请人上述表格所列的剩余尾工、厂区移动设备、机修设备和检测工具、设备在场检测和证书出具、专用工机具及消耗品,从内容来看无法认定是否结算。若未结算,则被申请人无须承担费用;若已结算,申请人未主张该等费用属因代替被申请人工作导致在原预算金额基础上增加的费用,故仲裁庭对于申请人仲裁请求中的此项费用无法支持。

综上,被申请人应向申请人支付擅自离场损失人民币约410万元(完成剩余首检工作费用人民币约240万元+完成剩余消缺工作费用人民币约170万元)。

7. 关于申请人本案合理支出费用的问题

根据2015年版《仲裁规则》第52条第2款的规定,对于申请人因本案仲裁发生的合理费用,仲裁庭应予支持。仲裁庭支持申请人有关财产保全费用的请求;申请人的翻译费的支出亦是为其实现债权的费用,应由被申请人承担。本案中,申请人确实向仲裁庭提交了大量的翻译文件,势必发生翻译费的支出。根据本案审理的实际情况及申请人提交的翻译文件,仲裁庭酌情裁定被申请人向申请人支付申请人支出的翻译费认证费人民币约6.6万元。对于律师费,结合申请人提交证据情况和本案审理情况,仲裁庭支持申请人主张律师费的62%。对于诉讼责任保险费用,申请人仅提交了诉讼责任险"缴费信息提示书",但是未见已经缴费的凭证。仲裁庭认为,申请人证据不能证明申请人已经缴纳了该笔费用,仲裁庭对于申请人的此项费用无法支持。

（四）关于本案仲裁费

申请人主张，本案仲裁费由被申请人承担。仲裁庭认为，本案中申请人提请仲裁系通过法律途径保护其合法权益的行为，由此而发生的仲裁费用属于因请求救济而支出的合理费用，结合仲裁庭在上文的意见和本案案情，仲裁庭认为本案仲裁费用应当由申请人承担30%，被申请人承担70%。

三、裁　　决

基于上述的案情与理由，经合议，仲裁庭对本案裁决如下：

1. 被申请人向申请人支付违约损失人民币约1亿元，包括：工期延误额外成本人民币约2400万元；违约金人民币约146万元；垫资费用及利息人民币约1亿元；擅自离场申请人损失人民币约420万元。

2. 被申请人向申请人支付部分申请人因本案支出的费用约107万元。

3. 驳回申请人的其他仲裁请求。

4. 本案仲裁费由申请人承担30%由被申请人承担70%。本案仲裁费已由申请人缴纳的等额仲裁预付金全部冲抵，故被申请人应直接向申请人支付相关费用以补偿申请人代其垫付的仲裁费。

上述被申请人应向申请人支付的款项，被申请人应自本裁决作出之日起20日内支付完毕。

本裁决为终局裁决，自作出之日起生效。

案例评析

【关键词】

国际工程合同效力的认定　联合体成员在分包再分包合同项下的责任

【焦点问题】

该案最主要涉及的,一是合同效力问题,二是联合体成员作为分包商的再分包单位的责任问题。

【焦点评析】

本案所涉争议是国际工程项目常见的典型性的问题:申请人母公司是一家中国的大型央企,其与Y国C公司签订《联合体协议》,组成联合体投标Y国燃煤电厂项目,联合体中标后于2010年4月与业主签订主合同。2010年5月,申请人与被申请人签订了本案分包合同,将联合体与业主"主合同项下所有任务"以"固定总价合同"约7100万美元和约5300亿Y国货币分包给了被申请人。被申请人是国内一家电站成套设备及配件的经销、安装的专业公司。2011年9月,被申请人与C公司签订土建分包合同,约定案涉项目土建工作由C公司具体实施。合同履行期间,出现了严重的工期延误,被申请人并未完全施工完毕合同项下的工程。被申请人提起仲裁要求被申请人赔偿因工期延误给申请人造成的损失。

一、合同效力

国际工程案件,一方当事人以合同无效为由开脱自己的责任是常见的情况,本案亦不例外。

被申请人就申请人请求的被申请人违约赔偿,首先提出的就是合同的效力。被申请人提出合同无效的理由为三：一是申请人不是与业主签订主合同的企业，申请人没有权利把不属于自己的工程转包给被申请人；二是根据主合同的约定，转包行为是禁止的；三是中国法律禁止转包行为。

针对被申请人的抗辩意见，仲裁庭需要在专业并尊重事实的情况下进行论述。

1. 申请人不是与业主签订主合同的企业

本案的实际情况是，与被申请人签订分包合同的主体并不是中标并与业主签订主合同的联合体，而是由联合体的牵头公司委托的全资子公司，也就是本案的申请人与被申请人订立。被申请人主张申请人没有权利把不属于自己的工程转包给被申请人。

裁决书从四个层面就这一棘手的问题作了论述：

(1) 仲裁庭认为，在订立本案合同之时，被申请人完全知晓申请人作为发包人的权利来源且从未提出过异议，而且被申请人作为本案合同的承包人实际履行了绝大部分合同义务，且在双方产生争议前从未提出申请人非本案合同适格主体，而在本案合同已经绝大部分实施完成的情况下，再以申请人非合同适格主体为由提出合同无效，不符合诚实信用原则。

(2) C 公司作为联合体成员，对申请人与被申请人签订本案合同是知晓的，同时还与申请人的分包商即本案的被申请人订立了 C 公司分包合同。仲裁庭认为，在 C 公司在完全知晓申请人以联合体名义与被申请人订立本案合同的关系及事实的情况下，又以与被申请人订立 C 公司分包合同的实际行动对此表示认可，可以视为申请人经联合体合法授权。

(3) 被申请人于 2011 年 9 月与 C 公司签订了 C 公司分包合同，将本案合同项下的土建工程分包给 C 公司，而 C 公司分包合同所涉的基础文件之一即为主合同。若是申请人无权与被申请人订立本案合同，则被申请人又基于何等权利与 C 公司订立 C 公司分包合同？因而被申请人的此项主张缺乏逻辑性。

(4) 本案合同已经部分实施，被申请人作为本案合同的承包人也实际履行了部分的合同义务，其间未见有任何案外人主张被申请人向其分包的工程不属于申请人的工程项目。仲裁庭认为，申请人作为本案合同的发包人，只要拥有本案合同项下的合同权利以及能够履行合同项下的义务，其与业主是否存在合同关系或者存在什么样的合同关系，都与本案合同及被申请人无关。

裁决书从本案合同订立的实际情况出发，认为应基于当事人意思自治原则，从维护交易秩序、保证交易安全的角度出发对被申请人订立本案合同的权利予以认定。如果不顾及合同履行的实际情况而认定本案合同无效，将彻底颠覆已经完成的交易，可能导致双方当事人无法弥补的损失，此种结果对双方当事人均非公平。故仲裁庭对于被申请人的此项抗辩不予采纳。

2. 主合同约定禁止转包

这一理由也是国际工程合同争议中中国承包商经常提出合同无效的理由。在一般情况下，总包商与业主的合同通常都有禁止转包，以及分包需事先得到业主批准的条款。

裁决书则从分包合同是否违反主合同的条款，仅关系主合同的发包人是否向承包人追究违约责任的角度出发，认为即使主合同的承包人涉嫌违法转包，也应由业主作出判定，由业主向承包人主张权利。而本案双方当事人在合作长达近10年的情况下，被申请人并未举证业主对于本案合同的订立和实施提出过异议，因而本案合同的效力不存在因主合同约定而无效的事由。

3. 中国法律禁止转包

本案合同约定了适用中国法律。被申请人认为中国法律禁止转包行为，因而申请人向被申请人的转包合同无效。

仲裁庭首先确定了涉及转包合同无效的中国法律的规定。中国法律对于建设工程的规范主要见于《建筑法》，而中国企业参与的国际工程的合同效力，则见于2017年版《对外承包条例》。

(1)建筑法的规定

裁决书首先就《建筑法》的适用范围作出了论述，认为《建筑法》第2条“在中华人民共和国境内从事建筑活动,实施对建筑活动的监督管理,应当遵守本法”的规定,明确了其适用范围为中华人民共和国境内。其次,《建筑法》第28条、第29条第3款禁止转包和违法分包的规定,系规制建筑主体行为的法律,上述法律规定应受第2条适用范围的限制,不宜将《建筑法》的适用范围理解为适用建筑地点位于境外的国际工程项目。况且,《建筑法》第2条适用范围的规定是属地主义原则,而非属人主义原则。另外,《建筑法》中关于资质、造价、招投标等的相关规定在国际工程项目中缺乏适用的基础。反之,如果《建筑法》等相关中国法律适用境外承包工程,则绝大部分国际工程承包合同都会仅仅因缺失国内法定工程招标程序而无效。这种结果肯定不符合立法的本意。最后,《建筑法》作为建筑活动的上位法,其效力优先于其他法律规定和司法解释。本案合同订立之时适用的原《合同法》作为《建筑法》的同位法,其第16章第272条的规定与《建筑法》第28条的规定相同。故而裁决书认为分包合同是位于中国境外的工程项目,而《建筑法》第2条适用于中国境内的建筑活动,因此,《建筑法》及其他法律中规定禁止转包和违法分包的有关规制建筑主体及其市场行为的法律不适用本案合同,被申请人以此为由主张分包合同无效的主张不应予以支持。

(2)对外承包条例

被申请人还主张适用2017年版《对外承包条例》第10条规定:“分包单位不得将工程项目转包或者再分包。对外承包工程的单位应当在分包合同中明确约定分包单位不得将工程项目转包或者再分包,并负责监督。”

裁决书认为,被申请人的主张是对对外承包条例规定的误解。根据对外承包条例上述条款,中国的总承包商在与中国的分包商所订立的分包合同中应当明确“分包单位不得将工程项目转包或者再分包”。而在本案中,分包单位为被申请人,因而该条禁止的是分包单位(本案被申请人)再分包。

仲裁庭还注意到,2017年版《对外承包条例》第2条明确规定:“本条例所称对外承包工程,是指中国的企业或者其他单位(以下统称单位)承包境外建设工程项目(以下简称工程项目)的活动。”根据前述仲裁庭关于申请人经由联合体授权与被申请人订立本案合同的意见,仲裁庭认为,联合体就法律地位而言因有外国公司的参与而非“中国企业”,不属于 2017 年版《对外承包条例》第 2 条规定的承包境外建设工程项目的中国企业或其他单位,因而不属于中国违法分包相关禁止性规定规制的对象。申请人将本案工程分包给被申请人实施,也不属于 2017 年版《对外承包条例》第 10 条的禁止分包单位再分包的情形,没有违反法律禁止性规定。

裁决书最终认定了合同的效力。

二、联合体成员作为被申请人分包上的责任

本案的一个特点是,被申请人虽然是电站项目的专业承包商,但是并不擅长土建施工,因而被申请人将其分包合同项下的土建施工部分又分包给了联合体的成员 Y 国当地公司 C 公司,与 C 公司签订了土建分包合同。

被申请人主张本案工期延误的责任主要在 C 公司施工的土建工程,并非被申请人原因,因 C 公司为联合体成员,其造成的工期延误即使存在相关损失,也不应由被申请人承担。

在国际承包工程实践中,总承包商联合体成员在工程实施中又作为分包商承接部分项目的情况屡见不鲜,属国际工程承包的常态,不违反任何的强制性法律法规。问题是,联合体的分包商也就是本案的被申请人是否因为其下属的分包单位为联合体成员,就免除了其在与联合体订立的分包合同项下的责任?

裁决书首先认为,本案合同包括了主合同项下的所有土建施工,作为联合体成员的 C 公司与被申请人的分包合同关系是被申请人为发包人而 C 公司为承包人。因而本案中 C 公司既是联合体成员,又是被申请人的分包商。双方争议涉及 C 公司的部分,仅基于 C 公司分包合同项下 C 公司的义务,而非 C 公司作为联合体成员的义务。C 公司分包合同实施中 C 公司若存在拖延工期的情形,被申请人应当基于 C 公司分包合同要求 C 公司承担责任,而非要求 C 公司作为联合体成员承担责任。最终,裁决书认为,被申请人基于本案合同与 C

公司订立了C公司分包合同,因而若C公司分包合同的履行导致本案合同项下工期拖延,本案合同项下工期拖延的违约责任应由被申请人承担。

【结语】

这份裁决书是处理中企之间国际工程仲裁案的一份非常专业的裁决,尤其对于"一带一路"项目有一定的示范意义。

关于合同效力,当事人提出合同无效的原因往往是基于规避其违约责任。若是当事人认为己方并未违约,一般情况下不会就合同效力提出异议。但是提出合同无效并非摆脱己方违约责任的"灵丹妙药"。仲裁审理中仲裁庭不会按处理国内建工合同效力的要求处理国际工程的合同效力。所以当事人在遇到国际工程合同争议时,对于合同的效力应有正确的认识。

另外,作为联合体分包商的中国企业,其与联合体某一成员订立的分包合同,规范的仅是该分包合同项下双方的权利义务,作为分包商的联合体成员即使存在过错,也应是在该分包合同项下处理。仅凭己方的分包商为联合体成员而认为应由联合体承担合同责任是认识上的误区。

中国A公司与V地B公司工程设计合同争议案

中国国际经济贸易仲裁委员会(以下简称贸仲)根据申请人中国A公司(以下简称申请人)与被申请人V地B公司(以下简称被申请人)于2016年1月签订的001号《C国熟料水泥生产线建筑、钢结构工程施工及生产线设计合同书》(以下简称《合同书》)中仲裁条款的约定,以及申请人于2019年11月6日向仲裁委员会提交并于2019年11月29日修改的书面仲裁申请,受理了双方当事人之间在上述合同项下的本争议仲裁案。

根据《合同书》之第二部分通用条款第17.2.1条的约定,本案仲裁程序适用《联合国国际贸易法委员会仲裁规则》(以下简称《贸法会仲裁规则》)。

2020年1月6日,贸仲仲裁院(以下简称仲裁院)以特快专递方式向申请人和被申请人分别寄送本案受理通知及其附件、申请人提交的“关于变更仲裁规则的申请”,并请被申请人对上述变更仲裁规则申请发表评论意见。之后,寄送被申请人地址的上述邮件被邮局以“无法联系收件人”为由退回。

2020年1月20日,仲裁院收到申请人提交的“关于被申请人送达地址的情况说明”。申请人确认被申请人的送达地址并提供了新的联系方式。2020年1月21日,仲裁院以特快专递方式按照上述地址和联系方式再次向被申请人寄送本案受理通知及其附件等材料。经查询,上述邮件已妥投。

根据《贸法会仲裁规则》第3条的规定,申请人应直接向被申请人发出仲裁通知,仲裁程序应视为自被申请人收到仲裁通知之日起开始。2020年1月6

日，申请人以特快专递方式向被申请人寄送仲裁申请书及所附证据材料，但上述邮件未妥投。2020年1月21日，申请人以特快专递方式再次向被申请人寄送仲裁申请书及所附证据材料。2020年1月22日，被申请人签收上述邮件。

2020年2月16日，申请人以特快专递方式向被申请人寄送"仲裁通知"，并就仲裁员人数、仲裁语言、仲裁地提出建议。2020年2月18日，被申请人签收上述邮件。

2020年3月17日，被申请人以特快专递方式向申请人寄送"关于《C国熟料水泥生产线建筑、钢结构工程施工及生产线设计合同书》效力及管辖权的意见"。同日，申请人签收上述邮件。

2020年3月21日，申请人以特快专递方式向被申请人寄送"指定仲裁员通知"，申请人指定E先生担任本案仲裁员，并通知被申请人指定仲裁员。2020年3月22日，被申请人签收上述邮件。

2020年4月22日，申请人以特快专递方式向被申请人及仲裁院寄送"请求贸仲指定仲裁员通知"。2020年4月26日，仲裁院收到申请人提交的上述文件。

根据《贸法会仲裁规则》第7条第1款的规定，本案仲裁庭由3名仲裁员组成。申请人指定E先生担任本案仲裁员。由于被申请人未在规定期限内指定一名仲裁员，根据《贸法会仲裁规则》第9条第2款的规定，仲裁委员会指定F先生担任本案仲裁员。根据《贸法会仲裁规则》第9条第1款的规定，E仲裁员和F仲裁员共同选定G先生担任本案首席仲裁员。上述3位仲裁员在签署了接受选定或指定的《声明书》后，于2020年5月19日组成仲裁庭，共同审理本案。同日，仲裁院以特快专递方式向申请人和被申请人寄送本案组庭通知及其所附仲裁员签署的《声明书》。

2020年5月25日，仲裁庭就本案程序事项通知双方：(1)关于申请人提交的"关于变更仲裁规则的申请"，请被申请人在规定期限内发表意见；(2)关于被申请人提出的管辖权异议，请申请人在规定期限内发表意见；(3)关于本案仲裁文件的提交方式，请双方在规定期限内发表意见。

2020 年 6 月 2 日，仲裁院收到申请人提交的“关于对仲裁文件送达的意见”“关于对《管辖权的意见》的答辩意见”及其附件；2020 年 6 月 10 日，仲裁院收到被申请人提交的“回复”，被申请人表示不同意变更本案仲裁程序的适用规则。

2020 年 6 月 14 日，仲裁院以特快专递方式将上述材料在双方之间进行了交换；同时仲裁庭函告双方：（1）鉴于双方未就变更本案所适用的仲裁规则达成一致，本案仲裁程序仍适用《贸法会仲裁规则》；（2）根据《贸法会仲裁规则》第 18 条的规定，仲裁庭决定本案仲裁地为中国北京；（3）根据《贸法会仲裁规则》第 19 条的规定，仲裁庭决定本案仲裁语言为中文；（4）鉴于双方均同意由仲裁委员会转交仲裁文件，今后本案双方提交的所有文件应按照规定的份数提交，并由仲裁委员会转交仲裁庭及对方当事人；（5）仲裁庭决定于 2020 年 6 月 16 日通过仲裁委员会视频庭审系统举行程序管理会议。

2020 年 6 月 16 日，仲裁庭通过仲裁委员会视频庭审系统举行程序管理会议。申请人和被申请人均委派仲裁代理人出席了会议。会议中，仲裁庭听取了双方关于本案程序安排和时间表的意见。

2020 年 6 月 17 日，仲裁庭经仲裁院以特快专递方式向申请人和被申请人分别寄送《第一号程序令》。

2020 年 7 月 18 日，仲裁院收到被申请人提交的“仲裁答辩书”“质证意见”“关于对《管辖权的意见》的答辩意见之回应”“证据目录”及其附件。2020 年 7 月 19 日，仲裁院以特快专递方式将上述材料转寄申请人，并请其在规定期限内发表评论意见。

经商仲裁院，仲裁庭决定于 2020 年 8 月 8 日在北京开庭审理本案。2020 年 7 月 19 日，仲裁院以特快专递方式向双方当事人寄送本案开庭通知。

2020 年 8 月 7 日，仲裁院收到申请人提交的“证人出庭申请书”“证人证言”“关于《关于对〈管辖权的意见〉的答辩意见之回应》的意见”“庭前说明及针对《仲裁答辩书》的反驳意见”“补充证据册”。仲裁院将上述材料转交被申请人。

2020年8月8日,仲裁庭在北京开庭审理本案。申请人和被申请人均委派仲裁代理人出席了庭审。庭审中,申请人陈述了其仲裁请求以及相应的事实理由。被申请人针对申请人提出的仲裁请求进行了答辩。双方对各自提交的证据进行了说明,出示了有关证据的原件,对对方的证据进行了质证,并回答了仲裁庭的提问。申请人方证人某丁、某戊出庭作证,并回答了双方当事人和仲裁庭的提问。双方均同意对庭后提交的证据进行书面质证。

2020年8月16日,仲裁院收到申请人提交的“变更仲裁请求申请书”“补充证据册(二)”;2020年8月19日,仲裁院收到被申请人提交的证据材料。2020年8月19日,仲裁院以特快专递方式将上述材料在双方之间进行了交换,并请双方在规定期限内发表评论意见。

鉴于申请人变更了其仲裁请求,仲裁庭经仲裁院通知申请人补缴仲裁费。在申请人办理了补缴仲裁费的相关手续后,仲裁庭于2020年8月30日函告双方:受理申请人所提出的变更仲裁请求,请被申请人在规定期限内发表答辩意见。

2020年8月30日,仲裁院收到申请人提交的“庭后代理意见”,以及被申请人提交的“仲裁代理意见”“关于对《管辖权的意见》的答辩意见之回应的意见的答辩”“质证意见”。同日,仲裁院以特快专递方式将上述材料在双方之间进行了交换,并请双方在规定期限内发表评论意见。

本案全部仲裁文件均已按照《贸法会仲裁规则》的规定以及双方当事人的约定有效送达双方当事人。

本案现已审理终结。仲裁庭根据经审理查明的事实和有关法律的规定,经合议,作出本裁决。

现将本案案情、仲裁庭意见以及裁决结果分述如下:

一、案 情

（一）申请人的仲裁请求

经变更后，申请人在本案中提出如下仲裁请求：

1. 裁决《C国熟料水泥生产线建筑、钢结构工程施工及生产线设计合同书》于2020年1月22日解除；

2. 裁决被申请人向申请人支付工程价款1亿余元（本案所涉币种均指人民币，下同）；

3. 裁决被申请人向申请人支付工程价款欠款利息约2200万元（以1亿余元为基数，自2018年1月1日起至2019年8月19日按照银行贷款基准利率4.75%/年的标准计付；2019年8月20日至实际支付之日按同期全国银行间同业拆借中心公布的贷款市场报价利率LPR计付，暂计算至2022年10月31日）；

4. 裁决被申请人向申请人赔偿2017年9月至2021年8月现场停工看护费用近500万元；

5. 裁决被申请人向申请人赔偿库存材料损失近1800万元，包括原材料损失近1500万元、低值易耗品损失近300万元；

6. 裁决被申请人向申请人赔偿国内钢结构报废损失近850万元；

7. 裁决被申请人承担本案仲裁费用；

8. 裁决被申请人承担申请人因本案仲裁而支付的律师费60万元、差旅费4万余元。

（二）仲裁请求所依据的事实和理由

1. 合同签署情况

2008年，申请人开始与J公司、K公司磋商在C国建设水泥生产线的项目,该项目由J公司与C国当地公司共同执行。2008年10月10日,申请人与K公司签署《水泥厂熟料新型干法水泥生产线建设工程项目承包合同》(以下简称《EPC合同》),约定由申请人作为承包方开展相关项目施工。

后经各方协商,变更《EPC合同》内容,2016年1月,申请人作为乙方与J公司及K公司的关联方,即被申请人,签署《合同书》,将申请人原项目承包工程变更为专业工程承包,其中约定:

第一部分 协 议 书

双方同意将工程项目承包实施,变更为专业工程承包施工,另行签订施工合同以便项目更好地、有效地实施。同时,就承包人在项目承包实施前期发生的地形测绘……相关费用、承包人采购的钢材和水泥价款、代付的与项目建设相关的其他款项一并梳理确认,纳入新签施工合同中,以及本建设项目的建筑工程、钢结构工程施工协商一致订立本合同。

一、工程概况……工程内容:建筑工程、钢结构工程施工。

五、合同价款……按照合同综合单价和暂估工程量计算的暂估合同价款(仅作为支付工程预付款的依据)为:金额5亿元。

第二部分 通 用 条 款

8.3 付款 发包人应根据合同要求,及时向承包人支付合同项下所有的应付款项。

15.4.3 经由合同双方达成一致意见后,发包人应偿还承包人由于暂停及暂停期间产生的直接额外费用(但不包括利润成分或利润损失)。

15.7.1 如果发生下列事件之一,承包人可以根据本条款15.7.1,通过提前30天向发包人发出终止通知来终止合同,终止通知应详述终止的原因:……b)根据15.7.2款,如果发包人未能支付合同项下不少于合同价格百分之十(10%)的当付、应付款额,且在收到承包人表明此款未付的通知后60日内未采取补救措施。

15.7.4 如果根据15.7条款终止合同,发包人应向承包人支付如下款项:

a)合同价。准确地讲是截至终止之日时承包人所完成的工程部分的合同价额减去先前已付累计款额的差额;b)承包人从现场撤出设备及遣返承包人人员所产生的直接费用;c)承包人根据第15.7.3条a)条,为保护工程及为设备、材料及人员提供整洁、安全的现场条款所发生的费用。每种情况下,减去终止日前承包人所欠发包人的款额。

第三部分 专用条款

10.0 本合同价款分为三部分:水泥厂设计费、水泥厂建筑安装工程施工费、水泥厂钢结构制作安装施工费。

2. 合同履行情况

《EPC合同》签订后,申请人于2008年11月开展对C国的实地考察。其后申请人施工人员抵达C国,开始进行工程测量及勘查,并于2011年5月24日开工。2014年3月,水泥厂项目开始土建施工。

《合同书》签订后,申请人继续施工,并于2016年4月1日由申请人特别成立的海外分公司(以下简称海外分公司)分别与L公司、M公司就水泥厂钢结构承包单独签署了《工程施工协议》及《补充协议》,由申请人直接与以上钢结构承包公司进行结算。

目前,水泥厂工程土建施工已完成约85%,设备安装工程已完成约60%,其余主要设备均已订货,具备发货条件。

在《合同书》履行期间,申请人按照《合同书》约定,每月向被申请人报送《完成工程量报表》。

然而,被申请人未按《合同书》约定足额支付工程款,且因被申请人资金问题,2010~2017年项目现场数次停工。2017年10月10日,被申请人向申请人正式发出书面停工通知。

2019年5月,双方就案涉项目已审核工程量进行确认并就项目欠款进行结算,签署《对账明细表》。确定申请人就案涉项目已收到的款项数额为约2.4亿元,被申请人的欠款数额为1亿余元。被申请人方某甲、某乙、某丙在《对账明细表》上签字(表中数字截至2019年4月30日)。

另据申请人了解,原由J公司与C国当地公司共同执行的项目目前已经变更为由第三方与C国当地公司共同执行,案涉项目已由其他施工单位入驻进行后续施工,被申请人现已丧失对项目的控制,申请人于2021年8月正式撤场,上述合同无法继续履行。

3. 申请人的请求依据

因被申请人拖欠《合同书》项下工程款远超合同价款的10%,且因被申请人的资金问题工程中止超过4年时间,目前已无恢复可能,根据《合同书》第15.4.3条、第15.7.1条、第15.7.4条,《民法典》第562条第2款、第563条第1款第(3)(4)项、第566条的规定,申请人有权解除《合同书》,并要求被申请人支付工程价款、工程价款欠款利息、停工看护损失及因申请人履行合同产生的其他损失。

(三)被申请人对《合同书》效力的意见及管辖权异议

1.《合同书》无效,仲裁条款不具有法律约束力

《合同书》没有被申请人的盖章,签字人并非被申请人的法定代表人,申请人也未能提供签字人签署相关文件的授权委托书。因此,《合同书》应当认定为无效,对被申请人不具有法律约束力,申请人要求进行仲裁的依据不存在。

按照最高人民法院在(2018)最高法民再161号"天津置信投资发展有限公司、新疆保利天然投资有限公司合资、合作开发房地产合同纠纷案"中的有关意见,"……为了保证法定代表人签字时是代表公司的职务行为,在我国,在法定代表人签字的同时,往往要求公司加盖公司印章,以保证二者的统一,防止法定代表人在公司不知情的情况下代表公司做出意思表示……"。如果缺少被申请人公司盖章,那么申请人就有义务证明相关人员签字的行为是代表被申请人公司的职务行为,而不是私人行为。本案中,申请人没有提供被申请人签订合同的授权委托书,其应承担相应的不利后果。

申请人提到被申请人在贸仲前案中对某甲的身份及签字予以认可,但本案

是不同的项目,以上内容在本案并不当然适用。申请人提到某甲作为被申请人公司总经理、负责人代表公司签署合同,实际上某甲并非公司总经理,即使作为总经理,按照有关法律规定,也只有公司法定代表人或者授权委托人才有权代表公司签署合同,某甲并非被申请人的法定代表人,签署合同授权书既没有被申请人盖章,授权人也非被申请人的法定代表人,对被申请人并无法律约束力。

申请人并无任何证据证明J公司与被申请人存在人格混同,名片不能作为证据。何况名片上某甲的身份是K公司工业项目部总经理,并非被申请人高管,实际上,K公司并非被申请人的前身。

2.《合同书》仲裁条款无效,仲裁请求应予驳回

《合同书》通用条款17.2.1条约定:“如双方不能按照子条款17.1(友好解决)通过友好协商解决争议,每一方都可将此争议提交北京贸易促进委员会(按联合国国际贸易法委员会的仲裁规则)。”北京市并不存在当事人所约定的仲裁机构,同时北京市有北京仲裁委员会、中国国际经济贸易仲裁委员会以及中国海事仲裁委员会3家仲裁机构,亦无法推定当事人的真实意思表示。因此,该仲裁条款应当认定无效。参见最高人民法院2005年11月23日京高法发〔2005〕309号批复(以下简称〔2005〕民四他字第52号批复)。

按照仲裁委员会之前的裁决,前案载明,“……《总承包合同》通用条款16.2.1写明:争议提交北京贸易促进会(按联合国国际贸易法委员会的仲裁规则)。但是,其中仲裁机构并不明确,约定的仲裁规则也与本案仲裁规则不同,从其对适用仲裁规则的约定也不能得出视为同意由中国国际经济贸易仲裁委员会仲裁。”基于此,仲裁庭裁决驳回该案申请人全部仲裁申请。

最高人民法院《关于适用〈中华人民共和国民事诉讼法〉的解释》(以下简称《民事诉讼法司法解释》)第93条第1款第(6)项规定,在民事诉讼中,已为仲裁机构生效裁决所确认的事实,当事人无须举证证明,除非有相反证据足以推翻该事实。这里所称的事实,按照最高人民法院(2014)民申字第272号“仇某宪与其汇国际投资(香港)有限公司合同纠纷案”,实际上也牵扯法律问题。

具体到本案,双方合同条款中约定的北京贸易促进委员会,按照联合国国际贸易法委员会的仲裁规则,可以认定其中仲裁机构并不明确,从对适用仲裁规则的约定也不能得出视为同意由贸仲仲裁。

按照贸仲简介,1988 年根据国务院《关于将对外经济贸易仲裁委员会改名为中国国际经济贸易仲裁委员会和修订仲裁规则的批复》,改名为中国国际经济贸易仲裁委员会。2000 年,中国国际经济贸易仲裁委员会同时启用中国国际商会仲裁院的名称。《合同书》在 2016 年签订,如果双方有意选择贸仲作为仲裁机构,就不会在合同中约定北京贸易促进委员会而非贸仲,同时适用联合国国际贸易法委员会的仲裁规则而非贸仲仲裁规则。由此可见,双方排除贸仲管辖的意思表示是一致的、明确的。

申请人提到被申请人在前另案中约定贸仲管辖的背景事实,以此推论双方有将所有在 C 国项目一并提交贸仲管辖的明确意思表示,对此被申请人表示不能认可:首先,本案是不同的项目,另案中的约定并不能当然适用于本案;其次,如果双方有将所有在 C 国项目一并提交贸仲管辖的明确意思表示,在本案中就不会作出与前另案不同的约定。

此外,被申请人决策层最终不同意在申请人提交的补充协议上盖章,明确表示拒绝了申请人在《补充协议》第 1 条的约定:“凡因《C 国熟料水泥生产线建筑、钢结构工程施工及生产线设计合同书》及本补充协议引起的或与之有关的任何争议,均应提交中国国际经济贸易仲裁委员会,按照申请仲裁时该会现行有效的仲裁规则在中国北京进行仲裁。仲裁裁决是终局的,对双方均有约束力。”这表明被申请人不同意将本案合同争议提交贸仲,按照申请仲裁时该会现行有效的仲裁规则进行仲裁。同时,被申请人决策层拒绝在补充协议盖章的决定也表明对之前未经被申请人盖章确认的文件不予认可。

综上,被申请人认为,申请人与被申请人并未达成任何有关仲裁管辖的协议或者补充协议,双方没有一致形成关于向贸仲提起仲裁的意思表示。根据法律规定和有关仲裁规则规定,本案所涉争议不属于贸仲仲裁审理范围,请求驳回申请人的有关仲裁申请。

（四）申请人对被申请人提出的合同效力意见及管辖权异议的回复意见

1.《合同书》有效签署，对被申请人有约束力

第一，《合同书》由时任被申请人负责人、总经理某甲在授权代表处签字，某甲有被申请人的授权，且合同履行时被申请人也从未对某甲签署合同的行为提出异议，某甲有权代表被申请人签署合同，具体而言：

首先，被申请人已就本案项目向申请人出具对某甲的授权文件，并提供完整的被申请人内部审核及J公司（J公司与被申请人法人人格混同，且本案项目实际由二公司共同履行、共享利益，J公司前期参与磋商并直接与申请人签署合同，合同主体变更后继续参与项目并支付部分工程款）审查文件，表明某甲有权代表被申请人签订合同，被申请人及J公司均认可被申请人与申请人签订的《合同书》。

其次，在《合同书》签订时，申请人与被申请人合作的多个项目中，被申请人出具的文件均显示某甲为当时被申请人的单位负责人。

再次，被申请人的前身为K公司工业项目部。案涉水泥生产线项目原由K公司与申请人签订、履行合同，但后因K公司缺乏资金，由划分后新设立的被申请人与申请人重新签订合同。某甲提供的名片显示，其为K公司工业项目部（被申请人前身）总经理，同时某甲还担任J公司的副总裁，该任职足以使申请人产生合理信赖，认为其具有授权外观。

最后，对于某甲代表被申请人签署合同的行为，被申请人在合同履行过程中也从未提出异议，多次委派某甲作为代表与申请人沟通合同履行事宜，可见，被申请人对某甲的授权予以认可。

第二，被申请人已经实际履行合同，即便有相反证据证明申请人知悉某甲无代理权且合同上被申请人未盖章（境外公司仅由授权人签字而不盖企业公章的签署方式为操作惯例），被申请人也已进行追认，应受到合同约束。《合同书》签署后，双方均已实际履行，被申请人也向申请人支付了部分款项。在被

申请人未支付后续工程款时，其委托律师发函明确认可被申请人与申请人订立《合同书》，行使合同权利，并通知申请人停止工程施工。上述行为均可表明被申请人认可《合同书》对其发生效力及对某甲的授权。

另外，在前案中，被申请人对某甲的身份及签字均予以认可。

此外，被申请人提交的最高法案例与本案适用情形完全不同，该案中法院认为公司根本不知道法定代表人代表公司签署文件一事，公司也未实际履行签署文件的内容。但本案中，被申请人不仅明确授权某甲签署本案合同，而且被申请人实际上也已经履行了合同主要义务，享有合同对应的权利，因此应认定合同对被申请人发生效力。

2. 合同约定的仲裁机构明确指向仲裁委员会，仲裁条款有效

《合同书》第二部分通用条款第 17.2.1 条约定："如双方不能按子条款 17.1(友好解决)通过友好协商解决争议，每一方都可将此争议提交北京贸易促进委员会(按联合国国际贸易法委员会的仲裁规则)。"

北京贸易促进委员会为中国国际贸易促进委员会北京市分会的简称，在中国国际贸易促进委员会北京市分会官方网站的机构简介公示信息中已经予以明确。唯一指向的机构即为中国国际贸易促进委员会，而中国国际贸易促进委员会下设的仲裁机构为仲裁委员会，因此不会与其他在北京的仲裁机构混淆。依据 2015 年版《中国国际经济贸易仲裁委员会仲裁规则》(以下简称《贸仲仲裁规则》)第 1 条第 2 款"当事人在仲裁协议中订明由中国国际贸易促进委员会/中国国际商会仲裁，或由中国国际贸易促进委员会/中国国际商会的仲裁委员会或仲裁院仲裁的，或使用仲裁委员会原名称为仲裁机构的，均视为同意由中国国际经济贸易仲裁委员会仲裁"的规定，以及最高人民法院《关于适用〈中华人民共和国仲裁法〉若干问题的解释》(以下简称《仲裁法司法解释》)第 3 条"仲裁协议约定的仲裁机构名称不准确，但能够确定具体的仲裁机构的，应当认定选定了仲裁机构"的规定，本案仲裁协议约定的争议解决机构应为贸仲，司法实践中即有法院持此观点，并应按照联合国国际贸易法委员会的仲裁规则

在北京仲裁。

被申请人提交的〔2005〕民四他字第52号批复不能作为判断本案仲裁协议效力的依据。一方面,该批复中约定的仲裁机构为“北京经济贸易仲裁委员会”,与本案不同;另一方面,该批复2005年发布,既与2006年8月发布的《仲裁法司法解释》第3条相悖,也不符合目前司法支持仲裁的精神。因此,本案应当适用在后发布并现行有效的《仲裁法司法解释》第3条的规定,认定双方当事人已经选定仲裁委员会作为解决本案争议的仲裁机构,仲裁协议不存在无效情形。

在申请人提交的北京市高级人民法院(2020)京民终242号案中,北京市高级人民法院认为可以将“中国贸促会北京分公司”确定为双方当事人选择贸仲仲裁;最高人民法院在(2016)最高法民申882号案中,也将仲裁协议约定的“四川省贸促会”认定为双方协议选择贸仲仲裁。相较上述案件仲裁协议约定的“中国贸促会北京分公司”“四川省贸促会”,本案仲裁协议约定的“北京贸易促进委员会”更清晰,在北京地区亦不会产生选择其他争议解决机构的歧义。本案仲裁协议中载明的“北京贸易促进委员会”可以明确指向贸仲,并在北京仲裁。

3. 被申请人提供的前案裁决书并不完整、无法确认真实性,也不能证明本案仲裁协议无效

第一,对于仲裁协议约定的“北京贸易促进委员会”是否可以视为约定贸仲管辖,不属于对案件事实的确认,而是仲裁庭对该法律问题的个案判断,不应适用《民事诉讼法司法解释》第93条第1款第6项“已为仲裁机构生效裁决所确认的事实”的规定,不能当然适用于情况完全不同的本案。被申请人援引的(2014)民申字第272号案件中,最高人民法院也未认为仲裁庭对于法律问题的裁判观点可以直接适用《民事诉讼法司法解释》第93条第1款第6项的规定。即使另案仲裁庭对法律问题作出的裁判观点属于已确认的事实,根据《民事诉讼法司法解释》第93条第2款的规定“……第5项至第7项规定的事实,

当事人有相反证据足以推翻的除外”，本案申请人已经提交了相反证据证明仲裁协议约定的北京贸易促进委员会可以指向贸仲，足以推翻另案仲裁庭的认定。

第二，另案和本案情况不同，另案中仲裁庭的意见也不能当然适用于本案。另案中约定有仲裁条款的“两份电子邮件《总承包合同》”被仲裁庭认定为与争议的《工程承包合同书》并非同一份合同文件，是仲裁庭驳回另案申请人申请的根本原因，而本案仲裁条款则明确约定于《合同书》中。

第三，依据2024年版《贸仲仲裁规则》第4条第3款的规定，“当事人约定将争议提交仲裁委员会仲裁但对本规则有关内容进行变更或约定适用其他仲裁规则的，从其约定，但其约定无法实施或与仲裁程序适用法强制性规定相抵触者除外。当事人约定适用其他仲裁规则的，由仲裁委员会履行相应的管理职责”，《贸仲仲裁规则》明确仲裁协议可以选择其他仲裁规则，贸仲履行相应的管理职责，不能因仲裁协议未约定《贸仲仲裁规则》而反推双方不具有选择贸仲的意思表示。

4. 双方磋商《补充协议》无法证明此前在《合同书》中不具有选择贸仲仲裁的意思表示，反而证明双方选择贸仲仲裁的意思表示是一贯且一致的

第一，双方协商签订《补充协议》，目的是将《合同书》中约定的《贸法会仲裁规则》变更为《贸仲仲裁规则》，便于将来贸仲管理仲裁案件及推进仲裁程序。本案中，申请人也多次向贸仲申请将《贸法会仲裁规则》变更为《贸仲仲裁规则》，但被申请人均未同意。

第二，被申请人提供的微信聊天记录显示，被申请人并未拒绝签署《补充协议》，被申请人代理人之一常某东也表示会催一下被申请人签署进度，表明双方对将争议提交贸仲仲裁的意思表示实际上是一贯且一致的，从未出现分歧，至少在本案双方当事人之间，“北京贸易促进委员会”可以明确指向贸仲。

综上，《合同书》仲裁协议有效，双方选择仲裁机构明确指向贸仲，仲裁协议不存在任何无效事由，且双方始终具有提交贸仲仲裁的意思表示。本案应由

贸仲管辖。

（五）被申请人的答辩意见

1. 申请人要求付款的条件并未成就，无权要求被申请人支付申请金额

第一，《合同书》没有被申请人的盖章，签字人并非被申请人的法定代表人，申请人也未能提供签字人签署相关文件的授权委托书；因此合同应当认为无效，对被申请人不具有法律约束力。申请人在工程正在进行施工的过程中，未与被申请人核对其已完工程量，未结算工程价款，双方也没有进行工程交接。申请人所提供的证据尚无法证明其已完成的工程量及相应工程价款，而且当时整体工程尚未完工，没有进行竣工验收。在此情况下，工程量和工程价款无法确定，申请人要求付款的条件不成就。

第二，按照合同约定，如果发包人未能支付合同项下不少于合同价格10%的当付、应付款额，且在收到承包人表明此款未付的通知后60日内未采取补救措施，承包人才有权终止合同。申请人未能提供证据证明被申请人未能支付合同项下不少于合同价格10%的当付、应付款额，并且按照合同约定申请人应发出款项未付通知且被申请人未采取补救措施的情况下申请人才能终止合同。申请人没有提供证据证明以上条件均已具备，因此其无权解除合同。

第三，申请人也无法证明其已经开具同等金额的有效发票给被申请人，因此被申请人有权拒付相关费用。

第四，申请人提供的相关文件既没有被申请人单位盖章，申请人也没有提供相关签字人的授权委托书。因此，可以认定被申请人与申请人并未就款项及支付达成一致，相关文件并未最终生效，也非被申请人最终真实意思表示。双方并未就工程进行任何形式的结算，未就工程款达成任何形式的一致意见，申请人请求金额缺少事实和法律依据。

2. 申请人要求被申请人支付利息无事实依据和法律依据

申请人对于其是否按照合同有权领取相关款项缺乏事实依据证实，因此要求被申请人支付利息缺乏事实依据。申请人提供的相关文件并无被申请人盖

章，签字人也无被申请人合法有效授权，因此可以认定被申请人与申请人并未就款项结算达成一致。

3. 申请人要求被申请人赔偿现场停工看护费用无事实和法律依据

申请人没有提供任何合法有效的证据证明申请人提供现场停工看护，没有提供任何合法有效的证据证明是应被申请人的要求安排人员留守，更没有提供任何合法有效的证据证明所谓的看护费用是与涉案工程有关。按照“谁主张，谁举证”的原则，申请人应当承担举证不能的不利后果。

4. 申请人要求被申请人赔偿库存材料损失和国内钢结构报废损失无事实和法律依据

申请人没有提供任何合法有效的证据证明申请人存在以上损失，也没有提供任何合法有效的证据证明该损失与被申请人工程有关。按照“谁主张，谁举证”的原则，申请人应当承担举证不能的不利后果。

5. 申请人要求被申请人支付其仲裁费和律师费无事实和法律依据

依据《民法典》中关于违约方损害赔偿责任的规定，损害赔偿范围限定于违约行为给对方造成的损失。申请人在仲裁过程中既可以聘请律师代理，也可以自行参加仲裁，该笔律师费并非必然发生的费用。且双方在合同中并无关于仲裁律师费承担的约定，因此，申请人要求被申请人支付其律师费无事实依据。

我国法律对于败诉方承担胜诉方合理律师费用的范围和条件有明确限定。除知识产权侵权案件外，对于国内商事纠纷案件，很少有法院或者仲裁机构支持胜诉方所提出的由对方承担其律师费用的请求。

在合同履行过程之中遇到不可抗力，影响或导致合同不能继续履行，合同的双方当事人不承担任何责任。本案被申请人一方并无过错，申请人的律师费应当由其自行负担。

本案争议并非被申请人的过错导致，被申请人不存在违反合同的行为，申请人要求其承担仲裁费用无事实和法律依据。并且申请人并未提交有关仲裁费用的证据，应当承担举证不能的不利后果，因此应当予以驳回。

（六）申请人的代理意见要点

1.《合同书》有效，对双方均有约束力，其中仲裁条款选择贸仲管辖的意思表示明确

被申请人庭后提交的前案裁决书，与本案情况并不相同，该案仲裁庭意见不能作为本案参考，具体而言：

（1）该案中，丁公司以其与J公司签署的《工程承包合同书》（无仲裁条款）、其与J公司、被申请人签署的《三方协议》（贸仲管辖），要求被申请人承担责任。但该案仲裁庭认为，被申请人并非《工程承包合同书》当事方、《三方协议》未生效且丁公司就《工程承包合同书》争议事项申请仲裁也超出《三方协议》的仲裁条款约定、不能证明《工程承包合同书》与电子邮件《总承包合同》同属一份合同文件，才驳回了丁公司全部的仲裁请求，而非因约定的仲裁机构名称不准确而驳回仲裁请求。

（2）即便在认定《工程承包合同书》无仲裁条款时，一方面，该案仲裁庭基于当事人证据，主要是认为《工程承包合同书》、两份电子邮件《总承包合同》并非同一份合同文件，而非仅仅基于两份电子邮件《总承包合同》约定的仲裁机构名称不准确，才确定《工程承包合同书》无仲裁条款；另一方面，本案仲裁条款为“北京贸易促进委员会”，与前案裁决书中所涉“北京贸易促进会”名称也并不相同，另案仲裁庭对仲裁机构名称的意见无法作为本案的参考。

（3）前案裁决书中，仲裁庭认定的事实包括，K公司工业发展事业部更名为被申请人，结合某甲名片可知，某甲实际任更名后的被申请人总经理职位。此外，该案仲裁庭结合某甲签署文件情况、被申请人认可某甲是其员工的表述等，认定“某甲在本案工程项目中不是一般的工作人员，而是有权审批几千万美元工程款的项目负责人”，从而认为该案中仅有某甲签字而无被申请人盖章的《三方协议》在各当事方之间成立。

2. 因被申请人未付款构成根本违约，基于自身资金原因停工且最终失去项目控制权导致合同目的不能实现、合同无法继续履行，申请人有权解除合同

(1) 被申请人未按合同约定付款构成根本违约，申请人有权解除合同。

自2017年10月项目整体停工以来，水泥生产线项目的土建施工已完成约90%，钢结构施工完成约80%，厂外输水管线施工50%，厂区完成大部分室外给排水管网施工。根据申请人与被申请人签署的《合同书》合同专用条款第10.1条、第10.2条、第10.3条约定，案涉项目已经满足支付第一笔设计费近690万元、第二笔设计费300余万元、建安工程施工费预付款3亿余元、建安工程施工费中期付款（进度款，以申请人申报后审核金额为准）、钢结构施工费预付款近2800万元、钢结构到货款近2800万元、进度款近1400万元的付款条件。但被申请人仅支付了第一笔设计费、建安工程施工费预付款、钢结构施工费预付款及部分进度款，自2016年11月后无任何付款，根据双方结算情况，尚欠1亿余元未付。

基于以上，根据《合同书》通用条款第15.7.1条约定以及《民法典》第563条第1款第（3）项"当事人一方迟延履行主要债务，经催告后在合理期限内仍未履行"的规定，申请人有权解除合同。

(2) 被申请人因自身资金原因通知申请人停工，后因失去项目控制权导致申请人被迫撤场，申请人继续施工且获得工程款的合同目的已无法实现，申请人有权解除合同。

一方面，水泥生产线项目实际因被申请人资金原因停工，被申请人已经书面确认；另一方面，目前被申请人的关联公司已经不再是案涉项目业主Z公司的大股东，其已经丧失项目控制权，案涉项目由新的第三方X公司继续施工且已经实际投产，《合同书》实际已无法继续履行。

基于以上，根据《民法典》第563条第1款第（4）项"当事人一方迟延履行债务或者有其他违约行为致使不能实现合同目的"的规定，申请人有权解除合同。

(3)被申请人于2020年1月22日签收《仲裁申请书》,根据《民法典》第565条的规定,《合同书》应于2020年1月22日解除。

3. 申请人的各项仲裁请求均有明确依据,应予以支持

第一,针对应付工程价款1亿余元,依据《民法典》第566条"合同解除后,尚未履行的,终止履行;已经履行的,根据履行情况和合同性质,当事人可以请求恢复原状或者采取其他补救措施,并有权请求赔偿损失"之规定,申请人解除合同后,有权要求被申请人赔偿申请人已完成的案涉项目产值,也即工程价款。即便不考虑水泥生产线项目已经无法交接及竣工验收的实际情况,双方是否进行项目交接、是否竣工验收也不影响总包方申请人主张已完工部分的应付进度款。

双方已经就工程量及工程价款进行了结算,应根据结算文件,确认被申请人应付款项,具体包括:

(1)2019年5月,双方就案涉项目已审核工程量进行确认并就项目欠款进行结算,签署《与B公司对账明细表》。

(2)2018年5月,双方基于此前现场确认的已完成工程量,就截至2017年9月的已审核工程量及工程产值签署《C国熟料水泥厂工程进度报表(开工至2017年9月)》。

(3)自开工至2017年9月停工,申请人根据合同约定每月向被申请人报送案涉项目当月完成工程量,被申请人审核确认后,双方项目人员现场签字。

上述结算文件中被申请人人员的身份已有相关证据证明,与两位亲历对账过程的证人某戊、某丁的证言相互印证,且被申请人也当庭认可已付款金额。因此,上述结算文件可以作为确定被申请人应付工程价款的依据,被申请人应当据此向申请人赔偿工程价款损失。

第二,关于利息起算时点,根据《合同书》合同专用条款第10.2.2条中期付款程序中关于"10.2.2.1　应每月25日之前提交本月工作的已完工程量清单的报告及中期付款申请。10.2.2.2　发包人接到报告后7天内审核工程量,并支付进度款"的约定,因2017年12月25日申请人报送的《C国熟料水泥厂

工程进度报表(开工至2017年9月)》中明确提出报审金额,7日内被申请人未审核也未提出异议,至迟于7日后的2018年1月1日,应开始支付工程价款欠款利息。

第三,关于现场停工看护费用近500万元、库存材料损失近1800万元、国内钢结构报废损失近850万元的计算依据、产生原因、金额详见《庭前说明及针对〈仲裁答辩书〉的反驳意见》。此外,需要说明的是:

(1)申请人已经在第三组、第四组、第五组、第八组证据中列明各项损失计算依据,包括详细的报销凭证、发票、财务记账凭证、合同文件、材料堆存照片等,第三方凭证与申请人内部记账凭证相互印证,足以证明上述损失实际发生且与《合同书》有关。

(2)与本案有关的前案,是为案涉项目建设配套自备电站引发的纠纷,一方面,水泥生产线工程与自备电站工程所签署的合同、施工内容、建设区域等能够相互区分;另一方面,申请人产生的相关费用也分别记账,能够相互区分,申请人在前案与本案中提交的损失证明材料无任何重复内容。因此,不存在两案损失重复主张的情形。

(3)2021年8月申请人在极短的时间内被迫撤场,留在现场的剩余物资已无法取回。因撤场时间短、境外项目证据搜集困难,C国当地人员看护费用、难以统计的耗材费用等申请人均未在本案中主张,申请人遭受的实际损失远远大于目前主张的损失金额。

4. 申请人开具发票并非被申请人付款的前提条件

第一,《合同书》中并无先开票后付款的约定,被申请人在合同履行过程中也未提出过开票要求,其以申请人未开发票为由拒付工程款有违诚实信用原则。

第二,被申请人援引的《发票管理办法》等规定并未规定收款方在收款前应先行开具发票,被申请人在支付欠付工程款后,申请人可以出具相应形式发票。

第三,司法实践认为,开具增值税发票并非主要合同义务,仅是附随义务,除非合同明确约定了先后履行顺序,否则一方不得仅以未开具发票为由拒绝付款。

第四,被申请人为中国境外公司,不受中国税务法律法规的规范,是否取得发票均不影响其付款、不会导致其违规并遭受处罚,故取得发票并非其付款的前提条件。

（七）被申请人的代理意见要点

1. 关于合同效力

第一,该合同没有被申请人的盖章,签字人并非被申请人的法定代表人,申请人提供的授权委托书签字人为某己,但其并不是被申请人公司的法定代表人,所以其的签字授权对被申请人没有法律约束力,合同应当认为无效。

第二,被申请人决策层最终不同意在申请人提交的补充协议上盖章,明确表示不同意将合同争议提交贸仲,按照申请仲裁时该会现行有效的仲裁规则进行仲裁。同时,被申请人决策层拒绝在补充协议盖章的决定也表明对之前未经被申请人盖章确认的文件不予认可。

2. 关于合同解除

被申请人对于项目公司股权变动正在通过司法途径进行解决,被申请人并未打算放弃该项目,因此对于执行中的合同不同意予以解除。

3. 申请人要求被申请人赔偿现场停工看护费用没有事实和法律依据

申请人没有提供任何合法有效的证据证明申请人提供现场停工看护,没有提供任何合法有效的证据证明是应被申请人的要求安排人员留守,更没有提供任何合法有效的证据证明所谓的看护费用是与涉案工程有关。

4. 申请人要求被申请人赔偿库存材料损失和国内钢结构报废损失没有事实和法律依据

申请人没有提供任何合法有效的证据证明申请人存在以上损失,也没有提供任何合法有效的证据证明该损失与被申请人工程有关。

申请人提供的有关证据协议签约双方均与本案无关,也无法证明该组证据与被申请人的关系,该证据不能实现其证明目的。从协议签约双方名称来看,可以推测均与申请人存在一定的关联关系,与申请人存在利害关系,因此上述证据的效力存疑。关于这方面的费用,申请人从未向被申请人报数获得确认,这些费用的关联性、合理性和必要性均存在一定的瑕疵。

二、仲裁庭意见

仲裁庭经审阅在本案审理过程中双方提交的证据和书面材料,并听取庭审中双方当事人对案件事实的陈述和对仲裁庭提问的回答,经合议,现就本案发表以下意见。

仲裁庭认为列举当事人在本案中提交的所有证据并无必要,而是在以下对本案需要裁决的问题进行分析时,在合适的情况下提及相关证据。为避免疑义,仲裁庭在作出本裁决时,已经充分考虑了当事人提交的所有证据,不论是否在本裁决中提及。

(一)关于管辖权问题

被申请人在本案中提出管辖权异议,主要理由是:(1)《合同书》未加盖被申请人单位印章,没有被申请人法定代表人签字,签字人也无签署《合同书》的授权委托书,因此《合同书》无效;(2)合同双方并未就提交贸仲进行仲裁达成协议,《合同书》约定的仲裁机构名称为北京贸易促进委员会,并非贸仲。

针对被申请人的上述意见,申请人提出:(1)《合同书》由被申请人当时的负责人、总经理某甲签署,某甲有被申请人的授权,还签署了大量与项目进展相关的文件。在整个项目执行过程中,被申请人从未提出异议,这足以使申请人产生合理信赖。此外,《合同书》已经得到实际履行,因此,对于某甲代表被申请人签署《合同书》以及相关文件的行为,被申请人不仅知情而且承认其效力;(2)《合同书》中的仲裁协议有效,双方选择的仲裁机构明确指向贸仲,仲裁协议不存在任何无效事由,且双方始终具有提交贸仲仲裁的意思表示,本案应由贸仲管辖。

根据《贸法会仲裁规则》第23条第1款的规定,仲裁庭有权力对其自身管辖权作出裁定,包括对仲裁协议的存在或效力有关的任何异议作出裁定。因此,仲裁庭对本案管辖权问题作出决定并发表如下意见:

第一,关于《合同书》的效力问题,根据仲裁庭在下文仲裁庭意见第(三)部分的分析,仲裁庭认定《合同书》依法成立并生效,对于双方均有约束力。

第二,《合同书》第二部分通用条款第17.2.1条约定:"如双方不能按子条款17.1(友好解决)通过友好协商解决争议,每一方都可将此争议提交北京贸易促进委员会(按联合国国际贸易法委员会的仲裁规则)。"

仲裁庭认为,《合同书》上述条款约定的"北京贸易促进委员会"在名称上与"中国国际经济贸易仲裁委员会"虽不相同,但考虑到,第一,《仲裁法司法解释》第3条规定:"仲裁协议约定的仲裁机构名称不准确,但能够确定具体的仲裁机构的,应当认定选定了仲裁机构";第二,2024年版《贸仲仲裁规则》第1条第2款规定:"当事人在仲裁协议中订明由中国国际贸易促进委员会/中国国际商会仲裁……均视为同意由中国国际经济贸易仲裁委员会仲裁";第三,《合同书》上述条款使用的"北京贸易促进委员会"名称与"中国国际贸易促进委员会北京市分会(简称北京贸促会)"高度类似,可以推定,双方当事人在《合同书》的第二部分通用条款第17.2.1条中选定的仲裁机构即"中国国际经济贸易仲裁委员会"。关于被申请人援引的贸仲前案裁决书有关内容,仲裁庭认为,本案案情与前案裁决书相关案件的案情存在区别,且另案裁决书对本案不具有约束力。

综上,仲裁庭认为《合同书》约定的仲裁条款有效,贸仲对本案有管辖权。

(二)关于本案的法律适用

本案中,申请人系一家中国公司,被申请人系一家注册于V地的公司,而且案涉工程位于C国,因此本案具有涉外因素。

《涉外民事法律关系适用法》第3条规定:"当事人依照法律规定可以明示

选择涉外民事关系适用的法律。”

庭审过程中，经仲裁庭询问，双方一致确认，同意适用中国法律解决本案争议。并且，在双方提交的仲裁文件中，均援引了《民法典》等中国法律的规定。

因此，仲裁庭尊重当事人对于适用法律的选择，根据中国法律，并且参考最高人民法院的相关司法解释，审理本案和作出裁决。

（三）关于《合同书》的效力

2008年10月10日，申请人与被申请人的关联公司K公司就C国水泥生产线项目签署了《EPC合同》。之后，各方经协商，2016年1月由申请人和被申请人签署《合同书》，将原EPC承包合同变更为专业工程承包。

仲裁庭注意到，《合同书》第二部分通用条款第18.1条约定：“本合同在双方正式签订合同并承包人向发包人提供履约保函后即生效……”第一部分协议书第10条“合同生效”约定：“……发包人已经收到一份经签署的履约银行保函的原件。”在《合同书》签字页上，被申请人一方由某甲签署，未加盖被申请人的公司印章。被申请人因此主张《合同书》无效。

仲裁庭注意到，某甲在《合同书》订立前，曾以被申请人关联公司K公司工业项目部总经理名义行事。同时，在《合同书》的履行过程中，某甲还代表被申请人签署落款日期为2017年10月10日的被申请人《公函》，以及《与B公司对账明细表》（以下简称《对账明细表》）等多份文件，并且参加了2018年6月9日申请人与被申请人之间的工作会议、签署了相关的会议纪要。被申请人虽然不认可这些证据的真实性，但是，其既不能提出相反的证据，也并不否认这些证据所反映的事实。所以，综合考虑本案证据和审理情况，仲裁庭不能采信被申请人的主张。

仲裁庭认为，尤其需要注意的是，《合同书》已得到实际履行，而且被申请人也已向申请人就案涉项目支付了部分款项。这也表明被申请人认可某甲能够代表被申请人处理与《合同书》相关事宜。因此，仲裁庭认为，尽管《合同书》未加盖被申请人的公章，但应当认定某甲能够代表被申请人的意愿，申请人对某甲签署的《合同书》以及所发表的意见能够形成合理信赖，而被申请人也应当对某甲作出的行为和发表的意见承担责任。

再考虑《合同书》系双方自愿订立，没有证据证明其内容违背我国法律和行政法规的强制性规定。因此，仲裁庭认为《合同书》依法成立并生效，对双方当事人具有约束力，也是仲裁庭审理本案的依据。

（四）关于申请人的仲裁请求

1. 关于申请人的第一项仲裁请求

申请人要求裁决《合同书》于2020年1月22日解除。申请人的主要合同及法律依据是《合同书》第三部分专用条款第10.1条、第10.2条、第10.3条，第二部分通用条款第15.7.1条的约定，以及《民法典》第563条第1款第3项和第4项的规定，主要事实依据为被申请人一再拖延支付工程进度款，并已丧失对案涉项目的控制权，无法继续履行《合同书》，合同目的已无法实现。

被申请人认为其并未打算放弃案涉项目，不同意解除《合同书》。

仲裁庭注意到，《合同书》第二部分通用条款第15.7.1条约定："如果发生下列事件之一，承包人可以根据本条款15.7.1，通过提前30天向发包人发出终止通知来终止合同，终止通知应详述终止的原因……b）根据15.7.2款，如果发包人未能支付合同项下不少于合同价格10%的当付、应付款额，且在收到承包人表明此款未付的通知后60日内未采取补救措施。"即根据《合同书》，被申请人欠付合同价格10%且在收到申请人书面通知后的60日内没有采取补救措施的，申请人有权提前解除合同。

《合同书》还约定项目工程款为4亿余元，包括：设计费近1100万元、建筑工程款3亿余元，钢结构工程款近1亿元。

《民法典》第563条第1款规定，"有下列情形之一的，当事人可以解除合同……第3项当事人一方迟延履行主要债务，经催告后在合理期限内仍未履行；第4项当事人一方迟延履行债务或者有其他违约行为致使不能实现合同目的……"。

本案中,申请人曾多次向被申请人申请支付工程进度款,且双方已在 2019 年 5 月对案涉项目进行结算,确认被申请人欠付的金额为 1 亿余元,而案涉项目约定的合同总价为 4 亿余元,被申请人欠付的款项金额已超《合同书》总价的 10%(4000 余万元)。庭审中,双方确认自 2016 年 11 月后,被申请人未再向申请人支付过工程款项,欠付时间已远超《合同书》约定的 60 天补救期限。

此外,案涉项目自 2017 年 9 月正式停工后并未复工。到 2020 年,被申请人丧失对案涉项目的控制权,《合同书》显然已丧失继续履行的可能性,合同目的已由于被申请人的原因而无法实现。

根据上述事实,仲裁庭认为,根据《合同书》第三部分专用条款第 10.1 条、第 10.2 条、第 10.3 条以及第二部分通用条款第 15.7.1 条的约定,和《民法典》第 563 条第 1 款第 3 项以及第 4 项的规定,申请人有权提前解除《合同书》。

关于解除《合同书》的具体时间,鉴于被申请人于 2020 年 1 月 22 日签收了申请人发出的《仲裁申请书》,根据《民法典》第 565 条的规定,仲裁庭认定 2020 年 1 月 22 日为《合同书》的解除日。因此,仲裁庭支持申请人的第一项仲裁请求。

2. 关于申请人的第二项仲裁请求

申请人要求裁决被申请人向申请人支付工程价款 1 亿余元。申请人认为,根据《民法典》第 566 条的规定,以及双方于 2019 年 5 月签署的《对账明细表》中确认被申请人就案涉项目尚欠申请人工程款 1 亿余元等事实,在《合同书》解除后,被申请人应当赔偿其所遭受的损失。

被申请人认为,双方并未就工程进行任何形式的结算,而且申请人也没有开具同等金额的有效发票。

《民法典》第 566 条第 1 款规定:"合同解除后,尚未履行的,终止履行;已经履行的,根据履行情况和合同性质,当事人可以请求恢复原状或者采取其他补救措施,并有权请求赔偿损失。"

《合同书》第二部分通用条款第 15.7.4 条约定:"如果根据 15.7 条款终止

合同,发包人应向承包人支付如下款项:a)合同价。准确来讲是截止到终止之日时承包人所完成的工程部分的合同价额减去先前已付累计款额的差额……”

根据申请人证据4《对账明细表》,2019年5月,双方就案涉项目已审核工程量进行确认并就项目欠款进行结算,签署《对账明细表》,确定申请人就案涉项目已收到的款项数额为约2.4亿元,被申请人的欠款数额为1亿余元。被申请人方某甲、某乙、某丙在《对账明细表》上签字(表中数字截至2019年4月30日)。

仲裁庭认为,双方于2019年5月进行的款项确认构成工程结算。基于诚实信用原则,对于有充分事实根据而且已经承诺支付的金额,被申请人应当承担支付义务。被申请人提出的支付条件没有成就、申请人没有提供有效发票的理由,缺乏事实、合同和法律依据。

综上,仲裁庭支持申请人提出的该项仲裁请求,被申请人应向申请人支付1亿余元工程价款。

3. 关于申请人的第三项仲裁请求

申请人要求裁决被申请人向申请人支付工程价款欠款利息约2200万元(以1亿余元为基数,自2018年1月1日起至2019年8月19日按照银行贷款基准利率4.75%/年的标准计付;2019年8月20日至实际支付之日按同期全国银行间同业拆借中心公布的贷款市场报价利率LPR计付,暂计算至2022年10月31日)。

最高人民法院《关于审理建设工程施工合同纠纷案件适用法律问题的解释(一)》(法释〔2020〕25号)第26条规定:“当事人对欠付工程价款利息计付标准有约定的,按照约定处理。没有约定的,按照同期同类贷款利率或者同期贷款市场报价利率计息。”

鉴于《合同书》并未明确约定逾期利率,因此,本案中应按照同期同类贷款利率或者同期贷款市场报价利率计息。关于利息起算时间,仲裁庭认为,双方在2019年5月最终确定案涉项目中被申请人的欠款金额,完成工程结算。但鉴于结算的具体日期不详,因此,仲裁庭认为将利息起算时间确定为结算完成后次月的第一日,即2019年6月1日,是合理的。同时,在2019年8月20日之前,逾期利息应按中国人民银行发布的同期同类贷款基准利率标准计算,从2019年8月20日开始至实际支付日,应按全国银行间同业拆借中心公布的1年期贷款市场报价利率标准计算。暂计至2022年10月31日,利息为1500万余元。因此,仲裁庭部分支持申请人的此项仲裁请求。

4. 关于申请人的第四项仲裁请求

申请人要求裁决被申请人向申请人赔偿2017年9月至2021年8月现场停工看护费用近500万元。看护费由人工工资、相关人员往返C国的差旅费以及案涉项目工作人员意外保费、邮寄项目材料费及购置防疫物资等杂费三部分构成。

被申请人认为,申请人没有提供有效证据证明申请人提供了现场看护,也没有提供有效证据证明所主张的看护费用与案涉工程有关。

仲裁庭注意到,被申请人方某甲签发的、落款日期为2017年10月10日的《公函》提出"2017年9月,C国新型干法熟料水泥生产线项目因我司内部原因,项目资金暂缓支付。因此我司同意贵司停工,安排施工人员撤场……项目现场已经施工大半,因此贵司还应继续做好现场看护工作。"

《合同书》第二部分通用条款第15.7.4条约定:"如果根据15.7条款终止合同,发包人应向承包人支付如下款项:如果根据15.7条款终止合同,发包人应向承包人支付如下款项:a)合同价。准确来讲是截止到终止之日时承包人所完成的工程部分的合同价额减去先前已付累计款额的差额;b)承包人从现场撤出设备及遣返承包人人员所产生的直接费用;c)承包人根据15.7.3条中a)条,为保护工程及为设备、材料及人员提供整洁、安全的现场条款所发生的费用。每种情况下,减去终止日前承包人所欠发包人的款额。"

根据上述《通知》及合同约定,申请人在停工期间看护施工现场是基于被申请人的指示,而且符合合同约定。又因为工程停工系由于被申请人的原因造成,因此,根据《合同书》第15.7.4条的约定和《民法典》第566条第1款的规定,申请人的看护费用应由被申请人给予合理补偿。

为说明看护费用中人工费、差旅费和其他杂费的构成,申请人主张现场看护人员21名中国籍员工,并且提供了《辅助明细账》和系列《记账凭证》《报销单》《发票》《审批单》《机票预订申请单》《收款收据》《工资汇总表》《工资明细表》等证据。

对于看护费用,仲裁庭认为,综合申请人提供的证据,在没有更多证据佐证的情况下,仲裁庭难以完全认定申请人所主张的案涉项目看护所需要的人员数量、工资水平以及相应的差旅费和杂费支出。

仲裁庭注意到,申请人提交的《辅助明细账》中的一些账目显示的相关人员并不在申请人列出的21名看护人员名单中。此外,本案中,停工期间为2017年9月底到2021年8月,共计近4年时间,但从《辅助明细账》可看出,2019年的看护费用为近250万元,显著高于2018年的看护费用近80万元和2020年的看护费用近90万元,但申请人并未说明2019年看护费用显著高于2018年和2020年看护费用的原因。最后,鉴于2020年9月后,第三方单位已接管案涉项目,基于此,申请人主张的2020年9月后发生的看护费用一定程度上欠缺合理性。

综上,仲裁庭认为,申请人应被申请人的要求就案涉项目的现场看护工作客观上发生了一定的看护费,但从申请人提交的证据看,无法完全证明相关费用的全部发生及合理性。因此,仲裁庭酌定,被申请人按照申请人主张看护费用金额的60%向申请人补偿看护费用,即近500万元×60%=近300万元。

5. 关于申请人的第五项仲裁请求

申请人要求裁决被申请人向申请人赔偿库存材料损失近1800万元,包括工程施工的原材料损失近1500万元和库存周转材料损失近300万元。

被申请人提出申请人没有提出有效的证据证明申请人遭受了库存材料损

失,应当承担举证不利的后果。

根据申请人的陈述,案涉项目被迫停工后,鉴于撤场的时间紧迫,库存材料无法带走。此外,鉴于案涉项目停工时间过长,库存材料发生损耗、锈蚀等情况,也无法再进行使用。

仲裁庭注意到,申请人提交的证据材料主要包括2013年至2018年水泥生产线项目原材料《项目明细账》及2015~2018年周转材料《项目明细账》,并附相关《记账凭证》《采购(费用)报销单》《发票》《入库单》《出库单》。根据申请人陈述,库存类型主要为原材料钢梁、化工原料、机械配件、备件五金材料以及日常工作的生活物资、办公用品、食品等。被申请人对上述证据的真实性和关联性不予认可。

根据申请人提供的账目明细、记账凭证以及发票等能形成完整的证据链证明申请人就库存原材料以及库存周转材料的支出。仲裁庭认为,鉴于案涉项目停工,申请人客观上产生库存材料的损失,又因案涉项目停工系由于被申请人的原因造成,根据《民法典》第566条第1款的规定,申请人的库存材料损失应由被申请人给予合理补偿。

此外,考虑2017年9月后,案涉项目已停工,申请人此后新发生的库存材料损失在一定程度上欠缺合理性。因此,仲裁庭酌定,被申请人按照申请人主张库存材料损失金额的70%向申请人补偿库存材料损失费用,即近1800万元×70%=近1300万元。

6. 关于申请人的第六项仲裁请求

申请人要求裁决被申请人向申请人赔偿国内钢结构报废损失近850万元,其中向L公司采购的国内钢结构报废损失具体包括:(1)钢结构的制作费(及税金)为近200万元;(2)钢结构使用的钢材费用近250万元;(3)以前两项之和为基础再加上30%的管理费为综合管理费近150万元。向M公司采购的国内钢结构报废损失具体包括:(1)钢结构的制作费(及税金)为近100万元;(2)钢结构使用的钢材费用近150万元;以及(3)以前两项之和为基础再加上

30%的管理费为综合管理费近70万元。

被申请人同样认为，申请人没有提出有效的证据证明申请人遭受了这项损失，应当承担举证不利的后果。

根据申请人的陈述，发往海外的钢结构已经计入案涉项目工程款。由于案涉项目停工，申请人主张尚有合计1100余吨专为案涉项目制作的钢结构没有发运（与L公司核算约740吨+与M公司核算约280吨）。

仲裁庭查明，2016年第二季度，申请人委托其海外分公司向L公司采购工程物资钢结构，订制了一批总量为1500吨、制作费单价2100余元（不含税金）的钢结构；2016年第二季度，申请人委托其海外分公司向M公司订制了一批总量为2600余吨、制作费单价2100余元（不含税金）的钢结构。

截至2017年12月30日，海外分公司与L公司就水泥生产线结构制作工程分包已完成结算近800万元。L公司损失中的未发运钢结构国内预制费、预制钢结构税金及钢材费用共计400余万元，申请人已经结算支付给L公司。截至2017年8月，海外分公司与M公司就水泥厂结构制作工程分包已完成结算近1100万元。M公司损失中的未发运钢结构国内预制费、预制钢结构税金及钢材费用共计近250万元，申请人已经结算支付给M公司。

为证明以上事实，申请人提供了《C国水泥厂结构制作工程施工协议》及《补充协议》《L公司C国水泥厂钢结构已制作未运出部分索赔计算书》、C国水泥厂结构制作工程2016年4月～2017年12月分包预结算表、购买钢材发票、付款凭证、《C国水泥厂结构制作工程施工协议》《四公司C国水泥厂钢结构已制作未运出部分索赔计算书》、C国水泥厂结构制作工程2016年5月～2017年8月分包预结算表、购买钢材发票、付款凭证等证据材料。被申请人对上述证据的真实性和关联性不予认可。

仲裁庭认为，申请人为完成案涉项目而订制钢结构符合《合同书》的合同目的，由其关联公司完成订制也是这类作业的常规操作。特别是，申请人提交的《工程施工协议》、各种支付凭证和发票等也能形成完整的证据链，能够说明海外公司与L公司、M公司之间的关系以及订制工作的实际履行情况。因此，仲裁庭认可申请人通过海外分公司从关联公司处为案涉项目订制了钢结构，制作费单价为每吨2100余元（不含税金），制作费用的税金为17%。此外，在案涉项目长期停工的情况下，也会有些已经完成制作的钢结构被停止发运，并且因为不能确定何时复工而滞留在国内。根据本案证据材料，仲裁庭认可尚有1100余吨的订制钢结构没有发运。

基于上述，仲裁庭认为被申请人应当对申请人已经完成订制，但是尚未发运的1100余吨钢结构承担合理的赔偿责任。关于赔偿的范围和金额，仲裁庭分析如下：

关于制作费、税金以及原材料费、损耗，鉴于申请人已就制作费、税金以及原材料费、损耗分别与L公司和M公司完成结算，并已向L公司和M公司完成支付，合计金额为600余万元。仲裁庭认为，该项损失已经实际发生，被申请人应当向申请人予以赔偿。

关于管理费，仲裁庭认为在补偿申请人所遭受的原材料费用损失和制作费用损失后，申请人所遭受的直接损失已经得到充分补偿，因此，无须再根据《2012Y省建设工程计价依据安装工程预算定额》考虑与尚未发运钢结构相关联的管理费用。

另外，《民法典》第591条第1款规定："当事人一方违约后，对方应当采取适当措施防止损失的扩大；没有采取适当措施致使损失扩大的，不得就扩大的损失请求赔偿。"仲裁庭注意到，L公司及M公司与申请人系具有关联关系的公司，并且，没有证据表明申请人在与L公司及M公司确定钢结构残值及进行结算之前，进行过充分的市场化询价和比价。因此，基于现有证据材料，仲裁庭无法认定申请人与L公司及M公司确定的价格具有完全的合理性。因此，仲裁庭酌定，在确认申请人提出的钢结构补偿请求时，适用减损原则，适当调整被申请人的赔偿数额。

综上，仲裁庭认定，被申请人应当补偿申请人所遭受的钢结构损失，补偿金额为制作费与材料费之和,再适用30%的减损折扣,即600余万元×(1-30%)=约450万元。

7. 关于申请人的第七项仲裁请求

申请人要求裁决被申请人承担本案仲裁费用。

基于前述的分析,以及仲裁庭对申请人仲裁请求的认定情况,根据《贸法会仲裁规则》第42条第1款的规定,仲裁庭决定由申请人承担本案10%的仲裁费,由被申请人承担本案90%的仲裁费。

8. 关于申请人的第八项仲裁请求

关于律师费,被申请人认为律师费并非必然发生的费用,合同中无关于仲裁律师费承担的约定,且被申请人认为在合同履行过程之中遇到不可抗力,本案中被申请人一方并无过错,因此申请人的律师费应当由其自行负担,要求仲裁庭驳回申请人该仲裁请求。

仲裁庭注意到,《合同书》第二部分通用条款第16.4条约定:"如果一方没有在10日内发出不可抗力事件通知,该方将丧失本款所赋予的权利,除非发出通知受不可抗力事件本身阻止。"本案中,被申请人并未举证其曾经向申请人发出过不可抗力事件通知,因此,根据上述合同约定,仲裁庭对被申请人提出的不可抗力主张不予支持。

根据本案裁决结果并考虑申请人提交证据情况,仲裁庭认定被申请人应向申请人补偿律师费50万元、差旅费25,000元。

三、裁　　决

综上,仲裁庭裁决如下:

1.《C国熟料水泥生产线建筑、钢结构工程施工及生产线设计合同书》于2020年1月22日解除。

2. 被申请人向申请人支付工程款1亿余元。

3. 被申请人向申请人支付逾期利息，以1亿余元为计算基数，自2019年6月1日至8月19日，以中国人民银行同期人民币贷款基准利率为标准计算；自2019年8月20日至上述第（二）项裁决项下工程款实际付清之日，以全国银行间同业拆借中心发布的1年期贷款市场报价利率LPR为标准计算，暂计算至2022年10月31日为1500余万元。

4. 被申请人向申请人赔偿现场停工看护费近300万元。

5. 被申请人向申请人赔偿库存材料损失近1300万元。

6. 被申请人向申请人赔偿国内钢结构报废损失约450万元。

7. 本案仲裁费由申请人承担10%，被申请人承担90%，本案仲裁费已与申请人全额预缴的仲裁预付金额相冲抵，因此，被申请人还应偿还申请人代其垫付的本案仲裁费。

8. 律师费、差旅费（略）。

9. 驳回申请人的其他仲裁请求。

上述应付款项，被申请人应在本裁决作出之日起20日内支付完毕。

本裁决为终局裁决，自作出之日起生效。

案例评析

【关键词】

仲裁规则　自裁管辖权　合同效力　合同解除

【焦点问题】

在确定仲裁程序适用的仲裁规则时,仲裁庭应当在不违反法律强制性规定的情况下尽量尊重当事人的意思自治,包括根据当事人选择的仲裁规则进行仲裁。当适用《贸法会仲裁规则》时,仲裁庭根据该规则的规定拥有自裁管辖权,可以对仲裁管辖权异议作出决定。在处理合同解除的争议时,仲裁庭应重点考察当事人约定的解除条件或法律规定的解除事由是否满足。

【焦点评析】

本案的基本案情:申请人中国A公司和两公司订立了《建设工程项目承包合同》(以下简称《EPC合同》),约定由申请人作为承包方开展相关项目施工。

之后,各方经协商,由申请人作为乙方与《EPC合同》两公司的关联方,即被申请人V地B公司,签署了《合同书》,将《EPC合同》中约定的项目承包工程变更为专业工程承包。《合同书》约定,如果双方不能通过友好协商解决争议的,应将争议提交北京贸易促进委员会解决,且仲裁程序适用《贸法会仲裁规则》。

上述协议签署后,申请人即开始施工。截至争议发生时,案涉工程土建施工已完成约85%,设备安装工程已完成约60%,其余主要设备均已订货,具备发货条件。在《合同书》履行期间,被申请人未按约定足额支付工程款。在经历项目现场数次停工后,被申请人向申请人正式发出书面停工通知。

项目停工2年后,申请人与被申请人双方签署《对账明细表》,就案涉项目已审核工程量进行确认并就项目欠款进行结算。根据《对账明细表》,申请人就案涉项目已收到的款项数额约 2 亿元,被申请人的欠款数额约为 1 亿元。

在《合同书》履行过程中,双方当事人产生争议,申请人遂向贸仲提出本案仲裁申请。

现结合本案案情及法律适用的焦点问题,从程序和实体的角度评述如下。

一、仲裁规则的适用

仲裁相比诉讼具有的优势包括更尊重当事人意思自治以及程序的灵活性,突出的表现即赋予了当事人广泛的自治权,例如根据特定的争议约定适用特殊的程序规则。

2024 年版《贸仲仲裁规则》第 4 条第 3 款规定:“当事人约定将争议提交仲裁委员会仲裁但对本规则有关内容进行变更或约定适用其他仲裁规则的,从其约定,但其约定无法实施或与仲裁程序适用法强制性规定相抵触者除外。当事人约定适用其他仲裁规则的,由仲裁委员会履行相应的管理职责。”贸仲之前的多版仲裁规则也有类似规定。

就本案而言,尽管本案在贸仲进行,但是由于申请人与被申请人在《合同书》中的仲裁条款明确约定仲裁程序应当适用《贸法会仲裁规则》,贸仲决定尊重当事人的意思自治,由仲裁庭适用《贸法会仲裁规则》审理本案。

在适用《贸法会仲裁规则》的情况下,仲裁庭采取了国际商事仲裁通常适用的仲裁程序管理和审理方式,包括由两位当事人选定的仲裁员共同推举首席仲裁员,仲裁庭举行了程序管理会议(CMC)听取双方当事人对于程序管理和时间表的意见,并作出《第一号程序令》,确定了本案的程序事项及时间表,保障了仲裁程序的顺利进行。本案的程序充分体现了贸仲和仲裁庭在坚持尊重当事人意思自治的原则,以及根据不同仲裁规则管理仲裁案件的丰富经验。

二、仲裁庭管辖权的确定

本案在自裁管辖权和管辖争议的内容方面也具有相当的代表性。

（一）仲裁庭的自裁管辖权

《联合国国际贸易法委员会国际商事仲裁示范法》第16条标题为“仲裁庭对管辖权的裁定权”，赋予仲裁员审查对自身管辖权的异议（包括对仲裁协议的异议）的权力：“仲裁庭可对其自身管辖权作出裁定，包括对仲裁协议是否存在或是否有效提出的任何异议。”上述由仲裁庭决定自己管辖权的做法，即仲裁庭的自裁管辖权。

本案适用的《贸法会仲裁规则》第23条第1款也规定，仲裁庭有权对其自身管辖权作出裁决，包括对仲裁协议的存在或效力有关的任何异议作出裁定。

因此，尽管我国仲裁法规定仲裁管辖权的决定权属于法院或者仲裁机构，但是根据双方当事人约定和本案适用的《贸法会仲裁规则》，本案仲裁庭有权对本案的管辖权问题行使自裁管辖权并作出决定。

（二）约定仲裁机构名称不准确时的仲裁协议效力

当仲裁协议中当事人就仲裁机构名称的约定并不准确时，仲裁庭应当如何认定案涉仲裁协议的效力，是本案管辖权争议的主要内容之一。

《仲裁法》第18条规定：“仲裁协议对仲裁事项或者仲裁委员会没有约定或者约定不明确的，当事人可以补充协议；达不成补充协议的，仲裁协议无效。”另外，《仲裁法司法解释》第3条进一步明确：“仲裁协议约定的仲裁机构名称不准确，但能够确定具体的仲裁机构的，应当认定选定了仲裁机构。”

因此，在仲裁协议对仲裁机构名称的约定存在模糊的表述时，仲裁庭应结合案件具体情况，判断该约定是否足以“确定具体的仲裁机构”。具体而言，仲裁庭需重点考察以下两个方面：一是当事人在签订合同时请求仲裁的意思表示是否明确；二是对仲裁协议效力持异议的一方能否提出并证明在订立合同时，存在选择两个以上仲裁机构等无法明确具体仲裁机构的可能性。在此过程中，仲裁庭可基于合同上下文以及订立合同的历史文件等，推定当事人真实的意思表示；同时还可参考仲裁规则对机构名称的解释，仲裁机构的历史名称，以及该名称是否指向特定地域范围内唯一且明确的仲裁机构等因素,对模糊的仲裁机构名称作出合理的认定。

就本案而言,《合同书》约定当双方无法通过友好协商解决争议的,每一方都可将此争议提交北京贸易促进委员会进行仲裁,但北京并不存在名为"北京贸易促进委员会"的仲裁机构。对此,被申请人表示,首先,《合同书》未加盖被申请人单位印章,没有被申请人法定代表人签字,签字人也无签署《合同书》的授权委托书,因此《合同书》无效;其次,合同双方并未就提交贸仲进行仲裁达成协议,《合同书》约定的仲裁机构名称为北京贸易促进委员会,并非贸仲。所以,本案所涉争议不属于仲裁委员会仲裁审理范围,应当驳回申请人的有关仲裁申请。

对于被申请人第一个理由的评析,将在下文"三、仅有行为人签字而未加盖公司公章的合同的效力"部分进一步展开。对于被申请人的第二个理由,仲裁庭认为,虽然《合同书》约定的"北京贸易促进委员会"在名称上与"中国国际经济贸易仲裁委员会"不相同,但考虑到,第一,《仲裁法司法解释》第 3 条规定,"仲裁协议约定的仲裁机构名称不准确,但能够确定具体的仲裁机构的,应当认定选定了仲裁机构";第二,2015 年版《贸仲仲裁规则》第 1 条第 2 款规定,"当事人在仲裁协议中订明由中国国际贸易促进委员会/中国国际商会仲裁……均视为同意由中国国际经济贸易仲裁委员会仲裁";第三,《合同书》上述条款使用的"北京贸易促进委员会"名称与"中国国际贸易促进委员会北京市分会(简称北京贸促会)"高度类似。可以推定,双方当事人在《合同书》第二部分通用条款第 17.2.1 条中选定的仲裁机构即"中国国际经济贸易仲裁委员会"。

三、仅有行为人签字而未加盖公司公章的合同的效力

在商事实践中,合同仅由行为人签字而未加盖公司公章的情形十分常见。仲裁庭在审理具体案件时,应综合考虑合同内容、行为人的身份及职权等因素,确定行为人究竟是以个人名义签订合同,还是以法定代表人、负责人或代理人

的身份签订合同，而不能简单地以未加盖公章为由就认定属于个人行为。在确定是以法定代表人、负责人或代理人的身份签订合同后，再根据其有无代表权或代理权、是否超越代表权或者代理权以及相对人是否善意等因素，确定法人、非法人组织应否承担责任。相对人能够证明法定代表人、负责人或者工作人员在订立合同时未超越权限的，应当认定合同对法人、非法人组织发生效力。另外，仲裁庭还可以结合合同的实际履行情况判断合同是否已实际发生效力。

就本案而言，被申请人认为，《合同书》没有被申请人的盖章，签字人并非被申请人的法定代表人，申请人也未能提供签字人签署相关文件的授权委托书。因此，《合同书》应当认定为无效，对被申请人不具有法律约束力，申请人要求进行仲裁的依据不存在。

对此，仲裁庭认为，虽然在《合同书》签字页上被申请人乙方仅有行为人某甲签字，且未加盖被申请人的公司印章，但某甲在《合同书》订立前，曾以被申请人某关联公司总经理的名义行事。同时，在《合同书》的履行过程中，其还代表被申请人签署被申请人《公函》《对账明细表》等多份文件，并且参加了申请人与被申请人之间的工作会议、签署了相关的会议纪要。因此，可以认定某甲具有代表公司签订案涉合同的权限。被申请人虽然不认可这些证据的真实性，但是，其既不能提出相反的证据，也并不否认这些证据所反映的事实，所以，综合考虑本案证据和审理情况，仲裁庭不能采信被申请人的主张。

另外，仲裁庭还注意到，《合同书》已得到实际履行，而且被申请人也已向申请人就案涉项目支付了部分款项。这也表明被申请人认可某甲能够代表被申请人处理与《合同书》相关事宜。因此，仲裁庭认为，尽管《合同书》未加盖被申请人的公章，但是，应当认定某甲能够代表被申请人的意愿，申请人对某甲签署的《合同书》以及所发表的意见能够形成合理信赖，而被申请人也应当对某甲作出的行为和发表的意见承担责任。再考虑《合同书》系双方自愿订立，没有证据证明其内容违背我国法律和行政法规的强制性规定。因此，仲裁庭认为《合同书》依法成立并生效，对双方当事人具有约束力，也是仲裁庭审理本案的依据。

四、合同解除的认定

在合同履行过程中,当事人既可通过行使约定解除权终止合同关系,也可在法定解除事由成就时依法解除合同。处理合同解除的争议时,仲裁庭应重点考察当事人约定的解除条件或法律规定的解除事由是否满足。

就本案而言,申请人认为被申请人一再拖延支付工程进度款,并已丧失对案涉项目的控制权,无法继续履行《合同书》,合同目的已无法实现,因此依据《合同书》第三部分专用条款第 10.1 条、第 10.2 条、第 10.3 条,第二部分通用条款第 15.7.1 条的约定,以及《民法典》第 563 条第 1 款第 3 项和第 4 项的规定,请求解除案涉《合同书》。

对此,仲裁庭注意到,《合同书》第二部分通用条款第 15.7.1 条约定:“如果发生下列事件之一,承包人可以根据本条款 15.7.1,通过提前 30 天向发包人发出终止通知来终止合同,终止通知应详述终止的原因……b)根据 15.7.2 款,如果发包人未能支付合同项下不少于合同价格 10% 的当付、应付款额,且在收到承包人表明此款未付的通知后 60 日内未采取补救措施。”根据《合同书》,被申请人欠付合同价格 10% 且在收到申请人书面通知后的 60 天内没有采取补救措施的,申请人有权提前解除合同。

另外,《民法典》第 563 条第 1 款规定:“有下列情形之一的,当事人可以解除合同:……第三项当事人一方迟延履行主要债务,经催告后在合理期限内仍未履行;第四项当事人一方迟延履行债务或者有其他违约行为致使不能实现合同目的……”本案中,申请人曾多次向被申请人申请支付工程进度款,且经双方在项目停工两年后对案涉项目的结算,确认被申请人欠付的金额约为 1 亿元,而案涉项目约定的合同总价约为 4 亿元,被申请人欠付的款项金额已超《合同书》总价的 10%。且经仲裁庭确认,双方自 2015 年 11 月后,被申请人未再向申请人支付过工程款项,欠付时间已远超《合同书》约定的 60 日补救期限。此外,案涉项目自 2016 年 9 月正式停工后并未复工。到 2019 年,被申请人丧失对案涉项目的控制权,《合同书》显然已丧失继续履行的可能性,合同目的已由于被申请人的原因而无法实现。

根据上述事实,仲裁庭认为,根据《合同书》第三部分专用条款第10.1条、第10.2条、第10.3条以及第二部分通用条款第15.7.1条的约定,和《民法典》第563条第1款第3项以及第4项的规定,申请人有权提前解除《合同书》。

【结语】

本案中,仲裁庭准确适用当事人约定的《贸法会仲裁规则》,采用程序管理会议、程序令等审理方式,及行使自裁管辖权,充分体现了仲裁制度在保障程序灵活性和尊重当事人意思自治方面的独特优势。另外,在认定仲裁协议效力、未盖章合同效力、合同解除的约定和法定条件等方面,本案也具有典型性,仲裁庭根据法律规定、合同约定并结合案情进行了细致的分析和推理,对于审理类似案件,有一定的借鉴意义。

W国C公司与W国B公司航道疏浚吹填工程施工争议案

中国国际经济贸易仲裁委员会(以下简称贸仲)根据案外人A公司与被申请人W国B公司(以下简称被申请人)于2016年9月签订的《航道疏浚吹填工程施工合同》(以下简称本案合同)中仲裁条款的约定及申请人W国C公司(以下简称申请人)、被申请人与案外人A公司于2016年12月签订的《约务更替协议》,以及申请人于2021年3月提交至贸仲的仲裁申请书,受理了申请人和被申请人之间因履行上述合同而产生的本争议仲裁案。

一、案　　情

(一)申请人的仲裁请求

2016年9月,A公司与被申请人签署了本案合同,约定被申请人委托A公司承担合同文件中规定的航道疏浚、吹填、围堤等工程的施工。合同为暂定总价,固定综合单价,双方确认合同总金额为约4700万美元。2016年12月,A公司、申请人以及被申请人签署《约务更替协议》,三方确认本案合同项下A公司的利益、权利、所有权、权益、负债、责任和义务均一并转让给申请人。2018年2月,被申请人与申请人签署《新增导标及西码头部分维护性疏浚》"补充协议"

(以下简称导标及西码头补充协议),约定在合同项下新增导标及西码头部分维护性疏浚工程,其中,新增导标工程的价款为固定总价约30万美元,新增维护性疏浚工程为固定综合单价2.44美元/m^3,暂估总价约160万美元,进度款支付按本案合同约定执行。2018年3月,被申请人与申请人签署《码头前沿疏浚及增加排水板工程》"补充协议"(以下简称码头前沿及排水板补充协议),该新增工程中码头前沿维护性疏浚工程为固定综合单价2.38美元/m^3,暂估总价约400万美元。新增工程中西南侧围堤增加排水板工及位移观测工程为固定综合单价2.14美元/米,暂估总价约40万美元。

本案合同及补充协议签订后,申请人按被申请人指示开工,并积极实施,完成了合同约定的所有工程施工,并于2018年8月与被申请人完成所有工程的交付与验收,被申请人对合同及补充协议项下的所有工程均已验收合格。2018年12月,申请人就涉案工程与被申请人进行工程结算,被申请人也向申请人告知了审核后的工程总结算款为约5000万美元,扣除申请人在施工过程中已收到的工程款约4000万美元,被申请人仍需向申请人支付工程款约1000万美元。另根据2021年3月的"航道疏浚工程审核协调会会议纪要"(以下简称2021年3月会议纪要),双方会议纪要确定,被申请人同意结算撞毁重建的导助航工程,被申请人原审减扣除的约14万美元计入案涉工程总价款。故被申请人应向申请人支付约1000万美元(结算欠款约1000万美元+重建导助航工程款约14万美元)。

但被申请人一直拒绝向申请人出具书面结算书,也不予支付剩余工程款项。申请人多次与被申请人沟通协商,均未能解决。

综上所述,申请人认为,被申请人拖延结算的行为已构成严重违约,已严重侵犯了申请人的合法权益。申请人为维护自身合法利益,特依据相关法律规定及合同条款约定申请仲裁。经变更,申请人最终确定的仲裁请求为:

1.被申请人向申请人支付工程款约1000万美元;

2.被申请人向申请人支付逾期付款利息约17万美元和以约1000万美元

为基数、按照提起仲裁申请之日 12 个月期的美元 LIBOR 利率上浮 3%、自 2018 年 8 月 15 日起计算至被申请人实际清偿之日止的逾期付款利息；

3. 被申请人承担申请人的律师费；

4. 本案仲裁费用由被申请人承担。

（二）被申请人的答辩意见

1. 申请人在《仲裁请求书》中所主张的工程结算款金额约 5000 万美元并非案涉工程的最终结算价款，而仅仅是暂定的初步审价结果，后因申请人拒绝承担相应的柴油费用及柴油运输费用，导致结算工作至今未能完成，被申请人并未审定结算报告并经双方确认，申请人也未开具相应发票，故依据“对通用合同条款的修改与增加”中的约定，支付工程结算价款的合同条件为——业主需完成结算报告的审定，且结算报告需经双方确认，同时业主还需收到承包商开具的相应商业发票，因此案涉工程剩余价款的支付条件目前尚未成就。按照前述条款，必须双方一致确认结算报告、确定被申请人最终应付的合同价款，以及业主收到承包商开具的商业发票后 28 日内，被申请人才需支付至结算应付金额的 95%，剩余 5% 则作为保留金在缺陷责任期到期后 30 日内支付。

然而，在案涉工程款的结算和审核过程中，被申请人除了对工程款结算金额中的浮标安装工程约 3 万美元因资料不齐全暂不予认可以外，双方还对柴油的结算（包括柴油费用及运输费用）产生重大争议，被申请人明确要求申请人应在结算审定额中扣减被申请人已实际代为垫付的超过固定单价部分的柴油费用和柴油运输费用（具体金额被申请人已在本案中提出反请求主张）。然而在案涉合同已经明确柴油价格为固定费用、柴油价格涨价风险和运输费用均由申请人承担的情况下，但申请人仍拒绝认可，致使一直未形成经双方确认的最终结算报告，申请人也未向被申请人开具相应发票，故而案涉付款条件并未成就。在工程结算款最终确定并收到发票之前，被申请人有理由拒付剩余款项，自然也不存在所谓的逾期付款利息。

2. 申请人最初自认的已收款金额约 4000 万美元中遗漏了约 90 万美元，实际上被申请人累计已向申请人支付 4000 余万美元。

除申请人自认的已收款金额外，被申请人还分别于 2021 年 1 月 21 日、24 日分两笔支付了约 20 万美元，于 2021 年 8 月 4 日、16 日又分别支付了约 25 万美元、约 40 万美元。因此被申请人共计已向申请人支付工程款 4000 余万美元，申请人所主张的已收款金额存在错误。

以上所述，均有相应证据予以证明。恳请仲裁庭查明事实，驳回申请人的全部仲裁请求。

（三）被申请人的仲裁反请求

本案合同第一部分《合同协议书》约定"合同为暂定总价、固定综合单价""业主和承包商双方确认合同金额为美元约 4700 万元，包括承包商为完成本工程所用到的柴油费用。承包商为完成本工程所用到的柴油数量为约 1600 万升"。

后被申请人分别就案涉工程新增导标及西码头部分维护性疏浚、码头前沿疏浚及增加排水板工程与申请人签署了补充协议。

1. 因履约过程中出现柴油供应商 W 国 D 公司供应的柴油价格不断上涨，超出了案涉合同约定的柴油固定单价 0.233 美元/升，而该部分超出固定单价部分的柴油费用合计约 480 万美元以及部分柴油运输费用约 4 万美元均已由被申请人垫付。汇率以相关费用发生期间 W 国货币兑换美元的平均汇率计算，该等费用及涨价风险根据合同约定应由申请人承担。

申请人提交的《投标报价表（一阶段）》《投标报价表（二阶段）》（依据《合同协议书》约定系案涉合同的组成部分）中，《编制要求及说明》明确"工程量清单中的一般项目费用是固定的，中标后任何情况下不允许调整"，后附的两份《一般项目费用表》则明确载明柴油的固定单价 0.233 美元/升，所载柴油合计数量也与《合同协议书》约定的柴油数量约 1600 万升一致。

并且本案合同《专用合同条款》也明确约定"本合同为固定综合单价，暂定总价合同。固定综合单价不因实际工作量和材料与合同签订时所预估的不符而进行重新计算,也即不因工程量的变动而变动,也不因工程复杂程度的不同而变动,其间一切遇国家政策性和市场性调整造成材料、人工、机械等价格上下浮动,以及履行过程中的一切风险(无论合同文件中有无明确)均由承包商自行负担”。

由此可见,被申请人在案涉合同项下所承担的应为按照合同约定的固定单价0.233美元/升及合同约定总量约1600万升结算的柴油费用(本案项下实际未超出该用量),即约1600万升×0.233美元/升=约370万美元。

而被申请人已就案涉工程总计向W国D公司代为垫付了柴油费用约840万美元(按照柴油费用发生期间2016年11月~2018年10月的W国货币兑换美元平均汇率折算),扣除按约应由被申请人承担的固定单价部分的金额即约370万美元,即申请人应承担的已由被申请人代为垫付的超出固定单价部分的柴油费用为约470万美元。

此外,《合同协议书》约定“承包商负责从W国D公司装货码头装载合同中约定数量的柴油,且由承包商承担费用”“承包商负责将柴油从W国D公司装货码头运输到承包商的船机上或PMB码头。为避免疑义,合同价格中包含柴油运输费用”,而实际履行过程中,申请人在2016年11月至2017年1月使用的约5万升柴油系在申请人要求下由被申请人代为垫付了运费并委托E公司从W国D公司装货码头运至PMB码头(单价0.07W国货币/升),其余时间均由申请人自行运输,为此被申请人合计代为垫付了在此期间的柴油运输费用约4万美元(按照运输费用发生期间2016年11月~2017年1月的W国货币兑换美元平均汇率折算),也理应由申请人承担。

并且,根据《民法典》第579条关于“当事人一方未支付价款、报酬、租金、利息,或者不履行其他金钱债务的,对方可以请求其支付”及第583条关于“当事人一方不履行合同义务或者履行合同义务不符合约定的,在履行义务或者采取补救措施后,对方还有其他损失的,应当赔偿损失”之规定,被申请人有权要求申请人以欠付的柴油费用及运输费用合计约480万美元为基数,支付自申请人收到仲裁反请求申请书之日起至实际付款之日止按全国银行间同业拆借中心发布的同期贷款市场报价利率(LPR)为标准计算的逾期付款违约金。

2. 申请人应当承担被申请人就本案已实际支出的律师费、仲裁费及其他为办理本案支出的费用。

鉴于合同履行过程中双方就柴油的结算(包括柴油费用及运输费用)产生争议,被申请人已多次催告申请人结算并返还被申请人代为垫付的柴油费用及运输费用均无果,且申请人既拒绝在应付款中抵扣前述款项,亦未开具相应金额发票,在此情况下双方未能确认形成最终的结算报告,剩余工程款的付款条件不成就,被申请人并不存在逾期付款之违约责任。

故依据2015年版贸仲《仲裁规则》第52条第2款关于"仲裁庭有权根据案件的具体情况在裁决书中裁定败诉方应补偿胜诉方因办理案件而支出的合理费用。仲裁庭裁定败诉方补偿胜诉方因办理案件而支出的费用是否合理时,应具体考虑案件的裁决结果、复杂程度、胜诉方当事人及/或代理人的实际工作量以及案件的争议金额等因素"的规定以及《合同条款与条件》第20.2条第2款关于"除仲裁委员会另有裁定外,仲裁费由败诉方承担"的约定,被申请人因本案已支出的律师费、仲裁费及其他为办理本案支出的费用应由申请人承担。

经调整,被申请人最终确认的仲裁反请求如下:

1. 申请人向被申请人支付已由被申请人代为垫付的超过固定单价部分的柴油费用约470万美元及代为垫付的部分运输费用约4万美元,并以前述款项之和约480万美元为基数,支付自申请人收到被申请人反请求申请书之日起按全国银行间同业拆借中心发布的同期贷款市场报价利率(LPR)为标准计算的逾期付款利息;

2. 申请人承担被申请人因本案支出的律师费及其他为办理本案支出的费用;

3. 申请人承担本案全部仲裁费用。

（四）申请人对仲裁反请求的答辩意见

申请人就被申请人的仲裁反请求答辩称，被申请人主张案涉柴油费用系代垫费用，没有合同和事实依据。根据合同约定，案涉工程所需柴油量在约1600万升范围内的全部柴油价款应由被申请人承担，申请人不对约1600万升范围内的任何柴油价款承担付款义务。被申请人承担柴油“价格浮动的风险”，申请人则承担实际用量超过约1600万升的“量的风险”。合同履行过程中，被申请人也从未向申请人主张过工程所使用的柴油的费用或柴油涨价部分的费用。本案合同项下柴油运输工作，申请人已经全部委托给F公司，即由F公司从W国D公司处装载柴油并运输至申请人的施工疏浚船旁边并加油。申请人已将案涉工程柴油运输费用支付给了F公司。申请人未要求被申请人运输柴油。被申请人主张其垫付柴油运输费用，与事实不符。

被申请人的仲裁反请求没有合同依据，也与实际履行的事实不符，被申请人应当自行承担因提起本仲裁案而产生的仲裁费与律师费。申请人请求仲裁庭驳回被申请人的全部仲裁反请求。

二、仲裁庭意见

（一）关于本案的适用法律、合同效力、合同语言和仲裁语言

1. 适用法律

仲裁庭注意到，本案合同约定：“本合同及本合同条款适用法律为W国法律。”而《约务更替协议》则约定“本约务更替协议适用中华人民共和国的法律并按照其进行解释”。仲裁庭经2021年11月发出的函件询问双方当事人就法律适用的意见，双方当事人回复意见均同意本案适用中华人民共和国法律。仲裁庭认为，根据合同上述约定及当事人的意思表示，解决本案争议适用中国法律。

2. 本案合同的效力

仲裁庭认为,本案合同及《约务更替协议》是当事人的真实意思表示,且不违反中国法律和行政法规中的强制性规定,故合法有效。

3. 本案合同语言

本案合同用中文和英文书就。本案合同专用合同约定:“本合同以英汉对照编制。英语和汉语之间出现任何矛盾或不一致时,应以汉语用于解释和说明本合同的语言。”根据上述约定,仲裁庭在审理中将以合同中文版作为审理的合同文本。

4. 仲裁语言

本案合同专用合同条款约定“仲裁所用语言为汉语”。根据上述约定,本案审理的语言为中文。

(二)关于本案的事实

仲裁庭经审理查明如下事实:

2016年9月,案外人A公司与被申请人签署了本案合同,由被申请人委托A公司承担航道疏浚、吹填、围堤等工程的施工。合同为暂定总价,固定综合单价,双方确认合同总金额为约4700万美元。

2016年12月,A公司、申请人以及被申请人签署《约务更替协议》,三方确认本案合同项下A公司的利益、权利、所有权、权益、负债、责任和义务均一并转让给申请人。

2018年2月,被申请人与申请人签署导标及西码头补充协议,约定在前述施工合同项下新增导标及西码头部分维护性疏浚工程,其中,新增导标工程的价款为固定总价约30万美元,新增维护性疏浚工程为固定综合单价2.44美元/m^3,暂估总价约160万美元,进度款支付按原施工合同约定执行。

2018年3月,被申请人与申请人签署码头前沿及排水板补充协议,该新增工程中煤码头前沿维护性疏浚工程为固定综合单价2.38美元/m^3,暂估总价约400万美元。新增工程中西南侧围堤增加排水板工及位移观测工程为固定综合单价2.14美元/米，暂估总价约40万美元。

2018年12月，双方开始就涉案工程进行结算。

现双方就申请人主张的结算价款中浮标安装工程约3万美元、重建导助航工程款约14万美元和被申请人主张的柴油结算扣款约470万美元和垫付柴油运输费用约4万美元存在争议。

（三）申请人的仲裁请求

1. 关于工程款约1000万美元的问题

申请人称，被申请人告知申请人审核后的工程总结算款为约5000万美元，加上导助航工程约14万美元，减去被申请人已经支付的工程款约4000万美元，被申请人尚欠约1000万美元。

被申请人则主张工程尚未完成结算，结算金额应在被申请人委托G公司出具的落款日期为2021年4月的《工程造价咨询报告》审定的约4500万美元基础上，加上申请人承担超出部分柴油费用前提下重复计算的约8万升柴油对应费用约5万美元，结算金额应为约4500万美元。在此金额上，还需扣除浮标安装工程款约3万美元、被申请人代为垫付柴油费用约470万美元和被申请人代付柴油运输费约4万美元。

仲裁庭注意到，申请人称本案工程于2018年3月至4月完成交工，3个月的缺陷责任期至2018年8月已经届满。被申请人则称项目交割日期为2018年10月，因为在申请人提交的两份《工程交工证书》上被申请人在"工程接受意见"上签字的日期为2018年11月，因而缺陷责任期应自2018年10月起算。仲裁庭认为，不论是自2018年8月，抑或自2018年10月，本案工程3个月的缺陷责任期均已届满，被申请人应向申请人支付全部的工程款项。

（1）《工程结算承诺书》和结算汇总表

被申请人称，申请人向被申请人提交的落款日期为2018年12月的《工程结算承诺书》明确承诺"我方同意按由招标人委托相应资质的审计单位或甲方预算部的工程决算结果与我方办理最终价款决算手续"。申请人应当恪守承诺,按照《工程造价咨询报告》最终确定的工程结算金额与被申请人办理结算手续。

申请人辩称,被申请人不能依据《工程结算承诺书》主张审计单位审核的工程决算结果是案涉工程的最终价款,不能将“办理结算手续”混同于“确定工程结算价”,被申请人更不能以该承诺书剥夺申请人对工程结算争议金额的异议和救济权利。

仲裁庭注意到,按照本案合同“对通用合同条款的修改与增加”中的约定,支付工程结算价款的合同条件为:业主需完成结算报告的审定,且结算报告需经双方确认。申请人已经向被申请人提交了编制日期为2018年12月的《竣工结算书》,在被申请人审核的基础上双方又于2019年6月在《航道疏浚吹填工程结算汇总表》(以下简称结算汇总表)上签字,结算汇总表显示申请人的申报金额为约5100万美元,被申请人的审核金额为约5000万美元。另外在2021年3月会议纪要中“双方确认,本工程除柴油结算价格争议外,其他事项均已不存在争议”。

仲裁庭认为,申请人2018年12月在《工程结算承诺书》同意被申请人按审计单位的决算结果“与我方办理最终价款决算手续”的表述,并未表示申请人承诺以审计单位的决算结果为准。再者,申请人亦于同日向被申请人提交了《竣工结算书》,而被申请人则在2019年6月对申请人的结算书进行审核后确定审核金额为约5000万美元,上述过程已经满足了合同关于结算流程的要求。虽然双方尚存争议,但是双方已经对申请人的结算申请于2019年6月就绝大部分事宜达成一致的事实予以确认,且双方于2021年3对此再次予以明确。被申请人再以此后2021年4月其委托G公司出具的《工程造价咨询报告》中的价款作为结算价款,既不符合合同的约定,也与双方合同履行过程中的协商意见不符。

(2)结算价款

仲裁庭注意到,申请人主张的结算款为约5000万美元,被申请人主张的结算款为约 4500 万美元。双方就结算款的差异为：被申请人主张在申请人约 5000 万美元中扣除浮标安装工程款约 3 万美元、被申请人代为垫付柴油费用约 470 万美元和被申请人代付柴油运输费约 4 万美元。

仲裁庭还注意到，申请人在其主张的结算款外，还请求被申请人支付重建导助航工程款约 14 万美元。

仲裁庭认为，双方存在争议的仅为申请人主张的重建导助航工程款约 14 万美元和被申请人主张扣减的浮标安装工程约 3 万美元、柴油费约 470 万美元及部分柴油运输费约 4 万美元。

仲裁庭将就双方争议的事项论述意见。

1）重建导助航工程款约 14 万美元

申请人就其主张的导助航工程款称，2017 年 9 月，在申请人已经施工完成且已尽注意义务和保护义务的前提下，X1 航标平台被第三方船只撞毁。申请人及时追击肇事船只并报警，并于次日 15 时到海事局进行了情况说明。事后，虽然事故没有得到 W 国当地有关部门的及时处理，但申请人仍然对于 X1 航标平台进行了重做。针对重做费用约 14 万美元，申请人在报审时一并将重做费用提交被申请人审核，被申请人在结算中将该部分金额审减。但在 2021 年 3 月会议纪要中，被申请人确认同意结算“导助航工程”导助航标撞毁重建费用。

被申请人辩称，本案合同通用合同条款约定“从工程开始之日起至项目经理确认实质性完工且工程移交至业主之日后 14 日之内，承包商应负责对整个工程或尚未完成的任何工程阶段或部分，任何用于工程或与工程相关的任何装置、材料或物品、现场的所有施工设备、材料、物品，建筑物、其他工程、工人生活区，以及承包商为本合同之目的而要求提供的其他任何性质的物品尽保护义务”，以及“如果工程或工程的任何部分因任何原因（合同定义的‘除外风险’除外）而受到损坏、丢失或损伤的，承包商应自担费用，尽快在合理期限内纠正上述损坏、丢失或损伤情况并达到项目经理满意的程度，且尽管存在上述损坏、丢失或损伤,承包商仍应继续按照本合同规定及项目经理的指示进行并完成工程施工”。可见按照合同的约定,在施工过程中,申请人应当对整个工程及任何部分尽保护义务,而且在工程遭受损坏、损伤的情况下,申请人也应当自行负担相关修复、重做的费用,因此根据合同的约定被申请人无须承担任何付款义务。再者,申请人主张的2021年3月的会议纪要上所载“本次会议中,B公司方确认‘导助航工程’导助航标撞毁重建项目同意结算”的手写文字系申请人会后单方自行填写,未经被申请人确认。

仲裁庭注意到,双方于2021年3月的会议纪要中,申请人参会代表在会议纪要的原件上手写备注“本次会议中,B公司方确认‘导助航工程’导助航标撞毁重建项目同意结算”。会议纪要由所有参会人员签字。被申请人虽然提出系申请人自行填写,但是被申请人向仲裁庭提交的此份会议纪要证据亦含有该手写内容。

仲裁庭认为,2021年3月会议纪要中的手写文字“本次会议中,B公司方确认‘导助航工程’导助航标撞毁重建项目同意结算”是否有效,取决于其是在双方参会人员签字之前,抑或是双方参会代表签字之后再由申请人参会人员书写。若是在双方参会代表签字之前已经添加了该等内容,则双方参会代表在明知有该项手写内容的情况下依然签字,说明双方参会代表对于该手写文字的内容予以认可。若是该段手写文字是在双方参会代表签字之后由申请人擅自添加,则被申请人处留存的该会议纪要应无该段手写内容。但是被申请人向仲裁庭提交的此份会议纪要证据,恰含有该手写内容,说明该段申请人参会人员手写的内容是在双方参会人员签字之前已经添加在会议纪要中,被申请人参会代表在该会议纪要上签字确认了该手写文字的内容,故仲裁庭对于被申请人所称的申请人擅自填写的主张无法采纳。

仲裁庭还认为,被申请人参会代表在该会议纪要上的签字,说明被申请人同意承担导助航标的重建费用。在被申请人未就申请人主张的修复金额提出不同意见的情况下,仲裁庭合理采纳申请人的主张,确认该费用约14万美元应由被申请人承担。

2)浮标安装工程约3万美元

被申请人称,申请人工程款结算金额中的浮标安装工程约3万美元因资料不齐全被申请人暂不予认可。就浮标安装工程费用的多少,与申请人实际工程量相关,但申请人未能按照原定的施工量/施工计划完成,被申请人有权要求申请人提供证明其实际工作量的材料进行审核,否则无法进行确认,应予以扣除。

申请人称,根据2021年3月会议纪要,确认双方除柴油结算价格争议外,不存在其他争议。被申请人在仲裁中对"浮标安装工程"提出异议,有违诚信。根据住房和城乡建设部发布的《建筑工程施工发包与承包计价管理办法(2013)》(以下简称《计价管理办法》)第19条的规定,经双方签字确认的工程竣工结算文件应作为工程决算的依据。本案中,申请人接受被申请人的书面委托,就浮标安装工程进行施工。截至2018年4月初,浮标安装工程已经完工。在结算流程方面,被申请人具有相关权限的人员已经对该工程的实际工程量和工程造价审核完毕:该工程的结算文件齐全,且所有结算文件均已由申请人向被申请人寄出。因此,被申请人应当按照其审核意见,向申请人支付结算浮标安装工程款项约3万美元。

仲裁庭注意到,被申请人2018年3月向申请人下发的浮标安装工程的《任务委托单》,委托施工内容为四座指示浮标的海上抛设作业。申请人于2018年3月向被申请人提交了"关于海底管线和航道指示浮标安装报价确认"的《工作联系函》。在申请人完工后,被申请人员工自然人H将工程量填入《导航浮标安装单价分析表(四座)》中的审核栏,并在表格空白处签字确认。2018年6月,被申请人员工自然人I根据自然人H就工程量的意见,审核浮标安装工程总造价为约3万美元。双方对于申请人完成四座浮标的事实不存在争议。

仲裁庭认为,在双方对于申请人完成四座浮标不存在争议的情况下,被申请人员工早在2018年就对量、价作出确认,未见被申请人提出申请人资料不全或申请人未能按照原定的施工量/施工计划完成。被申请人员工自然人H对于工程量作了审核，说明申请人曾经就工程量提交了相关的材料。虽然自然人H的审核未满足被申请人内部的审核流程，但是被申请人在申请人已经于2018年4月完成该项工程后直至今日尚未完成审核，其责任不应由申请人承担。故仲裁庭对于被申请人此项扣款意见不予采纳。

3）柴油费约470万美元和柴油运输费约4万美元

被申请人提出应从申请人主张的结算款中扣减柴油费约470万美元和运输费约4万美元，并就此两项款项金额提出了仲裁反请求。

仲裁庭认为，被申请人仲裁反请求基于其扣款主张，且其反请求还包含了逾期付款利息，仲裁庭无法在本请求中一并处理。为了方便仲裁庭论述意见，仲裁庭确定的结算价款及申请人仲裁本请求中应得款项中不扣减被申请人主张的柴油费和柴油运输费。仲裁庭在仲裁反请求部分对此阐述意见。

综上，仲裁庭确定本案工程的最终结算款应为约5000万美元（结算汇总表金额约5000万美元＋导助航标重建费约14万美元）。

（3）申请人提供发票的问题

被申请人称，申请人未开具相应发票，故依据本案合同“对通用合同条款的修改与增加”中的约定，支付工程结算价款的合同条件为——业主需完成结算报告的审定，且结算报告需经双方确认，同时业主还需收到承包商开具的相应商业发票，因此案涉工程剩余价款的支付条件目前尚未成就。

申请人辩称，在收取进度款的过程中，申请人均已按约定及时提供发票，即便被申请人未及时支付第十七期的进度款，申请人也已经开具并提供了该期发票。

仲裁庭注意到，申请人在其证据中提交了发票，而被申请人在其质证意见中对于该等发票的真实性予以认可。被申请人虽然就发票事宜提出了抗辩，但是未说明申请人就哪些款项尚未开具何种商业发票。

仲裁庭还注意到，合同对于何为“商业发票”未给出具体定义。而在国际工程实践中，也不存在商业发票的统一固定格式，更没有一个明确、统一的标准。商业发票出具人可以按照实际需要自主设计各种单据的具体栏目和格式。

仲裁庭认为,申请人的证据可以证明其已经按照合同的约定向被申请人提交了相应的商业发票。在被申请人未能说明申请人存在未开票事实的情况下,仲裁庭对于被申请人的此项抗辩不予采纳。

(4)被申请人已付款金额的问题

申请人认可被申请人已向申请人支付的工程款为约4000万美元(申请人主张的约4000万美元+被申请人主张遗漏的约90万美元),被申请人则称已付款金额为4000余万美元,两者间相差约700美元。庭审中双方提出该差额应是银行收取手续费导致,并同意该差额由双方各自承担50%。鉴于此,被申请人已付款金额应为约4000万美元(申请人认可金额约4000万美元+50%银行手续费即约350美元)。

结合上述仲裁庭意见,被申请人尚应向申请人支付工程结算款约970万美元(结算款约5000万美元-已付款约4000万美元)。

2. 关于逾期付款利息的问题

申请人请求裁决被申请人向申请人支付逾期付款利息约17万美元和以约1000万美元为基数、按照提起仲裁申请之日12个月期的美元LIBOR利率上浮3%、自2018年8月15日起计算至被申请人实际清偿之日止的逾期付款利息。

(1)逾期付款利息的利率

申请人请求按照12个月期LIBOR收盘价上浮3%的利率计算逾期付款利息。

仲裁庭认为,按LIBOR利率上浮3%的利率计算工程款的逾期付款利息换算成年化利率在7%之内,是合理的,仲裁庭予以采纳。

(2)逾期付款利息约17万美元

申请人称,根据本案合同“证书承兑期”的规定,被申请人应当自交工证书日期30日内向申请人支付工程款。2018年7月14日,申请人向被申请人提交了煤码头工程的《工程交工证书》,该证书日期亦为2018年7月14日;至此,申请人将案涉所有工程的交工证书均已提交给被申请人，故根据合同约定，被申请人应自 2018 年 7 月 14 日起 30 日内向申请人支付本案所有工程款，相应的逾期付款利息应当自 2018 年 8 月 15 日起算。2021 年 1 ~ 8 月，被申请人向申请人支付了 4 笔共计约 90 万美元工程款：该 4 笔工程款自 2018 年 8 月 15 日起计算的逾期付款利息可以确定为约 17 万美元。计算过程如下：①以约 10 万美元为基数，按照付款日 2021 年 1 月 21 日的 12 个月期 LIBOR 收盘价上浮 3% 的利率自工程交付之日 2018 年 8 月 15 日起计算至 2021 年 1 月 21 日的利息为约 9000 美元；②以约 10 万美元为基数，按照付款日 2021 年 1 月 24 日的 12 个月期 LIBOR 收盘价上浮 3% 的利率自 2018 年 8 月 15 日起计算至 2021 年 1 月 24 日的利息为约 9400 美元；③以约 25 万美元为基数，按照付款日 2021 年 8 月 4 日的 12 个月期 LIBOR 收盘价上浮 3% 的利率自 2018 年 8 月 15 日起计算至 2021 年 8 月 4 日的利息为约 5 万美元；④以约 45 万美元为基数，按照付款日 2021 年 8 月 16 日的 12 个月期 LIBOR 收盘价上浮 3% 的利率自 2018 年 8 月 15 日起计算至 2021 年 8 月 16 日的利息为约 9 万美元。以上利息金额合计约 17 万美元。

被申请人庭审中辩称，双方交割的日期为 2018 年 10 月 1 日交割，而非 2018 年 7 月 14 日。申请人提交的两份《工程交工证书》上被申请人在“工程接受意见”上签字的日期为 2018 年 11 月 1 日。

仲裁庭注意到，申请人证据《工程交工证书》上虽然被申请人签字的日期为 2018 年 11 月 1 日，但是在该两份证书上显示最后的工程交接日期为 2018 年 7 月 14 日。故仲裁庭采纳申请人的主张，确定工程最终的交工日期为 2018 年 7 月 14 日。

仲裁庭还注意到，上述款项的付款日期分 4 期分别为 2021 年 1 月 21 日（约 10 万美元）、1 月 24 日（约 10 万美元）、8 月 4 日（约 25 万美元）和 8 月 16 日（约 45 万美元）。

仲裁庭认为，申请人仲裁请求中的此项主张涉及的是进度款，因而按照合同的约定,被申请人应当自交工证书日期30天内,也就是最迟应于2018年8月15日前向申请人支付上述工程进度款。结合上述仲裁庭意见,仲裁庭对于申请人仲裁请求中的此项请求予以支持。

(3)以约1000万美元为基数的逾期付款利息

申请人请求就剩余约1000万美元未付工程款的逾期付款利息,应以约1000万美元为基数、按照提起仲裁申请之日12个月期的美元LIBOR收盘价上浮3%的利率、自2018年8月15日起计算至被申请人实际清偿之日。

就该笔款项的逾期付款利息的起算日期,仲裁庭认为该笔款项属于结算价款。工程中存在进度款和结算价款的支付,而进度款与结算价款的支付时间不同,因而两者的逾期付款利息起算时间也不同。结算价款的逾期付款利息应自结算价款应付未付之日起计算,故而双方完成结算是其前提条件之一。

就结算价款的支付条件,合同"对通用合同条款的修改与增加"中约定,支付工程结算价款的合同条件为——业主需完成结算报告的审定,且结算报告需经双方确认,同时业主还需收到承包商开具的相应商业发票。仲裁庭认为,双方虽就本案工程未完成最终结算,但是双方于2021年3月8日的会议纪要中"双方确认,本工程除柴油结算价格争议外,其他事项均已不存在争议"的表述,可以视为双方整体就结算价款已经基本达成了一致,被申请人本可以自该日起向申请人支付不存在争议的款项。结合仲裁庭上述对于发票的意见,仲裁庭认为结算价款的逾期付款利息自2021年3月8日起算是合理的。

根据本案审理实际情况,仲裁庭认为被申请人应以约970万美元为基数,按照提起仲裁申请之日12个月期的美元LIBOR利率上浮3%年利率标准,向申请人支付自2021年3月8日至实际支付之日止的逾期付款利息。

3. 关于律师费的问题

申请人为支持其此项仲裁请求,向仲裁庭提交了其与中国J律师事务所签订的《聘请律师合同》及律师费发票,与中国K律师事务所签订的《委托代理协议》及律师费发票。

仲裁庭认为，申请人主张的律师费请求，有相关合同和发票作为证据，其金额亦是合理的，结合本案审理的实际情况，仲裁庭对于申请人的此项仲裁请求予以支持。

（四）被申请人的仲裁反请求

1. 关于柴油费和运输费及逾期付款利息的问题

被申请人请求裁决申请人向被申请人支付已由被申请人代为垫付的超过固定单价部分的柴油费用约 470 万美元及代为垫付的部分运输费用约 4 万美元，并以前述款项之和约 480 万美元为基数，支付自申请人收到被申请人反请求申请书之日起按全国银行间同业拆借中心发布的同期贷款市场报价利率（LPR）为标准计算的逾期付款利息。

（1）柴油费约 470 万美元

就柴油费约 470 万美元，被申请人称申请人按约应承担的按照固定单价和合同约定总量计算的柴油费用约 370 万美元（合同预估量约 1600 万升 ×0.233 美元/升）。申请人实际用量为约 1500 万升。被申请人已就案涉工程总计向 W 国 D 公司代为垫付了柴油费用约 840 万美元（按照柴油费用发生期间 2016 年 11 月 ~2018 年 10 月的 W 国货币兑换美元平均汇率折算），扣除按约应由被申请人承担的固定单价部分的金额即约 370 万美元，即申请人应承担的已由被申请人代为垫付的超出固定单价部分的柴油费用为约 470 万美元。

申请人辩称，根据我国法律规定、合同约定和履行情况，并从行业惯例角度考虑本案报价与结算的模式，本案柴油为发包方负责采购提供的甲供材料。根据规定，发包方提供的材料的费用和涨价风险均应当由业主承担。被申请人要求申请人承担涨价部分柴油费用，没有任何依据。根据法律和规范性文件的相关规定、案涉工程的招投标过程、案涉《合同协议书》的约定、双方实际履行事实均表明：案涉航道疏浚工程项下柴油系甲供，应由发包人在约定数量约 1600 万升范围内承担费用。被申请人在仲裁案件中否认柴油甲供，这与双方协商内容、投标事实、合同实际履行事实完全相悖。且若按被申请人关于柴油费用的主张，申请人在境外承包工程施工，不仅没有任何盈利，还会产生上百万美元的亏损，这显然违背商业合理性，也不符合公平原则。

仲裁庭注意到，双方对于合同约定范围内约1600万升柴油的费用由被申请人承担并无争议，争议焦点：一是在该数量内柴油价格上涨的费用由谁承担？二是若应由申请人承担，则价格浮动导致额外的柴油费用金额是多少？

仲裁庭还注意到，申请人主张的实际用量为约1400万升，被申请人主张的申请人已经确认的实际用量为约1500万升，两者之间相差约31万升。被申请人在其落款日期为2022年4月的《仲裁反请求金额调减申请书》中将柴油用量调减为约1500万升，双方就柴油用量仍然存在约23万升的差额。不论双方对于申请人实际使用柴油数量有何争议，但均认可申请人柴油使用的数量在合同限定的约1600万升之内。仲裁庭认为，若应由申请人承担柴油价格上涨的费用，则应按照申请人实际使用数量计算上涨的费用；若不应由申请人承担柴油价格上涨的费用，则在合同限定的约1600万升之内，申请人不承担柴油价格任何额外的费用。

仲裁庭认为，被申请人这一扣款主张是否能够得到支持，关键在于本案工程柴油的定性，也就是柴油是否属于甲供材料。在"甲供材料"模式中，材料的价格风险由业主承担，材料的数量风险由承包方承担。故如果柴油属于甲供材料，则量的风险属于承包方，价的风险属于发包方。如果不属于甲供材料，则承包方在量的风险之外还应承担价格波动风险。

仲裁庭还认为，本案工程的柴油是否属于甲供，不在于合同是否出现"甲供材料"的字眼，而是在于合同的约定及合同实际履行的情况是否符合"甲供材料"的特征。而就甲供材料的特征，仲裁庭理解甲供材料应由甲方选择供应商、甲方确定品种规格型号数量金额自行采购后提供给承包方、甲供材料不属于工程价款结算范围，承包方对甲供材料按量管理使用。仲裁庭认为，本案柴油供应符合甲供材料的特征，并将按照下述内容就合同的约定及合同的履行是否符合甲供材料的特征逐一阐述仲裁庭意见：

1）申请人的报价

仲裁庭注意到，申请人投标文件后附的两份《一般项目费用表》载明，柴油固定单价为0.233美元/升。本案中，柴油价格进入了申请人的投标报价。但是双方对于柴油费用不计入结算不持异议。

就甲供材料是否应进入投标报价，仲裁庭认为，从工程计价角度说，预算时甲供材料必须进入综合单价，因而投标单位在投标报价中，甲供材料的价款仍然要在报价中体现。因为材料款本身属于工程价款的一个组成部分，即便是甲供材料，通常也计入招投标和签约合同价之中，例如，《建设工程工程量清单计价规范》（GB 50500—2013）（以下简称“计价规范”）第3.2.1条规定，承包人投标时，甲供材料单价应计入相应项目的综合单价中。故在甲供材料的情况下，柴油价格出现在投标报价中并构成合同金额的一部分亦属正常。

2）柴油款是否计入结算价款

仲裁庭注意到，双方于2019年6月签署了结算汇总表，其中“一般项目费用（柴油、汽油）”栏的备注标明“柴油只计取剩余油量费用”，申请人申报的价款为约40万美元，审核后金额为约4万美元，核减金额为约33万美元。上述情况说明柴油价款并未计入本案工程的结算价款。双方也均认可柴油价格不计入结算价款。

仲裁庭认为，柴油价款不计入结算价款，明显属于甲供材料特性。

3）合同的约定

被申请人称，如柴油为甲供材料，那么合同条款应明确由被申请人自行采购并运至现场交付给申请人无偿使用。本案合同为“固定综合单价”合同，采用的模式即对每个单项工作或原材料按固定综合单价×实际用量进行结算，只不过对柴油的特殊之处在于采用单价和用量“双固定”的模式，即按申请人投标时所报的单价和用量在合同条款中固定了柴油单价0.233美元/升以及固定了被申请人负担的柴油用量约1600万升，由此明确了被申请人需承担的固定柴油总费用约370万美元。超出该费用外的任何因价格涨跌、使用量增减所带来的风险和收益按约均由申请人承担和享有。申请人在答辩中认可固定综合单价合同,但主张只要柴油用量在约1600万升内即应由被申请人承担价格浮动的风险,显然是误解了固定综合单价合同模式的真正含义。固定综合单价合同模式项下承包商承担的是"价的风险"(相应也享受原材料采购成本下跌时的收益),而发包方需承担的则是"工程量的风险",这本身就是申请人投标报价时所接受的风险分担方式(只不过本案中比较特殊的一点在于双方还明确约定了发包方需承担的固定的柴油用量)。因为甲供材料按照常规不属于施工方的工程结算总价,柴油本身的费用及运输费用都不可能属于合同价款结算范围。

申请人辩称,案涉工程投标报价的固定综合单价不包括柴油费用。根据投标报价、合同约定和双方实际履行,均表明柴油费用不属于案涉工程结算范围。合同协议书所述"(约4700万美元合同金额)包括承包商为完成本工程所用到的柴油费用"之意并非对柴油费用的实际结算的限制,而系为表达柴油费用属于被申请人应当支付、承担的工程成本,被申请人所承担的款项中应当包含柴油费用。结合《合同协议书》的其他约定,被申请人对柴油费用的支付义务仅以此唯一条件为限,即申请人所使用的柴油数量不得超过约1600万升。且合同就完成本案工程所用到的柴油进行了特别约定,即柴油在约1600万升的合同约定用量范围内被申请人已经与供应商W国D公司达成协议进行采购并向承包商供货,承包商负责运输。合同约定用量范围内的柴油价款及价格浮动风险均由被申请人承担,申请人只承担超出合同约定用量之外的柴油价款和价格浮动风险。

本案合同协议书载明:"承包商按照合同文件的要求履行完毕,业主按合同约定向承包商支付合同金额美元约4700万元整,合为暂定总价,固定综合单价。业主和承包商双方确认合同金额为美元约4700万元,包括承包商为完成本工程用到的柴油费用。承包商为完成本工程所用到的柴油数量为约1600万升。业主已经与W国D公司达成协议,由W国D公司以不超过约定数量向承包商供应工程用柴油。业主和承包商确认,按照合同约定并依据以下条款,按照确认的数量由W国D公司向承包商供应柴油:a)承包商负责从W国D公司装货码头装载打算使用的,且合同中约定数量的柴油。b)承包商负责从W国D公司装货码头装载合同中约定数量的柴油,且由承包商承担费用。c)承包商负责将柴油从W国D公司装货码头运输到承包商的船机上或码头,为避免疑义,合同价格中包含柴油运输费用。d)承包商应在打算装载柴油前3个月,向业主提交计划,包含柴油预估数量及从W国D公司装货码头装载的日期。e)承包商应至少在准备从W国D公司装货码头装载柴油前一个月向业主申请装载日期和时间。f)根据业主的批准,承包商可以从W国D公司装油码头装油。在承包商从W国D公司装油码头装油的关键时间,应有业主的授权代表现场见证。g)关于从W国D公司装油码头装载柴油,承包商同意遵守W国D公司和/或业主在任何时间发出的指令。h)为避免疑义,承包商不被允许延长工期,即使是为了遵守条款,或为了获得业主批准从装货码头装载柴油而延误工期。i)承包商有责任从相关主管当局申请和获得必需的许可,包括承包商从W国D公司装油码头至承包商的船机和/或岛屿的港口授权。为避免疑义,根据合同确认的柴油数量,承包商只能自己使用且只能用于本工程。承包商不应将依据合同确认的柴油数量中的任何部分用于其他目的或分配或向第三方销售确认的柴油数量的任何部分。如果承包商在本工程使用的柴油数量超过依据合同确认的数量,承包商应根据工程需要,立即自费负责获取额外的柴油;由于承包商延迟或失败获取根据工程需要的额外柴油,则承包商不予批准获得工程延期。为避免疑义,如果承包商在本工程使用的实际柴油数量少于依据合同确认的数量,合同价格将不进行调整。"

专用合同条款约定:"本合同为固定综合单价,暂定总价合同。固定综合单价不因实际工作量和材料与合同签订时所预估的不符而进行重新计算,也即不因工程量的变动而变动、也不因工程复杂程度的不同而变动,期间一切遇国家政策性和市场性调整造成材料、人工、机械等价格上下浮动,以及履行过程中的一切风险(无论合同文件中有无明确)均由承包商自行负担。除合同文件另有规定外,固定综合单价已被视为已包括所有直接费用和有关的间接费用包括但不限于人工费、材料费、设备及机械费、工具、利润、税项、工期配合费、材料差价、施工监督及管理费、质量控制、成品保护、安全施工、工资涨价、物料价上升、燃料费/电费涨价、运输费增加、汇率改变、税率变动、对所有分包及直接发包的协调/配合/照管费、超高层施工费、脚手架、运输费(含空运费)、仓储费、工程保护、加班费、抢工费、材料损耗、附件或配件测试费、包装费、保险费、卸货费、二次驳运费、就位、升降分配列位、固定及安装、工作台、冬雨季施工费、技指费、调价、竣工调价、风险费、包干费、竣工图费、施工图费、图纸盖章费、建筑行业征收的费用(如政府规费/文明施工/消防/保安等工作的费用、中标费、安监费、外地劳动管理基金、定额管理费、印花税等)、施工时限引起的额外费用、临时设施费、临时水电费、其他相关基本项目费用和为获取优良工程奖项投入的质量保障和措施费用、境内外税费、劳工出境入境返境费用等。”

仲裁庭认为,从本案合同上述约定可以得出如下结论:从被申请人视角看,一是W国D公司为被申请人指定的柴油供应商;二是柴油供应的规格和价格均由被申请人与W国D公司议定;三是被申请人与W国D公司成立柴油采购合同关系并由被申请人直接与W国D公司支付结算。从申请人视角看,申请人不能选择W国D公司之外的柴油供应商,面对W国D公司申请人没有任何的议价权利和能力,申请人与W国D公司没有合同关系,因而申请人在该柴油买卖合同关系中并不享受任何的权利,也不承担任何合同义务。在非甲供材料的情况下,柴油价款应由被申请人向申请人支付,再由申请人向供应商支付,但是本案合同未约定被申请人需要向申请人支付柴油价款,被申请人也未向申请人支付柴油价款,而是直接向W国D公司支付。本案合同约定的情形符合甲供材料的特征。

仲裁庭还认为,从合同履行来看,一是申请人使用柴油需经被申请人批准;二是申请人装油须由被申请人的授权代表现场见证;三是被申请人对申请人使用柴油的数量进行了限制,结余部分归申请人所有,超过部分由申请人承担。这些情形都说明被申请人对于柴油供应的数量进行控制,也符合甲供材料的特征。

仲裁庭另认为,工程施工合同,能源消耗费用一般不单独报价,而是计入各项工程项目成本。本案中,合同对于申请人使用的材料约定为“暂定总价,固定综合单价”,特意将柴油单独列价。从整个合同协议书的架构来看,4 页纸的协议书中有整整两页涉及柴油供应事宜。如果只是一个航道疏浚吹填工程合同,完全没有必要在协议书部分对柴油的供应做如此之多且内容详细的约定。说明柴油的采购在本案合同中是针对 0.233 美元/升价格的“量”的特殊约定。如果视柴油价格为合同约定的固定综合单价,则无须限定用量,因为若固定综合单价包括柴油费用,则无论使用多少柴油都应由申请人承担。被申请人要求申请人确定“量”,更说明是“甲供”,需要对量有所控制。

综上,上述合同的约定有典型的甲供材料特征,因而即使合同约定了固定综合单价,但是这个固定综合单价不包含柴油的供应,因而固定单价不能调整的约定不适用于柴油的价格浮动。

4)暂定合同总价的问题

被申请人称,合同在约定柴油固定综合单价、被申请人承担固定总用量的基础上,还约定了暂定合同总价。这决定了哪些项目属于按照固定综合单价进行合同价款结算的范围并支付给承包商。由此可以明显看出,柴油费用不可能属于被申请人承担全部费用的甲供材料,否则双方根本就不可能将柴油费用约定为构成合同金额的一部分。

申请人辩称,本案合同约 4700 万元是暂定总价,是根据招投标阶段固定总价模式的报价表计算得出的,表明的是业主在本案合同项下应负担的初步工程预算,与实际结算无关。本案合同约定按固定综合单价结算,所有工程应当按照固定综合单价据实结算,暂定总价仅作为对业主在本案中的预估工程成本的参考。所以合同中暂定总价的数字,对双方结算没有意义。该条款不是关于否认柴油甲供的约定,否则该条款也不会同时约定申请人的柴油使用数量,因为若柴油并非甲供,被申请人根本不需要特别约定承包商的柴油使用数量,由承包商自行采购即可。另外,被申请人在招投标阶段提供的价格清单模板是固定总价模式的报价表,而本案合同最终签订为固定综合单价合同。从投标文件和合同约定来看,被申请人提供的是"固定总价"模式的投标报价表。经 4 次报价后,案涉工程最终确定的报价清单只将燃油(包括柴油和汽油)单独列入"一般项目费用表(表 1)",而报价文件中"工程计价表(表 2)"中各分项工程的综合单价中并不包含柴油价格。合同约定"合同为暂定总价,固定综合单价",即案涉工程价款按照中标的综合单价和实际工程量结算。因此,本案合同明确约定了双方按报价清单中不包括柴油费用的综合单价结算工程款。从实际履行方面,双方结算了十几次进度款,均按不包含柴油费用的综合单价和实际工程量结算。本案中申请人中标的综合单价不包含柴油费用。

仲裁庭认为,合同虽然约定了暂定合同总价,但是该总价并非双方结算的基础,柴油价款也并非由被申请人向申请人支付,因而也不能从暂定合同总价的约定得出哪些项目属于按照固定综合单价进行合同价款结算的范围并支付给承包商的结论。

5)柴油款是否计入结算价款

仲裁庭注意到,双方于 2019 年 6 月签署了《航道疏浚吹填工程结算汇总表》,其中"一般项目费用(柴油、汽油)"栏的备注标明"柴油只计取剩余油量费用",申请人申报的价款为约 40 万美元,审核后金额为约 4 美元,核减金额为约 33 万美元。说明柴油价款并未计入本案工程的结算价款。双方也均认可柴油价格不计入结算价款。

仲裁庭认为,柴油价款不计入结算价款,明显属于甲供材料特性。

6)申请人的签字

被申请人称,申请人现场人员也一直在签署确认柴油用量单,上面不仅载明了每次领用的柴油数量,还包括了提油时客观发生的柴油单价。

申请人辩称,柴油用量单上的签字仅仅作为对当期柴油使用数量的确认,与是否认可被申请人垫付的柴油费无关。

仲裁庭注意到,合同仅约定了双方如何对申请人领取柴油数量的管控,并未约定就柴油价格上涨金额的确定。仲裁庭认为,在其他材料为固定综合单价的情况下,价格上涨的风险由申请人承担,故而无须与被申请人确认。而柴油价格上涨若是应由申请人承担,则上涨的事实、幅度、金额至少应由被申请人与申请人确认。但是柴油用量单从名称上即可理解为是柴油用量的单据,而非对柴油价格的签认。因而申请人对于用量单的签字,即使单上有价格的标志,亦是对量的确认,不能视为申请人认可承担价格上涨的费用。

7)实际使用量少的问题

被申请人称,从申请人有关"如果承包商在本工程使用的实际柴油数量少于依据合同确认的价量,合同价格将不进行调整。即剩余约140万升柴油将由我司受益"的表述,也可以证明申请人也承认柴油并非"甲供材料",而是构成合同价格的原材料费用,否则其不会要求剩余未使用完毕的柴油的相关收益归申请人所有。

申请人辩称,申请人曾在双方协商阶段主张就未使用的柴油收益,与柴油甲供的安排并不矛盾,符合建工行业管理和地方性法规依据。

仲裁庭注意到,合同协议书约定"为避免疑义,如果承包商在本工程使用的实际柴油数量少于依据合同确认的数量,合同价格将不进行调整"。仲裁庭理解,该条款的约定属于甲供材料结余的奖励。

仲裁庭认为,甲供材料结余奖励在实践中并不少见,如安徽省高级人民法院(2019)皖民终493号案中,当事人就约定了:承包方在施工过程中,因承包方原因导致甲供材料消耗数量超出或低于定额消耗量,超出部分承包方承担150%经济责任……结余部分全部属于承包方。法院判决认定甲供材料结余款归承包方的约定有效,并支持了承包方获取结余甲供材款的诉求。因而申请人按照合同的约定主张合同约定柴油限量的结余柴油由申请人收益符合合同的约定,也与甲供材料的特征并不相悖。

8)计价规范

被申请人称,即便参照申请人自己援引的“计价规范”第3.2.1条,该条也明确规定如是甲供材料,发包人应在招标文件中按规定填写《发包人提供材料和工程设备一览表》,而本案显然不存在该等情形。

申请人辩称,根据“计价规范”,发包人提供的材料需在施工合同中写明名称、规格、数量、单价、交货方式、交货地点等信息。本案合同关于柴油的约定和双方履行行为完全符合“计价规范”的规定,柴油属于“发包人提供的材料”。一是根据“计价规范”,由发包人提供的材料需在施工合同中写明名称、规格、数量、单价、交货方式、交货地点等信息。发包人提供的材料在施工合同中需体现以下特征:材料具有以下几个与本案密切相关的特点:第一,由发包人提供的材料即为甲供材料;第二,甲供材料需要在建设工程合同中作出名称、规格、数量等详细规定;第三,建设工程合同对于甲供材料单价的约定与该材料的甲供性质并不矛盾;第四,对于发包方提供的材料,承包人应根据工程进度计划安排进行领用。二是本案合同中关于柴油的特别约定完全符合计价规范的规定,并且合同明确约定只有在柴油实际使用数量超过约1600万升时,承包方才需自行付费获取额外柴油,因此柴油属于“发包人提供的材料”,尤其是,第一,柴油由被申请人购买和提供,属于发包人提供的材料。第二,本案合同对柴油的名称、规格、数量、单价、交货方式、交货地点均作出明确约定,符合“发包人提供的材料”的特征。“合同协议书”关于“承包商为完成本工程所用到的柴油数量为约1600万升”的约定明确了甲供柴油的数量;“由W国D公司向承包商供应工程用柴油”的约定明确了甲供柴油的品牌、名称和种类。本案合同附件《价格清单》中约定了柴油的单价。以上本案合同约定符合“计价规范”规定的甲供材料特征。需要强调的是,根据“计价规范”规定,在报价清单中包括柴油价格,与该材料的甲供性质并不矛盾。第三,本案合同约定承包方须在业主的监督下按照计划领用柴油。可见,案涉工程约定的柴油取用方式符合法律规定

“发包人提供的材料”的特征。第四,合同明确规定只有在工程使用的柴油数量超过约定的约 1600 万升时,申请人才需自行支付费用获取额外柴油。最后需要指出的是,本案合同并未约定任何柴油费用代垫安排。且《民法典》第 498 条关于合同解释的立法目的及其所保护的价值,实践中对存在两种以上的合同解释方法的,应当作出不利于提供合同文本一方的解释。本案合同由被申请人提供,在双方对于合同解释方法存在争议时,应当作出不利于被申请人的解释。

仲裁庭认为,双方就柴油是否甲供产生争议,恰是因为加工材料的字眼未出现在本案合同文件中。而根据上述仲裁庭对于认定甲供材料的意见,不能因招标文件中未出现《发包人提供材料和工程设备一览表》而得出柴油非甲供的结论。

9)柴油运输的问题

被申请人称,合同约定了柴油运输应由申请人负责并承担运输费用,因此也印证了柴油在合同项下不可能成为甲供材料的事实。

申请人辩称,合同关于柴油运输费用的约定,与柴油甲供的安排并不矛盾。本案柴油运输费用已经包括在本案合同报价清单的工程综合单价中,被申请人按综合单价结算了工程款,最终承担了案涉工程的柴油运输费用。案涉项目为海上施工的航道疏浚工程。综合本案合同约定和建工行业的商业惯例,发包方出于控制风险的考虑,要求承包方负责甲供材料的运输十分常见,因为发包方在提供甲供材料后,通常不愿再承担甲供材料运输过程中产生的延误风险。案涉工程用柴油运输成本的最终承担主体是业主。

仲裁庭注意到,本案合同协议书载明“业主和承包商确认,按照合同约定并依据以下条款,按照确认的数量由 W 国 D 公司向承包商供应柴油:a)承包商负责从 W 国 D 公司装货码头装载打算使用的,且合同中约定数量的柴油。b)承包商负责从 W 国 D 公司装货码头装载合同中约定数量的柴油,且由承包商承担费用。c)承包商负责将柴油从 W 国 D 公司装货码头运输到承包商的船机上或 PMB 码头,为避免疑义,合同价格中包含柴油运输费用”。该条款明确了柴油的运输费用应由申请人自行承担。

仲裁庭认为,实践中甲供材料由承包方自行负责运输并支付运输费用的情况并不罕见。正因如此,合同才额外强调了柴油运输“由承包商承担费用”。承包方承担甲供材料的运费,并不影响材料甲供的属性。故仲裁庭对于被申请人的此项主张不予采纳。

10)与汽油费不同的模式

被申请人称,A公司对于在《投标报价表》挨着柴油项目报价并列出现的汽油项目也均按照其实际使用情况按照固定综合单价0.375美元/升与被申请人进行结算(汽油显然也会存在价格波动的情况)。两份《一般项目费用表》所载柴油的合计数量,也与双方最终签署的《合同协议书》约定的柴油数量约1600万升完全一致。

申请人辩称,本案汽油的报价与结算方式,与本案柴油甲供的安排并不矛盾。承包方支付的汽油费用按实报实销列入双方结算范围由被申请人负担,而柴油由甲方提供也由被申请人承担费用。汽油和柴油费用作为工程施工成本,均由被申请人承担,符合建设工程施工合同性质和约定。柴油和汽油的结算方式上存在差异系因本案合同约定柴油为甲供材料且实际履行也由被申请人负责提供,而汽油并未约定为甲供材料且实际由承包方实际支付了汽油费用。在报价过程中,柴油、汽油均作为燃油的一部分,被列入“一般项目费用表”中(与其他单项工程的报价分开)进行单独报价。但本案合同通过“合同协议书”的相关约定,仅将柴油约定为甲供材料,而未对汽油作出甲供的特别约定。合同履行中申请人自行支付了汽油费用赴加油站加汽油,所以在每次工程进度款结算时,申请人均将实际支出的汽油费用列入结算范围要求被申请人承担。而柴油完全系由被申请人采购和提供,申请人上报用油计划待业主批准后去指定地点取用,无须自行支付柴油费用。

仲裁庭认为,本案合同对于柴油的供应作了专门的约定,而对汽油的使用未作专门约定,且汽油价款计入结算价款,也未约定用量限制,故汽油使用的约定与柴油使用的约定完全不同。汽油柴油价款是否在申请人的报价中并列出现,不影响两者不同的定性。

11)其他承包商的问题

被申请人称,被申请人的项目是一项庞大的系统性工程,整个项目所需柴油均从 W 国 D 公司处采购,但因项目各分项承包商众多,为结算方便,实际履约过程中普遍存在被申请人帮包括申请人在内的各分项承包商垫付柴油费用及运输费用之后,再与承包商结算的情况,对此各承包商也都是认可并照此履行的。被申请人已经提交了证据充分证明,被申请人是向包含申请人在内的所有承包商一并发送邮件通知 W 国 D 公司油价涨价事宜,并且还在微信群对所有承包商进行通知和催告。

申请人辩称,其他承包商承担的工程类型、特点、招投标内容、合同约定、履行过程,均与本案不同。其他承包商应向被申请人支付柴油费用与否,与本案合同项下申请人是否应支付柴油费用无关。本案合同关于柴油甲供的约定,与其他承包商和被申请人之间的合同关于“柴油由承包商负责实施并承担费用”的约定截然不同。

仲裁庭认为,被申请人与其他承包商之间的合同不属于本案审理的范围,仲裁庭无权就其他合同的约定作出判断。故仲裁庭对于被申请人的此项主张无法采纳。

仲裁庭基于以上分析,认为案涉工程中申请人所使用的柴油具备甲供材料的特征,应当被认定为甲供材料。鉴于双方当事人都认可申请人的柴油用量并未超过合同约定的数量上限,在仲裁庭认定柴油为甲供材料的情况下,无须再行论述柴油的实际用量。

综上,仲裁庭对于被申请人仲裁反请求中的此项费用不予支持。

(2)柴油运输费约 4 万美元

就柴油运输费用,被申请人称,实际履行过程中,申请人在 2016 年 11 月至 2017 年 1 月使用的约 5 万升柴油系在申请人要求下由被申请人代为垫付了运费并委托E公司从W国D公司装货码头运至码头(单价0.07W国货币/升),其余时间均由申请人自行运输,为此被申请人合计代为垫付了在此期间的柴油运输费用约4万美元(按照运输费用发生期间2016年11月~2017年1月的W国货币兑换美元平均汇率折算)。被申请人还称,从申请人证据"柴油运输结算单"可以看出,其中2016年12月至2017年2月给F公司供油的船只为E公司下属的DUM143、DUM108或YEN08。由此可见,上述期间内实际柴油的运输方式应是在申请人要求下由被申请人委托E公司将柴油从W国D公司码头运至L港并代为垫付运费后,之后由申请人自行委托F公司从E公司的供油船上加好柴油再运至各用油船只或码头。

申请人辩称,申请人于2016年12月与F公司就案涉工程拟使用约1600万升柴油签订运输合同。2016年12月至2017年4月柴油运输费申请人已经自行支付,被申请人主张垫付与事实不符。

仲裁庭注意到,双方对于柴油的运输费用应由申请人承担不存在争议。争议焦点为在2016年11月至2017年1月申请人是否要求被申请人委托E公司从W国D公司装货码头运送约5万升柴油至码头并由被申请人垫付运费。

仲裁庭还注意到,被申请人就该项费用提交的证据"2016年11月~2017年1月B公司代为垫付的柴油运输费统计表""与代垫柴油运输费相关单据""油/水交接单",均无申请人的签章,收货单位也非申请人。

仲裁庭认为,若申请人要求被申请人代为运输柴油并垫付运输费用,双方间应有书面的往来函件予以确认。被申请人在无申请人任何委托文件或商议信息的情况下自行将约5万升柴油替申请人运至码头,不符合一般的商业常理。仲裁庭还认为,在无申请人委托的情况下,E公司若将柴油向F公司输送,则应由E公司或者被申请人向F公司主张运费,而非由被申请人向申请人主张。故在被申请人提交的均为单方面证据的情况下,仲裁庭无法得出被申请人委托E公司运输的该约5万升柴油是应申请人要求代为运输并代垫运输费用的结论。故仲裁庭对于被申请人仲裁反请求中的此项请求无法支持。

(3)利息

被申请人请求裁决申请人以前述柴油费和运输费款项之和约480万美元为基数,支付自申请人收到被申请人反请求申请书之日起按全国银行间同业拆借中心发布的同期贷款市场报价利率(LPR)为标准计算的逾期付款利息。

根据上述仲裁庭意见,仲裁庭对于被申请人的此项仲裁反请求不予支持。

2. 关于被申请人律师费和其他办案费用的问题

根据上述仲裁庭意见,仲裁庭对于被申请人的此项仲裁反请求不予支持。

就被申请人请求裁决申请人承担被申请人为办理本案支出的其他费用,被申请人在庭审中明确没有产生其他的办案费用,故仲裁庭对于被申请人仲裁反请求中的此项主张不予审理。

(五)本案仲裁费和实际费

根据本案的实际审理情况,仲裁庭认为,本案本请求仲裁费由申请人承担15%,由被申请人承担85%。本案反请求的仲裁费全部由被申请人承担。

仲裁庭根据本案的实际审理情况认为,本案因在中国M市开庭产生的实际费用由申请人承担15%,由被申请人承担85%。

仲裁庭还认为,当事人选定开庭地之外的仲裁员所额外产生的差旅、住宿等实际费用应由双方当事人各自承担,即申请人选定的仲裁员因赴中国M市开庭而产生的实际费用全部由申请人承担。被申请人选定的仲裁员因赴中国M市开庭而产生的实际费用全部由被申请人承担。

三、裁　　决

综上,经合议,仲裁庭裁决如下:

1. 被申请人向申请人支付约970万美元。

2. 被申请人向申请人支付逾期付款利息约17万美元,并以约970万美元为基数,按照提起仲裁申请之日12个月期的美元LIBOR利率上浮3%、自

2021 年 3 月 8 日起计算至被申请人实际清偿之日止的逾期付款利息。

3. 被申请人向申请人支付申请人因本案支出的律师费。

4. 驳回被申请人的所有仲裁反请求。

5. 本案本请求仲裁费由申请人承担 15%，由被申请人承担 85%；由于本案仲裁费已由申请人向贸仲全额预缴并冲抵，被申请人应支付申请人相应费用，以补偿申请人代其垫付的仲裁费。

本案反请求仲裁费全部由被申请人承担。本案反请求仲裁费已由被申请人向贸仲全额预缴并冲抵。

上述被申请人应向申请人支付的款项和申请人应向被申请人支付的款项，各方应于本裁决作出之日起 30 日内支付完毕。

本裁决为终局裁决，自作出之日起发生法律效力。

案例评析

【关键词】

结算承诺书　甲供材料

【焦点问题】

一是申请人出具的结算承诺书效力的认定。二是合同约定不明时,甲供材料的认定。

【焦点评析】

2016年9月,申请人与被申请人签署了本案合同,约定被申请人委托申请人承担合同文件中规定的航道疏浚、吹填、围堤等工程的施工。合同为暂定总价,固定综合单价,双方确认合同总金额为约4700万美元。合同约定承包商为完成本工程所用到的柴油数量为约1600万升,合同附件载明的柴油固定单价0.233美元/升。

合同履行过程中,柴油供应商文莱D公司供应的柴油价格不断上涨,超出了固定单价部分的柴油费用合计约470万美元,双方就该超出部分柴油费用的承担发生争议。此外,申请人在结算过程中向被申请人提交了《工程结算承诺书》,双方就能否根据《结算承诺书》认定结算金额也产生争议。申请人提起仲裁申请,请求被申请人支付工程款。被申请人提起反请求,请求申请人承担超出部分的柴油费用和相应的运输费用。本案的争议焦点在于:本案合同中的柴油是否为甲供材料、相应价格上涨的风险应由谁承担?

现结合本案案情,就上述焦点问题评述如下:

一、申请人出具的结算承诺书效力的认定

(一)结算承诺书的意义

建设工程施工合同的结算过程非常复杂,通常需要双方当事人或其聘请的第三方咨询公司或审计单位经过多轮次的对账、核算、谈判、妥协等方能达成最终的结算。在此过程中，双方当事人可能就结算的原则、结算的依据、部分争议事项的处理、结算中间成果等签订会议纪要、补充协议，或由一方当事人向对方出具结算承诺书等，以固定结算成果，为进一步达成结算或减少争议奠定基础。对于此类会议纪要、补充协议、结算承诺书等的效力要结合双方当事人结算过程中的具体情况来进行认定。

本案中，申请人在结算过程中向被申请人出具《结算承诺书》，承诺“我方同意按由招标人委托相应资质的审计单位或甲方预算部的工程决算结果与我方办理最终价款结算手续”。被申请人认为，根据申请人在《结算承诺书》中的承诺，应按照被申请人委托的审计单位出具的《工程造价咨询报告》中确定的结算金额进行结算。申请人则认为，申请人在《结算承诺书》中承诺的事项为根据《工程造价咨询报告》办理结算手续，而非据此确定结算金额。

双方的主要争议在于能否根据申请人出具的结算承诺书直接认定结算金额？

（二）结算承诺书该如何认定

1. 如果双方当事人签订的《结算承诺书》内容具体明确，双方当事人有明确的据此确定结算金额的意思表示，且结算金额可以直接确定或根据结算承诺书中所记录的依据性文件材料能够直接确定的，结算承诺书可以作为认定结算金额的依据。

2. 双方当事人未在结算承诺书中明确承诺以结算承诺书或结算承诺书中记录的依据性文件中的金额直接确定结算金额，但双方当事人在此后的结算或款项支付过程中，并未对结算承诺书中的结算金额提出异议或虽提出异议但未提交切实有效的证据予以证明或双方当事人以行为表明已实际认可并按结算承诺书中确定的结算金额进行履行的，结算承诺书可以作为认定结算金额的依据。

3. 虽然申请人提交了结算承诺书，但双方当事人在此后的结算过程中又以行为表明仍对结算存在争议且就争议事项仍处于洽商过程中，此时不宜直接以结算承诺书作为认定结算金额的依据，而应结合双方提交的证据材料、双方的意见进行综合分析认定。

本案中，仲裁庭认为申请人出具的《结算承诺书》中“办理最终价款结算手续”的表述，并未表示申请人承诺以审计单位的决算结果为准。在此后的结算过程中，申请人提交了《竣工结算书》，被申请人对申请人提交的《竣工结算书》进行了审核，申请人也对被申请人的审核意见提出了异议。上述结算过程可以表明双方均没有以该《结算承诺书》作为直接认定结算金额的意思表示。故仲裁庭对被申请人的意见未予支持，并结合双方提交的证据材料对最终结算金额进行了认定。

二、合同约定不明时，甲供材料的认定

（一）甲供材料的概念和风险分担模式

甲供材料，是指在招标文件和施工合同中列明、由发包人提供给承包人在工程建设中使用的材料或工程设备。甲供材料一般由发包人在招标文件以及合同附件中以《发包人提供材料和工程设备一览表》的形式列明甲供材料的名称、规格、型号、数量、单价、质量等级、交货方式及地点等。

甲供材料由发包人采购并支付费用，相应的材料采购价格变化的风险亦由发包人自行承担。甲供材料由发包人采购后交由承包人领用。在合同履行过程中，因承包人原因引起实际领用数量超过合同施工图纸计算的实际数量及材料有效损耗时，实际领用数量超出部分的材料费用由承包人承担。部分合同也会约定承包人使用甲供材料的结余部分，由发包人给予承包人一定的结余奖励。

（二）合同约定不明时，如何认定甲供材料

1. 是否属于甲供材料的判断，应采用实质性判断标准

本案合同并未明确约定柴油为甲供材料。在此情况下，仲裁庭并未拘泥于

合同条文中是否出现“甲供材料”字样,而是认为应当采用实质性判断标准。

仲裁庭认为,本案工程中使用的柴油是否属于甲供,不在于合同是否出现“甲供材料”的字眼,而是在于合同的约定及合同实际履行的情况是否符合“甲供材料”的特征。而就甲供材料的特征,仲裁庭理解甲供材料应由甲方选择供应商、甲方确定品种规格型号数量金额自行采购后提供给承包方,承包方对甲供材料按量管理使用。

2. 判断是否属于甲供材料的主要实质性标准

仲裁庭按照下述内容就合同的约定及合同的履行是否符合甲供材料的特征逐一阐述,并最终认定本案柴油供应符合甲供材料的特征。

(1)结合合同相关约定综合分析判断是否属于甲供材料

甲供材料的实质在于材料供应商由甲方选择、材料的品种、规格、价格由甲方确定,材料采购合同由甲方与材料供应商签订和履行。乙方对此没有参与权和决定权。

本案合同协议书载明:“承包商按照合同文件的要求履行完毕,业主按合同约定向承包商支付合同金额美元约4700万元,合同为暂定总价,固定综合单价。业主和承包商双方确认合同金额为美元约4700万元,包括承包商为完成本工程用到的柴油费用。承包商为完成本工程所用到的柴油数量为约1600万升。业主已经与文莱D公司达成协议,由文莱D公司以不超过约定数量向承包商供应工程用柴油。业主和承包商确认,按照合同约定并依据以下条款,按照确认的数量由文莱D公司向承包商供应柴油……d)承包商应在打算装载柴油前3个月,向业主提交计划,包含柴油预估数量及从文莱D公司装货码头装载的日期。e)承包商应至少在准备从文莱D公司装货码头装载柴油前一个月向业主申请装载日期和时间。f)在承包商从文莱D公司装油码头装油的关键时间,应有业主的授权代表现场见证……为避免疑义,根据合同确认的柴油数量,承包商只能自己使用且只能用于本工程。承包商不应将依据合同确认的柴油数量中的任何部分用于其他目的或分配或向第三方销售确认的柴油数量的任何部分。如果承包商在本工程使用的柴油数量超过依据合同确认的数量，承包商应根据工程需要，立即自费负责获取额外的柴油；由于承包商延迟或失败获取根据工程需要的额外柴油，则承包商不予批准获得工程延期。为避免疑义，如果承包商在本工程使用的实际柴油数量少于依据合同确认的数量，合同价格将不进行调整。"

仲裁庭认为，从本案合同上述约定可以得出如下结论：从被申请人视角看，一是文莱D公司为被申请人指定的柴油供应商；二是柴油供应的规格和价格均由被申请人与文莱D公司议定；三是被申请人与文莱D公司成立柴油采购合同关系并由被申请人直接与文莱D公司支付结算。从申请人视角看，申请人不能选择文莱D公司之外的柴油供应商，面对文莱D公司申请人没有任何的议价权利和能力，申请人与文莱D公司没有合同关系，因而申请人在该柴油买卖合同关系中并不享受任何的权利，也不承担任何合同义务。

在非甲供材料的情况下，柴油价款应由被申请人向申请人支付，再由申请人向供应商支付，但是本案合同未约定被申请人需要向申请人支付柴油价款，被申请人也未向申请人支付柴油价款，而是直接向文莱D公司支付。

仲裁庭另认为，工程施工合同，能源消耗费用一般不单独报价，而是计入各项工程项目成本。本案中，合同对于申请人使用的材料约定为"暂定总价，固定综合单价"，特意将柴油单独列价。从整个合同协议书的架构来看，4页纸的协议书中有整整两页涉及柴油供应事宜。如果只是一个航道疏浚吹填工程合同，完全没有必要在协议书部分对柴油的供应做如此之多且内容详细的约定。说明柴油的采购在本案合同中是针对0.233美元/升价格的"量"的特殊约定。如果视柴油价格为合同约定的固定综合单价，则无须限定用量，因为若固定综合单价包括柴油费用，则无论使用多少柴油都应由申请人承担。被申请人要求申请人确定"量"，更说明是"甲供"，需要对量有所控制。

上述情形均表明，本案合同约定的情形符合甲供材料的特征。

(2)从履行过程中甲方对于材料使用数量是否严格管控判断是否属于甲供材料

因甲供材料由甲方采购并支付采购费用后提供给乙方使用,如乙方不当使用甲方提供的材料,会造成材料浪费和甲方成本的增加。因此施工过程中,甲方会对乙方使用甲供材料的数量进行严格的管控。而对于非甲供材料,甲方仅需对材料的质量进行检查,而对于材料的数量由乙方自行负责管理。

本案中,仲裁庭认为,从合同履行来看,一是申请人使用柴油需经被申请人批准;二是申请人装油须由被申请人的授权代表现场见证;三是被申请人对申请人使用柴油的数量进行了限制,结余部分归申请人所有,超过部分由申请人承担。这些情形都说明被申请人对于柴油供应的数量进行控制,也符合甲供材料的特征。

(3)柴油费用是否计入结算价款

甲供材料构成工程造价的一部分,但工程竣工后,双方当事人无须对甲供材料另行结算,甲供材料也无须计入双方当事人之间的结算价款。

本案中,双方当事人虽将柴油价格列入申请人投标报价的综合单价中,但双方均认可柴油价格不计入结算价款。

仲裁庭认为,材料款本身属于工程造价的一个组成部分,即便是甲供材料,通常也应计入招投标和签约合同价之中。例如,“计价规范”第3.2.1条规定,承包人投标时,甲供材料单价应计入相应项目的综合单价中。从工程计价角度说,预算时甲供材料必须进入综合单价,因而投标单位在投标报价中,甲供材料的价款仍然要在报价中体现。故在甲供材料的情况下,柴油价格出现在投标报价中并构成合同金额的一部分亦属正常。

本案中,双方并未将柴油款计入结算价款。双方于2019年6月签署了结算汇总表,其中“一般项目费用(柴油、汽油)”栏的备注标明“柴油只计取剩余油量费用”,申请人申报的价款为约37万美元,审核后金额为约4万美元,核减金额为约33万美元。上述情况说明柴油价款并未计入本案工程的结算价款。

双方也均认可柴油价格不计入结算价款。仲裁庭认为,柴油价款不计入结算价款,明显属于甲供材料特性。

【结语】

结算承诺书通常为建设工程施工合同双方当事人在结算过程中形成的过程性文件,能否根据承包人出具的结算承诺书直接认定结算金额,要结合结算承诺书的内容、双方签订结算承诺书后的行为等进行分析判断。

在实务中,如承包人虽提交了结算承诺书,但双方当事人在此后的结算过程中又以行为表明仍对结算存在争议且就争议事项仍处于洽商过程中,此时不宜直接以结算承诺书作为认定结算金额的依据。本案即属于这种情况,仲裁庭最终结合双方提交的证据材料对最终结算金额进行了认定。

材料价格波动是建设工程施工合同履行过程中的常见风险。对于甲供材料来说,因材料由甲方采购并支付采购费用,因而施工过程中,甲供材料价格波动的风险由甲方承担,而非甲供材料价格波动的风险分担由双方在合同中进行约定。因此,施工中使用的材料是否属于甲供材料,关系到甲乙双方对于材料价格波动的风险分担问题。

在通常情况下,如有甲供材料,双方当事人会在合同明确约定甲供材料的名称、规格、型号、数量、单价、质量等级、交货方式及地点等。如合同对是否属于甲供材料约定不明时,如何判断工程中使用的某项材料属于甲供材料,应采用实质性判断标准,而不应拘泥于合同中是否有甲供材料的字样。具体可从合同约定、合同履行、合同结算 3 个环节进行分析判断,准确认定是否属于甲供材料。本案为此种情况下甲供材料的判断和认定提供了较好的分析思路和判断标准。

中国 A 公司与中国 B 公司工程合同争议案

中国国际经济贸易仲裁委员会(以下简称贸仲)根据申请人中国 A 公司(以下简称申请人)与被申请人中国 B 公司(以下简称被申请人)于 2012 年 8 月签订的《工程合同》(以下简称《工程合同》或本案合同)中仲裁条款的约定,以及申请人于 2018 年 5 月向贸仲提交的书面仲裁申请,受理了上述合同项下的本争议仲裁案。

一、案　　情

(一)申请人的仲裁请求及事实和理由

被申请人作为 EPC 总承包单位中标 M 国 N 地第三期管线项目后,将其中的"C 包工程"施工分包给申请人。申请人依据被申请人提供的工程量清单(Material Take Off,MTO)对本项目的 C 包施工部分进行了报价,按申请人报价确定了合同金额,双方于 2012 年 8 月签订了本案合同。合同约定的工期为 2011 年 12 月 3 日至 2014 年 10 月 30 日,合同价款为约 2.6 亿 M 国货币。

在合同履行过程中,在被申请人欠付申请人大量工程款的情况下,被申请人以申请人不开具保函就停止支付相关款项为由,要求申请人以被申请人为受益人,向银行申请开具了预付款保函,金额为 600 万美元。在预付款保函开具后,被申请人并未实际向申请人支付该笔预付款,但被申请人在保函有效期到期前,仍向银行发送索赔通知,要求沉没该保函。申请人为避免沉没保函造成丧失银行信用的巨大风险,不得不向被申请人支付了预付款保函对应的金额600万美元。由于被申请人拖欠申请人大量工程款,且并未实际向申请人支付该笔预付款,故应向申请人返还该600万美元。

在合同履行的过程中,由于被申请人的责任范围内的设计等原因,申请人实际施工的工程量远远超出MTO所列的工程量,产生了大量的工程变更款项;由于被申请人迟延提供图纸、甲供材料等原因,项目停工以及项目工期严重滞后,造成申请人费用大量增加。上述工程变更和索赔是被申请人的自身原因导致的,因此理应由被申请人承担赔偿责任。截至2018年5月29日,被申请人仍欠付申请人巨额工程款项,也未赔偿申请人因工期延误造成的损失。

经变更,申请人最终确认的仲裁请求为:

1. 被申请人向申请人支付工程款约2.6亿M国货币(折合人民币约4.8亿元)。被申请人以上述金额为基数,按照中国人民银行同期贷款利率向申请人支付自申请人提起仲裁申请之日起至实际付清之日止的延迟支付利息。

2. 被申请人向申请人支付因被申请人原因导致的停窝工损失8520万余M国货币(折合人民币1.5亿余元)。被申请人以上述金额为基数,按照中国人民银行同期贷款利率向申请人支付自申请人提起仲裁申请之日起至实际付清之日止的延迟支付利息。

3. 被申请人向申请人支付申请人为本案支出的律师费约人民币200万元。

4. 被申请人向申请人返还申请人支付的预付款保函款项600万美元(折合人民币3500余万元),并自2018年5月16日起,按照中国人民银行同期贷款向申请人支付至实际付清之日止的利息,暂计至2018年5月25日为人民币4万余元。

5. 被申请人向申请人支付申请人代理律师前往M国取证调查产生的差旅费约1.4万M国货币(折合人民币约2.6万元)。

6. 被申请人向申请人支付保函延期费用,并按照中国人民银行公布的同期贷款利率标准支付自申请人产生保函延期费用之日起至实际付清之日止的利息。

7. 被申请人向申请人支付至申请人退出本案工程管理之日止的工期延误期间现场管理费用及总部管理费用,暂计至 2018 年 12 月 2 日分别为 6160 余万 M 国货币、1260 万余 M 国货币(折合人民币约 1.3 亿元),并按照中国人民银行同期贷款利率向申请人支付申请人产生管理费用之日起至实际付清之日止的利息。

8. 被申请人承担本案仲裁费。

(二)被申请人的答辩意见

1. 本案合同的谈判签约及履行安排的背景事实。

申请人根据被申请人提供的 M 国 N 地输水系统某期工程项目业主招标文件对输水系统项目 C 包进行了报价。在此基础上,双方在共同与业主沟通协商、详勘现场后,被申请人与业主签订了《N 地输水系统某期管道和建设工程项目合同》(以下简称总包合同)。合同项下的项目被分为管线(B1、B2 包)与场站(C 包)两大部分。C 包的工作范围包括:5 个主站和 8 个辅站的全部工作。根据本案合同,申请人应负责上述 5 个主站和 8 个辅站全部的施工、部分供货工作以及案外的 X6、X4、Y4、Y6 中储罐的设计、采购和施工(EPC)工作,即储罐工程。双方另就储罐工程签订了《M 国 N 地某期管线项目 B 包、C 包储罐 EPC 工程合同》(以下简称储罐合同)。

2011 年 9 月,申请人向被申请人发送了对 C 包工程的报价确认函,确认根据业主招标文件中的要求、输水系统项目中所使用的标准规范等,作出了近 3 亿 M 国货币的报价。在实地考察后,申请人就 C 包工程的土建、安装、电仪专业报价进行了分解,并报价说明中表示,其根据业主招标文件及相应图纸重新核算价格后,认为报价可能存在 3500 万 M 国货币的亏损,但考虑到与被申请人已经达成的协商结果,承诺专业报价金额仍保持与原报价相同,总价仍为近

3亿M国货币,并希望靠以后工程中的签证向业主索赔止亏。

2011年12月,被申请人与业主签订了总包合同。申请人与被申请人进行了长达8个月的反复充分协商,其间讨论了7稿文本,最终签署了本案合同。

2. 本案合同是申请人在全面了解业主招标文件、业主要求、技术规范及总包合同要求的基础上,经过双方充分协商签订的固定总价合同,是确定双方就本案合同项下双方工作范围、合同价款、权利义务及履约标准的唯一依据。

通过签署本案合同,申请人接受了总包合同中所有关于C包工程的条款、并承担被申请人在总包合同中就C包工程应向业主履行的全部义务和责任。申请人所谓基于MTO报价且MTO是合同价格确定基础的主张,实系以偏概全和误导,与事实不符。其主张的所谓工程变更其实是在本案合同约定的合同总价范围内其应当履行的合同义务。

3. 申请人主张的窝工损失没有任何依据,其不仅应自行承担其不及时提供设计输入从而延误设计、施工组织计划不合理、不调整施工组织计划或不采取合理措施减少或避免损失所导致的所谓停窝工损失,相反还应赔偿被申请人因此遭受的相关延期损失。

4. 申请人关于被申请人未支付600万美元预付款的主张,与客观事实不符。

为了获得被申请人资金融通支持以解决自身流动资金不足的困难,申请人主动提议另行开具了600万美元预付款保函作为担保。保函的实际目的是归还被申请人在合同履行过程中支付的垫款。申请人要求被申请人返还该笔款项的主张于法于情不应得到支持。

5. 申请人利用被申请人对外统一承担责任的便利,始终不投入必要的资源履行合同义务。被申请人从项目整体利益和大局出发,对外限定业主招标文件的工作范围,尽力履行总包合同的相关义务,承受了比申请人更大的工期和亏损压力;对内按合同约定履行各项义务,尽力给予申请人借款、垫款等资金融通支持并及时审核结算申请人有合理依据的合同范围外的工作。

6. 申请人的仲裁请求缺乏事实和合同依据,不应得到任何支持。其主张的所谓 MTO 范围外的工程变更金额的计算缺乏依据。许多工作实际根本未实施,或存在重复计算索赔的情况,或不属于本案合同项的工作。其主张的所谓停窝工损失金额计算也缺乏依据。

被申请人请求驳回申请人的全部仲裁请求。

(三)被申请人的仲裁反请求

1. 申请人不投入必要的资源履行合同义务,资金长期短缺,被申请人作为总承包商,向申请人提供了大量借款、工程垫款等资金支持,迄今未获得偿还的金额为约 1.7 亿 M 国货币。

2. 申请人推诿和拒绝履行合同义务,导致无法满足工程进度要求。被申请人代为履行申请人拒绝执行的合同工作,因此发生额外开支和相应损失 1.8 亿余 M 国货币。

3. 申请人因进度滞后主动要求被申请人同意将其在合同项下部分工作另行分包给第三方实施,被申请人不得不同意并实施了相关分包。申请人应全部承担被申请人已经支付和应支付的第三方分包合同价款 8540 余万 M 国货币。

4. 申请人应赔偿被申请人因质量缺陷、进度延误、未能妥善照管现场材料、干扰现场施工秩序、未满足沙化比例等违约行为给被申请人造成的全部经济损失 1 亿余 M 国货币。

5. 申请人应承担被申请人为本案发生的律师费、仲裁费等费用。

被申请人最终的仲裁反请求如下:

1. 申请人向被申请人偿还截至 2018 年 6 月 30 日合同项下工程垫款和借款约 1.7 亿 M 国货币(折合人民币 3.2 亿余元),并按照中国人民银行同期贷款利率向被申请人支付自垫款借贷之日起至申请人实际偿还之日止的利息;

2. 申请人向被申请人支付被申请人代其履行合同项下未按约履行各项工作所发生的各类款项包括向第三方支付的合同价款,共计 1.8 亿余 M 国货币(折合人民币 3.3 亿余元),并支付代为付款之日起至被申请人实际偿清之日

止,按中国人民银行公布的同期贷款利率计算的利息;

3. 申请人向被申请人支付因申请人主动请求被申请人将合同项下部分工作交由第三方实施而实际完成和将完成工作的全部价款,共计8280余万M国货币(折合人民币1.5亿余元),并支付自垫付相关款项之日起至实际偿付之日止,按中国人民银行同期贷款利率计算的利息;

4. 申请人赔偿被申请人因申请人诸多违约行为导致被申请人遭受的各项损失暂计1亿余M国货币(折合人民币2亿余元),并按照中国人民银行同期贷款利率向被申请人支付自被申请人遭受相应损失之日起至申请人实际偿清之日止的利息,并保留被申请人就仲裁庭后续进一步划分责任归属后的工期延误责任情况相应调整主张损失金额的权利;

5. 申请人承担被申请人为本案发生的律师费、翻译费,聘请工期专家费用等共计人民币220余万元,以及其他被申请人为应对本仲裁案而产生的费用;

6. 申请人承担本案本请求和反请求的仲裁费。

(四)申请人对被申请人仲裁反请求的答辩意见

1. 被申请人向申请人垫款、借款、代付实际是在变相地支付工程款。

因被申请人自身也清楚合同价覆盖申请人全部工程款内容是不可能的,双方就垫款、借款、代付的本意也是为了项目顺利进展,暂时搁置争议,待该争议解决后再确定被申请人的垫款、借款、代付是否纳入工程款,还是由申请人退还。申请人已经完成了被申请人主张的垫款、借款和代付款项对应的工作,上述款项应视为被申请人向申请人支付的工程款。

至于被申请人在这一项仲裁反请求中主张需扣回的2800万余M国货币预付款,双方已经协商一致暂停预付款的扣回。且该笔预付款应视为工程款,在被申请人欠付申请人工程款的情况下,被申请人无权要求申请人退还。

另外,申请人在仲裁请求中已经扣除了被申请人的全部垫款、借款、代付款项,因此被申请人不能要求重复扣除。

2. 被申请人仲裁反请求2中所主张的代为履行工作内容,除场站大门属于申请人合同价款中的内容外,其他均不属于合同价对应的工作范围,被申请人无权在不同意支付额外价款的情况下要求申请人履行这些工作内容,更无权在其委托第三方支付的情况下要求申请人支付相关费用。

3. 将申请人工作范围内的施工内容另行分包是被申请人造成的。

申请人基于被申请人的原因导致资金紧张,为确保施工进度,双方协商一致将申请人工作范围内的辅线站点部分工作交由被申请人另行分包,由此导致的损失应由被申请人自行承担。

对于另行分包的项目,属于申请人 MTO 范围内的,应在双方结算时扣除申请人 MTO 价格部分,最多可超出原投标报价 10%,不在申请人 MTO 报价范围,因此被申请人无权索赔。

4. 本案工程质量合格,即使有部分质量缺陷,申请人也已修复完毕,未给本案工程造成不良影响,也未给被申请人造成损失。

申请人请求驳回被申请人的仲裁反请求。

二、仲裁庭意见

(一)关于本案的适用法律、合同效力

1. 适用法律

仲裁庭注意到,本案合同"适用法律和争议解决"约定:"本合同的订立、效力、解释、履行、争议解决均受 M 国的法律管辖"。

仲裁庭在《审理范围书》"适用的实体法律文本"明确:"若双方当事人同意本案争议适用中国法律,请在收到本《审理范围书》后的 7 个工作日内提出。"当事人在收到《审理范围书》后的 7 个工作日均未提出适用中国法。

仲裁庭认为,根据双方当事人的约定,本案适 M 国的法律。

仲裁庭在《审理范围书》明确,就本案合同约定适用 M 国法律,请双方当事人向仲裁庭提交与本案争议相关的 M 国法律的中文译文。中文译文将在 2019

年1月20日之前向仲裁庭提交。仲裁庭也可视庭审情况要求双方当事人补充提交相关证据的中文译文。如果一方向仲裁庭提交而另一方未能提交的,仲裁庭采纳提交一方的中文译文。若双方均提交了译文但是译文内容存在实质上差异的,仲裁庭要求双方对于差异部分作出合理的说明并视情况决定采用哪一译文文本。

2. 本案合同的效力

申请人在本案审理过程中主张合同无效,称基于M国《政府招标及采购法》第53条的强制性规定,未经业主事先批准的转包和分包违法。因被申请人向申请人的分包未经业主事先批准,因而总包合同无效,导致本案分包合同无效。按照《涉外民事关系法律适用法》M国法律无规定的,适用中国法律。按中国法律,违法分包合同无效。

被申请人辩称,一是本案业主是一家公司,不应适用M国的《政府招标及采购法》;二是被申请人与业主之间总包合同的效力不属于本案审理范围;三是业主从未声明总包合同无效;四是从工程师的函件可以看出工程师知道C包分包的事实,但未提出异议。

(1)是否适用中国法

仲裁庭理解,申请人提出的M国法律无规定则适用中国法律的主张,是基于《涉外民事关系法律适用法》第10条第2款"不能查明外国法律或者该国法律没有规定的,适用中华人民共和国法律"的规定。仲裁庭还理解,《涉外民事关系法律适用法》第10条第2款规范的是外国法的查明,而非规定在任何情况下但凡外国法无规定的就可自动适用中国法律。

仲裁庭认为,申请人一方面主张应依据M国《政府招标及采购法》第53条的强制性规定判定合同无效,另一方面又提出因M国法律无规定而应根据《涉外民事关系法律适用法》适用中国法律,两项主张相互矛盾。仲裁庭对申请人提出的因M国法律无规定应适用中国法律的主张不予支持。

仲裁庭还认为,申请人主张的"违法分包"基于中国建筑相关法律的规定。

即使在适用中国法律的情况下，就《建筑法》等法律法规违法分包规定的适用，《建筑法》第2条规定："在中华人民共和国境内从事建筑活动，实施对建筑活动的监督管理，应当遵守本法。"首先，《建筑法》第2条明确规定其适用范围为中华人民共和国境内。其次，《建筑法》第28条、第29条第3款禁止转包和违法分包的规定，系规制建筑主体行为的法律。上述法律规定应受第2条适用范围的限制，不宜将《建筑法》的适用范围理解为适用建筑地点位于境外的国际工程项目。况且，《建筑法》第2条适用范围的规定体现的是属地主义原则，而非属人主义原则。另外，《建筑法》中关于资质、造价、招投标等的相关规定在境外工程项目中缺乏适用的基础；反之，如果《建筑法》等相关中国法律适用境外承包工程，则绝大部分中国企业境外工程承包合同都可能仅仅因缺失国内法定工程招标程序而无效。这种结果不符合立法的本意。最后，《建筑法》作为建筑活动的上位法，其效力优先于其他法律规定和司法解释。

综上，仲裁庭认为，本案合同不存在《涉外民事关系法律适用法》第10条第2款"不能查明外国法律或者该国法律没有规定的，适用中华人民共和国法律"的情形。况且，即使在适用中国法律的情况下，《建筑法》及其他法律中规定禁止转包和违法分包的有关规制建筑主体及其市场行为的法律不适用于本案合同。申请人以此为由提出分包合同无效的主张不应予以支持。

（2）M国《政府招标及采购法》

仲裁庭注意到，M国《政府招标及采购法》第53条的强制性规定："在任何情况下，政府机关可以从承包商处撤回合同工作并撤销合同或自费完成合同工作，且不影响政府当局对因此造成的损害进行赔偿的权利……（c）承包商在未经政府当局事先书面许可的情况下转让其合同或将其分包给他人。"（申请人提交的翻译件）。仲裁庭认为，该法规范的是政府采购项目在发生法律禁止性规定的情况时，政府对合同的处分权利。本案并未出现业主因被申请人的分包行为"从承包商处撤回合同工作并撤销合同"的情况。另外，分包合同是否违反总包合同的条款，仅关系到总包合同的发包人是否向承包人追究违约责任。

即使总包合同的承包人涉嫌违法转包,也应由业主作出判定,由业主向承包人主张权利。本案双方当事人在合作数年的情况下,被申请人并未举证业主对于本案合同的订立和实施提出过异议,因而本案合同的效力不存在因总包合同无效的事由。再者,总包合同的效力并非本案仲裁庭审理的范畴,因而仲裁庭无法根据现有证据查明总包合同是否存在无效的事由,更无权裁定总包合同的效力。

仲裁庭还认为,M国《政府招标及采购法》第53条关于政府采购合同效力的规定,不自然延伸至分包合同。在总包合同当事人均未提出总包合同无效的情况下,亦无法根据该法律认定本案分包合同为无效。

综上,仲裁庭认为,本案合同是当事人的真实意思表示,且不违反M国法律中的强制性规定,故合法有效。申请人与被申请人均应当按照合同的约定履行各自的义务。

(二)本案的基本事实和争议焦点

根据当事人双方提交的材料和仲裁庭审理情况,仲裁庭查明事实如下:

2011年8月15日,被申请人作为EPC总承包商中标业主的M国N地某期管线项目。

2011年9月,双方当事人就分包工程进行接洽,被申请人向申请人就被申请人中标项目中的C包工程施工发出投标邀请,并向申请人提供了招标文件、招标图纸和被申请人编制的MTO。

2011年9月,申请人向被申请人发送了C包工程施工的报价确认函,函件中表示"按照贵司提供的招标文件中的要求,以及D公司项目中所使用的标准规范和MTO中的工程量清单,经认真研究,确认C包报价为总施工费:约3亿M国货币"。

2011年12月初,被申请人与业主签订了总包合同。

2011年12月起,双方就本案合同进行多轮磋商。

2012年8月,双方签订了本案合同。申请人的合同工作包括5个主站、8

个辅站的全部施工以及部分供货。合同工期为2011年12月3日至2014年10月30日。合同为固定总价合同,合同价款为约2.6亿M国货币。

2015年9月,申请人向被申请人开具了600万美元的预付款保函。

申请人完成了本案部分工程,剩余部分由被申请人委托第三人完成。

双方主要争议为:申请人主张其合同项下的工作仅限于MTO范围的工程,超出部分的工程价款应由被申请人承担。被申请人则主张本案合同并非MTO基础上的总价合同,而是在业主招标文件工作量增减10%范围内的固定总价合同。双方另就本案工程的工期、申请人合同项下未完工程的量价、申请人已经支付的工程款项及已完工程质量等问题存在争议。

(三)其他事项

1. 关于外文证据材料的问题

本案审理过程中,双方均提交了域外形成的外文证据材料。经考虑本案实际情况,仲裁庭认定当事人提供由司法机关认可的翻译机构出具的中文翻译件。如果一方向仲裁庭提交而另一方未能提交的,仲裁庭采纳提交一方的中文译文。若双方均提交了译文但是译文内容存在实质上差异的,仲裁庭要求双方对于差异部分作出合理的说明并视情况决定采用哪一译文文本。

2. 关于本案货币及汇率的问题

(1)货币

就本案合同货币,合同价款为M国货币,合同履行期间涉及美元保函。申请人以外币折合人民币提出仲裁请求,被申请人亦是以人民币提出仲裁反请求。仲裁庭认为,本案当事人双方均已经回国,双方最终请求均以人民币主张是合理的,仲裁庭予以采纳。仲裁庭在裁决中将以人民币为作为申请人以及被申请人请求的货币。

(2)汇率

就人民币对M国货币的汇率,审理中双方均认可1元人民币约为0.5 M国货币,仲裁庭予以采纳。

就人民币对美元的汇率，申请人提出以付款当日1美元为6.33635人民币汇率计价，被申请人未提出异议，仲裁庭亦予以采纳。

(四)关于《审理范围书》待决事项的问题

根据《审理范围书》的确定，仲裁庭需要就包括但不限于以下的事项做出决定。

1.本案合同价款范围

仲裁庭注意到，这一问题直接关系到申请人第1项仲裁请求。本案合同价款范围列在《审理范围书》之首，说明其重要性，厘清该问题是就当事人争议做出判断的基础。

(1)MTO是否属于合同文件

申请人称，MTO价款即为本案合同价款，业主招标文件和MTO两者皆为确定合同价款的根据，缺一不可。本案合同总价仅仅是基于MTO范围的合同总价，超出部分均应当按照变更计取相应价款。因为合同总价款是在被申请人提供的MTO基础上编制的，被申请人应当承担MTO编制失误和超出原招标图纸范围之外的责任。

被申请人辩称，本案合同是在申请人全面了解业主招标文件、业主要求、规范及总包合同要求基础上，经过双方充分协商签订的固定总价合同。通过签署本案合同，申请人接受了总包合同中的所有关于C包工程的条款、并承担被申请人在总包合同中就C包工程应向业主履行的全部义务和责任。申请人所谓基于MTO报价且MTO是合同价格确定基础的主张，与事实不符。本案合同的合同总价是基于业主招标文件工作量范围的合同总价。

仲裁庭注意到，双方对于被申请人于2011年9月向申请人提供MTO且申请人于当月依照MTO向被申请人报价的事实并无异议。双方争议在于自2012年2月起申请人的报价是否仍然应该基于MTO。

①本案合同订立的过程

仲裁庭注意到如下时间轴：

2011 年 9 月中上旬，被申请人向申请人就本案 C 包工程的施工发出投标邀请，被申请人向申请人提供了业主招标文件、招标图纸。

2011 年 9 月，被申请人向申请人提供被申请人编制的土建专业 MTO。

2011 年 9 月，申请人向被申请人发送了报价确认函，函件中表示"按照贵司提供的招标文件中的要求，以及案涉项目中所使用的标准规范和 MTO 中的工程量清单，经认真研究，确认 C 包报价为总施工费约 3 亿 M 国货币"。

2011 年 9 月 28 日，被申请人向申请人发送关于 C 包安装及防腐、土建、电气仪表、通信、阴极保护等工程量清单。

2011 年 10 月 25 日，双方召开会议，形成"关于案涉项目 C 包施工分包事宜"会议纪要，明确：双方确认 C 包除罐 EPC 外的所有施工分包总价为约 3 亿 M 国货币，费用包括申请人从项目开始到项目交工发生的一切费用，相应的报价清单、报价范围、报价说明、MTO 的界定、材料采购范围的界定，双方工作范围、职责的界定，经双方确认无误后以附件形式进入合同。

2011 年 10 月 28 日，被申请人以邮件形式发送给申请人被申请人编制的包含所有专业的最终完整版业主公司 – MTO。

2011 年 11 月，申请人向被申请人发送新的报价，称"土建最终成本报价为 2 亿余 M 国货币，与当初承诺价格近 3 亿 M 国货币，亏损 2500 万余 M 国货币……剩余的亏损部分主要靠以后工程中的签证索赔来止亏"。同日，双方洽商第一稿合同，合同价款的范围是 MTO，合作模式是双方共同管理 C 包工程的设计、采购，施工则由申请人单独负责。

2011 年 12 月，被申请人与业主签订了总包合同。

2011 年 12 月 12 日，双方洽商第二稿合同，合同价款的范围仍是 MTO，合作模式改为申请人"背靠背"接受总包合同"通用条款及其附件和特殊条款中所有可适用于本协议合作范围的条款"，申请人不再参与设计和采购事务。

2011 年 12 月 22 日，被申请人对申请人的报价项目进行了部分调整并对申请人报价文件提出了相关内容和格式修改要求，同时称："这些报价项目要打印作为附件放入合同中。”并明确:“在实际施工中,若发生不在本次施工承包范围内或工程量增加(与所列工程量清单相比),以及采用新工艺增加费用需另行如实计算。”

2011年12月26日,申请人在被申请人2011年9月22日MTO的基础上,提供了总报价合计仍为约3亿M国货币的报价清单及其明细。

2011年12月30日,双方洽商第三稿合同,合同价款的范围仍是MTO。

2011年12月31日,双方邮件沟通确认相应价格明细在合同签订后分解作为合同附件。

2012年2月10日,双方洽商第四稿合同,合同价款的范围由MTO变为业主招标文件,商定价格明细及单价表等作为合同附件,另将HVAC、钢结构、消防系统、配电照明系统确定为申请人的供货范围。

2012年5月,申请人致函被申请人,表示虽然C包工程存在土方开挖回填、配合业主装置开车、MTO新增工程量、沙化费用等约4000万M国货币的亏损风险,但经过内部考虑评估,仍然愿意与被申请人合作。

2012年5月26日,双方洽商第五稿合同,合同价款的范围仍为业主招标文件,HVAC、钢结构、消防系统、配电照明系统仍为申请人的供货范围。

2012年5月28日,双方洽商第六稿合同,合同价款的范围仍为业主招标文件,并将第四稿和第五稿合同中申请人供货的HVAC修改为被申请人供货。

2012年6月14日,双方又对合同进行了讨论,合同价款的范围仍为业主招标文件,再次确定HVAC、钢结构、消防系统、配电照明系统仍为申请人的供货范围。

2012年8月,被申请人发邮件给申请人,因业主将C包土建C包、B1、B2现场办公以及业主营地四项工作从合同中扣除,并因此直接从申请人提供的已标价的MTO中的近3亿M国货币中扣除了上述4项的直接费加约20%的间接费,最终确定合同价约2.6亿M国货币。

2012年8月,双方通过邮件往来,针对申请人提出MTO钢结构不准确,被申请人表示“实施过程中如出现你方所说的重大失误，项目部会信守承诺与A有限公司一起解决困难的”。

2012年8月，双方签订本案合同，就价格载明：申请人背靠背按照总包合同以及招标文件中的约定执行C包工程，并在合同第六条工程计价条款中约定“乙方根据甲方提供的业主的招标文件确认了C包施工的价格，其含税总价款为约2.6亿M国货币”，施工范围“包括但不限于土建工程、安装工程、电气、仪表工程、通信工程（包括音频及视频）等全部需现场作业的工程”。合同约定工期为2011年12月3日至2014年10月30日，合同未再提到MTO及其报价。

仲裁庭注意到，双方自2011年11月合同谈判至2012年8月合同订立，历时8个多月，就合同文本7次易稿。其中2011年11月至12月30日3次稿的合同价款的范围为MTO，而2012年2月10日至8月4个合同版本（包括本案合同），均未再提及MTO，合同价款“背靠背”按照总包合同以及招标文件为准。

仲裁庭认为，如果本案合同承继第一稿的合同价款范围MTO，则难以解释后续自第四稿的合同价款为何改为业主招标文件。另外，申请人赖以报价的MTO由被申请人于2011年9月向申请人提供。而申请人于2天之后向被申请人报价2.95亿M国货币。但是在双方各轮磋商中，关于合作模式，申请人工作范围是否包括设计、采购及HVAC、钢结构、消防系统、配电照明系统等均发生了变化。申请人在其2012年5月致被申请人的函中亦表示虽然C包工程存在土方开挖、配合业主装置开车、MTO新增工程量、沙化费用等约4000万M国货币的亏损风险，但可由其消化。这说明申请人在其于2011年9月MTO报价后，对于之后合同施工范围在MTO报价之外存在土方开挖、配合业主装置开车、MTO新增工程量及沙化费用是清楚的。也就是说，申请人是知道最后订立的合同范围与MTO的工程量并非相符。

仲裁庭还认为，即使申请人最初是针对被申请人提供的MTO作了报价，但是被申请人提供MTO时，自己尚未与业主签订总包合同，无法就C包合同的承包范围作出有约束力的界定。另外,被申请人在与业主订立总包合同并与申请人商谈本案合同时,并未向申请人隐瞒总包合同项下 C 包的范围。反而是申请人在作出报价之后,经与被申请人多轮谈判,谈判文本中从第 4 轮谈判将承包范围按从最初的 MTO 扩展到总包合同项下 C 包的所有义务。申请人在明知合同约定的承包范围超出 MTO,甚至预测亏损范围占合同价款 20% 的情况下,仍然与被申请人签订了固定总价的本案合同,说明其自愿在其报价的基础上承担总包合同项下 C 包的所有义务,因而应对 MTO 的承包范围与合同的承包范围之间的差距承担责任。

此外,仲裁庭还认为,业主招标文件和 MTO 所包含的施工范围并不一致;而同一份合同价格构成不可能是基于两份施工范围和内容并不完全一致的文件。因为,这会造成合同价款的不确定性。正是因为业主招标文件与 MTO 的不一致性必将造成合同价款不确定性的结果,且将业主招标文件作为合同项下申请人的施工范围并未缺省任何合同内容,所以申请人主张双方自第四版合同未将 MTO 纳入谈判范围是自动将 MTO 作为缺省条款纳入本案合同,更加缺乏其合理性和逻辑性。合同约定申请人的报价应根据“甲方提供的业主招标文件”。而 MTO 由被申请人制作,并非业主招标文件,因而申请人赖以报价的业主招标文件并不包括 MTO。MTO 仅是被申请人给予申请人报价的众多文件中的一份文件;而申请人在报价时理应考虑业主招标文件的技术部分。如果申请人相信 MTO 反映了业主招标文件的全部内容,包含了合同所有工程量,亦应属申请人报价失误。更何况在本案合同鉴于条款中,申请人明确承诺“在签署本合同时,已经完全知晓总包合同的条款和条件,特别是其中对承包商的权利、义务、责任和相关限制条款”。并同意“通过签署本合同,接受总包合同中所有合同范围的条款;总包合同中规定应由承包商履行的义务,承担的责任和遵守的规定,由乙方履行和承担其合同范围内的义务、责任和规定”。

综上,仲裁庭无法得出申请人所提根据合同订立过程推论 MTO 报价是合同组成部分的结论。

②合同履行期间双方的磋商

申请人称,其于2013年9月收到施工图纸后发现承包范围与MTO存在差异,即于2013年年底与被申请人协调。其后,申请人陆续申请变更。双方于2014年2月形成会议纪要,被申请人同意对合同外工作量进行签认。被申请人对此不予否认,并称双方于2014年2月曾就C包施工情况及问题召开汇报协调会议并做出纪要,并就合同规定之外的额外工作量,由业主项目部领导签字认可。

仲裁庭认为,该会议纪要只是确认存在"合同规定之外的工作量",但是并未明确该"合同规定之外的工作量"即是MTO之外的工作量。况且,本案合同履行中确实存在业主招标文件之外的亦即"合同规定之外的工作量"。鉴定机构对此也做了造价鉴定。因而仲裁庭无法依据该会议纪要得出申请人所提基于该会议纪要被申请人"曾明确同意认可MTO之外的工作量"的结论。

仲裁庭注意到,双方基于2015年5月会谈签署的《会议纪要》载明,"3.对于A有限公司提出的前期报价因时间紧漏报少报工作量致使合同额不够的问题,双方均同意按已签署的合同执行,对于属于B有限公司方面造成的变更,可先共同通过讨论,予以认可与批准"。仲裁庭认为,如若合同范围仅为MTO,那么既然MTO为工程量清单,那么根据MTO报价应该不存在"漏报少报"的可能。况且,申请人基于MTO的报价完成于2011年9月,之后在2011年10月28日收到完整版MTO的基础上,又于2011年11月向被申请人报送成本分析。直到2012年8月签署本案合同,申请人应有充裕时间就MTO报价作出调整。因而该会议纪要的申请人"前期报价因时间紧漏报少报"的并非基于MTO的报价,亦可说明申请人对其报价的认知并非局限于MTO。

仲裁庭还认为,即使合同签订后双方仍然讨论过MTO,也只能将此视为申请人仍然在努力试图解决MTO工程量与合同工程量之差导致的费用差异;而不能据此将MTO认定为合同文件。

故,仲裁庭认为从合同履行期间双方的磋商的事实,也无法得出申请人的工作范围应仅限于MTO的结论。

综上分析,仲裁庭认为MTO并未构成合同文件,本案合同项下申请人的承包范围应以合同第6条约定的范围为准。

(2)关于公平原则及是否应根据申请人实际施工工程量结算的问题

申请人称,退一步讲即便本案合同是固定总价合同,MTO不是合同的组成部分,也应该根据实际施工的工程量来结算合同价款。理由是本案中双方当事人签订合同时仅有业主招标文件(其中仅有非常粗略的初步图纸),无法计算准确工程量,所以对具体的施工范围以及相对准确的工程量等与工程价款的厘定有密切关系的基本事实并未确定。而具体的施工图纸是在合同签订后自2013年9月起至2018年,方由被申请人委托国外设计公司设计并向申请人陆续提交。对案涉大型基础建设施工工程来说,不可能基于一些简略的初步图纸就对工程量和工程造价作出相对准确的评估。被申请人作为EPC总包方自己不负责设计,也不是由申请人负责设计,而是由被申请人委托的一个不可控的国外设计分包商进行设计。如此避免不了因陆续提供的详细施工图纸所确定的实际范围,会逐步超出合同签订时预估的施工范围之情形。这种以协商不足的固定价款来对应不断增加的工程量的交易方式,对作为施工方的申请人是极不公平的,严重违背了公平原则。

被申请人辩称,申请人所谓突破合同约定、依据公平原则改为单价合同据实结算的主张,既无法律依据也无双方当事人合意的基础,不应得到支持。申请人前后提交了两份关于公平原则的专项代理意见,试图以片面的所谓公平主张推翻合同约定,完全是申请人逃避自身作为“背靠背”承担C包工程全部施工工作的施工总包商。在完全有机会、有能力也应当采取必要方式预估和核算工程量的情况下,却仍选择不仔细研究业主招标文件、不核算工程量、低价不正当竞争责任的托词的行为毫无法律依据。仲裁庭完全不应采纳。案涉合同适用M国法律,根据《仲裁法》第7条和2015年版贸仲《仲裁规则》第49条规定,仲裁庭应按照查明的事实、本案合同的约定和M国法律,公平合理地作出裁决，即依法仲裁（de jure）。申请人基于公平原则提出的改为单价合同据实结算的主张，完全无视合同约定和M国法律规定，实际上是主张本案应按照“友好仲裁”（amiable composition/ex aepuo et bono）规则作出裁决。必须指出的是，我国现行仲裁法律制度并不承认友好仲裁。上述法规中的“公平合理”并不是指友好仲裁的“依公平合理原则”，而是仲裁中的公正原则。

（3）公正原则

仲裁庭认为，在本案合同合法有效的情况下，合同为固定总价而双方未就单价有过约定。在缺乏单价约定且为固定总价合同的情况下，按照承包人实际施工量无法计算出工程价款。

仲裁庭还认为，基础设施建设合同在订立之时尚存不确定因素并不罕见，尤其是本案所涉的境外基础设施建设工程。订立合同的当事人应当根据自己的经验，尤其是施工人作为有经验的承包商，应当自行判断尚不确定因素暗含的风险，并在报价中充分考虑这一因素。申请人在其代理意见中提及“申请人的报价中也不含风险费”，并在其2012年5月致被申请人的函中表示，虽然C包工程存在约4000万M国货币的亏损风险，但经过内部考虑评估，仍然愿意与被申请人合作。申请人不仅在其报价中应当考虑风险费用，而且在预测4000万M国货币的情况下仍然未修改其报价。这说明申请人在最后接受按照业主招标文件作为合同范围，是有心理准备的。

仲裁庭还认为，本案中，应当明确施工详图所确定的施工范围是否超出本案合同约定的内容，如“在签署《C包合同》时，乙方已经完全知悉《总包合同》的条款和条件，特别是其中对承包商的权利、义务、责任和相关限制条款。通过签署《C包合同》，乙方接受《总包合同》中的所有合同范围的条款；《总包合同》中规定应由承包商履行的义务、承担的责任和遵守的规定，由乙方在《C包合同》工作范围内履行、承担和遵守……《总包合同》中有规定的，而本合同未做约定的，乙方按《总包合同》规定执行”。申请人并未提出施工详图超出总包合同涉及本案合同的范畴的主张。因而即使施工详图范围超出了申请人预估的施工范围,亦应属申请人对于施工范围预估出现偏差范畴。

仲裁庭还认为,就申请人援引的最高人民法院(2016)最高法民再135号案判决和(2020)最高法民终115号案判决以证明本案申请人无法基于业主招标文件预估施工图工程量。最高人民法院判决所涉案情与本案存在实质性的差异,即最高人民法院案件在合同订立时无初步设计、无图纸,而本案当事人在订立合同时,是明确知晓本案总包合同是EPC合同,存在合同履行过程中确定施工详图的情形,因而应当对于风险有自己的判断。另外,该案合同无效,而本案合同不存在无效的事由。再者,最高人民法院的判决适用的是中国法律,而本案适用M国法律。因而仲裁庭在本案审理中不能参考申请人提交的最高人民法院判决。

仲裁庭还认为,申请人的承包范围应当依据双方的意思表示和所签协议来判断,而不是仅根据申请人预估的施工范围。套用公平原则将申请人的承包范围局限于MTO,对于申请人来说可能符合其利益,但是对于被申请人来说则不一定是公平的。若申请人根据MTO报价,却在签订合同时承诺根据总包合同的内容施工,但在合同履行过程中又主张其报价仅限于MTO范围,对于作为发包人的被申请人则明显不公平。因为被申请人作为总承包商,其与业主总包合同价款中就本案合同项下的价款是限定的。如果申请人超出本案合同业主招标文件范围的价款,则意味着被申请人在总包合同价款项下需要向申请人支付额外的价款,对于被申请人来说也是不公平的。

仲裁庭还认为,因为MTO并非本案合同的文件,因而纠缠于实际工程量超出MTO的责任对本案并无实际意义。在本案合同包含的工程量超出了MTO范畴的情况下,申请人在签订合同时又承诺根据总包合同的内容施工,因而无论申请人报价有否根据,应是申请人在其报价的基础上,认可了超出MTO范围的业主招标文件的施工范围,自愿接受和承担了业主招标文件全部相应工作范围和风险。申请人应当自行承担由此导致的后果。

综上,仲裁庭确认,本案合同价款应为在业主招标文件工作量增减10%范围内的固定总价。

2. 申请人在本案合同项下已完工程的价款

仲裁庭注意到,这一问题直接关系到申请人的第 1 项仲裁请求的金额计算。

本案合同价款约 2.6 亿 M 国货币,为人民币 4.7 亿余元。

申请人主张其已经完成合同范围内(MTO 范围内)工程价款人民币 3.8 亿余元(约 2 亿 M 国货币)及合同范围之外(MTO 之外)工程款人民币 7.3 亿余元(约 4 亿 M 国货币),共计人民币 11 亿余元(约 6.1 亿 M 国货币)。

被申请人对此不予认可。

(1)根据鉴定意见书所得的结论

鉴于双方对合同总价范围是基于 MTO 工程量范围的合同总价,还是基于业主招标文件工程量范围的合同总价存在争议,故鉴定意见书中分别按照 C 包施工合同总价范围是基于 MTO 工程量范围的合同总价和基于业主招标文件工程量范围的合同总价分别进行造价鉴定,并在复审意见中给出方案一(基于 MTO 工程量范围)和方案二(基于业主招标文件工程量范围)的鉴定意见。

仲裁庭在已就申请人承包范围做出认定情况下,按照鉴定意见书方案二,也就是 C 包施工合同总价范围基于业主招标文件工程量范围作出裁定。

对于鉴定意见书列入“确定意见”的金额,仲裁庭认为,鉴定意见书的结论是专业的,应予以采纳。对于鉴定机构列入“选择性意见”部分金额,仲裁庭根据本案审理实际情况,并以鉴定意见书的计算结果为依据,作出判断。

①合同范围内已完工程量

根据鉴定意见书,合同范围内申请人已完工程价款中确定意见部分为人民币 2800 万余元。该项金额是在合同金额人民币 4.7 亿余元(约 2.6 亿 M 国货币)的基础上扣减被申请人主张的被申请人代申请人履行其在合同项下未按约履行各项工作所发生的各类款项包括向第三方支付的合同价款的造价鉴定金额人民币 3 亿余元(被申请人第 2 项仲裁反请求)和被申请人主张的因申请人无法按合同约定进度完工,主动请求被申请人将合同项下部分工作交由第三方实施而实际完成和将完成工作的全部价款的造价鉴定金额人民币1.4亿余元(被申请人第3项仲裁反请求)得出的。

仲裁庭认为,本案合同约定工程价款为固定总价结算;但申请人在未完成工程施工而要求被申请人支付工程款。若申请人已施工的工程质量合格,则鉴定机构在固定总价的基础上扣除被申请人交由第三方完成的合同内工作价款后,得出申请人已完合同内工程价款的方式是合理的。也就是说,就本案工程,本案固定总价合同价款应由被申请人交由第三方完成的工程价款加上申请人已完工程价款组成。

就扣减费用中被申请人代申请人履行合同义务向第三方支付的费用人民币3亿余元而言,鉴定意见书还列出了两项选择性意见。一是“若按合同附件01第1项甲供范围的理解,对HVAC、消防系统和配电照明系统的采购供应按照‘甲供’范围参考,则应当在上述第(2.3)项确定性意见结果的基础上扣减的鉴定造价金额”为9200余万元。二是“若对格兰头、MCT、桥架的采购供应按照‘甲供’范围考虑,则应当在上述第(2.3)项确定意见结果的基础上扣减的鉴定造价金额”为人民币1700万余元。仲裁庭认为,鉴定意见书所指的合同附件01第1项属“甲供范围”是合理的。仲裁庭采纳上述意见。故在扣减的3亿余元中,应该分别减去人民币9200余万元和人民币1700余万元,该项扣减金额为人民币近2亿元(3亿余元-9200余万元-1700余万元)。

就扣减费用中被申请人将合同项下部分工程交由第三方实际完成和将完成的全部价款人民币1.4亿余元而言,鉴定意见书还列出了选择性意见,“提供支持性服务”金额为人民币60余万元。仲裁庭认为,合同并未约定由被申请人向申请人提供支持性服务的收费,因此该项金额不予计入。

综上,按照上述申请人合同内已完工程的计价方式,根据鉴定意见书计算的金额,合同范围内已完工程价款应为人民币1.3亿余元(合同价款4.7亿元-近2亿元-1.4亿余元)。

仲裁庭注意到,鉴定意见书扣减的费用为《审理范围书》"待决事项"之"被申请人向第三方支付的申请人未完工程内容、款项金额的合理性以及证据"的金额。故,仲裁庭对该事项不再单独论述。

②合同范围外已完工程量

鉴定意见书称,按照合同总价范围为业主招标文件范围的合同总价,申请人合同范围外的已完工程内容即是被申请人以零星施工委托单形式,向申请人下达的合同范围外的工程内容。

根据鉴定意见书的计算,合同范围外申请人已完工程价款为确定意见部分为人民币700余万元,仲裁庭予以采纳。

鉴定意见书另给出了选择性意见,即"包括在业主招标文件范围内,但被申请人在合同履行过程中以零星施工委托单形式向申请人下达的工程内容,未包括在上述(2.2)确定意见中的鉴定造价金额"为人民币400余万元。如仲裁庭采纳,则在确定意见部分的基础上增加该人民币400余万元。

被申请人辩称,部分委托单涉及申请人工作范围内、但申请人拒不履行而要求被申请人下发委托单才予以实施的工作,被申请人不得不给申请人下发了委托单。申请人的该等违约行为显然不应得到支持。被申请人还称,无论仲裁庭裁定的合同范围外工程价款为多少,都需要按照合同第6条在合同总价10%范围内扣减。

仲裁庭认为,合同第6条"……无论索赔是否成功,按业主招标文件的工作总量在±论索赔(百分之十)范围内的变化,甲方不对施工总价进行调整"的约定,对于本案合同范围外工程价款计算并不适用。因为"按业主招标文件的工作总量±论索赔"的基础是"业主招标文件",即属"合同范围内"。而此"争点"涉及的是"合同范围外"。而合同范围外的工作均为被申请人在合同履行过程中签字确认,且就具体工作量和相应价格做了确认的工作,不属于被申请人向业主索赔的范畴。故,仲裁庭对被申请人所提扣减10%的抗辩意见不予采纳。

仲裁庭注意到,双方就该零星施工委托单形式向申请人下达的工程已部分签署了零星施工委托结算单。仲裁庭认为,在本案合同为固定总价合同的前提下,就固定总价之内的申请人的施工,不存在进行零星结算的必要。双方对零星施工委托单形式的工程签署"委托结算单"的事实,则说明双方认可零星施工委托单形式的工程属于申请人在固定总价之外的施工。仲裁庭采纳鉴定意见书的计算结果,在合同外已完工程款的确定意见部分人民币700余万元的基础上,增加人民币400余万元;进而认定合同外已完工价款为人民币1100余万元(700余万元+400余万元)。

综上,根据鉴定意见书的计算,申请人已完工程价款为人民币1.5亿余元(合同范围内已完工程价款近1.4亿元+合同范围外已完工程价款1000万余元)。

(2)被申请人最后的代理意见

①合同范围内已完工程量

仲裁庭注意到,尽管鉴定意见书对申请人已完合同范围内工程价款做了造价鉴定,但是被申请人在2022年9月代理意见中提出:"被申请人注意到,申请人在《申请人对〈征求意见稿〉意见》中提出应参照相关司法规范性文件'固定总价按比例折算'对合同范围内已完工程造价金额进行鉴定。在不影响和损害前述意见前提下,被申请人同意按'固定总价按比例折算'方式对合同范围内已完工程造价金额按双方实际支付情况进行调整,以最大诚意协助仲裁庭定分止争。""在实际操作过程中……被申请人与申请人根据《C包合同》'背靠背'原则,由申请人收集、汇总经业主监理签认的工作量请检单RFI(Request For Inspection),根据当月RFI与每项细分工作相比,得到每月每项细分工作完成的百分比,再将该百分比代入申请人《C包合同》结算账单,向业主、监理报送并获得签字盖章确认。双方就此已经完成了47笔支付,共计人民币3亿余元……因此,截至第47号《C包合同》账单金额,也就是方案二下申请人合同范围内已完工程价款,对该金额被申请人一直认可。"被申请人最后归纳其意见为："在此情况下，《鉴定复审意见书》方案二下申请人第一项仲裁请求——申请人有权获得的《C 包合同》范围内外全部欠付工程款，将从人民币 -2.8 亿余元（合同范围内 2800 余万元 + 合同范围外人民币 700 余万元 - 已付工程款 3 亿余元），大幅调增为人民币 700 万余元（因合同范围内已完工程价款与被申请人实际支付的截至第 47 号《C 包合同》账单金额一致）。这实际上是将本应由申请人按照《C 包合同》第十三条承担的违约责任、转由被申请人自身消化和承担相当的亏损。被申请人恳请仲裁庭体谅和理解被申请人的诚意和努力，在申请人归还全部借款的基础上考虑双方其余请求与反请求。"

仲裁庭理解，被申请人此项意见简而言之就是认可其已支付的工程款金额等于申请人合同范围内已完工程价款，前提为申请人归还被申请人在其第 1 项仲裁反请求中主张的借款和垫付款。

仲裁庭注意到，根据仲裁庭基于鉴定意见书得出的申请人合同范围内已完工程价款为人民币 1.3 亿余元。根据被申请人对于除借款和垫付款外的已付款金额的意见，其已付工程款为人民币 3 亿余元，因而被申请人认可申请人合同范围内已完工程价款亦为人民币 3 亿余元。仲裁庭认为，被申请人在其 2022 年 9 月代理意见中"以最大诚意协助仲裁庭定分止争"认可的申请人合同范围内已完工程价款，已经远超出仲裁庭基于鉴定意见书得出申请人已完的工程价款，对申请人的利益没有任何损害，且确实有助于止分息争，故仲裁庭对于被申请人的意见予以采纳。

就被申请人提出"在申请人归还全部借款的基础上"的前提条件，仲裁庭就被申请人第 1 项仲裁反请求论述意见。

②合同范围外已完工程量

仲裁庭注意到，被申请人在上述意见中强调，"申请人有权获得的《C 包合同》范围内外全部欠付工程款，将从人民币 -2.8 亿余元（合同范围内 2800 万余元 + 合同范围外人民币 700 万余元 - 已付工程款 3 亿余元），大幅调增为人民币 700 万余元"。

仲裁庭理解,被申请人的这一表示是对其向申请人支付双方无争议的合同范围外申请人已完工程款人民币700万余元的确认。

仲裁庭认为,根据上述仲裁庭采纳鉴定意见书得出的结果,申请人合同范围外已完工程款人民币1100余万元,该笔款项应由被申请人向申请人支付。

3. 本案工程的工期是否存在因被申请人的原因延误,并导致申请人停窝工的情况

这一问题与申请人第2项仲裁请求相关。

(1)本案工程的工期是否存在因被申请人原因延误,并导致申请人发生停窝工的情况

申请人认为,工期延误的根本原因和责任在于被申请人。主要原因为以下4类:①因被申请人的设计原因导致工期延误,即所有设计图纸应于2013年12月之前全部完成,但事实上直至2013年9月被申请人才释放第一份可用于施工的图纸,2014年12月才大量释放了可用于施工的图纸;直至2014年12月之后被申请人还在陆续释放部分图纸。②被申请人的“供材原因”导致工期延误,即由于被申请人的原因,导致很多材料订货、到货滞后,使得申请人现场无法组织有效施工。因被申请人关键供料迟延,导致无法进入下一工序。因被申请人供料存在质量问题,导致申请人现场需对供料进行修复,延误了工期。③因被申请人未及时履行合同约定的协助义务导致工期延误,即申请人制订了人员动迁计划,同时为解决现场人手不足的问题,于2014年1月2发函要求被申请人尽快解决签证指标问题;但被申请人至2015年3月才批复申请人急需的签证81个,因被申请人未及时履行合同约定的协助义务,致使申请人国内的人员不能及时动迁,延误了工期。④可归于被申请人的其他原因导致工期延误,即被申请人作为项目EPC总承包单位,在设计和采购方面的管控和协调方面管理能力不足,以及未及时足额支付申请人月进度款,致使申请人收入远远弥补不了每月投入,从而直接影响和延误了工期。由于被申请人不能及时足量提供高质量的可用于施工的设计图纸、甲方供料延误及质量问题、未履行合同

约定的协助义务等被申请人自身原因和责任，导致本案工程的工期一再延误，被申请人应承担因此导致的申请人停工窝工损失。

被申请人辩称，申请人签约时明知设计工作还未开始，且事实上在被申请人释放施工图纸后的2013年10月仍在从事临建施工、部分现场动员工作甚至滞后。其现场动员工作即使有其所谓的“窝工”，也应自行承担其施工组织计划不合理、不调整施工组织计划或不采取合理措施减少或避免损失所导致的所谓“窝工损失”；而且申请人投入资金不足，对己方分包商管理不善，导致申请人负责的采购供货或施工现场数据反馈延迟，设计单位无法及时获得必要的输入数据开展相关设计，申请人应承担其自身原因导致设计图纸延误的全部后果。再者，C包工程包括5个主站和8个辅站，实际按边设计边施工的原则实施，但申请人现场人员和设备不足，未能有效施工组织导致具备图纸和施工条件的作业区/面不能有效开展施工；还有申请人所谓被申请人“供材原因”导致工期延误的主张缺乏依据。另外，在不损害上述意见的前提下，退一步，即便合同执行中存在被申请人图纸延误的情形，申请人明知设计图纸延误完全可以却不采取合理措施减少相应损失，应自行承担其所主张的窝工损失后果。

仲裁庭注意到，根据申请人“仲裁申请书”、“CH2M施工图纸按月计数”以及被申请人提供的“答辩意见和仲裁反请求申请书”、“辅站图纸下发时间和计划开工时间”等鉴定资料和鉴定意见书的论述，申请人进场时间为2012年7月。被申请人最早下发可施工图纸时间为2013年7月，之后陆续释放施工图，由此可知2012年7月至2013年7月申请人未收到用于施工的相关图纸。根据申请人提供的“C包周会纪要”，申请人多次提到施工图纸释放滞后，存在部分富余人员等情况，而其中“进度计划表”中体现申请人每周开展具体工作并完成部分施工内容。仲裁庭认为，上述情形可以证明施工过程中确实存在被申请人图纸交付滞后的情况，但同时现场申请人并非处于完全停工状态。因此，该阶段确实存在被申请人的设计原因导致的“窝工”情况，但并非申请人主张的其管理人员和工人处于完全停工状态，只是存在“窝工”情况。另外，需要说明的是，被申请人图纸交付滞后，给申请人的施工组织造成困难，因而导致申请人"窝工"，但是并不意味着本案工程工期延误的责任全在被申请人。

仲裁庭还注意到，双方当事人均指责对方应对工期延误承担责任。仲裁庭认为，根据双方提交的证据材料，对于本案工程的工期延误双方均存在过错。在双方提供的证据均无法证明仅由于相对方原因导致工期延误具体天数的，任何一方主张应由相对方承担工期延误责任，均不应得到支持。

（2）"窝工"损失

申请人主张被申请人对申请人的"窝工"损失进行赔偿，暂计至2014年12月，合计人民币约1.5亿元（8500余万M国货币）。

鉴定意见书就窝工损失费仅给出了选择性意见，金额为人民币1960余万元，并称根据"C包周会纪要"中"人工时统计表"统计出在场总人数，考虑2012年7月至2013年7月申请人未收到施工的相关图纸，将2012年7月至2013年7月按在场总人数的50%计算窝工人数，2013年8月至2014年12月按在场总人数的20%计算窝工人数。人工单价按照零星施工委托结算单中的工时单价计算确定，并在此基础上，考虑相应因窝工导致的申请人相应管理费及其他相关费用的增加，按照零星施工委托结算单中确认的间接费率计算相应管理费及其他相关损失费用。而对于申请人主张是被申请人的供材原因、未及时履行合同约定的协助义务及其他原因导致的工期延误，根据双方提供的现有鉴定资料，鉴定意见书称无法判断因被申请人的上述因素导致工期延误实际情形，因此未计算申请人诉求的上述因素导致的窝工损失费用。

仲裁庭认为，鉴定意见书选择性意见的计算是合理的，仲裁庭予以采纳，并据此确认是被申请人原因导致的窝工损失费用金额为人民币1960余万元。

（3）申请人请求的工期延误期间现场及总部管理费

这一问题与申请人的第7项仲裁请求相关。

申请人认为，本案工程本应于2014年10月30日竣工，但因被申请人的原因，工程于2019年7月31日方才竣工。在工期延误期间，申请人的管理人员在国内公司总部及施工现场仍需对工程进行管理,产生大量额外的管理费用。据此申请自2014年10月31日起算暂计至申请人申请增加仲裁请求之日的现场管理费用及总部管理费用。

仲裁庭注意到,本案合同履行过程中,申请人和被申请人已就合同工期进行了多次顺延,顺延的原因包括了工程量增加、窝工等因素。

鉴定意见书称,因工程量增加、可归责于被申请人的窝工因素导致的工期延期而使申请人产生的额外费用(包括直接费和间接费)已包含在鉴定意见书对应价款中,鉴定意见书不再另行计取因工程量增加、“窝工”因素而产生的额外现场管理费用及总部管理费用。其余工期延误情形的发生,根据现有鉴定资料无法判断双方各自应当承担的实际延误责任,故在鉴定意见书中未计算该部分因素导致工期延误而增加的管理费用。鉴定意见书还称,关于申请人请求的“被申请人向申请人支付工期延误期间的现场管理费用及总部管理费用”的造价鉴定金额已包括在上述申请人已完工程和“窝工”损失的相应造价鉴定金额之内。

仲裁庭认为,鉴定意见书关于工期延误期间现场及总部管理费的意见是合理的,应予以采纳,并据此认定申请人请求的工期延误期间现场及总部管理费不予支持。

4. 申请人向被申请人支付的600万美元

申请人请求被申请人返还预付款保函款项,并自2018年5月16日起,按照中国人民银行同期贷款向申请人支付至实际付清止的利息。申请人还称,除应裁决被申请人返还该笔款项,或至少应从被申请人向申请人已付款总额中减少该600万美元。

被申请人对申请人主张的事实及请求的金额不持异议,但是辩称,为了获得被申请人资金融通支持以解决自身流动资金不足的困难,申请人主动提议另行开具了600万美元预付款保函作为担保。该保函的实际目的是归还被申请人在合同履行过程中支付的垫款。申请人要求被申请人返还该笔款项的主张,不但有悖于基本诚信,而且缺乏事实和法律依据。

仲裁庭注意到,被申请人虽称“该保函的实际目的是归还被申请人在合同履行过程中支付的垫款”,但是在其要求申请人返还垫款的第1项仲裁反请求中并未扣减该600万美元。

仲裁庭认为,被申请人扣取申请人600万美元的保函款没有合同及法律依据,被申请人应向申请人退还扣去的600万美元保函款。

5. 被申请人已经向申请人支付的价款

被申请人就本案合同项下支出的款项包括直接向申请人支付的合同进度款,给申请人的借款及向第三方的代付垫付款。

庭审中,双方均确认,上述款项共计金额为人民币约6.3亿元(3.4亿余M国货币),仲裁庭对该付款金额予以认可。申请人称,上述金额为截至2022年9月15日被申请人的已付款金额,而被申请人则提出在被申请人提出仲裁反请求之后,由于双方实际上仍在继续执行项目,被申请人的借款、垫款仍持续发生,被申请人也持续向申请人支付进度款。

(1)借款垫付款

被申请人上述已付款金额中的借款垫付款金额直接关系到被申请人的第1项仲裁反请求。

仲裁庭注意到,双方无争议的金额为人民币3.2亿余元(1.7亿余M国货币)。

被申请人称,在申请人2019年12月1日确认的《企业往来挂账金额确认函》中,被申请人的无争议应收款项为1.7亿余M国货币(人民币3.2亿余元)。此后,尽管借款、垫款事实上仍持续发生,但申请人以双方正在仲裁为由不再确认金额,被申请人的无争议应收款项截至2020年12月1日已达到近1.8亿M国货币(人民币近3.3亿元)。申请人则称,经核实申请人未能查到与上述额外款项支付有关的材料,申请人不认可1.7亿余M国货币之外的垫付款金额。

仲裁庭注意到，被申请人所称近1.8亿M国货币之外的金额形成于本案审理过程之中，主要涉及被申请人的第1项仲裁反请求的金额。鉴于被申请人第1项仲裁反请求的金额为人民币3.2亿元(1.7亿余M国货币)，在被申请人未就其仲裁反请求金额作出变更的情况下，仲裁庭对于借款和垫付款中超出1.7亿余M国货币的金额不予审理。

(2)进度款

被申请人上述已付款金额中的进度款金额直接关系申请人的第1项仲裁请求。

被申请人称，其已经向申请人支付的进度款为人民币3.1亿余元(1.7亿余M国货币)，其中包括2018年12月的第47号结算账单增加的人民币1000万余元。申请人虽然对第47号结算账单的真实性予以认可，但是称该账单仅为被申请人内部关于确认产值的内部记账记录，和款项支付没有关系。

仲裁庭认为，虽然被申请人主张的第47号账单形成于双方当事人就本案争议提交仲裁请求与反请求之后，但是在被申请人认可其已付款金额等于申请人已完工程价款的情况下，认可该第47号账单对申请人的利益无任何的损害，且也有助于双方厘清本案立案之后后续发生的支付往来，故仲裁庭接受第47号账单为被申请人已付款金额的意见。

仲裁庭注意到，被申请人主张已付款金额为人民币3.1亿余元，计算方式为：第47号账单已支付的1.9亿余M国货币－未扣还预付款近2000万M国货币=1.7亿余M国货币(约合人民币3.1亿余元)。仲裁庭还注意到，双方均认可的金额为：包含借款垫款人民币3.2亿余元在内的已付款为人民币6.2亿余元，减去借款垫款人民币3.2亿余元，加上第47号账单的人民币1000万余元，即被申请人已付款金额为人民币3.1亿余元+600余元(6.2亿余元－3.2亿余元+1000万余元)。相较于被申请人主张的人民币3.1亿余元存在人民币600余元的差额。鉴于仲裁庭计算的金额对申请人的利益没有任何损害，故仲裁庭确认被申请人已经支付的进度款金额为人民币3.1亿余元+600余元。

根据上述仲裁庭关于申请人合同项下已完工程价款的意见，申请人已完工程价款亦为人民币3.1亿余元+600余元。

6. 是否存在因申请人责任导致的工程质量缺陷、进度延误、设备材料损失、现场阻工损失等情况

这一问题与被申请人的第4项仲裁反请求相关。

被申请人此项主张的金额为1.1亿余M国货币（人民币2亿余元），具体包含质量损失3400余万M国货币、进度延误损失7500余万M国货币、设备材料损失60余万M国货币和“阻工”损失16万余M国货币。

（1）关于工程质量缺陷

被申请人请求申请人履行，并赔偿其不履行和怠于履行导致被申请人依据发生和将发生的代为整改全部费用，及遭受的其他损失3400余万M国货币。

申请人辩称，不存在“因申请人责任导致工程质量缺陷的情况”，被申请人主张的代为整改费用及遭受的其他损失，无事实依据。

鉴定意见书称，因被申请人提供的申请人尚未关闭（完成）的NCR和SOR的工作量和内容，以及未关闭（完成）的Punchlist工作量，申请人均未予签认，且NCR和SOR报告单也仅是阐述不合格和需整改工作的事项，并未详细说明工作的数量及具体范围；故对于被申请人提出的NCR、SOR、PS1－C、PS2－C剩余代为整改工作，因现有鉴定资料无法计算工程量，本鉴定意见书未在确定性意见中计算该部分鉴定造价。同时，鉴定机构根据被申请人申报的工程量及委托单中的单价计算出该部分的鉴定造价，在供选择性意见中单独列出，“选择（1）对于被申请人提出的质量缺陷导致的损失费用”为人民币2800余万元。

仲裁庭注意到，被申请人提出此项请求中包括监理ILF针对本项目C包工程下发的NCR、SOR和Punchlist报告单中的相应缺陷、问题和遗留未完项目尚未完成整改和关闭的项目，以及质量罚款和由于主站遗漏为整改关闭工作造成无法及时获得主站临时验收产生的额外试运行费用。从被申请人提供的部分NCR和SOR报告单可以看出，监理ILF在施工过程中，针对施工过程中的

质量、现场管理等相继提出了相应缺陷问题和整改要求，属于申请人应当修复和整改的内容。申请人已对部分缺陷和问题完成了修复和整改，但尚遗留部分缺陷和问题未予解决。

仲裁庭认为，根据被申请人提交的包括由监理提出的相应缺陷问题和整改要求，可以得出申请人虽已对部分缺陷和问题完成了修复和整改，但尚遗留部分缺陷和问题未完成的结论。在确认存在部分缺陷和问题未完成整改的情况下，仲裁庭采纳鉴定意见书的选择性意见所述金额人民币 2800 余万元。

仲裁庭还认为，鉴定意见书对于被申请人提出的工期延长导致主站无法按时移交增加的运行费用，因双方对工期延长责任未能达成一致，且根据现有鉴定资料无法判断双方各自应当承担的工期延长责任，故在本鉴定意见书中未计算该部分费用的意见是合理的，仲裁庭予以采纳。

仲裁庭还认为，被申请人提出的因申请人未及时关闭 NCR、SOR 和 Punchlist 相应工作的质量罚款，是被申请人依据被申请人单方于 2018 年 3 月编制的《M 国案涉项目输水工程项目部 SOR、NCR 及 Punchlist 管理办法》计算的质量罚款。该管理办法无申请人的签认意见即非双方一致认可的“办法”，故，仲裁庭不予采纳。

(2)进度延误

被申请人请求申请人承担并赔偿中被申请人因工期延长产生的全部损失 7500 余万 M 国货币；并称申请人由于施工资源投入不够、工程质量差返工频繁等原因，导致工程进度延误，无法满足双方达成一致的《2013 年 5 月进度计划》。其中基于部分主站和全部辅站施工延误等申请人原因，导致了工期延误至少 862 日，申请人应赔偿被申请人产生的额外保函延期费用、保险延期费用、延迟收款利息损失、管理费、业主监理费用等。被申请人向仲裁庭提交了由 E 有限公司制作的《M 国 N 地第三期管线项目 C 包施工工程合同工程进度延误分析专家报告》，结论是由于申请人的原因导致工期延误 862 日。

鉴定意见书称，因双方对工期延长责任未能达成一致，且现有鉴定资料无法确定双方各自应当承担的工期延长责任,而本项请求费用均与双方的工期延长责任相关,故本鉴定意见书未计算该部分费用。

被申请人辩称,申请人主张的窝工损失同样与工期延长责任相关;而同样在工期责任不明的情况下,鉴定意见书已经将申请人主张的停窝工损失纳入选择性意见中。基于对等原则,即便鉴定意见书未将被申请人主张的工期延长损失纳入鉴定意见,被申请人恳请仲裁庭都予以考虑和支持,否则对于被申请人极为不公。

仲裁庭注意,此项为被申请人提出包括由于申请人原因导致施工工期延长所发生的保函延期费用、保险延期费用,以及未按期完工导致被申请人不能及时收到进度款造成的利息损失、现场和总部管理费增加及延误期间产生的业主、监理费用的请求。

仲裁庭认为,本案工程产生争议时为未完工程,申请人应对已完工程的延误承担责任,而不应对后续的延误负责。被申请人主张的款项如保函延期费用、保险延期费用、未按期完工导致被申请人不能及时收到进度款造成的利息损失、现场和总部管理费增加及延误期间产生的业主、监理费用等,均应是在整个工程完工时方能测算得出,而非在工程尚未完工前本案提请仲裁时确切计算的。若在整个工程完工时得出的工期延误费用,则很难判断哪些是属于申请人施工阶段延误需由申请人承担责任。

仲裁庭认为,根据双方提交的证据材料,对于本案工程的工期延误,双方均存在过错,均应为此承担相应责任。而且双方提交的证据均无法证明仅由于相对方原因导致工期延误的具体天数,所以任何一方主张的工期延误责任不应得到支持。在仲裁庭无法合理判断具体延误天数及责任归属的情况下,鉴定意见书得出的“因双方对工期延长责任未能达成一致,且现有鉴定资料无法确定双方各自应当承担的工期延长责任”的结论是客观、合理的,仲裁庭予以采纳。

仲裁庭还认为,采纳鉴定意见书中关于停窝工损失的主张,只是认定存在施工过程中确实存在被申请人图纸交付滞后的情况,与工期延误的计算及责任并无直接关联，因而不应以鉴定意见书将申请人主张的“停窝工”损失纳入选择性意见而要求对等。

综上，根据仲裁庭上述有关工期是否存在由于被申请人原因导致申请人停窝工的意见，仲裁庭对于被申请人仲裁反请求中的此项金额的主张不予支持。

(3)设备材料损失

被申请人请求申请人承担由于未能按照合同约定妥善照管被申请人供应的设备材料及余废料导致被申请人发生额外采购支出、仓库租赁费用、退货款等损失60余万M国货币。

申请人辩称，不存在“因申请人责任导致设备材料损失的情况”，被申请人主张的“甲供材料”丢失及代为租赁仓库费用无事实依据。被申请人证据并不能直接证明存在材料丢失的情况，且即使“甲供材料”存在丢失的情况，也主要是由于被申请人的原因造成。申请人虽有保管义务，被申请人仍应为申请人的保管提供便利条件。但被申请人非但未提供便利，还在申请人保管的场地内允许第三方堆放材料，发生如此丢失问题，也不能归责于申请人。而且项目当地空气湿度非常大，不利于保管，尽管申请人已使用了防湿材料，但由于被申请人的原因造成了工期大幅迟延，由此导致了大部分材料放置时间超出预期，出现了不可避免的锈蚀情况，这些属于非申请人原因造成的材料耗损。再者，被申请人设计存在反复的情况，且设计变更大量增加，导致施工存在返工，致使材料设备消耗量超出正常范围，材料的原计划用量和实际用量不符，使得被申请人误以为丢失。另外，被申请人没有提供证据证明实际丢失的数量及其价值。

仲裁庭认为，按照合同第3条第2款“二、乙方权利和义务”中“13.负责按总包合同及甲方要求接卸及管理(包括但不限于仓储、报验和发放等)C包甲供工程设备及材料。乙方负责对甲供材料妥善保管，如乙方遗失、损坏、浪费甲供材料，乙方应承担所有相关责任”的约定，申请人对于被申请人运至现场并交由申请人保管的“甲供材料”，因保管不当而导致的损坏遗失的应当承担赔偿责任。根据被申请人提供的、在相应材料损失发生后被申请人向申请人发出函件内容,可以得出存在该等事实的结论。

鉴定意见书称,因现有鉴定资料无法计算工程量,故“选择(2)对于因申请人未妥善照管被申请人供应的设备材料及余废料,导致被申请人额外采购支出等损失费用”为人民币约55万元。

仲裁庭在确认存在设备材料损失的情况下,采纳鉴定意见书的选择性意见认定损失金额为人民币约55万元。

(4)现场阻工

被申请人请求申请人承担因有组织地在M国现场寻衅滋事,给被申请人造成直接经济损失16万余M国货币的赔偿责任。

申请人辩称,不存在“因申请人责任现场阻工损失的情况”。因为申请人未组织寻衅滋事,所以被申请人主张的工期延长、窝工、额外餐费等直接经济损失,无事实依据。另因被申请人拖欠申请人大量工程款,进而导致申请人相应地拖欠分包和劳务人员的工程款和工资,甚至申请人营地运营和后勤供应都受到严重影响。申请人已经多次提醒被申请人,不排除因无力解决就餐问题而导致部分工人到其食堂用餐的可能性,但并未出现所谓的强行用餐、恣意闹事、阻挠被申请人施工的行为,更不可能造成被申请人任何经济损失。

仲裁庭注意到,被申请人于2018年5月16日向申请人发出的两份函件(函件编号:S1和S2)和2018年5月向申请人发出的《关于申请人项目部阻挠施工扰乱食堂秩序事件的函》,以及两份函件提及的事件内容和申请人对上述函件真实性认可的质证意见,就此认定所说事件确已发生。

鉴定意见书称因被申请人提供的相关损失费用无相应的计算依据,故鉴定意见书未在确定性意见中计算该部分鉴定造价。同时,鉴定机构根据被申请人申报的损失费用计算出该部分的鉴定造价,在供选择性意见中单独列出,为“选择(3)对于被申请人提出的现场阻工的损失费用”人民币近10万元,供仲裁庭参考。

仲裁庭在确认存在“阻工事件”的情况下,采纳鉴定意见书的选择性意见的金额人民币近10万元。

综上,该部分仲裁庭采纳的金额共计人民币2900万余元(工程质量缺陷2800余万元+设备材料损失约55万元+阻工损失近10万元)。

(五)申请人的仲裁请求

1. 关于工程款人民币4.8亿余元(约2.6亿M国货币)及其利息的问题

(1)工程款

申请人主张的已完工程价款为人民币11亿余元(6亿余M国货币),具体为合同范围内人民币3.8亿余元(2亿余M国货币)和合同范围外人民币7.3亿余元(4亿余M国货币),减去被申请人已付款人民币6.2亿余元,被申请人尚欠申请人工程款人民币4.8亿余元(约2.6亿M国货币)。

仲裁庭根据上述就《审理范围书》待决事项中关于申请人已完工程价款的意见,申请人合同范围内已完工程价款为人民币3亿余元,合同范围外已完工程款为人民币1100余万元。而根据仲裁庭上述就《审理范围书》待决事项中被申请人已付进度款金额的意见,认定被申请人实际支付的进度款金额亦为人民币3亿余元。被申请人尚应向申请人支付工程款人民币1100余万元。

(2)利息

申请人请求被申请人以人民币4.8亿余元为基数,按照中国人民银行同期贷款利率向申请人支付自提起仲裁申请之日起至实际付清之日止的延迟支付利息。

仲裁庭认为,在被申请人就合同范围内已完工程款金额表现了解决问题的诚意和让步的情况下,再要求其承担迟延付款利息是不合适的。结合本案审理的实际情况,仲裁庭对于申请人该部分仲裁请求不予支持。

2. 关于"停窝工"损失人民币1.5亿余元(8500余万M国货币)和利息的问题

(1)"停窝工"损失

申请人请求被申请人向申请人支付因被申请人原因导致的"停窝工"损失

人民币1.5亿余元(8500万余M国货币)。

根据上述仲裁庭关于《审理范围书》待决事项的意见,仲裁庭确认被申请人应向申请人支付“停窝工”损失人民币1960余万元。

(2)利息

申请人请求被申请人以人民币1.5亿余元为基数,按照中国人民银行同期贷款利率向申请人支付自提起仲裁申请之日起至实际付清之日止的延迟支付利息。

仲裁庭认为,申请人主张的“停窝工”损失是仲裁庭经审理后认定的数额,并非被申请人在当时即应支付的工程款项,亦非被申请人占用申请人的资金,因而申请人不存在利息损失,故仲裁庭对于申请人仲裁请求中的此项主张不予支持。

3. 关于律师费人民币约200万元的问题

申请人就其此项仲裁请求,向仲裁庭提交了法律服务合同、法律服务合同之补充协议及发票和付款凭证。

结合本案审理的实际情况,仲裁庭酌情裁定被申请人向申请人支付申请人为本案支出的律师费人民币40%。

4. 关于预付款保函款项的问题

申请人请求被申请人返还预付款保函款项600万美元,并自2018年5月16日起,按照中国人民银行同期贷款利率向申请人支付至付清止的利息,暂计至2018年5月25日为人民币4万余元。

被申请人辩称,申请人所谓被申请人应返还600万美元预付款的主张与客观事实完全不符,其向被申请人支付600万美元款项实际是归还被申请人在合同履行过程中支付的垫款,故其主张不应得到支持。

根据上述仲裁庭关于《审理范围书》待决事项以及申请人第1项仲裁请求的意见,被申请人应向申请人返还扣取的600万美元的预付款保函款。根据本案审理的实际情况,仲裁庭对于申请人主张利息请求不予支持。

5. 关于申请人差旅费的问题

申请人请求被申请人支付申请人代理律师前往 M 国取证调查产生的差旅费，并向仲裁庭提交了申请人律师出差 M 国的机票作为证据。

被申请人辩称，由于申请人相应仲裁请求和答辩缺乏事实和法律依据，根据贸仲 2015 年版《仲裁规则》规定，申请人上述费用的主张均应予以驳回。

结合本案审理的实际情况，仲裁庭酌情裁定被申请人向申请人支付申请人代理人前往 M 国差旅费人民币 1 万元。

6. 关于保函延期费用和利息的问题

申请人请求被申请人支付保函延期费用人民币约 31 万元，并按照中国人民银行公布的同期贷款利率标准支付自申请人产生保函延期费用之日起至实际付清之日止的利息，具体为 6 份保函 12 次延期的费用之和。

被申请人辩称，工期延误因申请人责任导致，保函延期费用应由申请人自行承担。另外申请人主张的 6 份保函延期，包括本案工程的履约保函和预付款保函、储罐工程的履约保函和预付款保函、本案工程和储罐工程的预付款保函和工程质量保留金保函，其中就储罐工程的履约保函和预付款保函，以及与储罐工程有关的预付款保函和工程质量保留金保函，由于与本案不相关，所以申请人主张保函延期费用完全缺乏合同依据。

仲裁庭注意到，申请人证据《银行保函明细表》的 6 份保函中，涉及本案合同的是履约保函和预付款保函。另有储罐合同项下的预付款保函和履约保函，还有本案合同与储罐合同合并的预付款和工程质量保留金，申请人未区分哪些款项属于本案合同项下，哪些款项属于储罐合同。因此，即使根据申请人证据《案涉项目保函延期费用明细》，仲裁庭亦无法明确区分申请人主张的保函费用中，哪些属于本案合同项下，哪些属于储罐合同项下。仲裁庭认为，储罐合同项下的争议不属于本案合同项下的争议，故本仲裁庭不予审理。申请人主张的保函费用包含了不属于本案审理范围的储罐合同，导致申请人请求的金额不明确。

仲裁庭还认为,保函延期存在诸多的因素,仲裁庭并未裁定工期延误的责任在于被申请人,因而要求被申请人承担申请人保函延期的费用是不合理的。

综上,仲裁庭对申请人请求的保函延期费用不予支持,对于申请人请求的保函延期费用的利息亦不予支持。

7. 关于工期延误期间现场管理费及总部费用和利息的问题

申请人请求被申请人支付至申请人退出本案工程管理之日止的工期延误期间现场管理费用及总部管理费用,暂计至2018年12月2日分别为6160余万M国货币、1260余万M国货币(折合人民币约1.30亿元),并按照中国人民银行同期贷款利率向申请人支付产生管理费用之日起至实际付清之日止的利息。

根据仲裁庭就《审理范围书》待决事项的意见,仲裁庭对申请人请求的工期延误期间现场及总部管理费的仲裁请求不予支持,对于申请人的利息请求亦不予支持。

(六)被申请人的仲裁反请求

1. 关于偿还垫款和欠款及利息的问题

被申请人在其第1项仲裁反请求中请求申请人偿还截至2018年6月30日尚未偿还的合同项下工程垫款和借款约1.7亿M国货币(人民币3.2亿余元),并按照中国人民银行同期贷款利率向被申请人支付自垫款借贷之日起至申请人实际偿还之日止的利息。

申请人对于该款项的金额不持异议,但是辩称:申请人已经完成了被申请人主张的垫款、借款和代付款项对应的工作,被申请人的借款、代付、垫付等应视为工程款。

仲裁庭认为,被申请人给申请人的垫款和借款不论被申请人是直接向申请人支付,抑或替代申请人向第三方支付,都是被申请人在本案合同项下为促使申请人完成本案工程而向申请人支付的款项,应一并在本案工程结算中予以处理。根据仲裁庭就本案本请求的意见,被申请人已经向申请人足额支付了申请人已完工程价款，申请人应向被申请人偿还被申请人在已完工程价款之外向申请人垫款借款。

鉴于双方对于被申请人主张款项的金额没有异议，故仲裁庭裁决申请人应向被申请人偿还垫款借款人民币3.2亿余元。

就被申请人请求的该笔款项利息，仲裁庭认为，虽然这些款项中部分以借款名义支出，但在双方未就该部分垫付款约定利息的情况下不应计取利息。故仲裁庭对于被申请人仲裁反请求中的此项请求不予支持。

2. 关于向第三方支付的合同价款和第三方完成的工程价款及其利息的问题

(1)被申请人的第2项和第3项仲裁反请求

被申请人在其第2项仲裁反请求中请求申请人支付因申请人未按约履行合同义务导致被申请人代前者履行合同义务而向第三方支付的合同价款1.8亿余M国货币(人民币3.3亿余元)，并按照中国人民银行同期贷款利率向被申请人支付自被申请人代为支付之日起至申请人实际偿清之日的利息。被申请人称，合同第13条“违约责任”明确规定，“如果乙方未能按总包合同要求的进度所列的工作时间完成相应工程，或甲方认为乙方进度或能力不能满足业主/监理或合同进度要求，则乙方应向甲方支付延误违约金，违约金按照总包合同所使用的罚款条款规定的计算方式计算，且甲方有权将合同项下的工作另外委托其他有能力履约的分包商继续实施，甲方将从乙方扣除余下工程款项，其他分包商继续履行的费用不足部分由乙方支付”。根据上述合同规定，对于此类因申请人推诿合同义务的违约行为，申请人显然应承担被申请人代其履行而产生的全部费用。仲裁庭理解，根据被申请人的上述意见，被申请人请求的并非违约金抑或是罚款，而是要求申请人承担被申请人代其履行而产生的费用。

被申请人在其第3项仲裁反请求中请求申请人支付因申请人无法按合同约定完工主动请求被申请人将合同项下部分工程交由第三方实际完成和将完

成的全部价款8200余万M国货币(人民币1.5亿余元),并按照中国人民银行同期贷款利率向被申请人支付自被申请人代为支付之日起至申请人实际偿清之日止的利息。

仲裁庭认为,被申请人的第2项仲裁反请求和第3项仲裁反请求在性质上有共同之处,故,仲裁庭就被申请人第2项和第3项仲裁反请求一并发表意见。

(2)鉴定机构的意见

仲裁庭注意到,就被申请人在其第2项仲裁反请求中请求申请人支付被申请人代申请人履行申请人本案合同义务向第三方支付的合同价款而言,根据仲裁庭采纳的鉴定意见书相应意见,该部分金额为人民币1.9亿余元。

仲裁庭还注意到,就被申请人在其第3项仲裁反请求中请求申请人支付被申请人将合同项下部分工程交由第三方实际完成和将完成的全部价款,根据仲裁庭采纳的鉴定意见书意见,该部分金额为人民币1.4亿余元。

上述两部分款项金额相加为人民币3.3亿余元(1.9亿余元+1.4亿余元)。

鉴定意见书就申请人合同范围内已完成工程价款中已经扣减了上述两部分的款项。

(3)被申请人的意见

被申请人在2022年9月代理意见中称,“申请人违约、被申请人不得不代为履行和切割分包发生的金额,是考虑了申请人违约责任后的金额”。

仲裁庭认为,支持被申请人此项仲裁反请求的前提是申请人将上述被申请人支付款项的工程纳入其已完工程且得到了被申请人的支付。但是,根据上述仲裁庭结合被申请人意见得出申请人已完工程的价款及被申请人已支付的进度款金额,都不包含这部分工程的款项。也就是说,虽然申请人未完成该部分的工程,但是也未得到被申请人的支付。被申请人不能要求申请人向其支付申请人并未获得的工程款。故仲裁庭对于被申请人仲裁反请求中的此项请求不予支持,亦无法支持被申请人提出的利息请求。

3. 关于赔偿被申请人损失和利息的问题

被申请人请求申请人赔偿因申请人工作质量缺陷、进度延误、未妥善保管材料设备、现场阻工等诸多违约行为导致被申请人遭受的各项损失 1 亿余 M 国货币(人民币 2 亿余元),并按照中国人民银行同期贷款利率向被申请人支付自被申请人遭受相应损失之日起至申请人实际偿清之日止的利息。

根据上述仲裁庭就是否因申请人责任导致工程质量缺陷等情况的意见,申请人应向被申请人支付被申请人损失人民币 2900 万余元(工程质量缺陷 2800 余万元 + 设备材料损失约 55 万元 + 阻工损失近 10 万元)。

而就被申请人主张的上述款项的利息,仲裁庭认为被申请人主张的损失并不存在"遭受相应损失之日"资金占用而产生孳息的情况,况且该等损失由仲裁庭经审理在本裁决中作出,其孳息应自本裁决确定的付款时限届满起算。故,仲裁庭对被申请人仲裁反请求中的此项利息请求不予支持。

4. 关于被申请人律师费、翻译费,专家报告费用等问题

被申请人要求申请人承担被申请人为本案发生的律师费、翻译费、工期专家费。

(1)律师费

根据本案审理的实际情况,仲裁庭裁定申请人应向被申请人支付被申请人为本案支出的律师费人民币约 120 万元。

(2)翻译费

仲裁庭认为,既然合同约定适用法律为 M 国法,那么当事人有义务向仲裁庭提供相关法律的中文译文。根据本案审理的实际情况,在本案双方均产生了翻译费用的情况下,双方各自的翻译费应由双方各自承担。故,仲裁庭对被申请人仲裁反请求中的此项主张不予支持。

(3)工期专家费

仲裁庭认为,根据本案审理的实际情况,仲裁庭对于被申请人仲裁反请求中的此项请求不予支持。

（七）关于本案鉴定费

根据本案的实际审理情况，仲裁庭认为本案鉴定费用由申请人承担60%，由被申请人承担40%。

（八）关于本案仲裁费

根据本案的实际审理情况，仲裁庭认为本案本请求仲裁费由申请人承担70%，由被申请人承担30%。本案的反请求仲裁费由申请人承担60%，由被申请人承担40%。

三、裁　　决

基于上述的案情与理由，经合议，仲裁庭对本案裁决如下：

1. 被申请人向申请人支付工程款人民币1100余万元。

2. 被申请人向申请人支付停窝工损失人民币1960余万元。

3. 被申请人向申请人支付申请人为本案支出的律师费的40%。

4. 被申请人向申请人返还申请人支付的预付款保函款。

5. 被申请人向申请人支付申请人代理律师前往M国取证调查产生的差旅费。

6. 驳回申请人的其他仲裁请求。

7. 申请人向被申请人偿还截至2018年6月30日的合同项下工程垫款和借款人民币3.2亿余元。

8. 申请人向被申请人赔偿被申请人因申请人导致被申请人遭受的各项损失人民币2900余万元。

9. 申请人向被申请人支付被申请人因本案支出的律师费人民币约120万元。

10. 本案造价鉴定费由申请人承担60%，由被申请人承担40%。

11. 驳回被申请人的其他仲裁反请求。

12. 本案本请求仲裁费为由申请人承担70%,由被申请人承担30%;鉴于该笔费用已由申请人全额预缴并与本请求仲裁费相抵,被申请人应向申请人支付相应费用以补偿申请人为其垫付的仲裁费。

13. 本案反请求仲裁费由申请人承担60%,由被申请人承担40%;鉴于该笔费用已由被申请人全额预缴并与反请求仲裁费相抵,申请人应向被申请人支付人民币相应费用以补偿被申请人为其垫付的仲裁费。

上述被申请人应向申请人支付的款项和申请人应向被申请人支付的款项,应自本裁决作出之日起60日内支付完毕。

本裁决为终局裁决,自裁决书作出之日起生效。

案例评析

【关键词】

境外工程合同效力的认定　工程量清单(Material Take Off,MTO)　性质认定　外币合同的人民币仲裁请求

【焦点问题】

该案涉及的问题:一是合同效力;二是作为申请人的承包人合同项下的施工范围;三是外币合同的人民币仲裁请求,均为境外工程合同常见的合同争议事项。

【焦点评析】

本案是作为被申请人的中国EPC总承包商与作为申请人的中国分包商就M国N地输水系统三期工程项目分包合同的建设二程施工合同纠纷争议案。合同履行过程中,双方就申请人合同项下的施工范围等事宜存在争议,申请人在未完成分包合同的全部工作情况下撤场,剩余工程由被申请人委托第三方完成。

一、合同效力

中国企业之间境外建设工程施工合同争议,无论适用的实体法为哪国法律,当事人经常主张合同无效以规避违约责任。本案合同的适用法律为M国法,申请人主张合同无效,其理由为被申请人未经业主事先批准向申请人分包,而根据M国《政府招标及采购法》第53条,未经业主事先批准的转包和分包违法。虽然M国法律没有认定本案分包合同因此无效的法律规定,但是按照《涉外民事关系法律适用法》,M国法律无规定的,适用中国法律。按中国法律,违

法分包合同无效。

就申请人认为分包行为应依据M国《政府招标及采购法》第53条的强制性规定判定合同无效的主张,仲裁庭查明M国《政府招标及采购法》第53条的规定是:“在任何情况下,政府机关可以从承包商处撤回合同工作并撤销合同或自费完成合同工作,且不影响政府当局对因此造成的损害进行赔偿的权利……(c)承包商在未经政府当局事先书面许可的情况下转让其合同或将其分包给他人。”从其规范的事项来看,该条款是在政府采购项目发生法律禁止性规定的情况时,政府对合同的处分权利,然而,本案并未出现业主因被申请人的分包行为“从承包商处撤回合同工作并撤销合同”的情形。因此,不适用该条规定。另外,分包合同是否违反总包合同的条款,仅关系总包合同的发包人是否向承包人追究违约责任。即使总包合同的承包人涉嫌违法转包,也应由业主作出判定,由业主向承包人主张权利。再者,总包合同的效力并非本案仲裁庭审理的范畴,因而本案无法根据现有证据查明总包合同是否存在无效的事由,更无权裁定总包合同的效力。另外,M国《政府招标及采购法》第53条关于政府采购合同效力的规定也不应自然延伸至分包合同。在总包合同当事人均未提出总包合同无效的情况下,本案分包合同亦无法根据该法律被认定为无效。

申请人还基于《涉外民事关系法律适用法》第10条第2款“不能查明外国法律或者该国法律没有规定的,适用中华人民共和国法律”的规定,主张因为M国法律无规定的,本案适用中国法律,而按中国法律,违法分包合同无效。

事实上,《涉外民事关系法律适用法》第10条第2款规范的是外国法的查明,而非规定在任何情况下,只要外国法无规定的就可自动适用中国法律。即使适用中国法律,就《建筑法》等法律法规违法分包规定的适用问题,可作以下分析。首先,《建筑法》第2条明确规定其适用范围为中华人民共和国境内。其次,《建筑法》第28条、第29条第3款禁止转包和违法分包的规定,系规制建筑主体行为的法律。上述法律规定应受《建筑法》第2条适用范围的限制,因此不宜将《建筑法》的适用范围理解为适用建筑地点位于境外的国际工程项目。况且,《建筑法》第2条适用范围的规定是属地主义原则,而非属人主义原则。另外,《建筑法》中关于资质、造价、招投标等的相关规定在境外工程项目中缺乏适用的基础。反之,如果《建筑法》等相关中国法律适用境外承包工程,则绝大部分中国企业境外工程承包合同都可能仅因缺失国内法定工程招标程序而无效。这种结果不符合立法的本意。最后,《建筑法》作为建筑活动的上位法,其效力优先于其他法律规定和司法解释。裁决书最终认为本案合同不存在《涉外民事关系法律适用法》第10条第2款"不能查明外国法律或者该国法律没有规定的,适用中华人民共和国法律"的情形。况且,即使在适用中国法律的情况下,《建筑法》及其他法律中规定禁止转包和违法分包的有关规制建筑主体及其市场行为的法律不适用于本案合同。综上所述,仲裁庭没有支持申请人以此为由提出分包合同无效的主张。本案裁决中对《建筑法》域外效力的表述具有示范意义,对于仲裁庭就境外工程合同效力的认定有参考价值。

裁决书还从申请人在主张合同无效时,一方面认为应依据M国《政府招标及采购法》第53条的强制性规定判定合同无效,另一方面又提出因M国法律无规定而应根据《涉外民事关系法律适用法》适用中国法律角度出发,认为申请人的两项主张相互矛盾,最后仲裁裁决认定本案合同合法有效。

需要强调的是,中国企业之间境外工程合同争议,当事人对于合同效力的问题应当秉持实事求是的态度,以诚信并从维护交易的稳定性原则出发,对合同效力审慎提出主张。

二、申请人合同项下的施工范围

本案合同争议的焦点是申请人在本案合同项下的施工范围认定。申请人主张本案合同项下申请人的施工范围仅局限于MTO范围,因为被申请人向申请人提供的MTO应为本案合同的附件;而被申请人主张MTO并非本案合同的组成部分,申请人本案合同项下的施工范围为总包合同项下除去EP工作的全部内容。

当事人谈判及申请人报价的时间脉络如下:2011 年 12 月,被申请人与业主签订了总包合同。而在此前的 2011 年 9 月,被申请人向申请人提供 MTO,申请人于当月依照 MTO 向被申请人作了报价。之后申请人与被申请人多次就分包合同文本及基于 MTO 的报价进行磋商。直至 2012 年 2 月 10 日,双方洽商第四稿合同,合同价款的范围由 MTO 变为与 MTO 内容完全不同的业主招标文件,商定价格明细及单价表等作为合同附件,另将 HVAC、钢结构、消防系统、配电照明系统确定为申请人的供货范围。后续双方多轮谈判均是以业主招标文件为基础,直至 2012 年 8 月双方签订本案合同,就价格载明:申请人"背靠背"按照总包合同以及招标文件中的约定执行 C 包工程,并在合同第 6 条工程计价条款中约定"乙方根据甲方提供的业主的招标文件确认了 C 包施工的价格,其含税总价款为约 2.6 亿元",施工范围"包括但不限于土建工程、安装工程、电气、仪表工程、通信工程(包括音频及视频)等全部需现场作业的工程"。合同未再提到 MTO 及其报价。由此,仲裁庭得以确认 MTO 并未构成合同文件,本案合同项下申请人的承包范围应以合同第 6 条约定的范围为准。

中国企业之间谈判订立海外工程项目合同,当事人应当谨慎对待。本案申请人在合同履行过程中一直视 MTO 为其施工范围,说明申请人合同谈判团队与施工管理团队之间在沟通上严重脱钩。中国企业承揽海外工程,不仅在面对境外外国业主和外国总包商时需审慎审查和订立合同,中国企业之间的合同亦应审慎审查后订立,以免出现对于合同关键事宜出现重大误差,从而造成己方的损失。

三、在合同价款及保函均为外币(M 国货币和美元)的情况下,仲裁时能否请求以人民币支付?

中国企业之间海外工程项目,由于业主支付的是当地货币,又往往要求承包商开具美元保函,所以中国总承包商亦会同样要求中国分包商接受当地货币为合同价款,并开具美元保函。本案合同价款为 M 国货币,合同履行期间涉及美元保函。而申请人以外币折合人民币提出仲裁请求,被申请人亦是以人民币提出仲裁反请求。

鉴于本案工程已经结束,双方当事人已回国,双方最终请求均以人民币进行结算,最终仲裁庭决定以人民币为作为申请人以及被申请人请求的货币。仲裁庭从实事求是角度出发,没有僵硬坚持合同货币,而是在双方当事人均同意的情况下,根据双方或者仲裁庭认定的汇率以人民币作为请求及反请求的货币。

【结语】

本案裁决书对当事人的繁复、庞杂、专业性极强的合同争议作了细致梳理和分析,由繁入简,围绕双方争议的主要事项即MTO,在充分说理的基础上作出了让争议双方当事人都心悦诚服的专业裁判。

中国企业之间海外工程合同每一项争议都是独特的,中国企业“走出去”的路还很长,需要对合同的订立、合同权利与义务的设立有专业的认知。涉及合同项下施工范围的差异,属于合同订立过程中双方均应考虑的常识性、基础性的问题。与其在发生争议后再就合同条款的理解进行争辩,不如在合同订立之初就由专业的合同管理人员和法律专业人员介入,订立条款内容清晰的合同,方便双方履行合同。

中国A公司与中国B公司循环流化床锅炉烟气提标改造EPC争议仲裁案

中国国际经济贸易仲裁委员会(以下简称贸仲)根据申请人中国A公司(以下简称申请人)与被申请人中国B公司(以下简称被申请人)于2018年5月签订的《3×75t/h循环流化床锅炉烟气提标改造EPC项目》(以下简称本案合同)中仲裁条款的约定,申请人于2021年12月提交落款日期为2021年11月的书面仲裁申请,以及被申请人于2021年12月提交落款日期为2021年11月的书面仲裁申请,受理了申请人与被申请人之间关于上述合同项下的两个争议仲裁案。后根据被申请人的申请、申请人的同意,仲裁委员会将上述两案合并为一个仲裁案件。

一、案　　情

(一)申请人的仲裁请求及事实和理由

2018年5月,申请人与被申请人签订本案合同,就该EPC项目工程总承包事宜约定申请人为被申请人设计新建一套脱硫系统。项目合同价格为人民币约1600万元(本案所涉币种均为人民币),其中,设计费约40万元,设备材料费约1000万元,建筑安装工程费约540万元。合同专用条款对工程进度款的支付方式、支付条件、支付时间进行了详细约定。

之后，双方完成了本案工程交接，双方就项目性能验收方案达成一致，在1#、2#锅炉蒸发量65t/h ±5t、3#锅炉蒸发量75t/h ±5t或者总烟气量达到400,000m^3/h的情况下，出口二氧化碳、烟尘浓度等达标即通过性能验收考核。经检测，符合验收考核标准。申请人依约完成了全部合同义务，且本案工程缺陷责任保修期已满，被申请人依约应支付全部合同款。但被申请人至今仍欠付约320万元。为维护合法权益，申请人向仲裁委员会提起本案仲裁。

申请人变更后最终的仲裁请求如下：

1. 被申请人支付申请人合同款约320万元及经济损失（按照同期全国银行间同业拆借中心发布的一年期贷款市场报价利率1.5倍计算，以约160万元为基数，自2019年8月29日计算至实际支付止；以约108万元为基数，自2020年8月29日计算至实际支付止；以约50万元为基数，自2021年8月29日计算至实际支付止）。

2. 被申请人向申请人退还约5万元风险保证金。

3. 被申请人承担申请人的律师费、保全费用。

4. 本案仲裁费等费用由被申请人承担。

本案中，申请人对仲裁请求的相关内容澄清说明如下：

（1）第1项仲裁请求中的合同款约320万元，为合同总价约1600万元的20%，包含10%质保金和10%验收款。经济损失的计算基数和时间为：

1）158万元为2019年8月28日合同总价约1600万元10%的验收款到期；

2）约50万元为脱硫塔及烟道2年质保期于2021年8月对应设备材料费约1000万元的5%质保款到期；

3）约108万元为设备材料费5%（除脱硫塔及烟道2年质保金以外其他设备）、设计费10%、建安费10%质保金的1年质保期于2020年8月28日到期。

（2）第1项仲裁请求中经济损失的计算标准，为参照最高人民法院《关于审理买卖合同纠纷案件适用法律问题的解释》(以下简称《买卖合同司法解释》)第18条的规定,以同期全国银行间同业拆借中心发布的一年期贷款市场报价利率(以下简称LPR)为基础,加计50%计算。

(3)第3项仲裁请求所涉及的保全费用约8500元,系提起本案之前在项目工程所在地的中国C法院(以下简称C法院)起诉(以下简称诉讼案)时提起财产保全所发生的费用。被申请人对诉讼案提起了主管异议申请,C法院经审查认为案件应由仲裁委员会管辖,裁定驳回了申请人的起诉。之后,申请人提起本案仲裁。因诉讼案的立案及保全,经过C法院立案庭、执行局的专业审查并予以审查通过。申请人有理由相信该法院有管辖权,申请人在诉讼案中缴纳的保全费用是办理案件而支出的合理费用。

(二)被申请人的答辩

对于申请人的初始仲裁请求,被申请人答辩称,全部仲裁请求缺乏法律及事实依据,应予驳回。理由要点如下:

第一,关于本案的事实。

本案合同签订后,双方均依照合同约定履行各方义务,被申请人依照本案合同约定分阶段向申请人支付项目前期款项约950万元。

然而,申请人向被申请人交付的项目设备并不符合本案合同及技术文件约定的“锅炉单台蒸发量达到75t/h ± 5t或者总烟气量达到工况下500,000m^3/h视为满负荷”。因此,关于“72小时工艺性能考核合格、双方签署验收报告”的验收款支付条件并不满足。

在被申请人与申请人就设备质量问题进行过多次沟通后,申请人多次承诺整改,但却表示因资金困难无法提供人力、物力对设备进行整改,在申请人在承诺函中表示“我司对技术协议要求的满负荷工况下脱硫装置性能依然负有合同责任”并多次同意整改后,被申请人向申请人支付了约320万元。截至提起仲裁之日,被申请人共支付款项约1300万元。

然而,申请人却迟迟未能解决项目存在的问题,甚至拒绝在双方共同进行的第二次72小时检测报告中加盖印章确认。因申请人的违约行为迟迟得不到纠正,致使被申请人持续遭受损失。为了减少损失,被申请人采取了多项措施。

因本案合同约定的尾款支付条件并未满足,且因申请人违约给被申请人带来巨额损失,被申请人未再支付项目后续款项。

第二,本案合同约320万元尾款的付款条件尚未成就。

根据2019年10月中国D检测公司(以下简称检测公司)出具《项目烟气脱硫性能测试报告》结论部分建设单位评价:"在72小时性能测试期间,脱硫装置未能达到500,000m^3/h工况湿烟气量下运行,A公司承诺利用下次大修机会予以整改"(该性能测试报告由申请人于2019年10月以检测公司于2019年8月出具的检测报告为基础总结作出,以下简称201910性能测试报告;为区别表述,以下将201910性能测试报告中包含的检测公司出具的标记时间为2019年8月的"检测报告"简称为201908检测报告;另外,被申请人此处关于201910性能测试报告出具主体的陈述不准确,下文仲裁庭意见中将对相关事实作出认定;仲裁庭注),申请人提供的设备并未达到本案合同中约定的重要技术指标,验收不合格。申请人至今未通过72小时工艺性能考核合格,因此,验收款及后续款项的支付条件均不满足。

第三,申请人提交的《性能验收方案》不构成对本案合同重要技术指标约定的变更。

合同专用条款约定没有被申请人提交的《性能检测方案》中"1#、2#锅炉蒸发量65t/h±5t、3#锅炉蒸发量75t/h±5t或者总烟气量达到400,000m^3/h"所替代或变更,因为:首先,工艺性能考核指标是案涉EPC项目设备质量是否合格的重要考核指标,关于该项指标约定的增设、变更或删减,均应采取严格审慎的态度。而申请人所提出的《性能验收方案》,其中重要技术指标的变化并未以明显标记标出,且该份性能验收方案并未经被申请人加盖公章确认,不能视为被申请人认可上述工艺考核标准已发生变化,更不能视为对本案合同关于工艺考核验收指标的合同约定已发生变更。

其次，申请人提出的《性能验收方案》中对工艺考核指标所谓的“变更”并不符合本案合同关于合同条款变更的约定。本案合同《通用条款》“变更和合同价格调整”约定对于合同约定的变更作了明确的约定。例如，该条款细致地对变更权主体、变更的程序、变更的范围作了明确且详细的约定。而申请人所提出的《性能验收方案》中对于工艺考核指标的变更，并不符合上述本案合同中关于合同条款变更的约定。

再次，无论是201910性能测试报告中的“在72小时性能测试期间，脱硫装置未能达到500,000m^3/h工况湿烟气量下运行，申请人承诺利用下次大修机会予以整改”，还是双方往来中申请人的承诺函，以及申请人的具体整改措施，都显示申请人也认为本案合同及技术协议中的工艺考核指标没变。

最后，从合同权利与义务对等的角度看，因申请人所谓发生变更的是工艺性能考核指标，属于设备的重要质量标准。从合同权利与义务对等的角度来说，如果质量指标发生变更，则与之相对应的合同价款也应发生变更。本案中，申请人提出，《性能验收方案》中工艺考核指标发生了变化，实际上是比本案合同约定的指标降低了，但双方的合同价格却并未发生改变，这并不符合合同权利与义务对等的原则。因此，申请人关于工艺性能考核指标发生变更的说法，从合同价款并未变更的角度讲，也不能成立。

此外，被申请人相关人员之所以签署《性能验收方案》，是因为当时项目已处于逾期状态，如果再不进行检测、投入生产，则会发生更为严重的生产经营损失，被申请人不得不外购蒸汽。因此，相关人员签署《性能验收方案》，推进项目进展，在法律上应视为对申请人违约行为的减损行为，但不能视为变更合同约定的行为。

第四，申请人以约320万元为基础索赔经济损失缺乏事实与法律依据。

申请人交付的设备没有通过工艺性能考核，且拒绝签署第二次验收报告，无权索赔合同尾款及所谓的经济损失。申请人提出按照LPR的1.5倍计算经济损失的标准，缺乏事实及法律依据。本案合同为建设工程合同纠纷，申请人依据《买卖合同司法解释》缺乏依据。另外，性能测试报告是 2019 年 10 月作出，申请人以 2019 年 9 月 1 日作为起算经济损失的起算点，也缺乏合同依据。

第五，申请人主张被申请人承担本案仲裁费、保全费等费用，也缺乏事实及法律依据。本案没有发生财产保全，不涉及保全费的承担问题。

对于申请人变更仲裁请求所新增的风险保证金退还、律师费及明确金额的保全费，被申请人答辩意见为：

第一，关于 5 万元风险保证金。因为申请人在施工过程中存在违反被申请人考评管理细则的违规行为，如不戴安全帽等，在扣除被申请人的相应罚款后，风险保证金中剩余的约 2 万元可退还。

第二，关于律师费。申请人实际发生的律师费并非其所主张的数额。

第三，关于澄清说明后的保全费用。本案没有申请保全。申请人主张的保全费用并非基于本案的仲裁程序而产生，是申请人对争议解决条款理解失误导致在另案中发生，和本案之间并没有关联性，不应支持。

（三）被申请人的仲裁反请求及事实和理由

第一，关于本案的事实。

被申请人为中国 E 公司旗下在内地设置的生产甲醇及乙二醇的化工企业。为降低乙二醇及甲醇工厂生产所需的蒸汽成本（蒸汽系乙二醇及甲醇生产的必要原材料，外购蒸汽成本较高），被申请人自建锅炉生产蒸汽。为达到锅炉烟气排放环保指标要求，被申请人就承建、改造锅炉尾气排放装置与申请人进行协商。

2018 年 5 月，被申请人与申请人共同签署本案合同，本案合同就被申请人委托申请人承建 3×75t/h 循环流化床锅炉烟气提标改造 EPC 项目工程（以下简称项目）具体事宜进行明确约定。

本案合同及相关文件签署之后，被申请人与申请人均依照合同约定履行各方义务。被申请人已依照本案合同约定共向申请人支付项目前期款项约 1300 万元。然而，申请人却未能按照本案合同约定履行合同义务，主要体现在：

1. 申请人未能按照约定时间,向被申请人交付项目。作为项目交接时间重要考核指标的中间交接时间逾期 41 日(自 2018 年 11 月 1 日逾期至 12 月 11 日)。

2. 申请人向被申请人交付的项目工程并不符合约定质量标准。本案合同及技术协议约定的技术标准为“锅炉单台蒸发量达到 75t/h ± 5t 或者总烟气量达到工况下 500,000m^3/h 视为满负荷”,而申请人承建的项目最大烟气量仅为 400,000m^3/h。

申请人向被申请人提供的项目工程不符合质量标准给被申请人造成了重大损失。原因在于,因申请人所提供的烟气处理项目工程最大烟气量仅为 400,000m^3/h,但锅炉蒸汽的生产,产生的烟气量可以达到 500,000m^3/h,因申请人承建的案涉烟气处理项目无法排放 500,000m^3/h 的烟气,而仅能排放 400,000m^3/h 的烟气,导致 100,000m^3/h 的烟气量在锅炉内部无法排出,因无法排出而积压的烟气将导致锅炉内部压力过高,进而造成安全生产风险。而为了避免锅炉爆炸,被申请人不得不降低蒸汽产量,用以减少产生的烟气。但是,为了维持被申请人的甲醇、乙二醇厂的产量,就不得不外购作为甲醇、乙二醇生产原材料的蒸汽,这使被申请人的生产成本骤然飙升,给被申请人造成了严重的损失。

在得知申请人交付的项目工程不符合质量标准后,被申请人与申请人曾进行过多次沟通,申请人承认项目存在瑕疵并多次承诺整改,但却消极应对,甚至在整改后的第二次检测报告中拒绝签署,致使问题迟迟无法得到改善和解决。被申请人在与申请人多次协商无果后,为了减少损失进一步扩大,被申请人采取了如下两项措施。

1. 联系申请人改进设备,并在申请人消极应对的情况下,不得不花费额外的成本,主动介入改良案涉工程,具体为:

(1)更换 1#、2#锅炉褶皱式布袋及配套布袋袋笼

原因:增压风机功率小,风量不够。

目的:更换褶皱式布袋增大布袋过滤面积,减小风阻。

截至2023年8月22日,已支付费用合计约154万元。

(2)增加板式换热器

原因:蒸汽量不足,工厂需要供暖改造。

目的:全厂蒸汽量不足,节省蒸汽用量。

截至2023年8月22日,已支付费用合计约9万元。

(3)增加E2101B预精馏塔再沸器

原因:蒸汽量不足。

目的:减少甲醇装置蒸汽用量。

截至2023年8月22日,已支付费用合计约25万元。

但因申请人实际承建的案涉项目工程距离约定标准距离较大,改良措施只得逐步进行。截至2023年8月22日,虽经改良,案涉项目工程仍未能达到合同约定质量标准。

2. 为了维持甲醇和乙二醇的正常产量,在对案涉项目进行改良的基础上,被申请人不得不外购一部分蒸汽,用以维持甲醇、乙二醇的正常生产。

第二,关于被申请人仲裁反请求的具体理由。

其一,申请人没有按照本案合同及技术协议约定履行合同义务,其行为已构成违约。申请人没有依照本案合同约定按时交付项目工程,并且其最终交付的项目工程也未能达到合同专用条款所约定的竣工后试验及试运行考核约定,已严重违反合同约定。

其二,因申请人的违约行为迟迟得不到更正,本案合同及技术协议已不具备继续履行的条件,被申请人享有约定及法定权利解除本案合同及技术协议。

对于申请人的违约,被申请人多次沟通项目整改事宜,申请人却消极应对,致使被申请人为了防止损失扩大而不得不介入改良工程。截至目前,已有两年有余,项目工程仍未能满足合同约定标准,且申请人拒绝继续履行合同。根据《中华人民共和国民法典》(以下简称《民法典》)第563条关于"有下列情形之一的,当事人可以解除合同……(三)当事人一方迟延履行主要债务,经催告后在合理期限内仍未履行……”的规定，以及合同专用条款的约定，本案合同及技术协议因申请人原因无法继续履行，被申请人有权终止上述合同。

其三，就申请人因承建项目工程不符合质量标准的违约行为而给被申请人造成的损失，申请人应向被申请人进行赔偿。

申请人承建项目工程不符合合同约定标准，给被申请人造成了严重经济损失，包括：

1. 被申请人更换1#、2#锅炉褶皱式布袋及配套布袋袋笼所造成的损失约154万元；因增加板式换热器所造成的损失约9万元；因增加E2101B预精馏塔再沸器所造成的损失约25万元。

因申请人实际承建的案涉项目工程距离约定标准距离较大，改良只得逐步进行，截至2023年8月22日，虽经改良，案涉项目工程仍未达到合同约定质量标准，故该项损失还在继续扩大。

2. 为了维持甲醇和乙二醇的正常产量，在对案涉项目进行改良的基础上，被申请人不得不外购一部分蒸汽，用以维持甲醇、乙二醇的正常生产。被申请人自2018年12月11日对项目工程享有使用权，至2020年12月31日，因申请人违约而外购的蒸汽损失共计约550万元。

根据《民法典》第566条、第584条的规定，以及合同通用条款的约定，申请人应就上述损失向被申请人进行赔偿。

其四，申请人应就其逾期供货违约责任，依照本案合同约定向被申请人支付违约金。

本案合同约定的交接时间为2018年10月，而申请人中间交接时间却为2018年12月，晚于合同约定期限41日。考虑本案合同约定了逾期交付项目应承担的违约金计算标准，根据《民法典》第585条的规定及合同专用条款约定，申请人应就其逾期交付项目的违约责任向被申请人支付违约金上限约160万元（合同价格的10%）。

其五，申请人应当承担本案仲裁费并赔偿被申请人因案涉争议而支出的法律服务费用。

综上所述,申请人未按照双方签订的本案合同履行相应义务,违反了合同约定,且就其违约行为迟迟不予改正,属于重大违约情形。申请人应承担相应违约责任,本案合同亦应予以解除。

本案中,被申请人变更后最终的仲裁反请求如下:

1. 解除包括被申请人与申请人之间《3×75t/h 循环流化床锅炉烟气提标改造 EPC 项目合同书》及相应《技术协议》在内的全部本案合同文件;

2. 申请人向被申请人赔偿因其承建的项目不符合合同约定标准而给被申请人造成的经济损失共计约 870 万元(其中,改良项目损失约 190 万元,外购蒸汽损失约 680 万元);

3. 申请人向被申请人支付因其逾期交付项目而产生的违约金约 160 万元;

4. 申请人承担被申请人已支付的法律服务费;

5. 申请人承担本案的仲裁费用。

被申请人对变更后的仲裁反请求澄清说明如下:

(1)第 1 项反请求为解除包含全部合同文件的本案合同;

(2)第 2 项反请求为在主张不应付申请人仲裁请求合同款约 320 万元之外,申请人还应赔偿被申请人的额外损失约 860 万元。

(四)申请人对反请求的答辩

被申请人反请求因缺乏事实与法律依据,均不成立。理由如下:

第一,申请人已履行全部合同义务,不存在任何违约行为,被申请人无权解除合同。

申请人与被申请人于 2018 年 5 月签订本案合同,双方就该 EPC 项目工程总承包事宜进行约定,申请人为被申请人设计新建一套脱硫系统。后检测公司于 2019 年 8 月 28 日出具《检测报告》,检测数据表明申请人提供的设备符合技术协议要求,被申请人出具《联动试运行合格证书》(以下简称联动试运行合格证书)证明性能验收合格。具体理由有三个方面:

其一，申请人的脱硫系统已通过性能验收，符合技术协议要求。

首先，“满负荷烟气量500，000m^3/h”自始至终都不是性能验收标准。专用条款及技术协议均约定“72小时性能验收期间，所记录的数据只要入口$SO_2 \leq 3300mg/Nm^3$、工况烟气量$\leq 500,000m^3/h$便视为有效数据，可以作为72小时性能验收考核标准”。显然合同对于验收考核标准中入口处的数值并不是以满负荷作为验收标准，烟气量小于或者等于500，000m^3/h便可作为验收的有效数据。同时技术协议表明对于申请人的设计要求仅包括出口SO_2浓度、出口烟尘浓度等，入口的烟气量作为被申请人提供的基础数据。

需要重点提出的是，技术协议对脱硫系统处理烟气量等性能指标作出了明确约定，技术协议约定性能指标，包括“1.处理烟气量250，000～500，000m^3/h；2.出口SO_2浓度$\leq 35mg/Nm^3$；3.出口烟尘浓度$\leq 35mg/Nm^3$等”，显然技术协议对脱硫系统处理烟气量要求在250，000～500，000m^3/h，性能试验表明被申请人的脱硫系统完全符合性能指标。因此，被申请人一直据以抗辩的“满负荷”仅是为其违约而编造的验收标准。

其次，《性能验收方案》对脱硫系统的验收外部条件要求更苛刻，但仍然顺利验收通过。2019年8月双方达成的性能验收方案，对于性能测试外部条件设定为“在吸收塔入口工矿烟气量$\leq 400,000m^3/h$，吸收塔入口$SO_2 \leq 3500mg/Nm^3$，在满足以上条件下，72小时性能验收期间第三方检测的数据为有效数据，作为72小时性能验收考核的依据”。此方案相较技术协议对吸收塔入口处的SO_2浓度从$\leq 3300mg/Nm^3$提升到$\leq 3500mg/Nm^3$，此性能验收方案对脱硫系统去除SO_2的能力提出了更高要求。该方案经公司同意，由双方主要负责人员签字，并且双方也一同按照该方案验收，具有法律效力。检测公司出具的201908检测报告表明，申请人的设备在性能验收方案条件下完全符合技术协议要求。被申请人也出具了联动试运行合格证书，证明性能验收合格。

与此同时，性能测试方案根据被申请人锅炉的实际运行情况，对于满负荷的定义变更为“总烟气量达到400，000m^3/h”。因此，即便存在所谓的“满负荷”,申请人设备在该条件下也已性能验收合格。

其二,申请人的设备为脱硫环保设备,并非产能设备。

首先,本案合同目的是为协助被申请人完成烟气排放指标符合国家要求。技术协议关于项目背景的内容载明,被申请人在扩建产能情况下,自身设备脱硫除尘能力不足,排放烟气不符合国家要求,因此寻求申请人设计新建一套脱硫系统。该套脱硫系统对于外排烟气 SO_2 要求按照≤35mg/Nm^3 设计,吸收塔出口烟气烟尘要求按照≤10mg/Nm^3 设计。签订合同的目的已经决定了设备的作用是环保。

其次,脱硫设备是环保设备,无增加产能的功能,产能取决被申请人自身生产设备。从主合同及技术协议能够看到案涉脱硫系统包括“脱硫烟道—脱硫增压风机—脱硫塔”,这些设备仅是为了处理烟气的环保需求,与增加产能没有丝毫关系。被申请人的3台锅炉同时运行能否产生500,000m^3/h的烟气量,是锅炉性能产能决定的问题,而这些均非脱硫系统性能验收标准所考量。被申请人完全混淆了性能验收标准与外部条件,被申请人所纠结的烟气量可以称作外部条件或者基础数据,而这些都应当被申请人提供。申请人的设备完全能够处理500,000m^3/h的烟气量,而关键在于被申请人是否有能力产出,显然被申请人并不具备此能力。

换言之,即便按照被申请人的说法需要满足500,000m^3/h的烟气量,申请人设备也已验收合格。专用条款明确“在项目具备满负荷运行条件下,因发包人原因,使锅炉不能满负荷运行条件,视为满负荷运行”,显然合同签订时考虑到被申请人设备自身可能存在的问题。而被申请人恰恰是因自身设备原因未能达到500,000m^3/h的烟气量的要求,被申请人提供的202010性能测试报告也明确目前锅炉能达到的最大烟气量为400,000m^3/h。

最后,被申请人持有的脱硫设备不具备处理500,000m^3/h烟气量,锅炉才无法产生这么多烟气量的说法,完全颠倒因果。假如锅炉有能力产生500,000m^3/h烟气,被申请人符合逻辑的做法是尽可能让锅炉产生多的烟气,

进而测试出口 SO_2 等浓度超标，得出设备不符合技术要求的结论。而不是控制锅炉烟气量至 400,000 m^3/h，使性能测试合格，被申请人完全没有理由帮助申请人在不合格的情况下检测出一个符合性能指标的结论。正是锅炉没有能力产生 500,000 m^3/h 烟气量，才导致脱硫系统没机会处理这么多的烟气。被申请人锅炉性能导致的无法达到 500,000 m^3/h 的烟气量的责任，应由被申请人自己承担。

其三，从验收款的支付进度，亦能看出被申请人认可脱硫系统通过性能验收。

被申请人已支付合同款的 80%，付款进度支付至 20% 的验收款，剩余 10% 的验收款和 10% 的质保金尚未支付。双方在 2019 年 8 月性能验收合格后，被申请人在 2020 年 4～10 月陆续支付了 2/3 的验收款。结合合同专用条款关于工程进度款中"72 小时工艺性能考核合格、双方签署验收报告后"支付验收款的约定，能够看出被申请人已完全认可性能验收合格，否则没有任何支付验收款的可能性。需要注意的是，被申请人对于验收款的支付并非一次性，而是分多次支付，被申请人的支付经过谨慎思考，并非一时冲动。虽然在付款的过程中，被申请人认为申请人脱硫系统存在瑕疵，但被申请人知道瑕疵并不影响验收款的支付，因此继续支付验收款。

综上，申请人并未存在迟延履行主要债务及不履行的情况，脱硫系统已验收合格，被申请人无权解除合同。

第二，被申请人主张的经济损失无事实与法律依据。

其一，申请人不存在违约行为，不会导致被申请人产生损失。如前所述，脱硫设备符合技术协议要求，目前质保期已满，申请人完成了全部合同义务，被申请人不会因为申请人产生任何损失。

其二，被申请人所称"设备损失"均与本案无关联。无论是布袋除尘器、板式换热器，还是预精馏塔再沸器，均非申请人的设备，且被申请人仅提供了更换、增加设备的合同，但没有任何证据证明这些设备的增设，与被申请人设备性能之间存在因果关系。换言之,即便申请人设备不合格,也没有证据证明被申请人增设这些设备的必要性与合理性。

其三,蒸汽量是被申请人产能决定,购买蒸汽是其根据自身经营状况决定,与申请人无关。脱硫设备不是产能设备,仅为净化烟气,性能指标对脱硫设备也没有蒸汽量要求;被申请人的证据不能证明其购买了蒸汽、蒸汽量、购买价格以及自身蒸汽生产成本;被申请人提供的所有外购蒸汽合同显示,签订目的均是"为了节约能源消耗、降低生产成本、提高经济效益",是从经济效益出发,并非脱硫系统原因。

第三,申请人不存在逾期交付。

其一,在申请人履行合同过程中,多次由于被申请人的原因,工期延长且给申请人造成了损失。根据通用条款关于"因发包人原因造成的暂停,给承包人造成的费用增加由发包人承担,造成关键路径延误的,竣工日期相应顺延""对因发包人原因给承包人带来任何损失、损失或造成工程关键路径延误的,承包人有权要求赔偿和(或)延长竣工日期"的约定,工期本应相应延长。

具体而言,2018年9月24日被申请人要求申请人停工,时间为2018年9月21日至10月8日停工。后因复工后,被申请人不及时支付赔偿,导致复工受阻。现场土建开挖后适逢暴雨,被申请人破损的雨水管涌入基坑,导致边坡塌陷,被申请人对此不做任何费用补偿和工期补偿,直接影响土建工期10日。本项目施工过程中,因被申请人总体厂区安全风险因素较多,当地安监部门对被申请人要求较高,多次因被申请人其他区域的安全问题导致脱硫区域施工临时停工。因国庆节停工导致的工期延后,致使本项目施工后期进入11月后,适逢中国N省当地极寒气候条件影响,室外施工效率急剧降低,这也是影响项目工期的重要因素。

其二,专用条款约定"承包人违约需要承担的违约金,在发生违约事件后,由发包人在相应支付节点中的应付款项中直接抵扣",从被申请人全额支付中间交接节点的款项,能看出被申请人并不存在逾期交付。

其三，因被申请人导致工期延长，造成申请人的损失，被申请人尚未支付。假如申请人存在逾期造成损失，也应将双方损失相抵。同时，专用条款为格式条款，违约金明显过高，被申请人并未举出损失的证据。

其四，被申请人从未对中间交接时间提出过逾期异议，亦未提出过赔偿。根据通用条款"（1）发包人应在索赔事件发生后的30日内，向承包人送交索赔通知。未能在索赔事件发生后的30日内发出索赔通知，承包人不再承担任何责任"的约定，即便存在逾期，被申请人已过了双方约定的索赔时间，发生至今也已过诉讼时效。

第四，被申请人因本案产生的费用应自行承担。

一方面，申请人无违约行为，不应承担其办理案件费用；另一方面，被申请人提供的法律服务协议是两个案件的律师费，除本案外还包括被申请人与上海长城开关厂有限公司、申请人之间的采购合同纠纷。因此，不能以此主张本案款项。

二、仲裁庭意见

（一）关于本案主要事实的认定

根据双方当事人的一致陈述和举证、质证，仲裁庭认定与本案相关的以下主要事实：

1. 本案合同的签订、合同文件构成及主要约定

（1）合同签订

2018年5月，申请人作为乙方、被申请人作为甲方，以代表人签字及加盖合同专用章的形式，签订本案合同。

（2）合同文件构成

本案合同包括多份合同文件，按照合同约定（合同专用条款），组成本案合同的文件及优先解释顺序如下：

1)合同协议书。

2)合同专用条款。

3)合同附件:

①3×75t/h 循环流化床锅炉烟气提标改造 EPC 项目技术附件(项目技术协议,仲裁庭注)(以下简称技术协议);

②廉洁承诺书;

③承包商 HSE 管理协议;

④工程质量保修书;

⑤农民工工资承诺书;

⑥中国 A 公司—报价文件。

4)合同通用条款。

5)标准、规范及有关技术文件。

6)设计文件、资料和图纸。

7)招标文件及其附件、投标文件及其附件。

8)中标通知书。

9)双方约定构成合同组成部分的其他文件。

(3)合同主要约定

本案合同就申请人承包被申请人的 3×75t/h 循环流化床锅炉烟气提标改造 EPC 项目交钥匙工程作出约定。结合合同文件优先顺序约定,与本案争议相关的项目背景及合同主要内容包括:

1)项目背景:被申请人已有 3 台蒸发量为 3×75t/h 的中温中压锅炉,原设计两用一备,2018 年开始由于被申请人扩建产能需将三台锅炉同时运行,最大烟气量增加到 500,000m^3/h。同时,当地环保局要求将烟气排放指标进行提标,控制烟气 SO_2为 50mg/Nm^3以下、烟尘 20mg/Nm^3以下。环保提标后,被申请人既有脱硫设施即除尘设施处理能力不足。为此,需要重新设计一套石灰石—石膏湿法脱硫,外排烟气 SO_2要求按照≤35 mg/Nm^3设计;同时,吸收塔对

烟气要求具有一定的洗涤作用,吸收塔出口烟气烟尘要求按照≤10 mg/Nm^3设计。(技术协议第1条)

2)工程承包范围:被申请人3×75t/h循环流化床锅炉烟气脱硫整体系统EPC工程(新建一套脱硫系统)。脱硫系统为交钥匙工程,即整个脱硫系统(含脱硫系统土建、烟气系统、电气系统、DCS系统、控制仪表)的工艺及设计、设备及材料供货、土建施工(包括地基处理)、设备安装、调试、性能试验和验收等均由申请人负责。(合同协议书第1条)

3)合同价格:为固定总价,共计约1600万元,其中,设计费为约43万元,设备材料费(以下简称设备费)为约1000万元,建筑安装工程费(以下简称建安费)为约540万元。

4)价款支付:合同价款的设计费、设备费、建安费,按照约定进度分别分期支付。具体分期为:

①设计费分4期——预付款30%、进度款30%、验收款30%、质保金尾款10%;

②设备费分5期——预付款30%、到货进度款20%、中间交接进度款10%、验收款30%、质保金尾款10%;

③建安费分4期——预付款20%、施工进度款按照每月完成进度支付包含20%预付款在内不超过建安费的60%、验收款30%、质保金尾款10%。

5)工程接收(中间交接):被申请人对工程验收合格且具备投料试车条件之日起30日内,进行工程交接(中间交接);完成后,被申请人向申请人颁发工程接收证书,标志被申请人开始对工程行使使用权。

6)性能考核:

①属于试运行考核,试运行考核标准详见技术协议。技术协议约定性能验收的性能指标为,处理烟气量250,000~500,000m^3/h,出口SO_2≤35 mg/Nm^3、出口烟尘浓度≤10mg/Nm^3、出口烟气携带的水滴含量≤25mg/Nm^3。相关地,脱硫设计基础数据及性能设计的工况湿烟气量≤500,000m^3/h。

②性能考核周期为，系统调试完毕后，具备试运条件，满负荷试运行3个月后由双方进行72小时性能验收（本案合同及履约中，性能考核与72小时性能验收、性能验收同义，是指工程设施进行连续72小时的72小时性能测试，符合合同约定的技术指标则由被申请人验收，仲裁庭注），资料验收按照被申请人公司规定予以验收。在项目具备满负荷运行条件下，因被申请人原因，使锅炉不能满负荷运行条件，视为满负荷运行。

满负荷：锅炉单台蒸发量达到75t/h ± 5t或者总烟气量达到工况下500,000m^3/h视为满负荷。

72小时性能验收期间，所记录的数据只要入口SO_2≤3300mg/Nm^3、工况烟气量≤500,000m^3/h便视为有效数据，可以作为72小时性能验收考核标准。

③性能验收合格：试运行考核通过后，双方共同编写评价报告，经双方签字或盖章，被申请人应根据约定按照工程颁发考核验收证书。

④72小时性能验收不合格，被申请人给申请人3个月整改期，逾期整改不合格被申请人终止合同，不再支付剩余款项。同时，申请人须退还被申请人已支付的全部价款，并承担因此造成的全部损失。

⑤联动试车后8月内因被申请人原因无法完成72小时性能验收视为验收合格，被申请人继续履行合同。

7）缺陷责任保修期期限/质保期：从性能验收合格且无质量问题开始计算质保期，质保期1年（脱硫吸收塔除外）；脱硫吸收塔质保两年。

8）合同工期：合同签订后10日设计开工，签订后30日施工开工，工程竣工日期为2018年11月30日。

9）误期赔偿：因申请人原因，造成工程接收（中间交接）日期延误的，由申请人承担误期赔偿责任。每延误一天（日历日）的误期赔偿金额为10.5万元/日，误期赔偿金额累积不超过合同价格的10%。若由于申请人原因导致工期延误并给发包人造成损失的，承包人除支付误期赔偿金额外，还应当依法承担其他相应的经济损失赔偿责任。中间交接应于2018年10月31日完成，该项为考核项,误期赔偿金额为10.5万元/天;工期不考虑天气环境等因素影响。

10)被申请人索赔:被申请人认为申请人因未能履行本案合同约定的职责、责任、义务等应承担损失、损害赔偿责任,但申请人未能按合同约定履行赔偿责任时,被申请人有权向申请人提出索赔。索赔依据法律及合同约定并遵循如下程序进行:被申请人应在索赔事件发生后的30日内,向申请人送交索赔通知。未能在索赔事件发生后的30日内发出索赔通知,申请人不再承担任何责任,法律另有规定的除外;被申请人应在发出索赔通知后的30日内,以书面形式说明索赔事件的正当理由、条款根据、证据和索赔估算等相关资料……

2. 本案法律适用、合同效力及生效

本案的法律适用,申请人主张适用《民法典》施行前的原《中华人民共和国合同法》(以下简称《合同法》)等法律规定。被申请人主张适用《民法典》。

鉴于《民法典》于2021年1月1日开始施行,参照最高人民法院《关于适用〈中华人民共和国民法典〉时间效力的若干规定》第1条关于"民法典施行后的法律事实引起的民事纠纷案件,适用民法典的规定。民法典施行前的法律事实引起的民事纠纷案件,适用当时的法律、司法解释的规定,但是法律、司法解释另有规定的除外……"的规定,结合本案合同于2018年签订、合同协议书载明"依照《中华人民共和国合同法》《中华人民共和国建筑法》《中华人民共和国招标投标法》及相关法律、行政法规"订立本案合同、双方主张对方主要违约事件亦均发生于2019年等实际情况,仲裁庭认为,本案纠纷应适用《民法典》施行前的原《合同法》等相关法律规定。

对于本案合同的效力,仲裁庭认为,合同系双方当事人的真实意思表示,不违反法律行政法规的强制性规定,合法有效。按照合同通用条款的约定,合同于2018年5月23日的签订当日起生效。各方均应依法履行合同约定的义务,违反合同约定应依法承担相应的违约责任。

3. 工程实施、考核及售后服务

(1)设计、供货、施工及工程交接

申请人按照约定内容完成了项目工程设计、供货、施工,工程具备投料试车条件,被申请人对工程内容验收合格,双方当事人及工程设计单位、监理单位四方于2018年12月签订《工程中间交接证书》(以下简称接收证书),双方当事人于当日对工程进行交接。

(2)考核验收方案

按照合同专用条款的相关约定,在工程移交给被申请人满负荷试运行3个月后由双方进行72小时性能验收考核。根据合同专用条款的约定,结合工程移交事实,在此后8个月内即2019年8月前因被申请人原因不能完成72小时性能验收考核的,应视为工程性能考核验收合格。结合本案中被申请人没有述及且也没有证据显示因申请人原因不能开展性能验收考核的情况,可以看出,根据合同约定及履行情况,至2019年8月,申请人移交的项目工程已可被视为性能考核验收合格。

本案合同实际履行中,双方当事人于2019年8月就项目性能验收方案所涉及的验收内容和标准、准备工作、性能测试实施步骤等达成一致,由申请人项目经理和副总经理、被申请人副总工程师、生产管理经理、生产副总经理等人员共同签署性能验收方案。与本案争议相关,性能验收方案的相关内容约定情况如下:

1)性能验收方案中与本案争议相关的具体考核内容和指标约定,没有改变。

对比技术协议的约定可以看出,双方关于6项考核内容(包括"出口SO_2浓度、出口烟尘浓度、出口烟气携带的水滴含量")的验收内容和标准约定,对原来的相应约定均没有改变。

2）性能验收方案中与本案争议相关的性能测试外部条件/工况条件的具体约定，发生改变。

对比合同专用条款等关于入口二氧化硫和工况烟气量的原有相关约定可以看出，性能验收方案中的“性能测试外部条件”，对性能考核的外部条件/入口工况条件（以下简称工况条件）进行了调整，具体见表14－1。

表14－1　入口烟气工况条件变化

序号	项目	单位	原定数值	调整数值	调整方向
1	入口 SO_2浓度	mg/Nm^3	≤3300	≤3500	提高
2	在吸入塔入口工况烟气量	m^3/h	≤500,000m^3/h	≤400,000m^3/h	降低

注：“原定数值”是指合同原定的工况条件，“调整数值”是指性能验收方案约定的工况条件。

3）性能验收方案中上述性能指标、工况条件与性能测试实施步骤等约定内容，均纳入由申请人副总经理自然人F和被申请人总经理自然人G及分管副总自然人H等人签名的201910性能测试报告中“性能测试验收报告”的“性能测试试验方案及安排”（以下简称性能测试方案）；其“性能测试试验原则”第一句明确载明：“性能测试按照技术协议相关规定及性能验收方案执行”，“性能试验实施步骤”的“性能试验”条款中将双方在性能验收方案中的工况条件原样纳入。

（3）72小时性能测试验收及201908检测报告、201910性能测试报告、试运行合格证书

本案证据显示，双方及检测公司对工程设施进行了72小时性能测试验收（以下简称72小时性能测试），相关要点内容包括：

1）考核验收方案及性能验收方案中，在将72小时性能测试的工况条件做了入口最大烟气量调低至400,000m^3/h、入口最大二氧化硫调高至3500之后，均明确载明并在考核验收方案中以加粗字体方式强调：“在满足以上条件下，72小时性能测试期间第三方检测的数据为有效数据，作为72小时性能测试的

依据。”(被申请人证据第318页)

2)72小时性能测试于2019年8月17日下午至20日下午14时进行。2019年8月,被申请人与申请人分别由技术质量环保部和项目部盖章签署联动试运行合格证书,载明整体72小时性能测试完全按照性能验收方案进行且工程装置运行平稳、各项考核内容均达标。

3)72小时性能测试期间,验收内容和标准约定的性能指标均达标。检测公司于2019年8月出具201908检测报告,被申请人签署项目“烟气脱硫装置72小时性能测试验收报告”(以下简称性能测试验收报告)。性能测试验收报告与201908检测报告均纳入由申请人负责编写、被申请人多机构人员及其总经理自然人G签字的201910性能测试报告。

72小时性能测试的结果与性能测试方案及性能验收方案考核内容和指标对比均达标,具体满足情况见表14-2。

表14-2 72小时性能测试结果

序号	项目	单位	约定考核指标	实测结果	结论
1	出口SO_2浓度	mg/Nm^3	≤35	21.1	达标
2	出口烟尘浓度	mg/Nm^3	≤10	6.58	达标
3	出口烟气携带的水滴含量	mg/Nm^3	≤25	19.8	达标
4	钙硫比	mol/mol	≤1.2	1.06	达标
5	石灰石	t/h	≤1.589	1.556	达标
6	耗电量	kWh	≤1330	1212.5	达标

4)性能测试验收报告中载明申请人的评价中载明双方及检测公司“按照目前所能达到的最大烟气量400,000m^3/h的条件下,对脱硫装置进行72小时性能测试”,并逐项记录72小时性能测试完全按照性能验收方案进行及上述6项具体测试考核指标均达标。

5)性能测试验收报告中载明被申请人的评价有二:“①按照目前所能达到的最大烟气量为400,000m^3/h的条件下,SO_2排放、粉尘排放、石灰石消耗量、钙硫比、电耗、烟气携带水滴含量均达到技术协议所要求的保证值。②在72小时性能测试期间，脱硫装置未能达到500,000m^3/h工况湿烟气量下运行，中国A公司承诺利用下次大修机会予以整改，整改完成后，按照技术协议要求的满负荷工况进行24小时连续监测，直至粉尘排放和二氧化硫排放达标（以CEMS数据为准）。”

本案中，双方对于在入口最大烟气量400,000m^3/h工况条件下工程设施72小时性能测试完全达标及被申请人签署性能测试验收报告均无异议。双方对于入口最大烟气量400,000m^3/h工况条件的原因责任及被申请人第2条评价的解读，存在分歧，仲裁庭将在下述争议焦点中进一步分析评判。

（4）申请人的承诺、对增压风机改造、售后服务确认

本案证据显示，在72小时性能测试及验收之后，双方就工程设施性能责任承担、增压风机改造及其他维修事项存在以下沟通及履约事实：

1）2019年11月，申请人与被申请人工作人员以微信方式发送了包括“附件：增压风机改造方案”（以下简称改造方案）但没有公司盖章的“承诺函”（以下简称承诺函）。

该函中，申请人在回顾72小时性能测试中第一个24小时时间段工况条件的入口烟气量最大值为400,000m^3/h的基础上，针对72小时性能测试中整体运行工况未达到技术协议要求满负荷工况（与优先顺序更高的合同专用条款的约定相同，即“满负荷：锅炉单台蒸发量达到75t/h±5t或者总烟气量达到工况下500,000m^3/h视为满负荷”，仲裁庭注），承诺：“①我司对技术协议要求的满负荷工况下脱硫装置性能依然负有合同责任。②我司承诺在满负荷运行的设计工况条件下，将对二氧化硫排放、粉尘排放做连续监测（以CEMS数据为准），确保排放指标满足技术协议要求。如有必要，可以第三方进行抽样检测，确保数据真实可靠。③我司针对脱硫装置增压风机选型慎重进行过校核计算，针对风机压头偏低的问题，我司和风机制造商一起制订了初步解决方案并上报贵司，见附件增压风机改造方案。④我司承诺，将利用大修时机或者贵司安排

的其他时机，通过适宜的技术改造手段提高增压风机压头，满足技术协议约定的各种工况稳定运行的要求。⑤我司对提供的脱硫装置的任何问题不推诿、不遮掩，一切从解决问题的角度出发，将持续为业主方提供高质量、不间断、满足合同要求的所有技术服务。”

改造方案中，详细对比列明了改造前后参数对比，列明更改后最大参数：流量 500,000m^3/h，增压风机轴功率为 660kW 等。

2)2020 年 3 月，申请人在函请被申请人支付 30% 进度款的同时，说明当时被申请人的项目系统持续运行、不具备整改条件。

3)2020 年 3 月，被申请人在回函确认项目于 2019 年进行性能考核验收并出具验收报告的同时，提出增压风机风量处理不足、需要更换增压风机，需要现场处理脱硫塔漏浆液及仪表阀更换等修理更换问题。

4)2020 年 3 月，申请人针对上述 3 月函件，逐项函复被申请人，包括说明增压风机具体方案实施需要结合被申请人机组大修停机的时机等。

5)2020 年 6 月，被申请人发函申请人告知工程设施的检修计划时段，要求申请人在停车检修的 23 日内完成整改维修，并进行提前备料及报被申请人审核。被申请人还指称项目处理烟气量达不到设计要求需整改。

6)2020 年 6 月，申请人复函被申请人，就被申请人所称项目处理烟气量达不到设计要求问题，声明工程设施完全是按照合同约定进行设计，指出系统装置已完成性能测试，并说明针对增压风机实际运行工况未能在设计工况点运行已多次沟通改造方案，随后将提供详细的供被申请人审核确认的书面材料。此外，还具体回应其他维修内容，包括对塔体防腐局部脱落处提供详细方案和材料准备外，已两次安排人员进场但因被申请人问题未能具备修复条件等。

7)2020 年 7 月，申请人提交上述函件所述的增压风机改造方案，更改后最大参数：流量 500,000m^3/h，增压风机轴功率为 660kW 等。

8)2020 年 7～11 月往来函件显示，双方开展上述增压风机改造等维修更换具体事项，包括申请人 2020 年 10 月进场至 11 月完成增压风机改造。

9)2020 年 11 月,被申请人代表签字盖章出具关于“增压风机改造”及“吸收塔防腐修补”的“售后服务确认单”(以下简称售后服务确认单),确认服务类型为“质保期内服务”,没有质保期外服务;服务时间范围为 2020 年 10 月 11 日 ~11 月 2 日;确认售后服务已经完成,售后服务态度“非常满意”;确认现场验收,增压风机振动符合要求等。

(5)24 小时性能测试

1)是否存在 24 小时性能测试

被申请人述称于 2020 年 12 月发函通知申请人于 2021 年 1 月前对工程设施进行 24 小时性能测试;测试实际于 2019 年 12 月 19 ~20 日进行(以下简称 24 小时性能测试),申请人派自然人 I 参加并签署运行数据记录表格(以下简称 24 小时数据表)。对此,申请人确认收到上述通知函,但对该测试是否构成 500,000m^3/h 工况条件下性能测试验收报告中被申请人第 2 条评价中“24 小时连续监测”提出异议,且否认 24 小时数据表上“自然人 I”的签字为申请人该员工本人签名;相关地,申请人并没有说明收到通知函后拒绝派员参加及双方之后的相关互动情况,也没有要求对 24 小时数据表上其员工的签名真伪进行鉴定(相反,被申请人在庭审中提及可以对“自然人 I”字样签名的真伪进行鉴定)。

仲裁庭注意到,与被申请人主张形成相互印证的,除性能测试验收报告中被申请人第 2 条评价中有“整改完成后,按照技术协议要求的满负荷工况进行 24 小时连续监测”的表述,以及申请人于此前一个多月完成了增压风机改造(整改后已经进入稳定运行期)的事实,还有被申请人的自然人 H 与申请人的自然人 J 于 2020 年 12 月及 2021 年 5 月就此进行微信沟通。

综合考虑本案证据及审理情况,结合工业工程设备设施调试、考核、初步验收、整改、维保/保修等实践惯例中罕见承包商/供应商在收到业主测试通知不予回应的情形,仲裁庭认为,这些证据可以证明 2020 年 12 月 19 ~20 日,双方进行了 24 小时性能测试,落款日期为 2020 年 12 月 20 日有被申请人员工自然人 K、申请人员工自然人 I 字样签名的 24 小时数据表反映了工程设施当时的性能指标。

2)24 小时数据表

24 小时数据表显示的工况条件及考核指标等在连续 24 小时运行的各整点记录数据平均值见表 14－3。

表 14－3　24 小时性能测试结果

总烟气量	总负荷	烟囱出口 SO_2	烟囱出口粉尘	增压风机功率	增压风机电流
462,000m^3/h	200t/h	20mg/Nm^3	4mg/Nm^3	695kW	61A

上述测试数据显示，工程设施的脱硫、降尘功能均达到本案合同相关技术性能指标约定；改造后的增压风机功率也高于改造方案中预定的 660kW，更高于技术协议“引风机、增压风机主要参数”所约定的 500kW。本案中，双方一致确认，申请人完成并交付给被申请人的项目工程设施全部脱硫降尘等处理结果均达标，符合合同约定。

24 小时性能测试之前，除申请人完成了增压风机改造，被申请人在庭审中说明也自行改进了 1 号炉、2 号炉的引风机，增加了锅炉产生烟气量的推力。申请人在庭审中述称不知情。双方均确认，此时被申请人尚未改造被申请人既有设备中的布袋除尘器。

3)24 小时性能测试报告

本案证据中没有双方签署的 24 小时性能测试报告。被申请人在本案中提交了内容不同的两份相关测试报告稿：一是被申请人自然人 H 于 2020 年 12 月 20 日中午在刚刚完成 24 小时性能测试之后以微信聊天方式收到申请人自然人 J 名称为“脱硫性能试验报告(补充)12－20A 公司. doc”的 Word 版文件；二是申请人签名盖章处空白、被申请人自然人 H 签名盖章落款日期为 2021 年 5 月的“测试报告”。对于被申请人的上述证据，申请人不认可真实性；被申请人述称申请人未签署测试报告稿也未与被申请人就结论达成一致。此外，被申请人证据还显示，自然人 H 分别于 2021 年 4 月 9 日、4 月 21 日、5 月 12 日向自然人 J 发送了多版修改的测试报告稿。

结合上述证据及关于 24 小时性能测试等本案审理情况，仲裁庭认为，可认定双方进行了 24 小时性能测试，但未能签署测试报告，也未就测试报告内容达成一致。对于各方在测试报告稿中一致认可处理总烟气量超出 460,000m^3/h 的工况的条件来说，结合 24 小时性能考核数据表可以看出，本案合同工程设施的 SO_2 等考核内容均达标。

(6)工程运行至今性能指标合格

本案中，双方一致认可，工程设施运行至今出口 SO_2 浓度、出口烟尘浓度、出口烟气携带的水滴含量等性能考核内容的指标均合格达标。

双方与 72 小时性能测试及 24 小时性能测试相关的核心争议在于，锅炉运行未达到入口烟气量 500,000m^3/h 等约定的满负荷条件是否构成申请人违约。此外，双方就工程设施处理能力和效果质量没有争议。仲裁庭将在争议焦点中，再行分析评判双方上述核心争议。

(7)工程逾期

本案工程按照合同约定竣工日期为 2018 年 11 月 30 日，中间交接应于 2018 年 10 月 31 日完成，工程实际于 2018 年 12 月 11 日完成并签署工程中间交接证书，与约定日期相比逾期 41 日。

本案中，申请人提交证据以证明工程逾期均系因非申请人原因的停工情形，包括被申请人部分认可的从 2018 年 9 月安监局检查施工现场不符合施工规范要求造成停工，从 9 月起通知为庆祝新中国成立 70 周年按照市安委会文件要求工程现场停止施工作业，土建专业要求 10 月 4 日起恢复施工，安装专业要求 10 月 8 日起恢复施工，以及被申请人不认可的被申请人雨水井排水管道破裂导致雨水进入基坑延误申请人土建施工进度 10 日等。被申请人主张即便扣掉 10 日，申请人也应对其他逾期承担责任。

(8)工程逾期索赔

本案中,被申请人确认在提起仲裁之前,没有在合同履行过程中对其于本案中主张的工程逾期向申请人提出逾期违约索赔。

4. 价款支付、风险保证金及扣款

(1)合同价款支付

双方确认,被申请人已向申请人支付本案合同价款共计约1300万元,被申请人未支付其余合同价款约320万元。

与前述约定的分期付款相比,已付款包括全额设计费、设备费、建安费中预付款、进度款(或到货款、中间交接款)及20%验收款;未付款为10%验收款及10%质保金,合计为合同总额约1600万元的20%即约320万元。

本案中,申请人主张,工程设施验收合格时间为2019年8月28日,未付10%验收款约160万元于次日即2019年8月到期应付。10%质保金约160万元中,约108万元到期应付时间为一年期满的2020年8月;脱硫塔质保金约50万元的到期应付时间为两年期满的2021年8月。被申请人主张工程设施没有通过72小时性能测试,不仅无须支付上述未付款约320万元,还有权索赔反请求的损失赔偿和违约金。对双方分歧的主张,仲裁庭将在下述争议焦点中予以评判。

(2)价款支付沟通

本案证据显示,双方此前与付款相关的沟通交涉包括:

1)2020年3月,申请人函请被申请人支付30%进度款。

2)2020年5月,申请人发送被申请人催款函,要求支付验收款约320万元。

3)在申请人增压风机改造完成、被申请人于2020年11月签署售后服务确认单之后,2020年11月,被申请人发函申请人,以增压风机整改后工程设施烟气量无法达到约定性能验收指标为由,通知不再支付剩余款项,还要求申请人退还已支付全部款项及赔偿外购蒸汽费损失约1400万元及减产损失约3400

万元。

4)2021 年 9 月,被申请人发函申请人,以 24 小时性能测试未达标为由,通知不再支付剩余款项,还要求申请人退还已支付全部款项及赔偿购买蒸汽费损失约 2100 万元。

(3)风险保证金及扣款

双方确认,申请人于 2018 年 6 月向被申请人支付了约 5 万元风险保证金。

被申请人述称,因申请人施工过程中存在人员违反被申请人工程管理规范的情形,被申请人从风险保证金中累计扣除多笔罚款共计约 3 万元(以下简称扣款)后,剩余约 2 万元可退还。本案中,被申请人确认,罚款和扣款单据均没有由被罚款具体施工人员签字,也没有在合同履行过程中向申请人通报或提交相关信息和材料。申请人否认被申请人的陈述、证据及主张,认为风险保证金应全额退还。

仲裁庭注意到,被申请人上述扣款具体证据为多笔自 2018 年 7 月至 12 月及一笔 2019 年 5 月的"HSE 奖惩通知单",该单据材料内容及金额均由被申请人自行填写盖章,虽然材料上显示"通知一式四联""施工单位黄联",但被申请人在合同履行中并没有交与申请人。由此一来,本案之前申请人不能知悉被申请人自行罚款事件、金额、理由,也没有机会核查罚款相应情况是否属实。

仲裁庭认为,考虑扣款主张均源自被申请人单方面制作的材料,即使合同中有关于申请人施工应符合 HSE 要求的相关约定,被申请人未能证明合同履行中申请人确实存在应罚款的事实,结合双方确认且申请人提交证据证明的情况,应认定本案合同履行中被申请人收到申请人风险保证金约 5 万元,无法认定被申请人有权扣款。

5. 被申请人主张采购设备损失的设备与本案工程范围

本案工程系属申请人在被申请人既有成套生产设施(包括非申请人提供的原有配套脱硫设施)的基础上,为满足当地政府更高标准的环保脱硫政策要求,附加于既有成套生产设施之上的新建脱硫工程设施。相应地,申请人在本案工程的范围与被申请人既有成套生产设施存在界面区分。

本案中，双方确认，被申请人主张采购设备损失的设备，即更换1#、2#锅炉褶皱式布袋及配套布袋袋笼、增加板式换热器和E2101B预精馏塔再沸器，均属于被申请人既有成套生产设施范围内的设备，不属于申请人在本案合同项下负责采购供应的EPC工程总承包范围内设备。

此外，被申请人提出的外购蒸汽损失不涉及设备采购，与其主张锅炉运行未达到入口烟气量500,000m^3/h等约定满负荷条件构成申请人违约有关。

（二）关于本案的争议焦点

围绕本案仲裁请求和反请求，双方形成两个争议焦点：一是本案工程是否已通过性能考核，锅炉运行未达到入口烟气量500,000m^3/h等约定满负荷条件是否构成申请人违约；二是本案合同应否解除，各方主张对方的违约责任是否成立。对双方的主张及仲裁庭意见分述如下：

1. 本案工程是否已通过性能考核，锅炉运行未达到入口烟气量500,000m^3/h等约定满负荷条件是否构成申请人违约。

被申请人主张，第一，申请人提供的工程设施应当能够处理3台锅炉同时运行下产生的500,000m^3/h的烟气。锅炉运行达到入口烟气量500,000m^3/h等约定满负荷条件是申请人的合同义务。第二，72小时性能测试及24小时性能测试均未能达到合同专用条款和技术协议约定的满负荷，证明申请人违约，所以，本案工程没有通过性能考核。第三，性能验收方案不构成合同关于技术检测标准的变更，也不符合合同通用条款关于变更和合同价格调整的约定。性能验收方案的技术检测标准属于重要质量标准，性能验收方案将入口最大烟气量改为400,000m^3/h实际是降低了合同约定的考核指标，假设构成合同变更也应相应降低合同价格，但双方并未改变合同价格，也说明性能验收方案并未降低合同约定的技术检测标准。第四，因申请人的工程设施无法抽取足够量烟气，72小时性能测试才以400,000m^3/h为上限进行，其考核内容的结果达标也不能视为工程通过合同约定的性能考核。第五，申请人的承诺函及增压风机改造及被申请人第2条评价也证明工程设施中的增压风机存在问题,导致抽取烟气量无法达标。

申请人主张,第一,工程已通过双方及检测公司共同按照性能验收方案进行的72小时性能验收,被申请人已签发性能测试验收报告,且自移交运行至今各项环保指标均达标。第二,锅炉运行入口烟气量达到最高500,000m^3/h等约定的满负荷条件,不是性能考核验收标准及必要工况条件。申请人提供的是具备烟气处理能力而非烟气生产能力的脱硫工程设施。第三,实际情况是被申请人锅炉达不到约定的满负荷条件,在做了数天掺烧试验后,被申请人于2019年7月20日提供的初步验收方案显示锅炉蒸汽量均不超过400,000m^3/h。据此,双方与检测公司开会,决定以额外掺烧硫磺方式提升SO_2浓度,以达到在锅炉无法产生500,000m^3/h烟气量情况下能同等考核的效果。第四,双方接受锅炉烟气量400,000m^3/h的现状,达成的性能验收方案具有法律效力,是性能考核工况条件的变更,但未变更性能验收标准。合同通用条款因专用条款已有不适用的约定而不适用。第五,申请人的增压风机不影响烟气量的产生,被申请人锅炉能否产生500,000m^3/h的烟气量与锅炉负荷、燃煤、配风、布袋除尘器堵塞程度、引风机运行状态等多种因素有关。蒸发量是锅炉核心技术指标,烟气量只是随蒸汽负荷变动的一个工况参数,不是锅炉追求的经济指标,更不是申请人的合同义务。增压风机是帮助锅炉所产生的烟气克服阻力顺利排至烟囱,改造目的只是将风机实际运行工况点和设计工况更趋接近,使其运行效率更高。

仲裁庭注意到,第一,如上述事实认定,双方对于2019年8月20日完成72小时性能测试、被申请人于2019年8月21日签署联动试运行合格证书、以及验收内容和标准约定中的出口SO_2浓度等6项考核内容均达标的事实,没有争议。

第二,申请人在201910性能测试报告之后,于2019年11月3日完成增压风机改造,被申请人于当日签署售后服务确认单,确认申请人完成"满意"的关于“增压风机改造”及“吸收塔防腐修补”等“质保期内服务”。

第三，72小时性能测试方案载明“(1)按目前实际吸收塔入口工况可以达到的最大烟气量400,000m^3/h(工况湿基，实际氧)；(2)吸入塔入口$SO_2 \leq$ 3500mg/Nm^3(标准湿基，实际氧)……在满足以上条件下，72小时性能测试期间第三方检测的数据为有效数据，作为72小时性能测试的依据。”性能测试验收报告载明“按照目前所能达到的最大烟气量400,000m^3/h的条件下，对脱硫装置进行72小时性能测试……”。

第四，72小时性能测试方案显示，“性能测试项目”记述2019年8月15日双方和检测公司开会共同评审被申请人编制的测试报告文件，共同制定性能试验措施；“性能指标”载明与性能验收方案相同的验收的内容和标准约定。

第五，无论是72小时性能测试、24小时性能测试，还是工程设施自中间交接至今的运行中，工程设施处理SO_2、粉尘排放等本案合同所涉验收内容和标准约定均已达标。

仲裁庭认为，结合本案相关事实及各方主张，可以看出，双方对该争议焦点中关于本案工程是否已通过性能考核是结论性的分歧，其根源性、核心性的分歧在于，锅炉运行达到入口烟气量500,000m^3/h等约定满负荷条件，是否是申请人的合同义务；相关地，还有性能验收方案及性能测试方案中关于验收的内容和标准约定是否构成相关合同内容的变更，72小时性能测试入口最大烟气量改为400,000m^3/h是否实际降低了合同约定的考核指标，承诺函及增压风机改造是否能够证明申请人原因导致锅炉无法达到原定满负荷条件或者申请人应对此负责。

经全面审慎考虑，仲裁庭认为，本案工程设施考核验收应满足的是在约定工况条件下SO_2等约定考核内容的性能指标达标，对于锅炉运行能否达到入口烟气量500,000m^3/h等约定满负荷条件不是申请人的合同义务，案涉工程已于72小时性能测试通过性能考核。具体分析如下：

第一，本案工程设施考核验收应满足的是在约定工况条件下SO_2等约定考核内容的性能指标达标。

申请人在本案合同项下向被申请人提供的脱硫处理工程设施/装置,工程设施的性能在于能够有效处理包含一定浓度污染物的烟气混合体,使其经过工艺流程处理后达到约定的排放标准。申请人提供工程设施的目的及性能均在于环保处理效果,而非产生"待处理烟气"。相应地,技术协议"脱硫设计基础数据及设计要求"中对申请人的设计要求,是出口 SO_2浓度、出口烟尘浓度、出口烟气携带的水滴含量等处理效果内容和指标。

按照合同专用条款关于工艺性能考核及其指引的技术协议性能指标的约定,工程设施在调试完毕具备试运条件、满负荷试运行 3 个月后,双方进行 72 小时性能验收;性能验收的性能指标包括 250,000 ~ 500,000m^3/h 的"处理烟气量"和约定各自数值区段的"出口 SO_2浓度""出口烟尘浓度""出口烟气携带的水滴含量"。结合工业项目都是在一定工况条件下设计并进行性能考核验收的常识,对上述 4 项性能指标的适当解释应为,只要 3 台锅炉产生的"处理烟气量"(入口烟气量)在约定的 250,000 ~ 500,000m^3/h,申请人的工程设施处理结果——"出口 SO_2浓度、出口烟尘浓度、出口烟气携带的水滴含量"等考核内容——就应符合约定的指标。事实上,就本案工程设施的考核内容处理结果而言,无论是在 72 小时性能测试,还是 24 小时性能测试,抑或是此后至今运行过程中,均为达标。

对于本案工程的性能考核验收,在合同履行过程中,被申请人于 2019 年 8 月 21 日(在 72 小时性能测试完成次日)签署的联动试运行合格证书没有保留事项地明确确认整体 72 小时性能测试完全按照性能验收方案进行、工程装置运行平稳、各项考核内容均达标,足以证明合同约定的 72 小时性能测试已通过考核验收。故,仲裁庭认为,即使因双方在合同履行过程中于可被视为性能考核验收合格的 2019 年 8 月 21 日之后又达成进行 72 小时性能测试相关考核方案并实施,按照合同专用条款的约定,也应认定申请人提供的项目工程于 2019 年 8 月 21 日起计算质保期。截至庭审,质保期已届满到期。

第二，锅炉运行达到入口烟气量500,000m^3/h等约定满负荷条件不是申请人的合同义务。

申请人新建提供本案工程设施是应当能够达标处理被申请人3台锅炉同时满负荷运行所产生工况湿烟气量的脱硫设施，而非申请人新建提供包括3台锅炉（及其蒸发性能和附随产生湿烟气）和脱硫系统在内的全部多个成套设施，因此，3台锅炉运行能够达到入口烟气量500,000m^3/h等约定的满负荷条件属于申请人设计、提供本案工程设施的工艺界面条件即外部设计条件。相应地，技术协议"锅炉烟气工艺条件"项下，明确将"工况湿烟气量小于等于500,000m^3/h"与"锅炉蒸发量、装机数量、入口SO_2浓度、入口烟尘浓度、排烟温度、烟气含氧量、主系统年运行时间"等内容及其指标进行并列约定。"脱硫设计基础数据及设计要求"项下，则将"工况湿烟气量小于等于500,000m^3/h"与"进口SO_2浓度、进口烟尘浓度"等内容明确约定为项目工程的设计基础数据，而非申请人的设计要求。

在本案双方之间，被申请人作为发包人和锅炉占有使用方，负责提出项目工程的采购需求及工况条件，申请人作为EPC工程总承包方在发包人需求及给定的工况条件下，负责设计、提供、施工完成工程设施并使工程设施能够在发包人的工况条件范围内各项考核内容均达标。具体而言，技术协议的"处理烟气量"是考核申请人的界面条件，即只要在约定的250,000～500,000m^3/h，申请人负有保障考核内容达标的义务；反之，则不能以考核标准约束申请人，假设被申请人3台锅炉实际运行中的蒸发量或总烟气量超过约定的满负荷高限，即入口总烟气量超出500,000m^3/h时，被申请人不得要求申请人依然保障考核内容达标。即工况条件存在影响判断工程设施是否达标的可能性，因而本案合同进行"待处理烟气量"的约定，并在72小时性能测试和24小时性能测试中均对入口烟气量（或称总烟气量）进行取点测试。

与上述锅炉运行权由发包人（被申请人）掌控、申请人无法决定锅炉运行与否及具体运行状态，但锅炉是否超过约定满负荷工况条件对工程设施考核存在影响相呼应的合同约定还有：合同专用条款约定“因发包人原因，使得锅炉不能满负荷运行条件，视为满负荷运行”，“72小时性能验收期间，所记录的数据只要入口 $SO_2 \leqslant 3300\ mg/Nm^3$、工况烟气量 $\leqslant 500,000m^3/h$ 便视为有效数据，可以作为72小时性能验收考核标准”，“联动试车后8月内因被申请人原因无法完成72小时性能验收视为验收合格”。

进言之，“处理烟气量”不能等同于“产生烟气量”，其在“250,000～500,000m^3/h”的数值区间，是申请人承担保障工程设施考核验收内容达标义务和责任的条件范围，不是申请人提供工程设施所产生的合同义务或责任。申请人的工程设施是为被申请人既有锅炉产生的待处理烟气进行工艺处理后使得处理后的烟气达标排放。试想：如若锅炉本身没有产生足够的烟气量，工程设施何以能够进行无米之炊式的处理并达到脱硫效果？本案中，被申请人将自己的锅炉在考核中“可以在达到满负荷时要求申请人承担考核验收内容达标义务”的权利，曲解等同于申请人应取代被申请人享有锅炉运行权且还应负责使锅炉运行达到满负荷（包括入口烟气量达到500,000m^3/h），不仅完全脱离工业项目常识，也违反本案合同约定。

第三，关于性能验收方案及性能测试方案中验收的内容和标准约定是否构成相关合同内容的变更。

就工艺性能考核验收的工况条件，本案双方在性能验收方案及201910性能测试验收报告的性能测试方案中，达成与本案合同专用条款等约定（包括该条款指引至的技术协议）不同的修改，具体数值调整见前述事实认定中的“表1 入口工况条件变化”。此外，双方在本案中对经商议在性能考核验收之前调整工况条件，以及双方代表签署201910性能测试验收报告的事实，也没有异议。

仲裁庭认为，双方有权自主订立本案合同，当然有权合意修改本案合同的约定，包括修改合同中关于性能考核验收中的相关约定。上述工况条件修改构成对本案合同关于性能考核工况条件相应内容的变更（当然，因双方仅对性能验收相关工况条件达成修改,并没有明确作出对本案工程设施技术性能指标进行全面修改的意思表示,所以,不应将双方对 72 小时性能测试工况条件的调整扩大理解为对合同相关指标的全面变更)。此外,按照合同通用条款(没有被专用条款修改)约定,201910 性能测试验收报告(包含与性能验收方案相同的性能考核修改内容)可经双方签字或盖章作为本案合同的组成部分。被申请人关于性能验收方案未经被申请人盖章、不能构成相应合同内容变更的抗辩,也不成立。

另外,被申请人以合同通用条款为依据提出该等修改不构成合同变更的抗辩,不仅因其不足以推翻合同当事人双方经依法协商有权,也实际上自主达成合意的事实,而不足以成立;更重要的是,合同通用条款"变更和合同价格调整"是指本案合同所涉 EPC 工程变更的程序安排及相关价格调整,被申请人在本案中将该条款的工程变更约定混同于双方的合同变更系错误解读。此外,合同专用条款还明确约定不执行通用条款的约定,被申请人在本案中还以通用条款为依据提出主张,也显示被申请人对合同文件构成及其优先顺序的不当理解。

第四,72 小时性能测试入口最大烟气量改为 400,000m^3/h,是否实际降低了合同约定的考核指标。

关于工况条件的变化,对比"表 1　入口烟气工况条件变化"可以看出,双方一方面将原定最高值为 500,000m^3/h 的入口烟气量降低为 400,000m^3/h,比原定数值降低了工况条件中的待处理量最大值,另一方面又将入口烟气含二氧化硫的浓度由 3300 提升到 3500,比原定数值提高了工况条件中的处理浓度——两相结合,在满负荷运行下对工程设施处理脱硫的性能要求并没有当然构成减轻降低。如果仅就性能考核原定数值 250,000 ~ 500,000m^3/h 中 250,000 ~ 400,000m^3/h 的区间而言(该区段也在合同约定的性能考核工况条件之内),入口烟气含二氧化硫的浓度提升则加大提高了性能考核难度。换言之,性能验收方案中对工况条件的调整,不是单向减轻了对工程设施处理能力的要求,无法由此得出实际降低了合同约定考核指标的定论。

第五,关于承诺函及增压风机改造被申请人第2条评价是否能够证明申请人原因导致锅炉无法达到原定满负荷条件或者申请人应对此负责。

如上述分析,3台锅炉是否能够达到原定包括入口烟气量最高值500,000m^3/h不是申请人的合同义务,且双方结合72小时性能测试前锅炉蒸汽量和烟气量的实际情况,以及被申请人多次试验不同的硫磺掺烧方案,达成在既有待处理烟气量超不过400,000m^3/h的情况下提高入口烟气SO_2含量指标的性能验收方案,以尽可能趋近合同原定的脱硫处理难度从而达到同等性能考核效果。72小时性能测试的相关验收报告显示,工程设施全部考核内容达标,本案工程通过性能考核并于2019年8月21日起进入约定的质保期。

本案中,被申请人一方面提出申请人应负责入口烟气量达到500,000m^3/h等约定的满负荷条件最高值,另一方面又提出因申请人设备无法抽取500,000m^3/h的烟气量导致被申请人不得不降负荷运行为最大入口烟气量仅为400,000m^3/h。对此,除上述被申请人对合同考核验收性能指标约定的错误解读以及自行主张外,本案没有任何证据的内容支持被申请人所称的申请人对工况条件负有责任或导致被申请人自行降低负荷运行的主张。与此相关,如前所述,按照本案合同专用条款约定,结合工程于2018年12月11日移交的事实,至2019年8月11日申请人移交的项目工程已可被视为性能考核验收合格。由此可见,当时被申请人存在迫切的性能考核需要。在此情形下,被申请人按照其锅炉所能达到的实际工况条件进行考核验收,是相比于被自动验收更好的选择。即使在此种履约情节背景下,本案证据也没有显示存在申请人责任或被申请人因所谓被申请人不得不降负荷运行进行交涉的痕迹,这与前述双方在履约中存在频繁密切沟通交涉索赔的事实对照殊异,其更大概率的可能是,被申请人的该等主张是在本案中新提出的且缺乏事实基础。

至于承诺函中述及“对满负荷工况下脱硫装置性能依然负有合同责任”及被申请人第2条评价等内容,与双方修改了性能考核工况条件相关,显示出申请人同意被申请人保留在其锅炉在后续运行中如果达到500,000m^3/h等满负荷条件时依然要求考核内容达标的意见，这与本案工程性能指标约定相一致，也符合工业项目工程的相关惯例。工业工程项目常见性能考核验收（或称初步验收等）后进入质保期期间，业主提出若干整改内容的情况。本案申请人承诺对增压风机进行改造或整改，以及对被申请人提出的吸收塔塔壁修补处理等，均属于申请人在质保期内的合同义务，不能够证明因申请人原因导致锅炉无法达到原定满负荷。本案多份证据与此形成相互印证，包括被申请人于2020年3月发送申请人的函件显示，被申请人认可工程设施于2019年进行性能考核验收并出具验收报告，提出运行过程中增压风机风量不足要更换、脱硫塔出现漏浆液需要现场处理等服务需求。被申请人2020年11月签发的售后服务确认单也直接证明增压风机和脱硫塔等相关服务系申请人提供的质保期内服务，且令被申请人非常满意。

综上，仲裁庭认为，本案工程于2019年8月20日通过性能考核验收，自2019年8月21日起进入质保期。

2. 本案合同应否解除，各方主张对方的违约责任是否成立。

被申请人主张，因申请人违约，被申请人有权解除本案合同，有权要求申请人对工程逾期违约支付违约金约160万元，并有权因项目工程不符合合同约定要求申请人赔偿其遭受的经济损失约860万元（包括改良项目损失约190万元，外购蒸汽损失约680万元）。申请人无权要求支付合同项下的未付款约320万元，以及申请人主张的欠款经济损失。

申请人主张，工程设施符合合同约定且已于2019年8月通过性能验收，被申请人无权解除合同，因所称经济损失系属更换其原有设备及购买与申请人无关的蒸汽而不成立；工程逾期非系申请人原因且被申请人在约定索赔期内未索赔，逾期违约金也不成立。申请人有权要求被申请人支付约320万元合同款及按照一年期LPR的1.5倍计算的逾期付款经济损失。

(1)关于合同应否解除

仲裁庭注意到,被申请人主张有权按照合同专用条款约定解除合同的约定要件在于工程设施未通过72小时性能测试的工艺性能考核。如上述事实及第一个争议焦点所分析,本案工程已通过性能考核。所以,仲裁庭认为,被申请人关于有权依约定解约的主张因缺乏事实基础而不成立。

同时,被申请人还主张因申请人交付的项目工程不符合合同约定,且经被申请人催告整改工程仍消极应对导致工程至今仍不满足合同约定标准,被申请人依法也享有合同解除权。对此,仲裁庭认为,第一,申请人交付的项目工程符合合同约定,被申请人亦认可全部6项考核内容均通过72小时性能测试和24小时性能测试,且至今处于达标运行状态。第二,被申请人主张申请人违约的事由建立在其错误地将待处理烟气量的满负荷工况条件解释为申请人的合同义务和责任,并以此主张项目工程即使在24小时性能测试中总烟气量超过460,000m^3/h也因没有达到500,000m^3/h而构成申请人违约。如第一个争议焦点所分析认定,该主张因对合同约定的解释错误而不成立。第三,被申请人在本案中没有证明申请人存在其他足以构成其有权解除合同的违约事实。因此,被申请人关于有权依法定事由解约的主张,因缺乏其主张的申请人合同义务约定而不成立。

(2)关于被申请人主张的工程逾期违约金

仲裁庭注意到,第一,双方对于工程竣工移交相比于合同协议书约定的竣工日期延期41日没有异议。第二,如若申请人主张不构成工期违约的事由全部成立,影响天数可能达到41日。其中,主管部门检查及国庆节停工自2018年9月21日~10月8日直接影响计18日,申请人因国庆停工于2018年10月向被申请人索赔工期一个月(及停复工的二次进场等费用);2018年7月20日暴雨中被申请人雨水井排水管道破损导致雨水进入基坑,申请人工程施工直接延误10日(被申请人在本案中仅认可10日,主张即便如此也足以按照每天标准在本案中索赔约160万元逾期违约金)。第三,被申请人在合同履行过程中,没有向申请人提出工程逾期违约金索赔,也没有在向申请人的付款中进行相关扣款。

仲裁庭认为,根据合同通用条款“发包人的索赔”约定,“发包人认为,承包人因未能履行本案合同约定的职责、责任、义务,且根据本合同约定、与本合同有关的文件、资料的相关情况与责任,承包人应承担损失、损害赔偿责任,但承包人未能按合同约定履行赔偿责任时,发包人有权向承包人提出索赔。索赔依据法律及合同约定,并遵循如下程序进行:(1)发包人应在索赔事件发生后的30日内,向承包人送交索赔通知。未能在索赔事件发生后的30日内发出索赔通知,承包人不再承担任何责任,法律另有规定的除外。(2)发包人应在发出索赔通知后的30日内,以书面形式向承包人提供说明索赔事件的正当理由、条款根据、有效的可证实的证据和索赔估算等相关资料……”,结合被申请人在所称申请人工期延误事件发生后没有提出工程逾期索赔,且自2018年11月至被申请人在本案中提出逾期违约金索赔已超过3年,也即该等迟延索赔并非可以忽略容忍的短时间超期,结合申请人曾存在工期索赔事件及被申请人的相关履行行为,仲裁庭认为,按照上述合同约定被申请人已无权提出工程逾期违约金索赔。

(3)关于被申请人主张的采购设备及外购蒸汽损失

仲裁庭注意到,被申请人主张经济损失所涉的采购设备,系被申请人既有成套设施的设备更换,均不属于申请人在本案合同项下负责的工程设施的组成部分。被申请人主张采购设备及外购蒸汽损失的基础,均建立在其关于申请人应负责达到入口烟气量500,000m^3/h等锅炉满负荷及所谓被申请人不得不降负荷运行、导致需要外购设备提高整体设备运行效率和对降负荷造成的蒸汽量缺口进行采购之上。对此,被申请人提供了大量关于设备和蒸汽及损失计算的证据。

仲裁庭认为,如上述事实认定及第一个争议焦点中的分析,申请人提供的本案工程设施于2019年8月20日通过合同约定的性能验收,在性能验收的72

小时性能测试及质保期服务后的 24 小时性能测试中,各项考核内容均达标运行至今,不存在申请人工程设施不符合合同约定技术标准的违约问题。被申请人有权对自有的非属申请人合同范围内的设备进行采购更新及自行决策是否外购蒸汽纳入生产使用。但是,在不能证明申请人提供的工程设施违约的情况下,即使确实发生了相关设备采购更换及蒸汽采购的费用成本,也无权主张由申请人承担该等采购支出。

(4)关于申请人主张的欠付价款

仲裁庭注意到,双方对本案合同的未付款金额没有异议,被申请人抗辩无须支付的理由在于工程设施未通过性能考核、不符合合同约定性能指标而应解除合同。仲裁庭认为,因被申请人的抗辩理由不成立,结合上述本案工程设施于 2019 年 8 月 20 日通过性能考核、质保期已届满的事实,按照本案合同关于分期付款的约定,包含 10% 验收款和 10% 质保款的未付款共计约 320 万元均应已到期。因此,仲裁庭支持申请人关于被申请人欠付合同款约 320 万元的主张。

(5)关于申请人主张的逾期付款经济损失

仲裁庭注意到,一方面,增压风机改造和脱硫塔塔壁维修服务于 2020 年 11 月 3 日才完成(虽然完成时间受双方配合影响而非仅取决于申请人);另一方面,被申请人随后于 2020 年 11 月 12 日就发函申请人,以增压风机整改后工程设施烟气量无法达到约定性能验收指标为由,通知不再支付剩余款项及要求申请人退还已支付全部款项和赔偿外购经济损失。综合考虑本案合同履行及双方至迟在 2020 年就发生付款分歧、申请人本可尽早寻求救济等相关情况,按照公平合理原则,仲裁庭认为,不宜支持申请人主张的以一年期 LPR 的 1.5 倍计算的逾期付款经济损失。

(三)关于仲裁请求和反请求

1. 关于申请人请求由被申请人支付合同款约 320 万元及经济损失(按照同期全国银行间同业拆借中心发布的一年期贷款市场报价利率 1.5 倍计算,以约

160万元为基数,自2019年8月29日计算至实际支付止;以约110万元为基数,自2020年8月29日计算至实际支付止;以约50万元为基数,自2021年8月29日计算至实际支付止)。

如上述意见,仲裁庭认为,根据原《合同法》第107条、第263条及第287条等的规定,应支持由被申请人支付申请人欠付的合同款约320万元,不支持关于逾期付款损失的仲裁请求。

2. 关于申请人请求由被申请人退还约5万元风险保证金。

如上述意见,仲裁庭认为,因被申请人收到申请人风险保证金约5万元,且其主张有权扣款的金额缺乏可认定的事实基础,故应支持申请人该项仲裁请求。

3. 关于申请人请求由被申请人承担申请人的律师费、保全费用。

结合上述事实认定,考虑请求的律师费和保全费用与本案的关系及本案审理情况,根据2015年版《仲裁规则》第52条的规定,仲裁庭认为,不应支持该项仲裁请求。

4. 关于被申请人反请求解除本案合同。

如上述意见,仲裁庭认为,因被申请人主张的申请人违约情形并不成立,既缺乏其主张的合同专用条款约定的事实,也未证明存在原《合同法》第94条等有权依法解除合同的情形,故无法支持该项反请求。

5. 关于被申请人主张申请人赔偿因承建的项目不符合合同约定标准而给被申请人造成的经济损失共计约860万元(其中,改良项目损失为约190万元,外购蒸汽损失为约680万元)。

如上述意见,仲裁庭认为,因缺乏事实基础,不应支持该项反请求。

6. 关于被申请人反请求由申请人支付因逾期交付项目而产生的违约金约160万元。

如上述意见,仲裁庭认为,按照合同关于被申请人索赔的约定,及本案之前被申请人未曾提出相关索赔的事实,不应支持该项反请求。

7. 关于被申请人反请求由申请人承担已支付的法律服务费。

考虑本案审理结果，根据2015年版《仲裁规则》第52条的规定，仲裁庭认为，不应支持该项反请求。

8. 关于本案仲裁费用。

结合本案审理情况和裁决结果，根据2015年版《仲裁规则》第52条的规定，仲裁庭认为，本案本请求的仲裁费用，应由申请人承担30%，被申请人承担70%；本案反请求的仲裁费用，全部应由被申请人承担。

需要说明的是，双方当事人在本案中就案件事实及法律等问题向仲裁庭提出的相关材料和意见，均分别以仲裁请求和反请求相关的申请书、答辩书、证据、笔录、质证意见、代理意见、计算表、图片等形式保留在本案卷宗中，仲裁庭均已经予以充分的审阅和考虑。仲裁庭在案情中未予摘录、述及者，或者虽已在案情部分摘录述及但未在仲裁庭意见中予以引述者，并非仲裁庭忽视或默认。

三、裁　　决

综上，经合议，仲裁庭裁决如下：

1. 被申请人向申请人支付合同款人民币约320万元。

2. 被申请人退还申请人风险保证金人民币约5万元。

3. 驳回申请人其他仲裁请求。

4. 驳回被申请人全部仲裁反请求。

5. 本案本请求仲裁费由申请人承担30%，由被申请人承担70%。该笔费用已与申请人向贸仲缴纳的等额仲裁预付金相冲抵，故被申请人应向申请人支付相关费用，以补偿申请人代其垫付的仲裁费。

本案反请求仲裁费全部由被申请人承担。该笔费用已与被申请人向贸仲缴纳的等额仲裁预付金相冲抵。

上述应付款项，被申请人应自本裁决作出之日起20日内向申请人支付完毕。

本裁决为终局裁决，自作出之日起生效。

案例评析

【关键词】

合并仲裁　EPC 工程总承包合同　承包人义务　合同解除

【焦点问题】申请人与被申请人基于同一份合同各自提起仲裁后的程序处理;EPC 工程总承包合同约定的性能指标条件是否是承包人的义务;如何认定 EPC 工程总承包合同的解除条件以及各方的违约责任。

【焦点评析】

本案的基本案情:2018 年 5 月,申请人与被申请人签订了本案合同,约定申请人承包被申请人的"3×75t/h 循环流化床锅炉烟气提标改造 EPC 项目"交钥匙工程。本案合同总价款约 1600 万元,其中设计费、设备费、建安费按工程进度分期支付。

申请人主张,申请人已依约完成了全部合同义务,且案涉工程的缺陷责任保修期已届满,但被申请人未按约支付剩余价款约 320 万元,即对应合同总价款 10% 的剩余验收款以及质保款。申请人提出的仲裁请求包括请求裁决被申请人支付该等剩余价款约 320 万元并承担相应的经济损失(按照同期全国银行间同业拆借中心发布的一年期贷款市场报价利率 1.5 倍计算,以约 320 万元为基数,自 2019 年 8 月 29 日计算至实际支付止),请求裁决被申请人退还风险保证金,以及请求裁决被申请人承担申请人为本案所花费的律师费及仲裁费。

被申请人认为,申请人向被申请人提供的交钥匙工程不符合本案合同所约定标准,被申请人因此遭受了重大损失。被申请人对申请人提出的仲裁请求不认可,并提出了仲裁反请求,即请求裁决解除本案合同,请求裁决申请人向被申请人赔偿损失共计约 860 万元以及因其逾期交付项目而产生的违约金约 160

万元，以及请求裁决申请人承担被申请人为本案所花费的律师费以及仲裁费。

现结合本案案情及焦点问题，评述如下。

一、合并仲裁

境内外主要仲裁机构的现行仲裁规则中一般都包含合并仲裁(Consolidation of Arbitrations)的规定。合并仲裁，是指在满足一定条件的情况下，仲裁机构及/或仲裁庭将两个及/或以上独立但关联的仲裁案件合并为单一案件进行审理，以此提高争议解决的效率，同时避免相互矛盾的仲裁裁决。

贸仲在2012年版《仲裁规则》中首次引入“合并仲裁”的概念。根据现行的2024年版《仲裁规则》第19条第1款的规定，经当事人一方请求，在满足以下条件之一时，贸仲可以决定是否将多个案件合并审理：

(1)各案仲裁请求依据同一个仲裁协议提出；

(2)各案仲裁请求依据多个合同仲裁协议提出，该多个合同系主从合同关系、或多个合同所涉当事人相同及法律关系性质相同、或多个合同所涉标的具有牵连关系，且多个合同仲裁协议内容相同或相容；

(3)所有案件的当事人均同意合并仲裁。

考虑不同仲裁案件在合并前各自独立，仲裁程序的推进程度不一，仲裁庭的组成也可能不完全相同，根据2024年版《仲裁规则》第19条第2款的规定，贸仲在决定是否合并仲裁时，不仅会考虑各方当事人的意见，还会考虑相关仲裁案件之间的关联性等因素，包括不同案件的仲裁员的选定或指定情况等。

本案中，申请人与被申请人分别基于本案合同中的仲裁条款先后向贸仲提交了书面仲裁申请。其中，申请人提起的仲裁案件(以下简称前案)受理在先，因争议金额少于500万元，适用简易程序；被申请人提起的仲裁案件(简称为后案)受理在后，因争议金额超过500万元，适用普通程序。在贸仲向双方当事人分别寄送了仲裁通知后，被申请人即向贸仲递交了书面申请，请求将两案合并审理。对此，申请人亦书面告知贸仲，其同意被申请人的该申请。

鉴于双方当事人一致同意将前案和后案予以合并，且前案和后案均处在仲裁程序的早期,即均在发送仲裁通知后以及仲裁庭组成之前,经征求双方当事人意见,贸仲决定将后案合并至前案,两案合并后不再适用简易程序的规定。

二、EPC 工程总承包合同约定的性能指标条件是否是承包人的合同义务

与传统的建设工程合同不同,EPC 工程总承包合同要求承包商不仅需要完成工程的施工任务,还要负责工程的设计和采购。通常情况下,EPC 工程总承包合同主要包括三个部分:合同协议书、通用合同条件以及专用合同条件。其中,专用合同条款部分是经过当事人根据特定项目细化、完善、补充或者另行约定的部分,其效力优先于通用条款,对当事人权利义务的影响最大。

本案中,合同专用条款约定了满负荷条件条款,即锅炉单台蒸发量达到75t/h ±5t 或者总烟气量达到工况下 500,000m^3/h 视为满负荷。关于该条款是否构成申请人的合同义务的问题,是本案的核心争议焦点。此外,本案争议焦点还包括性能验收方案及性能测试方案中关于验收的内容和标准的约定是否构成对合同内容的变更,72 小时性能测试入口最大烟气量改为 400,000m^3/h 是否实际降低了合同约定的考核指标,承诺函及增压风机改造是否能够证明是申请人原因导致锅炉无法达到原定满负荷条件或者申请人应对此负责。

被申请人主张,锅炉运行达到入口烟气量 500,000m^3/h 等约定满负荷条件是申请人的合同义务,理由有三。一是基于合同约定的满负荷条件,申请人提供的工程设备应当能够处理三台锅炉同时运行下产生的 500,000m^3/h 的烟气。二是性能验收方案不构成技术检测标准的变更,验收方案中将烟气量上限改为 400,000m^3/h 属降低合同考核指标;若构成变更则应降低合同价格,但双方未调整价格,证明原技术标准未变更。三是申请人的承诺函、增压风机改造及被申请人评估均能证明增压风机故障是导致烟气抽取量不达标的重要原因。

申请人则主张,锅炉运行入口烟气量达到最高 500,000m^3/h 等约定的满负荷条件,不是性能考核验收标准及必要工况条件,不是申请人的合同义务。首先,申请人仅提供烟气处理设施而非烟气生产能力。被申请人的锅炉不能产生足够的烟气量以达到满负荷条件,与申请人无关。其次,双方达成的性能验

收方案具有法律效力，属于工况条件变更但未改验收标准。最后，增压风机不影响烟气产生量。烟气量取决于锅炉负荷、燃煤等外部因素。烟气量仅为工况参数，不是申请人的合同义务。增压风机改造仅是为了优化设备运行效率，不能据此证明申请人未能如约履行合同义务。

仲裁庭认为，锅炉运行达到入口烟气量500，000m^3/h等约定的满负荷条件不是申请人的合同义务。首先，申请人提供的仅为脱硫设施，而非包含锅炉在内的全套设备。锅炉运行达到的满负荷条件属于发包人需保障的外部工艺界面条件，即工程设计的基准参数。合同技术协议已明确将“工况湿烟气量≤500，000m^3/h”列为被申请人提供的设计基础数据，而非对申请人的设计要求。其次，申请人作为EPC总承包方，其责任限于在发包人设定的工况条件范围内确保工程设施性能达标。技术协议约定的“处理烟气量”（250，000～500，000m^3/h）本质是申请人承担义务的责任边界。在该界限内，申请人必须保障脱硫效果符合考核标准；若实际烟气量超出该范围（如>500，000m^3/h），则申请人无义务满足考核要求。最后，仲裁庭强调“处理烟气量”与“产生烟气量”的法律性质是不同。“处理烟气量”仅界定申请人责任范围，而“产生烟气量”完全取决于被申请人控制的锅炉运行状态。申请人仅负责对既有烟气进行工艺处理，而无法为锅炉未产生足量烟气承担责任。这一认定既符合工业项目常识，也与合同风险分配逻辑一致。

关于性能验收方案及性能测试方案中验收内容和标准的约定是否构成合同内容变更的问题。仲裁庭认为，双方有权合意修改合同中关于性能考核验收的约定，工况条件调整构成对合同相应内容的有效变更，但该修改仅针对性能测试的工况条件，而不是对工程设施技术性能指标的全面变更。根据合同通用条款（未被专用条款修改），双方签署的201910性能测试验收报告（含工况修改内容）依法成为合同组成部分。因此，被申请人以“性能验收方案未经盖章”主张变更无效的抗辩不能成立。被申请人援引合同通用条款“变更和合同价格调整”主张修改不构成合同变更的抗辩亦不能成立，理由是该条款仅规范

EPC 工程变更程序及价格调整，而不是关于双方合意修改合同条款的条款；并且，合同通用条款已被合同专用条款明确排除。因此，被申请人依据已被排除的条款抗辩，是对合同文件效力层级的错误理解。

关于 72 小时性能测试入口最大烟气量改为 400，000m^3/h 是否实际降低了合同约定的考核指标的问题，仲裁庭认为，该修改没有降低合同约定的考核标准。仲裁庭注意到，双方将入口烟气量上限从 500，000m^3/h 降至 400，000m^3/h 的同时，同时也将入口 SO_2 浓度从 3300 提高至 3500。烟气量的减少与 SO_2 浓度的提升相互抵消，并非当然减轻满负荷下的脱硫性能要求。特别是，在原合同约定的 250，000～500，000m^3/h 内，400，000m^3/h 以下的烟气量本就属于考核范围，而 SO_2 浓度提高反而增加了该区段的处理难度。综合来看，仲裁庭不认可被申请人关于工况调整实际降低了合同约定的考核指标的主张。

关于被申请人基于承诺函及增压风机的改造而推出锅炉无法达到原定满负荷条件是申请人责任的主张，仲裁庭不予认可。仲裁庭注意到，申请人在承诺函中关于“对满负荷工况性能负责”的表述，是基于双方修改性能考核工况条件后，申请人同意被申请人保留未来锅炉达到 500，000m^3/h 时仍要求工程达标权利的意思表示，符合合同约定及工业项目惯例。在设备质保期内，申请人进行增压风机改造、脱硫塔修补等属常规技术服务，不能因此理解为对锅炉未达满负荷而承担责任。被申请人 2020 年 11 月签发的售后服务确认单进一步印证了该等服务属于质保期义务的履行。因此，该等事实不能得出申请人应对锅炉未达原定工况条件承担责任的结论。

三、如何认定 EPC 工程总承包合同的解除条件以及各方的违约责任

合同解除有法定解除和约定解除两种类型。《民法典》第 562 条规定了约定解除的情形，即“当事人协商一致，可以解除合同。当事人可以约定一方解除合同的事由。解除合同的事由发生时，解除权人可以解除合同”。《民法典》第 563 条第 1 款规定了法定解除的情形，即“因不可抗力致使不能实现合同目的的；在履行期限届满前，当事人一方明确表示或者以自己的行为表明不履行

主要债务；当事人一方迟延履行主要债务，经催告后在合理期限内仍未履行；当事人一方迟延履行债务或者有其他违约行为致使不能实现合同目的；法律规定的其他情形”。

合同解除的前提一般是承包人确实存在上述严重违约行为，且足以达到合同目的无法实现的地步，否则向承包人发出解除函并不必然导致合同解除。《全国法院民商事审判工作会议纪要》第47条明确规定，“合同约定的解除条件成就时，守约方以此为由请求解除合同的，人民法院应当审查违约方的违约程度是否显著轻微，是否影响守约方合同目的实现，根据诚实信用原则，确定合同应否解除。违约方的违约程度显著轻微，不影响守约方合同目的的实现，守约方请求解除合同的，人民法院不予支持；反之，则依法予以支持”。

本案中，被申请人主张，因申请人违约，被申请人有权解除本案合同。申请人则主张，工程设施符合本案合同的约定且已经通过性能验收，被申请人不享有对本案合同的解除权。

仲裁庭认为，被申请人不享有本案合同的解除权。首先，如前所述，本案工程已经通过性能考核，因此被申请人不能依据合同专用条款（在于工程设施未通过72小时性能测试的工艺性能考核时有权解除合同）解除合同。其次，被申请人将待处理烟气量满负荷工况解释为申请人合同义务的主张不能成立，因此申请人对此不存在违约。最后，被申请人未能证明申请人存在其他足以支持法定解约的违约事实。

关于被申请人主张的工程违约金。仲裁庭认为，被申请人无权主张工程逾期违约金。首先，双方对工程延期41日无异议，但是对于工程延期的责任主体存在争议。其次，根据合同通用条款，发包人须在索赔事件发生后30日内提交书面索赔通知，否则承包人免责。即使造成工程延期的责任主体在申请人，被申请人自2018年11月30日工程移交至本案提起索赔已逾3年，远超合同约定的索赔时限，且被申请人也自认其从未在履约过程中提出任何逾期索赔或扣款。

关于被申请人主张的采购设备及外购蒸汽损失，基于仲裁庭在上文中的认定,即申请人在本案合同项下不存在任何违约,仲裁庭认为,被申请人采购更新自有设备或外购蒸汽,是被申请人的自发行为,该等行为与申请人在本案合同项下的履约行为没有直接关联。被申请人所发生的采购费用,不应由申请人承担。

关于申请人主张的合同剩余价款及逾期付款损失。仲裁庭认为,鉴于案涉工程已于2019年8月20日通过性能验收且质保期届满,根据本案合同中关于分期付款的约定,剩余10%验收款及10%质保款共计约320万元的付款条件均已成就。因此,被申请人应向申请人支付合同剩余价款约320万元。但是,结合双方自2020年起就已存在付款争议,而申请人未能及时寻求救济等情况,基于公平原则,仲裁庭不支持申请人关于被申请人按照一年期银行间同业拆借利率的1.5倍赔偿计算逾期付款损失的请求。

【结语】

本案的特殊之处在于,发包人未向承包方支付合同剩余价款的原因,即发包方主张的承包方在案涉合同项下的违约行为,并非承包方的合同义务。仲裁庭基于EPC工程总承包合同的特殊性和合同风险分配原则,并结合对合同性能指标条款的解释,综合认定了承包人合同义务的范围。发包人不得将自身设备能力缺陷转化为承包人的履约责任。

在认定EPC工程总承包合同的解除条件以及各方的违约责任时,仲裁庭审查了守约方是否享有合同约定或法定解除权。发包人享有合同解除权的前提是承包人存在严重违约以达到合同根本目的无法实现的行为。本案中,案涉合同项下的设备性能测试通过且质保期届满后,发包人才以工艺界面条件未满足而主张解除合同,不能成立。此外,法律权利应积极行使。当违约索赔超过合同约定或者法定的合理期限时,守约方可能被视为对违约索赔的放弃。

A公司与B公司承包协议书争议案

中国国际经济贸易仲裁委员会(以下简称贸仲)根据申请人A建筑安装工程有限公司(以下简称申请人)与被申请人B房地产开发有限公司(以下简称被申请人)于2010年4月签订的《承包协议书》(以下简称承包协议)中仲裁条款的约定,申请人于2016年11月提交贸仲的书面仲裁申请,受理了申请人和被申请人之间因上述协议而产生的本争议仲裁案。

一、案　　情

(一)申请人的仲裁请求及事实和理由

2010年4月,申请人与被申请人签订了关于被申请人开发的《承包协议》。2010年5月,被申请人就M市N小区建设工程项目发布了招标文件,申请人于2010年6月向被申请人发出投标文件,2010年6月申请人中标。2010年6月,申请人与被申请人正式签订了《建设工程施工合同》(以下简称施工合同)。双方具体约定N小区项目的施工事宜,工程总价款为人民币近1亿元(本案币种均为人民币,下同),案涉工程含2栋高层建筑及1栋临街商业楼(其中包括:南住宅楼地下1层,地上22层;北住宅楼地下1层,地上26层;临街1栋4层商业楼及地下车库建设工程项目)。承包协议和施工合同明确约定了按九个支付节点由被申请人向申请人支付案涉工程款项。申请人在入场前已向被申请人交纳保证金600万元。

申请人及时履行了合同约定的施工义务,已完成工程量根据双方在承包协议及施工合同中约定的工程款(进度款)支付节点提交支付申请及相关附件,被申请人应当支付对应工程款,但被申请人无任何正当理由迟延和拒绝支付工程款,申请人于2011年5月19日之前已向被申请人申报的节点拨款为近3800万元,而被申请人在前两个节点未按时支付,一直拖延付款,在第三个支付节点中只付清第1期,第2期未完全支付,其余各期均未支付,截至目前仅支付了1800余万元的工程款,按申请的节点拨款尚欠工程进度款近1800万元。

截至2011年6月16日,申请人已经完成约定九个支付节点中的两个支付节点工程量,第三个工程支付节点工程已经大部分完成,其中南楼22层主体砼浇筑已经完成,北楼第18层主体砼浇筑已完成,砌体施工完毕至7层,商业楼4层主体砼浇筑完成,砌体已经完成,该工程量已经监理公司确认。

申请人此前已经垫付了巨额工程款,至2011年6月无力再垫付。2011年6月15日,申请人迫于无奈向被申请人、监理公司发出停工通知书,并于2011年6月16日向M市建筑安全监督站提出停工申请。2011年6月26日后,被申请人开始不支付任何款项,后申请人多次与被申请人就工程进度款项支付事宜进行商榷,但被申请人均以各种借口不予支付。由于被申请人不按时支付工程款项,申请人被迫停工,案涉工程因此尚未支付完成。

双方实际履行的的确是承包协议的内容,但根据承包协议签署的《承诺书》,是被申请人利用其地位,胁迫申请人签署,不是双方真实的意思表示,不能作为计算工程款的依据。

2010年6月,双方根据招投标结果签订的施工合同,虽未实际履行,但招投标确认的基本原则应当予以确认,关于施工合同中争议解决条款应当予以适用,尤其是承包协议未约定的争议解决内容。施工合同附件《说明》因违反招标投标法而无效,不能否认施工合同中争议解决条款的效力。

截至2020年12月8日,被申请人欠付申请人工程款本金共计3110余万元。申请人要求被申请人支付工程款欠款(按照中国人民银行同期贷款利率)的利息近 1130 万元;因违约行为造成的工程款违约金近 830 万元;因被申请人不支付工程款项造成的物料剩余价值 850 余万元;案涉工程看管维护费用 120 余万元;停工期间的脚手架、工具、机械租赁费用 140 余万元;未退还的履约保证金 250 万元,履约保证金利息 110 余万元;案涉工程所在 M 市同等位置房价已经由 2011 年的 4000 余元涨至 2016 年的 1 余万元,被申请人欠付的工程款项产生了预期利益损失,按国家统计局公布的同期通货膨胀率主张预期利益损失 420 余万元;律师费;诉讼保全费,保函费;申请人预交的仲裁费;扣除申请人同意承担的水电费近 11 万元;扣除申请人同意承担的因质量问题产生的修复费用 250 万元。以上申请仲裁标的额暂计共 6100 余万元。

现造价鉴定和质量鉴定工作均已经完成,申请人确认接受《工程造价补充鉴定意见书》中第 2 项按照承包协议中约定的计价原则进行计算,已完工程项目所涉造价为 5000 余万元,不接受被申请人提出的异议项近 60 万元。申请人确认被申请人已经支付工程款 1820 万元,被申请人从申请人交纳的 300 万元保证金中已经扣除 50 万元,尚未退还的保证金为 250 万元。除已列明依据费用外,其他费用均为案涉工程实际发生费用。

申请人最终确定的仲裁请求如下:

1. 解除申请人与被申请人于 2010 年 4 月 6 日签订的承包协议;

2. 申请人和被申请人之间于 2010 年 6 月 25 日签订的施工合同无效;

3. 申请人与被申请人签署的合同附件《承诺书》和《说明》无效;

4. 被申请人支付已完成项目尚欠的工程款本金 3110 余万元;

5. 被申请人支付自违约之日起至实际履行之日止的工程欠款利息损失,暂计至 2020 年 12 月 8 日,数额为 1200 余万元(自 2010 年 12 月 12 日起分段计算至 2020 年 12 月 8 日的工程欠款利息,按中国人民银行同期银行贷款利率计算),2020 年 12 月 9 日之后的利息损失以 3110 余万元为基数计算;

6. 被申请人因欠付工程款而产生的违约金,数额为近 830 万元(按照日万分之一自2010年12月12日分段计算至实际履行之日止,暂计至2020年12月8日,2020年12月9日之后的违约金以3110余万元为基数计算);

7. 被申请人支付案涉工程现场剩余物料款850余万元;

8. 被申请人支付案涉工程现场停工期间至双方交接之日止的看管维护费用,暂计至2020年12月8日,数额为120余万元,2020年12月9日之后按照每季度近4万元计算;

9. 被申请人支付停工期间案涉工程现场脚手架、工具、机械等的租赁费用,暂计至2020年12月8日,数额为140余万元;

10. 被申请人退还申请人履约保证金本金250万元及自2011年6月16日至实际返还之日止的保证金利息,利息暂计至2020年12月8日,数额为110余万元,按照中国人民银行同期贷款利率计算;

11. 被申请人支付申请人预期利益420余万元;

12. 被申请人向申请人支付律师费;

13. 被申请人向申请人支付诉讼保全费用5000元,保函费用6余万元,共计6.6万余元;

14. 被申请人向申请人支付预交的仲裁费;

15. 申请人自愿承担因质量问题产生的修复费用250万元;

16. 申请人自愿承担水电费近10万元。

(二)被申请人的答辩意见

1. 关于申请人提出的第1、2、3项仲裁请求

第一,申请人第1项仲裁请求与被申请人第2项仲裁反请求一致,即确认2010年4月签订的承包协议于2013年7月解除,应当根据被申请人的反请求裁决该承包协议解除。

第二,申请人第2项仲裁请求与被申请人第1项仲裁反请求一致,即确认2010年6月签订的施工合同无效,应当根据被申请人的反请求裁决该施工合同无效。

第三，对于申请人提出的第3项仲裁请求应当予以驳回，即2010年4月签订的承包协议、《承诺书》以及次日签订的《说明》为双方真实意思表示，且双方按照上述约定实际履行，上述协议真实有效，应当作为工程造价结算及违约认定的依据。

第四，申请人对于各协议的效力以及造价依据前后矛盾，出尔反尔，充分体现其并非诚信履行合同，且本案造价一直未能核算是申请人造成的。

2. 关于申请人提出的第4~11项仲裁请求

第一，被申请人认为应当以承包协议、《承诺书》及《说明》约定的计价原则计算工程造价，根据上述计价原则，鉴定意见中已完工程造价为近4400万元及现场堆放材料为10余万元，扣除被申请人对造价异议项300余万元，扣除被申请人已支付工程款2240余万元，被申请人需付工程款为1800余万元。申请人第4项请求不正确。

第二，被申请人没有拖欠工程款的违约行为，造成工程价款结算未能结算的原因在于申请人，因此申请人第5、6、7、8、9、10、11项仲裁请求支付工程欠款利息及违约金没有实际法律依据，应当予以驳回。

第三，由于自2011年6月申请人擅自停工之日起，至今已将近10年，而且，自2013年7月被申请人向申请人发出《解除合同通知函》要求其撤场并移交工程场地，至今也已将近8年，工程场地均为申请人控制并经营使用，申请人并未及时办理现场公证，工程现场实际情况已不能反映停工时的状态，现场剩余物料不能证明与涉案工程有关。申请人擅自停工后，现场脚手架、工具、机械等租赁已无必要，由于申请人控制并经营施工场地，相关的人员工资也与涉案工程无关。并且按承包协议约定，擅自停工在甲方通知解除合同10日内如不交出工地，则应每日按工程总造价的万分之三左右承担违约金。申请人单方擅自停工且拒绝移交工程场地的行为，没有合同和法律依据，已构成违约，其作为违约方要求支付现场剩余物料款、现场停工期间看管维护费用及停工期间现场脚手架、工具、机械等的租赁费用、预期利益等损失的各项仲裁请求，均应当予以驳回。

3. 关于申请人提出的第 14 项仲裁请求

第一,本案申请人存在未按照合同约定提供约定的请款文件,付款条件未成就;申请人违反诚实信用原则,严重高估冒算,对于以哪份合同作为结算依据以及结算原则多次反复,前后矛盾,工程造价未结算的主要责任在于申请人。

第二,申请人擅自单方停工,并拒绝移交工程场地,本案纠纷因申请人引起,应由申请人自行承担仲裁费。

4. 关于申请人提出的第 15 项仲裁请求

第一,该项请求为被申请人提出的第 4 项反请求中的一部分,即"申请人向被申请人支付质量不合格工程的返工、修理等费用……具体金额以鉴定机构鉴定结论为准"。

第二,对于申请人自认的 250 万元修复费用,应当由申请人支付。

第三,由于申请人施工过程中施工质量控制不严,擅自停工,拒不交出场地,也不采取任何保护措施等原因,造成涉案工程出现南楼、北楼及北楼裙楼结构工程楼板板面的钢筋保护层厚度不满足规范要求;现浇结构外观存在裂缝,并伴有渗漏或水痕等现象,还存在表面起砂等问题;预留外露钢筋锈蚀,部分钢筋锈蚀较为明显等质量问题,修复费用应由申请人全部承担,即根据修复鉴定机构出具的《工程初步设计概算》《关于本案庭审后补充意见》,申请人至少应向被申请人支付质量不合格工程的返工、修理等费用为 900 余万元。

第四,根据检测报告,南楼和北楼各抽测了 65 块板进行了钢筋保护层检测,裙楼共抽测了 10 块楼板进行了钢筋保护层检测,整个抽测数量达不到全楼楼板数量的 10%,根据加固图纸,负弯矩筋的加固部位也仅仅针对以上检测部位,远远没有覆盖全楼,由于钢筋保护层厚度不足属于主体结构质量问题,且被检测部位的板面钢筋不合格率均达到了 90% 以上,基本不满足设计要求,按照此方案进行加固处理,将会有大量的未检测楼板存在安全隐患。被申请人建议将所有楼板板面钢筋保护层厚度未检测的部分进行检测,并根据检测结果进行全部加固处理,消除安全隐患,或根据样本数量及结果,把检测结果扩展到全楼,按照全楼进行造价计算。

第五,对于地下室因积水未能进行质量鉴定及修复方案造价等评估工作,被申请人保留在抽水后发现质量问题进一步主张的权利。

5. 关于申请人提出的第16项仲裁请求

第一,对于申请人自愿承担水电费的部分,即近11万元,被申请人予以认可。

第二,《造价鉴定意见》作出水电费付款凭证所涉金额为近50万元,均应由申请人支付。

第三,承包协议第12条第10款约定,“乙方(申请人)按时交纳施工中的水、电费(商业电价)”。申请人在庭审中也“认可(水电费)这笔钱可以从工程款中扣除”,并庭后核实费用。被申请人认为,该垫付费用实际发生,应在工程款中扣除。即便在申请人于2011年6月擅自停工之后,其仍占据施工现场,并开设美食广场等经营行为,应继续支付水电费。

(三)被申请人仲裁反请求

1. 双方合同签订情况

2010年4月,双方签订承包协议,约定由申请人承包建设被申请人开发的N小区之南楼、北楼、地下车库与临街商业楼工程项目,总建筑面积约80,000平方米,工程总价款约(估)8000万元。其中,第3条“协议工期”约定,开工时间为2010年4月12日,协议工期为南楼22层660日历天,北楼26层及临街商业700日历天,车库不单独计算工期,穿插完成。第4条“质量标准”约定,必须达到M市优良工程,以质量管理部门出具的书面证书为准。第5条约定了“工程造价及工程款的计价方式”,第6条约定了“工程款(进度款)支付”,第7条约定了“履约保证金”800万元于签约后一次性交清。第11条、第12条约定,甲方(被申请人)代表:自然人P,职务:经理;乙方(申请人,仲裁庭注)派驻的项目经理:自然人Q(二级建造师),乙方的要求、通知,均以书面形式由项目经理签字并加盖公章后递交甲方代表。此外,第 21 条第 5 款约定:“本协议中的条款与在住建委备案的《建设工程施工合同》中的条款不一致之处以本协议为准。”

签订承包协议的同时,申请人向被申请人出具《承诺书》,承诺承包协议在实际结算过程中按以下方式结算,其中包括“《承包协议书》中第五条第(二)款实际是按二类工程取费,人工(土建、安装、装饰)市价按 50 元/定额工日,税前优惠 8%结算(一口价项目、未取费项目、未取费材料除外)。《承包协议书》中第六条工程款支付中关于付款(二)工程款支付的节点:到节点 2 完成时,同时付节点 1、2 的工程款。不收取履约保证金的利息。其他条款执行承包协议书约定。申请人保证不以任何借口要求按承包协议书的内容支付和结算工程款,如有违背此承诺,被申请人可全额扣除履约保证金并向申请人追索一切损失的赔偿”等内容。

承包协议及《承诺书》签订后,申请人于2010 年 4 月 12 日正式开工。2010 年 6 月,双方按照相关规定补办了招标投标手续,并于 2010 年 6 月 25 日签订了施工合同。

2010 年 6 月 26 日,被申请人与申请人双方签订《说明》,约定:“2010 年 6 月 25 日《建设工程施工合同》及被申请人委托正源事务所编制的工程量清单仅用于办理在 M 市市建委的招标程序使用,与工程实际施工和结算无关,对双方均没有任何法律效力。工程施工、结算均以双方于 2010 年 4 月签订的《建设工程施工承包协议书》为依据。”

2. 双方合同的履行和纠纷的产生

2010 年 4 月,申请人向被申请人交纳 300 万元履约保证金,并以其资金紧张为由,承诺剩余 400 万元履约保证金在工程进度款中扣除。2010 年 4 月 12 日工程正式开工,2010 年 6 月,被申请人收到 M 市政协办公室发来的《函件》,告知政协办公室接到举报,现甲工地上的钢材全部是假的,都是小厂假冒品牌厂家的,责成被申请人彻查,一定杜绝假冒伪劣产品用到本工程上。接到《函件》后，被申请人高度重视，迅速调查相关情况，很快在工商局的介入调查下，查明申请人已进场的几百吨钢材全部假冒某钢铁公司产品。

2010年7月，案外人C项目有限管理公司及该项目总监理工程师自然人R向被申请人出具了《对钢材问题的认识》，认可对进场钢材不合格事件负有不可推卸的责任，并对现场监理人员责任心不强，工作不细致，检查不严格等失职行为进行检讨。

2010年7月8日，申请人向被申请人出具《保证书》，认可因其失误购进了几百吨不符合要求的钢材到N小区工地，由此其无条件致歉和承担全部责任，并郑重承诺：(1)重新选定钢材供应商，重新订购国标优质钢材在7月9日进场，到19日争取约1400吨全部到工地；(2)目前现场钢材造册登记，在被申请人及监理监督下全部清除出场；(3)新进钢材严格把好质量关，不再犯类似质量错误；(4)同意从履约保证金中扣除50万元的罚金；(5)承担工期延误等损失，并会在今后的工程中将损失的工期抢回来。

在施工过程中，申请人还存在其他施工和质量问题，导致工程施工进度严重落后于工期计划。2011年6月10日，申请人突然向M市中级人民法院提起诉讼，要求解除合同并按照施工合同进行结算和支付工程款。6月16日，申请人单方擅自停工。7月4日，根据申请人申请，M市中级人民法院作出(2011)某民一初字第×号民事裁定书，裁定冻结被申请人银行存款5000万元或查封、扣押同等价值的其他财产，根据所附“查封、扣押财产清单”，共查封被申请人129套房产。申请人的一系列行动，导致该项目建设及房屋预售已无法正常进行。为维护社会稳定，被申请人被迫为房屋买受人办理了退款手续，该项目开发建设和预售工作也全部被迫停滞至今，被申请人遭受了巨大的经济损失。为此，双方发生争议。

被申请人认为，双方签订的施工合同违反《招标投标法》第43条“在确定中标人前，招标人不得与投标人就投标价格、投标方案等实质性内容进行谈判”的规定。该施工合同是在双方签订承包协议并进场施工两个多月后，才因补办手续而补签的合同,应认定无效。双方实际履行2010年4月签订的承包协议及《承诺书》,按照双方约定,被申请人已按约超额支付申请人工程进度款,申请人单方要求变更合同,严重违反诚实信用原则。

3. 合同解除及申请人应承担的违约责任

(1)承包协议已于2013年7月通知到达之日解除

2013年7月,被申请人向申请人发出《解除合同通知函》,通知:由于申请人2011年6月擅自停工,且占据施工场地拒不交付,致使该项目至今未能竣工,其间多次派人约谈要求恢复施工未果。现根据合同约定和法律规定,决定如下:①解除双方签订的承包协议,本通知自到达申请人时解除合同即生效;②申请人应自收到解除通知之日起10日内撤离,将施工工地和现状工程经政府相关部门验收质量合格的全部证明文件和全部施工资料交付,逾期交付,每逾期1日按暂定合同价款的万分之三支付违约金;③申请人恶意违约的违约金及给被申请人造成的巨额经济损失,被申请人将继续依法通过各种途径要求赔偿。

原《合同法》第96条规定:"当事人一方依照本法第九十三条第二款、第九十四条的规定主张解除合同的,应当通知对方。合同自通知到达对方时解除。对方有异议的,可以请求人民法院或者仲裁机构确认解除合同的效力。"

本案中,申请人单方擅自停工,提起诉讼要求解除合同并查封冻结被申请人的预售房屋,逾期竣工等情形,已经符合承包协议第20条约定的合同解除条件,也符合原《合同法》第94条规定的法定解除条件。2013年7月,被申请人发出《解除合同通知函》后,双方实际履行的2010年4月承包协议已于通知到达申请人之日解除。

(2)申请人应当向被申请人承担的违约责任

第一,申请人至今未按照通知要求撤离及移交工程,还利用工程场地开设美食广场,谋取非法经济利益,其行为已构成严重违约。

我国原《合同法》第97条规定,"合同解除后,尚未履行的,终止履行;已经履行的，根据履行情况和合同性质，当事人可以要求恢复原状、采取其他补救措施，并有权要求赔偿损失”。

承包协议第 20 条约定，“甲方按照本合同约定行使解除权的，解除合同通知自到达乙方之日起生效。不论甲方解除合同的理由最终是否成立，乙方均应自接到解除合同通知之日起十日内撤离完工地人员、设备材料”。承包协议于 2013 年 7 月通知解除后，申请人应当按照法律规定和合同约定向被申请人移交工程及场地，其不但拒绝撤离及移交工程，还利用工程场地开设美食广场，谋取非法经济利益，其行为已构成严重违约。

第二，申请人应按照承包协议的约定，向被申请人支付其逾期撤离及移交工程、工期延误、工程质量不合格等各项违约金。

首先，关于逾期撤离并移交工程违约金。承包协议第 20 条“合同解除”约定：“甲方按照本合同约定行使解除权的，解除合同通知自到达乙方之日起生效。不论甲方解除合同的理由最终能否成立，乙方均应自接到通知之日起十日内撤离完工地人员、设备、材料。乙方逾期撤离人员、设备、材料的，每逾期一日按照暂定合同价款的万分之三向甲方支付违约金。如甲方解除合同的理由不能成立，甲方除按照合同约定结算乙方已经完成的工程款外，还应赔偿乙方的经济损失。”因申请人 2013 年 7 月收到《解除合同通知函》后至今未撤离并移交工程，按照该条约定，暂截至 2017 年 3 月 31 日，申请人应向被申请人支付违约金：近 9000 万元 ×0.03% ×1331 天 = 近 3600 万元。

其次，关于解除合同违约金。承包协议第 20 条“合同解除”第 3 款约定：“因乙方原因逾期三十日未完成本合同项下分段工程或全部工程施工任务或验收的，甲方有权解除本合同。甲方解除本合同的，乙方按照暂定合同总价的 8% 向甲方支付违约金。”因申请人原因，工程未能按期施工完成并验收，按照该条约定，被申请人解除合同后，申请人应向被申请人支付违约金：近 9000 万元 ×8% = 约 720 万元。

最后，关于工程质量违约金。承包协议第 19 条第 2 款约定：“如工程质量达不到合同约定的标准,乙方应:①采取补救措施使工程质量达到验收标准;②按照暂定合同总价款的1%向甲方支付违约金,并且必须无条件返修至合格;③赔偿给甲方造成的损失。”因施工过程中,申请人出现了采购进场假冒伪劣钢材等工程质量问题,按照该条约定,申请人应向被申请人支付违约金:近9000万元×1%=近90万元。

第三,因涉案工程质量不合格,被申请人有权拒绝向申请人支付工程款,并有权要求申请人支付质量不合格工程的返工、修理等费用。

最高人民法院《关于审理建设工程施工合同纠纷案件适用法律问题的解释》(已失效,法释〔2004〕14号)第10条规定:“建设工程施工合同解除后,已经完成的建设工程质量合格的,发包人应当按照约定支付相应的工程价款;已经完成的建设工程质量不合格的,参照本解释第三条规定处理。”该解释第3条规定:“建设工程施工合同无效,且建设工程经竣工验收不合格的,按照以下情形分别处理:(一)修复后的建设工程经竣工验收合格,发包人请求承包人承担修复费用的,应予支持;(二)修复后的建设工程经竣工验收不合格,承包人请求支付工程价款的,不予支持。”

经被申请人聘请专业人士对涉案工程现场勘验,涉案工程存在地下室积水严重、多数楼层的楼板有裂纹、楼板与梁的砼保护层厚度不合格等严重质量问题,按照上述司法解释规定,承包协议解除后,因工程质量不合格,被申请人有权拒绝向申请人支付工程款,并有权要求申请人承担修复费用。

第四,申请人单方擅自停工、利用司法程序查封冻结被申请人财产及拒绝撤离并移交工程等一系列违约行为,给被申请人造成了巨大的经济损失。相关损失包括但不限于:已投入开发资金利息损失、已售房屋退房损失、已取得预售许可证房屋因错误查封无法对外出售损失、申请人强占工地开设美食广场租赁费损失、停工期间支出土地使用税损失以及预期利益损失等各项经济损失,暂计金额5400余万元。

综上所述,本案双方签订的施工合同无效,本案工程款结算应当以双方实际履行的2010年4月承包协议及《承诺书》为依据。按照最高人民法院《关于审理建设工程施工合同纠纷案件适用法律问题的解释》(已失效,法释〔2004〕14号》的规定,涉案工程质量不合格,被申请人有权拒绝支付工程款,并有权要求申请人承担修复费用。申请人无正当理由单方要求变更合同及擅自停工、拒绝撤离并移交工程、工期延误等行为构成违约,应当依照承包协议约定承担相应的违约责任。

被申请人最终确定的仲裁反请求如下:

①确认被申请人与申请人于2010年6月签订的施工合同无效。

②确认被申请人与申请人于2010年4月签订的承包协议于2013年7月解除。

③申请人立即向被申请人移交工程及场地,并按照承包协议第16条的约定、住房和城乡建设部《房屋建筑和市政基础设施工程竣工验收备案管理办法》第5条规定、住房和城乡建设部发布的国家标准《建筑工程施工质量验收统一标准》(GB 50300－2013)、行业标准《建筑工程资料管理规程》(JGJ/T 185－2009)以及M市所属省份S省工程建设标准《建筑工程(建筑与结构工程)施工资料管理规程》(DB 37/T 5072－2016)的要求,向被申请人移交全部竣工资料,具体以M市相关部门工程竣工验收备案要求为准。

包括但不限于移交:有关整个涉案工程的技术档案和施工管理资料、工程使用的主要建筑材料、建筑构配件、设备的出厂合格证和进行试验报告、施工组织设计及报审表、质量安全保证计划、图纸会审和技术交底记录、工程技术文件报审表、技术管理资料、施工方案、土建工程分部分项隐蔽验收签证记录及报验申请表及隐蔽工程验收单、地下室防水效果检查记录、工程项目验收会议纪要、施工过程中质量事故调查处理报告及记录、施工日志及施工记录、工程概况表及施工进度计划分析、不合格项处置记录、项目大事记及施工总结、工程定位测量、放线记录、建筑物沉降观测记录、混凝土浇灌记录和证明、混凝土养护测温记录、开工/停工/复工报告、设计变更通知单,技术变更核实单、钢材出厂合格证及报审表、钢材抗拉、焊接试验报告及见证记录、钢材接头试验报告及见证记录、电焊条出厂合格证及报审表、水泥出厂合格证及报审表、水泥性能实验报告及见证记录、砂、石料出厂合格证、物理性能试验报告及见证记录、预拌混凝土出厂合格证及汇总表、混凝土配合比通知、混凝土强度(抗压、抗折)试验报告及见证记录、混凝土强度试验结果汇总表、砂浆配合比通知、砂浆抗压强度试验报告及见证记录、砂浆强度试验结果汇总表、砖出厂合格证、物理力学性能检(试)验报告及见证记录、防水和保温材料合格证、试验报告及见证记录、其他土建材料出厂合格证、进场检验记录、检验报告及报审表。

④申请人应向被申请人支付质量不合格工程的返工、修理等费用,预估费用金额为 1000 万元,具体金额以鉴定机构鉴定意见为准。

⑤申请人向被申请人支付其逾期撤离及移交工程违约金近 3600 万元、违法解除合同违约金约 720 万元、工程质量不合格违约金 80 万元,总计金额 4000 余万元;其中,逾期撤离及移交工程违约金暂计算至反请求之日,最终以承包协议第 20 条约定的标准,计算至申请人实际撤离及移交工程之日止。

⑥申请人向被申请人赔偿已投入开发资金利息损失 2850 余万元、已售房屋退房款利息损失 1300 余万元、已取得预售许可证房屋无法对外出售的利息损失 2 亿余元、停工期间支出土地使用税损失余万 90 余万元等各项经济损失,总计约 2 亿余元,被申请人酌情主张超出违约金之外的赔偿损失金额计 1000 万元。

⑦申请人承担本案全部仲裁费用,包括仲裁受理费、鉴定费、律师费。

(四)申请人关于仲裁反请求的答辩意见

1. 2010 年 4 月签订的承包协议是双方实际适用的结算依据。该协议第 6 条约定了详细的支付时间节点,被申请人违反约定已经构成违约,应当按申请人的申请承担违约责任。

2. 2010 年 6 月签订的施工合同无效,但不影响争议解决条款的适用。

经过招投标后,申请人和被申请人签订施工合同,该施工合同已经在M市建设工程招标投标办公室备案,招投标文件的原则不应予以改变。

申请人及时履行了施工合同和承包协议约定的施工义务,施工合同和承包协议对于工程款的支付约定完全相同,已完成工程量根据双方在施工合同中约定的工程款(进度款)支付节点提交支付申请及相关附件,但被申请人无任何正当理由迟延和拒绝足额按时支付工程款,申请人于2011年5月之前已向被申请人申报的节点拨款为近3800万元,截至目前仅支付了1800余万元的工程款,按申请的节点拨款尚欠工程进度款近1800万元。申请人此前已经垫付了巨额工程款,至2011年6月无力再垫付。2011年6月,申请人迫于无奈向被申请人、监理公司发出停工通知书,并于次日向M市建筑安全监督站提出停工申请。停工通知发出10日后,被申请人开始不支付任何款项。

被申请人违反承包协议和施工合同的约定,明确不履行合同约定的付款义务,构成严重的根本违约,导致合同目的不能实现,被申请人应当按照相关法律规定和承包协议履行欠款责任和违约责任,并承担因逾期支付工程款产生的逾期利息。

3. 修复造价鉴定意见的费用,申请人只是合理承担。

关于修复,申请人坚持终止双方之间的任何合同权利义务,不再进行任何修复和施工工作,只承担修复的一半费用即250万元,水电费近11万元。鉴于被申请人没有按期支付进度工程款,且已经每层都进行了验收并未提出异议,被申请人应当承担修复工程一半的费用;对于放置导致的钢筋等建筑材料裸露而造成的损失和后果应当承担完全的费用和责任,申请人不承担任何费用和责任。

4. 涉案工程的停工是被申请人不按时足额支付工程款的违约行为导致的,停工等损失和给申请人造成的其他损失应当依法由被申请人支付。

不管是在发出停工通知之前,还是发出之后,申请人本着友好协商态度多次与被申请人就工程进度款项支付事宜进行商榷,但被申请人均以各种借口不予支付。由于被申请人不按时支付工程款项,申请人被迫停工,涉案工程因此尚未完成,给申请人造成巨大的经济损失,根据原《合同法》第284条的规定,被申请人原因导致工程停工的,被申请人应当赔偿申请人因此造成的停工、窝工、倒运、机械设备调迁、材料和构件积压等损失和实际费用。被申请人的其他请求与本案无关。

综上,应驳回被申请人的其他所有反请求,仲裁费用由被申请人承担,并请仲裁庭裁决被申请人支付完整工程款前,申请人有权拒绝交接涉案工程现场及工程资料。

(五)申请人主要代理意见

1. 申请人与被申请人于2010年4月签订的承包协议是双方结算依据;申请人于2010年4月出具的《承诺书》无效;申请人与被申请人于2010年6月签订的《说明》无效。

2010年6月签订的施工合同虽然不是双方结算的依据,其招投标原则以及争议解决条款仍然适用,尤其是承包协议未约定的争议解决事项,对申请人显失公平的约定事项等,应当适用施工合同的争议解决条款。

2. 应当按照2010年4月签订并实际履行的承包协议作为结算工程价款的依据。

应当按照实际履行的承包协议来确定双方的权利义务,并以此作为结算工程价款的根据。被申请人应当支付已完成项目尚欠的工程款本金3800余万元(以鉴定意见为准进行更改,但是利息及违约金计算应当按节点支付工程款进行,申请人和被申请人均不可能预测鉴定结果)。

3. 根据法律规定和合同约定,被申请人应当支付工程款利息,支付自违约之日起至实际履行之日止的工程款利息损失,暂计至2020年12月8日,数额为1200余万元。

工程款付款时间在承包协议和施工合同中明确约定一致,无论根据哪个合同,被申请人均构成违约。涉案建设工程由于被申请人不按期支付申请人工程款而中途停工，建设工程未交付，工程价款亦未结算；已完成工程量的工程款支付拖欠至今已长达 9 年，给申请人造成巨大损失。且被申请人和申请人在招投标文件中明确约定，被申请人没有按期支付工程款时，应当支付工程款利息。

因此，根据最高人民法院《关于审理建设工程施工合同纠纷案件适用法律问题的解释》（已失效）第 17 条的规定，被申请人应当按照中国人民银行发布的同期同类贷款利率的标准来支付申请人欠付工程价款利息。被申请人欠付申请人工程款利息的起算时间，根据前述司法解释第 18 条的规定，应从应付工程价款之日计付，即申请人在仲裁申请书和附件计算表列明之日起。

4. 根据法律规定和合同约定，被申请人应当支付自违约之日起至实际履行之日止的违约金，暂计至 2020 年 12 月 8 日，数额为近 830 万元。

在本案中，申请人按照承包协议实际履行施工义务，已完成节点工程量质量合格且经过监理公司签字确认，按照承包协议的约定准备相应材料向被申请人提出付款要求，但被申请人并未按照承包协议的约定支付节点工程款，其行为已构成严重违约。同时，根据施工合同争议解决条款，承包协议第 19 条，原《合同法》第 109 条、第 113 条、第 114 条的规定，申请人有权要求被申请人按照约定和法律规定支付违约金，即自违约之日起至实际履行之日止的违约金。另外，申请人有权同时主张欠付工程款的利息和违约金。

5. 申请人的实际履行是按照承包协议，在被申请人长期不支付工程款的情况下，申请人在履行法定通知义务后，采取停工措施并无不当，被申请人应当返还履约保证金和利息，并承担由于其原因停工而造成的申请人的损失和实际费用。

根据原《合同法》第 68 条、第 69 条的规定，在被申请人拖欠多期工程款未付的情况下，申请人向被申请人多次发函催促付款，被申请人仍未付款，申请人迫于无奈向被申请人和监理公司发出停工通知书，并于 2011 年 6 月 16 日向 M 市建筑安全监督站提出停工申请，申请人在履行法定通知义务后采取停工措施并无不当。由于被申请人的拒绝支付工程款行为（违约行为）而施工无法进行的,申请人可停止施工,由发包人承担违约责任。

被申请人应当退还履约保证金本金250余万元及自2011年6月至实际返还之日止的保证金利息,利息暂计至2020年12月8日,数额为110余万元。

被申请人应当支付涉案工程现场剩余物料款850余万元;支付涉案工程现场停工期间看管维护费用,暂计至2016年12月8日,数额为120余万元;支付停工期间涉案工程现场脚手架、工具、机械等的租赁费用,暂计至2016年12月8日,数额为140余万元;本案的仲裁费用、保全费用、保函费用、律师费用应当由被申请人承担。

被申请人应当支付申请人预期利益损失共计420余万元。

6. 关于造价鉴定的总体意见。涉案已完工程项目《工程造价鉴定意见书》及两项补充鉴定意见书,现申请人确认接受《工程造价补充鉴定意见书》补02第3页第四项工程造价补充鉴定意见。

第一,按承包协议中约定的计价原则进行计算:(1)已完成工程项目所涉造价为5000余万元,不接受《承诺书》及《说明》的内容,被申请人不认可的签证项目不能成立。(2)现场堆放材料费用为850余万元。

第二,对第1项和第3项确定的计价原则,不予接受。

第三,被申请人提出的异议不能成立,不接受。被申请人提出的异议,鉴定机构能够解释的均已作出详细的解释。

第四,第4页第四项4、对水电费鉴定,2011年6月之前(包含2011年6月)水电费付款凭证所涉金额为10余万元。因被申请人水电费是统一用表,而申请人无计量计费工具,因此,两者混同,申请人本着实事求是的原则承担一半费用,如被申请人能够举证证明分置的具体数据,申请人按实际数据承担。

第五,第4页第四项4、对水电费鉴定,2011年6月之后(不包含2011年6月)水电费付款凭证所涉金额为27余万元。此项鉴定充分说明了被申请人的确是自己用水电计费工具,案涉工地仅仅剩下了几个工人看管场地,即使按多计算最多每个月就是100元的水电费而已,这是申请人认可的数额,怎么也不可能达到近30万元的数额。被申请人应当承担主要的水电费用,因为的确是被申请人使用的。

7. 关于工程质量鉴定及修复费用的总体意见。对于整体楼板厚度问题,申请人认为整体不影响使用。对于造价鉴定中的关于楼板修复费用420万元,申请人尊重鉴定机构的结论。鉴于被申请人在每层楼层的检验过程中,没有提出任何异议,申请人认为被申请人最少应当承担一半的责任。申请人能够接受的是承担一半的款项。

对于钢筋裸露、风化导致的损失,完全是被申请人不支付工程款而无法继续施工和维护导致的,申请人没有任何过错。

申请人不再进行任何修复,也不再进行任何施工,被申请人自行或找第三方解决,因为申请人与被申请人已经不可能再进行任何形式的合作。

(六)被申请人主要代理意见

首先,关于申请人仲裁请求的意见。

1. 本案当事人均认可于2010年4月签订的承包协议有效,于2010年6月签订的施工合同无效。因此,申请人第1项、第2项仲裁请求没有事实及法律依据,应当予以驳回。

本案应以承包协议、《承诺书》及《说明》作为造价鉴定及违约金的合同依据,施工合同无效。

2. 被申请人认为,应当以承包协议、《承诺书》及《说明》约定的计价原则计算工程造价,根据上述计价原则,鉴定意见中已完工程造价为近4400万元及现场堆放材料为10余万元,扣除被申请人对造价异议项300余万元,扣除被申请人已支付工程款2240余万元,被申请人需付工程款为1800余万元。

(1)被申请人认为,工程造价共应扣减300余万元,其中应扣减施工水电费40余万元、现场堆放材料10余万元、签证项目50余万元及其他确定项目180余万元。

申请人于2011年6月擅自停工之后,其仍占据施工现场,并开设美食广场等经营行为,应继续支付水电费。施工水电费应全部扣减。

现场堆放材料已全部作废,没有利用价值。而申请人实际控制现场,应尽但未尽保护义务,相应的损失责任应由申请人全部承担,做全部扣减。

被申请人不认可的签证项目应全部扣减。签证项目依据资料不符合承包协议约定,为无效签证,不应作为鉴定依据。签证项目审价书第8项"混凝土批价调整"表明:"M市城区扬尘污染防治"行动导致的价格调整已在政府指导价中综合体现,鉴定意见书虽然列为单列,但仍计取该项费用。申请人提交仲裁的证据9中,在签证变更部分,申请人只主张了"协助桩基施工队用工""人工级配砂石垫层"两项,并未主张鉴定意见所列的防冻剂、混凝土批价调差项目,说明了双方真实意思表示,签证不应作为鉴定依据,鉴定意见不应计取防冻剂及混凝土费用。

关于其他确定性鉴定意见,应当扣减180余万元,包括:土方开挖及回填应扣减120余万元;地下室建筑装饰工程中工程量计算有误,应扣减1万元;关于泵送砼增加材料项目(鉴定意见书套项4-4-18),应扣减50余万元。关于电梯井字架子目,应扣减4万元。费用表中的"已完工程及设备保护费",应扣减2万元。

(2)被申请人除申请人认可支付的工程款1820万元外,还代申请人垫付了泡沫保温板材料款21万元,加上申请人未支付的履约保证金400万元扣回,合计已付工程款为2240余万元。

3. 被申请人没有拖欠工程款的违约行为,造成工程价款结算未能结算的原因在于申请人,因此申请人第4项仲裁请求支付工程欠款利息,没有事实及法律依据,应当予以驳回。

(1)申请人进场大量假钢材,工程存在质量问题,也未能提供符合承包协议约定的请款文件,付款条件尚未成就。

(2)双方往来函件显示,被申请人多次向申请人主张应依据承包协议提交请款的资料,虽在资料不齐全情况下,双方经过协商,被申请人仍向总公司借款支付了部分工程款,被申请人并无欠款违约情形。

(3)申请人上报预算违反诚实信用原则,严重高估冒算,即便在仲裁阶段,对于结算原则也多次反复,前后矛盾,工程造价至今未结算的责任在于申请人。

4. 申请人第 5 项请求支付因欠付工程款而产生违约金,没有合同及法律依据。

5. 申请人单方擅自停工且拒绝移交工程场地的行为,没有合同和法律依据,已构成违约,其作为违约方要求支付现场剩余物料款、现场停工期间看管维护费用及停工期间现场脚手架、工具、机械等的租赁费用、预期利益等损失的第 6 项、第 7 项、第 8 项、第 10 项仲裁请求,均应当予以驳回。

6. 由于申请人严重违约,按照承包协议第 7 条第 5 款以及《承诺书》的约定,被申请人有权扣除全部履约保证金。

承包协议签订后,申请人支付了保证金 600 万元,因假钢材被查处,申请人出具《保证书》,自愿从履约保证金中扣除 50 万元的罚金。因此,申请人提起本案诉讼和仲裁时仅主张返还保证金 250 万元。根据承包协议第 7 条"履约保证金"第 3 款、第 5 款,《承诺书》第 5 条、第 8 条的约定,申请人未足额支付履约保证金 800 万元,已构成违约,且按照《承诺书》约定,不收取履约保证金利息。由于申请人存在擅自停工,以劣充好,以及在仲裁过程中又主张按照承包协议的内容支付和结算工程款,等违约行为,被申请人有权扣除全部履约保证金。申请人第 9 项仲裁请求应当予以驳回。

7. 申请人请求承担本案仲裁费、律师费、保函费及保全费用,没有合同及法律依据,申请人的第 11 项、第 12 项、第 13 项仲裁请求应当予以驳回。

其次,关于被申请人仲裁反请求的说明。

1. 关于第 1 项、第 2 项仲裁反请求。本案双方均认可于 2010 年 4 月签订的承包协议有效,施工合同无效。本案中,申请人单方擅自停工,提起诉讼要求解除合同并查封冻结被申请人的预售房屋,逾期竣工等情形,已经符合承包协议第 20 条约定的合同解除条件,也符合原《合同法》第 94 条规定的法定解除条件。

2013年7月,被申请人向申请人发出《解除合同通知函》,申请人于2013年7月收到,根据原《合同法》第96条的规定,承包协议已于解除通知到达申请人之日解除。被申请人第1项、第2项仲裁反请求,应当得到支持。

2. 关于第3项仲裁反请求。(1)申请人收到被申请人《解除合同通知函》后,应当立即向被申请人移交工程及场地,并向被申请人移交按照国家有关规定和合同约定应当移交的全部施工资料。(2)第3项仲裁反请求具体明确如下:申请人立即向被申请人移交工程及场地,并按照承包协议第16条的约定、住房和城乡建设部《房屋建筑和市政基础设施工程竣工验收备案管理办法》第5条规定、住房和城乡建设部发布的国家标准《建筑工程施工质量验收统一标准》(GB 50300－2013)、行业标准《建筑工程资料管理规程》(JGJ/T 185－2009)以及S省工程建设标准《建筑工程(建筑与结构工程)施工资料管理规程》(DB 37/T5072－2016)的要求,向被申请人移交全部竣工资料,具体以M市相关部门工程竣工验收备案要求为准。

3. 关于第4项仲裁反请求。第4项仲裁反请求具体明确如下:根据修复鉴定机构出具的《工程初步设计概算》《关于本案庭审后补充意见》,申请人应向被申请人支付质量不合格工程的返工、修理等费用为8,466,100元,并按照被申请人2020年5月提交的《关于楼板板面钢筋保护层厚度的补充鉴定申请》,对质量问题进行补充鉴定。

该项依据为:(1)质量鉴定机构作出的两份《检测报告》。申请人作为施工单位,施工过程中施工质量控制不严,擅自停工,拒不交出场地,也不采取任何保护措施,导致在建工程直接裸露环境中近10年,因此,涉案工程质量问题应当由申请人承担全部维修及赔偿责任。(2)修复鉴定机构出具《工程初步设计概算》,概算金额为900余万元。(3)对于修复鉴定机构出具补充意见,因此对于选择性意见,被申请人认为应当采用第三种,即在确定性意见上再增加87余万元,即近760万元＋87余万元＝840余万元。

4. 关于第5项仲裁反请求。第5项仲裁反请求具体明确如下：申请人向被申请人支付其逾期撤离及移交工程违约金近3600万元、违法解除合同违约金近720万元、工程质量不合格违约金近90万元，总计金额4400余万元；其中，逾期撤离及移交工程违约金暂计算至反请求之日，最终以承包协议第20条约定的标准，计算至申请人实际撤离及移交工程之日止。

逾期撤离及移交工程违约金，暂计算至反请求申请之日，即近9000万元×0.03%×1331天=近3600万元。

解除合同违约金，近9000万元×8%=近720万元。

依据承包协议第20条“合同解除”第1项、第3项约定。因两项约定违约金性质相同，均为解除合同违约金，被申请人合并主张。

工程质量不合格违约金，近9000万元×1%=近90万元。

根据合同当事人意思自治原则，不宜对双方约定的违约金标准进行调整，而且，被申请人请求的违约金不足以弥补被申请人因申请人的违约行为造成的损失。

5. 关于第6项仲裁反请求。第6项仲裁反请求明确为：申请人向被申请人赔偿已投入开发资金利息损失2850余万元、已售房屋退房款利息损失1234余万元、已取得预售许可证房屋无法对外出售的利息损失1300余万元、停工期间支出土地使用税损失80余万元等各项经济损失，总计1.6亿元，被申请人酌情主张超出违约金之外的赔偿损失金额计1000万元。

已投入开发资金利息损失以被申请人对本项目实际投入资金8600余万元为基数，自2011年6月15日起，计至2017年10月15日止，按中国人民银行同期5年期贷款利率计算。已售房屋退房款利息损失以可收房款3970余万元为基数，自2011年10月1日起，计至2017年10月15日止，按中国人民银行同期5年期贷款利率计算。已取得预售许可证房屋无法对外出售的利息损失以剩余未销售房屋按物价备案价金额3960余万元为基数，自2011年10月1日起，计至2017年10月15日止，按中国人民银行同期5年期贷款利率计算。

6.关于第7项仲裁反请求。该项明确为:为主张权利,被申请人支出的成本共计330余万元,应当由申请人支付,包括仲裁受理费120余万元;预缴造价鉴定费近25万元;预缴质量鉴定费60余万元;预缴修复方案设计费50余万元;律师费60万元。

综上,请求支持被申请人全部仲裁反请求。

(七)案件主要事实

根据本案当事人提交的有效证据并结合庭审情况,仲裁庭确认如下事实:

1.2010年4月,被申请人(发包人、甲方)和申请人(承包人、乙方)就涉案工程签订承包协议,主要约定如下内容:

第一条 工程名称:M市N小区之南楼、北楼及地下车库与临街商业楼。

第二条 工程承包范围及方式:承包范围为施工图纸内的土建、安装工程施工及保修工作,详见施工图。承包方式为总包(桩基、电梯等除外)。

第三条 开工时间2010年4月12日。协议工期:南楼22层660日历天,北楼26层及临街商业700日历天,车库不单独计算工期,穿插完成。2010年4月12日开工之日起计算。

第四条 质量标准必须达到M市优良工程,以质量管理部门出具的书面证书为准。如因乙方原因达不到市优工程,处罚税前总造价的1%。

第五条 工程造价及工程款的计价方式

(一)工程总价款约(估)9000万元。最终以双方签章确认并经审计的结算定案值为据计算工程量据实结算。

(二)结算依据:(1)合同价款及调整执行2003年《S建筑工程消耗量定额》《S省安装工程消耗量定额》《S省建筑工程量计算规则》;2006年《S省建筑工程费用项目构成及计算规则》;2008年《S省建筑工程消耗量定额M市市价目表》、2008年《S省安装工程消耗量定额M市市价目表》及《S省建筑、安装工程消耗量定额补充册》;执行相应类别工程取费,人工(土建、安装、装饰)省基价、市价均按53元/定额工日……(2)定额执行有关事项的约定:……

4、设计变更、现场签证、奖罚金额等须经甲方盖公章确认有效后据实调整合同价款。在工程竣工后结算时一并结算……

第六条 工程款(进度款)支付

(一)甲方按工程进度节点分阶段支付乙方工程款,当乙方达到合同约定付款节点时,由乙方向甲方递交工程预算书,并附有质检部门完成质检的证明(有需质检部门检验的部分)和可证明工程量的影像证明资料,由甲方和监理在七个工作日内审核完毕办理拨款手续。各节点付款时乙方必须承诺按时足额发放民工工资,付款前必须填写《全额发放民工工资承诺书》……

(二)工程款支付的节点:节点1、基础筏板砼浇筑完成,付已审定本期完成工程量75%的工程额;节点2、单体工程基础砼浇筑完成正负零、车库顶砼浇筑完成,付已单定本期完成工程量75%的工程款;节点3、单体框架每完成5个自然层,付已审定本期完成工程量75%的工程款;节点4、单体框架砼浇筑完成,付已审定本期完成工程量75%的工程款;节点5、单体工程主体结构验收合格后,付至已审定全部完成工程量80%的工程款;节点6、单体楼室内外抹灰完成,付已审定本期完成工程量75%的工程款;节点7、墙面砖、地板砖粘贴完毕,付已审定本期完成工程量75%的工程款;节点8、屋面防水工程完成,和单位工程全部土建工程完,付至已审定本期完成工程量80%的工程款;节点9、全部达到初验条件且符合合格的工程资料和影像证明资料报送发包人,经五方(监理、设计、勘察和发包人及承包人)签字和盖章确认后,十天内付至已审定全部完成工程量85%的工程款。水电暖安装工程与土建项目拨款同步进行。

以上付款前提条件为:扣除甲方代付的材料款和其他垫付款并经五方(监理、设计、勘察和甲乙方,如无必要设计与勘察可不参加)验收合格后。

(三)本合同工程全部竣工验收合格后办理结算审核。结算审核完成,乙方向甲方交付工程及竣工验收备案等需要的全部有效资料后三十天内甲方向乙方支付至结算工程价款的95%。余下的工程结算款5%作为工程质保金。竣工验收满一年付2%,满两年如无质量原因扣款,甲方两个月内向乙方无息结清工程质保金。

……

（六）如果甲方支付本工程项目进度款时出现困难，可在应付款日前7日以书面方式告知乙方，甲方即享有二个周的迟延付款期，乙方保证该期间工程的正常施工且承诺不因甲方行使前述权利而停工和延误工期等。

（七）甲方在收到乙方递交的书面工程进度款申请资料后，其具体审核程序如下：1、乙方填写出甲方统一制定格式的形象进度报表和付款申请书。并附现场用水、用电费用分摊表（需各相关单位签字确认），如无此表，甲方可拒收形象进度报表及付款申请书，并拒绝付款。2、现场工程师审核完形象进度报表和付款申请书；3、预算师收到形象进度表和付款申请书后5日内审核完工程量及产值；4、甲方代表批准付款申请书并办理付款；5、工程进度款的审批与工程质量、进度、现场安全文明施工等挂钩，如所报工程质量达不到施工及验收规范要求，甲方有权暂缓支付，直至乙方完全履行施工合同并达到合同要求，甲方同时有权按本合同约定行使其他权利。

（八）发票开具：乙方应于甲方付款前向甲方开具符合工程所在地税务部门要求的建筑安装发票。如乙方延期出具或出具的发票有瑕疵，则甲方可相应延付、减付或拒付工程款。

第七条　履约保证金

（一）保证期自本合同生效至工程竣工验收合格。

（二）保证范围：乙方应履行的包括但不限于按期施工、交付合格工程、安全文明施工、配合验收、按时发放工人工资、质量保修等应承担的一切合同义务。

（三）保证金额：乙方向甲方交纳本合同履约保证金计柒佰万元，于本合同签订后一次性向甲方交清，本协议即生效。履约保证金未付清前，乙方不得进场施工。

（四）履约保证金结算：主体结构工程通过验收返还50%，其余在全部工程竣工验收完成,扣除应处罚和赔偿等相关费用后返还。

(五)在合同有效期当中,如乙方有违约行为和出现以下情况,甲方有权扣除部分或全部履约保证金:1、因乙方原因造成连续停工 7 天(春节除外),即视为乙方自动放弃本工程,甲方可没收全部履约保证金,并按第二十条第 1 款之约定向甲方支付违约金,给甲方造成损失的应承担全部赔偿责任;2、因乙方原因无法继续履行本合同,甲方可没收全部履约保证金……4、私自更换已约定好的材料品牌,违反第五条第 5 条的规定以劣充好。如有发现按该材料价值的十倍赔偿。甲方从履约保证金中扣除。

……

第十一条　甲方的工作:

……

(十一)甲方代表(由甲方根据需要变动)姓名自然人 P,职务:经理。职权:监督整个工程的施工进度、质量、安全及现场文明等,控制投资,协调各方关系;管理并协调设计、施工、监理各参建单位,行使甲方赋予的管理职责。

第十二条　乙方的工作:

……

(十五)乙方派驻的项目经理姓名:自然人 Q(二级建造师),职责为处理与本工程项目有关的业务,代表乙方行使合同约定现场施工管理的权利,履行合同约定的义务。乙方的要求、通知,均以书面形式由项目经理签字并加盖公章后递交甲方代表。

……

第十四条　质量要求

(一)工程质量应达到国家现行的质量检验评定标准,乙方承诺工程质量达到 M 市市优良标准,出现增加的经济支出,由乙方承担。

(二)对工程施工中分部分项工程达不到标准要求,乙方无条件按照甲方代表要求的时间返工,直到达到标准要求。返工造成的费用由乙方承担,工期不予顺延。

第十五条　工期要求

……

(二)如遇以下情况,经甲方代表签证并经甲方确认后,工期相应顺延:……5、由于乙方原因导致工程竣工工期拖延,每拖延一天罚暂定合同总价款的万分之三……以上无论哪种情况发生,除非双方协商同意后,均不解除乙方对工程看管的义务,否则造成的损失由乙方完全承担。因乙方原因造成连续停工7天(春节除外),即视为乙方自动放弃本工程,本协议解除。同时赔偿由此给甲方造成的一切经济损失。

……

第十八条　甲方行为效力特别约定

乙方对本条款全部内容已做全面解析,无条件同意甲方享有如下权利:甲方的所有文件须甲方代表签署且加盖甲方公章后方为有效。当甲方的工程人员和监理方的工程师等出具的任何书面通知、批示、批准、决定、证明及其他通讯联络(包括但不限于短信、邮件、传真、电话录音内容)等与本合同履行有关的内容与甲方盖章确认的文件不一致时,甲、乙双方共同确认加盖甲方公章的书面材料对双方具有约束力。

第十九条　违约责任

1、因乙方原因未按照合同约定的期限完成所有房屋主体施工并通过主体验收或致全部工程逾期竣工,在扣除合同所约定的顺延工期期限后,每逾期一日,乙方按照暂定合同总价的万分之三向甲方支付违约金。

2、如工程质量达不到合同约定的标准,乙方应:(1)采取补救措施使工程质量达到验收标准;(2)按照暂定合同总价款的1%向甲方支付违约金,并且必须无条件返修至合格;(3)赔偿给甲方造成的损失。

第二十条　合同解除

1、因乙方原因造成连续停工7天(春节除外),甲方有权行使合同解除权,同时有权要求乙方按照暂定合同总价款的 8% 支付违约金，造成甲方其他损失的，乙方应一并赔偿。

……

3、因乙方原因逾期三十日未完成本合同项下分段工程或全部工程施工任务或验收的，甲方有权解除本合同。甲方解除本合同的，乙方按照暂定合同总价的 8% 向甲方支付违约金。

甲方按照本合同约定行使解除权的，解除合同通知自到达乙方之日起生效。不论甲方解除合同的理由最终能否成立，乙方均应自接到解除通知之日起十日内撤离完工地人员、设备、材料。乙方逾期撤离人员、设备、材料的，每逾期一日按照暂定合同价款的万分之三向甲方支付违约金。如甲方解除合同的理由不能成立，甲方除按照合同约定结算乙方已经完成的工程款外，还应赔偿乙方的经济损失。

第二十一条　其他

……

5、本协议中的条款与在住建委备案的《建设工程施工合同》中的条款不一致之处以本协议为准。

2. 2010 年 4 月，申请人向被申请人出具《承诺书》，承诺与被申请人所签承包协议在实际执行过程中按以下方式结算：(1) 承包协议第 5 条第 2 款的“执行相应类别工程取费，人工（土建、安装、装饰）省基价、市价均按 60 元/定额工日”实际是按二类工程取费，人工（土建、安装、装饰）市价按 50 元/定额工日，税前优惠 8% 结算（一口价项目、未取费项目和未取费材料除外）。施工过程中每次均按承包协议标准提交工程款申请。(2) 承包协议第 6 条工程款（进度款）支付中关于工程款支付的节点：到节点 2 完成时，同时付节点 1、2 的工程款。(3) 如因申请人原因达不到市优良工程被申请人罚申请人税前总价的 1%。(4) 在每次结算工程款时均按承包协议标准提交工程款申请，同时按上述第 1 条约定计算出实际应收款……(5) 申请人不向被申请人收取履约保证金的利息。(6)其他条款执行承包协议的约定。申请人保证不会以任何借口要求被申请人实质上完全按承包协议的内容支付和结算工程款。如有违背此承诺,被申请人可全额扣除履约保证金并追索一切损失的赔偿。

3.2010年5月,被申请人就涉案工程发布了招标文件,申请人投标后于2010年6月中标。

4.2010年6月,被申请人(发包人)和申请人(承包人)就涉案工程签订施工合同,该合同主要约定如下内容:

合同工期:施工天数:南楼660日,北楼700日。

合同价款:近1亿元。

合同价款与支付:本合同价款采用中标价格加签证方式确定。合同价款中包括的风险范围为:招标时发包人提供的施工图纸、招标文件、图纸答疑、投标文件、工程量清单等包括的内容。风险范围以外合同价款调整方法:签证内容为设计变更、暂定材料价差调整及其他有效签证;结算时,工程量及工程价款的调整,执行《S省工程量清单计价办法》的有关规定。

5.2010年6月,申请人、被申请人签署《说明》,载明:双方签订的施工合同及被申请人委托正源事务所编制的工程量清单仅用于办理在M市市建委的招标程序使用,与工程实际施工和结算无关,对双方均没有任何法律约束力。工程施工、结算均以双方于2010年4月签订的承包协议为依据。

6.被申请人与案外人C项目有限管理公司(以下简称监理单位)签订《建设工程监理合同》,委托该公司就涉案工程提供监理服务,总监理工程师为自然人R。该合同"通用条件"约定监理工作内容包括……审核施工承包人提交的工程款支付申请,签发或出具工程款支付证书,并报委托人审核、批准。

7.2010年4月,申请人向被申请人缴纳履约保证金300万元。涉案工程于2010年4月12日开工。

2010年7月,申请人向被申请人出具《保证书》,表明因其失误,购进了几百吨不符合要求的钢材到和谐天下工地,承诺重新订购优质钢材、将现场钢材全部清除出场,并同意从履约保证金中扣除50万元的罚金,承担由此所造成的工期延误等损失。

2011年6月,申请人向被申请人、监理单位发出《停工通知书》,载明“由于被申请人违约逾期不支付巨额工程款,致使工程施工不能进行……依照施工合同之规定,被申请人已严重违约……申请人决定自2011年6月16日起对工程全面停工……”。

被申请人向申请人发出落款日期为2013年7月的《解除合同通知函》,称:申请人于2011年6月擅自停止了N小区项目施工,且占据施工场地拒不交付,致使该建设项目至今未能竣工,被申请人多次派人约谈恢复施工未果,现根据双方合同约定及法律规定的解除合同的情形,决定:解除双方签订的承包协议,本通知自到达申请人时解除合同即生效;申请人收到解除通知之日起10日内撤离完,将施工工地、工程证明文件、施工资料交付被申请人……

之后,申请人向被申请人发出落款日期为2013年8月的《通知书》,提出被申请人应按照施工合同结算工程款并赔偿损失,承包协议、承诺书、补充说明等无效,2013年7月送达给其通知函已超过诉讼时效等要求及主张。

涉案工程于2011年6月停工至今。施工现场由申请人控制,尚未移交给被申请人。申请人亦尚未将涉案工程施工资料移交给被申请人。

涉案工程包括南楼、北楼、商业楼(北楼裙房)及地下车库。目前,南楼主体结构已施工至顶层,北楼主体结构已施工至地上18层,商业楼主体结构已完成。

8. 被申请人已向申请人支付涉案工程款1820万元。

在涉案合同履行期间,被申请人代申请人垫付泡沫保温板材料款21万元及水电费若干。

9. 2011年6月,申请人曾以被申请人为被告向法院提起过诉讼,要求解除涉案施工合同等。该案中,申请人提交了“工程预(结)算书”,该证据显示工程类别为“二类工程”。

10. 申请人向其仲裁代理人D律师事务所支付律师费。申请人另因本案支出财产保全费、保全责任险保费。

被申请人提供两张“国内支付业务收款回单”，编号6351回单显示付款人“自然人T”向北京D律师事务所支付30万元，附言为“转账”；编号8833回单显示付款人“案外人E房地产开发有限公司”向被申请人的仲裁代理人D律师事务所支付30万元，附言为“代被申请人付代理费”。

（八）涉案工程造价鉴定情况

在审理中，申请人申请对涉案工程实际已完成工程量及存于现场但未使用材料进行工程造价鉴定。造价鉴定机构于2018年10月27日作出了《工程造价鉴定意见书》。双方当事人对鉴定意见提出异议后，造价鉴定机构先后出具了《工程造价补充鉴定意见书》（补01）、《工程造价补充鉴定意见书》（补02）。双方针对鉴定意见均发表了意见。

工程造价最终鉴定意见为：

1. 按施工合同中约定的计价原则进行计算，涉案工程造价为：（1）已完工程项目所涉造价为4310余万元。其中被申请人不认可的签证项目所涉造价为70余万元。（2）现场堆放材料费用为18万元。

2. 按承包协议中约定的计价原则进行计算，案涉工程造价为：（1）已完工程项目所涉造价为5000余万元。其中被申请人不认可的签证项目所涉造价为近60万元。（2）现场堆放材料费用为850余万元。

3. 按承包协议、《承诺书》及《说明》中约定的计价原则进行计算，涉案工程造价为：（1）已完工程项目所涉造价为近4400万元。其中被申请人不认可的签证项目所涉造价为50余万元。（2）现场堆放材料费用10余万元。

4. 关于水电费付款凭证所涉金额：被申请人提交的水电费付款凭证所涉金额为40余万元。其中：（1）2011年6月之前（包含2011年6月）水电费付款凭证所涉金额为10余万元。（2）2011年6月之后（不包含2011年6月）水电费付款凭证所涉金额为20余万元。

(九)涉案工程质量及修复鉴定情况

在审理中,被申请人申请对涉案工程“楼板钢筋保护层厚度”“现浇结构外观质量缺陷”“预留外露钢筋锈蚀情况”进行质量鉴定及修复方案、修复费用鉴定。

第一,关于质量鉴定。质量鉴定机构出具了编号分别为Z2、Z3的《检测报告》各一份。双方当事人对此提出异议后,质量鉴定机构出具《关于〈恒萃公司关于质量鉴定报告的意见〉的回函》。前述主要鉴定意见为:

Z2《检测报告》(南楼结构工程质量检测)的鉴定意见为:(1)楼板钢筋保护层厚度:南楼结构工程楼板板底的钢筋保护层厚度满足规范要求,板面的钢筋保护层厚度不满足规范要求。施工质量控制不严是造成该问题的原因。(2)南楼的主要外观质量缺陷为:①多数楼板板底混凝土存在裂缝,裂缝位置大多伴有渗漏或水痕等现象。②个别楼板存在表面起砂、沾污、麻面、孔洞、钢筋外露和保护层脱落等外观质量缺陷。③个别钢筋混凝土墙和梁存在夹渣、麻面、孔洞、钢筋外露、翘曲不平、缺棱掉角等外观质量缺陷。④南楼南北侧地下室的后浇带外露钢筋存在锈蚀现象,部分处于室外正常环境的外露钢筋为表面浮锈,部分模板遮盖处潮湿环境的外露钢筋锈蚀明显。⑤根据混凝土材料的特性和混凝土构件的工作机理,混凝土构件易于出现裂缝,且无法完全消除。涉案工程混凝土裂缝主要为混凝土收缩裂缝和温度裂缝。施工质量控制不严未能有效控制混凝土收缩,会造成裂缝的形成和发展;同时,该工程停工后,混凝土构件裸露在空气中,与建成后的使用环境存在较大差异,受冬冷夏热的温度作用和大气降水的影响,混凝土构件会产生损伤,也会造成裂缝的形成和发展,这些都是混凝土构件裂缝形成的原因。(3)预留外露钢筋锈蚀情况:①南楼顶层墙柱预留钢筋处于室外正常环境中,其锈蚀为钢筋表面浮锈。②南楼南北侧地下室顶板部分区段的后浇带预留钢筋裸露,处于室外正常环境中,其锈蚀为钢筋表面浮锈;部分区段的后浇带预留钢筋被模板遮盖,处于潮湿环境中,锈蚀较明显。③该工程已停工多年,裸露钢筋均有不同程度的锈蚀,室外正常环境的裸露钢筋锈蚀较轻,尚未产生明显的截面损失,潮湿环境的裸露钢筋锈蚀稍重,该工程中钢筋长期裸露和环境潮湿是钢筋锈蚀的原因。

Z3《检测报告》(北楼及裙房结构工程质量检测)的鉴定意见为:(1)楼板钢筋保护层厚度:北楼裙楼、北楼结构工程楼板板底的钢筋保护层厚度满足规范要求,板面的钢筋保护层厚度不满足规范要求。施工质量控制不严是造成该问题的原因。(2)①北楼裙楼的主要外观质量缺陷为:多数楼板板底混凝土存在裂缝,部分裂缝位置伴有渗漏或水痕等现象。个别楼板存在表面蜂窝、麻面、不平整、局部钢筋外露等外观质量缺陷。个别钢筋混凝土梁存在夹渣、夹杂物、麻面、孔洞等外观质量缺陷;少量钢筋混凝土柱存在箍筋外露、锈蚀等外观质量缺陷。②北楼的主要外观质量缺陷为:多数楼板板底混凝土存在裂缝,裂缝位置大多伴有渗漏或水痕等现象。个别楼板存在表面起砂、麻面、夹渣、局部破损、孔洞、钢筋外露和保护层脱落等外观质量缺陷。个别钢筋混凝土墙和梁存在夹渣、麻面、孔洞、钢筋外露和保护层脱落等外观质量缺陷。北楼周边地下室的后浇带外露钢筋存在锈蚀现象,部分处于室外正常环境的外露钢筋为表面浮锈,部分模板遮盖处潮湿环境的外露钢筋锈蚀明显。③施工质量控制不严造成的混凝土收缩是混凝土构件裂缝形成的主要原因;同时,该工程停工后,混凝土构件裸露在空气中,与建成后的使用环境存在较大差异,会受冬冷夏热的温度作用和大气降水的影响,受温度作用和大气降水的不利影响,混凝土构件会产生损伤,加剧裂缝的形成和发展。(3)预留外露钢筋锈蚀情况:①北楼顶层墙柱预留钢筋处于室外正常环境中,其锈蚀为钢筋表面浮锈。②北楼周边地下室顶板部分区段的后浇带预留钢筋裸露,处于室外正常环境中,其锈蚀为钢筋表面浮锈;部分区段的后浇带预留钢筋被模板遮盖,处于潮湿环境中,锈蚀较明显。③该工程已停工多年,裸露钢筋均有不同程度的锈蚀,室外正常环境的裸露钢筋锈蚀较轻,尚未产生明显的截面损失,潮湿环境的裸露钢筋锈蚀稍重,该工程中钢筋长期裸露和环境潮湿是钢筋锈蚀的原因。

回函为:南楼结构工程的混凝土板板底钢筋保护层厚度的合格率为

92.3%,依据《混凝土结构工程施工质量验收规范》(GB 50204 – 2002)(2010 年版)附录 E.0.5 条第 1 款,“当全部钢筋保护层厚度检验的合格率为 90% 及以上时,钢筋保护层的厚度应判为合格”。所测该工程个别板底钢筋保护层厚度偏差大于本规范附录 E.0.4 条规定允许偏差的 1.5 倍。依据《混凝土结构工程施工质量验收规范》(GB 50204 – 2002)(2010 年版)附录 E.0.5 条第 3 款的规定,“每次抽样检验结果中不合格点的最大偏差均不应大于本规范附录 E.0.4 条规定允许偏差的 1.5 倍”,故建议采取处理措施。

双方对鉴定意见已发表意见。被申请人另提交《关于楼板板面钢筋保护层厚度的补充鉴定申请》。

第二,关于修复方案、费用鉴定与咨询。修复鉴定机构就修复方案、费用出具了《N 小区结构复核及加固修复设计与设计概算咨询项目咨询报告》《工程初步设计概算书》。双方提出异议后,修复鉴定机构出具回复意见,并于庭后出具庭审后补充意见。主要鉴定意见为:

(1)修复咨询包括质量检测报告中所提及的楼板保护层不满足要求、构件损伤及钢筋锈蚀相关问题的修复,主要修复措施为:①原结构梁、板及墙体裂缝修复:对宽度 <0.3mm 的裂缝,采用表面封闭法进行处理;对于宽度 >0.3mm 的裂缝,采用压力灌浆法处理。②构件表面沾污、起砂、麻面、混凝土疏松、破损和露筋修复:先对缺陷区域进行剔凿处理,对钢筋进行除锈(有露筋部位),后用聚合物砂浆浆料进行表面修补。③夹渣:先对缺陷区域进行剔凿处理,交界面处理干净后,采用聚合物砂浆进行表面修补。④板保护层厚度不满足要求:对于保护层厚度不足者,采用喷涂阻锈剂的方法进行修复。对于因保护层厚度过厚导致板有效高度降低者,采用增加上叠合板的加固方式。⑤预留钢筋锈蚀:当钢筋表面浮锈时,对其进行除锈处理;当钢筋锈蚀严重时,采用钢筋置换的修复方式。

(2)修复项目概算总价为 840 余万元(按照一般计税即 9% 计税),其中工程费为 720 余万元,其他费为 80 余万元,预备费为 40 余万元;按照简易计税(3% 计税规则)概算总价为 830 余万元。

工程费拆分为南楼、北楼和北楼裙房，每栋楼又细分为外观处理、钢筋处理和保护层厚度。其他费和预备费需要细分时，细分项的占比可取工程费中相应占比。

(3)考虑本工程项目特殊性，工程尚未竣工验收，工程造价咨询服务费和外观修复处理的脚手架尚存争议，工程概算补充意见如下：

①确定性意见：不计工程造价咨询服务费、外观修复处理的脚手架采用简易脚手架，采用简易计税方法，图纸所列工程概算确定为近760万元。

②供选择性意见：不计工程造价咨询服务费、外观修复处理的脚手架采用简易脚手架，若采用一般计税方法(税率9%)，图纸所列工程概算则应当在前述确定性意见的基础上增加7余万元。

若计工程造价咨询服务费、外观修复处理的脚手架采用满堂脚手架，采用简易计税方法(税率3%)，图纸所列工程概算则应当在前述确定性意见的基础上增加70余万元。

若计工程造价咨询服务费、外观修复处理的脚手架采用满堂脚手架，采用一般计税方法(税率9%)，图纸所列工程概算则应当在前述确定性意见的基础上增加87余万元。

双方对前述鉴定意见已发表质证意见。

二、仲裁庭意见

最高人民法院《关于适用〈中华人民共和国民法典〉时间效力的若干规定》第1条规定，《民法典》施行后的法律事实引起的民事纠纷案件，适用《民法典》的规定。《民法典》施行前的法律事实引起的民事纠纷案件，适用当时的法律、司法解释的规定，但是法律、司法解释另有规定的除外。《民法典》施行前的法律事实持续至民法典施行后，该法律事实引起的民事纠纷案件，适用《民法典》的规定，但是法律、司法解释另有规定的除外。

参照上述规定,案涉承包协议、《承诺书》、施工合同、《说明》均系《民法典》施行前签订形成,对其效力的认定应适用当时的法律,即原《合同法》的相关规定。对于案涉合同履行的问题,仲裁庭将根据法律事实形成时间,确定应适用的法律规定。

仲裁庭就本案争议焦点分述如下。

(一)关于涉案合同的效力

原《合同法》第 52 条第 5 项规定,有违反法律、行政法规的强制性规定情形的,合同无效。

《招标投标法》第 43 条规定,在确定中标人前,招标人不得与投标人就投标价格、投标方案等实质性内容进行谈判。

最高人民法院《关于审理建设工程施工合同纠纷案件适用法律问题的解释》(已失效)第 1 条规定:"建设工程施工合同具有下列情形之一的,应当根据合同法第五十二条第(五)项的规定,认定无效……(三)建设工程必须进行招标而未招标或者中标无效的。"

本案中,双方均认可涉案承包协议有效、施工合同无效;申请人另主张《承诺书》《说明》无效,被申请人则认为《承诺书》《说明》均合法有效。针对双方争议,仲裁庭评述如下:

第一,依据查明事实,2010 年 4 月,申请人与被申请人签订承包协议,就涉案工程的范围、建设工期、工程质量、工程价款等达成约定。同日,申请人向被申请人出具《承诺书》,对工程取费标准、工程款支付节点等作出新的承诺,被申请人对《承诺书》亦表示认可,可以视为双方以《承诺书》的形式对承包协议部分约定进行变更,《承诺书》应当作为承包协议的补充协议予以认定。承包协议签订后,被申请人方才就涉案工程进行招标,待申请人中标后双方于 2010 年 6 月签订施工合同即中标合同,并进行备案。此后,申请人与被申请人又签署《说明》,确认以承包协议作为涉案工程实际施工及结算的依据。

通过前述事实可以认定,涉案工程招投标过程中,在申请人中标之前,申请人已与被申请人实际签订协议，双方已就涉案工程的价格、投标方案等实质性内容谈判并达成一致，且双方在《说明》中也确认施工合同仅用于办理招标程序使用，对双方没有法律约束力，故申请人中标涉案工程应系中标无效。根据前述原《合同法》、《招标投标法》第 43 条之规定并参照前述最高人民法院《关于审理建设工程施工合同纠纷案件适用法律问题的解释》（已失效）第 1 条的规定，施工合同存在违反法律、行政法规强制性规定的情形，当属无效。

第二，申请人主张《承诺书》系被申请人利用其地位胁迫申请人签署、并非双方真实意思表示，故而无效，被申请人不予认可，申请人就其主张并未提供充分证据，故仲裁庭对其主张不予支持。申请人另提出《说明》作为施工合同附件因违反《招标投标法》而无效，亦缺乏依据，仲裁庭不予支持。

本案中，双方均认可涉案承包协议有效，仲裁庭不持异议。仲裁庭认为，承包协议、《承诺书》、《说明》均系双方的真实意思表示，不违反法律、行政法规的强制性规定，应属合法有效。

第三，本案中，申请人另提出《承诺书》及《说明》不应作为工程结算依据，但仲裁庭注意到，根据被申请人提交的证据 15"××公司民事起诉状及证据"以及双方对于付款的陈述来看，申请人在前诉提交的用以证明工程款支付的证据中所使用"工程预（结）算书"显示工程类别为"二类工程"，且双方亦确认被申请人第一次付款是在承包协议约定的节点 2 完成之后，由此可以认定，双方已按照《承诺书》约定进行实际履行。另外，从内容看，《说明》所确定的"施工合同对双方没有法律约束力，工程施工、结算均以双方签订的承包协议为依据"等约定与双方在本案中的基本主张及合同实际履行情况亦能相符，故仲裁庭认为，《说明》亦应作为双方实际履行的依据。据此，本案应当依据双方签订的承包协议、《承诺书》及《说明》来处理双方关于涉案工程结算等争议。

（二）关于工程价款的确定

如前所述，本案中，承包协议、《承诺书》及《说明》的相关约定均应作为工程价款结算的依据。本案中，双方对于涉案工程价款数额的确定存在争议，对此,仲裁庭分述如下。

1. 涉案工程价款的确定依据

本案中,鉴于涉案工程未竣工结算,申请人申请对涉案工程实际已完成工程量进行工程造价鉴定,经仲裁庭委托,鉴定机构出具了鉴定意见,并出庭接受双方当事人的询问,鉴定程序合法,仲裁庭认为该鉴定意见可以作为认定本案事实的根据。

造价鉴定机构根据双方对于计价依据的主张,分别按照施工合同计价原则,承包协议计价原则,承包协议、《承诺书》及《说明》计价原则对涉案工程造价数额出具意见。申请人主张按照承包协议计价原则确定造价数额,被申请人主张按照承包协议、《承诺书》及《说明》计价原则确定造价数额。对此,仲裁庭认为,鉴于承包协议、《承诺书》及《说明》均系双方实际履行的依据,申请人主张仅适用承包协议的计价原则,缺乏依据,仲裁庭不予支持,应当按照承包协议、《承诺书》及《说明》计价原则确定造价数额。对于双方争议的具体项目及工程价款数额,仲裁庭将后续进行评述。

2. 涉案工程价款数额的认定

根据造价鉴定意见,按承包协议、《承诺书》及《说明》中约定的计价原则进行计算,已完工程项目所涉造价为近4400万元,其中,被申请人不认可的签证项目所涉造价为50余万元。被申请人主张应从造价中扣除如下项目:确定性鉴定意见中应共计扣减190余万元;不认可的签证项目50余万元;施工水电费近50万元。对此,仲裁庭分别认定如下。

第一,关于鉴定造价中除争议签证以外的确定性意见。本案中,被申请人主张应从确定性鉴定意见中扣减土方开挖及回填、地下室建筑装饰工程中有误的工程量、泵送砼增加材料项目、电梯井字架子目、费用表中的“已完工程及设备保护费”共计近190万元。根据鉴定意见及当事人提交的相关证据材料,仲裁庭认为:

关于土方开挖及回填,被申请人主张争议的土方开挖系专业指定分包工程，且基础外围土方回填实际使用了素土回填、非灰土回填，挖运土方应根据专业指定分包合同约定按 8.5 元/m^3 计入鉴定造价，回填土应按 10 元/m^3 计入鉴定造价。仲裁庭认为，被申请人提交的证据 46“土方开挖施工承包合同”并非本案当事人所签，而系申请人与案外人签订，不能作为本案鉴定的计价依据，被申请人要求扣减土方开挖及回填价款近 130 万元，缺乏依据，仲裁庭不予支持。

关于地下室建筑装饰工程中有误的工程量，被申请人主张应当按照申请人出具的“土方工程量证明”确定实际土方工程量。仲裁庭认为，根据鉴定意见，本项目挖土方工程量系根据双方确认的施工图纸等资料综合进行计算的，被申请人要求扣减 1 万元，缺乏依据，仲裁庭不予支持。

关于泵送砼增加材料项目，被申请人主张工程使用商品混凝土，非施工单位自行制作的混凝土，不符合定额解释中的使用范围，承包协议亦明确约定任何有关泵送砼的费用均已考虑在 16 元/m^3 之中，鉴定意见定额子目套用错误。仲裁庭认为，根据鉴定意见及复核，泵送剂属于砼添加剂范畴，不包含在泵用费中，故鉴定机构定额子目套用并无不当，被申请人要求扣减泵送砼增加材料项目 50 余万元，缺乏依据，仲裁庭不予支持。

关于电梯井字架子目，被申请人主张工程系未达到竣工验收条件而进行结算，电梯井内搭设井字架也包含配合电梯安装轨道使用、后期装饰等，故包含的工作内容没有全部完成，应按 50% 计取费用。仲裁庭认为，根据鉴定意见，计取的井架费用为土建部分（2020 年本案第二次开庭笔录第 8 页），计算正确，被申请人要求扣减电梯井字架子目费用 4 万元，缺乏依据，仲裁庭不予支持。

关于费用表中的“已完工程及设备保护费”，被申请人主张涉案工程尚未竣工，系未达到竣工条件进行的结算，而申请人也没对已完工程进行相应的保护，故该项费用应按 50% 计取。仲裁庭认为，根据鉴定意见，已完工程及设备保护费是竣工验收前，对已完工程及设备采取的覆盖、包裹、封闭、隔离等必要保护措施所发生的费用，并非停工后保护措施所发生的费用，鉴定意见计取该费用并无不当，被申请人要求扣减“已完工程及设备保护费”费用 2 万元，缺乏依据，仲裁庭不予支持。

综上，对被申请人提出的从造价确定性鉴定意见中共计扣减近 190 万元的主张，仲裁庭均不予支持。

第二，关于争议的签证项目。本案中，被申请人不认可的签证项目造价 50 余万元，并主张：争议签证项目所涉 2011 年 2 月的两份《工作联系单》均无被申请人代表签字，亦未加盖被申请人公章，不符合承包协议约定条件；签证中监理加盖的“案外人 C 项目有限管理公司 M 市监理部”章，并非监理公司公章，签字人并非监理合同约定的总监理工程师“自然人 R”，签证不能作为计价依据；“M 市城区扬尘污染防治”行动导致的价格调整已在政府指导价中综合体现，鉴定意见在此基础上再计取签证混凝土批价调差，系重复调整，不应重复计取。对此，仲裁庭认为：

首先，申请人就争议签证提交了证据 32，其中，2011 年 2 月 22 日的两份《工作联系单》显示：涉案工程部分部位采用抗冻混凝土，每立方增加 20 元；因“M 市城区扬尘污染防治”行动，造成混凝土原材价格上涨，并对混凝土价格进行调整。两份《工作联系单》“建设单位”处有“自然人 U”签名字样并注明“核对属实”，另有“自然人 V”签名字样并注明“工程量属实”，“监理单位”处均有“自然人 W”签名并加盖“案外人 C 项目有限管理公司 M 市监理部”印章。虽然被申请人对两份《工作联系单》的真实性不予认可，但鉴于申请人已提交《工作联系单》原件供核对，故仲裁庭对两份《工作联系单》的真实性予以确认。在被申请人并无充分证据证明 2011 年 2 月 22 日的两张《工作联系单》并非自然人 U、自然人 V、自然人 W 签署的情况下，仲裁庭对自然人 U、自然人 V、自然人 W 签署前述《工作联系单》的事实，亦予以认定。

其次，本案中，被申请人认可自然人 U 曾系其公司工程师，另依据查明事实，案外人 C 项目有限管理公司系与被申请人签订《建设工程监理合同》、为涉案工程提供监理服务的监理单位。仲裁庭注意到，根据申请人提交且被申请人对真实性予以认可的证据 27 中 2010 年 8 月 17 日、11 月 6 日的会议签到表可以认定，自然人 U、自然人 V 均代表被申请人处理涉案工程事宜，自然人 W 亦代表监理公司处理监理工作。此外，根据申请人提交的证据 32 中被申请人认可真实性的“图纸会审记录”，监理单位项目负责人（总监理工程师）处亦有自然人 W 签名并加盖“案外人 C 项目有限管理公司”公章，由此可见，监理单位亦认可自然人 W 有权代表其处理涉案工程相关监理事宜。

最后，根据承包协议第 5 条第 2 项约定，设计变更、现场签证等须经被申请人盖公章确认有效后据实调整合同价款，虽然 2011 年 2 月 22 日的两份《工作联系单》未经被申请人盖章确认，形式上存在一定瑕疵，但如前述，自然人 U、自然人 V、自然人 W 有权代表被申请人及监理单位处理涉案工程事宜，退一步讲，申请人也有理由相信前述人员在工作联系单上签字属于职务行为，对被申请人发生法律效力。故仲裁庭认为，前述签证项目应当予以认定并按照鉴定意见数额计入涉案工程价款。此外，被申请人主张混凝土批价调整存在重复计取，缺乏依据，仲裁庭对此亦不予确认。

综上，仲裁庭对被申请人提出扣减全部争议签证项目的主张，不予支持，该部分签证项目造价 50 余万元应计入涉案工程价款。

第三，关于施工水电费。根据鉴定意见，被申请人提交的水电费付款凭证所涉金额为 40 余万元。其中：2011 年 6 月之前（包含 2011 年 6 月）水电费付款凭证所涉金额为 10 余万元；2011 年 6 月之后（不包含 2011 年 6 月）水电费付款凭证所涉金额为 20 余万元。

本案中，双方确认应从工程款中扣除被申请人交纳的涉案工程水电费，但双方对扣除数额存在争议。申请人主张承担 2011 年 6 月之前的一半费用，2011 年 6 月之后的费用按照每月 100 元计算，其自愿承担金额为近 10 万元。被申请人则主张申请人于 2011 年 6 月擅自停工后，仍占据施工现场并开设美食广场等经营行为，应继续支付水电费，故所有的水电费均应从工程款中扣除。

仲裁庭认为，由于被申请人已实际交纳了水电费，申请人亦同意实际发生的水电费予以扣除，故与涉案工程施工、维护等相关以及其他应由申请人自行负担的水电费应从工程款中进行扣除。依据查明事实，涉案工程施工至 2011 年 6 月开始停工，停工后，工程场地由申请人实际占用。根据申请人提交的证据 10 公证证据及被申请人提交的证据 25《公证书》均可看出，停工后，申请人占用的施工场地存在一定经营行为。鉴于争议的水电费均由被申请人交纳，但根据被申请人提交的现有证据无法准确区分与涉案工程相关以及其他应由申请人负担的费用情况，故仲裁庭根据涉案工程施工、停工时间，停工后现场实际情况等因素酌情判定 2011 年 6 月之前的水电费应全部由申请人负担，2011 年 6 月之后的水电费由申请人负担 10 余万元。据此，应从工程造价中扣除水电费共计 30 余万元（近 20 万元 + 10 余万元 = 30 余万元）。申请人主张仅承担近 10 万元水电费，依据不足，仲裁庭不予支持。

综上所述，根据前述仲裁庭对于各项争议价款的认定，仲裁庭认定，涉案工程价款共计近 4300 万元，计算方式为：已完工程项目所涉造价近 4400 万元（含争议签证项目造价 50 余万元）－水电费扣除 30 余万元 = 近 4300 万元。

（三）关于涉案合同的解除

原《合同法》第 93 条第 1 款规定，“当事人协商一致，可以解除合同”。第 94 条规定，“有下列情形之一的，当事人可以解除合同：（一）因不可抗力致使不能实现合同目的；（二）在履行期限届满之前，当事人一方明确表示或者以自己的行为表明不履行主要债务；（三）当事人一方迟延履行主要债务，经催告后在合理期限内仍未履行；（四）当事人一方迟延履行债务或者有其他违约行为致使不能实现合同目的；（五）法律规定的其他情形”。

本案中，申请人认为因被申请人逾期支付工程款致使涉案工程停工，要求解除双方签订的承包协议。被申请人则认为，其不存在逾期付款的情况，系申请人擅自停工导致涉案工程未能如期竣工，并主张申请人单方擅自停工、提起诉讼要求解除合同并查封冻结被申请人的预售房屋、逾期竣工等情形符合承包协议第 20 条第 3 项约定的合同解除条件及原《合同法》第 94 条规定的法定解除条件,故承包协议应于被申请人发出的《解除合同通知函》到达申请人之日即2013年7月予以解除。针对双方争议,仲裁庭评述如下:

第一,依据查明事实,涉案工程于2010年4月12日开始施工。2011年6月,申请人向被申请人、监理单位发出《停工通知书》,表示因被申请人逾期支付工程款,工程施工不能进行,故决定全面停工。涉案工程从2011年6月开始停工,至今尚未完成施工,本案中,双方均表示涉案工程已无法继续施工。由此可见,涉案工程长期停工直接导致了涉案合同无法继续履行。申请人主张系被申请人逾期支付工程款致使涉案工程停工,被申请人对此不予认可,故对于停工原因及责任的认定系确定合同解除的核心和关键。

第二,根据承包协议约定的工程款支付的节点,其中,节点1为基础筏板砼浇筑完成,付已审定本期完成工程量75%的工程额;节点2为单体工程基础砼浇筑完成正负零、车库顶砼浇筑完成,付已单定本期完成工程量75%的工程款;节点3为单体框架每完成5个自然层,付已审定本期完成工程量75%的工程款。此外,《承诺书》第2条对前述付款节点进行变更,即到节点2完成时,同时付节点1、节点2的工程款。据此,双方应当按照前述约定的付款时间进行工程款的支付事宜。

第三,承包协议同时约定了申请人进行工程进度款申请时所需要提报的材料、付款条件及付款审核流程。本案中,申请人提交了证据6《M市A公司N小区工程工程支付款支付申请表及支付证书》,用以证明被申请人逾期支付工程款,被申请人对该证据不予认可,亦否认收到申请人提交的付款申请材料。鉴于申请人已提交该部分证据原件以供核对,仲裁庭对证据的真实性予以确认。根据申请人提交的证据,申请人提报《工程款支付申请表》经监理单位审查后,监理单位出具了《工程款支付证书》,确认了完工工程量及当期应付工程款数额,但申请付款材料中并无承包协议所约定的申请付款应提交的工程量影像资料、验收质检材料、用水用电分摊表等材料,亦无被申请人对应付工程款数额的确认。虽然申请人提交的付款申请材料与合同约定不完全相符,且被申请人否认收到申请人提交的付款申请材料，但仲裁庭注意到，根据被申请人签订的《建设工程监理合同》所载，审核承包人提交的工程款支付申请、签发或出具工程款支付证书确系监理职责范围，另外，被申请人2010年12月~2011年6月确曾多次向申请人进行过付款，在被申请人并未提交充分证据证明其付款依据的情况下，被申请人的付款行为亦可视为对申请人已完工程的确认。据此，仲裁庭认为，申请人提交的证据6可以在一定程度上反映申请人的施工进度及付款节点。

第四，前述证据显示，约定节点2系2010年12月完成，至该节点时，经监理确认应付工程价款将近1400万元，但被申请人直至2011年5月才付至1400万元。另外，根据仲裁庭前述认定，涉案工程已完工程价款为近4300万元，按照进度款支付所约定的已完工程量75%计，被申请人仍应支付3000余万元，但依据查明事实，涉案合同履行过程中，被申请人仅支付1820万元，与应付款差额过大。由此，仲裁庭认为，被申请人在合同履行过程中，存在逾期付款，且其逾期付款行为系导致涉案工程无法继续施工并停工的主要原因。同时，需要说明的是，申请人未能按照约定付款申请材料提报请款，且申请人亦未举证证明已按约为被申请人开具了发票，故该行为均客观上影响了工程款的支付，申请人对被申请人未能按期付款亦应承担一定责任。此外，被申请人虽提出申请人进场假钢材、工程存在质量问题导致付款条件未成就，但并无充分证据证明前述因素影响其付款，故仲裁庭对其主张不予采信。

第五，依据查明事实，2013年7月，被申请人向申请人发出《解除合同通知函》，以申请人擅自停工、占据施工场地拒不交付、致使涉案工程未能竣工为由通知解除承包协议。

鉴于被申请人逾期付款系导致涉案工程停工的主要原因，故被申请人主张申请人单方擅自停工、致使涉案工程逾期竣工，并据此解除合同，缺乏事实及法律依据，其发送《解除合同通知函》并不产生合同解除的效力及法律后果。此外，被申请人提出申请人提起诉讼要求解除合同并查封冻结被申请人的预售房屋等情形符合约定及法定解除条件,亦缺乏依据,仲裁庭不予支持。

如前所述,被申请人逾期支付工程款构成违约,且在本案庭审中,双方均表示涉案合同无法继续履行,对合同解除亦并无异议,故对申请人要求解除承包协议的仲裁请求,仲裁庭予以支持。

(四)关于申请人的各项仲裁请求

针对申请人提出的各项仲裁请求,仲裁庭分述如下。

1. 关于申请人第1项、第2项、第3项仲裁请求

根据仲裁庭前述认定,申请人要求解除双方签订的承包协议,仲裁庭予以支持。

鉴于施工合同系属无效,申请人要求确认施工合同无效,依据充分,仲裁庭予以支持。

鉴于《承诺书》《说明》均合法有效,申请人要求确认《承诺书》《说明》无效,缺乏事实及法律依据,仲裁庭不予支持。

2. 关于申请人要求被申请人支付工程款的请求

原《合同法》第97条规定,合同解除后,尚未履行的,终止履行;已经履行的,根据履行情况和合同性质,当事人可以要求恢复原状、采取其他补救措施,并有权要求赔偿损失。

鉴于承包协议已解除,虽然涉案工程尚未完工,考虑被申请人在本案中已就涉案工程质量问题申请鉴定并提出了相应反请求,故申请人要求被申请人支付已完工程价款,于法有据,仲裁庭予以支持。

根据前述认定,涉案工程价款共计近4300万元,被申请人已向申请人支付1820万元。另外,双方庭审中确认被申请人代申请人垫付泡沫保温板材料款21万元,被申请人主张从应付工程款中扣除,并无不妥,申请人亦未提出异议,据此,被申请人应向申请人支付工程款数额应为2450余万元,计算方式:近4300万元-1820万元-20余万元=2450余万元。被申请人另主张申请人未支付的履约保证金400万元应作为已付款扣回,缺乏证据,仲裁庭不予支持。

据此,仲裁庭判定被申请人向申请人支付已完成项目尚欠的工程款本金 2450 余万元,对申请人仲裁请求中超出的部分,仲裁庭不予支持。

3. 关于申请人主张的欠付工程款利息损失及违约金

最高人民法院《关于审理建设工程施工合同纠纷案件适用法律问题的解释》第 17 条规定,当事人对欠付工程价款利息计付标准有约定的,按照约定处理;没有约定的,按照中国人民银行发布的同期同类贷款利率计息。

本案中,申请人主张被申请人未按约支付工程款,并要求其支付工程欠款利息损失,对此,仲裁庭认为:如前所述,在涉案合同履行过程中,被申请人存在逾期付款的行为,其长期欠付工程款,确给申请人造成损失。但申请人未按照约定付款申请材料提报请款、开具发票,亦应对逾期付款承担一定之责,且涉案工程及施工现场自 2011 年 6 月停工后一直由申请人实际控制,在双方发生争议后,申请人亦未及时采取合理、必要措施有效解决纠纷,对损失的进一步扩大应负有一定责任。据此,仲裁庭综合考虑合同解除的原因、双方过错程度、当事人的实际损失、造成损失扩大的责任等因素,参照前述司法解释的规定,酌情判定被申请人向申请人支付进度款欠款利息 1,000,000 元,并以欠付工程款 2450 余万元为基数,向申请人支付自申请人申请仲裁之日起至实际履行之日止的逾期付款利息,利息标准则按照全国银行间同业拆借中心公布的贷款市场报价利率计算。对申请人超出部分的仲裁请求,仲裁庭不予支持。前述利息计算至 2020 年 12 月 8 日为近 480 万元(计算方式略)。

关于申请人主张的"欠付工程款违约金"一节,仲裁庭认为,鉴于承包协议、《承诺书》及《说明》均未约定被申请人逾期付款违约金,申请人要求根据对等原则由被申请人支付违约金,缺乏法律依据,仲裁庭不予支持。此外,鉴于施工合同系属无效,申请人要求根据施工合同关于违约责任的约定支付违约金,亦缺乏依据,仲裁庭不予支持。

4. 关于申请人主张的各项费用及损失

关于工程现场剩余物料款,该部分物料系申请人为履行承包协议所购置的,现承包协议已解除,申请人要求被申请人支付前述物料款,符合法律规定,仲裁庭予以支持。根据鉴定意见,按照承包协议、《承诺书》及《说明》中约定的计价原则进行计算,涉案工程现场堆放材料费用为近20万元,故仲裁庭判定被申请人应按照该数额向申请人予以支付,对申请人仲裁请求中超出的部分,仲裁庭不予支持。

关于停工期间看管维护费用,申请人要求被申请人支付计至2020年12月8日的看管维护费用120余万元,并按照每季度近4万元支付至双方交接之日止,被申请人不予认可。对此,仲裁庭认为,申请人就其主张虽提供了工资明细表及劳动合同,但劳动合同所载劳动期限、劳动者与其工资明细并不相符,通过该部分证据无法确认与涉案工程现场看管维护相关,亦无法证实申请人所主张的费用数额,且如前所述,申请人对工程停工后损失的进一步扩大负有责任,故对申请人该项仲裁请求,仲裁庭不予支持。

关于停工期间租赁费用,申请人要求被申请人支付计至2020年12月8日的停工期间工程现场脚手架、工具、机械等的租赁费用140余万元,被申请人不予认可。对此,仲裁庭认为,申请人就其主张虽提供了租金结算清单、租金统计表,但该证据系申请人制作、出具,不足以证实申请人停工期间存在支出租赁费用的情况以及费用数额,且如前所述,申请人对工程停工后损失的进一步扩大负有责任,故对申请人该项仲裁请求,仲裁庭不予支持。

关于预期利益,申请人要求被申请人支付预期利益420余万元,被申请人不予认可。对此,仲裁庭认为,申请人按照2016年房价上涨等因素计算预期利益,缺乏事实依据及法律依据,且申请人对于合同解除后损失的进一步扩大负有一定责任,故对其仲裁请求不予支持。

5. 关于申请人主张的保证金及利息

依据查明事实,2010年4月10日,申请人向被申请人缴纳履约保证金300万元。2010年7月,申请人向被申请人出具《保证书》,表明因购进钢材不符合要求,同意从履约保证金中扣除50万元的罚金。现承包协议已解除,且被申请人已提出反请求要求申请人移交涉案工程场地，故被申请人缺乏继续持有履约保证金的依据，申请人要求被申请人返还履约保证金250万元，依据充分，仲裁庭予以支持。申请人要求被申请人支付保证金利息，缺乏依据，仲裁庭不予支持。

此外，被申请人主张应扣除全部履约保证金，缺乏依据，仲裁庭不予支持。

6. 关于申请人主张的律师费及保全费用

依据申请人提交的律师费发票和支付凭证，可以认定申请人因本案实际支出律师费约60万元。此外，依据查明事实，申请人因本案申请财产保全支出保全费5000元、保全责任险保费6万余元。申请人要求被申请人负担前述费用。

根据本案实际情况及双方责任，仲裁庭酌情判定被申请人向申请人支付律师费约40万元，对于超出部分的律师费，仲裁庭不予支持。申请人要求被申请人负担保全费、保全责任险保费，较合理，仲裁庭予以支持。

7. 关于申请人自愿承担的修复费用及水电费

本案中，申请人提出仲裁请求，自愿承担因质量问题产生的修复费用250万元及水电费近10万元。

仲裁庭认为，鉴于被申请人已就因质量问题产生的修复费用提出反请求，申请人自愿承担修复费用250万元的主张不构成独立的请求，故仲裁庭后续将对修复费用一并进行处理，对申请人该项请求，不再予以支持。

关于申请人提出的"水电费"一节，鉴于本案审理中，双方均同意从工程款中扣除被申请人交纳的涉案工程水电费，且水电费数额已纳入造价鉴定范围，仲裁庭亦在认定涉案工程价款时对双方争议的应扣除水电费处理完毕，考虑到申请人自愿承担水电费近10万元的主张不构成独立的请求，故仲裁庭对申请人该项请求，不再予以支持。

（五）关于被申请人的各项仲裁反请求

针对被申请人提出的各项仲裁反请求，仲裁庭分述如下。

1. 关于被申请人第 1 项、第 2 项反请求

根据仲裁庭前述认定，施工合同系属无效，被申请人要求确认施工合同无效的请求，有事实及法律依据，仲裁庭予以支持。

如前所述，被申请人向申请人发送《解除合同通知函》解除承包协议，缺乏事实及法律依据，对其要求确认承包协议于 2013 年 7 月 29 日解除的请求，仲裁庭不予支持。

2. 关于被申请人第 3 项反请求

依据查明事实，涉案工程停工后，施工现场一直由申请人控制，尚未移交给被申请人，且申请人亦尚未将涉案工程施工资料移交给被申请人。

现承包协议已解除，被申请人要求申请人移交工程及场地，移交全部施工资料，符合法律规定，仲裁庭予以支持。关于移交施工资料的问题，被申请人要求申请人按照承包协议第 16 条的约定、住房和城乡建设部《房屋建筑和市政基础设施工程竣工验收备案管理办法》第 5 条的规定、住房和城乡建设部发布的国家标准《建筑工程施工质量验收统一标准》(GB 50300 - 2013)、行业标准《建筑工程资料管理规程》(JGJ/T 185 - 2009)以及 S 省工程建设标准《建筑工程(建筑与结构工程)施工资料管理规程》(DB37/T 5072 - 2013)的要求移交全部竣工资料、具体以 M 市市相关部门工程竣工验收备案要求为准，对此，仲裁庭认为：

首先，承包协议第 16 条系对工程竣工验收管理的约定，并未明确约定施工资料的具体内容，无法直接作为移交资料的依据。《房屋建筑和市政基础设施工程竣工验收备案管理办法》适用于工程的竣工验收备案，第 5 条规定："建设单位办理工程竣工验收备案应当提交下列文件：(一)工程竣工验收备案表；(二)工程竣工验收报告……"鉴于涉案工程尚未施工完毕，该规定无法适用于本案施工资料移交内容的确定。《建筑工程施工质量验收统一标准》(GB 50300 - 2013)系适用于建筑工程施工质量验收的标准，亦无法据此确定施工资料的具体内容。同时，被申请人亦未提交证据证明 M 市相关部门工程竣工验

收备案的具体要求，故其主张的前述标准均无法作为确定移交施工资料的依据。

其次，《建筑工程资料管理规程》(JGJ/T 185－2009)及 S 省工程建设标准《建筑工程(建筑与结构工程)施工资料管理规程》(DB37/T 5072－2016)均适用于新建、改建、扩建建筑工程的资料管理，以该规程作为确定涉案施工资料移交的依据，较合理、妥当，仲裁庭亦据此进行裁决。

此外，对于被申请人主张的施工资料的具体名称及内容，鉴于其并未提交证据证明申请人持有施工资料的情况，在仲裁庭已确定按照前述规程确定移交施工资料的情况下，仲裁庭不再对施工资料的具体名称及内容予以处理。

3. 关于被申请人主张的返工、修理费用

本案中，被申请人主张申请人施工的涉案工程存在质量问题，要求申请人支付质量不合格工程的返工、修理等费用，申请人对被申请人主张的费用数额不予认可，并表示愿负担 250 元修复费用。在审理中，被申请人已申请对涉案工程"楼板钢筋保护层厚度""现浇结构外观质量缺陷""预留外露钢筋锈蚀情况"进行质量鉴定及修复方案、修复费用鉴定。针对双方争议，仲裁庭评述如下。

(1)关于涉案工程的质量问题及责任

原《合同法》第 281 条规定，施工人的原因致使建设工程质量不符合约定的，发包人有权要求施工人在合理期限内无偿修理或者返工、改建。经过修理或者返工、改建后，造成逾期交付的，施工人应当承担违约责任。

承包协议第 14 条第 1 项约定，工程质量应达到国家现行的质量检验评定标准，乙方承诺工程质量达到 M 市优良标准，出现增加的经济支出，由乙方承担。

根据前述规定，申请人作为涉案工程承包人，应当保证其施工工程符合国家规定或双方约定的质量标准。现被申请人主张的质量问题主要包括及存在于楼板钢筋保护层厚度、现浇结构外观质量缺陷及预留外露钢筋锈蚀。本案中，被申请人申请对涉案工程的前述质量问题及修复方案、修复费用进行鉴定。经仲裁庭委托，质量鉴定机构和修复鉴定机构分别出具了质量鉴定意见和修复设计及概算咨询意见，并出庭接受双方当事人的询问，鉴定程序合法，该鉴定意见可以作为认定本案事实的根据。

根据质量鉴定意见可知，鉴定范围内，被申请人主张的前述项目均存在不同程度的质量问题，具体如下：

对于“楼板钢筋保护层厚度”项目，经过鉴定，鉴定范围内板底的钢筋保护层厚度满足规范要求，板面的钢筋保护层厚度不满足规范，造成该质量问题的原因在于施工质量控制不严，据此，该质量问题所产生的责任应由申请人承担。此外，仲裁庭注意到，虽然个别板底钢筋保护层厚度偏差大于《混凝土结构工程施工质量验收规范》(GB 50204－2002)(2010 年版)附录 E.0.4 条规定允许偏差的 1.5 倍，但南楼结构工程的混凝土板板底钢筋保护层厚度的合格率已达到了前述验收规范的标准，考虑到涉案工程尚未施工完毕，且鉴定意见为“建议采取处理措施”，故仲裁庭认为，该偏差目前尚不构成需要修复的质量问题。

对于“现浇结构外观质量缺陷”项目，经过鉴定，涉案工程鉴定范围内多数楼板板底混凝土存在裂缝并伴有渗漏或水痕，个别楼板存在表面蜂窝、麻面、钢筋外露等多处外观质量缺陷，个别钢筋混凝土墙、梁存在夹渣、麻面等多处外观质量缺陷，少量钢筋混凝土柱存在箍筋外露、锈蚀等外观质量缺陷，地下室后浇带外露钢筋存在锈蚀现象。根据鉴定意见，造成前述质量缺陷的原因，一方面，是施工质量控制不严；另一方面，是涉案工程停工后，混凝土构件裸露在空气中，环境变化亦造成了混凝土构件损伤，以及裂缝的形成和发展。对此，仲裁庭认为：对于施工造成的质量问题，应当由申请人承担责任。对于停工后形成或加重的质量问题，虽然涉案工程停工主要系被申请人的原因造成，但鉴于涉案工程停工后，施工现场一直由申请人控制，申请人应当对施工现场尽到适当保护的责任，故对该部分质量问题，仲裁庭综合考虑环境变化的客观情况、造成工程停工的原因及申请人对施工现场应尽之保护责任认定申请人和被申请人均负有责任。综上,对于该项目质量问题,申请人应承担主要责任,被申请人承担次要责任。

对于"预留外露钢筋锈蚀"项目,经过鉴定,涉案工程停工多年,鉴定范围内的预留裸露钢筋均有不同程度的锈蚀,室外正常环境的裸露钢筋锈蚀较轻,潮湿环境的裸露钢筋锈蚀稍重,钢筋锈蚀的原因系停工后钢筋长期裸露和环境潮湿。同前述,对该部分质量问题,仲裁庭综合考虑环境变化的客观情况、造成工程停工的原因及申请人对施工现场的保护责任,认定应当由被申请人承担主要责任、申请人承担次要责任。

(2)关于涉案工程质量问题修复费用的处理

一是关于修复费用的认定。根据修复鉴定机构出具的《N小区结构复核及加固修复设计与设计概算咨询项目咨询报告》《工程初步设计概算书》,根据质量鉴定意见,需要对楼板保护层不满足要求、构件损伤及钢筋锈蚀相关问题进行修复。关于质量修复费用,考虑到本工程项目特殊性,工程尚未竣工验收,工程造价咨询服务费和外观修复处理的脚手架尚存争议,鉴定意见为:①确定性意见:不计工程造价咨询服务费、外观修复处理的脚手架采用简易脚手架,采用简易计税方法,图纸所列工程概算确定为近760万元。②供选择性意见:不计工程造价咨询服务费、外观修复处理的脚手架采用简易脚手架,若采用一般计税方法(税率为9%),图纸所列工程概算则应当在前述确定性意见的基础上增加77,000元;若计工程造价咨询服务费、外观修复处理的脚手架采用满堂脚手架,采用简易计税方法(税率为3%),图纸所列工程概算则应当在前述确定性意见的基础上增加近75万元;若计工程造价咨询服务费、外观修复处理的脚手架采用满堂脚手架,采用一般计税方法(税率为9%),图纸所列工程概算则应当在前述确定性意见的基础上增加87余万元。

申请人主张,应按照简易计税方法税率3%计取,外观修复处理的脚手架采用简易脚手架,不应计取工程建设其他费用。被申请人主张,应当按照"计工程造价咨询服务费、外观修复处理的脚手架采用满堂脚手架,采用一般计税方法(税率9%)”确定选择性意见,修复费用应为确定性意见。对此,仲裁庭认为:首先,双方确认涉案工程项目系营改增之前的项目,依据承包协议及涉案工程施工时系按照简易计税方法,按税率3%计取。鉴于该部分争议项为未完工程的修复项目,依据现有证据按照简易计税方法,以税率3%计取更为合理。其次,因涉案工程尚未完工,对于修复项目,根据现有实际需要,并无计取工程造价咨询服务费以及必须采用满堂脚手架的充分及必要依据,故工程造价咨询服务费不应计取,脚手架采用简易脚手架亦更为合理。据此,涉案工程鉴定范围内质量修复费用应按照确定性意见近76万元予以确定。

二是关于修复费用的负担。本案中,鉴于申请人明确表示其不再进行涉案工程的修复工作,在此情况下,仲裁庭将根据修复费用的鉴定意见及双方对于质量问题的责任判定申请人应当支付的修复费用数额。

根据《工程初步设计概算书》及鉴定机构说明,工程费已按照外观处理、钢筋处理和保护层厚度进行区分,其他费和预备费细分占比可取工程费中相应占比。如前所述,仲裁庭对于涉案项目鉴定范围内的楼板钢筋保护层厚度、现浇结构外观质量缺陷及预留外露钢筋锈蚀所反映质量问题的责任及主次已经进行认定。据此,仲裁庭根据3个项目在修复费用中所占比例、双方当事人对质量问题的责任大小,并结合本案的实际情况,酌情判定申请人应当向被申请人支付修复费用600万元。对被申请人反请求中超出部分的数额,仲裁庭不予支持。

此外,仲裁庭注意到,被申请人另提交《关于楼板板面钢筋保护层厚度的补充鉴定申请》,申请对原鉴定范围外剩余楼板板面钢筋保护层厚度、修复方案及费用进行补充鉴定。对此,仲裁庭认为,鉴定过程中,仲裁庭曾多次要求被申请人确定其主张的鉴定范围,亦组织当事人及鉴定机构就鉴定事项进行了会商,鉴定程序合法、正当,被申请人考虑其鉴定风险、费用等因素后方才确定了质量鉴定范围,其应当就其行为承担责任。被申请人在质量鉴定意见做出后提交前述补充鉴定申请,申请扩大鉴定范围、进行补充鉴定,无疑会造成本案仲裁程序的过分迟延,亦无益于双方当事人的权利保护。据此,仲裁庭对被申请人提出的前述申请,不予准许,其可以另行主张。

4. 关于被申请人主张的违约金及各项损失

关于被申请人主张的违约金,本案中,被申请人要求申请人支付逾期撤离及移交工程违约金、违法解除合同违约金及工程质量不合格违约金,对此,仲裁庭认为:

第一,依据前述认定,涉案工程停工的主要原因系被申请人逾期付款,其主张申请人擅自停工、延误工期,并以此为由解除合同,缺乏事实及法律依据,被申请人解除合同亦不发生法律效力。在此情况下,被申请人依据承包协议对于合同解除后果的约定主张申请人逾期撤离及移交工程构成违约,亦缺乏事实依据。据此,对被申请人要求申请人支付逾期撤离及移交工程违约金、违法解除合同违约金的请求,仲裁庭不予支持。

第二,关于工程质量不合格违约金,被申请人主张因涉案工程不能达到承包协议第4条约定的"M市优良工程"质量标准,且根据鉴定意见,申请人施工存在质量问题,故申请人应支付质量不合格违约金,申请人对此不予认可。仲裁庭认为,首先,涉案工程尚未竣工,现承包协议已解除,是否能够达到"M市优良工程"质量标准须待工程竣工后才能最终判断,被申请人主张因申请人原因导致涉案工程质量标准未达到M市优良工程,缺乏依据,其据此要求申请人支付违约金,仲裁庭不予支持。其次,承包协议第19条第2项约定,如工程质量达不到合同约定的标准,申请人应按照暂定合同总价款的1%支付违约金。根据鉴定意见,虽然涉案工程楼板钢筋保护层厚度、现浇结构外观质量缺陷及预留外露钢筋锈蚀存在不同程度的质量问题,但经仲裁庭认定,前述质量问题并非申请人单方原因造成,被申请人亦应就质量问题承担部分责任。另考虑被申请人已反请求要求申请人就质量问题支付修复费用,仲裁庭已对此进行裁决,该修复费用已足以弥补被申请人相应损失,故仲裁庭对被申请人要求申请人支付工程质量不合格违约金的请求,不予支持。

第三，关于被申请人主张的各项损失，本案中，被申请人主张申请人单方擅自停工、利用司法程序查封冻结被申请人财产、拒绝撤离并移交工程的违约行为给其造成损失，并要求申请人赔偿其已投入开发资金利息损失、已售房屋退房款利息损失、已取得预售许可证房屋无法对外出售的利息损失、停工期间支出土地使用税损失超出违约金之外的损失金额1000万元，对此，仲裁庭认为：首先，被申请人提出的申请人单方擅自停工、拒绝撤离并移交工程，均缺乏事实依据，其要求申请人因此赔偿损失，仲裁庭不予支持。其次，被申请人主张申请人通过司法程序查封冻结其财产给其造成损失，该主张所涉争议事实并非因涉案合同签订、履行所引发，已超出了本案仲裁范围，故仲裁庭亦不予支持。据此，仲裁庭认为，被申请人主张的前述损失，均缺乏事实及法律依据，仲裁庭不予支持。

综上，对被申请人提出的第5项、第6项仲裁反请求，仲裁庭均不予支持。

5. 关于被申请人主张的律师费

依据被申请人提交的律师费发票和支付凭证，可以认定被申请人因本案支出了律师费。根据本案实际情况及双方责任，仲裁庭酌情判定申请人向被申请人支付律师费10万元，对于超出部分的律师费，仲裁庭不予支持。

（六）关于本案仲裁费、鉴定费的承担

根据前述仲裁庭意见，结合本案实际情况及裁决结果，仲裁庭认为：

本案本请求和反请求的仲裁费均应由申请人承担40%，由被申请人承担60%。

本案造价鉴定费用应由申请人承担30%，由被申请人承担70%。

本案质量鉴定费用应由申请人承担70%，被申请人承担30%。

本案修复方案及修复鉴定费用应由申请人承担70%，由被申请人承担30%。

三、裁　　决

根据上述仲裁庭意见,裁决如下:

1. 解除申请人与被申请人于2010年4月6日签订的承包协议;

2. 申请人与被申请人于2010年6月25日签订的施工合同无效;

3. 被申请人向申请人支付已完成项目尚欠工程款人民币2450余万元;

4. 被申请人向申请人支付计算至2020年12月8日的工程款欠款利息损失人民币近480万元,并以人民币2450余万元为基数、按照全国银行间同业拆借中心公布的同期贷款市场报价利率标准、支付自2020年12月9日起至实际履行之日止的利息损失;

5. 被申请人向申请人支付涉案工程现场剩余物料款人民币近20万元;

6. 被申请人向申请人退还履约保证金人民币250万元;

7. 被申请人向申请人支付律师费人民币近40万元;

8. 被申请人向申请人支付保全责任险保费人民币6余万元、保全费用人民币5000元;

9. 申请人向被申请人移交涉案M市N小区项目工程及场地,并向被申请人移交涉案工程全部施工资料,具体资料以《建筑工程资料管理规程》(JGJ/T 185-2009)及S省工程建设标准《建筑工程(建筑与结构工程)施工资料管理规程》(DB37/T 5072-2016)要求为准;

10. 申请人向被申请人支付质量问题工程修复费用人民币600万元;

11. 申请人向被申请人支付律师费人民币10万元;

12. 驳回申请人的其他仲裁请求;

13. 驳回被申请人的其他仲裁反请求;

14. 本请求仲裁费(略);

15. 反请求仲裁费(略);

16. 造价鉴定费(略);

17. 质量鉴定费(略);

18. 修复方案及修复鉴定费(略)。

申请人、被申请人均应于本裁决作出之日起15日内向对方履行上述裁决项中裁决其应各自履行的义务。逾期履行的,按照《民事诉讼法》第264条的规定处理。

本裁决为终局裁决,自作出之日起生效。

案例评析

【关键词】

“黑白合同”的效力　“黑白合同”的结算依据　未完工程质量缺陷责任分配

【焦点问题】

1. 建设工程施工合同存在“黑白合同”的情况下,应如何确定各份合同的效力,工程价款应如何确定结算依据。

2. 未完建设工程出现质量缺陷,如何通过质量鉴定程序分配及认定质量责任。

【焦点评析】

本案的基本案情:2010 年 4 月 6 日,被申请人作为发包人、申请人作为承包人就案涉工程签订承包协议,约定被申请人将案涉工程发包给申请人,并约定了双方的权利义务等内容。案涉工程于 2010 年 4 月 12 日开工建设。2010 年 5 月 22 日,被申请人就涉案工程发布了招标文件,申请人投标后于 2010 年 6 月 6 日中标。双方另于 2010 年 6 月 25 日就涉案工程签订施工合同。施工合同与承包协议的约定在诸多方面存在较大差别。

2011 年 6 月 15 日,申请人向被申请人、监理单位发出《停工通知书》,以“被申请人违约逾期不支付巨额工程款,致使工程施工不能进行”为由,通知“自 2011 年 6 月 16 日起对工程全面停工”。案涉工程包括南楼、北楼、商业楼(北楼裙房)及地下车库,自 2011 年 6 月起即处于停工状态。停工时,案涉工程尚未完工,南楼主体结构已施工至顶层,北楼主体结构已施工至地上 18 层(共 26 层),商业楼主体结构已完成。

2013 年 7 月 28 日，被申请人向申请人发出《解除合同通知函》，以“申请人擅自停工、占据施工场地拒不交付，致使工程未能竣工”为由，通知解除合同。

本案中，申请人以被申请人拖欠工程款导致停工、造成合同无法继续履行为由，提出仲裁申请，要求解除合同，并要求被申请人支付 3110 余万工程尚欠工程款及利息等。被申请人则提出反请求，要求确认案涉合同于《解除合同通知函》到达申请人之日解除，并以申请人施工工程质量不合格为由要求申请人支付返工、修理等费用。因《施工合同》与承包协议对于工程款的计价方式、工程款结算、工程款支付、质量责任等约定存在较大差别，故双方就承包协议、施工合同的效力问题、应适用哪份合同作为解决争议的依据存在较大争议。

此外，被申请人主张申请人施工存在质量缺陷，并在审理过程中申请了对案涉工程“楼板钢筋保护层厚度”“现浇结构外观质量缺陷”“预留外露钢筋锈蚀情况”进行质量成因鉴定及修复方案、修复费用鉴定。

现结合本案案情评述如下。

一、“黑白合同”的效力及结算依据

最高人民法院《关于审理建设工程施工合同纠纷案件适用法律问题的解释(一)》(法释〔2020〕25 号)第 2 条规定，招标人和中标人另行签订的建设工程施工合同约定的工程范围、建设工期、工程质量、工程价款等实质性内容，与中标合同不一致，一方当事人请求按照中标合同确定权利义务的，人民法院应予支持。

该解释中规定的“中标合同”，是指当事人双方依法履行了招投标程序并根据中标结果签订的建设工程施工合同，这就是通常意义上的“白合同”；另行订立的施工合同，是指当事人就同一工程签订的与中标合同存在实质性内容不一致的合同，即通常意义上的“黑合同”。“黑合同”主要包括两种：一种是“黑合同”具备施工合同的主要条款，可以独立作为合同结算的依据；另一种是“黑合同”中只约定承包人让利或缩短工期等内容，不能脱离“白合同”单独存在，性质上属于补充协议。本案例讨论的“黑合同”属于第一种情况。该解释的法律依据是《招标投标法》第46条，即招标人和中标人应当自中标通知书发出之日起30日内，按照招标文件和中标人的投标文件订立书面合同。招标人和中标人不得再行订立背离合同实质性内容的其他协议。另外，在实践中通说认为，合同实质性内容主要包括工程价款、工程质量和工程期限3项。原因在于施工合同的核心问题是工程结算问题，工程价款、工程质量和工程期限三方面内容涉及当事人双方的主要权利义务，工程量增加或减少、建设工期延长或缩短、施工质量标准提高或降低均对工程结算及价款影响甚大，是决定建设工程施工合同履行的关键。

在“黑白合同”中，显然“黑合同”是双方当事人的真实意思表示，也是双方实际履行的合同，而“白合同”往往是双方为了行政管理需要所制作，甚至双方有时在“黑合同”中明确约定“白合同”仅用于备案，在这种情况下，“白合同”属于《民法典》第146条规定的通谋虚伪意思表示的合同，理论上属于无效合同。司法解释之所以规定其优先于“黑合同”作为结算依据，其目的在于规范招标投标活动，维护招投标程序的效力，减少“黑白合同”的数量，规范建筑市场秩序，故而最高人民法院的司法解释对于仲裁案件的裁判来说，也具有重要的参照意义。由此，如果“白合同”没有其他法定无效的情形，通常被认为有效，在“白合同”有效的情况下，因“黑合同”存在与“白合同”实质性内容的不一致，实践中一般以“白合同”作为工程款结算的依据。

本案中，施工合同与承包协议对于工程款的计价方式、工程款结算、工程款支付、质量责任等均存在较大差别，两份合同存在实质性内容的不一致，应当先确定两份合同的效力、应适用哪份合同作为确定当事人权利义务的依据。与通常“黑白合同”相比，本案合同存在以下较特殊的情况，使本案最终裁决结果也更具有可讨论性和借鉴意义。

第一，由于“黑合同”是对“白合同”实质性内容的变更，因此一般情况下，“黑合同”应当签订在“白合同”之后或者与“白合同”同时签订。但本案中的“黑合同”是在中标的白合同之前签订，不仅如此，双方在进行招投标程序之前即已签订了“黑合同”，承包人已依据“黑合同”进场施工。

《招标投标法》第 43 条规定，“在确定中标人前，招标人不得与投标人就投标价格、投标方案等实质性内容进行谈判”。第 55 条规定，“依法必须进行招标的项目，招标人违反本法规定，与投标人就投标价格、投标方案等实质性内容进行谈判的……前款所列行为影响中标结果的，中标无效”。最高人民法院《关于审理建设工程施工合同纠纷案件适用法律问题的解释(一)》第 1 条规定，建设工程必须进行招标而未招标或者中标无效的，建设工程施工合同无效。从本案事实看，双方当事人在已实际签订、履行“黑合同”的情况下，再通过招投标程序签订“白合同”，足以认定发包人在招投标程序进行之前已经与承包人就实质性内容进行谈判，这种情况属于较典型的虚假招投标行为，因此签订的“白合同”存在违反招投标法强制性规定的情形，应属无效，不能再作为确定双方权利义务、工程价款结算的依据。

第二，案涉工程系商品住宅项目，所涉合同系 2010 年所签，当时适用的《招标投标法》第 3 条规定，大型基础设施、公用事业等关系社会公共利益、公众安全的项目必须进行招标。同时，《工程建设项目招标范围和规模标准规定》(已失效)第 3 条规定，包括经济适用住房在内的商品住宅，属于关系社会公共利益、公众安全的公用事业项目的范围。由此，在案涉合同签订时，案涉项目属于必须进行招标的项目。然而，仲裁庭注意到，2018 年 6 月开始实施的《必须招标的工程项目规定》《必须招标的基础设施和公用事业项目范围规定》对必须招投标项目的范围进行了变更，未再将商品住宅纳入必须招标的公用事业项目的范围，故在双方发生争议并申请本案仲裁时，案涉工程已非必须招标的项目。

通过查明事实可知，案涉工程包括南楼、北楼、商业楼及地下车库，自 2011 年 6 月起即处于停工状态，整体工程并未全部完工。如前所述，因施工合同与承包协议约定的计价方式、工程款结算、工程款支付存在较大差异，故双方对于工程款结算依据到底适用哪份合同存在很大争议。申请人在申请仲裁时主张施工合同有效、承包协议无效，并要求按照施工合同约定进行案涉工程造价鉴定。被申请人则提出相反意见,主张承包协议有效、施工合同无效,并要求按照承包协议进行鉴定。仲裁庭经过多方考量,最终委托鉴定机构按照施工合同、承包协议所约定的计价原则分别出具了工程造价意见,根据鉴定意见,按照承包协议计价原则的价款数额远高于按照施工合同计价原则所确定的价款数额。此后,申请人根据鉴定意见亦变更了其关于合同效力、裁判依据的主张。双方均认为应依据承包协议确定双方权利义务,承包协议应属有效。

虽然当事人对于合同效力、结算依据的意见不一、前后变化,但仲裁庭经过审理,根据双方提交证据情况能够认定,双方在工程施工、进度款计价、付款等实际履行过程中,均系按照承包协议的约定进行。由此,考虑案涉项目在争议解决时已并非必须招投标的项目、未进行招标不影响合同效力的实际情况,参照最高人民法院《关于适用〈中华人民共和国民法典〉时间效力的若干规定》第8条"民法典施行前成立的合同,适用当时的法律、司法解释的规定合同无效而适用民法典的规定合同有效的,适用民法典的相关规定"的精神,结合双方对于承包协议效力的意见,秉持鼓励交易的原则,仲裁庭最终认定承包协议有效,并应当按照该协议约定对工程款进行结算。

二、未完建设工程质量缺陷责任的认定

在实践中,未完工程因未办理竣工验收,极易出现质量争议纠纷,在当事人存在争议的情况下,通常需要通过工程质量鉴定的方式确定工程是否存在质量问题以及相关责任。一般认为,工程质量鉴定,具体包括质量成因鉴定、修复方案鉴定和修复费用鉴定。

本案中,案涉工程包括南楼、北楼、商业楼(北楼裙房)及地下车库,自2011年6月起即处于停工状态。停工时,案涉工程尚未完工,部分楼体完成主体结构施工,但大部分楼体建设仍在主体施工阶段,至2016年本案仲裁时,案涉工程已停工放置6年,整体状况不佳。施工现场呈现大量楼板裂缝、渗漏水,楼板表面起砂、沾污、麻面、孔洞、钢筋外露、保护层脱落等现象,且外漏钢筋腐蚀情况严重。被申请人提出施工现场出现前述问题的原因在于申请人施工存在质量缺陷,要求申请人承担全部修复责任。仲裁庭经过对现场状况的评估后,初步认为,由于案涉工程系“半截子”工程,且停工时间已久,现场裸露在外,工程受损大概率并非单一原因造成,除可能存在的施工质量缺陷外,不能忽略施工保护不到位以及环境因素对工程造成的损害。基于此,仲裁庭根据被申请人的申请,委托鉴定机构对于案涉工程质量问题的成因、修复方案和修复费用进行了鉴定。

根据鉴定意见显示:第一,部分楼板钢筋保护层厚度不满足规范要求,系施工质量不严造成。第二,根据混凝土材料的特性和混凝土构件的工作机理,混凝土构件易于出现裂缝,且无法完全消除。案涉工程混凝土裂缝主要为混凝土收缩裂缝和温度裂缝。施工质量控制不严未能有效控制混凝土收缩,会造成裂缝的形成和发展;同时,该工程停工后,混凝土构件裸露在空气中,与建成后的使用环境存在较大差异,受冬冷夏热的温度作用和大气降水的影响,混凝土构件会产生损伤,也会造成裂缝的形成和发展,这些都是混凝土构件裂缝形成的原因。第三,案涉工程裸露钢筋均有不同程度的锈蚀,室外正常环境的裸露钢筋锈蚀较轻,尚未产生明显的截面损失,潮湿环境的裸露钢筋锈蚀稍重,钢筋长期裸露和环境潮湿是钢筋锈蚀的原因。鉴定机构据此作出了修复方案和修复费用的鉴定意见。

通过对上述质量缺陷及原因的分析,仲裁庭认为,对于不同的质量缺陷,应当进行具体分析。一方面,根据法律规定及合同约定,申请人作为工程承包人,应当保证其施工工程符合国家规定或双方约定的质量标准,故对于施工缺陷所产生的质量责任应当由申请人承担;另一方面,根据鉴定意见,施工现场出现的大量质量问题是由于长期停工后现场裸露,因温度、降水等环境因素所造成或加重的,故对于该部分责任承担,应当综合停工责任、现场控制、施工保护责任进行判断。

据此,仲裁庭认定:首先,对于楼板钢筋保护层厚度不满足规范的责任,因造成该质量问题的原因在于施工质量控制不严,故该质量问题所产生的责任应由申请人承担。其次，对于现浇结构外观质量缺陷，由两方面原因造成，一方面，是施工质量控制不严；另一方面，是涉案工程停工后，混凝土构件裸露在空气中，环境变化亦造成了混凝土构件损伤，以及裂缝的形成和发展。对于施工造成的质量问题，理应由申请人承担责任。对于停工后形成或加重的质量问题，依据查明事实，案涉工程停工主要系被申请人拖延支付工程款所造成，但工程停工后，施工现场一直由申请人控制，申请人应当对施工现场尽到适当保护的责任，故认定申请人和被申请人对此均负有责任。综上，对于该项目质量问题，认定申请人承担主要责任，被申请人承担次要责任。再次，对于预留外露钢筋锈蚀，因锈蚀系停工后钢筋长期裸露和环境潮湿造成，仲裁庭综合考虑环境变化的客观情况、造成工程停工的原因及申请人对施工现场的保护责任，认定应当由被申请人承担主要责任、申请人承担次要责任。最后，仲裁庭根据前述质量成因的责任认定对双方应承担的修复费用作出了裁决。

【结语】

发包人、承包人签订“黑白合同”，往往是以逃避国家监管、规避《招标投标法》等相关法律规定等为目的，是违法违规的行为。除本案所讨论的“黑合同”无效、“白合同”有效，“白合同”无效、“黑合同”有效的情形，还可能会出现“黑白合同”均无效的情形，故而，一旦发生纠纷时，不同情形无疑会使工程款结算、双方权利义务认定产生各种复杂的情况，对当事人的订约目的、预期及权益亦会产生实质影响。由此，建设施工合同的当事人在签订和履行合同时，应当坚持诚信守法，据实约定并依约履行各方的权利义务，才能实现对自身权益的最好保护。

此外，在施工过程中，如双方产生争议，且无法通过协商解决的情况下，应当及时对施工现场进行证据保全，注意对施工现场采取相应的保护保管措施，防止因争议解决时间过长对未完工程造成进一步损害，并尽快通过仲裁等方式解决争端，必要时通过申请工程造价鉴定、质量鉴定等方式最终确定双方责任、解决双方纠纷。